EDITH STEIN JAHRBUCH
Band 4   1998

EDITH STEIN JAHRBUCH

BAND 4

DAS CHRISTENTUM
ERSTER TEIL

1998
Echter Würzburg

Die Deutsche Bibliothek – CIP-Einheitsaufnahme

Edith-Stein-Jahrbuch : Jahreszeitschrift für Philosophie,
Theologie, Pädagogik, andere Wissenschaften, Literatur u. Kunst /
hrsg. im Auftrag des Teresianischen Karmel. - Würzburg : Echter. –
  ISSN 0948-3063
  Erscheint jährl. – Aufnahme nach Bd. 1. 1995

  Bd. 4. 1998

© 1998 Echter Verlag Würzburg
Umschlaggestaltung: Ernst Loew
Gesamtherstellung: Echter Würzburg,
Fränkische Gesellschaftsdruckerei und Verlag GmbH
  ISBN 3-429-01972-9

Mitarbeiter dieses Bandes

ALES BELLO, ANGELA, Dr., Professorin für Philosophie, Rom
BECKMANN, BEATE, wissenschaftliche Assistentin am Institut für Philosophie, Dresden
BISER, EUGEN, Dr. Dr., Professor für Religionsphilosophie, München
BORREGO, ENRIQUE, Dr., Professor für Philosophie, Granada
DISCHNER, GISELA, DR., Professor für Deutsche Literaturwissenschaft, Hannover
GNILKA, JOACHIM, Dr., Professor für Theologie, München
GÖRTZ, HANS JÜRGEN, Dr., Professor für Systematische Theologie, Hannover
GOSEBRINK, HILDEGARD MARIA, wissenschaftliche Assistentin am Lehrstuhl für Moraltheologie, Würzburg
HAAS, RÜDIGER, Dr. phil., Lehrer an Grundschulen, Augsburg
HOFMANN, GERT, Dr., wissenschaftlicher Assistent am Seminar für deutsche Literatur und Sprache, Hannover
KÜHN, ROLF, Dr., Universitätsdozent, Wien
MARTEN, RAINER, Dr., Professor für Philosophie, Freiburg i. Br.
METZ, JOHANN BAPTIST, Dr. Dr., Professor für Theologie, Münster und Wien
MOLTMANN, JÜRGEN, Dr., Professor für Theologie, Tübingen
MÜLLER, GERHARD LUDWIG, Dr., Professor für Dogmatik, München
MÜLLER, GOTTHOLD, Dr. Dr., Professor für Systematische Theologie und Theologische Gegenwartsfragen, Würzburg
MÜHLEISEN, HANS-OTTO, Dr., Professor für Politische Wissenschaft, Augsburg
NEU, ERWIN, Abteilungsleiter für den naturwissenschaftlichen Bereich im Freien Katholischen Gymnasium, Ravensburg/Weingarten, freier Mitarbeiter beim Fernsehen
NEYER, MARIA AMATA, Leiterin des Edith-Stein-Archivs, Köln
ORTEGA MUÑOZ, JUAN FERNANDO, Dr. Dr., Professor für Philosophie, Direktor der María Zambrano Stiftung, Málaga
RINSER, LUISE, Schriftstellerin, Rom und München
SÁNCHEZ DE MURILLO, JOSÉ, Dr. Dr., Professor für Philosophie, Schriftsteller, München
SCHREINER, JOSEF, Dr., Professor für Altes Testament, Würzburg
SEPP, HANS RAINER, Dr., Dozent für Phänomenologische Philosophie, Prag
SPLETT, JÖRG, Dr., Professor für Philosophie, Frankfurt a. M.
STAMMEN, THEO, Dr., Professor für Politikwissenschaft, Augsburg und München
STEYMANS, HANS ULRICH, Dr. theol., Augsburg
STÜTTGEN, ALBERT, DR., Professor für Philosophie, Münster
ULKE, KARL-DIETER, DR., Professor für Philosophie, München
URBAN, HANS JÖRG, Dr., Professor für Ökumenische Theologie

WEIER, WINFRIED, Dr., Professor für christliche Philosophie, Würzburg
WALTHER, WIEBKE, Dr., Privatdozentin für Arabistik und Islamwissenschaft, Tübingen
WENZ, GUNTHER, Dr., Professor für Systematische Theologie, München

Vorwort des Herausgebers

I Eröffnung

II Hauptthema: Das Christentum

III Literarische und philosophische Studien

IV Zeitspiegel

V Edith-Stein-Forschung

Mitteilungen

Inhalt

Vorwort des Herausgebers 13

I Eröffnung

JOSÉ SÁNCHEZ DE MURILLO
Gotteshervorgang 21

II Hauptthema: Das Christentum
Textauswahl 61

JOACHIM GNILKA
Jesus von Nazaret 63

JOHANN BAPTIST METZ
Das Christentum angesichts des Pluralismus
von Kultur- und Religionswelten 81

JÜRGEN MOLTMANN
Zerstörung und Befreiung der Erde
Zur ökologischen Theologie 89

EUGEN BISER
Ich glaube – darum rede ich
Der Glaubensvollzug in augustinischer Sicht 107

HANS ULRICH STEYMANS
Die jüdischen Wurzeln des Christentums 121

JOSEF SCHREINER
Alttestamentliches Wort zur christlichen Jahrtausendwende .. 135

ENRIQUE BORREGO
Plotin und Gregor von Nyssa 155

JUAN FERNANDO ORTEGA MUÑOZ
Vom Sinn der Geschichte bei Augustinus
In Auseinandersetzung mit Hegel und Marx 165

WINFRIED WEIER
Gott als Sinngrund des Mensch- und Weltseins
nach Thomas von Aquin 177

GUNTHER WENZ
»Das ist mein glaube ...«
Luthers Großes Bekenntnis von 1528 193

GERHARD LUDWIG MÜLLER
Communio Sanctorum
Das Kirchenverständnis Martin Luthers 215

HANS-OTTO MÜHLEISEN
Michael Sattler (ca. 1490–1527)
Benediktiner – Humanist – Täufer 225

KARL-DIETER ULKE
Ausgespannt zwischen Gegensätzen
Zur Geisteshaltung und Spiritualität Blaise Pascals 243

HEINZ-JÜRGEN GÖRTZ
Franz von Baaders spekulatives Denken
»Spiegel« – »Bild« – »Auge« 253

GERT HOFMANN
»Abraham ist verloren«
Semiologie des Schweigens bei Søren Kierkegaard 271

III Literarische und philosophische Studien

GISELA DISCHNER
Transzendierung ins Diesseits
Christus als Gestalt der Freiheit im »Großinquisitor«
von F. M. Dostojewskij 283

WIEBKE WALTHER
»Worte wie Hände aus Rosen«
Die irakische Dichterin Nāzik al-Malāʾika 297

RÜDIGER HAAS
Von der Phänomenologie zur Tiefenphänomenologie 313

ALBERT STÜTTGEN
Visionen als Wegweisung
Die Wirklichkeit im Horizont
von Lebenssteigerung und Lebenserfüllung 337

RAINER MARTEN
Christliche Philosophie: Holz und Eisen 347

ANGELA ALES BELLO
Die Phänomenologie in Italien
Von den zwanziger bis zu den achtziger Jahren 361

ROLF KÜHN
Ethos und Leben
Eine phänomenologische Grundbesinnung 383

IV Zeitspiegel

LUISE RINSER
Begegnungen mit dem Judentum 391

THEO STAMMEN
Zeitzeugenschaft
Die Tagebücher von Victor Klemperer 1933–1945 411

JÖRG SPLETT
»Die Christenheit oder Europa?«
Zur Frage des religiösen Pluralismus heute 437

ERWIN NEU
Versuch einer kosmischen Schöpfungsspiritualität 449

GOTTHOLD MÜLLER
Moderne Technik und judäo-christliche Ethik 465

HANS JÖRG URBAN
Das Papsttum
Geschichte, Bedeutung, Widersprüche und Perspektiven 479

V Edith-Stein-Forschung

HANS RAINER SEPP
Edith Steins Stellung innerhalb
der Phänomenologischen Bewegung 495

HILDEGARD MARIA GOSEBRINK
»Wissenschaft als Gottesdienst«
Zur Bedeutung Thomas' von Aquin für Edith Stein 511
in ihrer Speyerer Zeit (1923–1931)

BEATE BECKMANN
»An der Schwelle der Kirche«
Freiheit und Bindung bei Edith Stein und Simone Weil 531

MARIA AMATA NEYER
Geschichte des Edith-Stein-Archivs 549

Mitteilungen 577

Gesellschaften 577

Tagungen 577

Bücher 579

Vorwort

Die Größe einer geschichtlichen Gestalt wird entsprechend geehrt, wenn die Sache, für die sie gelebt hat, gefördert und weiterentwickelt wird. Stets besorgt um die Authentizität ihres Daseins, war Edith Stein in erster Linie Wahrheitssucherin. Auf diesem Unterwegs beging die Frau, Jüdin und Christin, viele Wege: Philosophie und Wissenschaft, Literatur, Theologie, Spiritualität, Mystik. Durch die Verinnerlichung dieser Pluralität von Welten wurde sie existentiell das, was sie intellektuell am tiefsten prägte: phänomenologische Philosophin. In dieser Form der Philosophie geht es darum, durch die Mannigfaltigkeit ihrer Erscheinungsformen hindurch zum reinen Wesen der Phänomene und von den Phänomenen zum Seinsgrund vorzudringen. Demnach vollzieht sich die Forschung in drei Dimensionen: Zusammenarbeit der verschiedenen Wissenschaften und Fachrichtungen im Hinblick auf die Klärung des Wesens des in Frage stehenden Phänomens, das freilich nicht isoliert und statisch, sondern in der umfassenden Grundbewegung seiner Entstehungsgeschichte und Entfaltungsmöglichkeiten betrachtet wird. Das Denken geht vom lebendigen Pluralismus der Ober-Fläche zur ontologischen Einheit der tragenden Tiefe über die werdende Vermittlung des geschichtlichen Geschehens.

Dadurch sind Methode und Grundstruktur des Edith Stein Jahrbuchs vorgezeichnet. Dessen forschende Grundhaltung bleibt in einer doppelten Richtung wach: *Konzentration* auf das Hauptthema, *Flexibilität und Offenheit* in der Gestaltung des Rahmens. Für die letzte hat es die Abteilungen III (»Literarische und philosophische Studien«) und IV (»Zeitspiegel«) geöffnet, in denen bedeutende Arbeiten aufgenommen werden, die das Rahmenthema nicht oder nur indirekt berühren bzw. kritisch vor der stets lauernden Gefahr der Einseitigkeit warnen. In diesem Sinne sind neben Luise Rinsers Mitteilung ihrer Erfahrungen mit dem Judentum, insbesondere mit Martin Buber, auch die Aufsätze von Theo Stammen über Victor Klemperer und von Wiebke Walther über die irakische Dichterin Nāzik al-Malā'ika wichtig.

*

Bei epochalen Einschnitten besinnt sich der Mensch. Wir stehen an der Wende zu einem neuen Jahrtausend. Die Massenhysterie, die bei solchen Anlässen auszubrechen pflegt, darf Denker und Wissenschaftler nicht über die Bedeutung der Stunde hinwegtäuschen. Wir blicken auf fast drei Jahrtausende Philosophie, zweitausend Jahre Christentum und mehrere Jahrhunderte streng mathematisch arbeitender Naturwissenschaft zurück.

Die Welt ist dadurch nicht besser geworden. Die Betrachtung der Zerrissenheit des Daseins im Zeitalter der Wissenschaft mit Blick auf das, was sich im Schicksal Edith Steins bekundet, war für den Entstehungsprozeß des Konzepts des Edith Stein Jahrbuchs entscheidend. Dem Tiefenphänomen *Selbstzerstörung* wurde der erste Band gewidmet.[1] Leitende Absicht war dabei nicht, den Strom von Negativitäten, den die Medien tagtäglich über die Menschen schütten, zu verstärken. Ihm mit allen zur Verfügung stehenden Mitteln entgegenzuwirken war und ist vielmehr das Ziel.

Zu den geistigen Errungenschaften dieses Jahrhunderts gehört zweifelsohne die wissenschaftliche Erforschung der strukturalen Mannigfaltigkeit von Lebenswelten und die Befestigung des Gedankens des kulturellen, religiösen und politischen Pluralismus. Daß dieser überlebenswichtige Gedanke jedoch, wenn er den Bereich seiner Gültigkeit verläßt, zur Beliebigkeit einer gefährlichen Denkverdrossenheit abarten kann, beginnt nun klar zu werden. Der Pluralismus ist ein Grundphänomen der Ober-Fläche des Seins, betrifft in diesem Sinne alle Bereiche der Seiendheit; dessen Erhellung und Pflege ist stets dringliche Aufgabe. Wird der Pluralismus aber nicht zugleich von der Einheit stiftenden *Tiefe des Seinslebens* getragen, schwebt er ohne *echte* ontologische Grundlage in der Luft. In der ontischen Verselbständigung verfällt der Gedanke zu einem Modewort, das nur Orientierungslosigkeit zu erzeugen vermag. *Ohne tiefenphänomenologische Tiefe wird die Ober-Fläche oberflächlich.* Die oberflächliche Ober-Fläche versucht dann auch über die Tiefe zu entscheiden. Daraus entsteht die Auffassung einer Pluralität von Ontologien, die nur als *ober-flächige* Aussage Sinn hat. In der Tiefe ist das Sein nicht plural. Da waltet das alles verbindende Eine: das ungeheure Geschehen des Urlebens. Den Blick darauf zu richten und auszuhalten, erfordert Konzentration und innere Stille, die in einer Zeit der Hektik nicht überall möglich sind. Es verlangt auch Mut, behutsames Wachsen und Ausdauer, was in einer Zeit des schnellen Erfolgs selten geworden ist. Doch wird das Bedürfnis nach ernsthafter Tiefenforschung immer lauter. Versuche, die in der zersplitterten postmodernen Welt nach gemeinsam Grundlegendem zu fragen wagen (wie etwa die Hans Küngs, Johann Baptist Metz', Jürgen Moltmanns), sind auch als berechtigte Herausforderung an die zeitgenössische Philosophie zu verstehen.

Daß sich die herrschende Form der Philosophie selbst richtig als schwach bezeichnet, sollte nicht dahin verleiten, die Mittelmäßigkeit als führende philosophische Kraft weiterhin gelten zu lassen. Um den desolaten Zustand überwinden zu können, muß das Tiefenphänomen gesehen werden, worin er gründet. Die Schwäche ist nicht nur eine Folge der Eigenart des Zeitgeistes. Die Wurzeln reichen tiefer. Es tritt jetzt offen das zutage, worum es in der abendländischen Philosophiegeschichte, ja in der bisherigen Menschheitsgeschichte überhaupt hauptsächlich gegangen ist: *die Macht.* Bislang konnte sich der Drang danach begrifflich verkleiden. Damit ist nicht gemeint, daß es in den verschiedenen Grundzeiten nicht *auch*, und zwar fundamental, um das gegangen wäre, was die Welterfahrung zunächst und das epochale Grundwort danach jeweils anzeigte: Stein, Feuer, Gemeinschaft, Jagd, Ackerbau bzw. Nous, Idee, Ich, Vernunft, Geist, Geschichte, Phänomen, Existenz, Sein. Es ist tatsächlich auch und

---

[1] Vgl. Edith Stein Jahrbuch. Band 1: Die menschliche Gewalt. Würzburg 1995.

fundamental darum gegangen. Aber dies geschah jeweils *innerhalb eines dabei nicht reflektierten Weltentwurfes und Selbstverständnisses,* in dessen Zentrum die Macht stand: Streben nach Unterwerfung und Herrschaft. Die epochalen Grundphänomene tarnten das Tiefenphänomen und offenbarten es zugleich. *Jetzt, da die grundlegenden Welterfahrungen gemacht und vermutlich alle Grundworte durchgenommen worden sind, tritt dieses unverhüllt ans Licht.* Die Philosophie hat heute deshalb nichts mehr anzubieten, weil es auf diesem Boden nichts mehr anzubieten gibt. Wo alles gleich-gültig und also chaotisch geworden ist, sieht die Fachphilosophie ihre Aufgabe darin, Ordnung in das Chaos zu bringen. Es handelt sich freilich, da die philosophische Substanz fehlt, bloß um eine verbale Einreihung. Um sich im Wirrwarr der Theorien zurechtzufinden, muß man die anderen Positionen einordnen. Dafür ist ein Ordnungsprinzip notwendig, das man vielerorts zu besitzen vermeint. So entsteht im Namen des Pluralismus eine Unzahl von sich gegenseitig verkleinernden Dogmatismen und entsprechenden Ordnungswächtern, die nur mit der Einbildung zufrieden sind, jeweils alles unter Kontrolle zu haben. Die philosophische Pflicht kann in dieser Situation nicht mehr wahrgenommen werden.

Ein Weg ist zu Ende gegangen worden. Führer war dabei das Selbstverständnis des Menschen als Vernunft, die über allem stehen zu können und zu müssen *glaubte.* Es war der Weg eines Glaubens, auf dem Abenteuer, Krieg, Eroberung und *Herrschen* die Grundphänomene darstellten. Das Herrschen hat in der Gestalt der Technik gesiegt. Aus diesem Sieg ist die Welt entstanden, in der wir leben. Es war ein notwendiger Weg, auf dem der Mensch Lebensentscheidendes zu lernen hatte: arbeiten, sich durchsetzen. Dies ist bereits von der Gattung verinnerlicht worden. Der Kampf- und Konkurrenzgeist, die für das Leben notwendige Härte, sind beim Menschen zum Instinkt geworden.

Aber das ist nur die eine Seite des Lebens. Ist es nicht jetzt an der Zeit, die andere zu ent-decken? Das Tiefenphänomen hat zwei Seiten hervorgebracht: Eine Wissenschaft, die kalt und berechnend ist und fast alles machen kann, und eine trostlose menschliche Welt, die verzweifelt nach Liebe und Wärme sucht und dabei, da ohne echte philosophische und wissenschaftliche Führung, immer gefährlichere Irrwege erfindet. Ist jetzt nicht das Geforderte, daß der Mensch der Wissenschaft ein sachliches Wesen *bleibt* und dabei zugleich ein mitfühlendes, liebendes *wird*? Eine große Kälte durchdringt die Wissenschaften des technischen Zeitalters. Ein Mangel an Wärme durchzieht ebenso die Geschichte der Philosophie. Philosophie und Wissenschaft sind aber nicht Zweck an sich. Sie müssen für die Menschen und die Natur da sein. Und beide, Mensch und Natur, wollen Liebe und Zärtlichkeit. Bisher ist der Weltentwurf nur vom Kopf geleistet worden. Bräuchte die Menschheit nicht ein neues Selbstverständnis, das auch vom Herz ausginge? In deren Mitte stünde nicht mehr ausschließlich die Macht (das »Männliche«), sondern auch die Liebe (das »Weibliche«). Die Geburt des Menschen begänne mit dieser Vermählung.[2]

---
[2] Vgl. Edith Stein Jahrbuch. Band 2: Das Weibliche, Würzburg 1996.

Unterwegs dorthin ist das Christentum dabei, seinen Ursprung wiederzufinden. Jesus, der lebensbejahende Menschensohn, Dichter und weise Prophet, wurde sehr früh durch den allmächtigen Christus ersetzt, dessen Begriff die abendländische Geschichte mitbestimmt hat. In seinem Namen ist viel von Liebe gesprochen worden; damit waren oft Macht und Unterwerfung gemeint. Wollen die Menschen heute nicht lieber den gütigen Jesus als den thronenden Christus, Warmherzigkeit und Güte statt Gesetz, Härte und Herzlosigkeit erfahren? Vielleicht ist die Zeit gekommen, da der Geist des Christus Pantokrator mit der Herzlichkeit des guten Hirten vereinigt werden kann. Dann könnte der Schatz des Christentums neu gelebt werden. Ist in den vergangenen zweitausend Jahren nicht vieles wiederholt worden, wogegen Jesus aufstand? Den Protest gegen Formalismus und Heuchelei zugunsten der Offenherzigkeit der Liebe bezahlte er mit seinem Leben. Frage: Hat es je ein *Christentum Jesu* gegeben? *Volle Liebe* will nun aufgehen. Dazu gehören gewiß nach wie vor geistige Liebe, die sich materiell in guten Werken für den leidenden Nächsten ausdrückt, und politisches Engagement in der gefährdeten Welt. Dazu gehört aber auch in der Religion des Fleisch gewordenen Gottes wesenhaft und dringend das Ja zum Leben des Leibes, die Entdeckung des göttlichen Charakters der Sinnlichkeit; denn im Menschen liebt der Geist durch die Sinne und mit ihnen. Gefordert ist ebenso der Respekt für das Recht des *anderen* auf Denk- und Redefreiheit, auf Selbstentfaltung. Im Reich der Endlichkeit besitzt *niemand* den absoluten Maßstab. Wir sind alle Suchende unterwegs zum Geheimnis, das uns einst einhüllen wird. Könnte dergestalt nicht vielleicht der Kern der Frohbotschaft wieder belebt werden: der Friede, den die Vereinigung von Liebe und Freiheit stiftet? Heute und hier geht das Christentum in Zeit und Leib auf.

Am Ende des Milleniums stellt sich die Lage der Philosophie schwieriger dar. Hier gilt es nicht, zu den Ursprüngen zurückzukehren. Der Weg, der von den Vorsokratikern ausging, hat in der technischen Weltzivilisation ihr Ziel erreicht. Es handelt sich ebensowenig darum, aus der vergangenen Geschichte das Menschenideal der Zukunft abzuleiten. Folgerichtig hat Hegel diese Arbeit in seiner »Phänomenologie des Geistes« geliefert. Aus der Interpretation einer Geschichte, in deren Mitte die Selbstentfaltung des Tiefenphänomens Macht steht, kann das Ideal des Menschen nur sein: das sich selbst wissende Wissen. Hegels absoluter Geist entspricht der – auf Paulus zurückgehenden – Gestalt des Christus Pantokrator. Und beide finden ihre Vollendung im Heideggerschen Selbstverständnis, das, trotz seinem hellen Blick in Herkunft und Folgen des Herrschens der Macht und trotz Hören des Rufs des »Geläuts der Stille«, wo das »wesentliche Denken« in der Armut eines »Advents« hofft, doch noch Wächter des Seins zu sein vermeint. Heideggers Stille ist noch unruhig. Still ist die Stille ohne Geläut. In der Stille, die nur still ist, vermag die Seele das Flüstern der Liebe zu vernehmen, die den Menschen, befriedet, in die fließende Fülle des Offenen entläßt.

Die Zukunft der Philosophie geht aus einem absoluten Neubeginn hervor, der radikaler als bei Descartes, Jakob Böhme, Kant und Heidegger ist.

Denn es handelt sich nicht mehr um einen Neuanfang innerhalb der Geschichte der abendländischen Tradition. Es ereignet sich der Aufgang einer neuen Geschichte aus einer anderen Wurzel. Eine Urmythologie der Liebe entsteht, die nicht mehr, wie einst die Vernunft, zu Menschen und Dingen herabspricht, sondern das Glück des Daseins im Lebenstraum ekstatisch besingt. Könnte im Gesang der Urliebe nicht die Wirklichkeit zu ihrem Traum durchbrechen? Fühlte die Vernunft, liebte auch die Wissenschaft – und die technische Welt würde von innen hell.

*

Das Alte wahren, von dieser Wahrung Neues wagen – daran arbeitet das Edith Stein Jahrbuch.

Danken möchte ich all denjenigen, die das Projekt ermöglichen: Autoren und Lesern, dem Echter Verlag, dem Teresianischen Karmel in Deutschland; schließlich den Mitarbeitern der neuen Redaktion, die hervorragende Arbeit geleistet haben.

München, im Januar 1998   Der Herausgeber

I
Eröffnung

Gotteshervorgang

José Sánchez de Murillo

Vorgesang

Als der Geist zum Ursprung zurückkehrte
und seinen Leib entdeckte
und das Denken das Gemüt wiederfand
und seine Seele gewann
und die Vernunft das Fühlen aufsuchte
und weit und hell wurde,
begann das Sein Leben zu werden,
das Sprechen fand den göttlichen Klang
und der Mensch den Urquell von allem wieder.
Alsdann wurde es
erneut und rechtzeitig
in den Dienst des Göttlichen gestellt.
Das Höchste ist überall,
aber Es geschieht hier und jetzt.

*

Der Ursprung öffnet sich. Die Zeit fließt. Leben geschieht. Mineralien, Pflanzen, Tiere entwickeln sich. Der Mensch entsteht und wird. Wohin?

Einen Traum träumte ich einst mit meinen Lieben. Berge, Täler und Meere meiner Jugend! Bei euch lernte ich, was Höhe ist und Tiefe, Ausdauer, Ernst und Schaffenskraft. In die Kunst, die Umwege des Lebens zu erahnen, habt ihr mich geduldig eingeführt. Lehrer meines Weges, gute Freunde! Spielend auf Felsen und Wiesen erfuhr ich schon in der Frühe zutiefst des Seins Lebenslust. Laune, Genie und Kraft.

Aufgehoben ist das Geschehen im Urgrund. Ältestes Gedächtnis, das Wort und Leib wird und heißet Geist. Erinnerung der kosmischen Geschichte.

Die Sage, die ich von euch gehört, singe ich weiter: die Ängste und die Wonne eines ungeheuren Liebeskampfs.

*

Urzeit

Grauen am Morgen vor der Zeit. Die Lust erträumt die Geschichte. Es ist nicht Nacht, und auch noch nicht Tag. Das Weltenall entsteht. Unendliche Spielsucht. Gewaltige Kraft der kosmischen Einbildung, die Leben legen will ins Sein. Wo Leben, da auch Tod. Ist darin Sinn? Noch schlummert die Frage. Es wird nur geträumt. Einzig bestimmt die Lust des Nichts, das spielen will. Aus dessen Schoß steigt empor ein Schatten. Sonst Einsamkeit tief und weit. Die Stille singt laut. Erschrocken richtet sich der Schatten auf. Langsam. Und geht.

Erster Gesang

Einsam nun irrt leicht gebeugt die Gestalt umher
durch die wilde Landschaft. Noch ist kein Licht.
Die Horde schreit. Das Wort schweigt.
Die Höhle ist leer
und kalt. Die Finsternis sehr hart.

Mühsam wird der große Stein gerollt. Die Kälte droht.
Das Feuer brennt schon. Das Wasser fließt.
Die Meere öffnen sich. Die Erde bebt.
Nachts heulen die Schakale.
Die Angst versteckt sich gleich im Sand.

Langsam erhebt sich die Gestalt und schaut nach oben.
Graue Wolken überall und noch kein Licht.
Der Donner brüllt und folgt dem Blitz.
Die Höhle ist feucht
und kalt. Die Finsternis ist hart.

Gotteshervorgang

Unheimlich wird dem Leben das Dasein. Es lebt vom Feind.
Hinzu kommt noch die Kraft und droht und greift an.
Es ist nur Kampf. Die Stirn bietet
die List und siegt.
E*rinnert* ist die Härte, und der Krieg.

Hunger und Angst und Härte, Stein und Kampf und Feind.
Macht stützt und schaukelt die wacklige Gewalt.
Der Schmuck ist erstes Heiligtum,
Gott, und verspricht Reichtum.
Er hängt schwer am Hals. Der Tempel

leer und kahl. Das Rennen sammelt und jagt und treibt
tagtäglich die Gestalten. Noch sind es Schatten.
Die Wand ist voll. Die Wärme wärmt.
Die Höhle ist hell.
Doch Spitze, Fläche und Tiefe sind noch leer.

Böse Geister drohen über Berge, Land und Meere. Die Weite ist ausgesetzt. Kampf und Tod ziehen entfesselt durch das Feld. Doch in ihrem Schoß birgt die erste Göttin die Gestalten. Beseelt sind nun die Schatten. Sie haben Herz. Geschenkt hat es ihnen der erste gute Gott. Das Feuer öffnet sich, entläßt das Licht. Geboren wird zuerst das Wir. Die Höhle ist feucht und warm. In der Nacht, da dies geschah, tönte der Urschrei aus dem Mittelpunkt des Alls. Aufgang! Die Welten jauchzten. Es sei endlich gelebt nun überall.

Die Erde erhält Sonne und Wasser und wird gepflegt.
Das Haus sammelt sich um seinen Herd.
Die Wärme wärmt. Kalt sind die Nächte
nur auf dem Feld. Der guten Götter
sind jetzt viele. Und wenige nur bösen Willens.

Die Zeiten bringen Früchte, die Jahre kehren wieder.
Die Liebe lebt und liebt und läßt sich nieder.
Freude füllt das Haus. Die Mutter schützt
den Herd. Flamme. Die Wärme wärmt.
Vaters Kraft. Die Kälte ist kalt nur auf dem Feld.

Die Zeiten kehren wieder jedes Jahr und bringen Früchte.
Die Liebe lebt und liebt und läßt sich nieder.
Vater herrscht. Mutter birgt den Herd.
Die Wärme wärmt. Die Flamme
ist gedämpft. Das Feuer brennt. Das Licht erhellt.

Die Liebe lebt und liebt und läßt sich nieder. Vater steht
und wacht über den Herd. Die guten Götter

sind im Haus. Kalt sind die Nächte
auf dem Feld. Die Wärme wärmt.
Die Kraft sorgt für Frieden um den Herd.
Und die Macht herrscht.

Abends hören bedächtig die Menschen aus dem Feuer die Sage der Herkunft. Des Höchsten Schaffenskraft, der kosmischen Einbildung gewaltige Urkraft, die Leben legen will ins Sein. Wo Leben, da auch Tod. Ist darin Sinn? Die Frage schwebt über dem All. Das Leben will nur leben. Das Nichts schreit nicht nach Sinn. Ihn bringt hervor die Lust und bildet die Sage, schöpferisch rückwirkend, hinein ins Geschehen.

*

Zweiter Gesang

Am Anfang war die Lust.
Vor ihr stand das Nichts.
Durch einen Kuß
gewann das Nichts
die Lust.
Es wurde Licht.

So entstanden
das Sein
und das All
und das Leben
und die Pflanzen
und die Tiere
und die Menschen
und die Zeit.

Gut ersonnen
war fürwahr das Nichts,
die Lust gewiß gewonnen.
Was anders kann
des Lebens Sinn
nur sein,
wenn nicht das Glück
und der Aufgang
der Freiheit?

Urtraum, der alles vorantreibt und Traum bleibt. Das ist sein Kampf. Wirklich zu werden sucht er von Anfang an. Vergeblich? Geschichte des Weltalls. Leben, Ekstase und Verfall.

In der Tiefe deines Wesens trägst du, der du aus Schatten Gestalt wurdest, unendliche Sehnsucht nach Freiheit. Glück, das auch tatsächlich wird und heißet Liebe. Und Liebe, die Leben wird und heißet Leib. Nur dann ereignet sich der Sinn, wenn Fleisch werden Glück und Freiheit. Die Seele will All sein, der Geist alles wissen. Das Leben immer leben. Zeit ist der schöpferische Ort der Ewigkeit.
Urtraum.

So war und ist der Drang.
Um dich herum jedoch, edle Gestalt, bestimmt Verderben,
Tod, Unglück das Seinsgeschehen. Getäuschtes Leben.
Gebäude, die dem Vergehen errichtet werden. Ach, du Welt!
Von Anfang an Vergnügungsort des Übels und des Sterbens.

Als die Lust das Nichts ins Sein verführte, hatte sie nur Freude im Sinn. Als nun aber das Leben ward, geschah Trübsal. Was soll das? fragte es sich. Wer hat den Sinn des Ganzen hier verdreht?

Ersehntes Glück
himmlisch im Himmel geplant,
auf Erden jedoch
seit eh und je verbannt.
Freude versprochen,
gründlich gelogen.
Fürwahr ist das böse,
und auch hart!

Gewiß,
getäuscht bin ich
worden zuerst
klagte das Leben,
und so bis heute
ohne Antwort geblieben
und von der Frage geplagt:
Wer hat denn
das nun wirklich getan?

Von oben herab kam die Antwort:
Es war das Sein selbst, das leben wollte, obwohl es wußte, daß ohne Tod kein Leben, ohne Tränen keine Freude.
Böse ist das! hallte es wider im Weltenall.
Der Gott also wurde gerufen, der alles weiß. Und er sprach an einem Nachmittag im Paradies, daß niemand auf Erden schuldig sei. Ein hoher Geist, da nur Licht, war blind geworden, geblendet von sich, verfallen der Zeit noch vor Beginn.
Der ganz und gar Durchsichtige trägt also die Schuld. Unmöglich die Helle an sich! In Wahrheit ist das Licht eine Geburt der Dunkelheit. Bei-

de zusammen gebären das Leben. Am Anfang wurde die Finsternis jedoch einen Augenblick allein gelassen. Ohne Licht ist das Dunkle Bosheit. So sollte geprüft werden in der Zeit. Denn nur frei gewollt ist frei die Freiheit. Nun hat die Finsternis von sich aus keine Kraft gegen das Licht. Das Gute ist wahr, das Böse nicht. Deshalb entgleitet es immer dem Griff. So muß der Schein angreifen mit der List.

Glänzende Augen, sie bohren, vorsichtig schauen sie sich auf Feldern um.
Unfaßlich die Gestalt, beängstigend das Kriechen dieser Enge,
die jedem Griff entgeht. Unheimliches Entschwinden,
das Ruhe nur vortäuscht. Du bist die List,
unmerklich entläßt du aus dir dein Gift.

Widerspruch der Ewigkeit,
Fleisch geworden in der Zeit.
Schnelles Gehen ohne Bein.
Scharfer Zahn im Höllenrachen.
Böser Blick in beiden Augen.
Den Erkrankten machst du heil.
Ring und Kreis,
der sich beißt.
Widerspruch der Ewigkeit.
Glatte Haut. Hohe Bürde.
Den Gesunden kannst du würgen.
Bann und Geist ohne Leib. So die Hürde.
Wenn du erscheinst, zeigt das Böse seinen Mund.
Dann wird Wahres falsch
zugleich
und das Wesen zum Betrug.

Du gehst ohne Gang,
springst ohne Sprung,
schreitest ohne Schritt,
tanzst ohne Schwung,
tötest mit der Lust.

Kein Lachen im Gesicht,
abgründig dein Blick,
heilend und tötend
unheimlich dein Gift,
erschreckend langweilig
des Todes Angesicht.

Magische Musik
dein zischendes Schweigen.
Klebend an der Erde,
verirrt sich der Geist.

> Geblendet
> durch eigenes Licht,
> siegreich einst,
> später besiegt,
> vom Himmel gefallen,
> kriecht er hinweg
> von Falle zu Falle.

Weiterhin schwebt dennoch die Frage des Urtraums: Wie soll das Unendliche endlich werden im Raum?

Da sprach die Freiheit: Laß mir laxe Ordnung kurze Zeit, und ich werde gewiß genügsam sein.

Die List lauerte hinter dem Baum. Das wird nicht gehen, freute sie sich, das sagt mir die Erfahrung. Alles wirst du wissen und sein und alles für dich allein besitzen wollen. Und folglich geht schließlich alles verloren.

Die schlaue List hatte wohl recht.

Die unbeschränkte Macht strebst du, Freiheit, an, sobald du sie erblickst. Das ist dein Fehler. Der steckt in dir. Du täuschest dich und merkst es nicht. So gingst du früh genug in die Falle und wurdest vorzeitig noch vertrieben aus der Idee eines umsonst verschenkten Glücks.

> Des höchsten Diebstahls schuldig befunden,
> kein Licht, des Feuers beraubt, Herrgott, schau,
> wie die Finsternis die Welt umhüllt.
> Herrlich hell war das Licht deiner Nacktheit.
> Nichts besitzen, nur genießen, bloß dasein, Freiheit.

> Das Wasser floß ruhig im Bach, die Winde wehten.
> Der Friede erfüllte jeden Winkel auf der Erde.
> Willst du für immer klein bleiben? fragt der Dämon,
> der sich gut hat getarnt als List. Nur das Wissen
> gibt dir Macht, und diese Freude und Glück.
> Willst du alles? Hier der Schlüssel zur Wahrheit, greif doch zu!

> Die List und der Dämon
> lachen leise und vergnügt.
> Hi, hi! Da ist der Weise,
> er geht von selbst in seine Falle,
> sagte ich doch dir,
> es liegt in der Idee,
> der Auftrag ist schwer.

Die Neugierde war gereizt, der große Drang geweckt.
Steck ein endlich doch den Schlüssel!
Er tut es.
Offen ist nun das Tor zum Wissen, das Macht schenkt.
Und so ging auf vor ihm die Welt.

Ich bin entsetzt!, schrie der Mensch, als sich öffnete das Tor.
Da ist ja nichts!
Ein dunkler Weg stand vor ihnen, Frau und Mann,
und hinter ihnen geschlossen das Tor zum Paradies.
Wolltet ihr nicht alles? lachte hämisch die List.
Unverantwortlich, so der Dämon, aber ich freue mich!
Unbekümmert Gott, der trotzdem rief: Wo seid ihr?
Unverschämt! flüsterte zu sich der Dämon, ist das nicht dein Werk?
Blamiert war er, der Mensch, versteckt als Frau und Mann
hat er sich, geschämt vor sich. Entblößt! Nur Macht
wollte er haben, eingebildet, überheblich, das war alles.
Wer hat das denn getan? Wer kann von Anfang an sein so gemein?
Die Idee des Paradieses ist eine Falle, die ganz von selbst zufällt.
Dasein ist schwer. Das Leben eine Last. Der Tod kommt mit der Zeit.
Jedes für sich die Hölle. Alle zusammen Krieg. Arbeit, große Pein.
Sterben müssen? Schrecklich! Kinder gebären vielleicht die größte Qual.

*

Dritter Gesang

Erneut stehst du allein vor der unendlichen Landschaft. Einsam als Frau und Mann, jetzt auch noch mit Schuld beladen. Schwer ist die Aufgabe. Durch dich soll Zeit werden können, was im Ewigen nur als Idee zu bestehen vermag? Entsprechend würdevoll, erhaben ist dein Gang.

Leicht gebeugt schreitet langsam die Gestalt voran
in der Frühe durch die wilde Landschaft. Frau und Mann,
der Mensch, jung und alt, der Tag bricht an. Da ist kein Weg.
Verträumtes Glück. Das Tor ist zu. Die Fackel in der Hand.
Angebrochen ist des Todes Herrschaft.
Vertrieben.
Auch Tag ist Nacht.
Verkehrt haben sich ja die Lebenszeichen.
Die Arbeit wird bestraft, verdammt die Liebe.
Der Tod schwebt nun über der Welt.
Der Segen fehlt. Da rücken alle jetzt
zusammen die Dämonen.
Leviathan. Unruhe. Uneben auch der Boden.
Hungrig schreit die Unterwelt. Harter Blick, die Zukunft ungewiß.
Was höre ich? Hoffnung kommt? Das Weiche wird einst siegen?
Nach der Entgleisung verlockende Verheißung. Die Gestalt
schreitet voran, einsam, jung und alt, die Nacht bricht an.

Mensch, die Einsamkeit unterwegs. Fremd geworden ist dir eine Welt, die du nicht kennst. Wüste und Wald, heiß und kalt. Abgründe öffnen sich. Entfesselt steigt empor die böse Macht. Du bist aus deinem Heimat-

land vertrieben, im Unglück der Ausgesetztheit wirst du geboren.
Tief reicht in der Seele die Verletzung. Das Heimweh schreit, schändet,
tötet.

Die Abenddämmerung bringt mit sich die Finsternis
der Nacht. In der Stube liegt der Knabe. Die Stille
lockt an. Die Frau kommt und schaut, die Brüste
heiß. Noch weit draußen ist ihr Mann.
Sie rührt ihn an. Der Knabe keucht, wird stark.
Unruhig und feucht und offen ist die Gestalt. Die Frau
seufzt. Der Knabe keucht. Tief ist die Nacht. Der Bruder
horcht in der Ecke nebenan. Der Vater kommt. Er will
hinein in die Hütte. Die Tür ist eng, der Gang ist naß. Die Frau
macht auf. Der Mann legt sich. Mitten in der Stube schläft der Knabe,
der Bruder in der Ecke nebenan. Unweit heulen die Schakale.
Die Nacht vergeht. Die Helle kommt. Die Männer gehen
auf das Feld. Die Frau besorgt den Haushalt.

Der Vater sagt: Der Bock ist uns entflohen.
Ich hole ihn zurück, bittet der Knabe.
Laß mich mit dir kommen, sagt ihm der Bruder.
Sie gehen eine Weile.
Schau hier unter die Büsche, spricht er zum Knaben.
Der beugt sich. Mit dem Stein zertrümmert ihm der Bruder
den Schädel. Das Blut fließt. Der Bruder flieht.
Und geht und geht und geht.
Und kehrt nicht mehr zurück.

Die Männer sind jetzt draußen.
Die Frau bleibt zu Hause und weint, sie ist allein.
Abends kommt der Mann, wäscht sich, ißt und legt sich hin.
Die Frau kommt zu ihm. Der Mann ist grob.
Sie denkt an ihren Knaben, der liegt im Wald begraben. Die Nacht
vergeht. Da kommt eines Morgens ein Bübchen ans Licht.
Die Frau freut sich. Der Bub wächst heran. Der Abend kommt.
Der Knabe legt sich. Die Frau schaut hin, die Brüste heiß, sie rührt ihn an,
die Lippen feucht, der Knabe keucht, die Frau seufzt.

Der Mann kommt von den Feldern und wäscht sich.
Das Feuer brennt im Herd. Die Hütte ist heiß. Der Gang ist naß.
Die Zeit vergeht. Ein Mädchen kommt zur Welt. Es wächst heran,
wird schön und weich. Der Mann freut sich. Er kommt von der Arbeit,
wäscht sich, ißt und legt sich hin. Das Mädchen ist zart und weich.

Der Knabe liegt im Wald begraben. Kommt abends in die Hütte,
flüstert Worte, macht Geräusche. Die Frau hat Angst. Der Bruder
schläft nebenan. Sie schreit. Die Nacht ist dunkel. Der Knabe bleibt.

Die Geisterwelt schwebt über den Berg. Der Mond scheint.
Die Morgenröte im Aufgang. Der Knabe geht zurück in sein Grab.
Das Blut fließt. Der Bruder flieht. Der Bub bleibt zu Hause. Die Mutter freut sich. Das Mädchen ist fein und weich. Der Vater kommt von der Arbeit. Die Frau schreit. Das Blut fließt. Der Knabe bleibt. Wer liegt im Wald begraben?

Das Blut fließt. Der Bruder flieht.
Und geht und geht und geht.
Und kommt nicht mehr zurück.
Die Mutter weint. Der Knabe bleibt.
Das Mädchen ist weich. Der Vater kommt
von der Arbeit und legt sich.
Das Blut fließt.
Der Bruder flieht.
Und geht und geht und geht.
Und kommt nicht mehr zurück.

Einsamkeit. Schicksal des Unterwegs.
Unordnung. Rache.

Auf der Flucht öffnen sich die Abgründe. Schau hin, Mensch! Sie zeigen dir die Wurzel deiner Wunde und deiner Größe Quell.

*

Vierter Gesang

Vertrieben der Bruder, unsicher die Herkunft. Gewiß nur die Mutter. Der Segen? Metuschelach. Lang leben, Kinder machen unterwegs, starke Söhne und schöne Töchter für die Unzucht. Die Rache ist eingeplant als Ehrensache. Die Meereswasser reinigen vom Schmutz. Versöhnt? Ach, was! Der Alte ist trunken. Sie wissen nicht woher und auch nicht wohin. Was dann? Verflucht sei unser Stamm.
   Nur gehen und gehen und fort und wieder weg. Die Heimat ist weit entfernt. Der Satan bricht das Herz. Wandernde Gestalt, wo ist das Glück? Totenstille. Das Schweigen spricht: Hier nicht! Unruhiges Dasein. Immer fort und wieder weg! Mensch, als Mann und Frau einsam, das Wesen des Heimwehs.

Geschenkt hast du mir die Seele und dann vertrieben
aus deinem Leib. Täler meiner Berge, Meere, Flüsse und Seen.
Noch wehen deine Lüfte in meinem Haar. Warme Nächte.
Düfte deines Gartens streicheln meine Hand. Töne meiner Jugend.
Farben. Heiße Küsse. Wie könnt' ich dich vergessen, Solymàr?

Mich gebar dein Felsen. Du gehst mit meinem Gang, ich atme

Gotteshervorgang

deine Luft. Sonne, die mich gebräunt einst, warum bin ich so blaß?
Die Morgen waren hell, die Tage heiß, du stets bei mir, der Abend warm.
Im Wasser spielt der Wind. Salz. Geschmack der Frühe. Die Palmen
geben Schatten und bringen Datteln. Die Hitze ruht sich aus. Die Frische
kommt. Die deine. Mein Gott! Wie könnte ich dich vergessen, Marisòl?

Schicksal des Unterwegs.
Vertrieben und verdammt. Erniedrigt. Die Fremde ist immer kalt. Das
Eigene verkannt, die Freude stets verbannt. Die Würde wird versklavt.
Allein die Erinnerung an dich bringt neues Leben und hält es wach.

Meine Tränen mischen sich mit den Wassern deiner Flüsse, Poseidon.
Babel und Babylon. Chaos. Dann Hunger. Die Wüste war unendlich.
Schlimmer noch ist die Erinnerung an die Liebe von Sion.
Der Alte geht. Die Frau unfruchtbar. Ach, die Nächte in der Fremde,
Elisabeth. Doch auch Ekstase hast du erfahren unterwegs.

Alter Mann, junges Licht umhüllt dein Wesen. Reine Seele, durch die
Nacht schreitest du gelassen dem Höheren entgegen. Dein Glaube ist
stark, dein Geist weich wie die Wolke von Meriahn. Guter Engel.
Das Auge schaut vom Baum. Die Gäste kommen auch. Ergreifende
Botschaft: Empfangen wird nunmehr deine Frau.

Sie lacht. Ohne Blut? Der Alte glaubt. Der Satan webt nebenbei
seine Camorra. Schmutz und Hölle. Sodoma und Gomorrha. Schwäche.
Entschieden muß die Geschichte vorangehen. Wer zurückblickt,
wird untergehen. Wer nach vorne schaut, wird weiterleben.
Die Frau lacht, diesmal aus Freude, der Sohn ist da.
Der Glaube hat geboren, die stärkste Kraft.
Im Glauben hat die Zukunft Gegenwart.
Da stimmst du gewiß zu, aus Erfahrung, Solymàr.

Von oben spricht herab erneut die Stimme: Steig den Berg hinan! Was du
am meisten liebst, lieferst du mir an der Spitze frei ab. Soll mein Blut sinnlos vergossen werden? empört es sich in der Tiefe seines Herzens. Der Alte fragt nicht, er liebt, glaubt dem Leben und beugt sich vertrauensvoll seinem Geschick.

>   Würdevoll einsam steigt der Mensch den Berg hinan,
>   in der Seele Hoffnung, das Leben in seiner Hand,
>   keine Hilfe in Sicht, gestützt auf seinen Glauben,
>   schreitet er der großen Herausforderung entgegen.
>
>   Der Weg ist lang, die Spitze hoch.
>   Er kommt an. Da ist mein alles!
>   Ich gebe dir zurück, was ich nur empfangen.
>   Doch lieben darf ich weiterhin und auch leiden.

Da erlebte die Geschichte erste Helle,
rechtzeitig hatte der Sinn gefunden seinen Gott.
Von oben wird gegeben, was unten wachsen soll,
die Früchte aus dem Tod, aus Gräbern neues Leben,
die Finsternis wird Licht, aus Stummem neues Wort.
Da ist stets wieder Morgen, Aufgang des Endes Los.

Des Glaubens Wirklichkeit ist ein Traum,
der wach hält und frisch den Lebensbaum.

*

Fünfter Gesang

Schicksal im Unterwegs.
   Schau in die Tiefe, lerne den Sinn. Sein ohne Land. Mensch, stets einsam als Frau und Mann. Die Fremde in der Heimat. Der Feind in deinem Haus. Einst tötete der Junge seinen Bruder. Jetzt wird der Knabe nur verkauft. Geist ohne Land. Die Wüste. Unbarmherzig heiß und kalt.

Staub und Sonne. Die Herrschaft schwebt über die Räume.
Lange Stunden hat der Tag. Hitze und Tau. Der Himmel ist blau
und schwarz. Die Nacht ist kalt. Tausend Augen schauen hinab,
die Ruhe kämpft gegen die Träume, die fremde Geister senden
und Frau und Kind erschrecken. Wer weint heraus aus diesem Mann?

Du weißt, warum er leidet, Marisòl.
Hast du nicht auch geweint, Solymàr?

Einsamkeit. Getrennt ist von der Seele der Leib, ohne Heimat.
Staub und Sonne tagelang. Gräber meiner Väter. Kalte Nächte ohne Schlaf.
Wie soll ich deinen Namen je vergessen, Liebe meines Lebens, Montymàr?
Mein Herz bricht vor Schmerz, wenn ich deiner gedenke, Jehudà.
Die Arbeit in der Fremde ist immer hart. Die Tage heiß. Die Nächte kalt.
Einsamkeit. Getrennt ist von der Seele der Leib, ohne Heimat.

Da kam der Weise aus der Wüste. Wer ist hier zu Hause, Nathanaèl?
Das Kind wird am Ufer des Flusses ausgesetzt. Es schmerzt das Heimweh.
Die Mutter weint. Still in jeder Ecke sitzt der Tod. Das Leben hofft.
Staub und Sonne tagelang. Wo ist die Mutter? Gräber meiner Väter.
Die Nächte in der Fremde sind sehr kalt. Düfte meiner Berge. Wasser, Salz.
Wo bist du, Marisòl? Getrennt ist von der Seele der Leib aus der Heimat.

Bitter ist gar der Honig, wenn deine Lippen leiden,
die Erde zuckt zusammen,
wenn deine Tränen in Lieder sich verkleiden.

Was bist du, Sehnsucht?
Ein Drang,
der stets nach Zielen strebt,
die immer ferner sind?
Wonach sehnst du dich denn?
Nach Hause, hast du geflüstert.
Da kam der alte Weise aus der Wüste:
Wer ist hier daheim und wer kennt seinen Namen?
Der Weise sprach. Stille überall.
Keine Antwort. Alle im Exil.
Meinen Namen? Ihr kennt ihn.
Düfte meiner Berge. Pinien, Wasser, Salz.
Hier Staub und Sonne tagelang.
Kälte in der Nacht. Im Herzen Feuer und Leere,
Sehnsucht, nach dir Montymàr.

Wer könnte mir den Frieden geben und wiedergeben Lebenslust? Vor Jahrtausenden schicktest du mir die Antwort, Marisòl, in mein Exil: Nur die Liebe, die unendliche, die annimmt und birgt und die Tiefe meines Herzens füllt und stillt. Wer gibt uns diese Liebe, meine Liebe? Die Mutter, das Land, das uns gebar? Wie komme ich hin?

Wer soll die Kinder zum Land führen, wo Friede ist und nur Liebe?
Sie suchen Land, das die Macht gibt: Sie wollen Liebe, wissen's nicht.
Es kam der Weise aus der Wüste und sprach: Verlaufen haben sich die Wege?
Wie Blinde gehen wir alle durchs Leben, irren umher, Planeten beben,
Welten vergehen. Wollt ihr sehen? Die Fremde. Staub und Sonne.
Die Nächte sind sehr kalt. Wir wollen heim, wo Wärme ist und Wonne.
Ihr seid Sklaven und schreit nach Macht und wollt nur Liebe. Wer sagt
euch denn endlich, was euer Herz begehrt? Lang ist der Weg,
der aus dem fremden Land zur Heimat führt.
Getrennt von der Seele ist der Leib in der Fremde, Ismael.

Wo bist du, Marisòl?
Deiner gedenke ich unaufhörlich, Solymàr.

Da sprach die Stimme aus dem Feuer, das nicht brennt:
Ich bin das Gute, das dir das Leben schenkt,
ein Vater, der dich zeugt, eine Mutter, die dich trägt.
Hin bringe ich dich, wo du sein willst.
In dein Land. Das Land bin ich,
das nie nicht war und jetzt da ist und stets sein wird.
Bist du allmächtig, Ich-bin-da? Dann sollst du unsre Feinde alle töten,
spricht der Dämon durch den Menschen, und uns nach Hause führen,
weint die Seele,
dorthin, wo's schön ist und warm und Honig fließt und Milch.

Der Weise kam und ließ die Wüste sprechen:

Wir sind alle in der Fremde und wollen gleich nachhause,
wo's zu essen gibt und auch warm ist und Wasser fließt.
Liebe will dir geben Ich-bin-da.
Warum willst du bloß Kriege und Tod und Siege?
Zu hart und eng ist noch das Herz, das meint allein zu sein auf dieser Welt.
Niedergeschrieben wird die Liebe, die ganz erfüllt und auch befreit.
Sie wird ganz klein und starr und auch gemein. Buchstabe ohne Geist
ist doch der Stein. Bloß Fleisch ist der Leib ohne Geist. Die Seele ist verbannt.
Nur Brot und Spiel will der Ungeist und Macht und betet an
Stein und Holz und Eisen. Krieg will er und hohe Siege.
Und süße Speise ohne Arbeit will der Waise aus dem Himmel.

Verbannt sind die Gefühle. Vernunft, sprichst du? Sag nur: Was machen wir, solange wir sind in der Wüste unterwegs zur Heimat?

Ach, wüßte ich nur das! Nach einer Seele habe ich mich gesehnt von Anfang an. Erreicht habe ich es manches Mal, es war mir gut dabei und warm, dann gab ich auf, und stur bin ich und trotzig geworden wie ein Kind: Ich weiß alles, du weißt nichts. Seien wir jetzt zumindest einig, da wir beide gleich weit entfernt sind von der Mutter.

Da freute sich der Weise und sagte und sprach: Einsichtig werdet ihr endlich und auch wahr. Im Exil sind wir alle gleich arm.

> Die Wüste ist breit und lang.
> Nur Sand,
> des Tages heiße Sonne,
> die Nächte kalt.

*

Sechster Gesang

Unterwegs auf weiter Ebene. Vernunft getrennt von ihrer Seele. Dann alles ohne Geist. Leere des Nichtsseins in der Tiefe und im Leib. Drang, stets anderswo zu sein. Ständig will es weg. Wer ist das Es?

> Und wer weiß hier seinen Namen?
> Wer ist daheim?
> Niemand kann
> in der Fremde Ich sagen.
> Zerrissen ist das Dasein.
> Das Leben rauh.
> So leidet auch der Engel.
> Sein, wo ist denn dein Haus?

Vernunft, wo ist mein Heim? Ich möchte keine Lüge, nur Wahrheit. Ohne Mutter habe ich auch kein Sein. Die Leere des Nichtsseins in der Tiefe der Seele und im Leib.

Gotteshervorgang

> Die Wüste ist breit und lang.
> Nur Sand,
> des Tages heiße Sonne,
> die Nächte kalt.
> Sein, wo ist dein Haus?
> Leid, wo die Oase?
> Wir sind nun alle Waisen.
> Dasein.
> Ohne Haus kein Da.
> Zum Tode verurteilt.
> Das Sein hat uns verlassen!
> Die Wüste!
> Die ist lang und breit,
> ohne Wasser und ohne Küste.
> Im Herzen steckt der Stein.
> Nur Sand
> und Schlangen,
> des Tages heiße Sonne,
> die Nächte kalt.

Meere meiner Heimat! Die Wüste ist heiß und auch sehr kalt. Leiber ohne Seelen verwelken Tag und Nacht. Schahita, hilfst du mir? Ich möchte weg von hier.

Da antwortete der Weise, sagte und sprach:

> Will er von der Erde
> steil fliegen nach oben,
> so braucht er nicht nur Flügel,
> sondern auch die Luft, der Vogel.
>
> Willst du aus der Wüste fliehen
> und die Freiheit erlangen,
> mußt du dich kräftig mühen
> und von oben Hilfe empfangen.
>
> Was hier auf Erden geschieht,
> lehrt das Dasein der Pflanze.
> Was oben dem Himmel beliebt,
> tut sich unten für das Ganze.
> Du wähnst dich ja allein,
> siehst nur Wüste in diesem Leben,
> willst du Fülle und nicht mehr Pein,
> hör auf die Stimme deiner Seele.

Ich führe dich mit starker Hand heraus aus der Pein, versprach die Stimme. Der Weg ist schon geebnet, ein Führer dir geschenkt, Gesetze sind verkündet. Warum klagst du immer noch, Liebes, mein Volk? Unglückli-

ches Dasein in der Wüste und unterwegs, ist es nur Heimat, was dir fehlt?
Sieh dich um, wie schön und weit die Welt.

Lieb schaut vom Himmel herab der Blick der hohen Berge,
das blaue Wasser rauscht, der Wind weht, die Sonne geht auf.
Rot bekleidet, von der frischen Helle umhüllt, steigt aus dem Meer
empor der Morgen. Weit und breit keine Wolken.
Nur Licht!
Der Geist wird Klang.
Die Stille spricht.
Wenn die Freude aus ihr heraus ihr Lied singt,
da weint die Sehnsucht ganz traurig und verstummt.
Dürftig die Gegenwart, besser scheint stets, was einmal war.
Lieber satt in Sklaverei als Kampf und Hunger in Freiheit.
Wolltest du nicht heim? Nun, unterwegs dorthin, klagst du die ganze Zeit.
Tränen der Unruhe sind die deinen. Und eine ernste Frage ist die meine:
Was quält dich, Volk? Antworte mir. Was quält dich, Mensch?
Die Zeit der Höhle ist überwunden. Das Tal ist weit und grün,
der Himmel blau, die Sonne scheint, die Felder blühen, das Meer
rauscht. Was denkst du an die Wüste? Der Weise ist da. Dich führt er
mit starker Hand zum Ort deiner Geburt, wo's zu essen gibt
und Wasser fließt, in dein Land.

Das Volk ist nun zu Hause. Doch glücklich ist es nicht. Unruhig in sich
selbst, führt es Kriege ohne Maß.
    Warum diese Unruhe, mein Herz?
    Wo bist du jetzt, meine liebste Marisòl?
    Deiner gedenke ich unaufhörlich, Montymàr.

Unendliche Unruhe, unglückliche Gestalt! Du willst nur Kriege
ständig, Tag und Nacht, der Feind ist in dir, deshalb auch überall.
Liebst du dich wirklich, Jehudà? Suchst du wahrlich die Heimat?
Warum vergißt du mich? Du übst Verrat, sagt Ich-bin-da.
Ich bin vergessen und leide sehr.
Geprüftes Volk, ich liebe dich, wandernder Mensch, edle Gestalt,
ausgezeichnet zeigst du uns die Schwere des Schicksals.
Wie heißt der tiefen Sehnsucht die große Fülle? Unendlichkeit
ist dein Name. Mein Name? Meine Qual! Ich suche ein Leben lang,
ohne zu finden. Wie sollte ich? Du bist doch nichts.
Ach! Sagst du nur, immer von dir,
Ich-bin-voll-da. Das Sein, das nie vergeht. Wo ist sein Da?
Dies weiß ich: Das Da bist du, das nirgends ist.
Ist nicht deshalb mein Herz zerrissen?
Stets unerfüllt, sucht überall
und findet nie die Heimat?

Vorzeit

Jahrtausende vergingen.

Dann geschah es, daß sich eine Gruppe von Menschen am Rand des Ortes niederließ.

Was für ein Volk seid ihr? Was wollt ihr von uns? fragten die Einheimischen beunruhigt. Denn sie hatten Angst, angegriffen zu werden.

Wir kommen von fernher. Die Erde hat sich geöffnet und unser Land verschlungen. Wir konnten entrinnen.

Und wo wollt ihr hin? erwiderten die Einheimischen.

Auf der Flucht vor dem Tod konnten wir unbewohntes Land finden. Wir haben die Erde bestellt. Dann aber entstand Streit unter uns. Eines Nachts wurden wir von den Geistern unserer Vorfahren heimgesucht.

Von euren Ahnen, die bei der Erdkatastrophe getötet wurden?

Ja, unsere Toten erschienen uns in der Dunkelheit.

Und was haben sie zu euch gesprochen?

Daß wir auf die Stimme des Meeres hören sollen. Sie spreche vor Sonnenaufgang durch eine große Felsenhöhle zum Berg hin. Sie werde uns auf ein unbewohntes fruchtbares Land hinweisen und uns ein Grundgesetz offenbaren, wonach Friede zwischen Menschen und auf Erden geschlossen werden könne.

Habt ihr die Stelle gefunden, wo das Meer zum Berg spricht? fragten die Einheimischen.

Ja. Wir haben sie gefunden. Es ist nicht weit von hier. Auch die Worte haben wir gehört, sie aber nicht verstanden. Unsere Toten sagten uns, wir müßten so lange hinhören, bis wir verstehen. Darum haben wir uns hier niedergelassen.

Die Einheimischen kehrten in ihre Stadt zurück. Sie berieten und sagten: Unrecht tun die Fremden nicht. Sie haben sich außerhalb unseres Besitzes niedergelassen. Und der Ort, an dem die Stimme spricht, ist Niemandsland. Wir könnten gemeinsam zum Meer gehen und die Stimme hören. Vielleicht können wir sie verstehen.

Sie kehrten zu den Fremden zurück und sprachen: Wollen wir uns nicht gemeinsam an den Ort begeben, wo das Meer zum Berg spricht?

Gerne können wir es zusammen tun. Wann?

Heute Nacht!

Nach Anbruch der Dunkelheit machten sich Einheimische und Fremde auf den Weg zur Felsenhöhle. Als sie ankamen, ging die Tageshelle auf.

Der Himmel war blau.

Da flog der Adler hoch und sagte: Die Stimme wird jetzt sprechen.

Pflanzen und Tiere rückten zusammen. Auch die Menschen blieben still.

*

Siebter Gesang

Noch war die Sonne nicht aufgegangen, da stieg die Stimme aus der Tiefe
des Meeres zum Berg herauf und sang:

Von fernher kommt das Wort und spricht und schweigt
und sagt ganz leise, was in euch lebt. Das Wasser ist kühl
und fließt im Fluß und springt im Meer und will nichts mehr.
Die Höhe ist hoch, die Spitze scharf, da weht der Wind,
der Stein ist hart. Seht ihr den Horizont? Die Enge trennt.
Da geht die Sonne auf, die Weiten werden hell. Grün und blau
des Lebens Farben, rot der Tod und gelb. Der Tod ist rot,
der aus Liebe wirklich tötet und dann die Wiege öffnet,
die neues Leben birgt. Die Zeit kommt, wo Farben fröhlich
spielen mit den Tönen wie einst die Elfen mit den Feen, alle Engel,
und jedes den Namen, der ihm gebührt, bekommt. Still will
die Stätte werden, in der niedergelassen wurde die Urkunde.
Die Welten waren eins, sind jetzt viele.
Der Schoß öffnet sich wieder.
Mutter, das Eine kommt.

Die Sonne ging auf und umhüllte Berg und Meer mit ihrer Helle. Ganz leise flüsterte ein frischer Wind dem Morgen geheimnisvolle Worte. Pflanzen, Tiere und Menschen hörten andächtig der Stimme zu:

Der große Friede kommt, singet mit, ihr Lieben, die Hymne,
da ihr euch sehnet vor allem nach der Seele, die sich erinnert
gelassen an die Tage, wo jedes wachsen konnte bis zum Himmel.
Nun kommt die Kraft aber des Meeres aus der Tiefe und singt
und spricht und spannt den Bogen und eint von unten
bis obenan des Lebens Kräfte und läßt den Geist
glänzen in der Helle des einen großen Lichts. Kommet her
ihr alle, die ihr gekostet habt des Leidens Gift und Kelch,
das Meer spricht zum Berg, da wirst du wiederfinden
den Vater, der dich will, die Mutter, die dich trägt.
Beides ist eines, das dich immer geliebt
und nie vergessen und stets begleitet, ganz das deine,
Stein und Wasser, schaut die Sonne und den Bogen,
der Regen kühlt die Welten und sänftigt die Dämonen,
Engel schweben mit den Mädchen durch die Wolken,
hört ihr die himmlische Musik? Auch die Götter nahen.
Alles eins, diese Erde, des Höchsten wahres Heim,
des Kosmos Hauptstadt, Liebe, die Heimat des Seins.

Gotteshervorgang

Die Menschen waren außer sich vor Staunen. Noch nie hatten sie solche Worte gehört. Was ist der Sinn? fragten sie sich insgeheim, wagten aber nicht zu sprechen.
Eine Weile legte sich wieder große Stille über den Berg.
Die Sonne schritt majestätisch zum Zenit voran.
Da stieg erneut die Stimme aus dem Meer und sprach:

Groß muß, Mensch, dein Herz aus Fleisch werden,
aus Blut, ganz tief und weit und breit wie Meer und Sand.
Stets bin Ich da, wo es geschieht, es geschieht da, wo du jetzt bist.
Waren wir nicht schon, als es begann? Ganz leise und früh sang es hinten
im Garten, während die Blumen abends ihren Duft entfalteten
und im Bach das Wasser spielend mit den Kieseln frisch kristallen floß.
Warme Lüfte wehten um die Bäume, die gute Früchte trugen,
und spielten Instrumente, die kein Ohr gehört. Orchester deines Himmels,
Mutter und Herr, das einzige, das klingt und Freude und Frieden bringt
den Herzen und ruft hervor Erinnerung der Seele an warme Nächte,
die einten, was der Tag trennt. Seht! Da kommen die Enttäuschungen,
müde und einsam nach langem Marsch. Die Lichter zittern, rufen,
bitten und bieten Wärme und Frieden. Die Geister setzen sich, die guten,
die ankommen und wachen übers Haus, während die anderen
einst mit ihrem Lärm betörten. Nun aber ist Friede, weil der Herd
den Kreis hat gebildet, der alles in sich schließt. Beglückt sind beide,
und auch die anderen erfahren die altersehnte Freude, die sich ausspricht
in leichten Farben und tiefen Tönen. Geflüsterte Worte, himmlische Musik
in irdischer Landschaft. Hört, was euch sagt euer Herz, das reinigt
den Verstand und die Vernunft und versöhnt alles mit der Seele.
Dann ist Friede und Freude, Heim, wie der Kreis, der offen ist
für alles und geschlossen ganz in sich. Die Liebe allein beglückt,
wenn sie wahr ist, und spendet Wärme und gibt sich hin
und ruft das Göttliche hervor, das getragen hat bisher die Geschicke,
getarnt und fern, nun aber doch sich öffnet und zeigt den Himmel
und seine Wiege, aus der alles zuerst geboren wird.

Die Menschen kehrten betrübt in ihre Städte und Häuser zurück. Denn die Worte fanden bei ihnen zwar Gefallen, aber sie konnten ihren Sinn nicht verstehen.
   Viele Jahre vergingen.
   Die Fremden hörten weiterhin geduldig Tag für Tag der Stimme zu, ohne die geheime Bedeutung entziffern zu können.
   Die Einheimischen lebten, oft von inneren Kriegen und Hungersnöten geplagt, unglücklich in ihren Städten. Wann wird derjenige kommen, der uns Macht und Reichtum bringen soll? klagten ihre Dichter. Alsdann erst werden wir glücklich sein.
   Doch der Retter kam nicht.

Achter Gesang

Jahrhunderte vergingen.

Da stand eines Tages plötzlich auf ein Weiser, der früh alt wurde und stets jung blieb. Er war König eines neuen Reiches und der Liebste einer schönen Königin. Innig liebten sie sich und hatten darum Frieden in ihrem Herzen. Nie wurden sie müde, zusammen zu sein. Alles taten sie gemeinsam. Morgens beim Aufstehen und abends beim Zubettgehen sangen sie Lieder, in denen sie sich gegenseitig ihre große Liebe bekundeten.

Als die Menschen vom liebenden Königspaar hörten, sagten viele: Das kann wohl nicht wahr sein. Wo soll auf dieser Welt echte Liebe sein, hier, wo nur Macht und Reichtum wichtig sind? Andere aber erwiderten: Laßt uns dorthin gehen und uns selbst überzeugen. Wer weiß, vielleicht ist doch irgendwo echte und große Liebe auf Erden.

Die Menschen brachen auf zum neuen Königreich. Obwohl es in ihrer Nähe war, mußten sie lange suchen, bis sie es finden konnten. Acht Tage und acht Nächte mußten sie laufen. Mit der Morgendämmerung des neunten Tages kamen sie an.

Die Sonne ging auf über dem Königsschloß, das am Hang des Berges über dem Meer stand. Voller Ehrfurcht blieben die Menschen davor stehen.

Ein zartes Licht umhüllte den Berg.

Da klang die Stimme der Königin aus dem Schloß hervor und sang:

> Wach auf, Liebster,
> der Morgen kommt, wach auf,
> die liebe dunkle Nacht
> ist uns entschwunden,
> das Leben ruft.

Sieh, wie die Felder grünen und blühen, der Himmel blaut,
das Wasser rauscht im Meer und ruht im See.
Die Flüsse beleben den Berg, die Sonne scheint. Hörst du nicht,
wie uns die Taube zum Spielen lädt? Die Zeit vergeht so schnell,
kurz ist der Tag, und lang und tief der Drang.

Der König erwachte:

O! Deine Stimme weckt mich aus tiefem Schlaf. Geträumt habe ich
die lange Nacht, daß du da warst, Liebe, nun siehe,
ich öffne meine Augen, und du bist wirklich hier. Wann träumte ich?
Die Helle umhüllt mit ihrem Licht die grünen Felder. Der Berg ist hoch
und steil, der Wind streift ihn und macht ihn frisch, die Luft belebt,
das Meereswasser rauscht und wellt, umarmt ihn weich,
der Schaum ist weiß. Der Tag wird heiß, und tief die Wonne und groß.
Willst du mit mir spielen, schönste Liebe, lange Zeit?

Die Königin erwiderte:

Mit dir spielen, Liebster, ist mir Schicksal, des höchsten Gottes Wille,
mir Freude und meine Wonne. Du bist warm wie die Sonne und frisch
wie ein kühler Bach. Deine Brust ist stark wie die des großen Bären,
dein Haar weich wie ein junges Schaf, deine Kraft scharf wie ein Speer,
dein Mund, ach, dein Mund! Des Himmels Tor, heiß, süß und zart.
Du bist meine Fülle, für dich bin ich leer, mit dir zu spielen, mein Glück.
Laß uns zusammen tauchen in das Meer,
wie die Flüsse fröhlich fließen durch das Tal.

Und der König sprach:

Die lange Nacht habe ich geträumt, der Berg sei zu hoch, zu tief das Meer.
Ach, Liebe, was bist du denn? Des Lebens Traum, die Wirklichkeit und mehr.
Tag geworden ist die Nacht. Es ist schon Morgen. Helles Licht. Hoch und steil
ist der Berg, doch hold schaut er wie die Sonne in das Tal.
Ganz fein ist deine Haut, deine Brüste schön und rund, deine Augen tief
und rein, Feuer brennt in deinem Mund, süßes Brennen, laß uns gehen
durch die Felder, lachen, spielen bis zu des Meeres tiefem Grund.
Alles ist heilig. Sind nicht die Götter hier? Und Engel und Feen.
Alles ist eins. Und das Feuer, das stets brennt. Und die Elfen. Und das Wehen,
das nur weht. Stein im Berg, Salz im Wasser, Schaum im Sand.
Laß uns gehen, liebste Liebe, von der Spitze durch das Meer bis zum Tal.

Der Morgen wuchs und wurde Tag. Der Tag reichte die Speisen und
auch den Trank, erreichte seine Mitte und währte so lange, bis der
Abend kam. Da sprach die Königin zu ihrem Mann:

Schön war, Liebster, und kurz und lang und tief die Wonne. Unter geht
nunmehr der Tag. Nur mit dir, die Nacht komme! Laß uns doch
gehen in die Höhle, wo wir bloß waren und eins, bevor die Sonne kam.
O, mein Lieber, ist die Höhle kühl und warm! Dich umarmen und zergehen
möchte ich nur, tief dich lieben ohne Grenzen, ohne Halt.
Still ist alles und ruhig die Seele, und mein Schoß ganz weich und warm.

Der König antwortete:

Nichts vergeht mehr, liebste Liebe! Immer Tag und immer Nacht.
Feuer und Wind. In der Helle ist das Dunkle, in der Finsternis das Licht,
weil die Liebe ihre Kraft, stark und zart, aus dem Leiden stets doch nimmt.

Der Gesang bezauberte den Berg. Pflanzen, Tiere und Menschen hörten
ekstatisch zu. Stille folgte. Dann sangen beide Stimmen im Einklang:

Laß uns gemeinsam sterben. Dieses Leid ist unser Leben.
Ach, die Wonne dieses Brennen, und der kühle Wind die Freude.
Aus beiden Eines werden wie die Flamme aus dem Feuer!

> Frau, Schwester,
> du bist ich.
> Bruder, Mann,
> ich bin du.
> Ach, das Leben,
> liebste Liebe,
> das sind wir!
>
> Das ist Anfang, Mitte, Ziel.
> Laß uns, Liebe, endlich leben,
> laß uns, Leben, endlich lieben.
> Denn das Leben ist die Liebe,
> wenn aus zweien Eines wird.

Unser Herz ist zutiefst gerührt, sagten die Menschen. Wie wunderschön ist das Land, wo Liebe ist!

Da trat der weise König aus dem Schloß, sprach liebevoll zu der Menge und sagte:

> Heiße Tage, kalte Nächte,
> lange Zeit ward ihr doch
> unterwegs zur Heimat.
> Wüste und Meere, Berge und Täler
> habt ihr durchschritten.
> Und als ihr angekommen,
> war die Leere wieder da.
> Gesetze, Unruhe, Kämpfe,
> Klage und Tränen.
> Bewußt hat das Unglück
> euren Geist stets geplagt.
> Hart blieb das Herz,
> die Seele trocken,
> die Leiber matt.
> Besitz anhäufen.
> Ihr hattet euch verirrt,
> begehrtet Macht
> und brauchtet Licht,
> wolltet Siege und meintet Liebe.
> Euer Irrtum:
> Ihr suchtet außen,
> was innen ist.
> Hört auf die Stimme eurer Seele!
> Und die kosmische Heimat
> wird in euch aufgehen.

Wie könnte das geschehen? fragten die Menschen.
Möchtet ihr, daß dies geschieht? erwiderte der König.

Ja, wir möchten es! riefen die Menschen aus.

Die Freude des Lebens sei dann mit euch, sprach der König und starb.

Als die Königin erfuhr, daß der König im Gespräch mit den Menschen gestorben war, trat sie aus dem Schloß, umarmte ihren Liebsten und folgte ihm.

Drei Tage und drei Nächte wurde das königliche Liebespaar in der Höhle unter dem großen Felsen am Meer aufgebahrt. Als die Menschen in der Frühe des vierten Tages in die Höhle zurückkehrten, um es zu beerdigen, fanden sie nur ihre Kleider. Der Liebenden Leib hatte sich aufgelöst.

*

Neunter Gesang

Jahrtausende vergingen.

Der weise König lebte glücklich mit seiner Königin im Weltall. Da stieg eines Morgens die Stimme vom kosmischen Zenit herab und sprach zu ihm:

Schau dir die Erde an! Das lange Leiden durch Streit, Zwist und Kriege hat die Menschen gereinigt. Ihr Herz kann nun angesprochen werden. Das Zeitalter des Friedens könnte anbrechen. Magst du dir wieder einen irdischen Leib nehmen und erneut die gute Botschaft verkünden, auf daß das hohe Lied, das ihr einst gesungen, Wirklichkeit werden möge?

Der König schaute seine Königin an, die antwortete und sprach:

Liebster, nun mußt du vorerst allein zur Erde hinabsteigen. Das Geschehen echter Liebe könnten die Menschen noch nicht ertragen. Um in einem Leib aus Fleisch leben zu können, muß der Geist stark und die Seele rein sein.

Der König erwiderte:

Du hast recht, Liebste. Wie könnte den Menschen der Sinn am besten gelehrt werden?

Da sprach die Königin und sagte:

Die Menschen sehnen sich nach Liebe, verstehen aber nur die Sprache der Macht. Rede also Machtworte zu ihnen, tarne die Liebe mit dem Mantel eines allmächtigen leiblosen Geistes, dem alles, selbst das Unmögliche möglich ist. Erscheine auf Erden in männlicher Gestalt, verkünde als Mann die weibliche Botschaft, auf daß der Weg zum menschlich liebenden Menschen dergestalt vorbereitet werden kann.

Daraufhin fragte die Stimme den König:

Willst du in Mannes Gestalt auf die Erde hinabsteigen?

Da antwortete der König und sagte:

Ich will.

Und die Stimme sprach:

Geh, Bote der Weisheit, in der Liebe Namen.

Und der König begab sich an einen Ort der Erde, wo Friede war und also Liebe geschehen konnte.

Es war einmal ein Dorf
in einem schönen Land.
Die Straßen waren sauber,
die Felder fruchtbar.
Da begegneten sich eines Tages
eine Frau und ein Mann.
Die Frau war Jungfrau,
der Mann war voller Mann.
Glücklich war sie und gerne Frau,
gerne war er und glücklich Mann.
Groß er und schön und stark,
weich sie und schön und sanft.

Die Liebe wollte leben,
sie war sehr zart und warm.

Der Wind wehte leise
und die Luft war kühl und rein
und der Berg schaute ernst
und die Spitze war aus Stein
und das Meer rauschte kräftig
und das Salz schmeckte fein.

Das Mädchen lebte ruhig,
der Mann tat seine Arbeit,
innig wünschten sich die beiden,
voll Frau und Mann zu sein.

Die Liebe wollte leben,
nun kam schon bald die Zeit.

Es war an einem Abend
des Jahres, irgendwann,
da spielten und freuten sich
die Mädchen mit den Knaben.

Da entdeckte der junge Mann
die Augen der Jungfrau
und sprach ganz zart zu ihr:
Komm, Mädchen, doch zu mir,
ich möchte in dir sein.
Da wurde sie verlegen,
es senkte sich ihr Haupt.
Die Röte wollte sprechen:
Für dich bin ich geblieben
verschlossen und ganz rein.

Gotteshervorgang

Das Leben freute sich,
die Liebe war ganz nah:
die Frau mit ihrem Mann,
der Mann mit seiner Frau.

Wie zart ist deine Haut,
der Himmel abends dunkel,
des Morgens meistens blau,
du duftest wie die Rosen,
so er zu seiner Frau.
Wie stark ist deine Brust,
sprach sie zu ihrem Mann,
großartig dein Leib,
ich will sonst gar nichts mehr,
ich liebe deinen Geist.
Zeigst du mir deine Seele?
Komm unter die Büsche!
Siehst du die Höhle?

Dir möchte ich erzählen,
wie das Leben hier lebt,
der Berg ist mächtig,
der Eingang schmal,
das Meer rauscht,
gewaltig voller Kraft,
die Nacht ist hell,
der Sand wird warm,
die Stille spricht,
leise singt die Nachtigall
das hohe Lied,
das einmal klang,
erinnerst du dich?

Das Leben freute sich,
die Liebe war ganz nah:
der Mann mit seiner Frau,
die Frau mit ihrem Mann.

Die Liebe wollte leben,
war voller Leidenschaft,
Feuer und Luft,
Stille,
ach du, die Sehnsucht,
bist voller Lust und Kraft.

Das Meer wurde ruhig. Die Liebenden verließen die Höhle und betrachteten im Schweigen die bestirnte Nacht. Da stieg die Stimme aus der Meerestiefe empor und sprach:

Schaut, wie jetzt die Kraft weich wird und stark und streichelt
die Seele und den Leib. Die Götter lachen, sie sind versöhnt,
der Sinn ist wohl gefunden und in sich endlich aufgegangen.
Sie haben nun gelernt die Zärtlichkeit. Das Heer ist befriedet
im ersehnten Land wohl angekommen, wo alles blüht im Frühling,
es ist im Winter kalt, im Sommer heiß, es dauert nur einen Tag,
die Fülle lang genug, der Herbst geht auf und sinkt in sich zurück.
Es waltet nur die Freude, die dem Dasein das Leben gönnt,
lacht allesamt, der Völker gute Götter sind befriedigt,
sucht euren Platz, die Stille ruft und birgt den Schrei eurer Freude.
Lebt aus die Lust mit Kraft und Geist,
Seele voll Zärtlichkeit,
durchdringet die Geschichte, einst müde und verzittert
unter der strengen Härte, nun aber hell und licht.
Wirklich sind durch euch endlich die Götter und auch die Engel

Die Liebenden schauten einander in die Augen und sahen, daß die Seele offen war und weich geworden durch den Leib. Die Wirklichkeit war nah. Und die Ekstase der Erfüllung durchdrang die Schöpfung.

> Du bist nun meine Frau,
> und du bist mein Mann,
> laß uns allein sein,
> sang laut die Nachtigall.
>
> Des Meeres Wasser rauschte,
> der Berg hoch, tief das Tal,
> die Wellen sprangen fröhlich
> und schmückten mit dem Schaum
> den Felsen und den Strand.
> Die Nacht war hell,
> der Himmel voller Sterne,
> oben schaute der Berg,
> die Wiese barg die Höhle,
> der Kosmos war still,
> auf Erden herrschte Friede,
> die Zeit ruhte in sich.
>
> Das Leben hatte Liebe,
> der Geist hatte Leib,
> die Welt wollte den Frieden:
> Hier! sprach die Zärtlichkeit.

Himmel und Erde freuten sich über das Ereignis, das der weise König ermöglicht hatte. Aus der leidenschaftlichen Umarmung von Frau und Mann wurde die Liebe Leben, der Geist Fleisch. Im Hintergrund aber mußte weiterhin bleiben das Weib. Halbiert war noch vorläufig die Freude im Weltall.

Versprochen wurde Friede,
das Zeitalter begann,
erstaunt sahen die Sterne
auf die Tarnung herab,
wie wohl alles auf Erden
dem alten ähnlich sah.
Der Mensch wurde Gott,
doch Gott wurde nur Mann.

Und das Göttliche wurde männlich
und die Erde dem Himmel ähnlich
und das Weibliche stimmte bei
gezwungen und wohl auch frei
und die Erde wurde mächtig
und die Sonne diente im Kreis
und die Sterne wurden klein
und die Engel zum Geleit
und der Mann zum Befehlshaber,
der Himmel und Hölle befahl
aufzunehmen und zu entlassen,
alles war ihm untertan.

Doch die Geschichte verstand,
daß sie nach Milliarden Jahren
im Himmel wie auf Erden
sich ganz am Anfang befand.

Nun hatte Leben die Liebe und der Geist seinen Leib. Aber die Welt wollte den Frieden. Wo war die Zärtlichkeit?

*

Zehnter Gesang

Der Same wurde Kind
und das Kind wurde Knabe
und der Knabe wurde Mann.

Und der Mann schaute zum Himmel hinauf und suchte die Augen seiner Königin, die ihm erlaubt hatte, allein in die Welt zu kommen. Einsam fühlte er sich auf dieser Welt. Die Königin schenkte ihm einen Blick voller Liebe und sprach: Liebster, von wem sollen die Menschen die Rettung annehmen, wenn nicht von einem Mann, der Wunder vollbringt? Mächtig muß er sein und stärker als die Gesetze der Natur. Was die Menschen in Wahrheit brauchen und wollen, ist die weiche Zärtlichkeit der Liebe. Aber sie haben noch Angst davor und schämen sich, Mensch zu sein. Sie werden dich erst töten, dann deine Worte der Liebe in Instrumente der Unterdrückung und Vernichtung verwandeln. In deinem Namen werden Greueltaten begangen werden. Doch es ist notwendig. Geh darum, Liebster, sprich die Worte des Urweibs in des Mannes Gestalt.

Und der Mann ging durch die Welt und sprach:

> Selig die Armen
> in Geist und Leib,
> denn ihrer ist des Himmels
> höchstes Geschenk,
> die Freiheit.
>
> Die Liebe lachte glücklich,
> das war doch ihr Leben,
> Lust,
> in der Seele und im Gemüt,
> Zeit für Zärtlichkeit,
> keine Fesseln,
> genießen in Reinheit.
>
> Seit Beginn das erste Mal
> ertönten auf Erden
> die Worte des Urweibs,
> o, du Mutter der Schöpfung!
> gesagt von einem Mann,
> verkündet für den Menschen
> in Leben, Sein und Zeit.
>
> Doch da fragten schon die Jünger,
> zerstritten insgeheim,
> wer wird von ihnen künftig
> im Reich der erste sein?

Ach, war die Liebe betrübt! Der Anfang kaum begonnen, das Dasein schon zerrissen.

Der Mann schaute nach oben zu seiner Königin, die im Himmel wohnte, aber in seinem Herzen lebte. Und die Königin schenkte ihm einen Blick voller Liebe und sprach: Mach weiter, Liebster, das ist noch harmlos, es wird noch mehr geschehen. Viele, viele Generationen müssen vergehen, ehe deine Worte verstanden werden. Sollen wir nicht Mitleid haben mit den Menschen? Unendlicher Schmerz der Endlichkeit. Das ist die Liebe. Nur dafür ist der Mensch entstanden. Rede weiter, Liebster.

Gottesherviorgang

       Da sprach erneut der Mann
       die Worte des Urweibs:
       Wenn ihr nicht Kinder werdet,
       könnt ihr nicht ins Himmelreich.

       Die Götter freuten sich.
       Geboren wird die Liebe,
       des Lebens Neubeginn.

  Da brach die Unruhe auf und wurde wütend. Was spricht denn dieser
Mann? Er irrt und stört. Weg muß er. Aber viele Menschen waren von seinen Worten erstaunt. Vom Himmel her schaute die Königin auf die Erde
herab: Mach weiter, Liebster!

       Da sprach erneut
       der Mann
       die Worte des Urweibs:
       Schaut hin
       und hört zu,
       schon ist es da,
       das neue Reich,
       mitten in euren Herzen,
       mitten in euren Seelen,
       mitten in eurem Leib,
       mitten in eurem Geist.
       Laßt die Liebe
       denken zärtlich,
       sehen und fühlen,
       hören und sprechen,
       auf daß Leben Freude habe,
       das ist Mitte, Anfang, Ende.

Da öffnete sich das Meer und die Stimme stieg empor und sprach zum
Berg:

Mit neuen Gewändern schön gekleidet, durchwandern die Gestalten,
wirkliche Götter, die Lüfte des Olymps, der Bogen um die Sonne
birgt den Tanz der Feen. Elfen spielen mit Engeln
Hand in Hand, und Mädchen, gerade erwacht zum Leben, fliegen
und lächeln den Knaben zu. Die Liebe ist stark, die Kraft wird zart
und läßt endlich Freude walten im Himmel wie auf Erden.
Nur einen Tag dauert das Spiel, von Früh bis Mittag
und dann am Abend bis hin zur Nacht.
Es erneuert sich alles im Schlaf der Zeiten,
die nur jeweils einen Tag währen. Nicht lange dauert es,
wenn Fülle im Geiste ist wie im Leib. Spielt also, ihr neuen Engel,
mit Feen und Elfen und strahlt bunt die Freude aus.

Die Worte des Wassers fielen über die ganze Erde. Und der Mann wußte, daß dies seine Zeit war. Weiter ging er über die Wege der Welt und litt mit den leidenden Menschen und trocknete ihre Tränen und reinigte ihre Wunden und baute überall die Freude an.

> Der gute Greis kam:
> Was sollen wir tun,
> um einzugehen in das Reich?
>
> Da sprach der Mensch
> erneut die Worte des Urweibs:
> Hörtest du nicht?
> Werde wieder Kind.
> Wo du bist,
> sei stets voll da,
> und laß dich nirgends fesseln;
> denn nur Freiheit ist Heimat.
>
> Da sprach der gute Greis
> erneut und fragte erstaunt:
> Wie soll ich Kind werden,
> da ich Jahre gelebt und alt bin,
> wie soll ich mich frei bewegen,
> da mich die Lasten und Güter fesseln?

Als der Mann die Frage des guten Greises hörte, schaute er froh zu seiner Königin hinauf, die ihm von einer weißen Wolke aus zulächelte. Er verstand. Es war möglich und es war auch sein Tag. So warf er einen Blick voller Liebe auf die Menschen, die vor ihm standen, und sprach zum alten Menschen so:

> Lieb den großen Fluß,
> der frei fließt,
> nirgends anhält,
> alles erfrischt
> und kühl belebt,
> alles befruchtet,
> niemanden kennt,
> ständig sich erneuert,
> auf und davon
> unaufhörlich geht,
> bis der Ozean unendlich
> ihn aufnimmt in sein Meer.

Als der Ungeist diese Worte vernahm, empörte er sich und tobte: Der Mensch muß sterben; denn er will die Freiheit Gottes auf die Erde holen. Gesetz soll sein, und Gott stets bleiben im Jenseits.

Gotteshervorgang

> Da sprach der Mann
> entschieden
> die Worte des Urweibs:
> Der Mensch wird Mensch,
> wie Zeit die Ewigkeit,
> die nur einen Tag währt.
> Das Wesen ist Freiheit,
> geboren durch die Lust.
> Kraft gebe der Genuß
> von Honig, Brot und Wein.
>
> Das Leben soll voll leben,
> die Liebe zärtlich sein.
>
> Mannigfaltig die Wesen dieser Erde,
> alle verschieden
> und Schwestern und Brüder gleich,
> die Völker in der Vielfalt
> der Schmuck der Einheit.
> Schloß der Götter.
> Unendliche Offenbarungen.
> Jeder hat seinen Gott,
> und Gott ein großes Haus.
> Firmament,
> Himmelskörper in großer Zahl,
> viele Sterne und Planeten,
> ein Weltenall.

Als die Unfreiheit, die Enge und die Intoleranz diese Worte hörten, empörten sie sich.
  Die Unfreiheit sprach: Diese Worte sind mir unerträglich.
  Die Enge flüsterte: Diese Worte beängstigen mich.
  Die Intoleranz entschied und sagte laut: Der Mann muß verschwinden.
  Mitten in der Nacht gingen alle drei in sein Haus am Berg, um ihn zu töten. Kaum hatten sie aber das Haus gesichtet, verwandelte es sich in ein großes Licht, das zum Himmel schwebte. Dort empfing die Königin ihren Geliebten auf der weißen Wolke. Komm, Liebster! Unsere Aufgabe ist erfüllt. Und Hand in Hand schritten sie durch die Lüfte des Weltalls.
  Da sprach die Stimme aus der Meerestiefe über den Berg zur ganzen Welt:

Da ist der neue Gott und sein Weib, die die Liebe lieben
und das Leben
und trösten die Leidenden und weinen mit den Weinenden.
Geküßt mit Zärtlichkeit
wird die Seele und der Geist mit dem Leib.
Die große Göttin spricht,

die keine Unterschiede kennt:
Wo sind die Feinde? Sanfte Stille. Versöhnung und weiten Horizont
im großen Herzen. Götter der Geschichte, alle, Heiligtümer,
nun seid ihr nicht mehr tot! Auferstanden wohl,
gereinigt und neu gekleidet, verborgen zwar,
der Sturm ist noch gefährlich, die Liebe jung und zart,
doch alles wirklich, das Göttliche diesseits, kein Ungeheuer
ängstigt mehr den Tag noch Finsternis die Freude,
selbst die Nacht erhellt das Licht, und die Engel sind
geworden die schönste Wirklichkeit, die Frieden bringt,
wenn sie verborgen bleibt und zart und die Wahrheit
im Schlichten sich genießt. Dann wird alles
endlich und so endgültig eins.

Die Stimme schwieg.
Es wurde ruhig bei den Menschen, die die Erinnerung an die große Liebe sorgfältig bewahrten und sich treu erzählten und liebevoll feierten, damit sie frisch und rein und wahr und wirklich bleibe.

*

Elfter Gesang

Doch die Gier lauerte. Und es wurde bekannt, daß ein neuer Weg eröffnet worden war, auf dem Mitleid und echte Liebe erfahren und Frieden insgeheim geschah. Als die Macht dies sah, sagte sie zu sich: Das ist ein hervorragendes Instrument für künftige Herrschaft, stärker als jedes Heer. Ich brauche den Mann wieder, der vom Himmel kam und sich König nannte und Liebe predigte.

> Und der Mann wurde erfunden
> und die Gestalt wurde erdacht
> und die Lehre wurde niedergeschrieben
> und die Vereine wurden gegründet
> und die Liebe wurde gepriesen
> und der Tod wurde verdammt
> und das Heil wurde versprochen
> denen, die den Anweisungen folgten.

> Aber es blieb verborgen,
> daß der Mann die Frau liebte,
> die Königin im Weltall,
> von Herzen,
> leidenschaftlich und spontan.

> Und die Schreiber
> schrieben und schrieben,

Gotteshervorgang

schrieben ständig über Liebe,
doch sie hatten keine Weiber.

Und die Frau ohne Mann
sollte lieben mit dem Geist,
kein Schrei,
eine Liebe ohne Leib,
keine Ekstase,
kein Same und kein Ei.
Wer hatte das gedacht?
Viele Männer unter Männern!
Dann ist Gott natürlich Mann,
und das Weib ausgeschlossen,
schön verschleiert, untertan,
von der Ferne tief verehrt,
insgeheim heiß begehrt,
doch überallhin Grausamkeit,
ob in Schlössern
apostolisch hinter Gittern,
pharaonisch in den Hütten,
ob im Geist oder im Leib,
die Verstümmelung ist gleich,
alle Rosen sind beschnitten,
beim Verbluten kein Erbarmen.
Der Schmerz schrie,
das Blut sprach:
Gott im Himmel,
Güte und Liebe,
seid bitte, bitte zart.
Die Antwort kam ohne Herz:
Nur die Liebe zum Gesetz!
Und die Härte blieb gleich hart.

Und der Geliebte schaute seiner Königin auf der Wolke traurig in die Augen und sprach: Jetzt werden die Menschen lange Zeit viel leiden.
  So ist es, Liebster. Es kommt im Leben auf die Liebe und in der Liebe auf die Zärtlichkeit an. Doch der Weg, der zur Weisheit führt, ist lang.
  Während also im Olymp die Götter Versöhnung feierten und die Königin und ihr Liebster mit vielen anderen Liebespaaren glücklich waren, begann auf Erden im Namen der Liebe eine neue Geschichte der Härte: der Wahnsinn der Macht.

Schwer gegen Mittag stapft durch das Feld das Ungeheuer,
verletzt durch hohlen Lärm errötet und wird blaß die weiße Kälte,
während der Abend herbeieilt und die Nacht kommt. Wildschweine,
laut zum Angriff und aufgereiht, fressen die Essensreste des Gasthauses.
Die Wölfe heulen. Das Kind weint. Die Mutter singt das Lied,

das nur die Liebe einsam singt. Draußen stapft das Ungeheuer weiter,
die Nacht schreitet voran, die Kälte ist kälter, die Farbe weiß und blaß.
Nun öffnet sich aber der Morgen und entläßt aus sich das Licht,
und es wird hell im Haus und außerhalb. Das Wasser singt ganz frisch
sein Lied im Brunnen. Die Frau trägt den Krug und auch sehr gern das Kind,
durchsichtig blau gekleidet. Das Wasser singt, wenn es in den Krug fließt,
ein neues Lied. Das Kind spielt. Das Wasser spiegelt das Spiel wider
und zeigt der Frau ihr Gesicht. Sie lächelt schön und freut sich.
Der Tag beginnt. Da kommt aber erneut das Ungeheuer
und stapft durchs Feld und zieht die Maske an
und sagt zum Kind, ich liebe dich, und tötet es dann.
Der Tag schreitet voran. Die Sonne wächst und erreicht den Zenit.
Die Wildschweine verstecken sich im Berg. Die Wölfe schweigen.
Da kommt erneut das Ungeheuer und zieht die Maske an
und erscheint als Mann, der lächeln kann. Doch unter dem Gewand
hat er das Schwert versteckt. Der Dichter spricht. Der Mann
kommt zu ihm. Du singst sehr schön, sagt er und nimmt heraus
das Schwert und öffnet ihm die Kehle. In Gottes Auftrag.
Da ist der große Platz, der Menschen voll, nur Beifall.
Die Redner haben Angst und schweigen allesamt.
Dann lächelt süß der Mann und meint gewiß,
der Größte hier auf Erden? Der bin ich! Er wird dafür erhoben
und macht ganz süß das Friedenszeichen mit der Hand
und schwenkt das Schwert und tötet nun endlich das Wort.
Das Herz ist jetzt entzwei, die Freiheit blutet, der Geist ist tot.
Ach! Wo ist das Meer, Marisòl? Hier spreche nur ich, sagt er,
denn nur ich weiß, was wahr und falsch. Gottes Auftrag!
Getragen wird er dann und macht das Friedenszeichen mit der Hand.
Alsdann kommt herbeigeeilt die volle Nacht. Die Wildschweine
laut zum Angriff und aufgereiht, fressen die Essensreste
und gehen hinein ins Gasthaus und töten Kind und Frau.
Die Wölfe heulen bis zum Morgen und schweigen dann.
Der Himmel ist trüb, der Boden voll von Leichen.
Die Frau mit ihrem Kind. Da kommen plötzlich
Männer und schauen zu und sagen laut:
Er ist ganz groß! Ich werd' es auch!
Was wahr und falsch, weiß ich genau!
Und jeder will, daß alle schweigen, und jeder schlägt
um sich und alle schreien. Da kommen auch die Frauen und schauen zu
und sagen laut: Ganz groß sind unsere Männer nun geworden!
Wir werden es auch! Sie brüllen laut und schlagen mit,
daß sie, jawohl, nun auch die Größten sind.
Da entstehen Vereine, die die Wahrheit verkaufen,
überall. Mit vollem Mund. Die Zahlen steigen auf und ab.
Die Seele blutet, die Würde ist tot.
Gerichtet ist die Stille, getötet nun das Wort.
Das Licht erloschen. Der Tag wird Nacht.

Gotteshervorgang

Das Ungeheuer zieht nun die Maske ab und stapft gewaltig
ins Gasthaus, und tritt und tötet Mann und Frau.
Die Wölfe heulen. Die Herde rennt den Berg herab
und frißt die Leichen. Wirbel und Lärm.
Das Ungeheuer lacht. Ach, so ein Gestank!
Nun kommen auch die Schakale.
Die Wölfe heulen.
Die ganze Nacht.
Das Ungeheuer lacht. Der Trick? Ha, ha! Gottes Auftrag!
Nur ich weiß, was wahr und falsch.
Die Wölfe heulen.
Nun fressen die Wildschweine die Schakale.
So ein Gestank! Das Ungeheuer lacht. Ha, ha!
Die ganze Nacht.
Ich weiß, was wahr und falsch.
Oben und unten.
Ha, ha! Gottes Auftrag! Das Ungeheuer lacht.
Und erstickt an seinem Lachen.
Es ist noch Nacht.

Die Liebe sehnte sich nach Zärtlichkeit und wollte sanft das Leben und wirkte frei und tat das Gute überall.

>Und sie schaute das Leiden der Menschen,
>wie elend es ihnen im Geiste
>und in der Seele und im Leibe war.
>Und die Kranken wurden gepflegt
>und die Waisen wurden aufgenommen
>und die Alten wurden getröstet
>und die Toten wurden begraben
>und das Schreiben wurde gelernt
>und die Künste wurden gefördert
>und das Gute wurde gelehrt.
>
>Die Liebe wirkte im Verborgenen,
>tat Gutes überall.
>Doch oben blieb die Gier.
>Und die war unbarmherzig,
>naiv und grob und stur und hart.

*

Als die Menschen sahen, was geworden war aus dem gütigen Dichter, der die Worte des Weibes gesprochen und das Leben geliebt und die Liebe getan, waren sie sehr traurig.
Und als sie sich umschauten und sahen, wie die Wissenschaft die Welt ruinierte, die Philosophie oberflächlich geworden, die Familien zerrissen,

Kirchen und Politiker korrupt, Ärzte, Anwälte, Sportler und Künstler
geldgierig waren und die Jugend sich mit Drogen umbrachte, schrien sie:
Wir wollen leben und lieben! Wir wollen lieben und leben!

    Da hallte es aus allen Ecken des Weltalls:
    Leben und lieben! Lieben und leben!

In diesem Augenblick blitzte und donnerte es. Viele Menschen verstanden das Zeichen und flohen aus den Städten zum Meer. Die anderen versteckten sich in Kirchen, Palästen, Universitäten und Schulen.

  Feuer fiel vom Himmel und verbrannte die Städte und die Menschen, die darin geblieben waren. Dann regnete es. Aber das Wasser konnte das Feuer nicht löschen. Es bildete sich eine riesige Feuermasse, die viele Tage brannte, bis sie vom Boden verschlungen wurde.

  Wo bisher Menschenstädte gewesen waren, blieb es einen langen Tag und eine lange Nacht trocken. Dann aber blühten darauf grüne Wiesen.

  Am Strand, am Fuß des Berges, saßen die Menschen auf dem Sand und beobachteten das Geschehen. Es wurde still. Nur das Rauschen des Wassers war zu hören. Dann schwiegen auch die Wellen. Und die Stimme stieg aus der Meerestiefe, sprach durch die Höhle des großen Felsens und sagte:

Nächte haben Alpträume gewiegt, die durch die Zeiten zogen,
geführt vom Ungeheuer, das die Lebendigen verfolgt
und sie dem dunklen Schoß anheimgibt. Da kam das Feuer
und machte hart den Boden und fest und rein. Am nächsten Tag
wurde das Wasser fruchtbar und machte ihn weich. Nun ist Einklang.
Das Ganze lebt im Einen. Überall ist nun dort Fülle,
wo ein Schicksal verwurzelt in der Erde sich entfaltet.

Sicher ist jetzt der Gang geworden, ja beflügelt durch die Lüfte,
die die künftige Geschichte bergend tragen. Wollet ihr nicht alle
die große Seele sehen? Öffnet die Augen des Herzens.
Leib des Weltalls! Hört ihr nicht die Symphonie,
die die Stille hervorträumt? Das ewige Schweigen
erfüllt sie mit ihrem Klang und streichelt die Räume,
ganz rein geworden und offen für die neue Göttin.
Frei gehen jetzt Sterne und Sonnen, Monde und Erden
durch weite Straßen, unbekannt, doch von vornherein alle geliebt,
wo Engel gehen froh und unbeschwert mit Feen und Elfen.

Das Eine lebt! Es sei also gelernt die Zärtlichkeit,
die höchste Wissenschaft des neuen Kosmos,
die Ratjahama, edle Gestalt, aus dem tiefen Schoß
des Weltalls, wo das Sein schöpferisch ruht, ewig,
für Frau und Mann und alles Leben, in die Zeit legte.

Gotteshervorgang

Es folgte große Stille.
Dann flüsterte es nach einer Weile aus der Menge:

      Wo ist Ratjahama?
      Ratjahama, komm, Ratjahama!

*

(Fortsetzung folgt)

II
Hauptthema:

DAS CHRISTENTUM

Textauswahl

Die Bergpredigt

Sehend aber die Volksmenge, stieg er hinauf auf den Berg; und als er sich gesetzt hatte, kamen zu ihm seine Schüler; und öffnend seinen Mund lehrte er sie, sagend:
Selig die Armen dem Geist (nach), denn ihrer ist das Königtum der Himmel. Selig die Trauernden, denn sie werden ermutigt werden. Selig die Sanften, denn sie werden erben die Erde. Selig die Hungernden und Dürstenden nach der Gerechtigkeit, denn sie werden gesättigt werden. Selig die Erbarmenden, denn sie werden Erbarmen finden. Selig die Reinen dem Herzen (nach), denn sie werden Gott sehen. Selig die Frieden Schaffenden, denn sie werden Söhne Gottes gerufen werden. Selig die Verfolgten wegen (der) Gerechtigkeit, denn ihrer ist das Königtum der Himmel. Selig seid ihr, wann sie euch schmähen und verfolgen und sagen alles Böse über euch, (lügend), wegen meiner. Freut euch und jubelt, denn der Lohn (ist) groß in den Himmeln; denn so verfolgten sie die Propheten vor euch. (Mt 5, 1–12. Aus: Münchener Neues Testament. Studienübers., Hg. J. Hainz, Düsseldorf 1988, 6 u. 7.)

*

Vater, geheiligt werde dein Name,
willkommen deine Königsherrschaft!
Das Brot, das wir brauchen, gib uns heute,
und vergib uns unsere Schulden
wie auch wir unsern Schuldnern vergaben,
und führe uns nicht in Versuchung.
(Aus: Joachim Gnilka, Das Matthäusevangelium.
Bd. 1., Freiburg ³1993, 229.)

*

Sorget nicht für euer Leben, was ihr essen werdet, auch nicht für den Leib, was ihr anziehen werdet. Ist nicht das Leben mehr als die Speise und der Leib mehr als die Kleidung? Betrachtet die Vögel, sie säen nicht, sie ernten nicht, sie sammeln nicht in Scheunen. Und Gott ernährt sie. Seid ihr nicht viel mehr als sie? Und was sorgt ihr für die Kleidung? Schaut die Lilien, wie sie wachsen. Sie arbeiten nicht, sie spinnen nicht. Ich sage euch aber: Salomo in seiner ganzen Pracht war nicht gekleidet wie eine von diesen. Wenn Gott das Gras auf dem Feld, das heute steht und morgen in den Ofen geworfen wird, so kleidet, um wieviel mehr euch, Kleingläubige? (Mt 6,25 f., 28–30/Lk 12,23 f., 27 f. Aus: J. Gnilka, Jesus von Nazaret. Botschaft und Geschichte. Freiburg ²1991, 182.)

Jesus und die Kinder

Da wurden gebracht zu ihm Kinder, damit er die Hände auflege ihnen und bete; die Schüler aber fuhren sie an. Jesus aber sprach: Laßt die Kinder und hindert sie nicht, zu kommen zu mir; denn solcher ist das Königtum der Himmel! Und als er ihnen die Hände aufgelegt hatte, ging er von dort. (Mt 19, 13–15. Aus: Münchener NT.)

Das Gleichnis vom Samariter

Ein Mensch ging von Jerusalem nach Jericho hinab und fiel unter Räuber. Sie zogen ihn aus, bedachten ihn mit Schlägen, gingen weg und ließen ihn halbtot zurück. Zufällig kam ein Priester auf jenem Weg herab. Er sah ihn und ging vorüber. Ähnlich ein Levit, der an den Ort kam: er sah ihn und ging vorüber. Ein Samariter aber, der auf der Reise war, kam auch dahin. Er sah ihn und wurde von herzlicher Liebe erfüllt. Und er trat heran, tat Öl und Wein in seine Wunden, verband sie, setzte ihn auf sein eigenes Reittier, führte ihn in eine Herberge und sorgte für ihn. Und am folgenden Tag zog er zwei Denare heraus, gab sie dem Wirt und sprach: Kümmere dich um ihn, und was du mehr ausgibst, werde ich dir erstatten, wenn ich zurückkomme. (Lk 10,30–35. Aus: J. Gnilka, Jesus von Nazaret. 247.)

Jesus von Nazaret

Ein Gespräch mit Joachim Gnilka[1]

Sánchez de Murillo: Herr Kollege Gnilka, Sie befassen sich seit Jahrzehnten mit der Gestalt Jesus, sind einer der besten Kenner des Neuen Testaments und haben darüber wissenschaftliche Bücher geschrieben, die internationales Ansehen genießen. Vor Augen habe ich eines der wichtigsten: *Jesus von Nazaret*.[2] Erlauben Sie mir, zu Beginn eine schlichte Frage zu stellen. Ist die historische Existenz Jesu wissenschaftlich sicher?

Gnilka: Wenn wir die Frage nach Jesus historisch stellen, müssen wir nach den Quellen fragen. Die Hauptquellen sind ohne Zweifel unsere Evangelien und unter diesen muß man vor allem die ältesten drei Evangelien nach Markus, Matthäus und Lukas berücksichtigen, die wir auch die synoptischen Evangelien nennen. Ferner haben wir, wenn auch wenige, außerbiblische Zeugnisse über Jesus: *Tacitus*, der über die Verfolgung der Christen in Rom schreibt, hat diese Verfolgung in Zusammenhang mit Christus gebracht. *Sueton* berichtet in der *Vita Claudii* von dem Judenedikt des Kaisers Claudius, der, so heißt es im lateinischen Text, *omnes Judaeos impulsore Chresto Roma expulit*, also auf das Anstiften eines gewissen Chrestos habe Kaiser Claudius die Juden aus Rom vertrieben. Ohne Zweifel ist Christus gemeint, von dem er allerdings keine präzise Vorstellung hat. Der Hintergrund ist sicherlich der, daß es damals in Rom schon Judenchristen und Heidenchristen gab; irgendein Konflikt veranlaßte Claudius, gegen die Juden vorzugehen. Durch außerbiblische Zeugnisse wird die Existenz Jesu, auch sein Tod durch Pontius Pilatus, gesichert.

Sánchez de Murillo: Kann man sagen, Jesus habe genauso existiert wie etwa Nero oder Napoleon?

Gnilka: Gewiß kann man das sagen; denn er war ein wirklicher Mensch. Freilich hat man über Jesus im christlichen Bereich nie so gedacht und geschrieben. Hier hat man die Gestalt Jesu immer unter der Perspektive des Glaubens gesehen. Und aus dieser Glaubensperspektive heraus sind auch die christlichen Quellen entstanden, so daß diese Evangelien, das gilt schon für die genannten drei Synoptiker, zugleich historischer Bericht *und* Verkündigung sind. *Eduard Schillebeeckx* hat das nach meinem Dafürhalten glückliche Wort geprägt, die Evangelien seien die Geschichte von einem Lebenden.

Sánchez de Murillo: Wäre bibelwissenschaftlich folgende Formulierung annehmbar: Jesus ist eine Glaubensgestalt, die auf einer historischen Grundlage beruht; der Akzent liegt allerdings auf *Glaubens*gestalt.

---

[1] Das Gespräch führten Renate M. Romor und José Sánchez de Murillo. Protokollantin war Hermine Voggenreiter.
[2] Joachim Gnilka, Jesus von Nazaret. Botschaft und Geschichte. Herders theologischer Kommentar zum Neuen Testament. Suplementband III. 2. Aufl. Freiburg 1991; Taschenbuchausgabe 5. Aufl. 1997.

Gnilka: Wenn Sie sagen, »die auf einer glaubensmäßigen Grundlage beruht«, so ist es natürlich auf die Deutung der Gestalt zu beziehen. Die Existenz ist heute nicht mehr bestritten, aber das Verständnis seiner Person erfolgt angemessen erst im Glauben.

Sánchez de Murillo: Was wissen wir über seine Familie und seinen Beruf?

Gnilka: Über seine Familie wissen wir nicht allzuviel, weil die Evangelisten kein besonderes Interesse daran hatten. Wir kennen die Namen seiner Eltern, Josef und Maria, wir kennen die Namen der Herrenbrüder, wir wissen, daß er in Nazaret die meiste Zeit seines Lebens zugebracht hat und daß er, so wie Josef, den Beruf des *Tekton*, wie es im Griechischen heißt, ausgeübt hat, d.h. er hat als Zimmermann und Bauhandwerker gearbeitet.

Sánchez de Murillo: Was halten Sie von der neuen These, wonach er gebildet, aus wohlhabender Familie und Bauingenieur gewesen sein soll?

Gnilka: Etwas ähnliches habe ich schon in meinem Jesus-Buch gesagt. Tekton ist vielfach als Zimmermann – also als einer, der sich nur auf die Verarbeitung von Holz spezialisiert hat – verstanden worden. Aber wenn Sie in den Lexika der griechischen Papyrusurkunden nachschlagen, werden Sie feststellen, daß Tekton eben auch einer ist, der sich auf die Verarbeitung von Steinen versteht. Also er ist Bauhandwerker, wenn Sie es modern ausdrücken wollen, Bauingenieur.

Sánchez de Murillo: War er gebildet, seine Familie wohlhabend?

Gnilka: Von einer wohlhabenden Familie wird man mit Sicherheit nicht sprechen können. Er erhielt seine Erziehung und Bildung in der Familie und in der Synagoge. Bei einem Rabbi ging er nicht in die Schule.

Sánchez de Murillo: Wie hat er ausgesehen?

Gnilka: Das wissen wir nicht. Es gibt zwei Überlieferungen, die aber apokryphisch, d.h. historisch unzuverlässig sind. Nach der einen Überlieferung war er ein schöner, großer, strahlender Mann, nach der anderen Überlieferung aber klein und häßlich. Beides hat bestimmte Voraussetzungen. Letztere lehnt sich an den deuterojesajanischen Gottesknecht an, der von den Menschen verworfen worden und ein elender Mensch ist und von Gott erst in seine Rechte eingesetzt wird. Beide Vorstellungen sind phantasievoll ...

Sánchez de Murillo: ... und auch vom Glauben inspiriert.

Gnilka: Ja.

Sánchez de Murillo: In welchem historischen Kontext wurde er geboren?

Gnilka: Jesus hat in Israel gewirkt. Er hat den Schwerpunkt seiner öffentlichen Wirksamkeit in dem kleinen Raum Galiläa gehabt. Man kann es sogar noch enger umreißen: Das Dreieck Kafarnaum, Bethsaida, Chorazin war die Heimat des Evangeliums. Erst am Ende seines Wirkens ist er nach Jerusalem gezogen. Ob er in der Zeit seines öffentlichen Wirkens öfter als einmal in Jerusalem war, ist umstritten. Die politische Situation war eine sehr kritische. Die politische Einheit des Volkes Israel war verloren gegangen. Die Römer waren als Besatzungsmacht im Land. Der Statthalter – der bekannteste ist Pontius Pilatus – saß in Caesarea, und Israel war geteilt: Vom Herrschaftsgebiet des Pontius Pilatus abgesehen, war das Land aufgeteilt auf die Söhne Herodes des Großen. Der Landesherr Jesu war Herodes Antipas, der in Sepphoris residierte, einer fünf Kilometer von Nazaret entfernten Stadt. Auch die religiöse Einheit des Volkes war verlorengegangen; denn das Judentum hatte sich aufgespalten in verschiedene Parteien, Religionsparteien, man könnte vielleicht auch von Sekten sprechen. Die meisten sind uns aus den Evangelien bekannt. Jesus setzt sich mit ihnen auseinander, die Pharisäer, die Sadduzäer, die Zeloten, die Herodianer. Und jetzt kennen wir auch die Essener. Teilweise bekämpften sich diese verschiedenen Parteien und einige von ihnen gaben vor, das wahre Israel zu sein. Letztlich war die Einheit des Judentums nur mehr dadurch hergestellt, daß sich alle diese jüdischen Parteien auf das Gesetz beriefen – wenn sie es auch unterschiedlich auslegten – und auf den Tempel als die Mitte des Kultes. Freilich, die Essener hatten sich vom Tempel zurückgezogen, weil sie meinten, daß der im Tempel vollzogene Gottesdienst ungültig geworden sei, aber sie erwarteten für die messianische Zukunft, daß dann der Tempel wiederhergestellt wird in seiner Reinheit und Gültigkeit.

Sánchez de Murillo: Wenn wir annehmen, daß die Evangelien zwar auf einer historischen Grundlage beruhen, aber im wesentlichen keinen historischen Bericht, sondern einen Glaubensentwurf darstellen, warum sollen die Apokryphen oder andere Schriften des Frühchristentums weniger »wahr« sein als die, welche die offiziell gewordene Tradition als *kanonische*, also einzig gültige Schriften annimmt?

Gnilka: Wir haben wohl einige apokryphe Evangelien, aber für diese Evangelien ist aufschlußreich, daß sie insbesondere die Zeit abzudecken versuchen, die durch die kanonischen Evangelien nicht abgedeckt werden. Sie berichten vor allem über die Kindheit Jesu, über die wir aus den Evangelien sehr wenig erfahren, und dann auch eigenartig und sehr phantasievoll über die 40 Tage zwischen Auferweckung und Himmelfahrt. Daran können Sie schon den apokryphen, den doch etwas abseitigen Charakter dieser Evangelien erkennen. Größere Bedeutung hat das im Jahr 1947 in Nag Hamadi, in Oberägypten, gefundene Thomas-Evangelium gewonnen. Es enthält nur Worte, die als Jesus-Worte ausgegeben werden. Am Anfang, in der Entdeckerfreude, hat es Wissenschaftler gegeben, die eine sehr alte Jesus-Quelle vor sich zu haben meinten. Intensivere Nachforschungen haben jedoch gezeigt, daß dieses Thomas-Evangelium auf den synoptischen Evangelien aufbaut. Es stellt eine gnostische Interpretation der Jesus-Überlieferung dar. Möglicherweise ist das eine oder andere Wort, das sich im Thomas-Evangelium findet, ein authentisches Jesus-Wort. Auch in der Apostelgeschichte haben wir ein Jesus-Wort, das in den Evangelien nicht überliefert ist (20,35). Jesus-Worte, die nicht in den kanonischen Evangelien aufgeschrieben sind, werden *Agrapha* genannt.

Sánchez de Murillo: Es gibt also den historischen Jesus, so wie er sich aus den Evangelien ergibt, und dann gibt es die Gestalt Christi, die der Glaube entwirft. Wie lange hat der historische Jesus gewirkt? Wann hat der Christus des Glaubens begonnen?

Gnilka: Die chronologische Frage läßt sich nur einigermaßen sicher beantworten. Wir sind hier insbesondere auf bestimmte Angaben des Lukas-Evangeliums angewiesen. Lukas berichtet, daß Johannes der Täufer im 15. Jahr der Regierung des Kaisers Tiberius aufgetreten sei (3,1). Die Aussage bezieht sich zwar auf Johannes den Täufer, aber man kann sie auch auf Jesus, mit gewissen Abstrichen vielleicht, übertragen. Das 15. Jahr des Kaisers Tiberius läßt sich präzise berechnen. Er hat am 19. August des Jahres 14 seine Regierung angetreten. Nach der syrischen Zählung, wonach das Jahr mit dem 1. Oktober beginnt, können für das 1. Jahr des Tiberius die sechs Wochen vom 19. August bis 1. Oktober gelten, so daß das 15. Jahr die Zeit zwischen dem 1. Oktober 27 und dem 1. Oktober 28 ist. Das wäre ungefähr der Beginn des Wirkens Jesu. Wie lange dieses gedauert hat, kann nur spekulativ vermutet werden. Daß es drei Jahre gewesen sind, läßt sich nicht mit Sicherheit eruieren. Ich vermute, daß er nur sehr kurz gewirkt hat. Ein Jahr, vielleicht zwei Jahre. Was die Zeit seiner Geburt betrifft, so erfahren wir aus der Kindheitsgeschichte der Evangelien, daß sie erfolgt sei in der Regierung des Königs Herodes des Großen. Das vielleicht Erstaunliche ist, daß König Herodes im Jahre 4 »vor Christus« gestorben ist. Das heißt, Jesus muß einige Jahre vor der Zeitenwende geboren sein, vielleicht im Jahre 5 oder 6. Wenn Sie das im Hinblick auf die bevorstehende Jubiläumsfeier bedenken, haben wir das präzise Jahr 2000 wahrscheinlich schon hinter uns. Aber das soll uns nicht besonders kümmern; denn diese Verschiebung ist dadurch entstanden, daß sich der Mönch Dionysius Exiguus um einige Jahre verrechnet hat, als er 525 vom Papst Johannes I. beauftragt worden war, den christlichen Kalender aufzustellen.

Sánchez de Murillo: Der historische Jesus hat einige Jahrzehnte im Gedächtnis der Urgemeinde gelebt, bis mit der Niederschrift der Evangelien und der Apostelbriefe das durch griechisches Denken mitgeprägte Christusbild entworfen wurde, das unsere abendländische Kultur entschieden beeinflußt hat. Kann man von einem Wesensunterschied zwischen dem Jesus der Evangelien und dem Christus Pauli sprechen?

Gnilka: Das ist eine schwierige Frage. Der historische Jesus spielt in den Paulus-Briefen kaum eine Rolle. Das paulinische Evangelium konzentriert sich auf Kreuz und Auferweckung Jesu. Das Kreuz ist für den Apostel Paulus der historische Haftpunkt. Was Jesus gesagt hat, seine Worte, seine Gleichnisse, finden in den Paulus-Briefen kaum einen Widerhall. Die wichtigsten Überlieferungen hat Paulus freilich aufgenommen, etwa die Abendmahlsüberlieferung, die Überlieferung vom Doppelgebot der Gottes- und Nächstenliebe als die Zusammenfassung des Gesetzes. Insgesamt sind es etwa fünf, sechs Jesus-Logien, die wir in den Paulus-Briefen antreffen. Wie ist diese Situation zu erklären?

Sánchez de Murillo: Vielleicht dadurch, daß es Paulus um den Entwurf eines religiösen Kulturprogramms ging, wofür er die Gestalt Jesu verwendete. Jesus war gebürtiger Jude, seine Lebensauffassung aber nichtjüdisch. Es handelte sich in der Tat um ein epochal gewichtiges *Grundphänomen*.

Gnilka: Möglicherweise hat Paulus mehr von der Jesus-Tradition gekannt, als er zu erkennen gibt. Allerdings waren zu der Zeit, als der Apostel Paulus seine Briefe schrieb, die kanonischen Evangelien noch nicht veröffentlicht. Die Jesus-Überlieferung lief in den Gemeinden um. Die Distanz oder gar das Beiseitelassen der Jesus-Überlieferung in den Paulus-Briefen hängt gewiß auch damit zusammen, daß der Apostel Paulus ein Mann der zweiten Generation ist, also nicht mehr ein Angehöriger des Kreises der Zwölf Apostel. Aber Ihre Frage zielte auf den Unterschied zwischen dem Jesus der Evangelien und dem Jesus des Paulus ab. Den Unterschied habe ich gekennzeichnet. Beide kommen freilich darin überein, daß sie den auferweckten und erhöhten Herrn verkündigen wollen. Das ist auch das grundlegende Anliegen der Evangelien. Sie unterscheiden sich nur dadurch, daß diese die Erinnerung an einen historischen Jesus und seine Worte in die Verkündigung mitaufnehmen, während Paulus das nicht tut.

Sánchez de Murillo: Jesus hat eine Lehre vertreten. Könnten Sie etwas zur methodischen Vermittlungsweise dieser Lehre sagen? Warum hat er in Gleichnissen gesprochen?

Gnilka: Ich würde lieber von Verkündigung als von Lehre sprechen. Er hat sich in seiner Verkündigungsweise dem Volk und den Verstehensmöglichkeiten des Volkes angeglichen. Er hat nicht wie ein Universitätsprofessor geredet, nicht akademisch gesprochen, sondern in bezwingenden Bildern seine Botschaft nahezubringen versucht. Und er hat es insbesondere in Gleichnissen getan. Im Zentrum seiner Verkündigung stand ja ohne Zweifel das Königtum Gottes oder die Herrschaft Gottes.

Sánchez de Murillo: Was ist unter Königsherrschaft Gottes gemeint?

Gnilka: Jesus hat diesen Begriff nirgendwo definiert oder das Gemeinte auf den Begriff gebracht. Er hat nicht theoretisch über dieses Reich Gottes gesprochen, sondern es in Gleichnissen dargelegt. Und er ist ein Meister in der Ausführung von Gleichnissen.

Sánchez de Murillo: Er hat nicht akademisch gelehrt. Wahrscheinlich hat er noch weniger doziert, als es in den Evangelien scheint. Aber er hat auch nicht alltäglich gesprochen. Sein Sprechen hob sich sowohl von der Sprechweise der Gelehrten als auch von der des Volkes ab. Seine Gleichnisse gehören zu den großen Meisterwerken der Weltliteratur. War Jesus nicht in erster Linie ein Dichter? Stellt er nicht etwas dar, das zum Wesen des Menschen überhaupt gehört, so daß seine Dichtung damals, heute und morgen von Gebildeten wie von Ungebildeten aller Völker gehört werden kann? Vorhin fragte ich, ob Jesus nicht als *epochales Grundphänomen* anzusehen sei. Jetzt möchte ich die weiterführende Frage stellen, ob er nicht doch ein *Tiefenphänomen* darstelle.[3] Damit sind überzeitliche, seinskonstituierende Urphänomene gemeint. Von bloß struktural analysierenden Methoden, wie heute üblich, können diese Phänomene nicht erfaßt werden. Das postmoderne Strukturdenken hält sich an der *Ober-Fläche* des

---

[3] Vgl. José Sánchez de Murillo, Der Geist der deutschen Romantik. Der Übergang vom logischen zum dichterischen Denken und der Hervorgang der Tiefenphänomenologie. München 1986.

Seins auf. *Dort* herrscht in der Tat uneingeschränkte Pluralität und es ist folglich alles je-weilig, unterschiedlich, zeitabhängig und wechselhaft. Es war äußerst wichtig für die Menschheit, diese Dimension zu entdecken, die Achtung vor der religiösen, ethnischen, wissenschaftlichen, kulturellen und politischen Mannigfaltigkeit zu wecken und zu pflegen. Dadurch ist aber der Blick für die *ontologische* Tiefe verlorengegangen, in der erst die Wurzel, das alles Verbindende und Tragende, entdeckt werden kann. *Diese* Tiefe ist nicht zeitlich; sie stiftet erst die Zeit.[4] Wo diese Tiefe fehlt, entsteht die Leere und Orientierungslosigkeit, die das Zeitalter der Medien so schmerzlich charakterisiert. Da geht es wesenhaft, und zwar nicht nur im Fernsehen, um Talk-Shows, die durch Ausbreitung der dürftigen Besonderheit der Jeweiligkeit möglich werden. Vielleicht ist nun die Zeit gekommen, in der Philosophie, der Theologie und den Wissenschaften – ohne dabei die gewonnene Sensibilität für Pluralität zu verlieren – jene Tiefe zu entdecken und zu pflegen, die die Menschen im allgemein Menschlichen und Mensch und Natur im alles begründenden Selbigen verbindet. Erst die Dimension des übergeschichtlich Menschlichen kann die geschichtliche Kommunikation, die allgemeinen Werte in der oberflächigen Dimension der pluralen Strukturen ermöglichen. In der menschlichen Welt erscheinen zum Glück von Zeit zu Zeit solche geschichtliche Größen. Buddha, Sokrates, Jesus etwa sind genauso überepochal wie die Tiefenphänomene Wasser, Feuer, Luft und Erde. Wie die Evangelien, decken Werke wie die Upanishaden, Ilias, Die göttliche Kommödie, Don Quichotte, Faust oder Mysterium Magnum von Jakob Böhme Tiefenphänomene auf, die seinskonstitutiv sind und darum über der Laune der Zeiten souverän thronen. Sie zeigen das Wesen des Menschlichen schlechthin, das aus dem Auge verloren geht, wenn den Menschen die Stille, die Ruhe, die Gelassenheit und der Mut fehlen, sich selbst ursprünglich zu erfahren. Jesus als Tiefenphänomen zu entdecken wäre daher m.E. ein Gewinn nicht nur für die Theologie, sondern auch für die Philosophie und die Wissenschaften, für die Selbsterkenntnis des Menschen überhaupt.[5] In dieser Richtung möchte ich meine historische Frage verstanden wissen: War Jesus nicht ein genialer Dichter, der aus den angedeuteten Gründen deshalb als göttliche Gestalt in die Geschichte eingegangen ist, weil sie in der Tat die Dimension des zeitenthobenen Göttlichen darstellt?

Gnilka: In gewissem Sinne kann man sagen, daß Jesus ein Dichter gewesen ist, ein Meister des Wortes. Er war wohl beides. Er war Prophet und Dichter oder Prophet und Weisheitslehrer. Als Prophet hat er die Verkündigung vorgetragen, die Verkündigung von der kommenden Gottesherrschaft, vom Heil, das zugesagt ist. Als Weisheitslehrer hat er das Volk belehrt, ihm sittliche Weisung gegeben und das vorgetragen, was wir in der Bergpredigt bei Matthäus nachlesen können. Aber in der Ausbildung der Gleichnisse war er ein Meister. Die Gleichnisrede ist ja schon im Juden-

---

[4] Vgl. José Sánchez de Murillo, Die erste Philosophie der großen Krisenzeit. In: prima philosophia 3 (1990), 427–442.
[5] Vgl. José Sánchez de Murillo, Über die Selbsterkenntnis des Menschen. München 1986.

tum, im Alten Testament, vorhanden. Wenn wir aber die Jesus-Gleichnisse insbesondere mit den rabbinischen Gleichnissen vergleichen, muß man m.E. doch sagen, daß in Bezug auf die Qualität die Jesus-Gleichnisse besser sind.

Sánchez de Murillo: Zum Kern der jesuanischen Verkündigung gehört Gottes Herrschaft, die das Heil bringt. Wie hängen diese Begriffe zusammen?

Gnilka: Die Gottesherrschaft ist das endgültige Heil, und zwar sowohl für den einzelnen Menschen als auch für die Menschheit und die Welt. Sie stellt das Endgültige, die Zukunft, die absolute Zukunft dar. In der Person Jesus sagt Gott uns dieses absolute Heil zu. Das bedeutet: Unser persönliches Schicksal, unsere Rettung, unsere Zukunft sind an Jesus gebunden. Nur er hatte die Vollmacht, diese endgültige Zusage Gottes zu verkünden. Wenn es andere tun, wenn es seine Jünger tun, wenn wir es tun, können wir das nur in der Ausrichtung auf Jesus und dem Anschluß an ihn; denn diese Herrschaft Gottes ist im zeitlichen Sinne in zwei Perspektiven zu sehen. Einmal ist sie eben die Zukunft, die in diesem Reich Gott auf uns zukommt. Letztlich ist das Reich Gottes mit Gott identisch: die zukünftige Selbstoffenbarung Gottes. Aber sie ist auch schon gegenwärtig, in Jesus schon gegenwärtig. Das will besagen, daß in Jesus uns Gott nahe kommt.

Sánchez de Murillo: Ist die Zukunft jenseitig oder diesseitig zu verstehen?

Gnilka: Die Zukunft hat schon begonnen. Die Zukunft hat mit ihm schon begonnen. Das ist die entscheidende Aussage. In ihrer Verwirklichung ist dieses Reich Gottes jenseitig zukünftig. Aber nach der Vorstellung Jesu – da schließt er sich wohl den allgemeinen Vorstellungen über das Reich Gottes im Judentum an – verwirklicht es sich auf dieser Erde.

Sánchez de Murillo: Jesus hat nie gesagt, er sei Gott. Er hat eine Lebensauffassung verkündet, wobei das Heil entscheidend ist. Geheilt hat er aber Krankheiten von Menschen. Wie man heute die Heilwunder auch immer interpretieren mag, das Phänomen ist offensichtlich: Zum Wesen der Verkündigung gehört das Leiden des Menschen. Mit Blick auf das Gleichnis vom »Barmherzigen Samariter« erinnert *Johann Baptist Metz* an einen Grundgedanken der *Politischen Theologie:* »die Anerkennung der Autorität der Leidenden«, die als höchste, über allen Pluralismen stehende, geschichtliche Instanz gelten muß. Angesichts der gegenwärtigen geschichtlichen Situation scheint mir diese Fragestellung äußerst wichtig. So sehr Pluralismus, wie schon vorhin betont, selbstverständlich und notwendig ist, so stellt er – soll alles nicht unkritisch der Zeitmode zum Opfer fallen – *wissenschaftlich und menschlich* »nicht einfach die Antwort, sondern zunächst die Frage und das Problem«.[6] Die epochale Dringlichkeit darf Philosophie, Theologie und Wissenschaft nicht von der eigentlichen Aufgabe ablenken, das begründende und tragende Wesentliche zu erhellen. In

---

[6] So Johann Baptist Metz, Das Christentum angesichts des Pluralismus von Kultur und Religionen, in diesem Band; vgl. ebenso in diesem Jahrbuch Jörg Splett, »Die Christenheit oder Europa«? Zur Frage des religiösen Pluralismus heute.

meiner Ausdrucksweise: Es handelt sich bei der Gestalt und der Botschaft Jesu um Tiefenphänomene, die den Seinskern des menschlichen Existierens überhaupt betreffen und darum jedem Pluralismus vorausgehen, ihn begründen. Darum können seine Gleichnisse auch von Menschen aufgenommen werden, die keinen Bezug zur Religion haben. Das ist bei ursprünglich menschlicher Größe stets der Fall. Ich kenne persönlich hochgebildete Menschen, die jede Art von Religion ablehnen, als überzeugte Atheisten denken und leben, aber seit Jahrzehnten mit Inbrunst den Mystiker Johannes vom Kreuz lesen. Das Tiefenphänomen *Leiden*, wozu freilich das Leiden der Natur wesenhaft gehört,[7] steht nicht pluralistisch zur Diskussion. Es muß philosophisch und theologisch erhellt, existentiell-pädagogisch nachvollzogen werden. Denken wir den Ansatz weiter: Stellt der Mensch *als solcher* nicht das Urphänomen dar? Ungefragt geboren, um zu sterben, wird seine kurze Zeitstrecke mit zahlreichen Steinen des Leidens gepflastert und mit einigen wenigen der Freude geschmückt. Gilt diese Ursituation nicht auch für jedes Geschöpf? Bedeutet *Sein* – eben weil im Wesen Vergänglichkeit, Aufbau- und Abbauprozeß, Geschehen des Sichverbrauchens, ontologische Beschränkung – nicht dann als solches *Leiden*?[8] Jesus hat in aller Schärfe dieses Tiefenphänomen erfahren. Meine Frage: War der prophetische Dichter Jesus nicht auch ein genuiner, mutiger Existenzphilosoph, ein jüdischer Sokrates?

Gnilka: Seine Tätigkeit als Arzt oder als Wunderheiler ist sicherlich ein Ausdruck dafür, daß er das Heil des Menschen in einem umfassenden Sinne versteht: Das Heil darf nicht auf ein jenseitiges, rein spirituelles eingegrenzt werden, sondern bezieht auch die physische Existenz des Menschen, seine Leiblichkeit mit ein. Ich weiß nicht, ob man sagen kann, daß diese Hinwendung zu den Leidenden erst in unserer Zeit wahrgenommen wird; denn für Jesus selbst war es so, daß die Zuwendung zu den Kranken schlechterdings notwendig gewesen ist, um die Botschaft von Gottes Herrschaft plausibel zu machen. Er hat schon seine Jünger in diese seine Tätigkeit miteinbezogen. Und es ist seitdem die vornehmste Aufgabe aller seiner wirklichen Anhänger gewesen, sich der Not in der Welt anzunehmen. Was *Metz* sagt und was vielleicht ein neuerer Gesichtspunkt sein könnte, ist nach meinem Verständnis, daß Jesus deutlich eben nicht die Geschichte der Sieger unterschreibt. Die Geschichte wird ja immer als eine Geschichte der Sieger dargestellt. Aber Jesus war in seinem irdischen Leben kein Sieger, er ist am Kreuz gestorben und hat sich also auf diese Weise in seinem Schicksal auf die Seite der Besiegten gestellt. So hat er ihnen Hoffnung gegeben.

Sánchez de Murillo: Warum ist er getötet worden?
Gnilka: Sie fragen jetzt nach dem rechtshistorischen Hintergrund?
Sánchez de Murillo: Ja.

---
[7] Vgl. in diesem Band Jürgen Moltmann, Zerstörung und Befreiung der Erde. Zur ökologischen Theologie.
[8] Vgl. José Sánchez de Murillo, Der Geist der deutschen Romantik. 24–34.

Gnilka: Diese Frage ist nicht leicht zu beantworten. Auf jeden Fall waren in seinem Prozeß beide Seiten mitinvolviert, die jüdische Seite wie auch die römische Seite. Es gibt ja jüdische Interpreten, die eine Beteiligung der jüdischen Seite an der Hinrichtung Jesu verneinen. Pinchas Lapide, den ich sehr schätze, hat diese Auffassung vertreten.[9] Man kann es verstehen, wenn man die 2000jährige Geschichte des Verhältnisses Judentum/Christentum berücksichtigt, aber historisch läßt sich das nicht halten. Die Frage ist die nach der Kompetenz. Die höchste Rechtsautorität im Judentum war das Synedrion, der Hohe Rat, dem der Hohe Priester vorstand. Und das Problem ist, ob dieser Hohe Rat das *Jus gladii* besaß, das heißt die Rechtsvollmacht, ein Todesurteil auszusprechen und zu vollstrecken. Pinchas Lapide vertritt die Auffassung, daß der Hohe Rat diese Vollmacht gehabt hätte. Und er sagt dann, wenn die Juden Jesus hingerichtet hätten, wäre er gesteinigt worden. Nun ist aber Jesus gekreuzigt worden und das ist ein klarer Ausdruck dafür, daß die Römer die Vollstrecker gewesen sind. Die rechtliche Situation allerdings muß anders beurteilt werden. Es gab ein Zusammenwirken zwischen der jüdischen und der römischen Seite. Die Römer haben in den von ihnen besetzten Provinzen immer in der Weise das Recht ausgeübt, daß sie den lokalen Gerichtsbehörden die Kompetenz beließen mit Ausnahme des *Jus gladii*. Die jüdische Seite, in dem Falle der Hohe Priester *Josef Kajaphas*, hatte für Recht und Ordnung im Land zu sorgen. So mußte er wohl wahrnehmen, daß mit Jesus Unruhe in das Volk hineinkam. Der Protest, den Jesus im Jerusalemer Tempel eingelegt hat, war wohl ein besonderer Anlaß, daß man auf ihn aufmerksam wurde. Der Hohe Priester war von Rechts wegen verpflichtet, gegen Jesus vorzugehen. Das ist im Hinblick auf die Schuld der Juden eine nicht unwichtige Perspektive. Das Todesurteil über Jesus hat Pilatus gesprochen, weil er allein die Kompetenz hatte. Josef Kajaphas und Pontius Pilatus haben also zusammengewirkt. Beide sind ihrer Pflicht nachgekommen. Und Jesus wird wohl hingerichtet worden sein, weil er als Aufwiegler erschien. Die Volksmassen liefen ihm nach. Es zeigte sich vor allem in der letzten Woche bei seinem Einzug in Jerusalem. Alle Propheten, soweit sie religiöse Bewegungen auslösten, waren besonders suspekt. Alle Propheten, die die Volksmassen anzogen, erschienen den politisch Mächtigen verdächtig. Das ist wohl der Hauptgrund, warum man gegen Jesus vorgegangen ist. Er wiegelte das Volk auf.

Sánchez de Murillo: Da stellt sich der Gegensatz zwischen der frischen Offenheit des Ursprünglichen und der verbissenen Festgelegtheit des Bestehenden dar.[10] Der Dichter deckt schonungslos die Heuchelei und die Korruption der Institutionen auf. Selbst wenn Jesus nicht gesprochen hätte, wäre der Konflikt unvermeidlich gewesen. Den Institutionen, die wesenhaft auf Machtbefestigung ausgerichtet sind, ist eine Gestalt wie die

---

[9] Der vor kurzem verstorbene Religionsphilosoph Pinchas Lapide hat zusammen mit seiner Frau Ruth an Band 3 des Edith Stein Jahrbuchs »Das Judentum« (1997) mit den Aufsätzen »Juden in Spanien« 64–73 und »Heinrich Heine, der fromme Ketzer. Jüdisch beschnitten – evangelisch getauft – katholisch getraut« 143–156 mitgewirkt.
[10] Vgl. José Sánchez de Murillo, Fundamentalethik. München 1988, 62–78.

Jesu ein Dorn im Auge, der beseitigt werden muß. Das ist auch ein Grundleiden des Phänomens Mensch. Jesus hat sehr oft auf seinen Tod hingewiesen. Er wußte, daß der Konflikt nur tödlich für ihn ausgehen konnte. Was sich dabei tiefenphänomenologisch zeigt, ist nicht abhängig von einer Epoche oder einer Kultur. Der Kampf zwischen dem Ursprünglichen und dem Verbrauchten durchkreuzt Familien und Gesellschaften aller Zeiten, ja die ganze Natur. Weil aber dieses Tiefenphänomen des Seins in seiner menschlichen Erscheinungsform von Jesus so radikal gelebt wurde, wird sie mit Recht als Offenbarung des Göttlichen erfahren. Wer Jesus schaute, sah in der Tat eine überzeitliche, göttliche Erscheinung. Wäre das eine auch bibelwissenschaftlich vertretbare These?

Gnilka: Ja, Sie haben jetzt sehr viele Fragen und Probleme angerührt. Zunächst einmal ein Wort zum Menschen Jesus. Vielleicht haben wir uns zu sehr daran gewöhnt, in ihm den Leidenden, den Gekreuzigten zu sehen. Man sollte aber doch bedenken, daß dieses grausame Ende eben nur sein Ende bestimmte, letztlich 24 Stunden seines Lebens ausmachte. In seinem persönlichen Leben und Existieren war Jesus ein heiterer, fröhlicher Mensch. In gewissem Sinne sogar ein sorgloser Mensch, der gern gegessen, sich mit den Leuten an den Tisch gesetzt, Wein getrunken hat ...

Sánchez de Murillo: ... Kinder und Frauen liebte ...

Gnilka: Ja, auch. Man hat ihm ja den Vorwurf des Fressers und Säufers gemacht. Was er in der Bergpredigt gesagt hat: *Sorget nicht*, ihr verderbt euer Leben, deutet darauf hin, daß er sehr wohl diesen Zusammenhang gesehen hat: Durch ein übertriebenes Sorgen verdirbt der Mensch sein eigenes Leben. Er hatte diese Heiterkeit und dieses ungezwungene Verhältnis auch zur Natur: »Betrachtet die Vögel des Himmels«. Freilich war das noch eine unverdorbene Natur. Von diesen Erfahrungen her könnte das Jesus-Bild, das etwas zu einseitig auf das Kreuz festgelegt ist, korrigiert werden.[11]

Sánchez de Murillo: Das klingt überzeugend. Jesus, der fröhliche und zugleich scharfsinnige Dichter, der in erster Linie gerne gelebt hat. Reichtümer können erdrücken. Also weniger haben, um besser leben zu können. Man lebt, um zu leben, nicht um ein Vermögen zu verwalten. Ein äußerst intelligenter Epikuräer. Wie ist es möglich, daß man bei dieser menschlich so ursprünglichen Gestalt nur die Kreuzigung herausgestellt hat, also den Tod, der durch die Auferstehung besiegt werden mußte? Der Tod kommt von selbst, wenn er kommen muß, unsere Aufgabe ist zu leben. So hat er gedacht. Der Tod im Mittelpunkt paßt nicht zu ihm, widerspricht geradezu dem Kern seiner Botschaft, die eine fröhliche war. Wer ist verantwortlich für diese Umdeutung?

Gnilka: In gewissem Sinn wird man sagen müssen, daß für die Verschiebung dieses Jesus-Bildes der Apostel Paulus seinen Beitrag geleistet hat.

Sánchez de Murillo: Direkt gesprochen: Paulus hat von Anfang an das Christentum ideologisch umdirigiert, es in eine Richtung gebogen, die die

---

[11] Mt 11,19 par; vgl. Mt 6,25 ff.

herrschende geworden ist. Die christlichen Kirchen glauben an den mächtigen Christus von Paulus, nicht an die fröhliche Botschaft des historischen Jesus. Würden Sie dem zustimmen?

Gnilka: Ja. Ich möchte jetzt nicht konfessionell werden; dennoch meine ich, daß im katholischen Bereich Jesus doch wichtiger gewesen ist. *Bultmann* zum Beispiel war der Auffassung, die ja damals in seiner Schule weitergetragen worden ist, daß die Rückfrage nach dem historischen Jesus unerheblich sei. Diese Auffassung ist im katholischen Bereich nie vertreten worden. Man hat sich doch immer wieder um den historischen Jesus gekümmert. Freilich ist das Interesse auch bei uns zurückgegangen aufgrund wohl dieses Einflusses; denn in der ersten Hälfte unseres Jahrhunderts ist meines Wissens kein bedeutendes Jesus-Buch geschrieben worden, zumindest nicht von einem Exegeten. Die bekannten Jesus-Bücher, die in der ersten Hälfte unseres Jahrhunderts geschrieben worden sind, stammen von Systematikern, nämlich von Karl Adam und Romano Guardini.

Sánchez de Murillo: Aus dieser Sicht ergeben sich enorme Konsequenzen. Vom historischen Jesus her wird das gesamte offizielle Christentum, mithin die weltanschauliche Grundlage der abendländischen Kultur in Frage gestellt. Denken wir z.B. an die Meinung, die sich in folgendem Satz bekundet und inhaltlich so oft in liturgischen Texten vorkommt: »*Despicere terrena et amare coelestia.*« »*Das Irdische verachten und das Himmlische lieben.*« Diese Auffassung liegt nicht nur dem Mönchtum zugrunde. Sie gehört nicht nur zu den Grundüberzeugungen des Christentums. Sie liegt den meisten Religionen und zahlreichen Philosophien zugrunde. Daß dieses Leben zeitlich zu kurz und inhaltlich leidvoll und dürftig ist und fast durchgehend von der Ungerechtigkeit beherrscht wird, weswegen es ein anderes Leben, wo der Mensch glücklich wird, und einen Gott, der die Gerechtigkeit siegen läßt, geben muß, gehört zu den Grunderfahrungen der Menschheit überhaupt. Jesus denkt, spricht und tut das genaue Gegenteil und steht mithin dem Großteil der Menschheit revolutionär gegenüber. Seine Botschaft lautet: *Das Reich Gottes ist mitten unter euch. Liebt also das Irdische, denn dieses ist das Himmlische; befreit euch von der Sorge um das, was kommen soll; liebt die Freiheit, lebt heute!* Das bedeutet Überwindung aller existentiellen Ängste und radikale Annahme der Endlichkeit. Das besagt aber auch Infragestellung von bisher Grundsätzlichem, Öffnung zum Leben hin. Mit Blick auf die Gegenwart stellt sich natürlich folgende Frage von selbst: Was würden Kirchen und Staaten mit Jesus machen, wenn er heute wiederkäme und so spräche?

Gnilka: Das ist eine Frage, die man beantworten kann, indem man versucht, die Verhältnisse von damals zu übertragen. Sicherlich hat sich da manches im Hinblick auf das Jesus-Bild sehr geändert. Diese Veränderung beginnt schon recht früh. Ich würde also einmal sagen, daß Jesus die Institution kritisiert hat. Er war nicht bloß Dichter, er war auch Prophet. Und es war die Aufgabe des Propheten, die Herrschenden und die zu Konventionen und Egoismen notwendigerweise neigenden Institutionen zu kritisieren. Und Jesus hat das mit aller Schärfe getan. Das war im übrigen auch ein Grund dafür, warum man gegen ihn vorgegangen ist. Er hat die Religion seiner Zeitgenossen kritisiert, die religiöse Praxis. Und wahrscheinlich würde er heute ähnliches tun, so daß wir seine Kritik ausdehnen können über heutige Institutionen hinaus, möglicherweise auf uns. Denn was er in der Bergpredigt sagt, ist ja das bleibend Aufregende und Stimulierende und auch Ärgerniserregende. Er nimmt kritisch Stellung zum Gesetz, das der Mittelpunkt der jüdischen Religion in der damaligen Zeit war. Dieses Gesetz war nicht bloß das juristische Buch, nach dem man das Rechtsleben einrichtete, sondern auch das religiöse Buch. Jesus führt es geradezu ad absurdum, wenn er antithetisch Geltendes in Frage stellt: Den Alten ist gesagt worden, jeder der tötet, soll dem Gericht verfallen sein, ich aber sage euch, wer seinem Bruder zürnt, soll dem Gericht verfallen sein (vgl. Mt 5,21 f.). Hier wird ein Delikt oder ein Vorgang, der eigentlich juristisch gar nicht faßbar ist, von Jesus hergenommen, um ihn zum Maßstab eines Gerichtes zu machen. Das heißt, er spricht nicht mehr von einem menschlichen Gericht, sondern vom Gericht Gottes. Dadurch stellt sich die Situation des Menschen, auch die religiöse Praxis des Menschen in einem ganz anderen Lichte dar. Nach Jesus ist der Mensch von innen heraus ein zu Verwandelnder. Die Institution neigt dazu, sich nach dem Gesetz zu richten, d.h. den Buchstaben zu erfüllen. Jesus hat abgehoben darauf, daß der ganze Mensch ein guter sei, der sich wandeln soll.

Sánchez de Murillo: Kommen wir zum Ursprung zurück. Wichtig war das Feiern. Wahrscheinlich noch bevor überhaupt etwas niedergeschrieben worden war, haben sich die Christen getroffen, um zu feiern. Sie schöpften Kraft und Lebenssinn aus dem Zusammensein im Namen einer Gestalt, die sie noch in ihrer Reinheit in Erinnerung hatten. Diese Überlieferung hat sich im eucharistischen Abendmahl bewahrt. Wie geschah es ursprünglich?

Gnilka: Man muß wohl davon ausgehen, daß Jesus im Laufe seiner öffentlichen Tätigkeit immer wieder mit den Menschen Mahl gehalten hat. Das ist der Ausgangspunkt. Und er hat sich übrigens ganz besonders mit jenen an einen Tisch gesetzt, die am Rande der Gesellschaft standen. Das war ein prägendes Zeichen seiner öffentlichen Tätigkeit, die auch Ärgernis erregt hat. Er hat mit Sündern zusammen gegessen. Die Eucharistie muß in einem Zusammenhang mit diesen Mählern gesehen werden. An jenem denkwürdigen Abend, da Jesus zum letzten Mal mit seinen Jüngern zu Tische saß, war er gewiß von dem Gedanken erfüllt, daß ihm der Tod bevorsteht. So hat er bei diesem Mahl etwas getan, was über sein irdisches Dasein und seine Gemeinschaft mit den Menschen hinaus wirken sollte. Die Worte, die er in dieser letzten Mahlfeier vor seinen Jüngern gesprochen hat, können einigermaßen sicher rekonstruiert werden. Er hat das Brot genommen und über das Brot gesagt: Das ist mein Leib (Mk 14,22). Das Wort ist in der deutschen Übersetzung vielleicht etwas mißverständlich. Man könnte es besser wiedergeben mit »das bin ich«, d.h. dieses Brot, das sie untereinander teilen, soll jetzt an seiner Stelle stehen.

Sánchez de Murillo: Nicht an Stelle des Leibes, sondern an Stelle seiner Person?

Gnilka: Ja, an seiner Stelle, an Stelle seiner Person. Das will heißen: So wie er während seiner öffentlichen Tätigkeit immer anwesend war bei den Mählern, soll er dann, wenn er nicht mehr da ist, durch dieses Brot, das sie untereinander teilen, vertreten werden. Dieses Verständnis ist auch für die vorösterliche Situation möglich, es ist sozusagen ein noch nicht unbedingt sakramentales Verständnis, eher ein vorsakramentales. In bezug auf das Deute-Wort über den eucharistischen Becher, haben wir zwei Versionen. Die eine Version bei Markus/Matthäus lautet: Das ist mein Blut des Bundes, vergossen für die vielen. Diese Version ist m.E. sekundär, weil sie parallelisiert ist mit dem Deute-Wort über das Brot, und auch deswegen schwiergig, weil sie den Gedanken nahelegt, daß man Blut genießen muß. Das ist eine für den Juden sehr schwer nachvollziehbare Vorstellung. Deshalb ist die andere Version, die wir bei Lukas und Paulus haben, in bezug auf die historische Rekonstruktion vorzuziehen. Demnach lautet das Wort: Dieser Becher ist der neue Bund in meinem Blut, d.h. der Becher, der jetzt in der Reihe der Jünger umhergeht, den sie gemeinsam trinken. Wahrscheinlich war der gemeinsame Becher auch etwas Neues. Beim Pascha-Mahl hatte vermutlich jeder Teilnehmer seinen eigenen Becher, während Jesus den Becher kreisen läßt unter den Mahlteilnehmern. Damit schließen sie also einen neuen Bund mit Gott und untereinander.[12]

Sánchez de Murillo: Diese Deutung ist überzeugend, während die theologische Auffassung, wonach Leib und Blut materiell zu verstehen sind, schwer nachvollziehbar ist. Aber in der Form, wie es war, erscheint das eucharistische Abendmahl als eine erhabene Art, einen abgeschiedenen lieben Menschen gegenwärtig werden zu lassen.

Gnilka: Ja, wir können die Entwicklung sogar noch ein Stück weiterverfolgen. Wir müssen es allerdings historisch betrachten; denn wir haben im 1. Korintherbrief die Kritik des Paulus an den Korinthern, wie sie Eucharistie feiern. Hier ist in jedem Fall noch vorausgesetzt, daß das eucharistische Mahl mit einem Agapemahl verbunden ist. Beim Mahl Jesu freilich war es so, daß eucharistisches Brot und eucharistischer Becher am Anfang und am Ende des Mahles standen. Zwischen diesen beiden eucharistischen Gabendarreichungen hat das Sättigungsmahl, das Pascha-Mahl, stattgefunden. Im 1. Korintherbrief nach Paulus war es in Korinth schon so, daß Sättigungsmahl, Agapemahl und eucharistisches Mahl getrennt waren. Es war eine Feier, die man bei ein und derselben Zusammenkunft begangen hat, aber die Teile wurden voneinander getrennt. Die Kritik des Paulus geht in diese Richtung. Die Gemeinde war aus verschiedenen Gruppen zusammengesetzt, Herren und Sklaven. Die Sklaven mußten arbeiten und konnten erst am Schluß der Feier kommen. Sie haben vom Sättigungsmahl oft nichts mitbekommen. Die Herren werden gesagt haben, sie kriegen ja das eucharistische Mahl, das mag ihnen genügen. Da kommt also Paulus dazwischen und sagt, wie ihr Eucharistie feiert, das heißt nicht

---

[12] Mk 14,24 par; Lk 22,20; 1 Kor 11,25.

das Herrenmahl feiern (vgl. 1 Kor 11,17–34). So kam es zu der Entwicklung, die zum Herausfall des Agapemahls und zur vollständigen Verselbständigung des eucharistischen Mahls führte.

Sánchez de Murillo: Hinzu kommt die spätere geschichtliche Entwicklung durch das Mittelalter und das Konzil von Trient, durch die sich das materialistische Verständnis festigt. – Ein weiteres Thema: Jesus und seine Mutter. Können Sie uns etwas dazu sagen?

Gnilka: Historisch oder theologisch?

Sánchez de Murillo: Zunächst historisch.

Gnilka: Wir wissen sehr wenig. Wir kennen ihren Namen. Während seiner öffentlichen Tätigkeit tritt sie kaum in Erscheinung. Bei Lukas ist das vielleicht relativ im stärksten Maße der Fall. Eine gewisse Distanzierung Jesu von seiner Mutter können wir gewiß wahrnehmen, weil er sich ganz seiner Tätigkeit widmet. Gelegentlich ist angedeutet, daß seine Verwandten Sorge um ihn haben. Wir haben diese eigenartige Szene im 3. Kapitel des Markus-Evangeliums, wo sie ihn zurückrufen wollen und sagen, er ist von Sinnen (3,21). Sie sehen, er reibt sich auf, sie wollen ihn wieder bei sich haben. Er aber fragt, wer sind meine Mutter, meine Brüder, meine Schwestern. Die den Willen meines Vaters tun, die sind mir Bruder und Schwester und Mutter (3,31–35). Für Maria war es sicherlich ein schmerzlicher Prozeß, die Entwicklung ihres Sohnes zu sehen, dem Kreuzestod zuzusehen.

Sánchez de Murillo: Wie kann die Jungfräulichkeit biblisch sinnvoll verstanden werden? Das physiologische Verständnis ist hier, genauso wie bei der Eucharistie-Deutung, eine spätere, die im Hinblick auf den Lebensvorgang und auf die real existierende und gebärende Frau äußerst bedenklich ist.

Gnilka: Die jungfräuliche Geburt oder besser die Jungfräulichkeit Mariens kann auch in diesem Sinne verstanden werden, daß sie eine Haltung voraussetzt, die sich ganz Gott ausliefert. Da ist ein Mensch, der sich bedingungslos dem Willen Gottes anvertraut und alles von ihm annimmt.

Sánchez de Murillo: Diese Deutung ist genauso überzeugend wie die der Eucharistie. Sie läßt m.E. das mythologische Verständnis zu, wonach die Befruchtung des jungfräulichen Weibes durch die Liebe (Geist) des männlichen Gottes, die Präsenz des Weiblichen am Ursprung der Gottheit bedeutet. Maria, Mutter Gottes besagte demnach: Das Männliche und das Weibliche sind gleichursprüngliche Momente des Göttlichen, woraus alles Leben hervorgeht. Liebend wird der Geist Leib, d.h. Same, der durch die offene Reinheit des Weiblichen und in ihm zum Menschen wird. Dadurch wird der göttliche Ursprung der sexuellen Vereinigung von Mann und Frau hervorgehoben.[13] – Ein weiteres wichtiges Thema lautet: Jünger, Nachfolge, Lebensstil. Gibt es nicht schon »Nachfolge« im rabbinischen Judentum? Was ist das Neue bei Jesus?

---

[13] Vgl. José Sánchez de Murillo, Vom Wesen des Weiblichen. In: Edith Stein Jahrbuch 3 (1996), 68–103.

Gnilka: Jesus hat Jünger in seine Nachfolge gerufen. Jüngerschaft und Nachfolge gab es auch im rabbinischen Judentum. Doch bestehen wesentliche Unterschiede. Der Rabbi-Schüler sucht sich seinen Meister aus. In der Nachfolge Jesu geht die Initiative von ihm aus. Er ruft in seine Nachfolge. In den Berufungsgeschichten der Evangelien kommt dies klar zum Ausdruck. Ein weiterer Unterschied besteht darin, daß der Rabbi-Schüler nur eine Zeitlang bei seinem Meister in die Schule geht und dann selbst Rabbi wird. Der Jesusjünger bleibt sein ganzes Leben in der Schule Jesu. Jesusnachfolge bedeutet Lebens- und Schicksalsgemeinschaft. Der Jesusjünger übernimmt auch eine Aufgabe, nämlich Menschenfischer zu werden, das heißt, die Botschaft Jesu weiterzusagen. In seinem Lebensstil soll er Jesus ähnlich werden, die Armen und Ausgestoßenen nicht vergessen und die Güter mit ihnen teilen. Übrigens gab es auch Jesusjüngerinnen. Die bekannteste ist Maria von Magdala.

Sánchez de Murillo: Kann das Petrusamt biblisch begründet werden?

Gnilka: Das Petrusamt kann biblisch begründet werden mit Mt 16,18: »Du bist Petrus, der Fels und auf diesem Felsen werde ich meine Kirche bauen.« Der Petrusdienst ist auch ganz unbestritten, nicht aber die Frage nach der Nachfolge des Petrusamtes. Das ist ein weitreichendes historisches Problem, das bis in die alte Kirchengeschichte hineinreicht. Aber es gibt Andeutungen; ich habe das in meinem Matthäus-Kommentar aufzuzeigen versucht.[14] Die Petrus übertragene Vollmacht: »Was du auf Erden binden und lösen wirst, soll auch im Himmel gebunden und gelöst sein«, lesen wir auch in Mt 18,18, wo sie an einen größeren Kreis, an die Apostel, an die Jüngerschaft gerichtet ist. Hier ist angedeutet, daß der Petrusdienst notwendig ist, damit die Jesus-Tradition erhalten bleibt und wir uns immer wieder auf die Ursprünge zurückbesinnen. Gleichzeitig ist zu verstehen gegeben, daß die Vollmacht auf ein Kollegium übergeht, das an die Stelle des einzelnen tritt.

Sánchez de Murillo: Ist das aber noch der historische Jesus oder gehört das Petrusamt nicht zum Christus des Glaubens? Der Gedanke einer Kirche ist m.E. mit der Lebensauffassung des Dichters Jesus kaum vereinbar. Er muß später entstanden sein.

Gnilka: Das Petrusamt ist nachösterlich, das ist sicherlich richtig. Freilich hat sich Jesus jetzt nicht an einzelne gewandt. Man darf die Botschaft Jesu nicht individualisieren, wie das zum Teil bei Bultmann in seiner existentialen Interpretation erfolgt ist. Zum Messias gehört ein Volk. Die »Kirche« Jesu war das Volk Israel. Die Kirche mit dem Petrusamt entsteht nachösterlich, wie auch das Amt in der Kirche sich nachösterlich entwickelt, und zwar das Amt der Presbyter (Ältesten) in judenchristlichen Gemeinden, das Amt der Episkopen und Diakone in paulinisch-heidenchristlichen Gemeinden, bei Paulus noch eingefügt in das charismatische Gemeindemodell, in das alle Gemeindemitglieder einbezogen sind.[15]

---

[14] Vgl. Joachim Gnilka, Das Matthäusevangelium. Band 2. Herders theologischer Kommentar zum Neuen Testament. 3. Aufl., Freiburg 1993, 46–80.
[15] Ein alter Beleg dürfte Apg 15,6 sein; vgl. Phil 1,1.

Sánchez de Murillo: Aber Jesus hat sich nicht als Messias bezeichnet. Gehört diese Kategorie nicht eher zum paulinischen Christusbild?

Gnilka: Ich würde schon sagen, daß die Kategorie des prophetischen Messias am besten auf ihn paßt. Natürlich nicht im Sinne der landläufigen Erwartung, aber er ist eben doch jener, der den Willen Gottes ausgelegt hat und an den unser Heil gebunden ist. Davon haben wir schon gesprochen.

Sánchez de Murillo: War Jesus verheiratet?

Gnilka: Das läßt sich nicht nachweisen. In einem, in Australien erschienenen Jesusbuch wird behauptet, Jesus sei fünfmal verheiratet gewesen. Aber das ist an den Haaren herbeigezogen.

Sánchez de Murillo: Hatte der unverheiratete Jesus vielleicht mehrere Frauen? Das würde zu ihm passen, aber kein Zölibat. Der Dichter ohne Frauen ist undenkbar.

Gnilka: Das ist völlig beliebig. Belegen kann man das alles nicht. Das Matthäusevangelium überliefert ein Schimpfwort, das man Jesus gegeben hat: Es gibt solche, die von Geburt an Eunuchen sind, und solche, die von Menschen zu Eunuchen gemacht worden sind. Es gibt solche, die um des Himmelreiches willen sich selbst zu Eunuchen gemacht haben (vgl. 19,12). Es ist ganz eigenartig, daß Jesus das Schimpfwort Eunuch gebraucht. Ich habe in meinem Jesus-Buch die Auffassung vertreten, genauso, wie man ihn Fresser und Säufer gescholten hat, hat man ihn Eunuch gescholten, weil er nicht verheiratet war.[16] Es gibt im Urchristentum ein aufkommendes Ideal des ehelosen Lebens, freilich nicht verknüpft mit dem Amt im Sinn des Amtszölibates.

Sánchez de Murillo: Jesus hatte offensichtlich ein großzügiges und mehrdimensionales Verhältnis zur Geschlechtlichkeit. Außer Frauen liebte er auch einen Jungen: Johannes.

Gnilka: Im 4. Evangelium hören wir vom Lieblingsjünger. Ob er mit Johannes identisch war, ist sehr umstritten. Auf jeden Fall wird er mit der Entstehung des Evangeliums in Verbindung gebracht. In der Bultmann-Schule wurde er als idealer Jünger gedeutet, dem keine historische Existenz zukäme. Das ist zurückzuweisen. Der Name Lieblingsjünger kommt ihm zu, weil er besondere Jesustraditionen in Anspruch nimmt, die wir nur ihm verdanken.

Sánchez de Murillo: Ist das gestörte Verhältnis des Christentums zur Frau und zur Sexualität nicht auf ein persönliches Problem des Apostels Paulus zurückzuführen?

Gnilka: Für diese Entwicklung sind vor allem spätere Einflüsse zu berücksichtigen, etwa solche wie der Hellenismus, Manichäismus. Den Apostel Paulus wird man nicht als Frauenfeind bezeichnen können. Gelegentlich wurde die Auffassung vertreten, daß er Witwer gewesen sei. Seine Äußerungen über die Ehe im 1. Korintherbrief muß man auf dem historischen Hintergrund seiner Auseinandersetzung mit der korinthischen Gemeinde sehen (7,1 ff.). In dieser gab es zwei völlig divergierende Meinungen: Eine Gruppe in der Gemeinde forderte aller Wahrscheinlichkeit

---

[16] Vgl. Joachim Gnilka, Jesus von Nazaret. 178–180.

nach die völlige sexuelle Enthaltsamkeit, auch in der Ehe, die andere wertete den Gang zur Dirne als sittlich indifferent. Beide Auffassungen weist Paulus zurück. Aus Äußerungen, die dieser doppelten Korrektur entsprechen, hat man immer wieder – aber zu Unrecht – geschlossen, daß er frauenfeindlich gewesen sei. Wenn er zur Ehelosigkeit rät, muß das im Zusammenhang mit seiner Erwartung gesehen werden, daß die Parusie Christi bevorsteht.

Sánchez de Murillo: Hatte nicht Jesus selbst seine baldige Wiederkunft angekündigt? Ist dieses Versprechen ein Jesus-Wort oder handelt es sich dabei um eine Glaubensvorstellung der Urgemeinde?

Gnilka: Jesus hat in einer endzeitlich-eschatologischen Perspektive vom Reich Gottes gesprochen und mit dessen Ankunft – in geheimnisvollen Worten – den Menschensohn erwartet (vgl. Lk 12,8). Wer dieser Menschensohn ist, hat er nicht gesagt. Die Erfahrung von Ostern hat seine Jünger zu der Erkenntnis geführt, daß Jesus dieser Menschensohn ist. Man erwartete jetzt ihn als den Menschensohn-Richter, teilweise in intensiver Naherwartung.

Sánchez de Murillo: Aus der exegetischen Forschungslage ergibt sich m.E., daß das Christus-Bild des offiziellen Christentums und der historische Mensch Jesus von Nazaret sehr verschieden sind. Die paulinische Umdeutung und frühchristliche Verwicklungen mit der griechischen Philosophie haben die Grundlage für einen Weltentwurf geliefert, der die abendländische Kultur der letzten zweitausend Jahre entscheidend beeinflußt hat.

Gnilka: Jesus ist zur Vergangenheit geworden. Es käme darauf an, ihn aus dieser Vergangenheit wieder in die Gegenwart hereinzuholen.

Sánchez de Murillo: Der paulinische Christus ist dafür gedacht, eine Machtkirche mit Weltherrschaftsansprüchen zu gründen, die den jüdischen Messianismus mit römischen Weltordnungsvorstellungen vereinigte. Daß diese Vorstellung etwa auch Mohammed als Vorbild diente, scheint mir offensichtlich zu sein. Heute werden religiöse Machtansprüche mit kritischer Sorge beobachtet. Eine parallele Situation haben wir im Bereich der Philosophie und der Wissenschaft. Die Auffassung einer Vernunft, die über allem stehen und darum alles beurteilen zu können vermeint, liegt der dominierenden Grundhaltung der modernen technischen Wissenschaften zugrunde. Der paulinische Christus und die Vernunft der abendländischen Philosophie sind Zwillinge: Sprößlinge einer Grundhaltung des Menschen, der nur in der Erd-, Welt- und Kosmosbeherrschung den Sinn seines Daseins sieht. Das Bedenkliche dieser Situation ist zur allgemeinen Sorge der Menschheit geworden. An der Wende zum dritten Jahrtausend schreien viele nach Erneuerung, andere nach einem absoluten Neubeginn, der das bisher von den technischen Wissenschaften Erreichte verantwortungsvoll im Hinblick auf das Wohl der Erde und des Menschen aufzunehmen vermöchte. Kurz: Die Philosophie braucht eine neue Vorsokratik auf weichem Boden zur Begründung einer Menschen und Welt liebenden Wissenschaft. Wäre es nicht gerade jetzt an der Zeit, ein neues Christus-Bild zu entwerfen: einen Jesus-Mythos, der die Gestalt des gütigen, lebensbejahenden Menschen darstellte, die weibliche Seite des Göttlichen offenlegte und zur Grundlage für eine zarte Lebensauffassung werden könnte?

Gnilka: Der Umbruch liegt m.E. nicht im Neuen Testament, auch nicht bei Paulus. Es mag sein, daß man später Paulus für die von Ihnen angedeutete Entwicklung in Anspruch nahm. Das bedürfte einer eingehenden Untersuchung. Im Neuen Testament können wir einen anderen Umbruch beobachten, der theologisch, christologisch, ekklesiologisch von weitreichenden Folgen gewesen ist. Es ist der Umbruch, der beschrieben werden kann mit den Worten: vom verkündigenden Jesus zum verkündigten Christus. Freilich kann man diesen Schritt nicht rückgängig machen. Er war auch in gewisser Weise notwendig, weil ohne die Erfahrung von Kreuz und Auferstehung Jesu, die die Situation veränderten und die auch zur Kirche führten, Jesus möglicherweise vergessen worden wäre. Ich stimme mit Ihnen überein, daß es heute, am Ende des zweiten christlichen Milleniums, darauf ankäme, daß wir uns wieder energischer Jesus von Nazaret und seiner befreienden Botschaft zuwenden. In diesem Jahrhundert hat man zu oft vom »garstigen Graben« gesprochen, der zwischen dem verkündigenden Jesus und dem verkündigten Christus liegen würde. Auch das hat zum Vergessen Jesu geführt. Ich meine, daß wir Zugänge zu Jesus von Nazaret ausmachen und entdecken können, die uns weiterhelfen, die Kontinuität zu ihm bei aller Diskontinuität neu zu begründen. Wenn wir uns Christen nennen, uns also nach ihm benennen, können wir ihn nicht beiseite schieben. Echte Reformen können nur in der Besinnung auf die Ursprünge, das heißt letztlich auf ihn, erfolgen.

Sánchez de Murillo: Herr Kollege Gnilka, wir danken Ihnen für dieses Gespräch!

Das Christentum angesichts des Pluralismus von Kultur- und Religionswelten

Johann Baptist Metz

I.

Wir leben in einer Zeit des konstitutionellen Pluralismus – der Kulturen, der Religionen, der Weltanschauungen. Jeder Versuch, diesen Pluralismus zu hinterfragen, ist verdächtig. Universalismus gilt als latenter Imperialismus, universelle Verbindlichkeit als eine trügerische intellektuelle und moralische Falle. Gefragt und gesucht ist die Wahrnehmung und Sicherung von Differenz und Andersheit – gestützt auf die (»postmoderne«) Empfindlichkeit für die immer wieder lauernden Gefahren universalistischer Konzepte und deren Entwürdigung von Pluralität und Differenz.

Doch diese Krise tradierter universalistischer Ansätze bezeichnet keineswegs ein Ende der Fragen zum Verhältnis »Universalismus-Pluralismus«. Die in meinen Augen wichtigste Frage möchte ich so formulieren: Gibt es in der unwiderruflich anerkannten Vielfalt der Kultur- und Religionswelten noch ein alle verpflichtendes und in diesem Sinne wahrheitsfähiges Kriterium der Verständigung? Oder bleibt nun alles der Beliebigkeit des »postmodernen« Marktes ausgeliefert? Das Zeitalter der »postmodernen« Fragmentierungen birgt eine »ethische Aporie«: Wir leben in einer Zeit, in der die ethischen Probleme unserer wissenschaftlich-technischen und ökonomischen Zivilisation immer mehr außerhalb der Reichweite des einzelnen liegen, so daß sie eigentlich, wenn überhaupt, nur über Politik und politische Ethik besprochen und behandelt werden können. Noch nie in der Geschichte der Menschheit war die sittliche Herausforderung auf eine solche Reichweite und Langfristigkeit angelegt wie in unserer Zeit, noch nie ging es so sehr um den Mut zu einer »Ethik der Fernstenwirkungen« (Hans Jonas) wie heute. Gleichzeitig geriet nun, in unserem Zeitalter der sog. Globalisierungen, jeglicher ethischer Universalismus der Verhaltens- und Handlungsorientierung unter den Verdacht eines pluralismus-feindlichen sittlichen Totalitarismus.

Gibt es überhaupt noch so etwas wie ein ethisch konzeptualisierbares sittliches Universum? Wie etwa lassen sich der Universalismus der Menschenrechte und die Idee von den unaufgebbaren und unverzichtbaren kulturellen Differenzen in der Menschheit miteinander verbinden, ohne daß sie sich wieder nur gegenseitig relativieren und in dieser beziehungslosen bzw. »unverbindlichen« Vielfalt immer wieder zu neuen Konflikten und Gewaltausbrüchen führen? Gibt es noch ein Kriterium, mit dessen Hilfe sich entscheiden läßt, wo die legitime Pluralität inkulturierter ethischer Ansätze ihre Grenze findet?

Wir leben, so sagt man, in einer Welt der unhintergehbaren Pluralität. Was gefordert ist, sei Toleranz, sei Dialog oder Diskurs. Gewiß. Aber ist das die ganze Antwort? Gibt es nicht auch Grenzen der Toleranz und Kriterien für den Dialog? Und gibt es nicht auch Situationen, in denen die formale, die rein verfahrensorientierte Rationalität der Diskurse versagt? Wie immer, auch der Pluralismus ist nicht einfach die Antwort, sondern zunächst die Frage und das Problem. Dieses Problem lösen heißt freilich nicht, den Pluralismus aufzulösen, sondern eine allen Menschen zugängliche und zumutbare Form des Umgangs mit ihm zu entwickeln, um so einen kulturalistischen Relativismus zu vermeiden, ohne doch die Kulturen selbst einfach zu relativieren und zu entwichtigen.

Was aber wäre dieses »Allgemeine«, dieses – wie es einmal hieß – »Allgemeine Gute«, das heute zumeist strikt geleugnet wird, sodaß sich die wenigen, die überhaupt noch universalistische Ansätze in unserer Welt der konstitutionellen Pluralität wagen, auf einen rein formalen, rein prozeduralen, vermeintlich kontextfreien Universalismus beschränken? Gibt es denn keine inkulturierte Ethik, die gewaltfrei universalisierbar ist und die den Pluralismus kultureller Lebenswelten nicht zerstört, sondern schützt? Gibt es keine einem geschichtlichen Überlieferungszusammenhang entspringende Lebens- und Handlungsorientierung, die als universal bzw. universalisierungsfähig gelten könnte, ohne imperial oder totalitär zu sein, ohne also die neue Empfindlichkeit für Pluralität und Differenz, für das sog. Anderssein der jeweils anderen, ihre Würde und ihren Anspruch, zu ignorieren?

Zu befragen und zu prüfen wären die Traditionen und Kontexte der Religions- und Kulturwelten. Ich kann hier nur extrem abgekürzt verfahren. Viele favorisieren heute – gerade auch in unseren westlichen Kulturkreisen – eine Religion ohne Gott. Wirkt sie nicht viel »weicher« und toleranter, eben viel pluralismusverträglicher und damit viel geeigneter als religiöses Paradigma in einem Zeitalter des konstitutionellen Pluralismus als etwa die Erinnerung an den biblischen Gott, der schließlich als Gott der Geschichte und der Gesetze überliefert ist? Gleichwohl zielt mein Vorschlag zur Versöhnung zwischen bestimmter Universalität und authentischer Pluralität auf eben diese Traditionen: auf das Gottesgedächtnis der biblischen Überlieferung, soweit es sich als Leidensgedächtnis der Menschen zur Sprache bringt, und auf das Christusgedächtnis der Christen, soweit es sich in einem geschichtlichen Leidensgedächtnis – memoria passionis – ausdrückt, das das kultische Auferweckungsgedächtnis – memoria resurrectionis – an unsere geschichtlichen Erfahrungen zurückbindet und verhindert, daß es schließlich nur als geschichts- und verantwortungsferner Mythos gefeiert wird. So kryptisch, so umständlich klingt zunächst der Vorschlag zu einem in religiösen Kontexten fundierten sittlichen Universalismus, wenn man diesen Vorschlag nicht primär religionspolitisch, sondern – im Stil der neuen Politischen Theologie – strikt theologisch begründen will. Was ist näherhin gemeint?

II.

Die biblischen Traditionen kennen eine besondere Gestalt der universellen Verantwortung. Dabei ist freilich, und dies wäre genau zu beachten, der Universalismus dieser Verantwortung nicht primär orientiert am Universalismus der Sünde und des Versagens, sondern am Universalismus des Leidens in der Welt. Jesu erster Blick galt nicht der Sünde der anderen, sondern dem Leid der anderen. Sünde war ihm vor allem Verweigerung der Teilnahme am Leid der anderen, war ihm Weigerung, über den Horizont der eigenen Leidensgeschichte hinauszudenken, war ihm, wie das Augustinus nennen wird, »Selbstverkrümmung des Herzens«, Auslieferung an den heimlichen Narzißmus der Kreatur. Und so begann das Christentum als eine Erinnerungs- und Erzählgemeinschaft in der Nachfolge Jesu, dessen erster Blick dem fremden Leid galt.

Diese Empfindlichkeit für fremdes Leid, diese Berücksichtigung des Leidens der anderen – bis hin zum Leid der Feinde! – beim eigenen Handeln gehört in das Zentrum jener »neuen Art zu leben«, die sich mit Jesus verbindet. Sie ist meines Erachtens auch der überzeugendste Ausdruck jener Liebe, die Jesus uns zugetraut und zugemutet hat, wenn er – ganz in der Tendenz seines jüdischen Erbes – die Einheit von Gottes- und Nächstenliebe beschwor.

Es gibt Parabeln Jesu, mit denen er sich in besonderer Weise in das Gedächtnis der Menschheit hineinerzählt hat. Dazu gehört vorweg das Gleichnis vom »Barmherzigen Samariter«, mit dem er auf die Frage antwortet: »Wer ist mein Nächster?« In unserem Zusammenhang gefragt: Für wen bin ich verantwortlich? Für wen zuständig? Eines wird aus dieser Parabel in den Bildern einer archaischen Provinzgesellschaft ganz deutlich: Der Bereich der Zuständigkeit, der Umfang der Verantwortung ist prinzipiell unbegrenzt. Kriterium für Maß und Umfang ist und bleibt – das fremde Leid, so wie der unter die Räuber Gefallene in der Geschichte Jesu, an dem der Priester und der Levit »im höheren Interesse« vorübergehen. Wer »Gott« im Sinne Jesu sucht, kennt hier kein entschuldigendes »höheres Interesse«. Wer »Gott« im Sinne Jesu sagt, nimmt die Verletzung der vorgefaßten eigenen Gewißheiten durch das Unglück der anderen in Kauf. Von diesem Gott reden heißt, fremdes Leid zur Sprache bringen und versäumte Verantwortung, verweigerte Solidarität beklagen.

Der Rekurs auf die Leidempfindlichkeit der biblischen Gottesbotschaft wie auf die damit verbundene memoria passionis ist keineswegs gekennzeichnet von Resignation oder Evasion. Er hat nichts zu tun mit einem religiös motivierten Narzißmus. Schließlich ist diese memoria passionis eine Leidenserinnerung, die immer auch die Leiden der anderen, der Fremden und – unbedingt biblisch – sogar die Leiden der Feinde in Betracht zieht und bei der Beurteilung der je eigenen Leidensgeschichte nicht zu vergessen sucht. Und so schickt sie sie – in der Gestalt dieses Eingedenkens fremden Leids – an die Front der politischen, der sozialen und kulturellen Konflikte in der heutigen Welt. Denn fremdes Leid zur Sprache zu bringen ist die unbedingte Voraussetzung aller künftigen Friedenspolitik, aller neuen Formen sozialer Solidarität angesichts des eskalierenden Risses zwischen arm und reich und aller verheißungsvollen Kommunikation der Kultur- und Religionswelten.

III.

In den gegenwärtigen Debatten um ein »Weltethos« (Hans Küng) ist von einem sittlichen Universalismus die Rede, der auf der Basis eines sog. Minimal- oder Grundkonsenses – »als das notwendige Minimum gemeinsamer humaner Werte, Maßstäbe und Grundhaltungen« – entstehen soll. Doch in strikt theologischer und nicht nur religionspolitischer Hinsicht ist der sittliche Universalismus kein Konsensprodukt. Er wurzelt in der Anerkennung einer Autorität, die inzwischen auch in allen großen Religionen und Kulturen angerufen werden kann, in der Anerkennung der Autorität der Leidenden. Dieser Autorität gegenüber gilt, was der Soziologe Zygmunt Bauman vom moralischen Gewissen sagt: Es verlangt »Gehorsam ohne Überprüfung, ob dem Folge geleistet werden sollte ... Es kann weder überzeugen noch erzwingen ... Nach den grundlegenden Maßstäben der modernen Welt ist Gewissen schwach.« Eben dies gilt von der Autorität der Leidenden. Sie kann nicht nochmals hermeneutisch vorbereitet oder diskursiv gesichert werden. Ihr gegenüber geht der Gehorsam der Verständigung und dem Diskurs voraus – und zwar um den Preis jeglicher Moralität.

Damit wir uns recht verstehen: Der hier angesprochene Gehorsam ist kein willkommenes Faustpfand der Kirche für ihre Gehorsamsforderungen. Denn auch die Kirche steht nicht über diesem Gehorsam, sondern unter ihm. Dieser Gehorsam kann deshalb nicht ekklesiologisch verschlüsselt werden. Er kann geradezu zur Basis tiefgreifender Kritik am kirchlichen Verhalten selbst werden. Hat die Gottesverkündigung der Kirche nicht zu sehr vergessen, daß sich die biblische Gottesrede im Eingedenken fremden Leids buchstabiert, daß also das dogmatische Gottesgedächtnis nicht vom himmelschreienden Leidensgedächtnis der Menschen abgesprengt werden darf? Ist die »Gotteskrise«, die im Hintergrund der heute vielbesprochenen Kirchenkrise steht, nicht auch durch eine kirchliche Praxis mitverursacht, in der Gott mit dem Rücken zur Leidensgeschichte der Menschen verkündet wurde und wird? Wirkt die Gottesverkündigung der Kirche vielleicht deshalb so fundamentalismusanfällig, weil in ihr die Autorität Gottes von der Autorität der Leidenden getrennt ist, obwohl Jesus selbst in seiner berühmten Gerichtsparabel (Mt 25) die gesamte Menschheitsgeschichte unter die Autorität der Leidenden gestellt hat? Für mich ist deshalb diese Autorität die einzige, in der sich die Autorität des richtenden Gottes in der Welt für alle Menschen manifestiert. Im Gehorsam ihr gegenüber konstituiert sich das moralische Gewissen; und was wir seine Stimme nennen, ist unsere Reaktion auf die Heimsuchung durch dieses fremde Leid. Dies alles bedarf unbedingt der weiteren Präzisierung, der genaueren Bestimmung der Leidenden als unschuldig, als ungerecht

Leidender. Schon bisher suchte ich dieser Frage – schlecht und recht – immer wieder nachzugehen und dabei darauf hinzuweisen, daß das Ringen um Gerechtigkeit nur über seine »negative Vermittlung«, nur über den Widerstand gegen ungerechte Leiden, einen universalen Horizont gewinnen kann.

Ist es nicht der Widerstand gegen ungerechte Leiden, der – inspiriert vom Respekt vor der Autorität der Leidenden überhaupt – die Menschen aus den verschiedensten Religions- und Kulturwelten zusammenführt? Sie folgen dabei nicht eigentlich einer Theorie oder Ideologie der Gerechtigkeit, sondern – ihrer Überzeugung, einer Überzeugung, die in dem eben besprochenen Gehorsam wurzelt, dem nach Paulus (Röm 2,14) alle – auch »die Heiden« – um ihrer Würde willen unterworfen sind. Hier sehe ich die Chance und die Aufgabe einer Ökumene der Religionen – und zwar, ganz im Sinne des Ökumenebegriffs der neuen Politischen Theologie, im Stile einer *indirekten Ökumene der Religionen*: Nicht ein Miteinander und Zueinander im direkten Religionsvergleich, sondern in der Praxis gemeinsamer Weltverantwortung, im gemeinsamen Widerstand gegen die Ursachen ungerechten Leidens in der Welt. Gegen Rassismus, gegen Fremdenfeindlichkeit, gegen nationalistisch oder rein ethnisch imprägnierte Religiosität mit ihren Bürgerkriegsambitionen. Aber auch gegen die kalte Alternative einer Weltgesellschaft, in der »der Mensch« immer mehr in den selbstreferentiellen Systemen der Ökonomie, der Technik und ihrer Kultur- und Kommunikationsindustrie verschwindet, einer Weltgesellschaft, in der die Weltpolitik ihren Primat immer mehr an eine Weltwirtschaft mit ihren vom Menschen selbst längst abstrahierenden Marktgesetzen verliert.

Handelt es sich hier nicht vielmehr um eine Situation, in der gerade auch die weltweit verwurzelten religiösen Institutionen politischer sein müßten als die »normale« Gesellschaft? Ist das nicht die Stunde, in der sich die Weltreligionen – im Stile der geschilderten indirekten Ökumene – in die Politik einschalten müßten, nicht um nun einer traumtänzerischen Gesinnungspolitik oder gar einer fundamentalistischen Religionspolitik das Wort zu reden, sondern um eine gewissenhafte Weltpolitik – in der Stunde großer Gefahr – zu stützen? Sie werden das freilich nur zustandebringen, wenn sie dabei nicht das Selbsterhaltungsinteresse ihrer Institutionen, sondern das fundamentale Interesse am fremden Leid im Auge haben.

IV.

Gewiß, die biblische Religion der Leidempfindlichkeit spricht nicht primär von einer Moral, sondern von einer Hoffnung; ihre Gottesrede wurzelt nicht in einer Ethik, sondern in einer Eschatologie. Doch für beide gilt, daß weder die Welt der Religion noch die der Moral die Perspektive des unbeteiligten Beobachters verträgt. In die Welt der Religion wird man nicht durch Religionskunde eingeführt, in die Welt der Moral nicht durch Ethik. In beide muß man eingeübt, gewissermaßen biographisch »eingefädelt« sein, ehe man zu ihnen ein reflexives Verhältnis entfaltet.

Moral und Religion, die diesen Namen verdienen, wurzeln eigentlich in Erinnerungsgemeinschaften. Und das gilt natürlich auch für Einstellungen, die sich im Namen der Moral gegen Religion stellen bzw. gestellt haben. Diese konstitutive Bezogenheit von Religion und Moral auf Gemeinschaft und Tradition suspendiert freilich nicht von der Frage, wie sich denn nun – und nach welchen Kriterien – die einzelnen Erinnerungsgemeinschaften in unserer einen Welt zueinander verhalten, ohne in einen beziehungslosen oder allein durch Macht zu begrenzenden Relativismus zu geraten.

Religion, substantiell, ist Widerstand gegen kulturelle Amnesie. Dieser Widerstand, verwurzelt im biblischen Monotheismus, gilt auch für das Christentum. Die Kirche ist – als Institution – vor allem akkumulierte Erinnerung, langfristiges Gedächtnis, »Elefantengedächtnis«, in dem vieles, allzu vieles gespeichert ist, Befreiendes und Belastendes, Leuchtendes und Finsterstes. Die Theologie steht nicht teilnahmslos außer oder über diesem Gedächtnis. Ihre kritische Kompetenz gewinnt sie dadurch, daß sie das von der Kirche repräsentierte kanonische Gedächtnis immer wieder daraufhin befragt, ob und inwieweit es zum praktischen Eingedenken fremden Leids wird, ob und inwieweit sich das Gottesgedächtnis der Kirche und das dogmatische Christusbild nicht längst vom Leidensgedächtnis der Menschen, von der alltäglichen memoria passionis entfernt haben. Auf dieser kritischen Frage wird die Theologie auch gegenüber den anderen monotheistischen Religionen unbedingt bestehen: Wirken sie vielleicht nur deshalb oft so fundamentalistisch, weil ihr Gottesgedächtnis das Eingedenken fremden Leids längst außer sich gestellt hat?

Die neue Politische Theologie beharrt darauf, daß der heute zu Recht geforderte Dialog der Religionen und Kulturen unter dem Kriterium der memoria passionis – des Eingedenkens fremden Leids – steht. Fremdes Leid zur Sprache zu bringen ist das Wahrheitskriterium dieses Dialogs. Das »schwache« Eingedenken fremden Leids, die von ihm geprägten Narrative können ihre interreligiöse und interkulturelle Kommunikationskraft erweisen und dabei den Pluralismus von Leidensgeschichten in der Welt zur Sprache bringen – etwa in der Begegnung der biblischen Religion mit den Mitleidsethiken der asiatischen Religionen. Entscheidend wird dabei sein, wie sich zwei klassische Formen der Leidensmystik im Umgang mit fremdem Leid bewähren. Es handelt sich, wenn ich das in metaphorischer Verkürzung ausdrücken darf, zum einen um die primär fremdbezügliche Leidensmystik der offenen Augen in der biblischen Religion und zum anderen um die primär selbstbezügliche Leidensmystik der geschlossenen Augen im Buddhismus. Voneinander lernen wird man nur dann können, wenn man die Differenz im Ansatz nicht aus den Augen verliert.

Natürlich wendet sich die neue Politische Theologie mit ihrem Kriterium auch an die »profanen« Leitbilder und Theorien des gesellschaftlichen und kulturellen Lebens. Sie fragt z.B. kritisch, ob unsere posttraditionalen Diskursgesellschaften, die sich vom Apriori eines (kulturellen) Leidensgedächtnisses losgesagt haben, wirklich über die anonyme Herrschaft des

Marktes, des Tausches und der Konkurrenz hinauskommen, ob sie also noch eine Vision der Verantwortung der einen für die anderen vor jedem Tausch- und Konkurrenzverhältnis kennen. Und sie sucht sich kritisch aus dem Bann kultureller Amnesie herauszufragen, aus der gedächtnislosen Gegenwart der virtuellen Welten unserer Kultur- und Kommunikationstechnik – nicht um der Selbstbehauptung der Theologie, sondern um des Menschen willen.

V.

Nach all diesen abstrakten Erwägungen muß ich zum Schluß noch eine mich ständig beunruhigende Frage loswerden. Gibt es denn für ein Christentum der gesteigerten Empfindlichkeit für fremdes Leid überhaupt offene Ohren? Soll uns Religion nicht vom Schmerz der Negativität abschirmen? Dient sie nicht, wenn überhaupt, dem Triumph des »Positiven«? Was heißt sonst schon »frohe« Botschaft? Und schließlich: Ist die hier angesprochene Leidenssensibilität nicht eine Haltung, die gerade jungen Menschen nur sehr schwer zugänglich ist und zugänglich gemacht werden kann? ... Auf solche und ähnliche Fragen weiß ich immer nur mit einer Gegenfrage zu antworten: Wem sollte man die hier angesprochene Aufmerksamkeit für fremdes Leid, die Haltung der Empathie und das Übertreibende daran zutrauen? Wem sollte man die abenteuerliche Vorstellung zumuten können, für andere dazusein, ehe man überhaupt etwas von ihnen hat? Wem könnte man die damit angedeutete »andere Art zu leben« überhaupt anbieten? Wem, so frage ich, wenn nicht gerade jungen Menschen? Haben wir denn ganz und gar vergessen, daß das Christentum einmal begonnen hat als eine Jugendrevolte innerhalb der damaligen Welt?

Zerstörung und Befreiung der Erde

Zur ökologischen Theologie

Jürgen Moltmann

> Für Schwester Waltraud Herbstrith
> und den Edith-Stein-Karmel in Tübingen
> in räumlicher und geistlicher Nachbarschaft

I. Zerstörung der Erde durch die Erste und die Dritte Welt

Die Zerstörung der Umwelt, die wir Menschen durch das gegenwärtige Weltwirtschaftssystem anrichten, wird mit Sicherheit das Überleben der Menschheit im 21. Jahrhundert ernsthaft gefährden. Die moderne Industriegesellschaft hat den Organismus der Erde aus dem Gleichgewicht gebracht und ist auf dem Wege in den universalen ökologischen Tod, wenn wir die Entwicklung nicht verändern können. Wissenschaftler beweisen, daß die CO^2-Abgase und die Methangase die Ozonschicht der Atmosphäre zerstören, daß die Verwendung chemischen Düngers und diverser Pestizide den Boden unfruchtbar machen, daß sich schon jetzt das Weltklima verändert und wir immer mehr von Menschen verursachte »Naturkatastrophen« wie Dürre und Überschwemmungen erleben werden, daß die Eisschichten der Arktis und Antarktis schmelzen werden, daß Küstenstädte wie Hamburg und Küstenregionen wie Bangladesch und viele Südseeinseln im nächsten Jahrhundert überflutet sein werden und alles in allem das Leben auf dieser Erde selbst bedroht ist. Die Menschheit kann aussterben wie vor Jahrmillionen die Dinosaurier. Was den Gedanken so beunruhigend macht, ist die Tatsache, daß wir die Gifte, die in die Ozonschicht der Erde aufsteigen, und die Gifte, die in den Boden einsickern, nicht mehr zurückholen können und wir also nicht wissen, ob die Entscheidung über das Schicksal der Menschheit nicht schon gefallen ist. Aus der »ökologischen Krise« unserer Industriegesellschaft ist schon eine ökologische Katastrophe geworden, jedenfalls für die schwächeren Lebewesen, die in diesem Kampf zuerst sterben: Jahr für Jahr sterben Hunderte von Pflanzen und Tierarten aus, die wir nicht wieder zum Leben erwecken können: »Zuerst stirbt der Wald, dann sterben die Kinder.«

Diese ökologische Krise ist zuerst eine Krise, die durch die westliche »wissenschaftlich-technische Zivilisation« verursacht worden ist. Das ist richtig. Wenn alle Menschen so viel Auto fahren und so viel schädliche Abgase in die Luft schicken wie die Amerikaner und die Deutschen, dann wäre die Menschheit schon erstickt. Der westliche Lebensstandard kann nicht universalisiert werden. Er kann nur auf Kosten anderer aufrechterhalten werden: auf Kosten des Volkes in der Dritten Welt, auf Kosten der kommenden Generationen und auf Kosten der Erde. Nur ein universaler »Lastenausgleich« kann zu einem gemeinsamen Lebensstandard und einer dauerhaften Entwicklung führen. Es ist aber falsch zu denken, Umweltprobleme wären nur Probleme der Ersten Welt. Im Gegenteil: Die schon vorhandenen ökonomischen und sozialen Probleme der Länder der Dritten Welt werden durch die ökologischen Katastrophen noch verstärkt. Die westlichen Industrieländer können sich technisch und rechtlich bemühen, in ihren Ländern eine saubere Umwelt zu bewahren, die armen Länder können es nicht. Die westlichen Industrieländer können sich bemühen, umweltschädliche Industrieanlagen in Länder der Dritten Welt auszulagern und den gefährlichen Giftmüll den Ländern der Dritten Welt zu verkaufen; die armen Länder der Dritten Welt können sich nicht dagegen wehren. Aber auch abgesehen davon hatte Indira Gandhi recht: »Armut ist die schlimmste Umweltverschmutzung« (»poverty is the worst pollution«). Ich möchte hinzufügen, daß es nicht die Armut als solche ist, sondern die Korruption, die die Armut verursacht, ist die »schlimmste Umweltverschmutzung«. Es ist ein Teufelskreis, der zum Tode führt: Verarmung führt überall zu Überbevölkerung, weil es keine andere Sicherung des Lebens als durch Kinder gibt. Überbevölkerung führt zum Verbrauch nicht nur aller Nahrungsmittel, sondern auch der eigenen Lebensgrundlagen. Darum breiten sich die Wüsten in den armen Ländern am schnellsten aus. Der Weltmarkt zwingt ferner die armen Länder dazu, die eigene Subsistenzwirtschaft aufzugeben und für den Weltmarkt Monokulturen anzulegen sowie die Regenwälder abzuholzen und die Wiesen zu überweiden. Sie müssen nicht nur die Äpfel, sondern auch die Apfelbäume verkaufen, und das heißt, sie können nur auf Kosten ihrer Kinder überleben. Damit werden diese Länder unaufhaltsam in die Selbstzerstörung getrieben. In Ländern mit großer sozialer Ungerechtigkeit ist Rücksichtslosigkeit ein Teil der »Kultur der Gewalt«. Gewalt gegen schwächere Menschen rechtfertigt Gewalt gegen die schwächeren Geschöpfe. Die soziale Gesetzlosigkeit pflanzt sich in dem gesetzlosen Umgang mit der Natur fort. Das erste ökologische Gesetz heißt: Jeder Eingriff in die Natur muß kompensiert werden. Fällst du einen Baum, dann mußt du einen neuen Baum pflanzen. Verkaufst du ein Stück Land, dann mußt du ein anderes Stück Land kaufen, denn du mußt dein Land deinen Kindern so übergeben, wie du es von deinen Eltern bekommen hast. Wenn deine Stadt ein Kraftwerk baut, muß sie einen Wald pflanzen, der so viel Sauerstoff produziert, wie das Kraftwerk verbraucht.

Beide Welten – die Erste Welt und die Dritte Welt – sind in einem Teufelskreis der Naturzerstörung gefangen. Die *Interdependenzen* der Zerstörungen sind leicht erkennbar: Die westliche Welt zerstört die Natur in der Dritten Welt oder zwingt die Länder der Dritten Welt, ihre Natur zu zerstören; umgekehrt wirken die Naturzerstörungen in der Dritten Welt – wie das Abholzen der Regenwälder und die Vergiftung der Meere durch Klimaveränderungen – auf die Erste Welt zurück. Zuerst stirbt die Dritte Welt, dann stirbt die Erste Welt; zuerst sterben die Armen, dann sterben die Reichen; zuerst sterben die Kinder, dann die Erwachsenen. Ist es langfristig nicht billiger und auch humaner, jetzt die Armut in der Dritten Welt zu bekämpfen und auf eigenes Wachstum zu verzichten, als in einigen

Jahrzehnten weltweite Naturkatastrophen zu bekämpfen? Ist es nicht vernünftiger, jetzt das Autofahren einzuschränken, als in Zukunft mit der Gasmaske umherzulaufen? Ohne soziale Gerechtigkeit zwischen der Ersten und der Dritten Welt gibt es keinen Frieden, und ohne Frieden in der Menschenwelt kommt es nicht zur Befreiung der Natur. Diese *eine* Erde kann eine gespaltene Menschheit auf die Dauer nicht ertragen. Diese eine, lebendige Erde wird eine verfeindete Menschheit nicht länger ertragen. Sie wird sich von ihr befreien, entweder durch Gegenevolution oder durch den langsamen Selbstmord der Menschheit.

Im Licht dieser dunklen Zukunftsaussichten ist es notwendig, politisch und ökonomisch neue Prioritäten zu setzen. Bisher stand die *nationale Sicherheit* durch militärische Rüstung im Vordergrund. In Zukunft wird die *natürliche Sicherheit* durch den gemeinsamen Schutz der gemeinsamen Lebensgrundlagen im Vordergrund stehen. Anstatt mehr und mehr Waffen gegeneinander brauchen wir gemeinsame Anstrengungen gegen die drohende Zerstörung des gemeinsamen Lebensraumes auf dieser Erde. Wir brauchen eine dauerhafte Entwicklung (sustainable development) in der Dritten Welt und eine Sicherheitspolitik für die Umwelt in der Ersten Welt (environmental security). Wir brauchen eine gemeinsame »Erdpolitik« (E. von Weizsäcker) und einen ökologisch orientierten Weltmarkt, einen Markt der Erde.

Ich glaube, daß die »ökologische Krise« der Erde eine Krise der modernen »wissenschaftlich-technischen Zivilisation« selbst ist. Das große Projekt der modernen Welt droht zu scheitern. Darum handelt es sich auch nicht nur um eine »moralische Krise«, wie Papst Johannes Paul II. sagte, sondern tiefer noch um eine religiöse Krise dessen, worauf die Menschen in der westlichen Welt vertrauen.

II. Die religiöse Krise der modernen Welt

Das lebendige Verhältnis einer menschlichen Gesellschaft zu ihrer natürlichen Umwelt wird durch die menschlichen Techniken bestimmt, durch die sich Menschen ihre Lebensmittel von der Natur erarbeiten und ihre Abfälle wieder an sie zurückgeben. Dieser »Stoffwechsel mit der Natur«, der an sich wie das Ein- und Ausatmen der Luft ganz natürlich ist, wird seit Beginn der Industrialisierung immer stärker nur noch vom Menschen, nicht mehr auch von der Natur bestimmt und gelenkt. In unserer Wegwerfgesellschaft meint man zwar, was man wegwirft, sei »weg«. Aber aus etwas wird nicht nichts, und darum ist nichts »weg«, was man wegwirft. Es bleibt irgendwo in der Natur. Wo bleibt es? Alles kehrt in den Kreisläufen der Erde wieder.

In die menschlichen Techniken sind die Naturwissenschaften investiert. Technologie ist angewandte Naturwissenschaft, und alle naturwissenschaftlichen Erkenntnisse werden einmal technisch angewendet und nutzbar gemacht, denn »Wissen ist Macht« (Francis Bacon). Naturwissenschaft ist »Verfügungswissen«, »Herrschaftswissen«. Philosophie und

Theologie sind ihr gegenüber Orientierungswissen und Wissenschaften vom Sinn der Wirklichkeit.

Technologien und Naturwissenschaften werden immer aus bestimmten menschlichen *Interessen* heraus entwickelt. Es gibt sie nicht wertfrei. Interessen gehen ihnen voran, leiten sie und nehmen sie in Dienst. Diese menschlichen Interessen werden ihrerseits von den *Grundwerten* und *Überzeugungen* einer Gesellschaft reguliert. Diese Grundwerte und Überzeugungen sind nichts anderes als das, was alle Menschen in einer Gesellschaft für selbstverständlich halten, weil es in ihrem System selbstevident und plausibel ist.

Wenn es nun in einem solchen Lebenssystem, das eine menschliche Gesellschaft mit der sie umgebenden Natur verbindet, zu einer Krise im Sterben der Natur kommt, dann wird sie logischerweise zu einer Krise des ganzen Systems, der Lebenseinstellung, des Lebenswandels und nicht zuletzt der Grundwerte und der Überzeugungen. Dem Sterben der Wälder draußen entspricht die Ausbreitung der seelischen Neurosen drinnen. Der Verschmutzung der Gewässer entspricht das nihilistische Lebensgefühl vieler Bewohner der Massenstädte. Die Krise, die wir erfahren, ist also nicht nur eine »ökologische Krise«, und sie ist auch nicht nur technisch lösbar. Eine Umkehr in den Überzeugungen und den Grundwerten ist ebenso notwendig wie eine Umkehr in der Lebenseinstellung und im Lebenswandel.

Welche Interessen, welche Werte regieren unsere wissenschaftlich-technische Zivilisation? Um es einfach zu sagen: Es ist der grenzenlose Wille zur Herrschaft, der die modernen Menschen zur Machtergreifung über die Natur der Erde getrieben hat und weiter treibt. Im Konkurrenzkampf ums Dasein werden wissenschaftliche Erkenntnisse und technische Erfindungen vom politischen Willen zur Macht gebraucht, zur Sicherung der Macht und zu ihrem Ausbau verwendet. Wachstum und Fortschritt werden bei uns immer noch an der Steigerung der Macht – der wirtschaftlichen, finanziellen, militärischen – gemessen. Wenn die Wirtschaft nicht wächst, sprechen wir vom »Nullwachstum«. Denn Wachstum muß sein.

Vergleichen wir unsere Zivilisation mit vormodernen Kulturen, dann fällt der Unterschied sofort auf: Es ist der Unterschied zwischen *Wachstum* und *Gleichgewicht*. Jene vormodernen Kulturen waren keineswegs primitiv oder »unterentwickelt«, sondern vielmehr hochkomplizierte Gleichgewichtssysteme, die das Verhältnis der Menschen zur Natur, zueinander und zu den Göttern regelten. Erst die modernen westlichen Zivilisationen sind einseitig auf Entwicklung, Wachstum, Expansion und Eroberung programmiert. Gewinn von Macht und Sicherung von Macht sind zusammen mit der »Jagd nach dem Glück« die faktisch geltenden und alles regulierenden Grundwerte unserer Gesellschaft.

Seinen tiefsten Grund hat diese Entwicklung vermutlich in der *Religion der modernen Menschen*. Man macht für die Machtergreifung der Menschen über die Natur und für die Maßlosigkeit ihres Willens zur Macht oft die *jüdisch-christliche* Religion verantwortlich. Auch wenn die normalen modernen Menschen sich nicht für besonders gläubig halten, haben sie

Zerstörung und Befreiung der Erde

doch alles getan, um das göttliche Gebot ihrer Bestimmung zu erfüllen: »Seid fruchtbar und mehret euch, füllt die Erde und macht sie euch untertan!« Sie haben ihr Soll sozusagen übererfüllt. Dieses Gebot und dieses Menschenbild sind mehr als 3 000 Jahre alt, die moderne Eroberung und Expansionskultur ist aber erst vor 400 Jahren in Europa zusammen mit der conquista Amerikas entstanden. Die Gründe müssen also woanders liegen. Sie liegen m.E. im Gottesbild des modernen Menschen.

Seit der Renaissance wurde *Gott* in Westeuropa immer einseitiger als »der Allmächtige« verstanden. *Omnipotenz* galt als die vorzügliche Eigenschaft seiner Göttlichkeit: Gott ist der Herr, die Welt ist sein Eigentum, und Gott kann mit ihr machen, was er will. Er ist das absolute Subjekt, und die Welt ist das passive Objekt seiner Herrschaft. In der westlichen Tradition rückte Gott immer mehr in die Sphäre der Transzendenz, und die Welt wurde rein immanent und diesseitig verstanden. Gott wurde weltlos gedacht, und folglich konnte die Welt gottlos aufgefaßt werden. Sie verlor ihr göttliches Schöpfungsgeheimnis, die »Weltseele«, und konnte wissenschaftlich »entzaubert« werden, wie *Max Weber* diesen Prozeß treffend beschrieb. Der strikte Monotheismus des neuzeitlichen westlichen Christentums ist ein wesentlicher Grund für die Säkularisierung der Welt und der Natur geworden, wie Arnold Gehlen schon 1956 hellsichtig bemerkte[1]:

> Am Ende einer langen Geschichte der Kultur und des Geistes ist die Weltanschauung der ›entente secrète‹, die Metaphysik der einverstandenen und streitenden Lebensmächte, zerstört worden, und zwar durch den Monotheismus von der einen, den wissenschaftlich-technischen Mechanismus von der anderen Seite her, für den seinerseits der Monotheismus, die Natur entdämonisierend und entgötternd, den Platz erst freigekämpft hat. Gott und die Maschine haben die archaische Welt überlebt und begegnen sich nun allein.

Gott und die Maschine haben die archaische Welt überlebt und begegnen sich nun allein. Ein schauriges Bild, weil aus jener letzten Begegnung von »Gott« und »Maschine« nicht nur die Natur verschwunden ist, sondern auch – der Mensch!

Als Gottes Ebenbild auf Erden mußte sich der Mensch ganz entsprechend als Herrscher verstehen, als Subjekt nämlich von Erkenntnis und Wille, und sich seine Welt als sein passives Objekt gegenüberstellen und unterwerfen. Denn nur durch seine Herrschaft über diese Erde kann er Gott, dem Herrn der Welt, entsprechen. Wie Gott der Herr und Eigentümer der ganzen Welt ist, so muß der Mensch sich bemühen, zum Herrn und Eigentümer der Erde zu werden, um sich als Ebenbild seines Gottes zu beweisen. Nicht durch Güte und Wahrheit, nicht durch Geduld und Liebe, sondern durch Macht und Herrschaft wird der Mensch seinem Gott ähnlich. So rühmte zu Beginn der Neuzeit Francis Bacon die Naturwissenschaften seiner Zeit: »Wissen ist Macht«, und durch seine Macht über die Natur werde des Menschen Gottebenbildlichkeit wiederhergestellt. Naturwissenschaft und Technik machten die Menschen zu »maîtres

---
[1] Arnold Gehlen, Urmensch und Spätkultur. Bonn 1956, 285.

et possesseurs de la nature«, erklärte René Descartes in seiner Wissenschaftstheorie.

Vergleichen wir damit die berühmte anklagende, wenn auch legendäre Rede des Indianerhäuptlings Seattle aus dem Jahre 1854, dann wird sofort klar, wohin wir uns bewegt haben:

> ... Jeder Teil dieser Erde ist meinem Volk heilig. Jede glänzende Tannennadel, jeder sandige Küstenstreifen, jeder Nebel in den dunklen Wäldern, jedes summende Insekt ist heilig (...) Die felsigen Höhen, die saftigen Wiesen, die Körperwärme der Ponys und der Mensch – sie alle gehören zu der gleichen Familie ...

Damit stehen wir heute vor der entscheidenden Frage: Ist die Natur unser *Eigentum*, mit dem wir machen können, was wir wollen – oder sind wir Menschen ein *Teil* der größeren Familie der Natur, die wir zu respektieren haben? Gehören die Regenwälder uns Menschen, so daß wir sie abholzen und abbrennen können – oder sind die Regenwälder auch die Heimat für viele Tiere, Pflanzen und Bäume und gehören der Erde, zu der auch wir gehören? Ist diese Erde »unsere Umwelt« und »unser planetarisches Haus« – oder sind wir Menschen nur *Gäste*, sehr spät gekommene Gäste, auf dieser Erde, die uns bisher immer noch so geduldig und so gnädig erträgt?

Wenn die Natur nichts anderes als *unser Eigentum* ist, »herrenloses Gut«, das dem gehört, der es in Besitz nimmt, wie es heißt, dann werden wir der ökologischen Krise der Natur nur technisch begegnen. Wir werden versuchen, durch neue Schöpfungen der Gentechnologie klimaresistente Pflanzen und nützlichere Tiere zu produzieren. Wir werden mit genetic engineering eine neue menschliche Rasse züchten, die keine natürliche, sondern nur noch eine technische Umwelt braucht. Wir könnten tatsächlich in der Lage sein, eine Welt zu schaffen, die die Anzahl der Menschen und ihre Gewohnheiten erträgt – es wird jedoch eine künstliche Welt sein, eine *globale Raumstation*. Wir könnten aber auch unser Verhalten ändern, die Natur wiederherstellen und sie wieder leben lassen. Ist die Zerstörung der Natur nicht eine Konsequenz unseres gestörten Verhältnisses zur Natur, zu uns selbst, zu Gott?

Auf der *Global Forum Konferenz* in Moskau im Januar 1990 hörten wir die ergreifende Botschaft der nordamerikanischen Indianer. Diese »eingeborenen Kinder der Erde« sprachen von ihrer jahrtausendealten großen Göttin: »Die Erde ist unsere Mutter, der Mond ist unsere Großmutter, wir alle sind Glieder in den heiligen Kreisläufen des Lebens.« Der indische Botschafter Singh und der mongolische Hohepriester, der afrikanische Regenmacher und die kalifornischen New-Age-Anhänger beschworen uns zur Rückkehr in den »Mutterschoß« der Erde, aus dem alles Leben kommt. Es klang sehr schön. Können aber die religiösen Symbole aus den vormodernen Zeiten, als die Menschen noch Jäger und Sammler waren, den urbanisierten Massen der postmodernen Welt – in New York, Mexico City oder Sao Paulo, wo man oft die Sonne vor lauter Smog nicht sehen kann – helfen, die ökologischen Probleme der Industriegesellschaft zu lösen? Ist das nicht nur Poesie? Alle anwesenden Politiker und Wissenschaftler gingen davon aus, daß Menschen die ökologische Krise der Erde verursacht haben und es folglich auch Menschen sein müssen, die sie zu beheben haben. Die Botschaft der Ureinwohner der Erde und der modernen »Tiefenökologen« will die Menschen von der Last dieser Verantwortung befreien, um sie als »Kinder der Erde« wieder glücklich und unmündig zu machen. Können wir aber die Freiheit, die wir gewonnen haben, wieder abgeben, wenn sie gefährlich wird? Nimmt uns »die Natur« die Verantwortung wieder ab, wenn sie uns zu schwer wird? Ich glaube das nicht. Wir können aber die vorindustriellen Vorstellungen von der Übereinstimmung mit der Erde in postindustrielle Konzeptionen einer ökologischen Kultur übersetzen.

III. Drei christliche Perspektiven zur Befreiung der Erde

1. Gottes Geist schafft das gemeinsame Leben aller Geschöpfe: Kosmische Spiritualität

Die erste Umkehr beginnt im Gottesbild, denn so wie wir über Gott denken, denken wir auch über uns selbst und die Natur. »Sage mir, woran du glaubst, und ich sage dir, wer du bist.« Der Glaube an den allmächtigen Herrgott im Himmel hat zur Säkularisierung der Welt geführt und der Natur ihr göttliches Geheimnis geraubt. Was wir theologisch brauchen, ist die Wiederentdeckung des dreieinigen Gottes. Ich weiß, daß dies dogmatisch, orthodox und altertümlich klingt, aber es könnte nichtsdestoweniger wahr sein. Schon beim einfachen Hören auf den Namen »des Vaters, des Sohnes und des Heiligen Geistes« spüren wir, daß das göttliche Geheimnis eine wunderbare Gemeinschaft ist. Der dreieinige Gott ist kein einsamer, ungeliebter Herrscher im Himmel, der sich alles unterwirft wie irdische Despoten, sondern ein gemeinschaftlicher Gott, reich an Beziehungen: »Gott ist Liebe.«

Vater, Sohn und Heiliger Geist leben miteinander, füreinander und ineinander in der höchsten und vollkommensten Gemeinschaft der Liebe, die man sich denken kann: »Ich bin in dem Vater, der Vater ist in mir«, sagt der johanneische Jesus. Wenn das wahr ist, dann entsprechen wir Gott nicht durch Herrschaft und Unterwerfung, sondern durch Gemeinschaft und lebensförderliche Beziehungen. Nicht das einsame menschliche Subjekt, sondern die wahre menschliche Gemeinschaft ist Gottes Ebenbild auf Erden. Nicht einzelne Teile, sondern die Schöpfungsgemeinschaft als ganze spiegelt Gottes Weisheit und seine dreieinige Lebendigkeit wider.

Im hohepriesterlichen Gebet betet der johanneische Jesus: »Auf daß sie alle eins seien, gleichwie du Vater in mir und ich in dir, daß sie auch in uns seien.« Dieses Wort ist bekanntlich das Grundwort der Ökumenischen Bewegung. Es kann auch zum Grundwort der theologischen Ökologie werden. Wechselseitige Einwohnung ist das innere Geheimnis des dreieinigen Gottes. Wechselseitige Einwohnung ist auch das Geheimnis der göttlichen Liebe: »Wer in der Liebe bleibt, der bleibt in Gott und Gott in ihm«. Wechselseitige Einwohnung ist auch das Geheimnis der gottentsprechenden Schöpfungsgemeinschaft. Der altkirchliche Begriff dafür heißt *Perichoresis*, circuminsessio.[2]

Nach christlichem Verständnis ist Schöpfung ein trinitarischer Vorgang: Gott der Vater schafft durch den Sohn in der Kraft des Heiligen Geistes. Von der anderen Seite her gesehen heißt das: Alle Dinge sind darum »von Gott« geschaffen, »durch Gott« geformt und existieren »in Gott«.

> Sieh bei der Erschaffung dieser Wesen den Vater als den vorausliegenden Grund, den Sohn als den schaffenden, als den vollendenden Geist, so daß die dienenden Geister im Willen des Vaters ihren Anfang haben, durch die Wirksamkeit des Sohnes in das Sein geführt werden und durch den Beistand des Geistes vollendet werden,

schrieb schon Basilius († 374). Die westkirchliche Tradition hat lange Zeit nur den ersten Aspekt betont, um Gott den allmächtigen Schöpfer von der Welt als seiner Schöpfung zu unterscheiden und seine Transzendenz zu betonen. Sie hat damit der Natur ihr göttliches Geheimnis geraubt und sie der Entsakralisierung durch die Säkularisierung preisgegeben.

Es kommt darum heute darauf an, die *Immanenz des Schöpfers* in seiner Schöpfung wiederzuentdecken, um die ganze Schöpfung in die Ehrfurcht vor dem Schöpfer hineinzunehmen. Durch wen oder was hat Gott die Welt geschaffen? Nach dem Buch der Sprüche 8,22–31 hat Gott die Welt durch seine Tochter, die Weisheit, geschaffen:

> Der Herr hat mich gehabt im Anfang seiner Wege,
> ehe er etwas schuf, war ich da.
> Ich bin eingesetzt von Ewigkeit, von Anfang, vor der Erde (...)
> Da war ich der Werkmeister bei ihm
> und hatte meine Lust täglich und spielte vor ihm allezeit,
> und spielte auf seinem Erdboden,
> und meine Lust ist bei den Menschenkindern.

Diese göttliche Tochter Weisheit wurde von Philo mit Logos übersetzt. Wo im Neuen Testament wie im Johannesprolog »der Logos«, »das Wort« steht, ist an »die Weisheit« zu denken. Nach der Weisheitsliteratur kann diese schöpferische Weisheit auch Gottes Wort oder Gottes Geist genannt werden. Immer aber ist die *weltimmanente Präsenz Gottes* in allen Dingen gemeint. Werden alle Dinge von einem Gott geschaffen, dann geht ihrer Vielfalt eine *transzendente Einheit* voran. Werden sie durch die Weisheit Gottes geschaffen, dann liegt ihrer Vielfalt auch eine *immanente Einheit* zugrunde. Durch die Weisheit wird die Gemeinschaft der Geschöpfe geformt, die miteinander und füreinander existieren.

Christliche Theologie hat in Christus nicht nur persönliches Heil, sondern auch die kosmische Weisheit wiedererkannt, durch die alle Dinge existieren, wie der Kolosserbrief zeigt. Christus ist das göttliche Geheimnis der Welt. Wer Christus verehrt, verehrt auch alle geschaffenen Dinge in ihm und ihn in allen geschaffenen Dingen. Wo war Jesus nach der teuflischen Versuchung in der Wüste? Bei Markus 1,13 heißt es: »Er war bei den Tieren und die Engel dienten ihm«. Im apokryphen Thomasevangelium, Logion 77 sagt Jesus:

---

[2] Johannesevangelium 17,21; 1. Johannesbrief 4,16.

Zerstörung und Befreiung der Erde

> Ich bin das Licht, das über allen ist.
> Ich bin das All: Das All ist aus mir hervorgegangen
> und das All ist zu mir zurückgekehrt.
> Spalte ein Holz: Ich bin da.
> Hebt einen Stein auf und ihr werdet mich finden.

Was wir also der Erde antun, das tun wir Christus an.

Wo das *Wort Gottes*, da ist auch der *Geist Gottes*. Der Schöpfung durch das Wort geht nach dem 1. Kapitel des Buches Genesis die vibrierende Energie des Geistes Gottes voran. Gott schafft alle Dinge durch seine benennenden, unterscheidenden und urteilenden Worte. Darum sind alle Dinge individuell verschieden, »jedes nach seiner Art«. Gott spricht aber stets im Atem seines Geistes, der lebendig macht. Wort und Geist ergänzen sich im Blick auf die Schöpfungsgemeinschaft: Das Wort spezifiziert und differenziert, der Geist verbindet und formt Übereinstimmung. Wie beim menschlichen Sprechen sind die Worte verschieden, sie werden aber im gleichen Atemzug mitgeteilt. Im übertragenen Sinne kann man darum sagen: Gott spricht durch die einzelnen Geschöpfe und »Gott atmet durch die ganze Schöpfung«, wie eine englische Hymne sagt. Die Ganzheit der Schöpfung, die ich hier »Schöpfungsgemeinschaft« nenne, wird durch den Atem des Geistes Gottes getragen. Psalm 104,30 singt: »Du sendest deinen Atem aus und erneuerst das Antlitz der Erde«.

Durch Wort und Geist teilt der Schöpfer sich selbst seiner Schöpfung mit und geht in sie ein, wie Weisheit Salomonis 12,1 sagt:

> Herr, du bist der Liebhaber des Lebens,
> dein unvergänglicher Geist ist in allem.

So sah es auch Calvin:

> Denn der Geist ist überall gegenwärtig und erhält, nährt und belebt alle Dinge im Himmel und auf Erden. Daß er seine Kraft in alles ergießt und dadurch allen Dingen Wesen, Leben und Bewegung verheißt, das ist offenkundig göttlich.[3]

Die Schöpfung ist darum nicht nur »ein Werk seiner Hände« zu nennen. Sie ist auch die indirekte, vermittelnde *Gegenwart Gottes*. Alle Dinge sind geschaffen, um als das »gemeinsame Haus« aller Geschöpfe zum »Haus Gottes« zu werden, in dem Gott bei seinen Geschöpfen ist und seine Geschöpfe ewig bei ihm leben können. Das wird biblisch mit dem Bild vom kosmischen *Tempel Gottes* ausgedrückt:

> Der Allerhöchste wohnt nicht in Tempeln, die mit Händen gemacht sind, wie der Prophet spricht: Der Himmel ist mein Stuhl und die Erde meiner Füße Schemel. Was wollt ihr mir denn für ein Haus bauen, spricht der Herr, oder welches ist die Stätte meiner Ruhe?[4]

Es ist der Kosmos!

Aus dieser Sicht des Geistes Gottes *in* allen Dingen und der Bereitung aller Dinge zur Wohnung Gottes folgt eine kosmische Verehrung Gottes und eine Verehrung Gottes in allen Dingen. Was die Gläubigen in den Kirchen tun, ist stellvertretend auf den ganzen Kosmos bezogen. Schon Salo-

---

[3] Calvin, Institutio I. 13,14.
[4] Apostelgeschichte 7,48 f. nach Jesaja 66,1 f.

mos Tempel war nach den Maßen des Kosmos, wie man sie damals verstand, gebaut worden, um als Mikrokosmos den Makrokosmos zu repräsentieren und ihm zu entsprechen. Die Gegenwart von Wort und Geist Gottes in der Kirche Christi ist der Vorschein und der Anfang der Gegenwart von Wort und Geist Gottes in der Neuschöpfung aller Dinge. Die Kirche ist von ihrem Grund und Wesen her kosmosorientiert. Es war eine gefährliche, moderne Verengung, die Kirche nur auf die menschliche Welt zu beschränken. Ist aber die Kirche kosmosorientiert, dann ist die »ökologische Krise« der irdischen Schöpfung auch ihre eigene Krise, denn es wird durch diese Zerstörung der Erde »Fleisch von ihrem Fleisch und Bein von ihrem Bein« zerstört. Sterben die schwächeren Geschöpfe, dann leidet die ganze Schöpfungsgemeinschaft. Versteht sich die Kirche als Repräsentant der Schöpfung, dann wird dieses Leiden der schwächeren Geschöpfe in ihr zum bewußten Schmerz, und sie muß diesen Schmerz im öffentlichen Protest hinausschreien. Es leidet nicht nur unsere »menschliche Umwelt«, es leidet die Schöpfung, die zur »Umwelt Gottes« bestimmt ist. Jeder nicht wiedergutzumachende Eingriff in die Schöpfung ist ein Sakrileg. Seine Folge ist die Selbstexkommunikation der Täter. Die nihilistische Naturzerstörung ist praktizierter Atheismus.

Es war erstaunlicherweise gerade die christliche Mystik, die auf die Sprache Gottes in der Natur zu achten lehrte. Hören wir einen modernen Mystiker, den Dichter und Revolutionär Ernesto Cardenal aus Nicaragua. Er schreibt in seinem Buch von der Liebe:

> Alle Tiere, die im Morgengrauen ihre Stimme erheben, singen Gott. Die Vulkane und die Wolken und die Bäume schreien uns von Gott. Die ganze Schöpfung schreit uns durchdringend mit einem großen Schrei, von der Existenz und der Schönheit und der Liebe Gottes. Die Musik dröhnt es uns in die Ohren, und die Landschaft ruft es uns in die Augen.
> ... In der ganzen Natur finden wir die Initialen Gottes, und alle erschaffenen Wesen sind Liebesbriefe Gottes an uns. Die ganze Natur steht in Flammen der Liebe, geschaffen durch die Liebe, um die Liebe in uns zu entzünden.
> ... Die Natur ist wie ein Schatten Gottes, ein Widerschein und Abglanz seiner Schönheit. Die stille blaue See ist ein Widerschein Gottes. In jedem Atom wohnt ein Bild der Dreifaltigkeit, eine Figur des dreieinigen Gottes. Und auch mein eigener Körper ist erschaffen für die Liebe zu Gott. Jede meiner Zellen ist ein Hymnus auf den Schöpfer und eine immerwährende Liebeserklärung.

Damit nun niemand denke, dies sei ein typisch katholischer Lobpreis auf die »natürliche Theologie«, soll auch der Reformator Johannes Calvin zu Wort kommen, der die Gegenwart Gottes in der Natur nicht anders sah. Er schreibt in seinem Lehrbuch über die christliche Religion:

> Höchstes Ziel des seligen Lebens ist nun die Erkenntnis Gottes. Niemandem sollte der Zugang zur Seligkeit verschlossen bleiben; deshalb hat Gott nicht nur dem Menschen das geschenkt, was wir den Keim der Religion nannten. Er hat sich auch derart im ganzen Bau der Welt offenbart und tut es noch heute, daß die Menschen ihre Augen nicht aufmachen können, ohne ihn notwendig zu erblicken. Sein Wesen zwar ist unbegreiflich, so daß seine Gottheit allem Verstehen der Menschen unerreichbar ist. Aber er hat seinen einzelnen Werken zuverlässige Kennzeichen seiner Herrlichkeit eingeprägt, und diese sind so deutlich und eindrücklich, daß auch den unverständigsten Menschen jede Entschuldigung mit Unwissenheit unmöglich gemacht wird. (...) Wohin man die Augen blicken läßt, es ist ringsum kein Teilchen der Welt, in dem nicht wenigstens irgendein

Fünklein seiner Herrlichkeit zu sehen wäre. Aber alle die brennenden Fackeln im Gebäude der Welt, bestellt zur Verherrlichung des Schöpfers, leuchten uns vergebens. Von allen Seiten überstrahlen sie uns mit ihrem Licht (...), aber uns fehlen die Augen; wir sind blind.

2. Neue Erdwissenschaft: die »Gaja-Hypothese«

»Die Erde« hat für uns zwei Bedeutungen: Einmal meinen wir den Erdboden, *auf* dem wir stehen, zum anderen meinen wir den Planeten Erde mit seiner Biosphäre und seiner Atmosphäre, *in* dem wir leben. Bilder, die von Satelliten oder vom Mond aus von der Erde gemacht werden, zeigen unseren Planeten mit seiner sehr dünnen Lufthülle, in der sich alles Leben abspielt. In dieser zweiten Hinsicht leben wir nicht »auf« der Erde, sondern »in« der Erde.

Wie ist diese Erde, »in« der wir leben, als ganze zu verstehen? Die neueren Astrowissenschaften haben die Wechselwirkungen zwischen den belebten und den unbelebten Bereichen des Planeten aufgewiesen. Daraus ist die Vorstellung gebildet worden, daß die Biosphäre der Erde zusammen mit der Atmosphäre, den Ozeanen und den Landflächen ein einziges komplexes System bildet, das sich auch als ein einzigartiger »Organismus« auffassen läßt; denn es besitzt die Fähigkeit, diesen Planeten als eine geeignete Stätte des Lebens zu erhalten. Durch die ständige Aufnahme von Sonnenenergie wird Leben entwickelt und erhalten. Das ist die anerkannte These des englischen Wissenschaftlers James E. Lovelock[5]. Eigentlich wollte er das Erdsystem ein »universelles biokybernetisches System mit Tendenz zur Homöostase« nennen. Sein Nachbar, der Dichter William Golding, gab ihm jedoch den alten griechischen Namen der Erdgöttin »Gaja«. So wurde diese These als *Gaja-Hypothese* bekannt. Es ist keine Remystifizierung der Erde gemeint. Wir verstehen darunter das Gesamtsystem dieses Planeten als ein rückgekoppeltes System, das für das Leben hier optimale Umweltbedingungen zu schaffen sucht. Die Aufrechterhaltung relativ konstanter Bedingungen mittels aktiver Kontrolle nennen wir Homöostase. Lovelock hat nachgewiesen, daß unser Erdsystem diese Tendenz hat und sich dazu auch der Lebewesen, besonders der Mikroorganismen in den Meeren, bedient.

Die Gaja-Hypothese bietet, wie Lovelock selbst sagt, eine Alternative zu jener modernen Sicht, nach der Natur nur eine primitive Kraft verkörpert, die es zu unterwerfen und zu beherrschen gilt. Sie bietet auch eine Alternative zu der bedrückenden Vorstellung, der Planet Erde sei ein geistloses Raumschiff, das ohne Sinn und Zweck um die Sonne kreist, bis es einst verglüht oder erkaltet. In Wahrheit bietet die Gaja-Hypothese aber eine auch wissenschaftlich nachprüfbare Alternative zum Anthropozentrismus, der für die moderne Zivilisation grundlegend ist, und nötigt dazu, biozentrisch oder besser erdorientiert zu denken.

---

[5] James E. Lovelock, Gaja – a New Look at Life on Earth. Oxford 1979.

Das Erdsystem, »in« dem sich das Menschengeschlecht ausgebreitet und seine Kulturen entwickelt hat, arbeitet wie ein Superorganismus. Mit einer eigenen Art von *Subjektivität* bildet es Lebensformen aus Makromolekülen, Mikroorganismen und Zellen und ist in der Lage, diese Formen am Leben zu erhalten. Die Gaja-Sprache aller Lebewesen ist der *genetische Code*, eine universale Sprache, die von allen Zellen benutzt wird. Es existiert auch ein ausgeklügeltes *Sicherheitssystem* gegen lebensfeindliche genetische Verbindungen. Und wenn dieser Organismus Erde zuletzt intelligente Lebewesen wie Menschen hervorgebracht hat, dann muß in ihm selbst eine *höhere Intelligenz* und ein durch Jahrmillionen geprägtes Gedächtnis stecken, wie schon Cicero argumentiert hat. Man kann also sagen, daß die Erde selbst »lebendig« ist. Nach dem 1. Kapitel des Buches Genesis ist sie von Gott als »Hervorbringerin« der lebendigen Wesen geschaffen. Das wird von keinem anderen Geschöpf gesagt. Nach einer rabbinischen Tradition schafft Gott zusammen mit der Erde die Menschen.[6]

Die innere Verbindung zwischen Menschen und der gesamten Biosphäre der Erde ist der *genetische Code*. Durch ihn verständigen sich Zellen und Organismen. Der menschliche genetische Code ist nur eine Variante des Codes aller Lebewesen, von den Mikroorganismen bis zu den Walfischen, von den ersten Einzellern bis zu den Dinosauriern. Über den genetischen Code sind alle Lebewesen miteinander verwandt und in Kommunikation. Was wir Bewußtsein, Verstand und Wille nennen, ist nur ein kleiner Teil jenes Organismus, der durch unseren genetischen Code gesteuert wird. Ist es möglich, den genetischen Code wahrzunehmen? Unsere Gesamtkonstitution zeigt ihn sichtbar wie bei mongoloiden Menschen so auch bei anderen. Spricht er zu unserem Bewußtsein? Davon weiß man nicht viel. Man hat vermutet, daß der genetische Code durch Körpergestalten und Körperrhythmen, durch »bodywisdom« wie auch durch Träume zu uns spricht. Völker, die eine besondere Naturverbundenheit gepflegt haben, hatten immer auch eine eigene »Traumkultur«. Durch die wissenschaftliche Erkenntnis des genetischen Codes müssen sich heute eigentlich bewußte Übereinstimmungen zwischen dem genetischen und dem kulturellen Code herstellen lassen.

Die Bedeutung der Gaja-Hypothese ist kaum zu überschätzen:

1. Sie macht es möglich, die lokalen und regionalen Ökosysteme in ihren globalen Funktionen zu erkennen, und hindert, sie zu isolieren.
2. Sie kehrt die Methode der Wissenschaften herum: An die Stelle der Aufsplitterung in immer detaillierteres Wissen der Spezialisten treten Kooperationen und Integrationen wissenschaftlicher Disziplinen zu »Erdwissenschaften« bei der Erforschung der größeren Zusammenhänge im Erdsystem.
3. Integriertes Wissen ist nicht weniger wissenschaftlich als isoliertes Wissen. Es dient aber nicht mehr dem Herrschaftsinteresse nach der Methode »divide et impera«, sondern dem Interesse am gemeinsamen Leben und Überleben durch Kooperation und Symbiose.
4. Die Gaja-Hypothese nötigt zur Auflösung des anthropozentrischen Selbstverständnisses und Verhaltens der Menschen und zu ihrer demokratischen Einordnung in das Gesamtleben der Erde.

---

[6] Genesis (auch 1. Buch Mose) 1,24 und 1,26.

5. Politisch hatte die drohende nukleare Katastrophe dazu genötigt, nationale Außenpolitik als Teil einer gemeinsamen »Weltinnenpolitik« neu zu konzipieren (Chr. Graf von Krockow, C. Fr. von Weizsäcker). Die drohende ökologische Katastrophe nötigt dazu, diese gemeinsame Weltinnenpolitik als »Erdpolitik« zu verstehen (E. von Weizsäcker). Ohne Demokratie ist Biokratie nicht lebensfähig. Erst wenn wir uns als Spezies »Mensch«, als »Erdgeschöpfe«, und nicht länger als »Völker«, »Nationen« oder »Rassen« verstehen, können wir in Beziehung zu den anderen Spezies des Lebendigen treten und uns als eine Lebensgestalt unter und mit anderen Lebensgestalten der Erde begreifen.

Dies hat nichts mit der Wiederkehr der Erdgöttin zu tun; die Gaja-Hypothese spricht der Erde auch keine göttliche Kraft zu, wie manche konservative Christen befürchten. Es hat aber alles mit dem Überleben des Menschengeschlechts zu tun. Dieses Überleben ist nur in Symbiose, Abstimmung und Übereinstimmung mit dem Gesamtorganismus der Erde möglich.

3. Bund und Sabbat Gottes

1) Der Bund Gottes schafft Gerechtigkeit in der Welt der Menschen und der Natur

Wir glauben, daß Gott seine Schöpfung liebt und ihr Leben zur Entfaltung bringen will. Kein Geschöpf ist gleichgültig in seinen Augen. Jedes Geschöpf hat seine eigene Würde und seine eigenen Rechte. Denn sie sind alle in seinen Bund eingeschlossen. So heißt es in der Noahgeschichte:

»Siehe«, spricht Gott, »ich richte einen Bund auf *mit euch* und *mit euren Nachkommen* und *mit allen lebendigen Wesen*«.[7]

Aus diesem Bund »mit uns« folgen die grundlegenden *Menschenrechte*. Aus diesem Bund »mit uns und unseren Nachkommen« folgen die *Rechte künftiger Generationen*. Aus dem Bund »mit uns und unseren Nachkommen und mit allen lebendigen Wesen« folgen die *Rechte der Natur*.

Vor Gott, dem Schöpfer, sind wir *und* unsere Nachkommen *und* alle lebendigen Wesen gleichberechtigte Partner seines Bundes. Die Natur ist nicht unser *Eigentum*. Aber wir sind auch nicht nur ein Teil der Natur. Alle Lebewesen sind auf je ihre Weise *Bundesgenossen* Gottes. Alle Lebewesen müssen von den Menschen als Partner und Bundesgenossen Gottes respektiert werden: Die Erde ist die Hervorbringende, die Menschen sind das Bild Gottes auf der Erde. Wer die Erde verletzt, verletzt Gott. Wer die Würde der Tiere verletzt, verletzt Gott.

Es ist heute an der Zeit, nach der Anerkennung der *Allgemeinen Erklärung der Menschenrechte* von 1948 eine »Allgemeine Erklärung der Rechte der Natur« zu entwerfen und allgemein anzuerkennen. Sofern die Natur – Luft, Wasser und Boden, Pflanzen und Tiere – der menschlichen Gewalttat ausgeliefert sind, muß sie durch die menschliche Rechtsordnung geschützt werden. Einen ersten Versuch, die Natur von menschlicher Willkür zu befreien, stellt die *Weltcharta für die Natur* dar, die am

---

[7] Genesis (auch 1. Buch Mose) 9,9–10.

18. Oktober 1982 von der UNO vereinbart worden ist. Zwar geht diese Charta noch nicht so weit, der Natur eigene Rechte zuzubilligen und sie als ein Rechtssubjekt anzuerkennen, aber es finden sich in ihr Ansätze, um über die anthropozentrische und egoistische Ansicht der modernen Welt hinauszukommen, nach der die Natur nur als »herrenloses Gut« für den Menschen da ist. Die Präambel sagt:

> Der Mensch ist ein Teil der Natur (...) Alle anderen Lebensformen der Natur sind vom Menschen zu achten, unabhängig von ihrem Wert für den Menschen.

Dieser richtige moralische Appell muß aber auch rechtlich verankert werden, damit die Natur nicht vom Wohlwollen der Menschen abhängig ist, sondern als Subjekt mit eigenen Rechten anerkannt wird. Nicht das Wohlwollen ihrer Herren, sondern der Kampf der Sklaven für ihre Freiheit und ihre Menschenrechte hat schließlich die Sklaverei abgeschafft. Nur durch die Anerkennung ihrer Rechte wird die Natur aus ihrer unterdrückten Rolle befreit und als Partner der Menschen und als Bundesgenosse Gottes anerkannt.

Aber wie? Der Schutz der Natur vor Zerstörung durch Menschen wird von manchen Politikern zur *Mindestgarantie der individuellen Menschenrechte* gerechnet: So wie jeder Mensch ein Recht auf physische Unverletzbarkeit, d.h. Freiheit von Folter hat, so soll auch jeder Mensch ein Recht auf unversehrte Umwelt, reine Luft, klares Wasser und unverdorbene Erde haben. In dieser Sicht wird die Natur als »menschliche Umwelt« gebraucht, nicht aber um ihrer selbst willen anerkannt.

Wenn aber diese Erde zusammen mit allen lebendigen Wesen *Gottes* Schöpfung ist, dann muß ihre Würde um Gottes willen geachtet und ihr Bestand *um ihrer selbst willen* geschützt werden. Weil die Natur von den ökonomischen Kräften des freien Marktes zerstört wird, muß sie unter den besonderen Schutz des Staates gestellt werden. Wie der Staat die Menschenrechte als Rechte aller Bürgerinnen und Bürger kraft seiner Verfassung zu respektieren hat, so muß er kraft der Verfassung auch die *Rechte der betroffenen Natur* schützen. Wir schlagen darum folgende Sätze zur Aufnahme in unsere Verfassung vor:

> Die natürliche Welt steht unter dem besonderen Schutz der Regierung. Durch seine Aktionen respektiert der Staat die natürliche Umwelt und schützt sie vor Ausbeutung und Zerstörung durch Menschen *um ihrer selbst willen*.

Jede demokratische Regierung hat zwei Aufgaben: 1. den Schutz des Volkes, 2. den Schutz des Landes. Das Deutsche Tierschutzgesetz von 1986 ist der erste deutsche Gesetzestext, der Tiere nicht mehr nur als *Eigentum* von Menschen, sondern als »Mitgeschöpfe« der Menschen ansieht und in dieser Würde schützt. Zweck dieses Gesetzes ist es, aus der Verantwortung des Menschen für das Tier als Mitgeschöpf dessen Leben und Wohlbefinden zu schützen. Niemand darf einem Tier ohne vernünftigen Grund Schmerzen, Leiden oder Schäden zufügen.

Werden Tiere »Mitgeschöpfe« genannt, dann werden der Schöpfer, das Geschöpf und die Schöpfungsgemeinschaft anerkannt. Der theologische Ausdruck »Schöpfung« ist besser als der philosophische Ausdruck »Na-

Zerstörung und Befreiung der Erde

tur« geeignet, weil er Gottes Recht auf seine Schöpfung respektiert und deshalb die Rechte der Menschen begrenzt: Gott hat Eigentumsrecht, die Menschen nur das Nutzungsrecht!

Die Rechte der Natur – ein Vorschlag einer Gruppe von Theologen und Juristen der Universitäten Bern und Tübingen für den Reformierten Weltbund 1989, die ökumenische Versammlung in Seoul 1990 und die UNO-Konferenz in Rio 1992:

Die Natur – belebt oder unbelebt – hat ein Recht auf Existenz, d.h. auf Erhaltung und Entfaltung.
Die Natur hat ein Recht auf Schutz ihrer Ökosysteme, Arten und Populationen in ihrer Vernetztheit.
Die belebte Natur hat ein Recht auf Erhaltung und Entfaltung ihres genetischen Erbes.
Lebewesen haben ein Recht auf artgerechtes Leben, einschließlich Fortpflanzung, in den ihnen angemessenen Ökosystemen.
Eingriffe in die Natur bedürfen einer *Rechtfertigung*. Sie sind nur zulässig, wenn die Eingriffsvoraussetzungen in einem *demokratisch* legitimierten Verfahren und unter Beachtung der Rechte der Natur festgelegt worden sind, wenn das Eingriffsinteresse *schwerer* wiegt als das Interesse an ungeschmälerter Wahrung der Rechte der Natur und wenn der Eingriff nicht *übermäßig* ist.
Nach einer Schädigung ist die Natur, wenn immer möglich, wiederherzustellen.
Seltene, vor allem artenreiche Ökosysteme sind unter absoluten Schutz zu stellen. Die Ausrottung von Arten ist untersagt.

Wir appellieren an die Vereinten Nationen, ihre allgemeine Erklärung der Menschenrechte auszuweiten und die genannten Rechte ausdrücklich zu formulieren. Gleichzeitig appellieren wir an die einzelnen Staaten, sie in ihre Verfassung und in ihre Gesetzgebung aufzunehmen.

Dieser Vorschlag lag der großen Umweltkonferenz der UNO in Rio de Janeiro 1992 vor und ging in die *Earth Charta* ein.

2) Der Sabbat der Erde: die göttliche Ökologie

Seit langer Zeit haben Menschen die Natur und ihren eigenen Leib nur im Interesse der *Arbeit* angesehen. Darum nahmen sie nur die *nützliche Seite* der Natur und nur die instrumentelle Seite ihres Leibes wahr. Es gibt aber eine alte jüdische Weisheit, um die Natur und sich selbst wieder als Schöpfung Gottes zu verstehen. Das ist die Feier des Sabbats, des Tages der Ruhe, an dem Mensch und Tier zur Ruhe kommen und die Natur in Ruhe lassen.

Nach der ersten Schöpfungsgeschichte »vollendet« der Schöpfer die Schöpfung der Welt durch die Feier des Weltensabbats: »Und Gott ruhte von allen seinen Werken.« Und Gott segnete seine Schöpfung durch seine ruhende Gegenwart. Gott handelte nicht mehr, aber Gott war ganz gegenwärtig als Gott selbst.

Der siebte Tag wird mit Recht das »Fest der Schöpfung« genannt. Er ist die »Krone der Schöpfung.« Um dieses Festes willen wurde alles geschaffen, was da ist. Um dieses Fest nicht allein zu feiern, schuf Gott den Himmel und die Erde, die tanzenden Sterne und die wogenden Meere, die Wiesen und die Wälder, die Tiere, die Pflanzen und zuletzt die Menschen. Sie alle sind zu seinem Sabbatfest geladen. Sie alle sind – je auf ihre Weise – seine Festgenossen. Darum hat Gott, wie es in den Psalmen heißt, »Wohlgefallen« an allen seinen Werken, darum »rühmen« auch die Himmel des Ewigen Ehre. Zur Freude Gottes ist alles geschaffen, was da ist, denn alles, was ist, kommt aus der Liebe Gottes.

Dieser göttliche Sabbat ist die »Krone der Schöpfung«. Der Mensch ist nicht die »Krone der Schöpfung«, vielmehr werden die Menschen zusammen mit allen anderen Geschöpfen durch die göttliche »Königin Sabbat« gekrönt. Durch seine Ruhe am Sabbat kommt der schöpferische Gott zu seinem Ziel, und Menschen, die den Sabbat feiern, erkennen die Natur als Gottes Schöpfung an und lassen sie Gottes geliebte Schöpfung sein. Der Sabbat ist weise Umweltpolitik und eine gute Therapie für unsere eigenen ruhelosen Seelen und verspannten Körper.

Es gibt aber auch noch eine andere Bedeutung des Sabbats: Es ist die Bedeutung des Sabbatjahres für das Land und die Menschen, die vom Land leben. »Das siebte Jahr soll das Land seinen großen Sabbat dem Herrn feiern.«[8]

Nach dem Buch Exodus Kapitel 23, Verse 10 und 11 soll Israel das Land in jedem siebten Jahr nicht bestellen, sondern zur Ruhe kommen lassen, »damit die Armen Eures Volkes zu essen haben«. Nach dem Buch Leviticus soll Israel das Land in jedem siebten Jahr nicht bestellen, damit »das Land zur Ruhe komme«. Die soziale Begründung wird um die ökologische Begründung ergänzt.

Für das Buch Leviticus in Kapitel 26, Vers 33 ff. ist diese Sabbatruhe des Landes von größter Bedeutung. Alle Segnungen Gottes werden von den Gehorsamen erfahren, aber Gott wird die Ungehorsamen bestrafen:

> Und ich will euch unter die Heiden zerstreuen (...) und euer Land soll wüst sein und eure Städte zerstört. Alsdann wird das Land sich seine Sabbate gefallen lassen, solange es wüst liegt und ihr in der Feinde Land seid, dann wird das Land feiern und sich seine Sabbate gefallen lassen.

Dies ist eine bemerkenswerte – wir können sagen – ökologische Interpretation des Exils Israels in Babylon: Gott wollte sein Land retten. Darum läßt Gott es zu, daß sein Volk besiegt und in die Gefangenschaft deportiert wird. *Siebzig Jahre* lang soll Gottes Land unbearbeitet bleiben, dann hat es sich erholt und Gottes Volk kann ins verheißene Land zurückkehren! Das Sabbatjahr für das Land kann man Gottes Umweltpolitik für seine Geschöpfe und für seine Erde nennen.

Alle alten landwirtschaftlichen Kulturen kannten die *Weisheit der Brache*, um die Fruchtbarkeit des Bodens zu erhalten. In meiner Jugend lag in Norddeutschland in jedem fünften Jahr das Ackerland unbebaut, so daß Pflanzen und Tiere zurückkehren konnten und wir Kinder darauf spielen durften. Nur die *großen Imperien* haben die fruchtbaren Regionen ohne Unterbrechungen ausgebeutet, um ihre Armeen und ihre Hauptstädte zu ernähren, bis der Boden erschöpft war und zur Wüste wurde. So ist es in

---
[8] Leviticus (auch 3. Buch Mose) 25,4.

Zerstörung und Befreiung der Erde 105

Persien, Rom, Babylon und vielleicht auch auf der Halbinsel Yucatan den Mayas geschehen. Heute ist das Brachlandprinzip fast vollständig aus der Landwirtschaft verschwunden. Die Industrialisierung der Landwirtschaft hat mehr und mehr chemische Dünger in die Böden gebracht. Monokulturen haben die alten Fruchtfolgen abgelöst. Das Resultat ist die Intensivierung mit künstlichen Düngemitteln und die steigende Vergiftung der Böden und der Ernten.

Das Ende wird so ähnlich sein wie in der Erfahrung des alten Israel. Die ununterbrochene Ausbeutung des Landes wird zum Exil der Landbevölkerung und schließlich zum Verschwinden des Menschengeschlechts von dieser Erde führen. Nach dem Tod der Menschheit wird dann die Erde Gott ihren großen Sabbat feiern, die die moderne Menschheit ihr bisher verweigert hat. Wenn wir wollen, daß unsere Kultur und unsere Natur überleben, dann lassen wir uns warnen und lassen wir »das Land seinen großen Sabbat feiern«. Die Feier des Sabbattages und die Ehrfurcht vor dem »Sabbat der Erde« können zur Rettung für uns und die Erde, von der wir leben, werden. Das einfache sabbatliche Sichzurücknehmen und Nichtmehreingreifen in die Schöpfung, dieses lobende »Let it be«, hilft dem Land und uns selbst.

Während der ersten Ölkrise 1972 wurde in Westdeutschland ein Sonntag zum »autofreien Tag« erklärt. Es war einer der schönsten Tage, an die ich denken kann: Kinder spielten Fußball auf der Autobahn, Erwachsene saßen auf der Straßenkreuzung, Hunde sprangen auf den Straßen herum.

Wie wäre es, wenn wir in die Feste des Kirchenjahres einen »Tag der Erde« zur Feier der von uns Menschen gequälten Schöpfung hineinnähmen? In Amerika wird inoffiziell ein solcher *Tag der Erde* am 22. April von vielen Gemeinden gefeiert. Wie wäre es, wenn wir in Europa den 27. April, den Tag von Tschernobyl, dazu erklärten?

Am Tag der Erde sollten wir uns vor der Erde verneigen und sie um Verzeihung für das Unrecht bitten, das wir ihr angetan haben, damit wir wieder in ihre Gemeinschaft aufgenommen werden. Am Tag der Erde sollten wir den Bund erneuern, den Gott mit Noah und der Erde geschlossen hat.

Die Sabbatregeln sind nach der Bibel Gottes ökologische Strategie, um das Leben zu bewahren, das Gott geschaffen hat. Der Sabbat ist mit seiner Ruhe und seinem Zeitrhythmus auch die Strategie, die aus der ökologischen Krise herausführt und uns nach den einseitigen Fortschritten zu Lasten der Natur die Werte der dauerhaften Entwicklung und des Einklangs mit der Natur zeigt.

Segen

Und der Friede Gottes
sei mit dem Land und der See,
mit den Wäldern und den Wiesen,
mit den Blumen und den Tieren.
Der Friede Gottes sei mit uns Menschen
in der Gemeinschaft
mit allen anderen Geschöpfen
im Himmel und auf Erden.

Ich glaube – darum rede ich

Der Glaubensvollzug in augustinischer Sicht

Eugen Biser

Wer den Glaubensweg Augustins bis zu seiner großen Lebenskrise verfolgt, macht die erstaunliche und zugleich hochaktuelle Beobachtung, daß sein Weg dem einer überwundenen Identitätskrise gleichkommt. Dabei kann der heutige Christ nicht übersehen, daß er mit Christentum und Kirche in einer Schicksalsgemeinschaft steht, bei der es gleichfalls um Überwindung einer Identitätskrise geht. Denn der Kirche ist auf ihrem Weg ins nächste Jahrtausend nur mit einem zu sich selbst erwachten und entschlossenen, kurz: mit einem mündigen Menschen geholfen, so wie sich dieser bei seiner Suche nach der vollgültigen Beantwortung seiner Sinnfrage an das aus der Mitte der christlichen Botschaft an ihn ergehende Offenbarungswort verwiesen sieht.[1] Solange ihm dieser Zuspruch fehlt, wird er sich wie Augustin auf die sich ihm anbietenden Felder relativer Sinnfindung zurückziehen, sich womöglich sogar in ihnen verlieren: Arbeit, Kultur, Mitmenschlichkeit.

Die große Frage

Es ist – so gesehen – kein Zufall, daß Augustin in der kritischen Lebensphase die Bedeutung der Mitmenschlichkeit für sich entdeckte und daß die Freundschaft, kompensatorisch zur versuchten Ablösung aus der übermächtigen Mutterbindung, für ihn entscheidend an Bedeutung gewann, dies freilich nur so, wie es Nietzsche unter dem Titel *Sternenfreundschaft* beschrieb: als punktuelle Annäherung zweier Lebensbahnen, die sich in der Folge unwiederbringlich trennten.[2]

Drei Lebensbeziehungen treten unter diesem Gesichtspunkt hervor: Eine erste zu dem ungenannten Freund der Studienjahre, der ihm nach einer heftigen Auseinandersetzung plötzlich durch den Tod entrissen wurde, ein Verlust, auf den er mit dem großen Wort eingeht:

> Ich selbst wurde mir zu einer großen Frage ...; denn wirklicher war der Mensch, den ich verloren hatte, als der Truggott, den ich statt seiner aufzubauen suchte. Nur das Weinen war mir süß; es war anstelle meines Freundes der Trost meines Herzens.[3]

Als zweiter gelangte Alypius für einen Augenblick zu besonderer Bedeutung. Denn ihm verdankt Augustin den bestätigenden Zuspruch in der Entscheidungsstunde seines Lebensweges. Am flüchtigsten und folgen-

---

[1] Näheres dazu in meiner Schrift: Überwindung der Glaubenskrise. Wege zur spirituellen Aneignung. München 1997.
[2] F. Nietzsche, Die fröhliche Wissenschaft. IV, § 279.
[3] Augustinus, Confessiones. IV, c. 4,9.

schwersten ist schließlich die Begegnung mit Ambrosius, der ihm durch seine Predigten und den Hinweis auf die Bibellektüre zum wichtigsten Anreger wird. Denn diesem Hinweis zufolge stößt er in der Entscheidungsstunde auf das Pauluswort, das ihm im Ringen mit seinen Leidenschaften zur entscheidenden Wegweisung wird.

Anruf und Antwort

Eindringlich verdeutlicht dies das in seinem Symbolwert begriffene »Tolle - lege!«, das den letzten Anstoß zu seiner Lebenswende gibt. Es verfügt zunächst das »Ende der Debatte«, in welcher Augustin mit seiner Sinnlichkeit begriffen ist. Einer römischen Neigung folgend, personifiziert er die ihn behelligenden Leidenschaften, so daß ihr Sog eine Stimme gewinnt. Während sie am Gewand seiner Sinnlichkeit zupfen, raunen sie ihm zu: »Warum schickst du uns weg?« Dies jedoch nur, um alsbald in einen drohenden Ton zu verfallen: »Von jenem Augenblick an werden wir dir fehlen in alle Ewigkeit!«

Indessen ist dieser Redestreit, den Augustin als den inneren Disput »von mir zu mir« kennzeichnet, nur der schwache Schattenwurf des sich nunmehr anbahnenden Dialogs mit Gott. Er beginnt mit dem Hortensius-Erlebnis, das ihn in Rückbesinnung auf die frühe Prägung seines Bewußtseins zu allem auf Distanz gehen läßt, was nicht den Namen des Erlösers aufweist.[4] Was diese Bemerkung keimhaft enthält, wird in der kritischen Würdigung der neuplatonischen Schriften, die zum ersten Bericht über eine mystische Gottesfühlung überleitet, nachhaltig entfaltet. Wenn auch nicht wörtlich, so fand Augustin doch dem Sinn nach hier – nur umgesetzt in eine philosophische Reflexionssprache – die Wiederholung des Johanneswortes, daß im Anfang das Wort war und daß dieses als das göttliche Licht in die Finsternis einstrahlt. Doch fügt er hinzu:

> Das andere aber, daß er in sein Eigentum kam und die Seinen ihn nicht aufnahmen – das habe ich dort nicht gelesen.

Und er überbietet diesen Eindruck noch mit dem Satz:

> Ebenso las ich dort, daß das Wort aus Gott geboren ist; aber daß das Wort Fleisch geworden ist und unter uns gewohnt hat – das habe ich dort nicht gelesen.[5]

Mit der Einsicht in die Wahrheit dieses Wortes beginnt die große Wende in Augustins Denken, die sich um so einschneidender gestaltet, als sie sich in Form einer Gegenbewegung zu dem von ihm zunächst durchmessenen Erkenntnisweg vollzog. War es dort darum gegangen, bei der Bildung des Gottesbegriffs sich der Fesseln der Gegenständlichkeit zu entledigen, so sagt das Johanneswort von dem nun in reiner Geistigkeit gedachten Gott gerade das Umgekehrte aus: Das Wort ist Fleisch geworden. Konnte der platonische Aufstieg noch als ein geistiger Emanzipationsprozeß gedeutet

---
[4] A.a.O., III, c. 4,8.
[5] A.a.O., VII, c. 9,13 f.

werden, so bedeutete dieser Satz die Sprengung aller gewohnten Kategorien, die allem Platonismus Hohn sprechende These von der Selbstentäußerung des Absoluten, die das Göttliche in der historischen Endlichkeitsgestalt Jesu Christi suchen und finden ließ. Von nun an, das besagt diese These, wird das Göttlich-Umgreifende nicht mehr im Exzeß des Geistes, sondern auf dem Demutsweg gefunden, der es im Endlich-Bedingten erblicken lehrt. Denn Gott ist Mensch geworden.

Bevor Augustin diese Spur weiterverfolgt, berichtet er von dem Anlauf, den er genommen hatte, um das Göttliche auf dem Stufenweg einer fortgesetzten Seinsüberschreitung und schließlich im aufblitzenden Erlebnis eines »zitternden Erblickens« wahrzunehmen.[6] Dann aber sieht er sich durch die Paulusbriefe auf den entgegengesetzten Niedrigkeitsweg verwiesen, der ihn schließlich zum Inbegriff der Gotteswahrheit in deren menschgewordener Endlichkeitsgestalt führt.[7] Jetzt begreift er, daß sich nur dem Demütigen der Sinn des Rufes: »Kommt her zu mir, die ihr beladen seid!« voll erschließt, auch wenn er sich im Zug dieser Einsicht nicht zur vollen Christusmystik erhebt. Kennzeichnend ist für ihn vielmehr das Geständnis:

> Das alles durchdrang mich, ich weiß nicht wie, bis ins Innerste, als ich den ›Geringsten‹ unter deinen Aposteln las. Ich habe deine Werke betrachtet – und ich erschauerte.[8]

Mit der Wendung »und ich erschauerte« droht freilich alles auf den vorchristlichen Ausgangspunkt Augustins zurückzufallen, zumal ihm der ambivalente Gott der Religionsgeschichte, der ebenso geliebt wie gefürchtet sein will, ohnehin nahelag. Indessen erweist das anschließende Eingangswort des Berichts über seine »Bekehrung«, daß er das Erschauern als Einübung in die Liebe begreift:

> Deine Worte waren mir tief ins Herz gedrungen, und ich fühlte mich von dir von allen Seiten umfangen.[9]

Das ist nicht mehr die Sprache der Distanz und des sie bedingenden Gottesschreckens, sondern der Verbundenheit und einer Nähe, wie sie nur die Liebe gewähren kann. Daß es zu diesem Umschlag kommt, ist zweifellos daraus zu erklären, daß der vom Geheimnis seiner Absolutheit umdunkelte Gott für Augustin aus dem Dunkel seiner Verborgenheit hervortrat, daß er, wie schon der Märtyrerbischof Ignatius von Antiochien in seinem Magnesierbrief (8,2) formuliert hatte, sein ewiges Schweigen brach und sich als der ihn mit ewiger Liebe Umhegende zu verstehen gab.

Es liegt im Wesen dieser Erfahrung, daß sich Augustin durch sie zur Antwort aufgerufen fühlte. Er gibt sie zunächst dadurch, daß er sich in aller Form auf die Gottsuche begibt und sich auf die täglich an ihn ergehende Frage: »Wo ist dein Gott?« einstimmt, indem er nach Gott ruft.

---

[6] A.a.O., VII, c. 17,23.
[7] Dazu W. Löser, Universale Concretum als Grundgesetz der oeconomia revelationis. In: Handbuch der Fundamentaltheologie II, Freiburg 1985, 108–122.
[8] A.a.O., VIII, c. 1,21,27.
[9] A.a.O., VIII, c. 1,1.

Doch steigert sich sein Ruf nicht wie der von Nietzsches »tollem Menschen« zu einem förmlichen De profundis, da er sich der Erhörung versichert weiß. Wohl aber gewinnt er so die Basis für die vollgültige Antwort in Gestalt des Glaubens. Denn der Ruf ist für ihn nur die expressive Vorform des Glaubens.

Verstehender Glaube

Glaube ist für Augustin ein von einer sich ständig vertiefenden Gotteserfahrung getragener dialogischer – und das besagt für ihn – ein vor dem Denken ebenso wie vor dem Gotteswort verantworteter Akt. Denn das Gotteswort hat für ihn, den Entdecker des »inneren Menschen« und des »inwendigen Lehrers«, einen Widerhall im glaubenden Herzen.[10] Daher seine Frage:

> Wie soll ich meinen Gott anrufen, meinen Gott und meinen Herrn, da ich ihn doch, wenn ich ihn anrufe, in mich hereinrufe? Und wo ist der Ort in mir, zu dem er, mein Gott, kommen soll? Ist denn etwas, Herr mein Gott, in mir, was dich fassen könnte, dich, da dich doch Himmel und Erde, die du gemacht hast und in denen du mich gemacht hast, nicht fassen können?[11]

Wie für Nikolaus von Kues, der die »große Stimme« der Gottesoffenbarung ebenso im Wort der Propheten wie in der Lebens- und Leidensgeschichte Jesu, zumal aber in der Tiefe des Menschenherzens vernimmt, hat sie auch für Augustin eine innere Resonanz, die ihn dazu veranlaßt, das Verhältnis von Vernunft und Glaube im Sinn einer wechselseitigen Korrespondenz zu bestimmen. Deshalb gilt für ihn:

> Willst du zur Einsicht gelangen, dann glaube! Denn die Einsicht ist der Lohn des Glaubens. Suche also nicht Einsicht, um zum Glauben zu gelangen, sondern glaube, damit du Einsicht gewinnst; denn ohne Glaube keine Einsicht.

Dabei bringt dieses Programmwort den subjektiven Aspekt der umfassenderen Tatsache zum Ausdruck, daß der Glaube nur deshalb zur Einsicht gelangt, weil sich »die Wahrheit selbst« den Weg zum Glaubenden bahnt und weil sie – während er sich zu ihr erhebt – in Wirklichkeit zu ihm kommt. Auf die Frage: »Was heißt glauben?« antwortet er deshalb mit einer weiteren Wendung seines Johanneskommentars: »Glaubend anhangen, glaubend lieben, glaubend in Christus eingehen und seinen Gliedern einverleibt werden«.[12] Doch das ist bereits vom Ziel her gesprochen. In seinem Bekenntniswerk aber geht es Augustin darum, den Weg dorthin noch deutlicher auszuleuchten.

Stärker, als es in diesen definitionsartigen Bestimmungen geschieht, kommt hier die lebensgeschichtliche Verankerung, das Erfahrungsmoment und der Vollzug des Glaubens zum Vorschein. Die Verflechtung mit

---
[10] Dazu C. Mayer, Homo spiritalis, Würzburg 1987; ferner meine Studie: Der inwendige Lehrer. Der Weg zu Selbstfindung und Heilung. München 1994.
[11] A.a.O., I, c. 2,2.
[12] Johanneskommentar 29,6.

der Lebensgeschichte zunächst, die sich vor allem in der Betonung der Dramatik des von ihm durchmessenen Weges bekundet. Denn der Glaubensweg gestaltet sich für Augustin keineswegs linear. Er ist vielmehr durch Momente des Zögerns, des Sich-Vortastens, aber auch des Zurückschreckens gekennzeichnet. Für ihn fällt der Glaube durchaus nicht mit der Tür ins Haus; er vollzieht sich vielmehr in Form einer allmählichen, streckenweise auch mühsamen Annäherung. Dem liegt eine wichtige Einsicht zugrunde: die strukturelle Verwandtschaft von Glaube und Gebet. Denn auch im Gebet – und gerade dort – verrätselt sich das schon in Sichtweite gelangte Ziel, so daß dem Beter wie dem sinkenden Petrus des Evangeliums nur der Notschrei »Herr, rette mich« bleibt.[13] Doch gerade dadurch ruft der Beter die Retterhand herbei, die ihn ans Ziel bringt. Für die Glaubenstheorie besagt das, daß der Glaube – entgegen seiner allgemeinen Einschätzung – als die Krönung des Gebets gesehen werden muß, so wie dieses als seine Anbahnung zu gelten hat. Denn das Gebet ist die mit dem Herzen gestellte Gottesfrage, die nicht schon mit der Fühlung der Retterhand – also mit der Erfahrung der Gottesnähe, so wichtig diese ist –, sondern erst mit dem Hören des Offenbarungswortes und seiner gläubigen Annahme beantwortet ist.

Noch aktueller ist der Empiriebezug des augustinischen Glaubensbegriffs. Denn für den heutigen Glauben hat sich die Bedingung, ihm zuzustimmen, unverkennbar vom Argument auf die Glaubenserfahrung verlagert. Der heutige Christ möchte in das, was die Glaubenssätze umschreiben, eindringen, um ihren Inhalt zum Lebensinhalt zu gewinnen. So gesehen, liegt auf der von Augustin im Maß der Annäherung an das ersehnte Ziel empfundenen Faszination ein besonderer Akzent, ebenso aber auch auf seinem Erschauern vor dem sich zeitweise verfremdenden und sich in ein abweisendes Anderssein zurückziehenden Gott. Das letzte Wort spricht dann allerdings das allzu »spät« erlangte, dafür dann aber fast ekstatisch ausgekostete Glück der Gottesnähe. Man könnte es mit der Trilogie der Erfahrungsdaten verdeutlichen, mit denen Pascal das Erlebnis seiner »Feuernacht« beschreibt: Gewißheit, Freude, Friede. Trotz aller Nähe zu Paulus, dem er den entscheidenden Anstoß verdankt, gewinnt Augustin jedoch die volle Höhe von dessen Christusmystik nicht. Das Schlüsselwort vom mystischen Herzenstausch hat in der augustinischen Mystik keine Entsprechung.[14] Sie ist, anders als die paulinische, nicht Christusmystik, sondern Glaubens- und Gottesmystik. Die darin fühlbar bleibende Distanz hat Joseph Bernhart im Auge, wenn er die zwischen Hymnus und Spekulation oszillierende Sprachwelt Augustins mit den Worten würdigt:

> Man staunt und schauert an den Abgründen der Erkenntnis, die sich auftun, und folgt, wider Willen fast, der Gebärde, mit welcher der Führer durch das Labyrinth unserer Existenz die Nacht in Tag und den Tag in Nacht verwandelt, Gott enträtselt, den Menschen verrätselt und mit dem Jubel eines ersten Entdeckers das aeternum internum gewahrt: daß wir Bescheid um das Ewige in uns tragen, welches zugleich doch die Gren-

---

[13] Mt 14,30.
[14] Gal 2,20.

zen unseres Wesens übersteigt – ein Haben, das auch ein Nichthaben, und ein Nichthaben, das doch auch ein Haben ist.[15]

Vor allem aber tritt in dieser Sicht der dialogische Vollzug des Glaubens zutage. Der Glaube, wie er aus den augustinischen Konfessionen aufscheint, ist zuinnerst Antwort auf die vorgängige Selbstzusage Gottes. Schon als Möglichkeit verdankt er sich der Tatsache, daß Gott – um nochmals die ignatianische Formel aufzunehmen – in Christus sein Schweigen brach, um dem Menschen im Doppelsinn dieses Ausdrucks zu sagen, »wer er ist«. Glauben heißt insofern, sich einstimmen auf den Anruf des sich mitteilenden Gottes. Daß der Mensch überhaupt darauf hören kann, hängt mit der Erfahrung seiner existenziellen Fragwürdigkeit, genauer noch, mit seiner von Guardini hervorgehobenen »Nicht-Selbstverständlichkeit« zusammen.[16] Das gibt seiner Selbstaussage einen Zug ins Exklamatorische, wie es schon von dem Pauluswort vorweggenommen worden war: »Ich unglücklicher Mensch! Wer wird mich von diesem todverfallenen Leib befreien?« (Röm 7,24)[17] Aus der gleichen Veranlassung wird die Glaubensaussage, wie Guardini gleichfalls betont, für Augustin zur *confessio*, also zu jenem Akt des Selbst-Bekenntnisses, in dem der Glaubende berichtet, wie das Dunkel seiner Glaubensversuche Zug um Zug von ihm genommen wurde.

Die Sprachekstase

Seinen Höhepunkt erreicht das augustinische Bekenntniswerk im Bericht von der Ostia-Vision, in der er, zusammen mit der Mutter, die den Geflüchteten schließlich doch zurückgewann, im gemeinsamen Aufstieg die Höhe der Gottesweisheit erreicht, und deren Stellenwert er dadurch unterstreicht, daß er dem Bericht eine »nacharbeitende« Reflexion folgen läßt.[18] Dabei hebt er ausdrücklich darauf ab, daß es sich bei der Szene nicht um ein literarisches Konstrukt, sondern um die – wenn auch nicht wörtliche – Wiedergabe eines realen Erlebnisses handelt. Es ist die Schilderung seines Eintritts in die Zielruhe, mit dem sein Glaube die unter den endlichen Bedingungen mögliche Vollgestalt erreicht.

Bei der Beschreibung des mystischen Erlebnisses hält sich Augustin in dem durch seine früheren Schilderungen gezogenen Rahmen. Demgemäß vollzieht sich die Fühlung des Göttlichen nicht in einem ekstatischen Aufschwung, sondern in Form eines stufenweisen Aufstiegs, der ihn von der Körperwelt zur Ordnung des Geistes und von da zu der als Inbegriff der Schöpfungsideen gedeuteten Weisheit führt. Doch damit überschreitet er auch schon die »Zeitmauer« (Jünger) in Richtung auf ein alles Gewesen-

---

[15] J. Bernhart, Gestalten und Gewalten, Würzburg 1962, 27 f.
[16] R. Guardini, Die Bekehrung des Aurelius Augustinus. Der innere Vorgang in seinen Bekenntnissen. Mainz und Paderborn 1989, 99.
[17] Dazu W. Schmithals, Die theologische Anthropologie des Paulus, Stuttgart 1980, 73 ff.; ferner meine Studie: Paulus: Zeuge, Mystiker, Vordenker. München 1992, 242 ff.
[18] Confessiones, a.a.O., IX, c. 10,23 ff.

sein und Künftigsein umgreifendes Jetzt und damit gleichzeitig auch die Schwelle der eigenen Geschichtlichkeit. Das bringt es mit sich, daß er sich in dieser Fühlung nicht zu halten vermag, sondern sie nur flüchtig in einer erfüllenden Aufwallung des Herzens berührt. Freilich kehrt er nicht als der frühere, sondern gewandelt zur kategorialen Vielfalt der Lebenswelt und dem »Gerede der Worte«, die sie beschreiben, zurück. Denn er bleibt von der mystischen Angrenzung – so flüchtig sie sich gestaltete – auf Dauer gezeichnet, zurückgebunden an sie durch die »Erstlinge des Geistes«, wie er sich im Anschluß an ein Römerwort ausdrückt.[19]

So sehr die Vision mit früheren, in neuplatonischem Stil vollzogenen Aufschwüngen übereinstimmt, unterscheidet sie sich von ihnen doch grundsätzlich dadurch, daß sie gemeinsam mit der Mutter und darum dialogisch erfahren wird. Kennzeichnend dafür ist die Tatsache, daß bei der anschließenden Reflexion das auditive Element überhandnimmt. Die im ekstatischen Stufengang durchschrittene Welt ist jetzt vor allem die der unterschiedlichen Sprachzeichen, angefangen vom »Getöse der Sinnlichkeit« bis hin zur Zeichensprache der Träume und dem »Wort des Alls«. Dabei wird das Moment des Fortschreitens dadurch deutlich gemacht, daß die jeweils überschrittenen Bereiche in Schweigen versinken:

> Wir sagten uns also: Brächte es einer dazu, daß ihm das ganze Getöse der Sinnlichkeit verginge, daß ihm vergingen alle Bilder der Erde, des Wassers und der Luft, daß ihm selbst das Himmelsgewölbe verginge und schließlich auch die eigene Seele verstummte und selbstvergessen über sich hinausschritte, daß ihm verstummten die Träume und Phantasiebilder, daß jede Art von Sprache, jede Art von Zeichen und alles, was sich im Vorübergang ereignet, für ihn völlig verstummte – denn wer ein Ohr dafür hat, dem sagt das alles: nicht wir sind's, die uns schufen, sondern er schuf uns, der da bleibt in Ewigkeit -; wenn also nach diesem Bekenntnis das All in Schweigen versänke, weil es sein Ohr zu dem erhob, der es erschuf, und wenn nun er allein redete, nicht durch die Dinge, sondern durch sich selbst, so daß wir sein Wort vernähmen, nicht durch Menschenzungen, auch nicht durch Engelstimmen und nicht im Wolkendonner, doch auch nicht im Rätsel und Gleichnis, sondern ihn selbst vernähmen, den wir in allem Geschaffenen lieben, ihn selbst ganz ohne dies, so wie wir uns nunmehr nach ihm ausreckten und in aufblitzender Erkenntnis an die ewige, über allem waltende Weisheit rührten; und wenn dies von Dauer wäre und alles andere, andersartige Schauen uns entschwände und einzig dies den Schauenden ergriffe, hinnähme und in tiefste Wonnen versenkte, so daß nun ewiges Leben wäre, wie jetzt dieser Augenblick des aufblitzenden Erkennens, dem unser Seufzen galt: wäre dies nicht die Erfüllung des Herrnwortes: »Gehe ein in die Freude deines Herrn?[20]

Deutlich lassen sich die einzelnen Phasen dieser Hör-Ekstase unterscheiden. Ausgangsgedanke ist die Vorstellung von der Welt als einem stimmenreichen Parlament, das Zug um Zug zum Schweigen gebracht wird. Dabei schließen sich die verstummenden Kreaturen zu einer Gemeinschaft des Hörens zusammen, die, nachdem sie ihre geschöpfliche Abkünftigkeit bekannte, dem ewigen Gotteswort entgegenlauscht. Ziel der Erhebung ist das Vernehmen dieses Wortes, jedoch nicht in kreatürlicher oder kirchlicher Vermittlung, sondern in der reinen Unmittelbarkeit seines Gesprochenseins. An dieser Stelle tritt ein Kategorientausch ein. Die zunächst

---
[19] Röm 8,23.
[20] A.a.O., IX; c. 10,25.

vorherrschenden auditiven Kategorien werden durch haptische verdrängt. Organ dieser Fühlung ist das Menschenherz, von dem schon das berühmte Eingangswort der *Konfessionen* gesagt hatte, daß es von ungestillter Unruhe nach Gott umgetrieben wird. Indessen gelingt der Kontakt mit der ewigen Weisheit nur für einen vollen »Herzschlag«, da zwischen der Endlichkeit der menschlichen Fassungskraft und der Unendlichkeit des Berührten kein Maßverhältnis besteht. Ermattend sinken die Gesprächspartner vom Gipfel ihrer Erhebung wieder in die Niederungen der Alltäglichkeit zurück. Weil die Region des Ewigen berührt wurde, behalten sie aber den Eindruck eines bleibenden Zurückgebundenseins. Darin besteht der unverlierbare Besitz, der ihnen von dem flüchtigen Augenblick bleibt.

Davon bleibt dann vor allem der sprachliche Nachklang. Denn Augustins Sprache erweckt bisweilen den Eindruck, von der Aufstiegsbewegung des visionären Erlebnisses ergriffen und mitgerissen zu sein. Im Grenzfall wirkt das sogar so, als verselbständige sich seine Sprache und strebe eigengesetzlich ihren Aussagezielen entgegen. Das ist der Fall der augustinischen Sprachekstasen. Darin ist er Paulus näher als in dessen Mystik. Denn in den Paulusbriefen finden sich wiederholt Stellen, in denen sich die Sprache von der Ebene konflikthafter Fakten abhebt, um in autonomer Fortentwicklung ekstatische Höhepunkte zu erreichen. In Reingestalt begegnet diese Sprachform etwa an einer Stelle des Römerbriefs, die den Tatbestand lebensgeschichtlicher Bedrängnisse buchstäblich in den einer liebenden Geborgenheit aufhebt. In diesem Sinn versichert der Apostel:

> Nun rühmen wir uns wegen der Hoffnung auf die Herrlichkeit Gottes. Mehr noch: Wir rühmen uns sogar wegen unserer Bedrängnis; denn wir wissen: Bedrängnis schafft Geduld, Geduld Bewährung, Bewährung Hoffnung. Die Hoffnung aber kann nicht trügen; denn die Liebe Gottes ist ausgegossen in unsere Herzen durch den Heiligen Geist, der uns gegeben ist.[21]

Wie eine begründende Fortführung dieser Stelle wirkt es, wenn Augustin in behutsamer Abgrenzung bedenkt:

> Was aber liebe ich, wenn ich dich liebe? Nicht das Aussehen eines Körpers, nicht die Anmut eines Lebensalters, nicht den Glanz des Lichtes, der den leiblichen Augen so gefällt, nicht die süßen Melodien vielstimmiger Gesänge, nicht den lockenden Duft von Blüten – nichts von alledem liebe ich, wenn ich meinen Gott liebe. Und doch liebe ich eine Art von Licht, von Stimme, von Wohlgeruch, von Speise und von Umarmung, wenn ich meinen Gott liebe; denn er ist das Licht, die Stimme, der Wohlgeruch, die Speise und die Umarmung meines inneren Menschen. Hier leuchtet meiner Seele auf, was kein Raum umfaßt. Hier erklingt etwas von dem, was keine Zeit verzehrt, hier duftet, was kein Wind verweht; hier wird etwas verkostet, was niemals Widerwillen erregt; hier schmiegt sich an, was keinen Überdruß hervorruft. Das ist es, was ich liebe, wenn ich meinen Gott liebe![22]

Vor allem aber erfüllt die hymnische Rühmung der Liebe diesen Tatbestand, in der noch der Schmerz über die verzögernden Fehlhaltungen nachklingt und die deshalb zu den bewegendsten Stellen des Werkes zählt:

---

[21] Röm 5,2 ff.
[22] A.a.O., X, c. 6,8.

> Spät habe ich dich geliebt, du uralte und stets neue Schönheit, spät habe ich dich geliebt! Du warst drinnen, doch ich war draußen und suchte dich in den Schöngestalten deiner Schöpfung, ich, die Mißgestalt. Du warst bei mir, doch ich war nicht bei dir. Weit von dir abgehalten haben mich die Dinge, die doch nicht wären, wenn sie nicht in dir wären. Du hast mich gerufen, und dein Schrei brach meine Taubheit; du leuchtetest in mir, und dein Blick vertrieb meine Blindheit; du strömtest deinen Duft aus, und ich sog ihn ein und verlange nach dir. Ich habe dich verkostet, und nun hungere und dürste ich nach dir. Du hast mich angerührt, und nun brenne ich vor Verlangen nach dem Frieden in dir![23]

Die ganze Spannung von vergeblicher Suche und erfüllender Heimsuchung mißt demgegenüber eine Stelle aus Augustins Erklärung des 42. Psalms aus, die in das für die Sprachekstasen kennzeichnende eigengesetzliche Kreisen der Worte ausklingt und deshalb von Henri Marrou zu Recht als eine Spitzenaussage der augustinischen Sprachwelt herausgestellt wurde:

> Täglich hörte ich die Frage: »Wo ist dein Gott?« Da begab ich mich auf die Suche nach meinem Gott, um, wenn möglich, nicht nur zu glauben, sondern auch etwas von ihm zu erschauen. Und während ich nun meinen Gott in den sichtbaren und körperlichen Geschöpfen suche und nicht finden kann, und während ich sein Wesen in mir selbst suche, als wäre es etwas von meiner Art, und es gleichfalls nicht finde, wird mir klar, daß Gott etwas ist, was auch noch die Seele übersteigt; denn wie könnte sie das erfassen, was doch über ihr gesucht werden muß? So suche ich denn meinen Gott in jedem körperlichen Geschöpf, sei es im Himmel oder auf Erden, und ich finde ihn nicht; ich suche sein Wesen in meiner Seele und finde es nicht; und doch lasse ich in der Suche nach meinem Gott nicht nach! So ließ ich meine Seele über sich hinauswachsen und schon habe ich alles erfaßt – bis auf meinen Gott. Denn dort, über meiner Seele, ist Gottes Haus. Dort wohnt er, von dort schaut er auf mich herab, von dort hat er mich erschaffen, von dort lenkt er mich, von dort umsorgt er mich, von dort ruft er mich, von dort ermutigt er mich, von dort leitet er mich, von dort führt er mich, von dort geleitet er mich zum Ziel.[24]

In den hinreißenden Schlußwendungen dieses Textes spricht die Sprache, mit einer Wendung Heideggers ausgedrückt, tatsächlich *sich selbst*. Das Mittel der Verständigung erhebt sich zum Selbstzweck. Damit aber wird etwas von dem erfahrbar, was dem erstaunlichsten von allen Bibelversen zugrunde liegt, der nicht umsonst zu den von Augustin am häufigsten zitierten Stellen zählt. Es ist der Eingangssatz des Johannesevangeliums, der nicht etwa, wie man im Blick auf dieses oder auf seinen »Begleitbrief« meinen sollte, die Wahrheit oder die Liebe, sondern das Wort zum Anfang aller Dinge erklärt. Am Anfang des Christentums steht somit, anders als im Ursprung der philosophischen Erkenntnis, keine Seinserfahrung, sondern das Wissen um die offenbarende Selbsteröffnung Gottes in der Menschwerdung seines Sohnes, eine Spracherfahrung also, die sich nicht grundsätzlicher ausdrücken konnte als in dem Satz: »Im Anfang war das Wort«. Es ist das Wort, von dem es im Fortgang des Prologs dann heißt, daß er allen, die ihn aufnahmen und an seinen Namen glauben, die Vollmacht gab, Kinder Gottes zu werden; und es ist das Wort, das nach seiner paulinischen Ausdeutung dort, wo es gehört wird, zum Glauben bewegt.

---
[23] A.a.O, X, c. 27,38.
[24] Ennarratio in Psalm 42, 2–10; dazu H. Marrou, Augustinus in Selbstzeugnissen und Bilddokumenten. Reinbek 1958, 96–101.

Der Sprachimpuls

Für einen Augenblick könnte der Eindruck entstehen, als genüge die Sprache auf dieser ekstatischen Höhe sich selbst. Doch damit wäre Augustin, der auch in seinem Bekenntniswerk der große Prediger bleibt, als der er in die Geschichte der Glaubenssprache eingegangen ist, völlig mißverstanden. In ihren ekstatischen Höhepunkten kehrt die Sprache nur zu dem Zweck bei sich ein, um sich dann desto wirkmächtiger aussagen zu können. Auch darin steht Augustin auf den Schultern des Apostels Paulus, der auf dem Höhepunkt seiner im Römerbrief entwickelten Glaubenstheorie die Bekenntnispflicht hervorhebt, noch bevor er in dieser chiastisch gestalteten und dadurch besonders hervorgehobenen Stelle auf die Sache selber eingeht:

> Wenn du mit deinem Mund Jesus als den Herrn bekennst und in deinem Herzen glaubst, daß Gott ihn von den Toten erweckt hat, erlangst du das Heil; denn mit dem Herzen glaubt man zur Gerechtigkeit, und mit dem Mund bekennt man zum Heil.[25]

In dieser Aussage spricht nicht etwa der Missionar, sondern der in die Tiefen des Glaubensaktes eingedrungene Theologe. Denn für Paulus ist der Glaube ein kreativer, die Erkenntnis- und Sprachfähigkeit des Glaubenden erweckender Akt. Er ist für ihn, im Anschluß an ein Bildwort Jesu gesprochen, das Licht, das auf den Leuchter gestellt werden muß, damit es allen Hausbewohnern leuchte. So wie der Glaube »aus dem Hören« kommt, muß er sich nach paulinischem Verständnis mitteilen, damit auch andere zu Hörern des Wortes werden. Das darf freilich nicht zweckhaft verstanden werden. Denn der Glaube redet nicht, um andere für seine Sache zu gewinnen, sondern aus eigengesetzlicher Nötigung. Das bringt Paulus auf die an den kartesianischen Cogito-Satz erinnernde Formel: »Ich glaube, darum rede ich.« Deshalb rechnet er sich seinen erstaunlichen Missionserfolg, durch den er nach eigenem Bekunden das Christentum im weiten Bogen von Jerusalem bis Illyrien zu tragen vermochte, nicht zum Verdienst an, da er dabei nur dem »Zwang« gehorcht habe, der vom Lebensgesetz des Glaubens ausging. Ein stummer, wenn nicht gar verschwiegener und verheimlichter Glaube, wie er heute weithin praktiziert wird, ist für ihn daher ein unter den Scheffel gestelltes und dadurch zur Nutzlosigkeit und zum Erlöschen verurteiltes Licht. Das gilt nicht weniger für den auf seinen Schultern stehenden Augustin, dessen Rolle als Prediger daher nicht hoch genug eingeschätzt werden kann.[26]

Denn die Predigt war für Augustin das vorzüglichste Medium der Selbstdarstellung, die Fortsetzung seines wohl infolge einer Erkrankung aufgegebenen Berufs als Rhetor mit den neuen Mitteln der christlichen Beredsamkeit.[27] Mit ihr griff er gestaltend, korrigierend, auferbauend, oft mit harter Hand, meist aber schonend und behutsam in das Leben seiner Ge-

---

[25] Röm 10,9.
[26] Mt 5,15; nach Röm 10,17; 2 Kor 4,13; Röm 15,19; 1 Kor 9,16.
[27] Dazu F. van der Meer, Augustinus der Seelsorger. Leben und Wirken eines Kirchenvaters. Köln 1953, 419–469.

meinde ein. In ihr feierte sein sprachliches Ingenium wahre Triumphe. Man kannte ihn, diese »Posaune des Herrn«, wie ihn Paulin von Nola nannte, nur, wenn man ihn nicht nur gelesen, sondern auch gehört hatte.[28] Nicht umsonst riß er durch sein Predigtwort seine Hörer nicht selten zu Beifallsbekundungen hin. In seinen Predigten erschloß er sich und ihnen den Reichtum des biblischen Wortes. Mit einem von Peter Brown aufgenommenen Briefwort könnte man sagen, daß er sich, auf seiner bischöflichen Kathedra sitzend, als Interpret der heilbringenden Lehre empfand, »die sich herbeiläßt, die Herzen ihrer Anhänger zu rühren«.[29] Nicht umsonst gehen zwei seiner Hauptwerke, die *Enarrationes in Psalmos*, die auch die auf den Psalm 42 bezogene Sprachekstase enthalten, und die Traktate über das Johannesevangelium auf Predigtnachschriften zurück. In seinem Wirken als Prediger praktiziert er somit – wie kurz vor ihm der gleichfalls im paulinischen Geist wirkende Johannes Chrysostomos, der große Prediger des Ostens[30] –, den für ihn zur Leitlinie seiner Lebensarbeit gewordenen Grundsatz: »Ich glaube, darum rede ich«.

Die Glaubenswende

Die Gegenwart lebt im Widerspruch von Sprachüberflutung und Sprachlosigkeit. Sogar auf das große Zeitzeichen, das ihr in Gestalt des freiheitlichen Aufbruchs von 1989 gegeben wurde, reagierten die berufenen Sprecher aus dem Bereich der Literatur, der Philosophie und sogar der in besonderer Weise angesprochenen Theologie nur mit betretenem, betroffenem und ratlosem Schweigen.[31] Doch das ist nur die Spitze der bis in die Glaubenswelt hineinreichenden Schweigespirale. Denn nach den demoskopischen Erhebungen der letzten Zeit legt der überwiegende Teil der Bevölkerung zwar immer noch Wert auf Zugehörigkeit zu Christentum und Kirche; doch wird dies wie eine mehr oder minder streng gehütete Verschlußsache gehandhabt. Der Glaube ist im krassen Widerspruch zur paulinischen Direktive verstummt.

Das käme einer schlimmen Vorbedeutung gleich, wenn der »archäologische« Tiefenblick nicht gleichzeitig eine ausgesprochene Glaubenswende ausmachen könnte. Sie stellt sich dreifach dar, und zwar als Wende:

vom Gehorsams- zum Verstehensglauben,
vom Bekenntnis- zum Erfahrungsglauben,
vom Leistungs- zum Verantwortungsglauben.

Denn der nachkonziliare Glaube begreift sich auf der Basis des vom Zweiten Vatikanum vermittelten Offenbarungsbegriffs als ein Dialoggeschehen

---

[28] A.a.O., 428.
[29] Epistola 55, c. 7,13; dazu P. Brown, Der Heilige Augustinus (Originaltitel: Augustine of Hippo), München 1975, 227.
[30] Dazu Hans Freiherr von Campenhausen, Die griechischen Kirchenväter. Stuttgart 1955, 137–152.
[31] Dazu mein Beitrag: Weder Gold noch Silber. Vom sprachlichen Fehlverhalten nach der Wende. In: Stimmen der Zeit 211, 1993, 343–350.

zwischen dem mitgeteilten Gotteswort und dessen gläubiger Rezeption und damit als ein Gott-Verstehen. Gleichzeitig geht es ihm darum, in die von den Glaubenssätzen umschriebenen Inhalte einzudringen, um sie in Akten der Einfühlung und Aneignung zum Lebensinhalt zu gewinnen. Und schließlich begreift er sich nicht mehr als eine verdienstliche Leistung, sondern als Beitrag zur Auferbauung der Glaubensgemeinschaft des mystischen Christusleibes, in welchem jeder für jeden einsteht und die Last des anderen, einschließlich der Last des Glaubens, mitträgt.

Im Zentrum dieser dreifachen Wende aber zeichnen sich erste Symptome eines Vorgangs ab, der mehr noch als der angesprochene Strukturwandel auf die Überwindung der Sprachlosigkeit hoffen läßt. Danach tritt der zum Glaubensobjekt Erhobene und zum Inbegriff der Lehre Stilisierte aus dem Schrein seiner doktrinalen und liturgischen Vergegenständlichung hervor, um auf neue Weise initiativ zu werden: als der zur tieferen Erfassung der Mysterien verhelfende inwendige Lehrer, als der synergetisch mit dem Glaubenden zusammenwirkende »lebendige Glaube« und als der in den Seinen sich selber Liebende. Mit der Formel »unus Christus amans seipsum« hat Augustin die glaubenstheoretische Basis für diese mystische Inversion geschaffen. Denn mit ihr machte er deutlich, daß die durch Glaube, Hoffnung und Liebe definierten höchsten Lebensakte darin gipfeln, daß sie vom »Haupt« des mystischen Leibes mitgetragen und mitvollzogen werden. So ist der in den Seinen fortlebende Christus die leibhaftige Gewähr dafür, daß es bei der gegenwärtigen Stagnation nicht bleibt, sondern daß Bewegung in die Glaubensszene kommen wird, von der die bereits erkennbaren mystischen Aufbrüche ein Vorgefühl vermitteln.

Daß dieser Vorgang genauer und insbesondere auch suggestiver umschrieben werden kann, zeigt die Formel, mit welcher Guardini der durch die Folgen des Ersten Weltkriegs erschütterten Generation das Stichwort neuer Selbstfindung zusprach: »Die Kirche erwacht in den Seelen«.[32] Indessen erkannte er schon bald, daß er damit eher eine vergehende als die bereits entstehende Situation auf den religiösen Begriff gebracht hatte. Gleichzeitig registrierte er in der ihm eigenen Sensibilität, daß sich der Brennpunkt des Glaubensbewußtseins vom Mysterium der Kirche auf den christologischen verlagert hatte. Im Hinblick darauf könnte der aktuelle Stand des Glaubensbewußtseins mit dem Satz umschrieben werden, daß der fortlebende Christus dadurch aus dem Schrein der traditionellen Vergegenständlichung hervortritt, daß er im Glauben der Seinen zu sich selbst erwacht. Und selbst diese Bestimmung könnte nochmals durch den Satz überboten werden: *Ihr Glaube an ihn ist sein Selbstbewußtsein in ihnen.*

Da das Augustinuswort von dem sich selbst liebenden Christus ebenso gut von seiner Selbstverständigung reden könnte, ist damit im Grunde nichts Neues gesagt. Wohl aber ist die große Formel jetzt in rückbezüglichem Sinn auf das heutige Glaubensbewußtsein angewendet.

---

[32] Dazu meine Schrift: Interpretation und Veränderung. Werk und Wirkung Romano Guardinis. Paderborn 1979, 17; 123 ff.

Dieses ist, wie sich im Licht der Formel zeigt, auf denkbar höchste Weise reflex: ein gegenseitiges Verstehen von Glaubendem und Geglaubtem. Auch in diesem wiederum höchsten Sinn ist es an der Zeit, daß sich der überkommene Autoritäts- und Gehorsamsglaube zu einem Verstehensglauben lichtet. Verstehen aber heißt – auf seine Ermöglichung zurückverfolgt –, sich das von sich aus zuzusprechen, was jeweils vernommen wird, so wie umgekehrt der Sprechende sich das gesagt sein lassen muß, was er zu sagen hat, wenn er verstanden werden will. Das aber hat in der Ordnung des Glaubens jenen inwendigen Lehrmeister zur Voraussetzung, den Augustin in seiner Frühschrift *De magistro* als den magister interior identifizierte. In ihm nimmt der auferstandene und in den Seinen fortlebende Christus seine Tätigkeit aufs neue auf. Allerdings nicht wie in seiner historischen Wirklichkeit, die ein für allemal in die Geschichte eingegangen ist, und ebenso wenig wie im Denken jener urchristlichen Charismatiker, die sich als seine Sprecher fühlten und – von seinem Geist inspiriert – die nachgestalteten Herrenworte des Evangeliums schufen. Wohl aber so, daß er als der im Glauben der Seinen Glaubende und in ihrer Liebe Liebende entdeckt und wahrgenommen wird. Dann aber erweist er sich als jener lebendige Beweggrund, der die Verstummten zur Rechenschaft über ihren Glauben befähigt und dadurch der herrschenden Sprachlosigkeit ein Ende setzt.[33]

---

[33] Nach 1 Petr 3,15.

Zu den jüdischen Wurzeln des Christentums

Hans Ulrich Steymans

Das organische Bild von der Wurzel und dem Stamm geht auf den Apostel Paulus zurück (Röm 11,16–18). Daß das Christentum aus dem Judentum hervorging, ist so selbstverständlich nicht! Lange Zeit sah man im Judentum der Zeit Jesu eine einseitig auf das Gesetz orientierte Versteinerung des biblischen Israel, das von Jesus und seinem Evangelium erst vergeistigt und zu etwas Neuem geformt worden sei. Solche Ansichten sind schon einigen Aussagen des Neuen Testaments zugrunde gelegt. Das Johannesevangelium setzt Mose, dem Geber des abgelegten jüdischen Gesetzes, Jesus entgegen, der Gnade und Wahrheit bringt und sein »neues Gebot« verkündet. Ähnlich konstruiert der Hebräerbrief einen Gegensatz von Altem und Neuem Testament. Das Markus- wie das Matthäusevangelium verwenden das Schema von Verheißung und Erfüllung. Jesus ist der vom Alten Testament angekündigte Christus. Im Markusevangelium bahnt sich die Substitutionstheorie an: Die aus Juden und Heiden gesammelte Kirche ist das von Gott erwählte Gottesvolk, und das Judentum, das Jesus aus Verstockung ablehnt, hat an Israel keinen Anteil mehr. Je weiter die Abfassung des neutestamentlichen Textes von der Lebenszeit Jesu entfernt liegt, um so deutlicher tritt die Abgrenzung vom Jüdischen hervor. In den Spätschriften des Neuen Testaments zeigt sich eine »Israel-Vergessenheit« des Heidenchristentums, während bei Paulus die Trennung von Israel und Kirche noch nicht vollzogen ist. Das Urchristentum empfand sich selbst nicht als Wiege einer neuen Religion, sondern war ganz dem Judentum der Zeitenwende verbunden, das weder Jesus noch die Mitglieder der Urgemeinde verlassen wollten.[1]

Um den jüdischen Wurzeln des Christentums adäquat gerecht werden zu können, müßten die wissenschaftlichen Disziplinen Neues Testament, Judaistik, Patrologie, Geschichte der Antike herangezogen werden. Ich beschränke mich darauf, anhand der mir zugänglichen seit 1990 erschienenen Literatur einen Einblick in gegenwärtige Forschungstendenzen zu geben. Auf die *theologischen* Aspekte der Gemeinsamkeiten zwischen Judentum und Christentum kann hier ebenfalls nicht eingegangen werden. Statt dessen soll das Herauswachsen des Christentums aus seiner jüdischen Wurzel als *historischer* Prozeß beschrieben werden, der sozial, politisch und kulturell bedingt war. Die Basis dafür bilden einmal die Ausführungen von J. Lieu, die darauf hinweist, daß die ältere, der Substitu-

---

[1] Hubert Frankemölle, Neutestamentliche Christologien als jüdische Glaubenszeugnisse? Voraussetzungen einer sachgemäßen Diskussion. In: Das Judentum – eine Wurzel des Christlichen: Neue Perspektiven des Miteinanders. Hg. H. Flothkötter/B. Nacke, Würzburg 1990, 104 f. Erich Zenger, Die jüdische Bibel – unaufgebbare Grundlage der Kirche. In: Das Judentum. A.a.O., 70 f., 80; Rainer Kampling, Israel unter dem Anspruch des Messias: Studien zur Israelthematik im Markusevangelium. SSB 25, Stuttgart 1992, 203–210; 194 f.; Theobald, LThK3 (Lexikon f. Theol. u. Kirche) 5, 648–651.

tionstheorie folgende Denkweise theologisch statt historisch geprägt ist, und daß die moderne Rede von der simplen Trennung der Wege beider Religionen die geschichtliche Wirklichkeit ebenfalls nicht wirklich trifft. Grundlegend ist auch das Buch von B. Wander, der Wert darauf legt, die Scheidung von Judentum und Christentum nicht an einem Punkt der Geschichte festzumachen und auf eine Ursache zurückzuführen, sondern sie als Folge vielfältiger und langwieriger Trennungsprozesse zu verstehen. Bestimmend für die hier vorgetragene Sicht ist auch das Anliegen von E. Nodet, im antiken Judentum regionale Unterschiede zwischen Jerusalem mit seinem Tempel, Galiläa und Babylonien, Ägypten und der übrigen Diaspora im römischen Reich zu berücksichtigen.[2]

Das Judentum heute

Im Judentum spielen heute traditionelle Unterschiede zwischen Askenasen, Sepharden, Jemeniten oder Äthiopiern eine immer geringere Rolle. Großes Gewicht kommt dagegen der Frage zu, ob man sich als religiös, traditionell oder säkular versteht. Dabei finden innerjüdische Abgrenzungen statt. Religiöse und säkulare Juden wohnen nicht gerne beisammen und beschränken ihre sozialen Kontakte. In diese Unterschiede lagern sich noch divergierende Richtungen der religiösen Praxis. Es gibt ultra-orthodoxe Gruppen, in den USA eher *Chassidim*, in Israel eher *Haredim* genannt, das in Israel tonangebende orthodoxe, das besonders in den USA verbreitete konservative, rekonstruktionistische und das Reform-Judentum. Daneben existieren noch Gemeinschaften messianischer Juden, die Jesus von Nazaret als den Messias Israels bekennen, aber bewußt am Judentum festhalten. Von ultra-orthodoxer Seite wird säkularen Juden, die ein Leben nach den Vorschriften des Talmud für unzeitgemäß halten, das Judesein in Frage gestellt – pointiert formuliert von einem Haredi in Israel: Wenn sie Juden sind, sind sie nicht frei, und wenn sie frei sind, sind sie keine Juden. Die Frage: »Wer ist ein Jude?« erhebt sich auch bei den Konversionen und Eheschließungen, die vor nichtorthodoxen Rabbinern vorgenommen werden. Das orthodoxe Oberrabbinat in Israel erkennt sie nicht an. Im Judentum heute herrscht also ein Spektrum unterschiedlicher Toraobservanz, das von »rigoros« bei den Ultra-Orthodoxen bis »locker« bei den Reformjuden oder »fast nicht« bei den dezidiert säkularen Juden reicht. Angesichts der Abgrenzungstendenzen der ultra-orthodoxen und orthodoxen Richtung gegenüber den anderen gilt: Nicht jeder, der sich selbst als Jude versteht, ist es auch in den Augen anderer Juden. Vielfalt

---

[2] Judith Lieu, »›The Parting of the Ways‹: Theological Construct or Historical Reality?« ISNT 56 (1994), 101-119. Bernd Wander, Trennungsprozesse zwischen Frühem Christentum und Judentum im 1. Jahrhundert n.Chr.: Datierbare Abfolgen zwischen der Hinrichtung Jesu und der Zerstörung des Jerusalemer Tempels. TANZ 16. Tübingen 1994. Etienne Nodet, »Galilée Juive de Jesus à la Mishna«. Aux origines juives du christianisme: Cahiers du CRFJ Hommes & sociétés. Hg. F. Blanchetière u. M. D. Herr. Jerusalem 1993, 15-62.

und polemische Ausgrenzungen innerhalb der Religionsgemeinschaft ähneln den Zuständen der Zeit Jesu. Doch unterscheidet sich das Judentum heute vom Frühjudentum der Zeitenwende dadurch, daß es auf der erst nach der Zerstörung des Tempels (70 n.Chr.) einsetzenden rabbinischen Sammlung fußt, welche die Entstehung eines zur Hebräischen Bibel hinzutretenden Kanons normativer Schriften auslöste.[3]

Sekten im Frühjudentum

Das Judentum der Zeitenwende umfaßt mehrere Gruppen, die Flavius Josephus Sekten (*haireseis*) nennt. Nach Apostelgeschichte 24,5 bezeichnet der Ankläger des Paulus vor dem römischen Statthalter die Jünger Jesu als Sekte der Nazoräer (*hairesis*) und ordnet sie so in den Pluralismus des Frühjudentums ein.

Nazoräer Die christliche Bewegung gehört zum palästinischen Judentum der Zeitenwende. Jesus wurde der Nazoräer genannt, eine Bezeichnung, die auf seine Jünger überging. Der Begriff ist wohl von der Stadt Nazaret abgeleitet. Die Gruppe der Schüler des Rabbis aus Nazaret zeigte sich als besondere Einheit, die als Weg oder Sekte bezeichnet wurde. Die Nazoräer waren Juden wie viele andere, die in Palästina lebten, sie beobachteten sorgfältig die Toragebote, besonders Beschneidung und Sabbat, besuchten häufig Tempel und Synagogen. Sie waren allerdings überzeugt, daß der Messias bereits gekommen sei, also messianische Juden, wie es sie in der Geschichte des Judentums immer wieder gegeben hat. Sie hätten sich selbst nicht als Kombination zweier Religionen – Judentum und Christentum – betrachtet, weil sie niemals akzeptiert hätten, daß Christentum etwas anderes sei als das richtig blühende Judentum. Die Jesusbewegung umfaßt unterschiedliche Richtungen: Matthäus den Zöllner, Simon den Zeloten und auch Johanna, die Frau des Verwalters des Herodes Antipas, also ein Mitglied der herrschenden Schicht.[4]

Zeloten Das Judentum in Galiläa setzt sich aus babylonischen Einwanderern zusammen. Die eigentlich galiläische Bewegung der Zeloten reprä-

---

[3] Alan Dowty, »Religious-Secular Accomodation in Israeli Politics.« Jewish Sects, Religious Movements, and Political Parties: Proceedings of the Third Annual Symposium of the Philip M. and Ethel Klutznick Chair in Jewish Civilisation held on Sunday-Monday, October 14–15, 1990. In: Studies in Jewish Civilisation 3. Hg. M. Mor. Omaha/NE 1992, 404; 393; 394; 406; 409; Mervin F. Verbit, »Images of the Movements: Perceptions of American Jewish University Students.« Jewish Sects, Religious Movements, and Political Parties. A.a.O., 298; 287–290; Jacob Neusner/Clemens Thoma, Die Pharisäer vor und nach der Tempelzerstörung des Jahres 70 n.Chr. Tempelkult und Tempelzerstörung. Festschrift für Clemens Thoma zum 60. Geburtstag. In: Judaica et Christiana. Band 15. Hg. S. Lauer u. H. Ernst. Frankfurt/M [u.a.] 1995, 42.
[4] François Blanchetière, »La ›secte des nazaréens‹ ou les débuts du christianisme«. Aux origines juives du christianisme. 66; 70; 67, 81; Apg 2,40; 3,1; 5,12.20.21.42; Étienne Nodet, a.a.O., 17, 59.

sentiert davon nur einen Ausschnitt. Er ist die Spur eines politischen Elans, der den Traum von einem freien Jerusalem und seinem Tempel verwirklichen will und durch die ständigen Wallfahrten aufrecht erhalten wird. Zur Lebenszeit Jesu besteht in Galiläa ein stark differenziertes ländliches Milieu, in dem die Wiege eines sich von Judäa abseits haltenden Pharisäismus, des Christentums und der rabbinischen Tradition liegt.[5]

Pharisäer und Sadduzäer Bei den Pharisäern erscheint der Separatismus vom übrigen Judentum schon im Namen. Dem Wort liegt eine hebräisch-aramäische Verbwurzel zugrunde, die »sich absondern, fernhalten« bedeutet. Pharisäer nahmen die Gesetze besonders genau und unterschieden sich von den Sadduzäern vor allem im Verständnis von Auferstehung, Lohn und Strafe. Sadduzäer gehörten zur oder sympathisierten mit der religiösen und politischen Führungsschicht des damaligen Judentums, deren Machtanspruch sich auf priesterliche Ämter im Tempel stützte.[6]

Jesus mußte durch die Tempelreinigung (Mk 13,1) und das Tempelwort (Mk 11,15-19), in dem er in prophetischer Weise die Zerstörung des Tempels voraussagte, in Konflikt mit den Sadduzäern geraten, weil er mit dem Tempel die Grundlage ihrer Macht in Frage stellte. Er bedrohte die politische Ordnung, da viele messianische Hoffnungen auf ihn setzten. Den römischen Behörden verdeutlichten die Sadduzäer die Gefahr, die Jesus für das herrschende System darstellte, mit der Anklage, er gebe sich als König der Juden aus. Indem die Urgemeinde die Auferstehung des Getöteten verkündete und Jesus weiterhin als den Messias bekannte, gerieten auch ihre Mitglieder in das Schußfeld der Sadduzäer und des Hohenpriesters. Als 62 n.Chr. der Posten des römischen Prokurators kurz vakant war, nutzte der Hohepriester Ananos die Gelegenheit, den Leiter der Urgemeinde, Jakobus, steinigen zu lassen. Daß damit aber kein Konflikt Judentum – Christentum ausgetragen, sondern innerhalb der jüdischen Gesellschaft Politik gemacht wird, zeigt sich daran, daß die Vorgehensweise des Hohenpriesters einen Aufschrei der Empörung in der Oberschicht Jerusalems auslöste und dieser seines Amtes enthoben wurde.[7]

Essener und Qumran Die Essener lebten nicht nur in Qumran am Toten Meer, sondern in ganz Palästina. Diese Gruppe grenzte sich deutlich von anderen zeitgenössischen Richtungen des Judentums ab. Die Schriften von Qumran bezeugen, daß man den Kalender und die damit falsch datierten Opfer im Tempel von Jerusalem ablehnte. Die Essener führten ein gemeinschaftliches Leben und unterhielten in den Wohnorten Speise-

---

[5] Nodet, a.a.O., 58.
[6] Thoma, Das Messiasprojekt: Theologie jüdisch-christlicher Begegnung. Augsburg 1994, 247; Günter Stemberger, Pharisäer, Sadduzäer, Essener. Stuttgarter Bibelstudien (SBS) 144, Stuttgart 1991, 68-70.
[7] Peter Dschulnigg, Die Zerstörung des Tempels in den synoptischen Evangelien. Tempelkult u. Tempelzerstörung. A.a.O., 168 f.; B. Wander, a.a.O., 77-95; 104-122; 263-267.

säle, die nur Sektenmitgliedern zugänglich waren. D. R. Schwartz sieht die Haltung zur Tora in Qumran durch Spiritualisierung, Relativierung und Perfektionismus bestimmt. Die Spiritualisierung des Gesetzes zeigt sich darin, daß es nicht zu befolgen ist, weil und wie es geschrieben steht, sondern insofern ihm eine Bedeutung beigelegt werden kann. Man dehnt Vorschriften auf andere Fälle aus, blendet aber auch Gebote wie die den Tempel betreffenden als irrelevant aus. Die Relativierung besteht darin, daß die Gebote der Tora nicht Gott, sondern Mose zugeschrieben werden, der in eine Kette von Propheten eingeordnet ist, was seinen Vorschriften etwas Vorläufiges gibt. Der Perfektionismus führt in Qumran zur Erkenntnis des eigenen Unvermögens, das Gesetz wirklich zu erfüllen. In den *Hodayot* taucht deshalb der Gedanke auf, daß nur Gott selbst den Menschen vollkommen machen kann. Alle drei Tendenzen werfen ein Licht auf die Weise, wie Paulus mit der Tora umgeht. Sie wird bewertet nach ihrer Bedeutung für das Heil, Mose zugeschrieben und ihre Unerfüllbarkeit vor Gott festgehalten.[8]

Hellenisten Hellenistische Juden sind keine eigene Sekte. Paulus und Flavius Josephus standen z.B. den Pharisäern nahe. Wenn Philo von Alexandrien versucht, die Tora mit hellenistischer Philosophie zu versöhnen und sie nicht als Gesetze, sondern als Bräuche qualifiziert, untergräbt er damit ihre göttliche Satzung. Konsequenterweise nennen hellenistische Schriftsteller Mose deren Verfasser. Ebenso – als Werk des Mose – kommt die Tora auch im Neuen Testament zur Sprache.[9]

Das Leben in der hellenistischen Diaspora wich in einigen Punkten, z. B. dem Griechischen als Sprache der Heiligen Schrift und dem Platz der Frauen in der Synagoge, von später allgemein verbindlichen rabbinischen Bräuchen ab. Außerdem waren die Juden dem Druck ausgesetzt, sich an die hellenistische Kultur anzupassen. Das bedeutete im Extremfall die Abkehr vom Judentum. So geschah es in der Jerusalemer Aristokratie vor dem Makkabäeraufstand, als man die Beschneidung operativ rückgängig machte. Mischehen führten dazu, daß Kinder nicht mehr beschnitten wurden, und der Neffe Philos, Tiberius Alexander, war nicht nur vom Judentum abgefallen, sondern ging auch als römischer Präfekt gewaltsam gegen die 66 n.Chr. in Alexandrien ausbrechende jüdische Revolte vor.[10]

Wenn Juden außerhalb Palästinas eine Heimat finden, stellt sich die Frage, wer ein Jude sei, da die alte Bindung an das Territorium Judäa-Israel und an die Abstammung bei wachsender Aufnahme von Proselyten nicht mehr gültiges Kriterium sein kann. Wie der Hellenismus Nichtgriechen in seine Kultur integrierte, so fühlten sich auch Nichtjuden (Gottesfürchti-

---

[8] Stemberger, a.a.O., 122–124; Daniel R. Schwartz, Studies in the Jewish Background of Christianity. WUNT 60, Tübingen 1992, 19–24.
[9] Schwartz, a.a.O., 16–18.
[10] Robert Doran, Birth of a Worldview: Early Christianity in Its Jewish and Pagan Context. San Francisco/Oxford 1995, 56; Peder Borgen, »Judaism in Egypt«, Early Christianism and Hellenistic Judaism. Edinburgh 1996, 71–102. (= The Anchor Bible Dictionary III [1992] 1061–1072), 92 f.

ge) vom Judentum angezogen. Philosophische Interpretation des Gesetzes unterwirft es menschlichem Diskurs. Philo erwähnt Gruppen, die den Geboten nur symbolischen Wert beimessen. Er nennt jenen den wahren Proselyten, der nicht seine Vorhaut beschneidet, sondern die Begierden, Freuden und Leidenschaften der Seele. Wie bei König Izates II. von Adiabene kann in der Diaspora unter Umständen auf die Beschneidung verzichtet werden. Der christliche Verzicht auf die Beschneidung der Heiden fügt sich in diese Linie ein. Es kommt jedoch noch der eschatologische Aspekt hinzu. Das Kommen des Messias führt die Welt ihrem Ende zu. Bisherige Abgrenzung der Geschlechter, gesellschaftliche Schichten und Völker werden unbedeutend.[11]

Regionale Unterschiede

Neben der Einteilung in Sekten war das Judentum auch geographisch gegliedert. Der Tempel zu Jerusalem nahm eine integrierende Funktion ein. Von überall her wallfahrtete man dorthin. Diese integrierende Funktion erfüllte der Tempel auch für die Christen. Es ist eine Integration ins Judentum. Bei der theologischen Bewältigung der Zerstörung des Tempels gehen die Verfasser des Neues Testaments und der Mischna jedoch unterschiedliche Wege.

Jerusalem und der Tempel Seit Beginn des 2. Jahrhunderts v.Chr. war der Tempel ein Ort, an dem nicht nur Gott verehrt, sondern auch Machtpolitik betrieben wurde. Hohepriester wurden abgesetzt, mußten fliehen und wurden sogar ermordet. Die traditionelle Bindung des Amtes an die Familie der Zaddokiden ging verloren. Jesu Kritik an den Zuständen im Tempel anläßlich der Tempelreinigung und selbst sein Tempelwort waren kein Bruch mit Ansichten seiner Zeit. Auch in pharisäischen Kreisen hat man vor einer möglichen Tempelzerstörung gewarnt. Die Essener nahmen aus Fragen der Reinheit nicht am Opferkult teil. Dennoch suchten selbst sie den Tempel auf, spendeten Weihegaben, stifteten freiwillige, vom Kalender unabhängige Opfer und nutzten die Lehrhallen des Tempels zum Unterricht.[12]

Das Lukasevangelium beginnt die Jesusgeschichte mit jüdischen Menschen, die in einem von Gesetz und Tempelkult umgriffenen Raum leben. Nach Jesu Himmelfahrt kehrten die Jünger nach Jerusalem zurück, und »sie waren immer im Tempel und priesen Gott« (Lk 24,53). Auch nach dem Tod Jesu, als der Tempelvorhang entzweigerissen war (Lk 23,45) –

---

[11] Schwartz, a.a.O., 5–15; Friedrich Wilhelm Horn, Der Verzicht auf die Beschneidung im frühen Christentum. NTS 42 (1996), 485 f, 491–495.
[12] H. Stegemann, Die Essener, Qumran, Johannes der Täufer u. Jesus: Ein Sachbuch. Freiburg/Br. 1993, 198–204; 215; Neusner/Thoma, Die Pharisäer vor und nach der Tempelzerstörung. A.a.O., 209; Schwartz, a.a.O., 107; Craig A. Evans, Opposition to the Temple: Jesus and the Dead Sea Scrolls. In: The Anchor Bible Reference Library. Hg. James H. Charlesworth, New York [u. a.] 1993, 235, 250.

was oft als Ende der göttlichen Gegenwart im Tempel gedeutet wird – sieht der Evangelist also im Tempel noch den angemessenen Ort, Gott zu preisen. In der Apostelgeschichte gilt die Tora weiter für Juden, auch wenn sie Christusjünger werden. Bis zur Zerstörung des Tempels empfand die Gemeinde von Jerusalem keinen Widerspruch zwischen dem Bekenntnis zu Jesus als dem Messias und dem Besuch des Tempels. Doch wie stand es um die zum Glauben an Christus bekehrten Heiden?[13]

Der Übertritt zum Judentum verlangte neben der Beschneidung noch das Tauchbad und das Darbringen von Opfern. Die Bedeutung der Beschneidung konnte im hellenistischen Judentum wegspiritualisiert werden, das Tauchbad war in der Taufe gegeben. Das Opfer jedoch scheint mit der Spendenaktion des Paulus in Zusammenhang zu stehen. In der beschneidungsfreien Heidenmission stellt B. Wander ein petrinisches »Reinheitsmodell«, in dem der Kontakt zwischen Beschnittenen und Unbeschnittenen durch rituelle Reinheit gemäß Levitikus 18 entsprechend Apostedekret (Apg 15) gewährleistet wurde, dem paulinischen »Almosenmodell« (Apg 24,17) gegenüber. Paulus scheint die Integration der von ihm missionierten Heiden in konzentrischen Kreisen verstanden zu haben, deren innerster die Gemeinde der Judenchristen in Jerusalem war, deren äußersten Gemeinschaften bildeten, in denen Heiden, die weder durch Beschneidung noch durch rituelle Vorschriften gebunden waren, mit Judenchristen zusammenlebten, die sich – wie manche andere im hellenistischen Diasporajudentum – nicht mehr an das Gesetz hielten. Mit Jerusalem war der äußerste Kreis durch Spenden verbunden. Wenn die negative Haltung des Paulus zum Gesetz sich gegen dessen Funktion richtet, die Völker von Israel zu trennen, so kann die finanzielle Opfergabe für das Heiligtum Israels als integrierender Akt erscheinen. Die Praxis, von Heiden freiwillige Opfer (*anathemata*) anzunehmen, ist im Tempel von Jerusalem bezeugt und wird als für diese heilsam bewertet.[14]

Als Paulus mit der Kollekte nach Jerusalem kam, stießen sich einige Mitglieder der dortigen Gemeinde an seiner Form der Heidenmission. Paulus sollte deshalb mit dem Geld der Heidenchristen für die Kosten von Nasiräern aufkommen. Denn das Nasiräergelübde verlangte Opfer. In der Christengemeinde von Jerusalem nahm man also nicht nur jüdische Gelübde auf sich, sondern auch die deswegen im Tempel darzubringenden Opfer. Paulus stimmte dem zu, mehr noch, er unterzog sich einem siebentägigen Reinigungsritual, das ihn von seinem Aufenthalt im Fremdland und dem Kontakt mit Heiden, also den Begleiterscheinungen seiner Missionstätigkeit, reinigen sollte. Am siebten Tag wurde er unter falschen Beschuldigungen verhaftet, was ihn nach Rom und in den Tod führte. Weil

---

[13] Helmut Merkel, Israel im Lukanischen Werk. NTS 40 (1994), 382; Michael Pettem, Luke's Great Omission and His View of the Law. NTS 42 (1996), 37.

[14] Horn, Der Verzicht auf die Beschneidung in Israel. A.a.O., 495; B. Wander, a.a.O., 211; 168–200, 240; James D. G. Dunn, »In Search of Common Ground«, Paul and the Mosaic Law: The Third Durham-Tübingen Research Symposium on Earliest Christianity and Judaism (Durham, September, 1994). WUNT 89. Hg. J. D. G. Dunn, Tübingen 1996, 325–334; Schwartz, a.a.O., 104–108.

nach dem Tod von Paulus und Jakobus die Integrationsfiguren fehlen, beginnt die Heidenmission des Petrus – die zu judaisierenden Gemeinden führt – und die des Paulus auseinanderzubrechen. In Jerusalem behält die Gemeinde der Christusanhänger eine hebräische Hierarchie bis zu Hadrians Belagerung im Jahre 135, dann wird sie durch Heidenchristen abgelöst.[15]

Ägypten   Seit dem 6. Jahrhundert v. Chr. sind in Ägypten jüdische Ansiedlungen belegt. Neben dem Tempel der Samaritaner auf dem Garizim, dem Tempel in Araq el-Emir im heutigen Jordanien, weiß man von zwei jüdischen Tempeln in Ägypten: dem in Elephantine und dem des geflohenen Hohenpriesters Onias in Leontopolis. Man begründete die Abweichung vom Toragebot der Kultzentralisation mit Jesaja 19,18 f. Dennoch pflegten die Juden Ägyptens Beziehungen zum Tempel in Jerusalem und respektierten dessen Autoritäten. Drei bewaffnete Aufstände gegen die Römer nach dem Tod Caligulas 41 n.Chr., der jüdische Krieg 66 bis 70/73 mit seinen Auswirkungen sowie eine messianische Revolution 115–117 dezimierten die jüdische Gemeinschaft. Dies erklärt, warum im 2. Jahrhundert die Quellen über das Judentum in Alexandrien versiegen, während die über das Christentum beginnen. Christliche Gemeinschaften hatten sich im 1. Jahrhundert im Schatten des Judentums entwickelt. Erst nach 117 tritt das Christentum als selbständige Größe hervor. Judenchristen bezeugt das in Alexandria bekannte »Evangelium nach den Hebräern«.[16]

Galiläa und Babylonien   Die Diaspora in Babylon war an ein Leben ohne Tempel gewöhnt. Purim, das Gedächtnis Esters – das einzige Buch der Hebräischen Bibel, das man nicht in Qumran gefunden hat – scheint dort wichtiger gewesen zu sein als Pessach. Da viele babylonische Heimkehrer in Galiläa siedelten, bestanden enge Kontakte nach Babylonien. Damit verbunden war eine Distanz zu Judäa und Jerusalem, nicht nur weil Samaria dazwischen lag.[17]

Die *Mischna*, die grundlegende Sammlung des rabbinischen Judentums, kommt aus Galiläa. Sie wurde gegen 200 ediert und zeigt trotz vieler Erinnerungen an Jerusalem und den Tempel ländliches Kolorit. Sie konzentriert sich auf Regeln für rituelle Reinheit und die Erfüllung der Toragebote in einer Welt ohne Tempel und Opfer. Die Mischna ist das Werk von Schulen, die von Flüchtlingen aus Judäa nach dem Bar Kochba-Aufstand (132–135) gegründet worden waren. Sie konnte nach Babylon verbreitet werden, aber im Mittelmeergebiet scheint sie nicht rezipiert wor-

---

[15] Num 6,14–20; Apg 21,27; Wander, a.a.O., 241; 253. Emmanuel Testa, The Faith of the Mother Church: An Essay on the Theology of the Judeo-Christians. Studium Biblicum Franciscanum Collectio Minor 32. Jerusalem 1992, 13 f.
[16] Peder Borgen, »Judaism in Egypt«. A.a.O., 71–102. Roelof van den Broek, Juden und Christen in Alexandrien im 2. und 3. Jahrhundert. In: Juden und Christen in der Antike. Hg. J. van Amersfoort u. J. van Oort, Kampen 1990, 102 f.
[17] Nodet, »Galilée juive, de Jésus à la Mishna«. A.a.O., 34 f.

den zu sein. Die Sprachbarriere, Hebräisch und Aramäisch in Palästina und Babylonien, Griechisch in der römischen Diaspora, verhinderte dies. Kommentatoren produzierten zwei Bearbeitungen: den *Jerusalemer Talmud*, der aus Galiläa stammt, und den *Babylonischen Talmud*.[18]

Flavius Josephus, apokalyptische Texte des ersten Jahrhunderts und das rabbinische Schrifttum deuten die Zerstörung des herodianischen Tempels nach dem Modell des salomonischen. Rom ist das zweite Babylon. Die Gegenwart Gottes (kabôd bzw. shekhîna) hat den Tempel vor der Eroberung verlassen. Sie geht mit den Verschleppten ins Exil. Der Untergang Jerusalems samt dem Tempel wird als Strafe für Ungehorsam und Uneinigkeit gesehen.[19]

Politisches Oberhaupt des Judentums in Syrien-Palästina war ein Patriarch, den die Römer anerkannten und den noch Kaiser Theodosius in Ehren hielt. Von 429 an wurde das Amt nicht mehr besetzt.[20]

Matthäusevangelium   Das Matthäusevangelium trägt wie die Mischna galiläisches Kolorit, erzählt es doch vom Wirken Jesu im »heidnischen Galiläa«. Die Christen des Matthäus haben der schriftlichen Tora und ihrer mündlichen pharisäischen Auslegung zu folgen. Die Zerstörung von Jerusalem ist Strafe für die Ablehnung Jesu, Erfüllung seiner Vorhersagen und Teil der Ereignisse für den Anbruch des Gottesreiches, an dem die jüdischen Führer keinen Anteil haben. Auch hier gibt Gottes »shekhîna« den untergehenden Tempel preis. Gottes Gegenwart wird dem Matthäusevangelium zufolge in Christus und der in seinem Namen versammelten Gemeinde erfahrbar.[21]

Rom und die Diaspora im römischen Mittelmeergebiet   Die Juden wurden von Julius Caesar bevorzugt behandelt, weil militärische Hilfe unter Herodes dem Großen Caesar in Alexandrien im Jahre 47 v.Chr. gerettet

---

[18] Doran, Birth of a Worldview. A.a.O., 52; Shage J. D. Cohen, »Judaism to the Mishnah: 135–220 C.E.« Christianity and Rabbinic Judaism: A Parallel History of Their Origins and Early Developement. Hg. H. Shanks, Washington D.C. 1992, 206–212; Nodet, a.a.O., 16.

[19] Johann Maier, Zwischen Zweitem und Drittem Tempel. In: Tempelkult und Tempelzerstörung. A.a.O., 236–241.

[20] Tessa Rajak, The Jewish community and its boundaries. In: The Jews Among Pagans and Christians in the Roman Empire. Hg. J. Lieu, J. North u. T. Rajak, London/New York 1992, 12; Fergus Millar, The Jews of the Graeco-Roman Diaspora between paganism and Christianity. AD 312–438. In: The Jews Among Pagans and Christians in the Roman Empire. A.a.O., 98–111. Martin Jacobs, Die Institution des jüdischen Patriarchen: Erbe quellen- und traditionsgeschichtliche Studie zur Geschichte der Juden in der Spätantike. Texte und Studien zum Antiken Judentum. Band 52, Tübingen 1995.

[21] Mt 4,12–17; Mt 5,17–20; Doran, Birth of a Worldview. A.a.O., 10, 57; Dschulnigg, Die Zerstörung des Tempels. A.a.O., 171–173; Rudolf Brändle, Die Auswirkungen der Zerstörung des Jerusalemer Tempels auf Johannes Chrysostomus und andere Kirchenväter. In: Tempelkult und Tempelzerstörung. A.a.O., 62; Harold W. Attridge, Christianity from the Destruction of Jerusalem to Constantine's Adoption of the New Religion, 70–312 C.E. Christianity and Rabbinic Judaism. A.a.O., 163.

hatte. Trotzdem wurden Juden 19 n.Chr. und 41/49 aus Rom vertrieben. Nach dem jüdischen Krieg legte Vespasian den Juden eine spezielle Steuer für Jupiter Capitolinus auf, die die Tempelabgabe ersetzte. Der jüdische Krieg beeinflußte die Einstellung der Römer zu den Juden. Antijüdische Aussagen nahmen zu. Antijüdische Klischees der römischen Polemik wurden später auch gegen die Christen vorgebracht: Ritualmord, Menschenhaß, Atheismus, Eselsverehrung, mangelndes Alter der Religion.[22]

Die Verkündigung von Jesus, dem Messias, hörten Juden aus Rom wohl bei ihren Wallfahrten nach Jerusalem. Das Christentum in Rom hat jüdische Wurzeln. Das Claudiusedikt (41 oder 49) wird mit Streitigkeiten unter den Juden wegen Christus begründet. In den Augen der Römer war dies noch eine innerjüdische Angelegenheit. Die Ausweisung betraf wahrscheinlich besonders die christusgläubigen Juden. In Rom blieben nur die Heidenchristen zurück. Dies erklärt, warum unter Nero die Christen schon als eigenständige, vom Judentum unterschiedene Gruppe wahrgenommen werden.[23]

Ausschluß der Judenchristen

Nach der konstantinischen Wende bedrängte die heidenchristliche Kirche jene Christen, die an jüdischen Lebensformen festhielten, zunehmend mit Vorwürfen der Heterodoxie. Aus Predigten und gesetzlichen Bestimmungen erkennt man, daß das Judentum auf viele Christen große Anziehungskraft ausübte. Das Judenchristentum flüchtete aus dem Bereich der Zugriffsmöglichkeiten der Reichskirche. Seine Traditionen leben besonders in der ostsyrisch-nestorianischen und der koptisch-äthiopischen Kirche fort.

Vom ersten bis zum 8. Jahrhundert existierte besonders im Osten eine starke Kirche von jüdischen Konvertiten. Es gab heidnische Sympathisanten mit dem Judentum, die ein Christentum mit jüdischen Formen bevorzugten. Judenchristen spalteten sich in zahlreiche Sekten. Die bedeutendsten waren die Notzrim, die von den Nazoräern in Apostelgeschichte 25,5 unterschieden werden sollten, und die Ebioniten. Irenäus von Lyon berichtet, daß sie sich beim Gebet nach Jerusalem in Richtung Tempel wenden – eine nach Daniel 6,11 jüdische Praxis. Sie waren Quartodezimaner, d. h. sie lebten nach dem jüdischen Kalender und feierten Pascha am 14. Nissan. Sie pflegten Beschneidung, Sabbatobservanz usw. Hier wird der lokale Unterschied zum Westen deutlich. Die eher heidenchristliche Kir-

---

[22] Doran, Birth of a Worldview. A.a.O., 54; 55; Hans-Reinhard Seeliger, Gemeinsamkeiten in der antijüdischen und antichristlichen Polemik in der Antike. In: Christlicher Antijudaismus. A.a.O., 88–93.
[23] Wander, a.a.O., 222–224; Rudolf Brändle/Ekkehard Stegemann, Die Entstehung der ersten »christlichen Gemeinde« Roms im Kontext jüdischer Gemeinden. NTS 42 (1996), 9 f., 58 f.

che von Rom und auch andere Regionen feiern Ostern im zweiten Jahrhundert am Sonntag nach dem Pascha.[24]

Es kam zu Konflikten. Die Notzrim wurden im Laufe der Zeit von der Reichskirche nicht mehr als Christen, sondern als Juden gesehen und auch so bezeichnet. Freund (59–74) meint, die patristische *Adversos Judaeos*-Literatur richte sich nicht gegen Juden, sondern gegen Judenchristen. Als 382 Gregor von Nyssa nach Jerusalem gesandt wurde, um die Judenchristen auf ihre Rechtgläubigkeit hin zu überprüfen, warfen sie ihm Unreinheit vor.[25]

Die Attraktivität des Judentums kann sozial bedingt sein. In Sardis existierte eine florierende und reiche jüdische Gemeinde neben einer armen christlichen. Die antijüdische Polemik des Melito von Sardis reagierte auf soziale Spannungen mit Theologie: der Substitutionstheorie.[26]

Ähnlich steht es um die Predigten des Johannes Chrysostomos in Antiochien. Angestachelt wird die Polemik des Chrysostomos durch das Verhalten seiner Christen. Sie gehen am Sabbat in die Synagoge und nehmen an den jüdischen Festen teil. Wenn die Juden in Antiochien nichts gegen deren Mitfeier einzuwenden hatten, können weder die einen noch die anderen von einem Ketzersegen im synagogalen Achtzehnbittengebet abgeschreckt worden sein. Wenn Christen im Jahr 415 ausdrücklich verboten werden muß, sich am Gerichtshof des jüdischen Patriarchen Recht sprechen zu lassen, heißt dies, daß sie den Patriarchen als Rechtsinstanz anerkannten und daß auch der Patriarch sie in seine Zuständigkeit einschloß.[27]

Bei Chrysostomos ist der Antijudaismus politisch bedingt. Dem Christentum steckt die Attacke des Kaisers Julian Apostata in den Knochen, der den Tempel in Jerusalem wieder aufbauen wollte. Sein Scheitern wird, wie die Tempelzerstörung durch die Römer, als Gottesurteil verkündet. Interessanterweise bestimmt die Tora die Argumentation. Weil der Tempel zerstört ist, kann man die Opfergesetze nicht mehr befolgen. Damit sind aber auch die anderen Ritualgesetze außer Kraft gesetzt. Soziologische und politische Gegebenheiten lösten die Entwicklung theologischer Maximen aus, die im Christentum verheerend nachwirkten.[28]

Die Aggression weitet sich aus. Gewalttätiger Pöbel der jeweils anderen Glaubensrichtung schändet zur Zeit des Christengegners Julian Kirchen, nach dessen Scheitern Synagogen. Vor 600 wurden vier wichtige Gesetzeswerke promulgiert, die Juden betrafen: Konstantins Gesetz von 315, das Juden als gleichberechtigte Bürger bestätigte, Konstantins Gesetz von 399, das einer Christin verbot, einen Juden zu heiraten, der Codex Theo-

---

[24] Testa, The Faith of the Mother Church. A.a.O., 12, 81; Richard A. Freund, »Jewish-Christian Sects and the Jewish-Christian Debate«. Jewish Sects, Religious Movements, and Political Parties. A.a.O., 57, 74–77; Blanchetière, a.a.O., 17, 77; 13, 18; Attridge, a.a.O., 160.
[25] Blanchetière, a.a.O., 83; Freund, a.a.O., 59–74; Testa, a.a.O., 22.
[26] Doran, Birth of a Worldview. A.a.O., 54 und 58; Millar, a.a.O., 98–112.
[27] Brändle, Die Auswirkung der Zerstörung des Jerusalemer Tempels. A.a.O., 232 f; Thoma, Das Messiasprojekt. A.a.O., 339–352; Doran, Birth of a Worldview. A.a.O., 59.
[28] Testa, The Faith of the Mother Church. A.a.O., 23. Millar, a.a.O., 107, 115.

dosianus von 439, der die Juden von Leitungsfunktionen in der Verwaltung ausschloß und der Codex Justinianus von 531, der Juden verbot, gegen Christen als Zeugen aufzutreten.[29]

Den Judenchristen ging es kaum besser. Das Konzil von Laodizäa verpflichtete die Quartodecimaner, ihrem Osterkalender abzuschwören, statt des Sabbats nun den Sonntag zu feiern, verbot anläßlich jüdischer Feste, von Juden Geschenke anzunehmen, an deren Festlichkeiten teilzunehmen, ungesäuertes Brot zu essen, einander zu besuchen sowie Gottesdienst in Hauskirchen zu feiern. Trotzdem hielten die Judenchristen an ihren Bräuchen fest. Da solche Gesetze ständig wiederholt wurden, waren sie wohl schwer durchzusetzen.[30]

Am Ende verlassen die Judenchristen den Einflußbereich der römischen Reichskirche. Dabei scheinen die Ebioniten eher der Schule von Antiochien und den Nestorianern nahezustehen. In Mesopotamien unter persischer Hoheit beeinflussen sie die Schule von Nisibis. Die syrische Kirche baut auf einem judenchristlichen Erbe auf. Die Notzrim wenden sich eher Ägypten zu. Mehr noch als die koptische Kirche präsentiert sich die mit dieser jahrhundertelang verbundene äthiopische Kirche als Hort streng an der Tora orientierter Lebensweise. Die äthiopischen Christen befolgen die alttestamentlichen Speisevorschriften, das Sabbatgebot und die Beschneidung. Man wird sie als judaisierende Christen bezeichnen dürfen. Die Flucht der Judenchristen aus der Reichskirche führte sie in Gebiete und Kirchen semitischer Sprache: Syrisch, später Arabisch, Ge'ez, später Amharisch, Koptisch (semito-hamitische Sprachgruppe). Hat Sprache mit Denken zu tun, mag sich hier ein Mentalitätsunterschied zwischen spekulativer Orthodoxie der griechisch-römischen Reichskirche und ritueller Orthopraxie der semitischen Randkirchen zeigen. Die Bezeichnung Notzrim – gemeinsemitisches Wort für Christen – ist nur in der griechisch-römischen Welt untergegangen.[31]

Das Christentum – eine jüdische Religion

Diese einem Buchtitel von D. Flusser entnommene Charakterisierung mag befremden. Sie ist gefährlich in Israel, wo arabisch und hebräisch sprechende Katholiken, die zu derselben Diözese gehören, in den nationalen Konflikt zwischen Palästinensern und Israelis involviert sind. Diese Gefahr wird nicht geringer, wenn man Bilder der Verwandtschaft verwendet

---

[29] Millar, a.a.O., 118. J. H. Charlesworth, »Christians and Jews in the First Six Centuries«. Christianity and Rabbinic Judaism. A.a.O., 323.
[30] Can. 7; 29; 37 u. 38; 58; Testa, a.a.O., 21; Doran, Birth of a Worldview. A.a.O., 61.
[31] Testa, a.a.O., 25 f.; Han Drijvers, »Syrian Christianity and Judaism«. The Jews Among Pagans and Christians in the Roman Empire. A.a.O., 139–141; Michael Weitzman, From Judaism to Christianity: The Syriac version of the Hebrew Bible. The Jews Among Pagans and Christians. A.a.O., 150 u. 165–168; Testa a.a.O., 27–30; Getatchew Haile, The forty-nine Hour Sabbath of the Ethiopian Church. JSS 33, 233–254; Daniel Oswald Rufeisen, »Gaude, Petre, wir sind wieder da«. In: Das Judentum – eine Wurzel des Christlichen. A.a.O., 178–188.

wie J. Maier, der von »Tochterreligionen« spricht, oder Papst Johannes Paul II., der 1986 die in der römischen Synagoge versammelte jüdische Gemeinde als »ältere Brüder« anredete. J. Neusner schreibt: »Und wenn ein religiöses System Schriften der Hebräischen Bibel bzw. des ›Alten Testaments‹ als einen wichtigen Teil seiner autoritativen Literatur oder seines Kanons in Anspruch nimmt, dann handelt es sich um eine Spielart des Judentums«.[32]

Tatsächlich zeigen das Frühjudentum, aber auch das Judentum und das Christentum heute eine Vielfalt, in der die Grenze zwischen beiden Religionen nicht als klar geschnitten, sondern verzahnt erscheint. Ein äthiopischer beschnittener Christ mag den Sabbat ehrfürchtiger halten als mancher Reformjude, und ein messianischer Jude mag das Neue Testament besser kennen als mancher Christ. Bedenkt man, wie sehr historische Umstände an der Ausformung antijüdischer theologischer Sichtweisen beteiligt waren, so fordert die veränderte geschichtliche Situation nach 1945 eine christliche Theologie, die Trennendes wie Gottesbild oder Christologie im Kontext ihrer jüdischen Wurzeln denkt. Es geht um binnenchristliche Bewußtseinsbildung, die das Judenchristliche der altorientalischen Kirchen nicht übersehen sollte.[33]

---

[32] Rufeisen, a.a.O., 178–182; Georg Kretschmar, »Die Kirche aus Juden und Heiden: Forschungsprobleme der ersten christlichen Jahrhunderte«. Juden und Christen in der Antike. A.a.O., 42; J. Maier, a.a.O., 225; Lichtenberger, Das Judentum im Christentum. A.a.O., 43. J. Neusner, Die Gestaltwerdung des Judentums: Die jüdische Religion als Antwort auf die kritischen Herausforderungen der ersten sechs Jahrhunderte der christlichen Ära. Judentum und Umwelt 51, Frankfurt 1994, 29. David Flusser, Das Christentum – eine jüdische Religion. München 1990.
[33] Thoma, Das Messiasprojekt. A.a.O., 91–109. Vgl. Wilhelm Breuning, Grundzüge einer nicht antijüdischen Christologie. JBTh 8 (1993), 293–311.

Alttestamentliches Wort zur christlichen Jahrtausendwende

Josef Schreiner[1]

Wenn ein Jahrhundert zu Ende geht, läuft die Zeit unentwegt weiter. Menschen aber machen in ihren Gedanken und Vorstellungen einen Einschnitt. Sie schauen zurück auf den in der Zahl gerundeten Zeitraum, den sie mehr oder weniger selbst miterlebt haben, und wenden sich in ihren Erwartungen und auch mit ihren Befürchtungen einem beginnenden neuen Jahrhundert zu. Noch einschneidender wird der Übergang in ein kommendes Jahrtausend empfunden, falls man sich Abschluß und Anfang einer riesigen Zahl von Jahren vorstellt. Dann steht es wie ein Block vor Augen, der sich von dem bisher Gewesenen abhebt.

Aber auch die Kontinuität in den Übergängen erfordert Beachtung. Die Erfahrung lehrt, daß die Zeit nicht einen Augenblick einhält oder stille steht, wenn alle Jahre wieder bei der Jahreswende die erste Sekunde des neuen sich nahtlos an die letzte des alten anfügt. Eine *Wende* ist es auch, zeitlich nicht größer, beim Überschritt von Jahrhunderten und Jahrtausenden. Anders mag es sich verhalten, wenn man an die politischen und wirtschaftlichen Verhältnisse sowie an die Lebenswirklichkeit der Menschen denkt. Allem Anschein nach bringt das kommende Jahrhundert eine Globalisierung, die sich auf allen Gebieten menschlicher Existenz auswirken wird. Sie zeichnet sich trotz gegenläufiger Tendenzen bereits deutlich ab. Trifft dies zu, fragt es sich, ob man nicht von einer Zeitenwende sprechen muß. In einer Übergangszeit, einer Wendezeit scheint die Menschheit jedenfalls zu stehen.

Daß überhaupt Überlegungen über eine Wende angestellt werden, hat seinen Grund darin, daß wir in der uns gewohnten Zeiteinteilung an diese Zeitschwelle gelangt sind. Voraussetzung dafür ist die christliche Zeitrechnung, die mit der Geburt Jesu beginnt. Dabei ist es nicht von Belang, daß wir das Geburtsjahr Christi nicht genau bestimmen können.[2] Wichtig ist vielmehr, ob die Christenheit etwas zu der Wende, die man zu erwarten hätte, oder zu der Wende, die ansteht, zu sagen hat. Sie muß, wenn sie dies tun will, aus ihren Traditionen schöpfen, in erster Linie aus der Bibel.

---

[1] Beitrag zum 31. Theologischen Seminar des Diakonissenhauses Riehen/Schweiz unter dem Thema »Zeitwende – Wendezeit. Theologie im Übergang ins dritte Jahrtausend« am 5.3. 1997.
[2] Siehe H. Conzelmann, Art. Jesus Christus. In: Religion in Geschichte u. Gegenwart (RGG³). III/619–653, 624 f. Auch das mit Hilfe von Mt 2,1–12 angenommene Geburtsjahr (7 v. Chr.) ist eine Hypothese. Der Stern von Bethlehem wird nicht selten als astronomisches Zeichen verstanden.

1. Zuwendung Gottes zu den Menschen

Es ist beeindruckend und auch für unser Thema theologisch bedeutsam, daß die Bibel an ihrem Anfang Jahwe als den einzig handelnden und gestaltenden Gott herausstellt und zugleich als den, der sich den Menschen zuwendet. Er ist nicht nur der Schöpfer der Welt und der in ihr existierenden Wesen, sondern er zeigt auch sofort ein besonderes Interesse an dem Geschöpf, das die biblische Überlieferung deshalb in die Mitte der geschaffenen Welt stellt, um diese Besonderheit deutlich zu machen. Es geht ihr nicht um eine Glorifizierung des Menschen, sondern um die Hinwendung des Schöpfergottes zu ihm, wie die Urgeschichte der Bibel zeigt.

Schon die ältere Darstellung, die in ihren Grundzügen und in ihrer ursprünglichen Fassung doch wohl, entgegen der heute modernen Spätdatierung möglichst vieler Texte, eine kritische mythische Verankerung der davidischen Dynastie in den Uranfängen der Welt sucht, nimmt das Thema auf.[3] Solche der Mythologie verhafteten Darstellungen waren in den Königsstädten und Reichszentren Mesopotamiens anscheinend üblich.[4] Daß sie so kritisch ausfiel wie die jahwistische, eine vom Jehowisten und anderen Bearbeitern ausgebaute Erzählung, ist wohl ein Proprium Israels.[5]

Die über das Geschaffensein hinausgehende Zuwendung Jahwes besteht darin, daß er den Menschen, den er gestaltet und mit Leben erfüllt hat, in seinen Garten, in den Königsgarten Gottes versetzt. Damit ist eine auf Dauer angelegte Nähe zu Gott und eine Gemeinschaft angezeigt, die von Gott gewährt wird. Von ihm wird Anweisung zum Leben gegeben in der Ermächtigung, von den Bäumen des Gartens zu essen. Und er stellt ein Gebot auf, von einem einzigen Baum, der in der Mitte des Gartens steht, nicht zu essen. Das würde den Tod bedeuten. Erst die spätere, vom systematischen Denken getragene Auslegung hat dann in die göttliche Zuwendung zum Menschen die sogenannten außernatürlichen Gaben (Freiheit von Tod, böser Begierde und Leid sowie umfassende Erkenntnis) hineingelegt.

In exilischer Zeit hat sich die Priesterschrift desselben Themas der göttlichen Zuwendung zum Menschen angenommen.[6] Sie stellt die Erschaf-

---

[3] Gen 2. Vgl. den neuerdings vorgelegten Versuch zur Literarkritik der biblischen Urgeschichte von L. Ruppert, Genesis. Ein kritischer und theologischer Kommentar. 1. Teilband, Gen 1–11 (FzB 70). Würzburg 1992.

[4] In unterschiedlicher Weise wird in altorientalischen Texten die Herkunft des Volkes oder der herrschenden Dynastie in mythischer Vorzeit, auch in Schöpfungstexten, begründet. Vgl. z.B. die ausgewählten Texte in: W. Beyerlin (Hg.), Religionsgeschichtliches Textbuch zum Alten Testament (ATD Ergänzungsreihe 1). Göttingen 1975, 35–38. 54 f. 100–124; siehe dort auch unter dem Stichwort »Königtum«. Vgl. die Sündenfallsgeschichte, in der sich wohl die Mißachtung des göttlichen Gebots durch David nach 2 Sam 11 f. widerspiegelt, oder die Erzählung von Kain und Abel, die an die Tötung Adonias durch Salomo denken läßt.

[5] Vielfach wird neuerdings der Jahwist später angesetzt, vgl. die Überblicke über die Fragestellung bei P. Weimar, Art. Jahwist. In: NBL II 268–271; E. Zenger, Die vorpriesterschriftlichen Schichten. In: ders., Einleitung in das Alte Testament (Studienbücher Theologie 1,1). Stuttgart 1995, 108–123; L. Ruppert, a.a.O., 1–22.

[6] Sie wird von R. Smend, Die Entstehung des Alten Testaments. Stuttgart ²1978, zwischen Ezechiel und Esra angesetzt; von L. Ruppert, a.a.O., 20, in die Exilszeit. Vgl. auch das

fung des Menschen an das Ende des Schöpfungswerkes Gottes als den Höhepunkt seines schöpferischen Handelns und leitet sie mit der feierlichen Selbstaufforderung Gottes ein, die zugleich das Wesen des Menschen beschreibt. Zwar hat er den Segen mit den Tieren gemein, doch Gott schafft den Menschen, wie er selbst sagt, »als unser Abbild, uns ähnlich«. Das bewirkt eine besondere Stellung innerhalb der Schöpfung und begründet die Menschenwürde. Gott erklärt sich näher und fügt seinem Segenswort die Anweisung hinzu, daß sich die Menschen die Erde untertan machen und über die Tiere herrschen sollen.[7] Es ist viel darüber nachgedacht und geschrieben worden, worin die Gottebenbildlichkeit bestehe und somit auch darüber, was die Zuwendung Gottes für den Menschen bringt.[8] Läßt man sich von der nächstliegenden ägyptischen Parallele, die den König als Abbild Gottes herausstellt, und dem Kontext leiten, der das dominium terrae und die Herrschaft über die Tiere artikuliert, wird man sagen dürfen, »daß der Primat des Menschen als des Repräsentanten Gottes gegenüber den übrigen Geschöpfen betont sein soll«. Er hat die »Aufgabe, den Schöpfergott und Herrn der Schöpfung gleichsam als Vizekönig gegenüber der übrigen Schöpfung zu vertreten«.[9] Wenn im Text »uns ähnlich« hinzugefügt ist, darf bei dem hier aufgezeigten Verständnis des Wortes »Abbild« angenommen werden, daß die Ähnlichkeit mit Gott nicht dasselbe besagt und auch keine Abschwächung meint, sondern aussagen soll: Der Mensch solle sich in seinem ihm zugewiesenen Auftrag ähnlich verhalten wie Gott selbst. Herrschaft ist gewiß nicht ohne die nötige Gewaltausübung möglich, die hier allerdings den damaligen Verhältnissen entsprechend recht deutlich gezeichnet ist. Die Herrschaft Gottes aber ist vor allem Sorge für seine Welt und seine Geschöpfe. Daran hat sich der beauftragte Mensch Maß zu nehmen.

So ist auch hier die Zuwendung Gottes eine Gabe, die mit der Anweisung verbunden ist, ihr zu entsprechen. Nirgends wird die Zuwendung Gottes als Gabe mit Aufgabe und Weisung für die Menschen allgemein grundsätzlich zurückgenommen. Sie wird immer aufrechterhalten. Das sollte bei der Thematik, die das Wort »Wende« im theologischen Feld auslöst, stets bedacht werden. Ob sie sich allerdings auswirken kann, hängt von der Wende ab, die der Mensch vollzieht, wenn er sich in die Welt hineingestellt sieht. Denn es ist für ihn als denkendes und in der Entscheidung stehendes Wesen unerläßlich, sich zu orientieren.

Referat von E. Zenger, a.a.O., der für die Entstehung um 520 v. Chr. in Babylon plädiert (97 f.).
[7] Gen 1,26.28.
[8] Siehe den knappen Überblick bei L. Ruppert, a.a.O., 88–94.
[9] Siehe L. Ruppert, a.a.O., 92.

2. *Der besondere Fall göttlicher Zuwendung: Israel*

Die Rede von der göttlichen Zuwendung zum Menschen ist von Israel her entworfen. Gesamtinhalt und Zielrichtung der Priesterschrift zeigt unverkennbar, daß sie von Anfang an auf Israel zuläuft. Das gilt auch für ihre Schöpfungsdarstellung.[10] Die alte Überlieferung Israels, die dem Jahwisten zugeschrieben wird, stellt die Zuwendung Gottes zu Israel so dar: Jahwe erscheint dem Mose im brennenden Dornbusch und sagt zu ihm: »Ich habe das Elend meines Volkes in Ägypten gesehen, und ihre laute Klage über ihre Antreiber habe ich gehört. Ich kenne ihr Leid. Ich bin herabgestiegen, um sie der Hand der Ägypter zu entreißen und sie aus jenem Land hinaufzuführen in ein schönes und weites Land« (Ex 3,7 f.). Das große Interesse an denen, die da zu ihm rufen, ist unverkennbar. Er nennt sie sein Volk, hebräisch ʿam, wobei zu beachten ist, daß der ursprüngliche Sinn dieses Wortes »Verwandtschaft« bedeutet. Jahwe wendet sich denen zu, die er wie seine Familie ansieht und behandelt.[11] Er hört auf sie, wenn sie sich an ihn wenden. Er schaut auf sie, kümmert sich um sie, nimmt ihre Situation wahr und engagiert sich persönlich durch sein Handeln. Er steigt herab aus seiner himmlischen Wohnung und verspricht, sie zu retten und zu führen, was er dann auch hält. Noch einmal steigt der Herr herab, diesmal auf den Sinai. Wiederum ist dies ein Zeichen seiner persönlichen Zuwendung zu Israel. Sie drängt ihn, dem Volk, seinem Volk – so im vorliegenden Textgefüge – Weisung zu geben, nach der es leben und gedeihen kann. Die Rettung aber aus der ägyptischen Knechtschaft ist sein Werk, ebenso die Führung durch die Wüste ins Land der Verheißung. Die Tradition weiß zu berichten, wie sehr sich Jahwe einsetzt für die Seinen gegenüber dem Pharao, in den Gefahren der Wüstenwanderung, in ihr gegenwärtig in der Wolken- und Feuersäule, das Volk leitend durch den von ihm beauftragten Mose, ihm Speise und Trank gewährend und es vor den Feinden schützend.[12]

Wenn Jahwe die Mosegruppe und darin das spätere Israel sein Volk, seine »Familie« nennt, ist damit auch auf die Zeit der Patriarchen hingewiesen, die ihn als ihren Gott verehrten, ihn den »Gott meines Vaters« nannten.[13] Dementsprechend stellt er sich dem Mose als »der Gott deines Vaters, der Gott Abrahams, der Gott Isaaks und der Gott Jakobs« vor. Gewiß ist diese Sicht und Darstellung der Rückschau Israels in seine Vorgeschichte zu verdanken. Sie füllt den Raum zwischen Urgeschichte und Ge-

---

[10] Gen 1. Vgl. P. Weimar, Sinai und Schöpfung. Komposition und Theologie der priesterschriftlichen Sinaigeschichte: RB 95, 1988, 337–385; E. Zenger, Gottes Bogen in den Wolken. Untersuchungen zu Komposition und Theologie der priesterschriftlichen Urgeschichte (SBS 112). Stuttgart ²1987.
[11] Vgl. J. Schreiner, Theologie des Alten Testaments (Ergänzungsband 1 zur NEB). Würzburg 1995, 17 ff.
[12] Ex 19,20; Ex 3,10. Siehe die Erzählung von den ägyptischen Plagen (Ex 7,1–11,10), der Mannaspende (Ex 16), der Leitung durch Zeichen der göttlichen Gegenwart (Wolken- und Feuersäule Ex 13,21 u.ö.), der Abwehr der Amalekiter (Ex 17,8–16).
[13] Siehe zu dieser Bezeichnung und ihrer Bedeutung für die Exodus-Theologie J. Schreiner, Theologie. 40 ff.

schichte Israels. Sie zeigt die Hinwendung Gottes zu den Erzvätern, ohne die Zuwendung zu den Menschen ganz allgemein zu vergessen. Bezeichnend dafür ist das Wort, mit dem sich Jahwe an Abraham wendet, dessen Namen er groß machen und den er segnen wird: »Durch dich sollen alle Geschlechter der Erde Segen erlangen« (Gen 12,3). Es wird durch seine Geschichte hindurch das Problem und das Bemühen des Jahwevolkes sein, trotz aller Auseinandersetzung mit den Völkern an der Zuwendung Gottes zu ihnen und zu allen Menschen festzuhalten und sie jeweils in ihrer Auswirkung zu erkennen.[14]

Gottes Hinwendung zu Israel wird theologisch reflektiert. Vor allem das Deuteronomium hat sich damit befaßt und nach dem Grund und der Absicht gefragt, die dahinterstehen. Vielleicht hat der Prophet Hosea 11,1 dazu die Anregung gegeben. Er führt einen Begriff in die Theologie Israels ein, der nicht nur im Alten, sondern auch im Neuen Testament für die Einstellung und Haltung Gottes gegenüber seinem Volk bedeutsam wird. Er spricht von der Liebe Gottes: »Als Israel jung war, gewann ich ihn lieb. Ich rief meinen Sohn aus Ägypten«. Mit diesem Wort wird die Hinwendung Jahwes zu Israel nicht nur als eine sehr persönliche Angelegenheit Gottes, sondern auch als eine geradezu emotionale Beziehung gezeichnet. Das hat Folgen für das Volk des Herrn, falls es sich von seinem Gott abwendet, und zwar in doppelter Hinsicht, wie noch zu zeigen sein wird.

Deuteronomische Theologie[15] übernimmt diese Vorstellung und überträgt sie in die Zeit der Väter (4,37), um die ganze Geschichte Israels unter das Wort von der göttlichen Liebe zu stellen.[16] Das Buch Deuteronomium bemüht sich aber auch, die Besonderheit der Zuwendung Gottes mit einem eigenen Begriff zu markieren. Es sagt und betont, daß Israel von Gott erwählt sei.[17] Es ist aus den Völkern herausgenommen und in eine enge Gemeinschaft mit Jahwe eingebunden. Das bringt naturgemäß auch eine Verpflichtung mit sich: Israel muß auf der Seite Jahwes stehen und in der ihm geschenkten Verbindung mit seinem Gott bleiben: »Denn du bist ein Volk, das dem Herrn, deinem Gott, heilig ist. Dich hat der Herr, dein Gott, auserwählt, damit du unter allen Völkern, die auf der Erde leben, das Volk wirst, das ihm persönlich gehört. Nicht weil ihr zahlreicher als die anderen Völker wäret, hat euch der Herr ins Herz geschlossen und ausgewählt; ihr seid das kleinste unter allen Völkern«.[18] Der Grund für die Israel gewährte und es verpflichtende Sonderstellung war einzig die Liebe Gottes, wie anschließend hervorgehoben wird.

---

[14] Ex 3,7; Gen 12,3. Hier wären nicht nur die Texte zu nennen, in denen den Völkern und einzelnen Heil von Gott, dem Herrn der Völker und der Welt, zugewendet wird (vgl. Jes 2,1–5 u. Mi 4,1–4; Jes 19,18–25; auch 2 Kön 5), sondern auch Aufgaben von Jahwe übertragen werden (z.B. Jes l0,5 ff.; 44,24–45,8; Jer 27) und Gericht angedroht wird (Am 1,2 und die Gerichtsworte in den Völkersprüchen der Propheten).
[15] Immer noch ist die Auffassung bedenkenswert, daß das Dtn von der Theologie des Nordreichs Israel beeinflußt ist: vgl. G. von Rad, Das fünfte Buch Mose. Deuteronomium (ATD 8). Göttingen ²1968, 16–21.
[16] Dtn 7,8.13; 10,18; 23,6, von der Vergangenheit (23,6) und von der Zukunft (7,13) gesagt.
[17] Dtn 7,6 f; 10,15; 14,2; 1 Kön 3,8; vgl. Ps 33,12 u. 132,13.
[18] Dtn 7,6 f.

Schließlich wählt das Deuteronomium darüber hinaus eine rechtliche Kategorie, um den besonderen Fall göttlicher Zuwendung zu Israel zu umschreiben. Jahwe hat mit ihm einen Bund geschlossen. Stellt man das Wort »Bund« in den weiten Sinn von Beziehung, Verbindung, Gemeinschaft, kann alles, was das Alte Testament über das Verhältnis Jahwes zu seinem Volk, zur Menschheit und zum einzelnen, ja auch zur Welt als Schöpfung Gottes sagt,[19] darunter wie unter einem großen Dach versammelt werden. Denn alles entstand in der Zuwendung Jahwes zu dem, was ins Dasein treten sollte, und besteht durch sie. Nimmt man aber den Begriff als Übersetzung des hebräischen *berît* und in der Sinngebung, die das Deuteronomium damit verbindet,[20] so ist damit ein verbindliches Zugewendetsein Jahwes zu seinem Volk und umgekehrt ausgesagt. Die Moserede formuliert es so: »Der Herr, unser Gott, hat am Horeb mit uns einen Bund geschlossen. Nicht mit unseren Vätern hat der Herr diesen Bund geschlossen, sondern mit uns, die wir heute hier stehen« (Dtn 5,2). Damit sind alle, die jetzt und künftig in Israel leben, an Jahwe gebunden, der sich in festgefügter rechtlicher Form an dieses sein Volk bindet. Bundesurkunde ist der dann folgende Dekalog, dessen Auslegung für Israels Wohnen im Land der Verheißung, also bei Jahwe, das deuteronomische Gesetz bieten will.[21] Sie beginnt mit dem Hauptgebot der Liebe und endet ursprünglich mit den Worten: »Jahwe hast du heute veranlaßt zu sagen, er wolle dir Gott sein, und zwar, damit du auf seinen Wegen gehst, auf seine Gesetze, Gebote und Rechtsvorschriften achtest und auf seine Stimme hörst. Und Jahwe hat dich heute veranlaßt zu sagen, du wollest ihm zum Eigentumsvolk werden, wie er zu dir geredet hat, und alle seine Gebote beachten, und zwar, damit er dich zum höchsten mache über allen Völkern, die er gemacht hat, zum Lob, zum Ruhm, zur Zierde, und du möchtest ein heiliges Volk für Jahwe, deinen Gott, werden, wie er gesprochen hat«. Der schwierige und überladene Text der Bundeserklärung, dem man noch die mühsame Formulierung ansieht, nimmt das Volk in die Pflicht. Er wurde geschrieben, als längst und über Jahrhunderte hinweg eingetreten war, was nach dem Bundesschluß am Horeb niemals hätte geschehen dürfen: Israel hatte sich von seinem Gott abgewendet, eine böse Wende vollzogen.[22]

---

[19] Vgl. die Grundkategorie »Bund« in W. Eichrodt, Theologie des Alten Testaments. Teil 1, Stuttgart/Göttingen ⁵1957, Teil 2/3, ⁴1961.
[20] Vgl. E. Kutsch, Art. *berît* Verpflichtung. In: Theol. Handwörterbuch zum AT (THAT) I, 339–352. Zum Alter der Bundesvorstellung und zu ihrer Verwendung in den Prophetenbüchern siehe besonders L. Perlitt, Bundestheologie im Alten Testament (WMANT 36). Neukirchen 1969.
[21] G. Braulik, Die Abfolge der Gesetze in Deuteronomium 12–26 und der Dekalog. In: ders., Studien zur Theologie des Deuteronomiums (SBAB 2). Stuttgart 1988, 231–255. Dtn 5,2 f.; 5,6–21.
[22] Dtn 6,4; 26,17 f.

3. Abwendung der Menschen von Gott

Es ist die Stimme der Propheten, die mit aller Eindringlichkeit ausspricht, daß sich Israel von seinem Gott abgewendet hat. Bei den Nachbarn des Jahwevolkes hätte ein solches Verhalten und die daraus folgende Distanzierung eines Volkes von seinem Gott kein Wort der Entrüstung ausgelöst, wie es von Israels Propheten zu hören ist. Sie konnten sich mit ihrer Verehrung wenden, wohin sie wollten. Und der einzelne durfte es ebenso halten, wenn er nur dem Staatsgott die schuldige Reverenz nicht versagte.[23] Es ist auch zu bedenken, daß die in Kanaan einziehende Mosegruppe keine fertige Religion mitgebracht hat, sondern den Impuls, nur Jahwe als ihren Gott zu verehren. Israels Religion formte sich erst in Auseinandersetzung und Übernahme hinsichtlich der kanaanäischen Religion. Aber von Anfang an war in ihr der Ausschließlichkeitsanspruch Jahwes gegeben und wirksam.[24] Als nämlich unter König Ahab (873–853) die Entscheidung darüber anstand, ob man nicht Jahwe und Baal als Götter des Reiches Israel verehren solle, kam es zum Konflikt. Elija vertrat den Anspruch Jahwes auf alleinige Verehrung; die biblische Erzählung über diesen Vorgang ist allerdings stark deuteronomistisch geprägt.[25] Einen anderen Gott neben Israels Gott zu stellen würde bereits den Abfall von ihm bedeuten. Um so mehr wäre dies der Fall, wenn andere Götter an seine Stelle gesetzt würden. Beides wird im Deuteronomium entschieden verurteilt: im ersten Dekaloggebot und in seinen Kommentierungen. Ein solches Handeln würde die Eifersucht Jahwes hervorrufen.[26] Israel kann sich nicht folgenlos von Jahwe abwenden. Es wäre ein Angriff auf seine sich in Liebe, Erwählung und Bund äußernde Zuwendung. Deuteronomische Theologie warnt davor, Jahwe zu verlassen und muß auch feststellen, daß Israel ihn verlassen hat. Der Begriff ʿzb »verlassen«, im theologischen Sinn »ist hauptsächlich in der Bundestradition beheimatet und beinhaltet dort in der Aussage des Verlassens Jahwes bzw. seines Bundes[27] die Anklage auf Abfall und Bundesbruch«,[28] wie es der Herr in Deuteronomium 31,16 Mose für künftige Zeiten ankündigt: Das Volk wird den fremden Göttern des Landes nachfolgen, »es wird mich verlassen und den Bund brechen, den ich mit ihm geschlossen habe«. Hosea 4,10 verwendet wie auch Deuteronomium 31,16 die Metapher von der Unzucht für den Abfall zu fremden Göttern und Jesaja 1,4 spricht von der Ablehnung Jahwes: »Sie haben den Herrn verschmäht, den Heiligen Israels, und ihm den Rücken gekehrt«, »und drückt damit die Preisgabe des Lebenszusammenhangs mit

---

[23] Vgl. zu dieser grundsätzlichen religiösen Haltung G. von Rad, Theologie des Alten Testaments I. München 1958, 207.
[24] Zum Ausschließlichkeitsanspruch Jahwes vgl. G. von Rad, a.a.O., 203–211, zum Problem der Übernahme kanaanäischer Kultvorstellungen siehe G. von Rad, a.a.O., 24–76.
[25] 1 Kön 18. Dazu E. Würthwein, Die Bücher der Könige. 1 Kön 17 – 2 Kön 25 (ATD 11,2). Göttingen 1984, zu 1 Kön 18.
[26] Dtn 4,24; 5,9; Ex 20,5; 34,14.
[27] Dtn 29,24; Jer 22,9.
[28] H.-P. Stähli, Art. ʿzb verlassen. In: THAT II, 249–252, 251. a.a.O., 251.

Jahwe aus«. Häufig verwendet das Jeremiabuch den Begriff, »wobei das Verlassen und also die Störung des Bundesverhältnisses als die Hinwendung zu heidnischen Gottheiten charakterisiert wird. Dieselbe Wendung führt in ausgeprägter Weise die deuteronomische Literatur weiter, die darin die Begründung für das Verlassen des Volkes durch Jahwe und für dessen Strafe sieht«.[29] Diese Wende weg von Jahwe und hin zu anderen Gottheiten bedeutet, den Quell lebendigen Wassers zu verlassen, die Verwüstung des Landes und die Tötung der Bewohner durch die Feinde, denen Israel zur Beute wird, und schließlich die Gefangenschaft in einem fremden Land.[30] Jahwe verlassen heißt auch, seine Weisung verlassen, seine Gesetze und Satzungen übertreten, tun, was böse ist in seinen Augen. Eine solche Wende blockiert Jahwes Zuwendung. Er wird sich abwenden. Sein Zorn entbrennt, er bringt Unheil über sein Volk und übergibt es der Gewalt derer, die es ausrauben.[31] Die allein richtige Haltung des Volkes formuliert die deuteronomische Theologie in Josua 24,16 ff. so: »Das sei uns fern, daß wir den Herrn verlassen und anderen Göttern dienen. Denn der Herr, unser Gott, war es, der uns und unsere Väter aus dem Sklavenhaus Ägyptens herausgeführt hat und der vor unseren Augen die großen Wunder getan hat. Er hat uns beschützt auf dem ganzen Weg, den wir gegangen sind, und unter allen Völkern, durch deren Gebiet wir gezogen sind«. Zu den großen Taten Gottes wird dann auch die Gewinnung des verheißenen Landes durch die Hilfe des Herrn gerechnet. Doch das Volk muß in 1 Sam 8,7 auch Jahwes Klage hören: »Seitdem ich sie aus Ägypten heraufgeführt habe, bis zum heutigen Tag haben sie mich verlassen und anderen Göttern gedient«; sie lehnen Jahwe als ihren König ab.

Schon die frühe Überlieferung Israels kennt diese böse Wende, die Abwendung von Gott. In der Sündenfallerzählung wird sie als das üble und bleibenden Schaden bringende Ereignis zu Beginn der Menschheit dargestellt. Dahinter steht gewiß die Erfahrung, daß das Volk Jahwes von Anfang an versucht war, sich von ihm ab- und seinem eigenen und eigenmächtigen Wollen zuzuwenden. Anscheinend hat der Jahwist die Abwendung im Übertreten des göttlichen Gebots gesehen, das verwehrte, vom Baum des Lebens zu essen. Der Jehowist[32] interpretierte den Vorgang der Gebotsübertretung dann als den Versuch, im »Erkennen von Gut und Böse« selbstmächtig und sozusagen an Stelle Gottes zu bestimmen, was förderlich oder abträglich, heilvoll oder unheilbringend ist. Doch beides, die Mißachtung des Willens Gottes und die versuchte, gegen den Herrn gerichtete Selbstmächtigkeit, in der der Mensch in Planen und Wollen sein will »wie Gott«, wenden das Leben ins Unheil. Gott greift ein, überläßt den Menschen seiner Vergänglichkeit, entzieht ihm die heilvolle Zuwendung und verhängt Strafen. Das Unterfangen, sich von Gott abzuwenden, hat sich für den Menschen nicht gelohnt. Im Gegenteil, es hat ihm nur Schaden gebracht. Die Abwendung des Menschen setzt sich fort. Schließ-

---

[29] Vgl. H.-P Stähli, a.a.O., 251.
[30] Jer 2,13; 2,15 ff. ; 5,19; vgl. auch Jer 1,16; 3,19; 5,7.19; 9,12; 16,11; 17,13; 19,4; 22,9.
[31] Ps 89,31; 119,53; 1 Kön 11,3; Ri 10,6; Jos 24,20; Ri 2,12 f.
[32] So die Deutung von L. Ruppert, a.a.O., 148 f.

lich muß der Herr feststellen, daß »die Schlechtigkeit des Menschen zunahm und daß alles Sinnen und Trachten seines Herzens immer nur böse war. Da reute es den Herrn, auf der Erde den Menschen gemacht zu haben.«[33] Er distanziert sich von dem, was er getan hat. Vollzieht sich also in Gott eine Wende? Auf diese Frage müssen wir später noch zurückkommen. Auch die Priesterschrift sieht in ihrer Urgeschichte, daß die Menschheit sich von Gott abwendet. Sie bemüht nicht den Mythos, um dies wie in einem sprechenden und für Deutungen offen Bild auszusagen, sondern teilt nüchtern mit: »Die Erde aber war in den Augen Gottes verdorben, sie war voller Gewalttat« (Gen 6,11). Gewalttat (hebr. ḥamas) »dürfte wohl ursprünglich die Untat gemeint haben, die dinglich als Last auf dem Land liegt und sein wie seiner Bewohner Gottesverhältnis stört«. Als solche Untaten werden im Alten Testament bezeichnet: Blutvergießen »und vermutlich Sittlichkeitsvergehen«, auch »Verletzung der Pflicht gegen den Nächsten, Einschränkung seines Lebensrechtes und -raumes« mit dem »ganzen Umfang unsozialen Verhaltens (Am 3,10), im Gegensatz zu Recht und Gerechtigkeit (Jer 22,3; Ez 45,9)«. Das Wort wird schließlich »zum umfassenden Ausdruck für Sünde überhaupt (Ez 7,11; Jon 3,5)«.[34] Durch die Sünde wendet sich der Mensch von Gott ab. Er verdirbt seinen Weg und verdirbt die Erde. Die Folge ist ein katastrophaler Untergang, den Gott über die Erde und alle ihre Wesen kommen läßt. Alles wird in diese böse Wende hineingezogen, die beim Menschen beginnt. Es ist bedenkenswert, daß die Priesterschrift die Folgen einer Abwendung von Gott über die ganze Erde kommen sieht. Sie verdeutlicht hier die ältere Tradition. Beide aber haben die ganze Menschheit im Blick.

4. Wendung des Menschen zu Jahwe hin

Kehren wir in unseren Überlegungen zum Thema »Wende« zu Israel zurück, das immer im Alten Testament in der Blickrichtung steht, muß nunmehr das hebr. Verbum šwb in die Diskussion einbezogen werden. Man »bestimmt die grundlegende Bedeutung von šwb folgendermaßen: Nachdem man sich in einer bestimmten Richtung bewegt hat, sich danach in der entgegengesetzten Richtung bewegen. Sofern es keinen Beweis für das Gegenteil gibt, ist die Voraussetzung dabei, daß man wiederum an die ursprüngliche Stelle zurückkehrt, von der man aufgebrochen ist«.[35] Bei dieser Begriffsbestimmung ist die theologische Verwendung des Wortes[36] maßgeblich mit eingebracht. Nur einmal wird das Wort im Zusammenhang der Abwendung von Jahwe und seinem Willen gebraucht. Nach dem Bericht der Kundschafter, die in das Land der Verheißung gesandt worden

---

[33] Gen 6,5 f. Zur Rede von Gottes Reue siehe J. Jeremias, Reue Gottes (BSt 65), 1975.
[34] H.J. Stoebe, Art. ḥamas. In: THAT I, 583–587, 585 ff.
[35] KBL³, 1327.
[36] Siehe dazu die neueste Untersuchung von Graupner/Fabry in: Theol. Wörterbuch zum AT (ThWAT) VII, 1118–1176. Graupner geht der theologischen Bedeutung in den einzelnen Büchern und Schriftengruppen nach.

waren, sagt das Volk.: »Warum nur will uns der Herr in dieses Land bringen? Etwa damit wir durch das Schwert umkommen und unsere Frauen und Kinder eine Beute der Feinde werden? Wäre es für uns nicht besser, nach Ägypten zurückzukehren?«. Hier ist das Murren Israels, mit dem es sich von Jahwe und seiner Führung abwendet, auf dem Höhepunkt.[37] Es will wieder in den früheren Zustand, vor die Rettungstat des Herrn zurück und nimmt dabei die Knechtschaft in Kauf, der es nur durch Jahwe und seine tätige Zuwendung entronnen ist. Vergessen ist, daß sich die Unterdrückten einst an ihn gewandt hatten. Nun setzen sie ihre Zukunft aufs Spiel. Sie sind aus Angst und Aufsässigkeit fehlorientiert. Diese Wende muß ins Verderben führen.

Von Umkehr als Hinwendung zu Jahwe sprechen die Propheten. Sie mahnen das Volk, zu Jahwe zurückzukehren. In ihren Mahnungen wird deutlich, worin die Abwendung von Gott besteht. Sie geschieht vor allem in der Verehrung fremder Götter. Also müssen diese beseitigt werden. Aber nicht nur diese böse Tat, sondern auch die Sünde, wie immer sie sich gegen den göttlichen Willen richtet, trennt von Gott. »Das AT benennt sündige Taten direkt, insbesondere im Verbot, so daß angegeben wird, welches Handeln und Verhalten Sünde ist. Es hat aber auch eine ganze Anzahl von Wörtern, die sich von der Angabe der speziellen Tat entfernen und mehr das Sündhafte als solches bezeichnen. Noch weiter entfernt von einem bestimmten Handeln sind die Begriffe, die das formale Element, das bei der Disqualifizierung ausschlaggebend ist, herausstellen: Verfehlung, Verbrechen, Verkehrtheit«.[38] Verfehlung geschieht, wenn der Mensch Ziel und Weg mißachtet, die Gott in seiner verbindlichen Weisung gesetzt hat. Verbrechen ist Auflehnung gegen Gott, die ihm nimmt oder vorenthält, was ihm an Verehrung, Dienst und Respekt – auch gegenüber seinen Forderungen – zusteht. Verkehrtheit ist, wenn der Mensch seine Taten und sein Verhalten ins Gegenteil von dem verkehrt, was er tun und wie seine Einstellung sein sollte. Hinwendung zu Gott heißt, seine Sünden bekennen und von ihnen lassen. Oft wird das sündige Tun pauschal als ein Gehen auf bösen Wegen bezeichnet.[39] Von ihnen gilt es umzukehren und den rechten Weg einzuschlagen, den Weg der Gebote des Herrn gemäß seiner Weisung. Darum fordert die prophetische Stimme: »Kehrt um zu ihm, von dem ihr euch so weit entfernt habt«. Aber es muß eine innere, wahre Umkehr sein, »von ganzem Herzen und ganzer Seele, ein Verlassen der Götzen, ein Sich-Abwenden von den Vergehen.[40] Dabei muß der Mensch, zuerst das Volk Gottes, den Herrn suchen und auch »Worte der Reue mitnehmen«. Es darf nicht so sein, wie der Psalm sagt: »Wenn er dreinschlug, fragten sie nach ihm, kehrten um und suchten ihn«. Die Einladung des Herrn ergeht: »Kehrt um zu mir; dann kehre ich um zu euch«. Das Volk

---

[37] Num 14,3; vgl. Ex 15,24; 16,27 f.; 17,3; Num 14,2.36; 16,11; 17,6.20.27.
[38] J. Schreiner, Theologie. 249 f., siehe dort Anm. 10 und die Ausführungen über die drei Begriffe (250–254).
[39] 1 Kön 8,47; 2 Kön 17,13; Jer 18,11; 25,5; 26,3; Ez 33,11.
[40] Jes 31,6; Ez 14,6; Ez 18,30. Siehe auch 1 Sam 7,3; 1 Kön 8,48; Jer 24,7.

des Herrn sollte zur Umkehr motiviert sein. »Denn er ist gnädig und barmherzig, langmütig und reich an Güte, und es reut ihn, daß er das Unheil verhängt hat«.[41]

Man möchte meinen, daß eine solche Einladung Erfolg haben müßte. Tatsächlich sagt das Volk auch bei Hosea: »Kommt, wir kehren zum Herrn zurück, denn er hat (Wunden) gerissen, er wird uns auch heilen; er hat uns verwundet; er wird auch verbinden«. Aber es scheint sich hier eher um die Wunschvorstellung des Propheten als um den wirklichen Umkehrwillen Israels zu handeln. Die Propheten müssen feststellen, daß Israel nicht bereit ist, zu Jahwe umzukehren. Jahwe selber sagt, daß auch Juda ebenso wie Israel nicht von ganzem Herzen zu ihm zurückgekehrt ist, sondern nur zum Schein. Sie sind vielmehr zu den Sünden ihrer Väter zurückgekehrt. So ergeht das Gericht des Herrn, weil das Volk von seinen bösen Wegen nicht abläßt. Israel hat also nicht gehört und sich nicht von seiner Bosheit bekehrt, obwohl er alle seine Knechte, die Propheten, zu ihm gesandt hat. Hosea sieht im Hochmut Israels den Hinderungsgrund, umzukehren und den Herrn zu suchen. Amos hält geradezu eine Predigt, die Jahwe über das Thema »Verweigerung der Umkehr« vorträgt: Er klagt die falsche Gottesverehrung in einem Kult an, der nicht nach dem Willen des Herrn ist. Obwohl Jahwe nacheinander seine Strafen schickt (Hunger, Dürre, Zerstörung der Felder und ihres Ertrags durch Schädlinge, Pest und Krieg, Naturkatastrophen), ändert das Volk sein Tun und Verhalten nicht. Das Ergebnis ist immer dasselbe: »Und dennoch seid ihr nicht umgekehrt zu mir.« So muß Jahwe strafen. Es trifft nicht nur sein eigenes Volk, sondern auch die Nachbarvölker, wie der Prophet in einer Reihe von Schelt- und Drohworten, die an den Anfang seines Buches gesetzt und nachträglich erweitert wurden, ausführt. Jahwe verhängt sein Strafgericht. Er nimmt nichts von seinem strafenden Wort zurück, solange die angeprangerten Verbrechen begangen werden oder noch auf den Tätern lasten. Er überläßt sein Volk nicht nur den Folgen seines Fehlverhaltens, sondern entzieht ihm auch seine Hilfe, die Zuwendung von Heil. Wie dieser Amostext zu verstehen gibt, ist die Strafe Gottes und das Gerichtswort der Propheten aber nicht darauf ausgerichtet, das Volk, dem Gott sich zugewendet hat, ins Unheil zu stürzen oder gar zu vernichten. Auch die Drohung der Propheten – und sei sie noch so scharf – soll Israel veranlassen, sich Gott wieder in alleiniger Verehrung und Erfüllung seines Willens zuzuwenden. Die gewiß spätere Beurteilung der Propheten als Bußprediger verkehrt ihr Bemühen nicht ins Gegenteil und dichtet ihnen nichts Neues an. Sie entfaltet das, was schon immer die prophetische Intention war, auch dann noch, wenn Amos sagt: »Das Ende ist gekommen über mein Volk Israel.« Nach der Absicht des Herrn sollte es vielmehr eine Wende sein. Maleachi, der letzte Schriftprophet, faßt noch einmal zusammen: »Seit den Tagen eurer Väter seid ihr von meinen Gesetzen abgewichen und

---

[41] Hos 3,5; 14,3; Ps 78,34; Sach 1,3; Joel 2,13. In Joel 2,13 wird zur Motivation die sog. Huldformel verwendet, vgl. Ex 34,6 u.ö.

habt auf sie nicht geachtet. Kehrt um zu mir, dann kehre ich mich euch zu, spricht der Herr der Heere«.[42]

5. Wende durch Gott – Wende in Gott

Maleachi 3,7 erweckt den Eindruck, der Herr habe sein Volk verlassen, seine Zuwendung zurückgenommen. In der Tat gibt es im Alten Testament Aussagen, die diese Meinung stützen. So sagt der Herr zu Mose, wenn er davon spricht, daß Israel in Zukunft fremden Göttern dienen wird: »Ich werde sie verlassen und mein Angesicht vor ihnen verbergen«. Im zweiten Satzteil, der den ersten interpretiert, bedeutet »verlassen« das Aussetzen der Heilszuwendung, die das zugewendete Angesicht Jahwes symbolisiert. Die Befürchtung des Volkes und des einzelnen trat ein, als der Herr den Tempel, sein Haus, verließ und es der Zerstörung preisgab. Damit ist die Zusage, daß der Herr inmitten Israels wohnen und sein Volk nicht verlassen werde, die nach dem Tempelbau ergangen war, außer Kraft gesetzt. Darum muß es nach der Zerstörung Jerusalems und des Reiches Juda klagen: »Warum hast du uns für immer vergessen, uns verlassen fürs ganze Leben?« Und Zion sagt: »Der Herr hat mich verlassen, Gott hat mich vergessen«.[43]

Doch daneben steht die Zusicherung Gottes: »Ich verlasse sie nicht«, die dem Volk in der Gefangenschaft zuteil wurde. Und auch der Psalmist weiß, daß der Herr sein Volk nicht verstoßen und es niemals verlassen wird. Zu der Frage, wie die beiden gegensätzlichen Aussagen zusammenpassen, gibt Esras Gebet (9,9) Antwort: »Auch in unserer Knechtschaft hat uns unser Gott nicht verlassen.« Der Beter erinnert sich an die Zeit in der Wüste, wo Gott seinem Volk treu geblieben ist trotz dessen Widersetzlichkeit. Zion bekennt, daß der Herr es nur eine kleine Weile verlassen und es wieder in seinem großen Erbarmen heimgeführt hat. Von den Taten des Heils, die er für sein Volk immer wieder vollbracht hat, läßt der Herr nicht ab.[44]

Es ist die Zeit während des Exils und danach, in der diese positiven Äußerungen gemacht werden. Prophetisches Wort, das wohl erst aus dem Ergebnis der wieder deutlich gewordenen Zuwendung Gottes formuliert ist, faßt die Erfahrung in die Formel, die in Jahwes Mund lautet: »Ich wende das Geschick.« Hinsichtlich der Ableitung des zugrunde liegenden hebräischen Wortes *šwb šwbt* ist wissenschaftlich noch keine allgemein angenommene Erklärung gefunden. Zwei Auffassungen, die aber zugleich eine unterschiedliche Sinngebung implizieren, stehen sich gegenüber.[45] Die eine denkt bei dem in seiner Bedeutung umstrittenen Wort *šbut* an »in

---

[42] Hos 6,1; Jer 3,10; 11,10; 15,7; 44,5; Hos 7,10; Am 4,4–11; 8,2; Mal 3,7.
[43] Mal 3,7; Dtn 31,17; 2 Chr 24,20; 1 Kön 8,57; Jer 7,14 u. 26,6; 1 Kön 6,13; Dtn 31,6.8; Jos 1,5; vgl. Ps 9,11, auch 2 Chr 24,20; Klgl 5,20; Jes 49,14.
[44] Jes 41,17; Ps 94,14; Neh 9,17; Jes 54,7; 42,16.
[45] Siehe dazu zuletzt Ben Yashar/Zipor, Art. *šebût/šebît*. In: ThWAT VII, 958–965.

die Gefangenschaft wegführen«, die andere an eine Ableitung von *šub* »sich umwenden, umkehren«. Die Formel hat ihren Ort in der Heilsankündigung und ihren »Sitz im Leben« in der Zusage Jahwes, sein Volk wieder in sein Land zurückzuführen. Den Impuls zu dieser Zusage gab anscheinend der junge Jeremia, der im Blick auf das Nordreich Israel dies erwartete.[46] In seinem »Trostbüchlein für Israel« (30 und 31) ist es dann so formuliert: »Seht, es werden Tage kommen – Spruch des Herrn –, da werde ich das Geschick meines Volkes Israel und Juda wenden, spricht der Herr. Ich führe sie zurück in das Land, das ich ihren Vätern zum Besitz gegeben habe« (31,3). Mit dieser Schicksalswende, die einzig der Herr herbeiführen kann und wird, ist der Wiederaufbau im Land und sein erneuter Segen verbunden.[47] Es wird gesagt, daß die Wende des Geschicks im erneuten Erbarmen Gottes und in der Verheißung besteht, sich von seinem Volk finden zu lassen, also nicht von ihm abgewendet zu bleiben. Solche Stellen legen nahe, die Wende des Geschicks nicht nur von der Beendigung der Gefangenschaft, sondern allgemeiner so zu verstehen, daß Gott eine ungute und unheilvolle Situation beendet. »In einigen Stellen sind es andere Unglücks-Situationen: allgemeine (vielleicht soziale) Not (Ps 14,7; 53,7), Dürre (Ps 85,2; 126,1–4), vielleicht ethisch-religiöses Unwesen (Hos 6,11), alles nationale Katastrophen, in denen der israelitische Mensch die Abkehr des segenspendenden Gottes sah. Die Abwendung des Unheils war also von der Rückkehr Jahwes zu seinem Volk abhängig oder auch mit ihr identisch.«[48] Allerdings geschieht diese Schicksalswende nicht, ohne daß Israel sich dafür bereitmacht und bereithält. Den falschen Propheten wird in Klagelied 2,14 der Vorwurf gemacht, daß sie dazu nicht beigetragen, sondern die rechte Einstellung verhindert haben. Sie schauten Lug und Trug. Sie haben Israels Schuld nicht aufgedeckt, um die Möglichkeit zur Schicksalswende zu eröffnen. Deuteronomium 30,3 f. mahnt dazu mit eindringlichen Worten: »Wenn du zum Herrn, deinem Gott, zurückkehrst und auf seine Stimme hörst in allem, wozu ich dich heute verpflichte, du und deine Kinder mit ganzem Herzen und ganzer Seele, dann wird der Herr, dein Gott, dein Schicksal wenden.« Es wird geschehen, was Ezechiel 39,25–29 verspricht. Gott wird Erbarmen haben mit dem ganzen Haus Israel. Er wird es wieder aus allen Ländern und Völkern versammeln und keinen einzigen von denen, die zu seinem Volk gehören, zurücklassen. Mit seinem ganzen leidenschaftlichen Eifer wird er sich dafür einsetzen, und um seines heiligen Namens willen, der vor aller Welt als der Name des nahen und rettenden Gottes groß und erhaben dastehen soll, wird er diese

---

[46] Zur Debatte über dieses Problem der Verkündigung Jeremias siehe J. Schreiner, Jeremia und die joschijanische Reform. Probleme – Fragen – Antworten. In: W. Groß (Hg.), Jeremia und die »deuteronomische Bewegung«. (BBB 98). Weinheim 1995, 11–31; nachgedruckt in: J. Schreiner, Der eine Gott Israels. Gesammelte Studien zur Theologie des Alten Testaments. Band III, Würzburg 1997, 113–133.
[47] Jer 30,18; 32,44; 33,7; Am 9,14.
[48] Ben Yashar/Zipor, a.a.O., 961. Jer 31,23; 33,22; 29,14; Ps 14,7; 53,7; Ps 85,2; 126,1–4; Hos 6,11.

Schicksalswende vollziehen. Das wird dem Volk des Herrn Ruhm und Ansehen bei allen Völkern verschaffen.

Zwar verkündet Joel in 4,1 f., daß mit der Wende für Juda das Gericht über die Völker verbunden ist, die dazu im Tal Joschafat versammelt werden. Doch auch die Völker, sogar Israels Feinde, sind bei der Schicksalswende, die Israels Gott herbeiführen wird, nicht vergessen. In den Völkersprüchen des Jeremiabuchs wird die Schicksalswende für Moab, Ammon und Elam zugesagt.[49] Es handelt sich für Moab um Heimkehr aus der Gefangenschaft, für Ammon um Rückkehr von der Flucht, für Elam um Wiederherstellung des zerstörten Landes und seiner Führung. Ägypten ist ebenso bedacht: Ezechiel (29,14) sagt der Herr zu, daß er die Ägypter »in das Land Patros, das Land ihrer Herkunft«, zurückbringen wird, das vierzig Jahre verwüstet sein wird und dessen Bewohner unter die Völker zerstreut und in alle Länder vertrieben werden. Nach Ezechiel 16,53 vollzieht sich die Wende des Geschicks für verschiedene Völker im Zusammenhang mit der Schicksalswende Israels.[50] Diese Zuwendung Jahwes in ferner Zukunft »besagt jedenfalls: Nach Entfremdung der Urmenschheit (Gen 1–11) von Jahwe, die eine besondere Erwählung Israels durch Jahwe hervorbrachte in der Rechtfertigung des Abraham, wird es einmal eine gegenseitige Zuwendung der Völker unter Einschluß Israels geben, wie auch Jesaja 2,1 ff. und Micha 4,1 ff., Zefania 3,9 und Jesaja 56,6 ff. prophezeien und wie es die Novelle Jona vorausnimmt«.[51]

Der Prophet, der die Wende für die in die babylonische Gefangenschaft weggeführten Judäer und Jerusalemer ankündigt, spricht nicht von einer Schicksalswende. Er stellt das unerwartet Neue heraus, das in der Heimführung des Volkes geschieht. Es ist bedeutsam, daß das Neue »in den prophetischen Texten nur während des Exils oder am Rande des Exils« begegnet. »Nur in der Zeit des Exils wurde in Israel von einem Neuen in der Geschichte Gottes mit Israel gesprochen, an keiner anderen Stelle in der gesamten Geschichte.« Und es sind »drei Zusammenhänge, in denen von Propheten des Exils oder bald nach dem Exil von einem Neuen geredet wird«.[52] In jedem dieser Bereiche ist es Jahwe, der das Neue schafft.

Deuterojesaja sieht es in der Heimführung des Volkes aus dem Exil. Schon im ersten Teil des Rahmens[53] wird das Thema dieser Prophetie angegeben, das dann entfaltet und begründet wird: Gott führt sein Volk nach Zion zurück (40,10 f.). Das ist das Neue, das er wirkt; es steht in Gegensatz zu dem, was er früher getan hat: zu seinen Heilstaten in der bisherigen Geschichte Israels, denn es ist wunderbarer darin, daß er selbst den Weg bereitet und einen Nichtisraeliten beruft (Kyros), der im Auftrag Jahwes, anders als damals der Pharao, die Freilassung anordnet. Es ist auch neu angesichts der bisher von seinen Propheten verkündeten Gerichtsbot-

---

[49] Jer 48,47; 49,6.39.
[50] Der Text spricht von Sodom und Gomorra und deren Töchtern.
[51] Ben Yashar/Zipor, a.a.O., 964.
[52] C. Westermann, Art. ḥādaš neu. In: THAT I 524–530, 526 f.
[53] 40,1–11. Der zweite Teil des Rahmens folgt in 55,6–13. Beide sind in der Thematik gleich gebaut.

schaft. Es ist Heilsankündigung und Heilszusage.[54] Sagt doch der Herr: »Seht, das Frühere ist eingetroffen«, wobei das Strafgericht gemeint ist. »Neues kündige ich an« (42,9). Daß es die Zurückführung des Volkes ist, wird in 43,19 erkennbar, wo der Herr verspricht, die Wüste so umzugestalten, daß die Verbannten auf einem guten, von ihm bereiteten Weg heimkehren können. Und noch einmal wird betont, daß es wirklich ein neues Tun des Herrn ist (48,6), das ansteht und beginnen wird, das erst jetzt als neue Botschaft verkündet wurde. Wenn es eingetreten ist, wird das Volk Gott als Antwort auf seine Heilstat ein neues Lied singen (42,10). Das neue Lied hat demnach seinen Ort in der heilvollen Wende, die Gott schafft. Dabei beläßt es Gott aber nicht. Das Neue, das er wirkt, ist nach Jeremia 31,31–34 der neue Bund. Dieses viel erörterte und hoch bedeutsame Wort wird heute mit Recht der deuteronomistisch geprägten »Schule Jeremias« zugewiesen. In ihm wird Israel wie beim Horeb-Bund von seinem Gott in Pflicht genommen, aber auf eine neue Weise. »Sein Gesetz ist auch im ›neuen Bund‹ zur Erfüllung aufgegeben.« Durch Gottes Einwirkung wird es ihn erkennen, »im Verstand, im Gemüt und durch den Einsatz des Willens wahrnehmen, was es bedeutet, daß er Israels Gott ist«; es wird »den Weg und das Recht Gottes kennen (5,3), ihn lieben und entsprechend leben«. Israel hatte den Bund durch die Verehrung anderer Götter gebrochen. Darum mußte sich Jahwe in seinem Strafgericht als der wahre Herr erweisen. »Nun aber – und das ist das Neue am neuen Bund – schreibt Jahwe seine verpflichtende Weisung nicht mehr auf steinerne Tafeln.« Er schreibt sie auf das Herz; er bringt »seinen offenbaren Willen an die Stelle, wo er sich in die Tat umsetzen kann und muß, ins Herz, dem Sitz des Denkens, Planens und Wollens. Er schafft auch in der Vergebung der Sünden, deren er von nun an nicht mehr gedenkt, die also nicht mehr vor ihm auftauchen werden, die Voraussetzung, daß er seine Weisung ins Herz bringen kann«.[55]

Jahwe aber tut in dieser Angelegenheit noch einen weiteren Schritt. Auch das menschliche Innere selbst muß in die Neugestaltung einbezogen werden. Darum versichert der Herr Ezechiel 11,19, daß er seinem Volk einen neuen Geist, der von ihm ausgeht, schenken werde und das verhärtete Herz, das sich weigerte, seinen Geboten zu folgen, durch ein lenkbares Herz ersetzen werde. In Ezechiel 36,26 wird die Verheißung wiederholt und damit bekräftigt. Aber auch Israel muß dazu beitragen, daß diese Neuwerdung des Herzens gelingt (18,31). Wie das möglich ist, legt der Prophet ausführlich in Kapitel 18 dar, wo der Ruf zur Umkehr ergeht, durch die sich der Mensch ein neues Herz schaffen kann. Gelingt dies, dann ist in Wahrheit Neues im Land des Herrn geschaffen. Das hier verwendete dunkle und schwer zu deutende Bild von der »Frau, die den Mann umgeben« wird, dürfte in diesem Zusammenhang als Appell an Israel zu verstehen sein, sich an seinen Gott und Herrn, »seinen Gemahl«,

---

[54] Diese beiden Arten von Heilsworten unterscheidet C. Westermann, Das Buch Jesaja. Kapitel 40–66 (ATD 19), Göttingen 1966, 13 ff.
[55] J. Schreiner, Jeremia II 25,15–52,34 (NEB). Würzburg 1984, 187 f.

wie Hosea in bildhafter Rede sagt (2,4 ff.), wieder fest und treu anzuschließen. Das wird eine neue Situation geben, in die die Wende hineinführen muß.[56]

Der dritte Aspekt des Neuen im letzten Teil des Jesajabuchs führt in Richtung Eschatologie. Eine Verwandlung der heiligen Stadt Jerusalem in einen herrlichen Zustand wird erwartet, dem ein neuer Name entspricht (Jes 62,2); der Mund des Herrn wird ihn bestimmen, er verleiht und bezeichnet damit die neue Existenz der Zionsgemeinde. Dabei aber bleibt das Prophetenwort nicht stehen. In Fortschreibung der Schöpfungstheologie Deuterojesajas verkündet der hier sprechende Bote Jahwes, daß Gott einen neuen Himmel und eine neue Erde erschafft.[57] Wenn bei Deuterojesaja der wiederholte Hinweis auf die Schöpfung Jahwes Macht und Fähigkeit unterstreichen soll, kann er das Werk der Heimführung aus der Gefangenschaft gewiß vollbringen. Dann heißt auch hier die Verheißung eines neuen Himmels und einer neuen Erde: Gott kann und wird die gegenwärtige trostlose Lage Zions wenden. Er ist imstande und willens, eine große Wende herbeizuführen. Vielleicht ist auch Jesaja 66,22, die zweite Stelle, die von der Erschaffung des neuen Himmels und der neuen Erde spricht, in dieser Weise zu verstehen. Der Vers stellt der Neuschaffung den Bestand von Stamm und Namen gegenüber: daß »euer Stamm und euer Name so dastehen« wie der neue Himmel und die neue Erde, ebenso wunderbar und neu gestaltet. Die dezidierte Formulierung dieses Wortes gibt der Nachinterpretation, die in ihm liegt, Anlaß, weiter zu denken. Der neue Himmel und die neue Erde stehen, wie auch 65,17 sicher weiß, in Gottes Plänen schon fest, fertig vor Jahwe. Es geht also nicht mehr um eine Erneuerung des Bestehenden, sondern um eine neue Schöpfung. Somit öffnet sich der Satz der Apokalyptik. »Der Satz« von der Erschaffung des neuen Himmels und der neuen Erde ist »später apokalyptisch verstanden worden; hier erst steht das Neue, das Gott schafft, nicht mehr in geschichtlicher Kontinuität zur jetzigen Wirklichkeit, sondern ist ihr nur noch transzendent«.[58] Was veranlaßt Gott, das Schicksal seines Volkes (und auch anderer Völker) zu wenden und Neues zu schaffen? Nach Hosea 11,8 geschieht in Gott selbst eine Wende vom strafenden zum barmherzigen Gott. Doch Jeremia 31,3 scheint dem zu widersprechen: »Mit ewiger Liebe habe ich dich geliebt.« Zwei Texte im Deuteronomium nehmen sich dieser Problematik an: 4,29–31 und 30,1–10. Sie sind aufeinander bezogen und als Teil eines Rahmens zu verstehen, mit dem das deuteronomische Gesetz eingerahmt ist.[59] Deuteronomium 4,29–31 verheißt, daß sich Jahwe von Israel finden lassen wird. »Aber Jahwe wird sich nicht nur finden lassen. Er hat vorhergesagt, daß er sich finden läßt, und diese Worte der Vorhersage sind schon unterwegs, sie sind auf der Suche nach

---

[56] Ez 18,31; Jer 31,22.
[57] Jes 62,2; 65,17; siehe J. Schreiner, Theologie. 152 ff.; 314.
[58] C. Westermann, in: THAT I, 528 f.
[59] So D. Knapp, Deuteronomium 4. Literarische Analyse und theologische Interpretation (GTA 35). Göttingen 1987, 158–163.

Israel. Nicht Israel wird Jahwe finden, sondern Jahwes Worte werden Israel finden. Israel muß nicht umkehren, damit Jahwe sich ihm wieder zuwendet, sondern wenn Jahwes Worte Israel finden, dann wird Israel die Gnade der Umkehr gewährt werden.«[60] Das Volk wird hier nicht ermahnt, zuerst das Gesetz zu erfüllen und damit die Voraussetzung für eine erneute Zuwendung Jahwes zu ihm zu schaffen, sondern es gilt und wirkt die göttliche Verheißung. »Hier wird nicht (mehr) mit dem Horebbund«, wie es anderwärts im Deuteronomium geschieht, »sondern (wieder) mit dem Väterbund argumentiert«.[61] Gott hat nämlich seine Liebe »einseitig und unwiderruflich im Bund mit den Patriarchen beschworen«.[62] Dtn 30,1–10 fügt ergänzend hinzu: »Das von Jahwe abgefallene Israel kann sich auf die von Gott bewirkte Bekehrung vorbereiten, – aber auch dieses Aufgeben des alten Widerstandes gegen Gott, diese Öffnung für Gott ist vermittelt durch Gottes Wort, das den Glauben ermöglicht.« Denn der Herr verheißt auch hier, das menschliche Herz dafür zu bereiten und fähig zu machen. »Die Wende von Israels Schicksal ist allein in der Zuwendung Jahwes, in seinem Erbarmen begründet.« Diese besteht immer und wird hier aktiviert. »Das erste Wort Gottes an die von ihm Abgefallenen ist also kein Anspruch, sondern sein Zuspruch.«[63] Es lädt ein, die heilsnotwendige Wende zu tätigen.

6. Die apokalyptische Wende

Die alttestamentliche jüdische Apokalyptik[64] kennt nur eine selbständige apokalyptische Schrift: das Buch Daniel. Daneben und zeitlich davor gibt es Texte, wie die sogenannte Jesaja-Apokalypse (Jes 24–27), die auf dem Weg zu apokalyptischem Denken sind. Sie bereiten eine Vorstellungswelt vor, die sich ausführlich und in großen Entwürfen über die Endzeit niederschlägt. Sie ist im eigentlichen Sinn eschatologisch zu nennen. In ihr spielt die im Alten Testament ausgebildete Auffassung vom Tag Jahwes als einem Tag des Gerichts und auch wieder des Heils eine erhebliche Rolle.[65] Auch die prophetischen Schilderungen verheerender Kriege und Katastrophen, die Jahwe als Strafe für den Abfall von ihm und die Mißachtung seines Willens kommen läßt, haben auf die Vorstellungswelt der Apokalyptiker gewirkt.

Sicherlich darf man annehmen, daß die Apokalyptik von der Prophetie inspiriert und in ihrer Ausrichtung wie auch Zielsetzung bestimmt ist,

---

[60] N. Lohfink, Höre, Israel! Auslegung von Texten aus dem Deuteronomium (WB 18). 1965, 113, zitiert nach G. Braulik, Gesetz als Evangelium (s. Anm. 62). 153.
[61] D. Knapp, a.a.O., 97.
[62] G. Braulik, Gesetz als Evangelium. In: ders., Studien (s. Anm. 21). 123–160, 154.
[63] Braulik, a.a.O., 155 f., 158.
[64] Siehe dazu etwa J. Schreiner, Alttestamentlich-jüdische Apokalyptik. Eine Einführung. München 1969.
[65] Siehe dazu neuerdings B. Zapff, Schriftgelehrte Prophetie. Jes 13 und die Komposition des Jesajabuches (FzB 74). Würzburg 1995, 66–104.

aber auch weisheitliche Stoffe verschiedener Art aufgenommen hat.[66] Es ist eine eigene Art Fortschreibung prophetischer Texte, die von schriftgelehrten, weisheitlich gebildeten und visionär begabten Männern vorgenommen wurde: eine besondere und weiterentwickelte schriftgelehrte Prophetie.[67] Sie ist an der Zukunft Israels interessiert.

Die Situation, in der die Verfasser des Buches Daniel und wohl einiger Texte in der Jesaja-Apokalypse schrieben, war eine Zeit der Not, wie sie niemals zuvor dagewesen war: Das Volk Jahwes wurde seiner Glaubensüberzeugung wegen (unter dem Seleukiden Antiochus IV. Epiphanes) verfolgt; die Treuen waren Marter und Tod ausgeliefert. Die Frommen fragten sich, wann der einzig wahre Gott eingreifen und die Wende herbeiführen werde. Sie erhielten Antwort in ihren vom Glauben an Jahwes Macht und seine nie aufgekündigte Zuwendung erfüllten Visionen: Er wird die Schreckensherrschaft der feindlichen Weltreiche beenden und seine eigene Königsherrschaft aufrichten. Die Frommen versuchen zu erspüren und zu erfahren, wann dies geschehen wird.[68] Aber die geheimnisvoll verschlüsselten Zahlen verbleiben im Geheimnis Gottes.[69] Nur das Kommen des Endes ist sicher. Der Seher muß damit rechnen, daß er es nicht erlebt; denn das Ende dieser Weltzeit ist erst mit dem Hereinbrechen der Gottesherrschaft erreicht. Aber der Tod ist für den Frommen nicht das Ende, sondern die Wende zum herrlichen ewigen Leben. Damit kommt die Zuwendung Gottes zu seinem Volk und in ihm zur Menschheit an ihr Ziel.

7. Ausblick auf das Neue Testament

Hier noch einige Bemerkungen zum Thema »Wende«, zu denen der alttestamentliche Sachverhalt anregt:

Die Zuwendung Gottes zu seinem Volk und zur Menschheit ist in Jesus Christus personhafte und unüberbietbare Wirklichkeit geworden: »Gott hat die Welt so sehr geliebt, daß er seinen einzigen Sohn hingab, damit jeder, der (an ihn) glaubt, in ihm das ewige Leben hat« (Joh 3,16).

Jesus lebte in einem Volk und in einer Zeit, die von eschatologischen Hoffnungen und apokalyptischen Vorstellungen durchzogen waren. Davon ist auch seine Botschaft in wesentlichen Zügen geprägt. Wenn er nach dem Zeugnis der neutestamentlichen Tradition als Messias bezeichnet wird und sich selbst als den am Ende der Welt wiederkommenden Menschensohn sieht, sind Vorstellungen aufgenommen, die im Zusammenhang

---

[66] Zur eigenen Position vgl. J. Schreiner, Apokalyptik. 165–184.
[67] Vgl. was O. H. Steck, Das apokryphe Baruchbuch (FRLANT 160). Göttingen 1993, dazu anhand des Baruchbuchs zu den Autoren und der Art ihrer Darstellung in bezug auf schriftgelehrte Prophetie erarbeitet hat.
[68] Dan 2;7; Dan 8,14; 10,25 ff.; 12.11. Zu den Texten sowie zur Botschaft und Theologie des Danielbuchs siehe E. Haag, Daniel (NEB). Würzburg 1993.
[69] Das Verzögerungsproblem ist schon im Danielbuch greifbar, wie die verschiedenen Zeitangaben über das Eintreten des Endes zeigen. Siehe auch Dan 12,12 u. 12,2 ff.

mit der Zuwendung Gottes zu seinem Volk entstanden sind[70] und bis dahin in der Jüdischen Apokalyptik weiterentwickelt wurden.

Markus faßt vorauseilend die Botschaft Jesu so zusammen: Jesus »verkündete das Evangelium Gottes und sprach: Die Zeit ist erfüllt, das Reich Gottes ist nahe. Kehrt um und glaubt an das Evangelium« (1,15). Die Umkehr ist der Glaube, das Sich-Einlassen auf das Evangelium, die Gründung der Existenz in ihm, allerdings dem ganzen dann dargelegten Evangelium mit Zusage, Gabe und Forderung Gottes. Das ist die vom Menschen zu vollziehende Wende.

Die göttliche Wende, die das Volk eschatologisch erwartet, ist Jesus Christus selber. In ihm ist das Reich Gottes schon angebrochen, das am Ende vollendet werden wird. Von seiner Person gilt: »Das Reich Gottes ist schon mitten unter euch« (Lk 17,21). Darum blickt der Christ nicht ängstlich auf Ende oder Wende, sondern vertraut dem, der alles zum Guten wenden kann, und seinem Wort.

---

[70] Zu »Messias« u. »Menschensohn« s. die gedrängte Darstellung bei E. Haag, Daniel (NEB). Würzburg, 13 ff.

Plotin und Gregor von Nyssa

Enrique Borrego[1]

Einleitung

Geschichtliche Daten

Der griechische Philosoph Plotin, um 205 geboren, Schüler des Philosophen Ammonios, fing mit 28 Jahren in Alexandrien an zu lehren. In seinem 40. Lebensjahr ging er nach Rom, wo er eine Schule gründete, die sich regen Zulaufs erfreute. Selbst das Kaiserpaar soll zu seinen Zuhörern gehört haben. Sein Leben war gekennzeichnet von Askese und Leibfeindlichkeit. Er lehnte sogar ärztliche Behandlung ab, war Vegetarier, unverheiratet und galt als sehr hilfsbereit.

Mit 50 Jahren erst begann er zu schreiben. Es war sein Schüler Porphyrios, der seine Vorträge ordnete, und zwar in sechs Abteilungen mit je 9 Abhandlungen, darum der Titel *Enneaden* (griech. ennea = neun).

Plotin ist der wichtigste Vertreter des Neuplatonismus. Er hat die Philosophie Platons erweitert um aristotelische, stoische und gnostische Elemente. Der Ausgangspunkt seines Denkens ist das Leiden an der Vereinzelung der Dinge, die zu Gegensätzlichkeit, ja Feindschaft führt. Und so ist er auf der Suche nach der Einheit, nach dem Einen. Doch er entdeckt, daß alles in sich eine Vielheit birgt; selbst das *Eine*, das wahrhaft Seiende ist in sich Vielheit, Geist und Gedachtes zugleich.

Das reine Eine (pantos hen) steht als höchste Seinsstufe über allem – die erste Hypostase (Wesenheit). Aus ihm fließt die Weltvernunft (nous), Ort der Ideen, des wahrhaft Seienden – die zweite Hypostase. Aus dieser geht die Seele hervor, die Weltseele, die alle Einzelseelen einschließt – die dritte Hypostase. Diese Dreiheit bildet die vollkommene Wirklichkeit. Das stufenweise Herausfließen und Hervorgehen nennt Plotin *Emanation*. Durch die Emanation ist das Eine oder das Göttliche überall anwesend. Sie bedeutet nicht, daß das Eine etwas verlöre, wie die Licht aussendende Sonne, die unendlich strahlt und doch nie geringer wird.

Unter diesen drei Hypostasen beginnt die Welt des Sichtbaren, der »Nachahmungen des Seienden« – die vierte Hypostase, und schließlich die der Materie – die fünfte Hypostase.

Das »reine Sein« ist allerdings über alles Sein und alles Denken erhaben. Es ist stets »über alles hinaus«. Und so läßt sich auch nichts darüber aussagen. Selbst wenn man es »als Gott denkt, ist es mehr«.[2] Wir können vom Einen also nur sagen, was es nicht ist. Hier wird der Grund gelegt für das, was später »negative Theologie« genannt werden wird.

---

[1] Aus dem Spanischen übersetzt und überarbeitet von Ulrich Dobhan und Christoph Rinser.

[2] Enneaden (künftig abgekürzt E) VI 9,6. Alle deutschen Zitate nach der Übersetzung von Richard Harder, Plotins Schriften. Neuausgabe, Hamburg 1956.

Wenn nun aber das Eine unsagbar, unfaßlich ist, wie kann der Philosoph eine Erkenntnis darüber gewinnen? Nach Plotin gibt es nur den Weg der Erfahrung. Er nennt ihn das »Schauen« und entwickelt damit Platons Lehre vom Eros weiter. Dieses Schauen erreicht der Mensch, wenn er ganz vom Äußeren abläßt, sich seinem Inneren zuwendet und schließlich auch dieses noch hinter sich läßt. Dann kann er die »Ekstasis« erfahren, in der »der Schauende eins wird mit dem Geschauten«. Damit erweist sich Plotin nicht nur als großer Denker, sondern auch als echter Mystiker.[3]

Gregor von Nyssa, der gut hundert Jahre später (etwa von 331 bis 394) in Kappadokien (heute Teil der Türkei) lebte, ist einer der Kirchenväter. Zusammen mit seinem Bruder Basilios dem Großen und Gregor von Nazianz gehört er zu den »drei großen Kappadokiern«, die im Streit mit den Arianern die Trinitätslehre begründeten. Gregor von Nyssa war zunächst Rhetor und verheiratet, gab dann aber seinen Beruf auf und zog sich in ein einsames Mönchsleben zurück. 371 wurde er Bischof von Nyssa, dann (376) jedoch abgesetzt aufgrund einer verleumderischen Beschuldigung. Doch zwei Jahre später kehrt er in sein Amt zurück. Er wird zum Metropoliten von Sebaste (Kleinarmenien) gewählt und nimmt an verschiedenen Synoden teil, u.a. 381 in Konstantinopel, auf der die jung-nizänische Trinitätslehre endgültig anerkannt wird.

Gregor gilt als der größte christliche Denker seiner Zeit. Er war stark beeinflußt von Origenes und dem Neuplatonismus und setzte die Philosophie ein zur Verteidigung der Glaubenslehre. Einer seiner wichtigsten Begriffe, von Origenes übernommen, ist die »Wiederbringung aller Dinge«, d.h. am Ende der Zeit wird alles, auch der Teufel, der Seligkeit teilhaftig.

Doch Gregor war nicht nur Philosoph und Theologe, sondern – wie Plotin – auch einer der großen Mystiker des Altertums.
Seine Hauptwerke sind: *Oratio catechetica magna* (u.a. über Trinität und Menschwerdung Christi), *De hominis opificio, De vita Moysis*, außerdem viele dogmatische Schriften, Homilien, Briefe, Reden und Predigten.

Das Thema

Die erste christliche *metaphysische* Theologie entfaltete sich in einem kulturellen Kontext, der ihren biblischen Ursprüngen fremd war. Ihre Begrifflichkeit entstammt der griechischen Philosophie. Folglich müssen wichtige Begriffe aus der Metaphysik und Theologie von einem platonischen, aristotelischen oder gnostischen Kontext her verstanden werden, auch wenn dadurch die vor der Philosophie liegenden biblischen Ausdrücke nicht ersetzt, aber doch modifiziert werden. Welche Auswirkun-

---

[3] Vgl. hierzu W. Weischedel, Der Gott der Philosophen, Darmstadt 1971; auch als Taschenbuch: München ²1985, 63–69. Außerdem: Ders., Die philosophische Hintertreppe. München 1975, ²⁷1997, 70–76.

gen hätte es wohl auf die Theologie gehabt, hätte es Begriffe wie *Substanz* (= Hypostase) oder *Person* nicht gegeben? Oder in welche Richtung hätte sich die Begrifflichkeit des Trinitätsdogmas entwickelt, wäre die Theologie im Bereich des Zen gewachsen?

Solche Fragen werden angeregt, wenn wir uns mit den griechischen Kirchenvätern befassen, die ja alle über Plotin vom Platonismus beeinflußt waren. In den letzten fünfzig Jahren hat es nicht an kritischen Analysen der Theologie dieser Denker gefehlt. Dabei war das angestrebte Ergebnis allerdings eine mit der dogmatischen Entwicklung möglichst kohärente Geschichte des Denkens im Altertum, was zu einer manchmal einseitigen Betrachtungsweise geführt hat. Einige Themen verdienen es deshalb sicher, heute noch einmal gründlich bedacht zu werden.

Eines dieser Themen ist die Frage, wie die Platoniker das verstanden, was später mit dem Begriffspaar »Natur« und »Übernatur« bezeichnet wurde. Welche Gemeinsamkeiten und Unterschiede stellen wir fest zwischen dem griechischen Philosophen Plotin und dem christlichen Theologen Gregor von Nyssa?

Natur des Menschen und Initiative Gottes

Die Begriffe »Natur« und »Übernatur« kommen freilich weder bei Plotin, noch bei Gregor vor. Für Plotin ist ja alles »Emanation« des Göttlichen. Das »Eine« umfaßt das »Viele«, ohne daß deshalb das »Viele« dem »Einen« als selbständiges Seiendes gegenüberstünde. Dies betrifft auch die menschliche Seele. Allerdings stoßen wir hier auf einen besonderen Sachverhalt: Die Seele entspringt, als Teil der dritten »Hypostase«, dem Göttlichen. Doch im Prozeß der Weltwerdung, des »Hinabblickens« des »Einen«, verbindet sie sich mit dem Leiblichen. Dank ihrer Freiheit kann sie sich an das Leibliche verlieren und ihre göttliche Herkunft vergessen. Ihre Aufgabe ist es daher, den Weg des Abstieges zurückzugehen und zum Göttlichen wieder aufzusteigen. Die Frage ist nun, ob sie das aus eigener Kraft vermag oder ob es dafür einer göttlichen Initiative bedarf.

Plotin sieht tatsächlich eine solche göttliche Initiative. Sie besteht darin, daß das Gute als Schönheit alle Dinge an sich zieht. »Der Geist wird zum Guten erhoben, nachdem alle Dinge durch jenen mit Schönheit gefüllt worden sind, der ihr voraus ist, und sie von ihm das Licht empfangen haben; der Geist hat das strahlende Licht der geistlichen Kraft von jenem empfangen, der ihm voraus ist, und hat die Natur erleuchtet, und die Seele hat die Kraft zum Leben empfangen, weil ein überschäumendes Leben zu ihr gekommen ist.« Gott, »Schönheit erhaben über alle Schönheit« ist der Anziehende, der die Liebe hervorruft, in die Seele kommt, sich in ihr gegenwärtig macht und ihr eine beglückende Schau verschafft.[4]

---

[4] Vgl. E VI 7.

Teilhabe an Gott und »Apátheia«

Die Rückkehr der Seele zum »Göttlichen« vollzieht sich in vier Stufen. Auf der ersten legt der Mensch seinen Egoismus ab und entwickelt Tugenden wie Mitmenschlichkeit, Tapferkeit, Gerechtigkeit, Besonnenheit, Weisheit. Auf der zweiten Stufe löst er sich von seinen Leidenschaften und Trieben; damit gelangt die Seele auf die Ebene des Übersinnlichen. Die dritte Stufe bringt den Aufstieg zum geistigen Wesen, mit dem man die Ideen schaut. Auf der letzten Stufe schließlich verliert die Seele das Bewußtsein ihrer selbst und wird so bereit für die Vereinigung mit dem »Göttlichen«.

Diese Theorie einer »mystischen« Teilhabe nachzuvollziehen, ist nicht leicht. In einem bestimmten Augenblick der Kontemplation ist die Seele nicht mehr Seele, und auch nicht mehr Nous, da sie dem Guten ähnlich geworden ist.[5] Damit wird ein Stadium der Umwandlung beschrieben, in dem man keine Gedanken mehr wahrnimmt und zur mystischen »Ruhe« tendiert. Sobald der Mensch am Göttlichen teilnimmt, wird er »apáthos«, also *frei von Leidenschaften.*[6] Plotin verwendet wiederholt das platonische Bild vom Licht. Gott *erleuchtet* die Seele, teilt sich mit und erzeugt den Geist in seinem eigenen Licht. Das ist dann ein neuer Bewußtseinszustand des Schauenden. Das Bewußtsein wird umgewandelt, bis man mit diesem Licht, das von Ihm kommt, sieht, daß Er selbst das Licht ist.[7]

Der christliche Platonismus hat den Gedanken weiterentwickelt. Demnach vollzieht sich die Umwandlung des Menschen ins Göttliche hin nicht nur in einem moralischen, sondern in einem ontologischen Sinn. Gregor drückt den zentralen Gedanken der Teilhabe am Göttlichen manchmal mit dem Begriff *apátheia* aus. Dafür erscheint Christus als Vorbild.[8]

Gregor identifiziert die *apátheia* mit dem Stand der befreienden Gnade. Der Mensch sieht in sich »wie in einem Spiegel die Strahlen der göttlichen Sonne«. Diese Strahlen machen das Unsichtbare sichtbar, das Unbegreifliche begreiflich, das Unzugängliche zugänglich. Nach Plotin sieht ebenso der Mensch, wenn er sich selbst sieht, jenen, nach dem er sich sehnt.[9]

Die Bewegung der Einkehr faltet sich auf in »Verinnerlichung« und »Flucht«; beide bilden Anfang und Ende eines Umwandlungsprozesses. Die Verinnerlichung ist der Modus der Läuterung, während das andere Moment »die Flucht des Einsamen zum Ein(sam)en« darstellt.[10] Bei Gregor finden wir einen analogen Ausdruck, wenn er die geistige Verfassung des Moses bei seinem Gebet beschreibt.[11] Allerdings ist Gregor damit

---

[5] E VI 7, 35, 45.
[6] E I 2, 5.
[7] E VI 7, 36, 21–27.
[8] Vgl. De perfecta christiani forma. PG XLVI, 284 D. In Cant. GNO VI (Hg. W. Jäger), 90, 10–16; E I 4, 8; III 6,1–5; IV 4, 43.
[9] E V 3, 17, 28–30.
[10] E VI 9, 11, 51. Vgl. E. Borrego, Cuestiones plotinianas, Servicio de publicaciones de la Universidad de Granada. 1994, 93 ff.
[11] In Psalm. GNO V, 44, 1–2.

Plotin und Gregor von Nyssa

wahrscheinlich weit entfernt von der metaphysischen Bedeutung des plotinischen Begriffes des Einen und somit auch von der damit verbundenen Problematik.

Die Bedeutung der Bilder bei Plotin und Gregor von Nyssa

Gregor übernimmt platonisch-plotinische Bilder, die er freilich inhaltlich in Beziehung zu den Bildern der Bibel setzt und dadurch bereichert: z.B. die Ströme von Feuer und Schlamm[12], der Rost auf der Statue[13], die Statue (= Seele), die gereinigt und schön gemacht werden muß, bis in ihr das Bild Gottes zu sehen ist[14], der Nagel, der die Seele an der Erhebung zu Gott hindert.[15]

Diese Bilder beziehen sich auf eine Rückkehr zur *wahren* oder *ersten* Natur, denn sowohl für Gregor als auch für Plotin befindet sich die menschliche Natur im *gefallenen* Zustand. Die Sünde entstellt die Schönheit der Seele. Mit dem Bild von den »toten Fellen« spielt Gregor auf die Gewänder an, die Gott Adam und Eva nach dem Sündenfall überreichte.[16] Demnach ergibt sich als Folge der Sünde das Anlegen von »toten Fellen«, etwas der Natur »Angefügtes«. Diesem Bild mißt Gregor große Bedeutung bei. Vor dem Sündenfall war der Mensch nackt, und so bezeichnen diese Felle die Existenzweise des gefallenen Menschen, zu der seine Sterblichkeit, die geschlechtliche Fortpflanzung usw. gehören.[17] Der Naturzustand ist folglich die »erste Schöpfung«, der paradiesische Zustand, den Gregor mit der Erlösung vergleicht, insofern sie eine *Wiederherstellung*[18] jenes ersten Zustandes ist.

Die »erste Natur«

Der paradiesische Zustand, zu dem man durch den Läuterungsprozeß zurückkehrt, ist die »erste Natur«. Genauer: die Einfachheit dieser ersten Natur bestand für Gregor nicht in einer echten *vorleiblichen* Existenz, sondern, da es sich um ein körperhaftes Gebilde handelte, in dem nicht vom Bösen affizierten Guten. In diesem Sinn spricht er vom »einfachen Leben«, dem monoeidès.[19] Die Anklänge an Plotin sind offensichtlich, doch gibt es bei Gregor an vielen Stellen eine Übertragung der metaphysischen Sprache Plotins in eine moralische Sprache. Wie in den *Enneaden*

---

[12] Vgl. Phaidon, 111d (Paradies der Glückseligen).
[13] De vita Moysis (VM). GNO VII 1, 53, 1 ff.; Phaidon, 111e; Phaidros 246a-d; E IV, 7,4; IV, 7, 10, 46–47.
[14] E I 6, 9, 9–16; Phaidros 252d.
[15] Phaidon, 83d; o tes psyches elos; VM 122, 17–18.
[16] De virginitate, GNO VIII, 1, 302, 9–10.
[17] VM 39, 24–26. Vgl. vom Verf., El pecado de origen en S. Gregorio de Nisa. 1. Kap.
[18] In Ecclesiasten, GNO V, 296, 15–18.
[19] De anima et resurrectione. PG XLVI, 81 B.

stellen die Einheit und Einfachheit das einzige Objekt seiner Kontemplation und seiner Sehnsüchte dar, entsprechend dem Urzustand des Menschen als Abbild Gottes. Diese Ähnlichkeit, die dem Menschen ontologische Würde verleiht, ist eine Wirklichkeit, die sich in Form von Fülle und Freude darstellt. Der Begriff von Gnade bei den Vätern bedeutet Gratuität[20], die in jedem aus Liebe gemachten Geschenk vorausgesetzt wird.[21] Die Liebe Gottes ist die Grundlage für die apokatástasis.[22] Gregors *Großer Katechismus* ist wahrscheinlich der herausragendste Text der Väterzeit zu diesem Thema.

Zeit und Geschichte

Das plotinische Prinzip, nach dem die reale Welt die des *Nous* ist, findet seine Entsprechung in der Konzeption Gregors von der Gnade. Die reale Welt ist die der »Wiederherstellung«, und das bezieht sich sowohl auf die Gnade des Wiederherstellungsprozesses als auch auf die »ursprüngliche« Situation, die »wiedererrichtet« werden muß. Zum ersten Zustand zurückzukehren, bedeutet, wieder Abbild Gottes zu werden.[23] Der Grundgedanke ist zwar platonisch, doch läßt er sich mit der christlichen Lehre in Einklang bringen, die ja in erster Linie die barmherzige Initiative Gottes und den Vollzug durch Tod und Auferstehung Christi hervorhebt. Allerdings enthält die christliche Auffassung einen dem Platonismus fremden Aspekt, da sich die Gnade auf die neue Gemeinschaft im vorweggenommenen Reich richtet. Das setzt bereits einen religiösen Kontext mit entsprechenden Inhalten voraus und vor allem die Einführung von Zeit und Geschichte. Die geschichtliche Dialektik von Menschwerdung und Erlösung stiftet einen großen Unterschied zur platonischen Gedankenwelt, weil darin die wahre Realität die Welt der Phänomene übersteigt.

Das Wahrnehmbare, und folglich auch das Geschichtliche, ist eine schwache Spur des Wirklichen, also des platonisch Erkennbaren, Zeitlosen und Göttlichen. Doch wie die meisten christlichen Neuplatoniker stellt auch Gregor die Heilsgeschichte in der Zeit neben die zeitunabhängige Konzeption Platons. Das gibt Anlaß zu sprachlichen Zweideutigkeiten und zu Abwandlungen der platonischen Lehren, wiewohl gerade bei Gregor beide Denkweisen zusammenleben. Nous und Logos sind göttlicher Natur, und der Mensch hat daran Anteil.[24] Parallel zur platonischen Konzeption, wonach das Wirkliche das Erkennbare ist, läuft bei Gregor

---

[20] Ungeschuldetheit, d.h., der Mensch hat keinerlei Anspruch auf das Liebeshandeln Gottes. Anm. d. Red.
[21] Das Geschenk ist die Freiheit. Vgl. De hominis opificio 136 C. Daniélou hebt diese Behauptung hervor: »La ressemblance de l'homme avec Dieu consiste essentiellement pour Grégoire dans la liberté. C'est là une différence notable avec saint Augustin pour qui elle consiste avant tout dans l'intelligence« (Grégoire de Nysse, La création de l'homme. Sources Chrétiennes 6. Paris-Lyon 1943, 94, Anm. 1).
[22] Vgl. Oratio catechetica magna. PG XLV, 48 A.
[23] De virginitate 302, 5–9.
[24] De hominis opificio. 137 B-C.

die biblische, die wesentlich mit der Geschichte verwoben ist. Doch auch hier schließt das »Wirkliche« das ein, was später für das »Übernatürliche« reserviert wird: die »Erkenntnis der Wahrheit«. Es gibt also bei Gregor einen Ansatz für eine Phänomenologie des Geistes oder eine religiöse Metaphysik.

Die Verwandtschaft der Seele mit dem Göttlichen

Gregors Aussage: »Christus bringt die menschliche Natur zur ersten Freude des Paradieses, aus der sie durch die Sünde gefallen ist«[25], führt zu folgender Frage: Ist dabei die Zeit vor der Sünde historisch gemeint – also im Hinblick auf Adam und Eva – oder nur die Realität einer Bestimmung, die vor dem Sündenfall nicht zur Vollendung gekommen ist? Daniélou versteht den Satz von »der Rückkehr der Seele zur ersten Natur« anders. Bei Plotin – sagt er – handelt es sich um die spirituelle Natur der Seele, bei Gregor dagegen um den Urzustand des Menschen, der das übernatürliche Leben ist.[26] Seiner Meinung nach finden wir bei Gregor eine vollständig neue Interpretation, nämlich die mit Elementen des Platonismus errichtete christliche Mystik.[27] Dabei ging Daniélou vor mehr als fünfzig Jahren an diese Frage allerdings mit einer aristotelischen Denkweise heran, die es ihm schwer machte zuzugeben, daß Gregor im Menschen eine irgendwie göttliche Natur sah. Diese Interpretation von Daniélou erwähne ich hier als Beispiel für andere Interpretationen, die man zu diesem Thema gegeben hat. Vor kurzem ist auch Bord auf eine aristotelisch-thomistische Perspektive eingeschwenkt, wenn er die Theorie Plotins von der Unfähigkeit der Seele zur Sünde interpretiert oder bei der Interpretation des Sündenfalls eine moralisch-ontologische Variante einbringt.[28]

Gregor erläutert seinen Gedanken so: Wie die Tiere für das Leben mit einer bestimmten Form ausgestattet sind, so daß die Fische Flossen und Kiemen haben, oder die Vögel Flügel usw., »war es angebracht, daß auch der Mensch, geboren, um die Güter Gottes zu genießen, in seiner Natur etwas Verwandtes mit dem hätte, dessen er teilhaft war. Deshalb wurde er mit Leben, Vernunft, Weisheit und all den Gütern, die Gottes würdig sind, ausgestattet.«[29] Ein weiteres Argument: Der Mensch verfügt in seiner Natur über ihm eigene Qualitäten und zum andern über solche, die er mit der Natur Gottes gemeinsam hat, wie die Unsterblichkeit, damit er die göttliche Ewigkeit aufgrund einer innerlichen Kraft ersehnen kann. In seinem Traktat *De virginitate* gibt er die platonische These in einer seiner zweideutigsten Passagen wieder: »Ich glaube, die Schrift zeigt den Menschen so, daß das Gute Gottes sich nicht von unserer Natur getrennt vorfindet

---

[25] De oratione Dominica. PG XLIV, 1125 C; 1184 C.
[26] Platonisme et théologie. 230.
[27] A.a.O., 229.
[28] André Bord, Plotin et Jean de la Croix. Beauchesne 1996, 82; 85; 101 ff.
[29] Oratio catechetica magna. 21 D.

(...), sondern daß es immer in jedem ist, unbekannt, ignoriert, sobald es die Sehnsüchte und Genüsse des Lebens ersticken, doch immer dann wiedergefunden, wenn wir uns mit unserem Denken ihm zuwenden.«[30]

Die Väter sehen im Dualismus Natur – Gnade keinen radikalen Bruch zwischen dem Menschlichen und dem Göttlichen. Vielmehr ist der Mensch so sehr mit dem Göttlichen verwandt, daß sich seine umfassende Bestimmung und Erfüllung nur in der Gemeinschaft mit Gott verwirklichen. Die menschliche Natur erhebt sich sogar über ihre *eigenen* Grenzen und ihre biologischen und psychologischen Bedürfnisse. Diese Grundüberzeugung Plotins stellt eine Grunderfahrung der Mystik überhaupt dar.

Natürliche Erkenntnis oder Gnade: Zweideutigkeiten

In diesem Sinn entspricht der Begriff Gnade dem, was bei Plotin die *kátharsis* ist.[31] Es ist nicht möglich, in sich Gottes Bild zu sehen, solange die Seele diese Reinheit nicht in sich hat. So kommentiert Gregor die Worte Christi: »Selig die reinen Herzens sind, denn sie werden Gott schauen.«[32] Die Reinheit (apátheia) ereignet sich in der Rückbewegung zum Ursprung.

In *De vita Moysis* gibt es Stellen, in denen sich die Erkenntnis der Wahrheit (des Seins), »das seine Existenz aufgrund der Natur besitzt«, offensichtlich mit der Läuterung der Seele verbindet, durch die man zur Kontemplation Gottes gelangt. Dann »wird sich die Erkenntnis der Wahrheit von selbst offenbaren«.[33] Gott ist die Wahrheit des Seins oder die Wahrheit ist Gott; die Wahrheit zu kennen ist Teilhabe am Sein.[34] Man bedenke, daß auch für Plotin die »Rückkehr« zuerst Erkenntnis ist. Zur Urbedingung zurückzukehren setzt in einer ersten Phase voraus, daß die Seele sich dessen bewußt wird, was man heute ihre »existentielle Situation« nennen würde. Es ist der Anfangsprozeß der »Intellektualisierung«, durch die die Seele zum Nous wird.[35] Zum gegebenen Zeitpunkt wird sich die Seele ihrem Objekt, das der Eine ist, verähnlicht sehen. Plotin sagt, daß derjenige, der so betrachtet, »ein anderer wird«.[36]

---

[30] De virginitate 301, 19–25.
[31] Die Läuterung ist ein der Vereinigung mit dem Guten notwendigerweise vorausgehender Schritt. Man sagt, daß die Seele geläutert ist, wenn sie das Gute besitzt. Und das Gute zu besitzen setzt voraus, sich zum Guten bekehrt und mit ihm vereinigt zu haben. (Vgl. E I 2, 4).
[32] Mt 5, 8.
[33] VM 40, 2.
[34] In diesem Sinn spricht Ashton L. Townsley von den Vorsokratikern und insbesondere vom Poema des Parmenides als von einem Vorläufer der mystischen Dialektik des Gregor von Nyssa. Siehe dazu von dems., Parmenides and Gregory of Nyssa: An Antecedent of the »Dialectic« of »Participation in Being«. In: De Vita Moysis, Salesianum 36 (1974), 639–646.
[35] Vgl. vom Verf., Cuestiones plotinianas, Servicio de publicaciones de la Universidad de Granada, 1994, 84 f.
[36] E VI 9, 10, 15: »allos genomenos«.

Das Denken ist »eine Bewegung des Denkenden auf das Gute hin (ist), nach dem es trachtet«.[37] Der Vorgang des Denkens wird vom Guten selbst hervorgebracht: »Denn das Denkende (...) ist erst entstanden, als das Gute schon da war und das Gewordene auf sich hin bewegte, so daß es in Bewegung kam und es erblickte.«[38] »Die Seele ist eine Erkenntniskraft, die das Ewige erfaßt, da sie dem Ewigen angehört.«[39] »Man wird nämlich den Geist sehen wie er schaut (...) mit dem Ewigen das Ewige erkennt, all die Dinge im geistigen Kosmos, wobei er selbst auch seinerseits zu einem geistigen, lichthaften Kosmos wird, erleuchtet von der Wahrheit, die von dem Guten kommt, das über allen geistigen Wesen strahlt.«[40] Dieses Prinzip ist der Grund- und Angelpunkt für die gesamte mystische Dogmatik Plotins.

Schlußwort: Die Bedeutung Plotins und Gregors für die christliche Theologie

Über den *Neuplatonismus* hat Plotin das Denken der Folgezeit, zunächst vor allem der Kirchenväter in wichtigen Bereichen, stark beeinflußt: Seine Philosophie, besonders seine Lehre vom »Einen«, können wir wiederfinden in der scholastischen Ontologie. In Metaphysik, Religionsphilosophie und Theologie, aber auch in Psychologie und Ästhetik ist seine nachhaltige Wirkung spürbar. In Deutschland sind es im 18. Jahrhundert Herder, und Jacobi, später Goethe, Novalis, Schelling und Hegel, deren Werke von Plotin inspiriert wurden.

Der Einfluß Plotins auf die abendländische Mystik ist bekanntlich gewichtig. Ob er immer in seiner ganzen Tiefe und Tragweite erfaßt wird, sei hier dahingestellt. Von den Mystikern, die aus seiner Erfahrungswelt schöpften, seien lediglich genannt: Augustinus und Gregor, Thomas von Aquin und Meister Eckhart, Heinrich Seuse, Johannes Tauler, Cusanus, Johannes vom Kreuz. (Anm. der Redaktion)

---

[37] E V, 6, 5, 8–9.
[38] A.a.O., 6–9.
[39] E IV, 7, 10, 33–34.
[40] A.a.O. 36–37.

Vom Sinn der Geschichte bei Augustinus

In Auseinandersetzung mit Hegel und Marx

Juan Fernando Ortega Muñoz[1]

Einleitung

Scheint die Geschichte an den großen Kreuzungspunkten ihren Lauf zu ändern, fragt sich der Denker nach dem Sinn des Geschehens. Einen dieser Wendepunkte erleben wir heute am Ende des wohl grausamsten Jahrhunderts der Menschheitsgeschichte. Augustinus (354–430), den Untergang des Römisches Reiches erfahrend, vermochte durch das Dunkel einer ungewissen Zukunft den Anbruch einer neuen, christlich geprägten Kultur zu erahnen.

Im Laufe der Geschichte haben insbesondere drei Denker versucht, eine Ordnung im Chaos zu finden: Augustinus aus der Sicht der Theologie, Hegel aus der der Vernunft und Marx aus der des Materialismus. In diesem Jahrhundert ist viel von den beiden letzten gesprochen worden, wenig von Augustinus. Es wird Zeit, erneut nach dem ursprünglichen Geschichtsverständnis des Augustinus zu fragen. Er verstand es, seine konkreten dramatischen Lebensumstände zu transzendieren und die Geschichte in ihrer Gesamtheit zu betrachten. Der Mensch wird so nur von der Endzeit her seinem alltäglichen Mühen Sinn abgewinnen können. Das *éschaton* gibt dem gesamten Ablauf der Geschichte Bedeutung. Dies aber ist keine wissenschaftliche, sondern eine philosophische Geschichtsinterpretation, der in diesem Jahrhundert viele verpflichtet sind.[2]

Augustinus versteht die Geschichte nicht als eine willkürliche Aneinanderreihung von Ereignissen, sondern als harmonisches Epos des sich in der Zeit abspielenden Kampfes von zwei *civitates*, der im Triumph der *Civitas Dei* kulminiert. Den ersten Entwurf dieses Gedankengebäudes finden wir um das Jahr 391 in seinem Buch *De vera religione*, doch die ausdrückliche Absicht, ein Werk über die Dialektik dieser beiden *civitates* zu schreiben, formulierte er zum ersten Mal in seinem Werk *De Genesi ad litteram*, das zwischen 401 und 404 entstanden ist.[3] Was anfänglich nur ein Entwurf war, nahm allmählich Gestalt an, bis die Ereignisse von 410[4] und die von ihnen sowohl auf christlicher als auch auf heidnischer Seite hervorgerufene Reaktion ihn dazu veranlaßten, sein Werk *De civitate Dei* zu verfassen.

---

[1] Aus dem Spanischen übersetzt und überarbeitet von Ulrich Dobhan und Christoph Rinser. Für wertvollen Rat danken wir dem Institut Augustianum von Würzburg.
[2] Etwa Maritain, Guardini, Niehbur. Vgl. Karl Jaspers, Vom Ursprung und Ziel der Geschichte. Zürich 1949; Karl Löwith, Der Mensch inmitten der Geschichte. Stuttgart 1990; José Ortega y Gasset, El tema de nuestro tiempo. Madrid 1968. Vgl. E. Kahler, Qué es la historia? México 1970.
[3] Vgl. Kap. XXVII und Kap. XI, 20.
[4] Gemeint ist die Eroberung Roms durch Alarich (Anmerkung der Übersetzer).

1. Bedeutung des Wortes »Civitas«

Civitas bedeutet nicht *Stadt*, was eher dem lateinischen *urbs* entspricht. »Die von den Römern errichtete *Civitas* ist eine große Zelle gemeinschaftlichen Lebens, die aus einem zentralen Kern und einem Randgebilde besteht und zusammengesetzt ist. Der Kern ist Rom, die *urbs* schlechthin, die Metropole (»Mutter-Stadt«); das Randgebilde ist das Imperium in seiner Gesamtheit, ohne Unterscheidung zwischen dem »ager« (Acker) und den »oppida« (Landstädte). (...) Das Bürgerrecht oder das *ius civitatis* ist das auffallendste Kennzeichen der *Civitas*.«[5]

Das Wort *Civitas* entspricht aber auch nicht dem Wort *Reich*, noch ist es gleichbedeutend mit der griechischen *polis*. »Ergo ubi rex, ubi curia, ubi ministri, ubi plebs invenitur, Civitas est«.[6] Hier wird von Personen gesprochen, nicht jedoch von einem Territorium. Für Augustinus bildet die Metropole die höchste und ursprüngliche raison d'être der *Civitas*. (Hierin gründet die Verehrung, die er für Rom als Metropole hegt.) Rom wachse, behauptet er, sobald sich das Imperium ausweitet.[7] In diesem Gewinn von Fremden, die zur Vergrößerung der *Civitas* beitragen, besteht für ihn die Parallele zu der *Civitas Dei* und der *Civitas Romana*.[8] Auch die *Civitas Dei*, die Mutter-Stadt des Himmels, erwirbt sich Bürger auf Erden, denen sie das himmlische Bürgerrecht verleiht.[9]

2. Die himmlische und die irdische Civitas

2.1 Existenz und Natur der beiden »civitates«

Trotz der Verschiedenheit von Völkern, Ländern, Zeiten ist die Welt nach Augustinus eigentlich nur in zwei *civitates* aufgeteilt: die *Civitas* der Menschen, die nach dem Fleisch leben wollen und das letzte Ziel in sich selbst verlegt haben, und die *Civitas* der Menschen, die nach dem Geist leben wollen und deren letztes Ziel Gott ist. Die erste *Civitas* ist egoistisch, irdisch, die zweite altruistisch, göttlich. Beide gehen von Anbeginn der Zeiten aus den Händen der Vorsehung ihren Weg durch die Geschichte, aber das Ende ist jewels anders.

Der Mensch findet seinen Weg zu Gott nicht als isoliertes Einzelwesen. Es ist ein Unterwegssein mit den anderen Menschen in der Gesellschaft. In keinem Lebensabschnitt läßt Gott (nach Augustinus) den Menschen allein, sondern gibt ihm für sein natürliches Leben die Familie und die bürgerliche Gesellschaft, für sein übernatürliches Leben aber eine andere Familie und Gesellschaft, in der Gott selbst und die Engel die Mitbürger des

---

[5] G. del Estal, Equivalencia de Civitas en De Civitate Dei. In: Estudios sobre la Ciudad de Dios. Madrid 1956, Band II, 380.
[6] »Wo man also einen König, eine Verwaltung, Minister und ein Volk findet, da ist *Civitas*.« Enarratio in psalmos. IX, 8.
[7] De civitate Dei. II, 2.
[8] A.a.O., V, 17, 2.
[9] A.a.O., XV, 1.

Menschen sein werden. Der Mensch ist also ein Gemeinschaftswesen, das zu seiner vollen Verwirklichung und Vervollkommnung in allen Bereichen seines Lebens der Gesellschaft bedarf.

In der *Civitas Gottes* leben die Menschen zusammengefügt in der Einheit des einen Glaubens und der einen Liebe zu Gott und in ihr zu den Mitmenschen. Ihr König und Gründer ist Christus. Wie die Gerechten in den mystischen Leib der *Civitas Gottes* integriert sind, so bilden die Sünder einen mystischen Leib von Bosheit. Augustinus nennt diese *Civitas* eine »Babylonia mystica«, die »den Teufel zum König hat«.[10]

2.2 Die Dialektik der beiden »civitates«

Beide *civitates* haben Adam als gemeinsamen Vater. Diesem folgt in seiner Sünde Kain, in der Gnade Abel nach, womit die Geschichte der Menschheit in zwei unversöhnliche Lager gespalten ist. Der Grund für diese Kluft liegt letztlich in der Liebe. Zwei Arten von Liebe – die Liebe zu Gott und die Liebe zu sich selbst – begründeten zwei entgegengesetzte *civitates*.

Der dialektische Gegensatz geht allerdings nicht immer von den beiden extremen Polen von Gut und Böse aus. Oft besteht die Spannung nur zwischen dem Besseren und dem weniger Guten. Auch die *irdische Civitas* ist ein Gut, denn andernfalls könnte sie nicht bestehen.[11] Die *Civitas Gottes* hat ihr Gravitationszentrum in Gott, der im Naturrecht die Ordnung stiftet: »ordinatissima et concordissima societas«.[12] Im Gegensatz dazu hat die *irdische Civitas* das Zentrum ihrer Liebe in sich selbst verlegt, die Ordnung des Kosmos, die seinsmäßige Ausrichtung der Geschöpfe auf ihren Schöpfer zerbrochen und somit auch die Harmonie der theozentrischen Schwerkraft des Universums zerschlagen.

Diese beiden *civitates* stehen einander nicht wie zwei klar getrennte Welten gegenüber. Sie sind miteinander vermischt, und zwar so sehr, daß es oft schwer ist herauszufinden, wer zur einen und wer zur anderen gehört.[13]

2.3 Interpretation der beiden »civitates«

Augustinus führt durch die Geschichte der Menschheit und zeigt einerseits den leuchtenden, aber mit Schwierigkeiten übersäten Weg auf, den die Civitas Gottes zurücklegt, andererseits das breite Bett von Negativitäten, die die Wege der irdischen Civitas durchströmt.
Diese Sicht der Geschichte läßt verschiedene Interpretationen zu.

---

[10] Vgl. a.a.O., LXI, 6–8.
[11] A.a.O., XII, 3; XV, 4.
[12] A.a.O., XIX, 13, 1.
[13] A.a.O., X, 32.

2.3.1 Die politische Interpretation

Die politische Betrachtungsweise identifiziert die *Civitas Gottes* mit »der« Kirche und die *irdische Civitas* mit »dem« Staat. Diese früher fast allgemein akzeptierte Interpretation wird heute meist zurückgewiesen. Immerhin hat sie das Fundament für den sog. »politischen Augustinismus« geliefert und, nach Dilthey und Batiffol, in neuerer Zeit in Kamlah einen Befürworter gefunden, der in der *Civitas Gottes* wiederum die Kirche sieht, allerdings nicht als historische, sondern als eschatologische Größe verstanden, und in der *irdischen Civitas* das Römische Imperium und jeden anderen vergleichbaren Staat.[14]

Diese Theorie bewirkte, daß der Ursprung des Staates in der Polarität zwischen Gut und Böse gesehen wurde. Augustinus dagegen denkt, alle Macht komme von Gott. Die zivile Gesellschaft hat ihren Ursprung in der sozialen Natur des Menschen.[15] Außerdem hat auch die *irdische Civitas* ihren Ursprung im Anfang der Geschichte und wird bis ans Ende der Zeiten fortbestehen.

2.3.2 Die mystische Interpretation

Krankt die politische Interpretation an der Identifizierung der *civitates* mit konkreten Gesellschaften, so fällt die mystische ins andere Extrem mit ihrer Behauptung, wonach es überhaupt keine Entsprechung gebe. Es gehe nur um spirituelle, unpolitische und außerkirchliche Gesellschaften. Die Vertreter dieser Interpretation – wie etwa Burt Donald, Salvador Cuesta, Gabriel del Estal, Jean Gaudement, George H. Sabine, Joseph Ratzinger[16] – sehen in der Schrift *De civitate Dei* nur eine Apologie der Vorsehung Gottes, die »die Guten« im Kampf gegen »die Sünder« beschützt. Fast alle mildern ihre Ansicht, indem sie zugeben, daß diese *civitates* durchaus historisch in Einzelheiten mit der Kirche oder dem Staat übereinstimmen, ohne jedoch mit ihnen identifiziert werden zu können.

---

[14] U. Dilthey, Einleitung in die Geisteswissenschaften. 1883; P. Batiffol, Le catholicisme de Saint Augustin. 1920; W. Kamlah, Christentum und Selbstbehauptung. Historische und philosophische Untersuchungen zur Entstehung des Christentums und zu Augustinus. Bürgerschaft Gottes. 1940.

[15] De civitate Dei. XIX, 12, 2.

[16] S. Cuesta, La teoría del Estado según S. Agustín. In: Pensamiento 1 (1945) 68. B. Donald, Teoría agustiniana sobre la tolerancia en materia de religión. In: Augustinus. (Madrid 1960) 388. G. del Estal, Equivalencia de »civitas« en el De Civitate Dei. In: Estudios sobre La Ciudad de Dios. Madrid 1956. J. Gaudement, L'Église dans l'Empire Romain. Paris 1958. J. Ratzinger, Herkunft und Sinn der Civitas. In: Lehre Augustins. 965–969. G. H. Sabine, A History of Political Theory. New York 1937.

2.3.3 Die ekklesiologische Interpretation

Nach dieser Auffassung ist die *Civitas Gottes* die Kirche, die *irdische Civitas* aber nicht der Staat, sondern die »Extra-Ecclesia« , das heißt die Gemeinschaft von Menschen am Rande des göttlichen Heils. Es scheint, daß bereits Portalié diese Interpretation angedeutet hat.[17] Auch wenn manche Autoren diese Sicht ablehnen, spricht nicht nur die große Anzahl von gegenteiligen Interpretationen und das wissenschaftliche Gewicht der Autoren, die sie verteidigen, dafür, sondern vor allem das Zeugnis des Urtextes selbst, der an vielen Stellen *Civitas Dei* und Kirche ausdrücklich gleichsetzt.

Ein Einwand gegen unsere Interpretation scheint die Tatsache zu sein, daß es innerhalb der Kirche Gerechte und Sünder gibt, während doch die *Civitas Gottes* nur aus Gerechten besteht.[18] Augustinus benutzt die Existenz von Sündern im Schoß der Kirche als ein apologetisches Argument gegen die Donatisten, die sich selbst als »Gesellschaft der Gerechten« bezeichneten und sich gleichsam fundamentalistisch durch das Zusammenleben mit den Sündern nicht beschmutzen wollten. Dagegen führt Augustinus das Zeugnis des Evangeliums an, wo das Reich Gottes als Weizenfeld beschrieben ist, in dem es auch Unkraut gibt, oder als Fangnetz mit guten und schlechten Fischen.[19]

Daraus ergibt sich, was der *irdischen Civitas* entspricht: Sie besteht aus allen außerhalb der Kirche Stehenden.[20] Allerdings spricht Augustinus in seinem Werk vorwiegend über die *Civitas Dei*, denn mit seiner Schrift wollte er die Kirche gegenüber den Anschuldigungen ihrer Feinde verteidigen; so entsteht von der *irdischen Civitas* ein eher verzeichnetes Bild. Trotzdem gründet die Genialität der dialektischen Konzeption darin, daß Augustinus alle Menschen, die außerhalb der Kirche stehen, in einer anderen, auch als mystischer Leib strukturierten diabolischen *Civitas* versammelt hat. Das Prinzip, das beide Welten trennt, ist die Liebe, oder genauer: das jeweilige Objekt der Liebe.[21]

3. Grundlegende Beiträge des hl. Augustinus zur Geschichtsphilosophie

Augustinus ist nicht nur der Begründer der Geschichtsphilosophie. Seine Philosophie hat auch die Geschichte selbst mitbestimmt.[22] María Zambrano schreibt: »Die *Stadt Gottes* ist das Paradigma für die gesamteuropäische Kultur. Sie erhebt sich über den Horizont aller Städte hinaus und ist

---

[17] E. Portalié, Augustin (saint). In: Dictionnaire de Theologie Catholique de Vacant-Mangenot. Band 1, 2. Teil, Paris 1923, Sp. 2268–2483.
[18] Vgl. De unitate Ecclesiae; De civitate Dei. XVIII, 48; XIV, 28.
[19] Enarratio in psalmos. CIII, 5.
[20] Manchmal spricht Augustinus von »zwei Welten«, die mit den »zwei civitates« zusammenfallen. Er behauptet: »Mundus damnatus, quidquid praeter ecclesiam, mundus reconciliatus, ecclesia.« (Predigt XCVI, 8).
[21] »Profecto ut videatur qualis quisque populus sit, illa sunt intuenda quae diligit.« De civitate Dei. XIX, 24.
[22] Vgl. Leo XIII. Saepenumero considerantes. Schreiben an Kardinal Nina, 18. August 1883.

zwischen den Wolken zu sehen, wie wenn sie die wirkliche Stadt zu sich zöge und auf die Füße stellte, manchmal auch in Flammen setzte. Sie steht über Toledo, über Florenz und über Paris (...) Mehr als anderswo ist sie in den politischen Utopien und den extremsten Revolutionen präsent gewesen. Die Revolution als Idee, als alle Arten von Revolutionen umfassende Sehnsucht, die sich der Verstand ausgedacht hat, ist Tochter dieses Dranges, die Welt in der Stadt Gottes zum Leben zu bringen. Man nannte sie »Reich der Gerechtigkeit«, des »Glücks«, Sehnsucht, das Brot gerecht zu verteilen (...) Sie ist die Wurzel für all die unmöglichen Bestrebungen, die Europa dazu geführt haben, in Agonie, im Tod und in der Auferstehung zu leben, denn aus jeder toten Verheißung entsteht eine andere, um an ihren Platz zu treten, der Platz für die Stadt Gottes, für das Reich Gottes auf Erden«.[23]

Der Wert der augustinischen Geschichtsphilosophie besteht nicht nur darin, daß sie den ersten ernsthaften Versuch einer Geschichtsinterpretation darstellt.[24] Sie ist darüber hinaus eine der Leitideen gewesen, die das Denken des Mittelalters, besonders von Karl dem Großen bis Dante, beeinflußt hat.[25] Der letzte Kaiser mittelalterlicher Prägung, Karl V., entwickelte aus dem Studium dieser Schrift seine theozentrische Auffassung von Macht. (Im Kloster *El Escorial* wird eine Ausgabe von *De civitate Dei* mit handschriftlichen Anmerkungen dieses Königs aufbewahrt.) Ihr Einfluß verbreitete sich in der Neuzeit durch Bossuet, den Comte de Maistre, F. Schlegel, W. Solowjew; durch Hegel erreicht er Marx. In unserer Zeit greift vor allem Teilhard de Chardin auf das Denken Augustins zurück. In einem anderen Zusammenhang habe ich dargestellt, wie sich dieses durch Al-Farabí, Ibn Hamz, Avempace, Ibn Tufail, Averroes und andere auch in der arabischen Welt ausbreitet.[26]

Augustins Beitrag zur Geschichtsphilosophie könnten wir in folgenden sechs Punkten zusammenfassen, die in gewisser Weise in Hegel und Marx fortleben.

3.1 Der Sinn der Geschichte

Die Geschichte wird von Augustinus als übergreifendes Gebäude von Phänomenen verstanden, das seinen Sinn in der Tiefe erhält: im allmählichen Triumph der *Civitas Gottes*. Ebenso gibt sich auch Hegel nicht mit den oberflächlichen geschichtlichen Vorgängen zufrieden, die den Eindruck eines Chaos hinterlassen, sondern versucht, sich auf die Seele der Geschichte selbst einzulassen, die die Ereignisse und Taten leitet, nämlich die *Ver-*

---

[23] M. Zambrano, La agonía de Europa. Buenos Aires 1945, 126 f.
[24] »Die erste, gewiß bewundernswerte Geschichtsphilosophie ist die des hl. Augustinus gewesen« (Berdiaeff, Der Sinn der Geschichte. 2. Aufl. 1950, 7).
[25] J. Du Pance, La cité de Dieu. In: Cahier de Nouvelle Journée, 17, 117.
[26] J. F. Ortega Muñoz, La utopía del Estado perfecto en la filosofía neoplatónica de Al-Andalus. In: Anuario 7, Málaga 1993, 45–63.

nunft.[27] Er sieht in der Geschichte die Selbsterzählung, die die Idee, die sich in der Natur verloren und als Geist wiedergewonnen hat, vollbringt. Marx hingegen meint den Sinn der Geschichte in einer Dimension entdecken zu können, die er als eine ökonomisch-soziale Infrastruktur versteht.[28]

3.2 Der dialektische Sinn der Geschichte

Die Infrastruktur der Geschichte ist nach Augustinus durch den dialektischen Zusammenstoß von zwei mystischen Gemeinschaften gebildet: Altruisten und Egoisten.[29] Der Zusammenstoß dieser beiden Menschenklassen durchzieht die Geschichte von ihren Anfängen an und wird sie bis zum Ende der Zeiten begleiten. Hegel teilt diese Sicht. Doch sind diese beiden Reiche für ihn nicht die Kirche und die Extra-Ecclesia, sondern das Reich des Geistes und das Reich der Natur.

Marx nimmt sowohl Hegels Sicht auf, indem er die Geschichte als einen dialektischen Prozeß zwischen Mensch und Natur auffaßt, als auch die Interpretation des Augustinus, wenn er die Geschichte als Kampf zwischen zwei Klassen von Menschen versteht – allerdings im sozio-politischen Sinne, als Kampf zwischen der Klasse der Ausbeuter und jener der Ausgebeuteten, mit der utopischen Perspektive, daß sich die Klasse der »Altruisten«, das Proletariat, am Ende der Geschichte im kommunistischen Paradies schließlich durchsetzen wird.[30]

3.3 Der lineare Sinn der Geschichte

Augustinus lehnt die damals herrschende Philosophie der großen, in ewiger Wiederkehr ablaufenden Zyklen ab, seien diese nun verstanden als periodisch wiederkehrende Vernichtung der Menschheit (Theorie der Kataklysmen) oder als zyklische Konvergenz in der Geschichte, die gemäß dem unablässigen Ablauf der Jahrhunderte unzählige Male entsteht und zu Ende geht (Stoizismus), einer Spirale oder einem Rundlauf der Zeiten vergleichbar, in dem sich immer die gleichen Dinge wiederholen werden. Auch Hegel folgt nicht der Philosophie von der ewigen Wiederkehr, sondern versteht wie Augustinus die Geschichte als einen unwiederholbaren linearen Prozeß, als einen Tag vom Aufgang der Sonne bis zu ihrem Untergang.

---

[27] Vgl. Hegel, Die Philosophie der Geschichte, Einleitung. In: Sämtliche Werke. Stuttgart 1928, Bd. 11.
[28] Vgl. Karl Löwith, Von Hegel zu Nietzsche. Hamburg 1986.
[29] De civitate Dei. XIV, 28.
[30] Vgl. Marx-Engels, Manifest der kommunistischen Partei. 1848.

3.4 Die Periodizität der Geschichte

Nach Augustinus ist der Mensch das Maß der Gesellschaft und der Geschichte. Wie das Leben des Menschen ist diese auch in drei Abschnitte aufgeteilt: Kindheit, Jugend und Erwachsenenalter. Jede dieser drei Epochen unterteilt er in zwei weitere, so daß insgesamt sechs entstehen. Darin sieht er eine Entsprechung zu den sechs Tagen der Genesis. Sie laufen nacheinander ab, bis die Rolle der Zeiten aufgerollt ist und der Mensch den Tag des Herrn erreicht hat, das ewige Ausruhen nach dem langen Kampf. Doch hat jede der sechs Epochen auch ihren Morgen und ihren Abend. Der Abend ist immer eine kollektive Katastrophe, die den neuen Tag einleitet.[31] Auf diese Weise, abwechselnd zwischen Fülle und Krise, schreitet die Menschheit allmählich ihrer Reife entgegen.[32]

3.5 Der Providentialismus

Die Grundthese von *De civitate Dei* ist der Providentialismus. »Nichts von dem, was existiert, entzieht sich den Gesetzen des höchsten Schöpfers und Ordners, der den Frieden des Universums lenkt.«[33] Der Providentialismus schließt ein: a) eine *Proto-Historie* oder einen göttlichen Plan, der die Vorauskenntnis der Zukunft und ihre Steuerung nach einer Idee einschließt, die sich schicksalhaft in der Zeit realisieren muß; b) eine *Meta-Historie* oder endzeitliche Verwirklichung des göttlichen Planes, das *éschaton*, von dem aus der ganze Ablauf erhellt wird. Augustinus nennt es die »Zeit des Reiches«[34], in der die *Civitas Dei* ihre volle Verwirklichung erreicht; c) einen langen *historischen Prozeß*, der sich in der Zeit entfaltet wie eine Spirale, die von Gott ausgeht und zu ihm zurückkehrt.[35]

Providentialismus schließt allerdings nicht notwendig die Verneinung der menschlichen Freiheit ein. Sich auf Cicero beziehend, sagt Augustinus, daß dieser »den menschlichen Geist in eine solche Zwangslage bringt, daß er nur die Alternative zur Wahl hat: entweder hängt etwas von unserem Willen ab, oder es gibt das Vorherwissen; er glaubt nämlich, daß beides unvereinbar sei.« Cicero entscheidet sich für die Willensfreiheit und leugnet das Vorherwissen der Zukunft. Augustinus hält dagegen: »Ein frommes Gemüt aber entscheidet sich für beides, bekennt beides und hält in kindlichem Glauben beides fest.« Doch stellt er sich selbst gleich die Frage, wie das denn möglich sei. »Gibt es ein Vorherwissen des Künftigen, folgt doch (...), daß nichts mehr in unserem Willen liegt. Liegt aber etwas in unserem Willen, kommt man (...) dahin, daß es kein Vorherwissen des Künftigen gibt.« Trotz dieser scheinbar unlösbaren Antinomie bekräftigt Augustinus seine Position. »Es ist aber keine notwendige Folgerung, daß nichts mehr

---

[31] Vgl. hierzu Gen. adv. Man.
[32] Vgl. De civitate Dei. XVIII, 51.
[33] De civitate Dei. XIX, 12, 3; vgl. V, 9, 2.
[34] A.a.O., XV, 1, 2.
[35] Vgl. Confessiones. IX, 8, 18.

unserem freien Willen überlassen bleibe, wenn für Gott die Ordnung der Ursachen feststeht. Ist doch unser Wollen in der Ordnung der Ursachen mit inbegriffen, die für Gott feststeht und von seinem Vorherwissen umfaßt wird.« Damit sind wir beim Hauptthema der Geschichtsphilosophie angekommen. Hat die Geschichte einen vorherbestimmten Sinn, dann ist der Mensch nicht frei, ist aber der Mensch frei, wie soll man dann in dem ganzen menschlichen Tun und Lassen einen Sinn finden?[36]

In den menschlichen Handlungen unterscheidet Augustinus zwei Elemente: den »Willen« und die »Macht«. Der Mensch besitzt den »Willen«, Gott aber besitzt die »Macht«, die dem Akt des Willens Wirksamkeit verleiht. Der Mensch würde vergeblich etwas wollen, wenn Gott diesem Wollen nicht Wirksamkeit verliehe, um es zu einer wirklichen Handlung zu machen. Hier liegt die letzte Wurzel für die Allmacht Gottes, der »den guten Willen unterstützt, den schlechten verurteilt, jeden lenkt, indem er ihm Wirksamkeit verleiht oder nicht«.[37]

Wie behandelt Hegel diese Frage? Er drückt den Providentialismus in Begriffen der Zweckmäßigkeit aus: »Der einzige Gedanke, den die Philosophie (zur Geschichte) mitbringt, ist aber der einfache Gedanke der Vernunft, daß die Vernunft die Welt beherrsche, daß es also auch in der Weltgeschichte vernünftig zugegangen sey.«[38] Für diese Auffassung findet er gelegentlich auch eine theologische Terminologie: »Das Weitere ist, daß diese Erscheinung des Gedankens, daß die Vernunft die Welt regiere, mit einer weiteren Anwendung zusammenhängt, die uns wohl bekannt ist – in der Form der religiösen Wahrheit nämlich, daß die Welt nicht dem Zufall, und äußerlichen zufälligen Ursachen preisgegeben sey, sondern eine *Vorsehung* die Welt regiere.«[39] Es gibt bei Hegel eine *Proto-Historie* (»Die Geschichte ist nichts anderes als der Plan der Vorsehung.«[40]) und eine *Meta-Historie* (»... *Endzweck der Welt*, das Bewußtsein des Geistes von seiner Freiheit ...« »Dieser Endzweck ist das, was Gott mit der Welt will ...«[41]). Auch hier sehen wir das Problem, wie die allmächtige Vernunft und der Wille des Menschen in Einklang gebracht werden können. Hegel löst es mit Hilfe der *Schlauheit* oder *List* der Vorsehung, die erreicht, daß der Wille der einzelnen zum Plan der Idee zusammenfließt.[42] Hier taucht auch, allerdings durch ein Hintertürchen, die bereits oben erwähnte Aufteilung zwischen *voluntas* und *potestas* auf, wenn Hegel sagt, daß dies nicht bedeute, der einzelne entbehre »des Willens für sich«, während der Staat, wie der inkarnierte Gott, sich des »Willens« *und* der »Macht« erfreut, sondern nur daß der Wille des Menschen des »Wertes«, das heißt der »Macht« entbehrt.[43]

---

[36] Alle Zitate dieses Absatzes aus: De civitate Dei. V, 9.
[37] A.a.O.; Francisco de Suárez (1548–1617) nahm die augustinische Auffassung wieder auf und entfaltete sie auf der Grundlage seines originellen Thomasverständnisses in eigenständiger Weise.
[38] A.a.O., XV, 1, 2.
[39] A.a.O., 39.
[40] A.a.O., 54.
[41] A.a.O., 46 und 47.
[42] Vgl. dazu Verf., El sentido de la Historia en Hegel. Málaga 1979, 67 und ff.
[43] Hegel, a.a.O., 145.

Was bleibt von der Idee der Führung durch die Vorsehung schließlich im Marxismus bestehen? Eine ausschließlich materialistische Sicht der Welt ist unvereinbar mit der menschlichen Freiheit, die sich den unveränderlichen Gesetzen des Reiches der Natur entzieht. Doch wenn es keine Freiheit gibt, dann gibt es genau genommen auch keine Geschichte. Das blieb natürlich auch Marx nicht verborgen, und so mußte er sich der Frage stellen, wie denn die Freiheit des Menschen mit der Notwendigkeit der Geschichte vereinbar sei. Von der Geschichte als einem Ganzen zu sprechen, hat nur Sinn in dem Maße, als es einen roten Faden gibt, der die verschiedenen historischen Ereignisse zusammenhält. Doch da Marx nicht auf ein die Geschichte zu einem Ziel hin leitendes intelligentes, höheres Wesen zurückgreifen kann, sieht er sich vor folgendes Dilemma gestellt: Entweder gibt es eine menschliche Freiheit, dann ist die Geschichte unvorhersehbar und bar jeden Sinnes, oder aber die Geschichte hat einen Sinn, weshalb sie vorhersehbar ist, das geht aber nicht ohne Leugnung der menschlichen Freiheit. Die Probleme, die damit zusammenhängen, sind m.E. bei Marx keineswegs gelöst. (Fraglich ist, ob sie überhaupt zu lösen sind.) Die Aussage, der historische Prozeß hätte trotz der Aufrechterhaltung der Freiheit des Menschen, der die Geschichte macht, etwas Zwingendes an sich, zeugt vom passiven Fortbestehen des Providentialismus.

3.6 Der Finalismus

Nach Augustinus ist die Geschichte ein auf den Triumph der *Civitas Gottes* ausgerichteter Prozeß, dank dessen auch die *irdische Civitas* existiert. Weil der Sinn der Geschichte die *Civitas Gottes* ist, tritt die Geschichte in die Metageschichte ein und die Zeit in die Ewigkeit. Damit können wir von einer Logik der Geschichte sprechen, die drei Aspekte umfaßt: a) *als Theodizee*: Die Geschichte kündet vom Eingreifen Gottes, das das Tun der Menschen zu dem vorbestimmten Ziel zu leiten vermag[44]; b) *als Pädagogik Gottes:* »Gottes Geduld ruft die Bösen zur Reue in gleicher Weise, wie seine Geißel den Guten die Geduld lehrt; Gottes Barmherzigkeit liebt die Guten und fördert sie, während seine Strenge die Bösen zurechtweist und sie straft.«[45] Damit wird ein billiger Providentialismus ferngehalten, der meint, Gott würde in diesem Leben das Gute nur an Gute und das Schlechte nur an die Sünder austeilen; c) *als ästhetischer Prozeß:* Augustinus versteht die Geschichte als »eine wunderschöne Dichtung, ein Kunstwerk Gottes, das die Schönheit des Universums erreicht durch eine Art von Gegensatz (...), nicht von Worten, sondern von Taten«[46], und er sagt an anderer Stelle: »Gott erreicht aus den Gegensätzen der Geschichte wie aus consonanten und dissonanten Klängen eine höchste Harmonie.«[47] Diese ästhetische Konzeption des Universums scheint nach dem Bösen zu

---
[44] De civitate Dei. XI, 4–17.
[45] A.a.O., I, 8.
[46] A.a.O., XI, 18.
[47] A.a.O., XVII, 14.

rufen insofern, als es der Kontrapunkt des Guten ist und so erst die Schönheit des Gesamten aufstrahlen läßt. Auf diese Weise überwindet Augustinus die pessimistische Sicht von der Notwendigkeit des Bösen in der Welt durch die optimistische, Gott selbst bewirke aus dem Bösen ein noch größeres Gut oder eine noch größere Schönheit des Universums. So wird das Böse dialektisch durch das gute Ziel überwunden, dessentwegen es zugelassen wird.

Auch Hegel überwindet vom Ziel her dialektisch das Dilemma des Bösen in der Welt. Er nimmt für die Geschichte ein universales Ziel an. Das Ziel ist der *motor immobilis*, der aus seiner Fülle den Lauf der Geschichte schicksalhaft wendet und seiner Verwirklichung entgegengehen läßt. Hegel ist sehr daran gelegen, uns die Geschichte als eine Theodizee sehen zu lassen; denn nur sie macht die Gegenwart des Bösen angesichts der absoluten Macht der Vernunft verstehbar.

Für Marx ist die Geschichte auf ein *éschaton* hin ausgerichtet, von dem sie ihre volle Verwirklichung und ihren Sinn erhält. Demnach bewegen wir uns noch im Bereich der Vorgeschichte, solange wir diese endgültige Epoche noch nicht erreicht haben. In *Das Kapital* löst sich die ganze Geschichte in einem ökonomisch-sozialen Prozeß auf, der auf eine Weltrevolution und eine vollständige Erneuerung der gesellschaftlichen Strukturen zielt. Die bürgerliche Gesellschaft des Kapitalismus ist für Marx »das letze Kapitel des prähistorischen Zustands der menschlichen Gesellschaft«, der gekennzeichnet ist von Entfremdung und Arbeitsteilung. Doch in der kommunistischen Gesellschaft wird der Mensch die Überwindung dieser Phase der Entfremdung erleben und wieder zu sich selbst kommen; der Klassenkampf, die Ungerechtigkeiten und die Ausbeutung werden verschwinden, und das Proletariat wird als das auserwählte Volk nach seiner Gefangenschaft und Wanderung durch das Reich der ausbeuterischen kapitalistischen Gesellschaft zum verheißenen Land des kommunistischen Paradieses emporschreiten, das eine Art Reich Gottes auf Erden sein wird.

Diese Konzeption der Geschichte, die unwiderruflich eine Ausrichtung auf ein zukünftiges Ziel einschließt, ist in Wirklichkeit nicht rein westlich. Der Glaube, daß sich die Geschichte auf ein letztes Ziel hin bewege und dabei von einem höchsten Begriff und einem letzten Willen – bei Hegel durch einen vernünftigen Geist (und bei Marx, so können wir anfügen, durch die natürliche Notwendigkeit einer immanenten Vernunft) – als dem absoluten mächtigen »Wesen« geleitet wird, ist in seinem Kern hebräisch-christliches Gedankengut.[48]

---

[48] Vgl. K. Löwith, a.a.O.

Gott als Sinngrund des Mensch- und Weltseins nach Thomas von Aquin

Winfried Weier

Es läßt sich kaum bestreiten, daß der Mensch, der heute nach seinem Menschsein fragt, in erster Linie nur sich selbst, seine eigenen Erlebnisse und Erfahrungen, vor allem sein Selbstempfinden reflektierend betrachtet und in solcher Selbsterfahrung oder Selbstreflexion nichts als sich selbst beobachten zu können meint. Daß ihm in seiner Selbstbetrachtung zugleich die Sicht eröffnet sei auf eine transzendente Wirklichkeit, auf Gott als den letzten Sinn- und Wertgrund allen Seins und mithin auch die Sicht auf die letzten Gründe und Inhalte der Welt, dies kann bestenfalls noch behauptet oder auch begründet werden, aber der Selbstbetrachtung des modernen Menschen liegt diese Perspektive sehr ferne.

Sie stellt indes die Grundperspektive der Philosophie des Thomas von Aquin dar. Bezeichnend für viele Darstellungen dieser Philosophie ist, daß sie die Teilhabe des innerweltlichen Seins am göttlichen Sinn in der Sicht des Thomas in erster Linie oder gar ausschließlich als eine Teilhabe am göttlichen Sein verstehen[1], obgleich Thomas ausdrücklich lehrt: »in processione creaturarum ipsa essentia divina remanet *incommunicata seu imparticipata*«[2]. Diese Einseitigkeit der Thomasdeutung hatte zur Folge, daß die entscheidende, der spezifisch neuzeitlichen Denkweise entgegengesetzte Perspektive verloren ging. Danach ist Gott als letzter Sinngrund des Mensch- und Weltseins und erst in zweiter Linie, eben aufgrund dessen, als letzter Grund allen Seins zu verstehen.

*Die Drei-Einheit von Gott, Welt und Mensch
in mittelalterlicher Perspektive*

Dagegen war diese Sehweise der Selbstreflexion dem mittelalterlichen Menschen durchaus eigen.[3] Die Fragen nach Gott, Welt und Mensch stellten für sein Selbstverständnis keineswegs voneinander getrennte und gesondert zu behandelnde Fragekreise, sondern eine unauflösliche Einheit dar. Nach einem dieser drei – Gott, Welt, Mensch – zu fragen hieß zugleich

---

[1] Vgl. J. Mundhenk, Der Begriff der »Teilhabe« und des »Lichts« in der Psychologie und Erkenntnistheorie des Thomas von Aquin. Würzburg 1935; C. Fabro, La nozione metafisica di partecipatione secondo S. Tommaso d'Aquino. Torino 1950; L. B. Geiger, La participation dans la philosophie de S. Thomas d'Aquin. Paris 1953. Zur Auseinandersetzung mit dem thomasischen Teilhabegedanken: vgl. W. Weier, Seinsteilhabe und Sinnteilhabe im Denken des hl. Thomas von Aquin. In: Thomas von Aquin II. Hg. K. Bernath, Wege der Forschung, Bd. 538, Darmstadt 1981, 192–220.
[2] Thomas, De Divinis Nominibus II, 3.
[3] Vgl. W. Weier, Geistesgeschichte im Systemvergleich. Zur Problematik des historischen Denkens. Salzburger Studien zur Philosophie, Bd. XIV. Salzburg/München 1984, Kap. 7.

nach den beiden anderen fragen. Und jede Antwort auf eine dieser drei Fragen implizierte eo ipso eine grundlegende Antwort auf die beiden anderen Fragen. Insbesondere konnte die Frage nach dem Menschen nicht, wie es heute üblich ist, unabhängig von der Frage nach Gott gestellt und beantwortet werden. Umgekehrt implizierte jede Antwort auf die Gottesfrage eine fundamentale Antwort auf die Frage nach dem Menschen. Die Gottesfrage aber war zutiefst und zuletzt die Frage nach dem Sinn allen Seins, des menschlichen ebenso wie des weltlichen, und zugleich die Frage nach letzter Wahrheit und absolutem Wert.

Wurden diese Fragen auch immer in einem Zugleich auf Gott, Mensch und Welt gerichtet, nicht anders als ihre Antworten, so waren die Fragen nach Welt und Mensch doch der Gottesfrage untergeordnet, also der Frage nach Sinn, Wert und Wahrheit, an dieser orientiert und durch sie bereits vorentschieden. Das intime Ineinander, das ausdrückliche Zugleich dieser Fragen, ihre Zentrierung in der Gottesfrage war für das Selbstverständnis des mittelalterlichen Menschen von entscheidender und grundlegender Bedeutung.

Unabhängig und losgelöst von Gott war dem mittelalterlichen Philosophen das Menschsein ebensowenig denkbar wie das Weltsein. Und weil beides, Menschsein und Weltsein, nur in Gott, in Teilhabe an Gott als dem letzten Sinn, der absoluten Wahrheit, dem Wert schlechthin, dem allumfassenden Wesen gedacht und verstanden werden konnte, bildeten sie auch untereinander eine unauflösliche Einheit.[4] Mensch und Welt waren im absoluten Sinn des göttlichen Wesens eins. Diese Einheit von Gott, Mensch und Welt bedeutete aber keineswegs Identität. Vielmehr drückte alles Sein denselben göttlichen Ursinn aus, an dem auch der Mensch kraft seiner geistigen Einsicht in höherer und vollkommener Weise teilhatte, ohne ihm bereits jenen Ausdruck vermitteln zu können, den er allein in der Absolutheit des göttlichen Seins selbst haben konnte.

Daraus ergibt sich etwas Grundlegendes für das Selbstverständnis des mittelalterlichen Menschen: Die Stellung des Menschen im Kosmos, zugleich seine Würde und Auszeichnung, war bestimmt durch die nur ihm eigene, weil bewußte und verstehende Teilhabe am göttlichen Sinn, d.h. durch seine Fähigkeit des geistigen Verstehens, Schauens und Vernehmens. Dadurch war ihm der Platz angewiesen auf der höchsten Stufe aller innerweltlich Seienden einerseits und auf der niedrigsten Stufe der geistigen Wesen andererseits, deren Inbegriff Gott selbst war. Dadurch war die Stellung des Menschen im Schnittpunkt zwischen der immanenten, sichtbaren und der transzendenten, unsichtbaren Wirklichkeit bestimmt. Und weil der Mensch die innerweltlich höchste Ausdrucksform desselben göttlichen Sinnes darstellte, der sich in allen Seienden gemäß ihrer jeweiligen Seinsvollkommenheit ausdrückte, sah der mittelalterliche Denker ebenso alle innerweltlichen Ausdrucksformen des göttlichen Sinnes wie die dazu

---

[4] Im einzelnen dargestellt in: W. Weier, Sinn und Teilhabe. Das Grundthema der abendländischen Geistesentwicklung. Salzburger Studien zur Philosophie, Bd. VIII. Salzburg/München 1970, 109–195.

gehörenden Seinsstufen im Menschen wiederkehren. Deshalb war der Mensch nicht nur in exzellenter Weise Abbild des göttlichen Ursinns, sondern Abbild der ganzen Welt, der gesamten Wirklichkeit, mit der er im göttlichen Sinn verbunden war. Er war also als Mikrokosmos ein Abbild des Makrokosmos und sah sich in dieser Perspektive selbst als das Universum an.

Fragestellung und Ergebnis reichen sich hier die Hand. Nach dem Ineinander von Gott, Welt und Mensch war gefragt, und dieses war zugleich die Antwort. War also der Mensch die Welt im Kleinen, der im Mikrokosmos wiederkehrende Makrokosmos, so war sein Selbstverständnis zugleich Gottes- und Weltverständnis, in erster Linie dabei aber immer Gottesverständnis.

Durch diese Perspektive war die Grundhaltung bestimmt, die der Mensch gegenüber sich, Gott und Welt einzunehmen hatte, um nicht gegen die innere Ordnung dieses Ganzen zu verstoßen.[5] Um dem Sein aller Seienden zu entsprechen, mußte er sie in ihrer Teilhabe am göttlichen Wesen, Sinn und Wert sichten, aus dieser verstehen, lokalisieren und versuchen, ihrer dadurch bestimmten jeweiligen Seinsstufe gerecht zu werden. Alle Seienden wurden transparent für den durch sie hindurch schimmernden Inhalt des Göttlichen, der in ihnen zu erspüren war und den sie in ihrem Sein letztlich immer meinten. Jede Pervertierung innerhalb dieser Ordnung der Ausdrucksgestalten, jede Bevorzugung der niedrigeren Präsenz des Göttlichen gegenüber der höheren bedeutete Abkehr, Abwendung von eben jenem Prinzip, das höchster Inhalt, letzte Erfüllung des Menschseins war, und damit zugleich Verlust, Zerfall, Destruktion im eigenen Selbstsein. Diese Pervertierung war für das mittelalterliche Selbstverständnis Sünde.[6] Erfüllung des eigenen Menschseins konnte daher nur in der Verwirklichung eben jenes göttlichen Ursinnes bestehen, aus dem und in dem der Mensch sein Sein hatte.[7] So sah sich der mittelalterliche Mensch dazu bestimmt und aufgerufen, dem göttlichen Ursinn zu höchster Entfaltung und größtem Ausdruck innerhalb der Welt zu verhelfen und erschaute darin die Vollendung seines Daseins wie seiner Freiheit.

Daraus läßt sich bereits Grundlegendes für sein Leibverständnis herleiten. Wie alle anderen innerweltlichen Ausdrucksmedien hatte auch der Leib als das dem Geiste am nächsten stehende Ausdrucksmedium den Auftrag der Konkretion, Präsentation und Manifestation des göttlichen Sinnes. Er wurde daher nicht getrennt gesehen vom Geiste, sondern als ihm intimst zugehörig und zu eigen, als sein Instrument verstanden, durch das er die Inhalte des Göttlichen, des Sinn-, Wert- und Wesenhaften der Zeit, der Geschichte, dem Materiellen zu inkarnieren hatte.

---

[5] Vgl. W. Weier, Seinsteilhabe und Sinnteilhabe im Denken des hl. Thomas von Aquin. In: Thomas von Aquin II, Hg. K. Bernath, Wege der Forschung, Bd. 538. Darmstadt 1981, 192–220. 192–220.
[6] Augustinus, De civitate Dei. XIV, 13. Thomas von Aquin, Summa theologica (S. theol.) II-II, 162, 1, 2, 5 u. 7; ebd., I-II, 84, 2; vgl. W. Weier, Hochmut (superbia) im Mittelalter. Historisches Wörterbuch der Philosophie. Bd. III, Basel/Stuttgart 1974, 1150–1154.
[7] Vgl. W. Weier, Sinn und Teilhabe. Wie Anm. 4, 144–159.

Jede Trennung, sei es die von Leib und Geist, von Sinnlichem und Übersinnlichem, von Natur und Mensch, Gott und Mensch, Gott und Natur, Subjekt und Objekt usw., entsprach nicht dem Selbstverständnis des mittelalterlichen Menschen. Diese Einheit des Menschen-, Welt- und Gottesbildes war ihm zwar keine naiv selbstverständliche, fraglose und völlig unproblematische, aber doch im Grunde natürliche und wesensgemäße. Auch das Verhältnis zwischen Einzelnem und Gesellschaft, Mensch und Gemeinschaft war jenseits aller Spaltung und Trennung gesehen. Wie alle Seienden, so waren auch alle Menschen von Natur aus im Sinn ihres Seins geeint, letztlich in Gott, und für Streit, Kampf und Spaltung war immer die Pervertierung oder Nichtanerkennung dieser natürlichen Ordnung verantwortlich zu machen, also die Sünde.

In dieser Ordnung fühlte sich der Mensch geborgen, in ihr beheimatet, von ihr getragen, solange er sie nicht selbst verließ. Die Objektivität dieser Natur-, Welt- und Seinsordnung zu erfüllen, war Inbegriff der Freiheit und Schöpfungskraft des Menschen. Daß nachfolgende Zeiten darin den Raum menschlicher Freiheit nicht erfüllt, die Potenzen menschlicher Kreativität und Ursprünglichkeit nicht erschöpft fanden, läßt sich vermuten. Auch kann man sich denken, daß in der Folgezeit bis in die Gegenwart die Frage immer lauter und vordringlicher wurde, ob dieses menschliche Selbstverständnis nicht bereits seinen Anspruch auf Einzigartigkeit, Uranfänglichkeit und Individualität zu sehr eingeschränkt oder gar aufgegeben habe, ob diese Objektivität des vorgegebenen »ordo« nicht bereits alle einzelmenschlichen Spontaneitäten erdrücke, im Keim ersticke, entwerte oder gar zur Sünde degradiere. In der Entwicklung zur Gegenwart hin forderte die These die Antithese heraus, wonach der Mensch nur dann Mensch sei, wenn er sich ganz allein auf sich selbst, seinen jeweiligen Seinsvollzug zurückziehe, im übrigen aber ins totale Nichts stelle, selbst um den Preis, daß anstelle der Geborgenheit Angst, Sorge, Schwindel, Verlassenheit und Verzweiflung treten.

Die Einheit aller Seienden in Gott

Wie für Augustinus stellt sich auch für Thomas von Aquin die große, allumfassende Drei-Einheit von Gott, Mensch und Welt besonders unter einer zweifachen Perspektive dar: der des Sinnes und der des Wertes.

Im Anschluß an Aristoteles lehrt Thomas, daß jedes Seiende, also auch der Mensch, in zwei Prinzipien konstituiert ist, dem Materie- und dem Formprinzip. Letzteres ist beim Menschen durch das Geist-Leib-Prinzip repräsentiert. Das Formprinzip ist zugleich das eigentliche Wesen aller Seienden, ihr Bestimmungsgrund wie ihr Ziel, auf das hin sie sich entfalten. Allein, dieses Zusammentreten von Materie und Form erklärt sich nicht aus sich selbst. Denn da beide wesentlich verschieden sind, können sie nicht selbst ihre Einheit bewirkt haben. Es muß daher einen letzten Urgrund geben, aus dem sie ihre Einheit haben. Dieser Urgrund muß, um über beide verfügen und sie zur Einheit zusammenschließen zu können, die Form aller Formen, das Wesen aller Wesen, das Sein allen Seins, der Ursprung aller Ursprünge, das Ziel aller Ziele, mithin der Sinn allen Sinnes sein. In ihm kommen alle Wesensformen zur letzten Einheit, aus ihm gehen alle Seienden hervor, damit sie ihn gemäß ihrem jeweiligen Sein nachahmen, abbilden, darstellen. Diese göttliche Form aller Formen ist Urgrund des gesamten Seins aller Seienden, Urbild der Formen und Urzeuger der Materie, so daß diese ins Nichts zurücksinken müßten, wenn Gott sich nur einen Augenblick von ihnen zurückzöge. Gott erhält sie permanent in ihrem Sein, ist ihr innerlichster Daseins- und Sinngrund, und soweit sie selbst wirken können, können sie dies nur in Teilhabe an der göttlichen Seinsvollmacht (virtus) vollbringen.[8]

Nach diesem Grundgedanken des Thomas von Aquin ergibt sich im Hinblick auf das Selbstverständnis des Menschen folgendes: Sofern er existiert, Dasein hat, sich mit Dasein beschenkt weiß, sieht er sich in Teilhabe an Gott als dem letzten Grund und Sinn seines Daseins. Sofern aber auch alle anderen, in der Welt Seienden auf analoge Weise Gott zum Grund ihres Seins und Sinnes haben, sind sie in diesem letzten Grund oder Ursprung mit ihm vereinigt. In Gott sind Welt und Mensch eins, in ihm konspirieren sie miteinander, komplementieren, ergänzen und entgrenzen sich hin zum Sinnausdruck Gottes in den Geschöpfen. Aus dieser Drei-Einheit kann und darf kein Glied herausgerissen und für sich betrachtet werden. Jede Trennung des Menschen von Gott ist gleichbedeutend mit einer Lossage von seinem eigenen, letzten und innerlichsten Seinsgrund und zugleich mit einer Trennung von allen Seienden innerhalb der Welt. In der Erkenntnis des eigenen Daseinssinnes wird der Inhalt aller Seienden miterfaßt, wie auch das Umgekehrte gilt: In der Erkenntnis der weltlichen Dinge wird auch der Sinn des eigenen Daseins miterhellt.

Besonders diese letzte Relation, die Erkenntnis Gottes in der Welt, ist bei Thomas stärker betont als bei Augustinus. Während dieser mehr dazu neigte, die letzten Wahrheiten des göttlichen, menschlichen und weltlichen Seins durch die Selbstreflexion in sich selbst zu erfassen (»Noli foras ire, in teipsum redi; in interiore homine habitat veritas«)[9], geht es Thomas mehr um ein Erschauen dieser selben Wahrheiten in den Dingen mittels der Sinneserfahrung. Im Anschluß an Aristoteles ist nämlich Thomas davon überzeugt, daß wir dazu befähigt und aufgerufen sind, kraft geistiger Intuition aus den Sinneserfahrungen das in ihnen sich aussprechende und zugleich über sie hinausliegende innere Wesen der Seienden zu erschauen. Dieses Wesen ist aber nichts anderes als das Abbild des göttlichen Urbildes in jedem Seienden. Indem wir also durch geistige Intuition aus den Sinneserfahrungen jenes das Sein der Dinge ergründende Wesen, ihren Ursprung und ihr Ziel, herausleuchten, erkennen wir in seinem Abbild das göttliche Urbild, haben an ihm teil und mithin zugleich am letzten Ur-

---
[8] Thomas, Summa contra Gentiles (S. c. Gen.), III, 66. Compendium theologicum, c. 11. Vgl. W. Weier, Seinsteilhabe und Sinnteilhabe im Denken des hl. Thomas von Aquin. Salzburger Jahrbuch für Philosophie. Bd. VIII, 1964, 94 ff.
[9] Augustinus, De vera religione 39, 72.

sprung und Ziel unseres eigenen Daseins. Die Bereiche des Sinnenfälligen und Geistigen sind also nicht wie besonders bei Descartes und I. Kant voneinander getrennt, sondern verhelfen sich gegenseitig zum Ausdruck, zur Kundgabe des göttlichen Ursinnes, dessen Ausdrucksmedium alles Sein ist. Zugleich wird aber wiederum wie bei Augustinus die besondere Stellung des Geistigen innerhalb der Gesamtrealität sichtbar. Denn während alle nicht mit Geist begabten Seienden das göttliche Urbild widerspiegeln, ohne es selbst bewußt zu begreifen, ist das geistige Dasein, also das menschliche, dazu berufen und aufgerufen, dieses Urbild in sich selbst zu erkennen, in seiner ganzen Sinngestalt zu erschauen und in seinem Sinngehalt zu verstehen.

Daraus ergibt sich für Thomas die Grenzstellung des Menschen innerhalb des Kosmos. Sofern er genau die Stelle innehat, an der sich Sinnenfälliges, Stoffliches und Geistiges berühren, ist er diesen Sphären gleich nahe und gleich fern. Für den Menschen ist eine Grenzstellung zwischen geistiger und körperlicher Natur kennzeichnend, weshalb Thomas ihn als »horizon et confinium spiritualis et corporalis naturae« anspricht.[10] Als Brücke (medium) zwischen materiellem und geistigem Sein hat er gleicherweise an beiden Wertbereichen teil: »ut quasi medium inter utrasque, utrasque bonitates participet et corporales et spirituales«.[11] Diese Grenzstellung ist zugleich die zwischen Ewigkeit und Zeit: »Anima intellectiva est creata in confinio aeternitatis et temporis«.[12] Denn in der Ordnung der geistigen Seienden (in ordine intellectuum) nimmt der Mensch zwar die unterste Stelle ein. Aber kraft seiner geistigen Wesenheit (substantia) ist er doch über den Materiebereich hinausgehoben und von diesem unabhängig.[13] Während die übrigen, nicht mit Geist beschenkten Seienden den Inhalt des göttlichen Urbildes nur empfangend, rein rezeptiv ausdrücken, ist der menschliche Geist dazu befähigt, dieses nicht nur in sich zu erkennen, sondern auch schöpferisch nachzuentwerfen. Denn in zweifacher Hinsicht überragt der Mensch alle übrigen Seienden. Zum einen ist er ihnen überlegen durch seine Schöpferkraft (vis operativa), sofern er durch die freie Entscheidung Herr seiner Handlung ist: »est enim dominus sui actus per liberum arbitrium«.[14] Zum anderen aber übertrifft er alle anderen Seienden durch seine geistige Kreativität (cognitio intellectiva), die den Leib zu ihrem Ausdruck hin überformt.[15] Aber in dieser Sonder-, Grenz- oder Horizontstellung des geistig-menschlichen Daseins – und dies darf zum Verständnis mittelalterlichen Denkens nie vergessen werden – ist der Mensch nicht aus dem Gesamtkosmos herausgelöst, sondern steht vielmehr im geistigen Schauen mitten im tiefsten Sinn- und Seinsgrund allen Seins, entfaltet und vollendet diesen in höchster Vollkommenheit inner-

---

[10] Prologus in III Sententias.
[11] Ebd.
[12] S. c. Gent., III, 61.
[13] Ebd.
[14] Expositio in librum Job. 14,5.
[15] Ebd.

halb alles geschaffenen Seins. Wie aber Sinn und Sein im Denken des Thomas sich immer entsprechen – je höher der Sinnausdruck, um so vollkommener das Sein und umgekehrt – so impliziert jene höchste Teilhabe am Ursinn des Kosmos, deren der Geist fähig ist, auch alle Seinsstufen des weltlichen Seins. Der Mensch ist also Spiegelbild der Gesamtschöpfung, die Welt im Kleinen, Mikrokosmos. Deshalb ist im Menschen gleichsam das ganze Universum enthalten: »in homine quodammodo sunt omnia«.[16] Als Geistwesen trifft er sich mit dem Sein der Engel (secundum rationem convenit cum angelis), die Kraft der Sinne teilt er mit den Tieren (secundum vires sensitivas convenit cum animalibus), und die vegetativen Kräfte hat er mit den Pflanzen gemein (secundum vires naturales convenit cum plantis).[17]

Daraus geht schon weitgehend das Leibverständnis des Thomas hervor: Geist, Leib und Seele bilden wie alle Seinsbereiche eine unauflösliche Einheit. Die Geistseele enthält als Kräfte in sich, was die sinnliche Seele der Tiere und die nährende Seele der Pflanze hat. Was die pflanzliche Form in den Pflanzen bewirkt und die tierische Form in den Tieren, das bewirkt sie als geistige Form im menschlichen Leibe. Sie ist jene Wesensform, die jedes Seiende zu dem bestimmt, was es ist. So ist auch der Leib kraft der Geistseele als seiner Wesensform menschlicher Leib. Von ihr erhält er sein Leibsein. Er ist Ausdrucksmedium des Geistes und in seinen Tiefen von jenem selben Inhalt bestimmt, den der Geist schöpferisch erschaut und welcher der Grund allen Seins ist. Da der Geist nicht auf das Partikuläre, Jeweilige, Begrenzte, sondern auf das Totale, Allumfassende, Universelle ausgerichtet ist, ist auch der Leib als sein Ausdrucksmedium Universalinstrument, zu unbegrenzbaren Ausdrucksmöglichkeiten bereitgestellt. Die Geistseele macht nicht nur den Leib zum Leib, sie ist auch zu ihrer Selbstentfaltung auf ihn wie das ihr durch ihn vermittelte In-der-Welt-Sein angewiesen. Sie braucht ihn zu jener Sinneserfahrung, in der sie die Abbilder des göttlichen Urbildes erkennt. Erst im Geist ist der Leib vollendeter menschlicher Leib, und erst im Leib ist der Geist zu sich selbst gebrachter, menschlicher Geist.

Gott und Mensch, Welt und Mensch, Geist und Leib, Sinnliches und Geistiges, Materie und Form, Körperliches und Geistiges, Immanenz und Transzendenz, waren im thomasischen Selbstverständnis keine Alternativen, sondern im Inhalt, Ziel und Grund des Göttlichen zu unauflöslicher Einheit, die freilich nicht Identität besagt, zusammengeführt. Miteinbezogen in diese Einheit war selbstverständlich die menschliche Gemeinschaft, die Thomas besonders durch die Teilhabe aller ihrer Glieder an den Inhalten des Göttlichen, Menschlichen und Weltlichen begründet sah.[18] Aus dem Auftrag, sich gegenseitig zur vollen Kundgabe dieser Inhalte zu entgrenzen, zu ihrer Bezeugung miteinander zu konspirieren, verstand Tho-

---

[16] S. theol. I, 92, 2, c. a.
[17] Ebd.
[18] In I Politica l. 1. In V Pol. l. 2. S. theol. II-II, 31, 3, ad 2. In Rom. 12, l. 2. In I Cor. 12, l. 1-3.

mas den eigentlichen Sinn der Gemeinschaft und des Staates, der gleicherweise diesem Ziel verpflichtet sein sollte[19].

Die Hin-Ordnung aller Seienden auf Gott

Mit dieser Darstellung des thomasischen Selbstverständnisses ist jedoch nur dessen eine Seite, die Sinnperspektive, berührt. Zu dieser kommt als die andere Seite die thomasische Wertperspektive hinzu.

Grundsätzlich gilt: Jedes Seiende hat so viel Sein, als es die ihm eigene, seine spezifische Wesensform erfüllt und realisiert. Und so viel Sein es hat, so viel Wert hat es auch: »Omne ens, in quantum est ens, est bonum«.[20] Hinter diesem Satz steht eine ganz fundamentale Bejahung und grundsätzliche Anerkennung allen Seins bis zum Unscheinbarsten hinab. Nun ist aber die das Sein und den Wert ausmachende Wesensform letztlich in Gott begründet. In seiner ontologischen Werthaftigkeit besitzt daher auch das unter anderen Aspekten Unbedeutende und Belanglose die Tiefe und das Gewicht des Werthaften schlechthin. Die Werte sind aber, wie Thomas in Übereinstimmung mit Augustinus lehrt, immer das Ziel unseres Liebens. Somit drückt sich in dieser thomasischen Wertlehre eine tiefe Weltbejahung, Weltliebe, ja Weltbeglückung aus.

Diese Wertlehre gilt für den Menschen ebenso wie für alles Seiende und mithin auch für das Selbstverständnis des Thomas: »omnis natura appetit suum esse et suam perfectionem«.[21] Wie alles Seiende, so ist auch der Mensch auf die Entfaltung seines Wesens und damit seines Wertes hin angelegt. In dem Maße, in dem jeder, wie wir heute sagen würden, zu sich selber kommt, er selbst ist, sein eigentliches Wesen realisiert, es entdeckt, ihm gemäß lebt und es innerlich zu steigern sucht, ist er selbst werthaft, hat er selbst Sein. Damit aber realisiert er wie alle anderen Seienden gemäß ihrer Wesensentfaltung das Urbild aller Wesenheiten, Gott als den letzten Wert. In Gott ist also der Mensch in seinem Sein und Wert mit dem Sein und Wert aller Geschöpfe zutiefst verbunden, letzthin immer eins.

Zu diesem Wertaspekt kommt ein zweiter ergänzend hinzu. Von der Materie über Pflanzen, Tiere, Menschen und Engel bis hin zu Gott erstreckt sich eine Stufenordnung der Wesen, die zugleich eine Stufung des Seins und der Werthaftigkeit (»ordo bonorum«), eine gradweise Erhöhung und Verähnlichung mit Gott bedeutet. Gott ist der Kulminationspunkt dieser Wertordnung, ist als »ens perfectissimum« zugleich sowohl das »summum ens« als auch das »summum bonum«.[22] Innerhalb dieser Wertstufenordnung hat der Mensch seine Stellung zwischen Tier und Engel, die zugleich seine Grenzstellung zwischen Welt und Überwelt, Immanenz und Transzendenz bedeutet. Diese Wertstufenordnung ist final auf Gott

---

[19] S. theol. II-II, 26, 4: consociatio autem est ratio dilectionis secundum quandam unionem in ordine ad deum.
[20] S. theol. I, 5, 3.
[21] S. theol. I, 48, 1.
[22] S. theol. I, 44, 1. S. c. Gent., I, 4, 1.

gerichtet, die höhere Stufe ist immer Ziel der unteren und selbst auf die ihr überlegene als ihr Ziel ausgerichtet. Ziel all dieser Ziele ist Gott.[23] Indem alle Stufen letztlich dieses selbe Ziel haben, sind sie vereinigt in ihrem Hinbezogensein zu diesem. Hat auch jene Stufe ihre besondere Nähe oder Ferne zu diesem Ziel, über die sie aufgrund ihrer jeweiligen Seinsbestimmtheit nicht hinauskommen kann, so meint sie doch von ihrem Standort aus dasselbe Ziel, den Wert selbst und schlechthin.[24] So steht der Mensch wie alles Seiende im Schnittpunkt zwischen je individueller Wesens- und Wertverwirklichung und jener Wertstufe, die seiner Stellung innerhalb des »ordo bonorum« entspricht.

Aus dieser Wertlehre leitet Thomas die Bestimmung und Aufgabe des Menschseins ab. Er sieht sie darin, daß der Mensch die Ordnung des Ganzen in sich erkennend nachvollzieht, der Sinn- und Wertordnung allen Seins entspricht und in seinem Handeln sich ihr einfügt. Deshalb hat der Mensch immer darauf bedacht zu sein, daß er den höheren Wert dem niederen vorzieht. Denn geht er den umgekehrten Weg und gibt er dem niederen Wert den Vorrang gegenüber dem höheren, so pervertiert er diese Ordnung und sündigt. Eben dadurch verkehrt er aber jene Ordnung, die als die Grundordnung allen Seins zugleich und in einem die Ordnung seines eigenen und eigentlichen Seins, also die seines Selbstseins ist. Dabei ist entscheidend, daß jeder Verstoß gegen die Ordnung Gottes und der Natur identisch ist mit einem Verstoß gegen das eigene, eigentliche, tiefste und innerlichste Menschsein und umgekehrt. In der Entwicklung des neuzeitlichen Denkens seit Aufklärung und Deutschem Idealismus hat sich dagegen immer mehr der Gedanke durchgesetzt, daß der Mensch, um wirklich er selbst sein zu können, sich gerade von jeder vorgängigen, ihm vorgegebenen Ordnung ablösen und absetzen, ja sogar ins Nichts treten müsse.[25] Dieser Gedanke ist dem mittelalterlichen Selbstverständnis des Menschen diametral entgegengesetzt. Denn für dieses kann der Mensch nur er selbst sein, wenn er in seinen tiefsten Seinsgrund Einkehr hält, der zugleich und in einem der tiefste Wertgrund allen Seins, des göttlichen, weltlichen und menschlichen ist und in Gott selbst als dem Wert aller Werte seine letzte und eigentliche Erfüllung findet.

Die thomasische Naturrechtslehre[26] läßt sich aus all dem weitgehend herleiten. Der Mensch ist in seinem innerlichsten natürlichsten Sein Ausdruck und Abbild der alles Sein bestimmenden göttlichen Prinzipien. Die menschliche Natur oder das ganze natürliche, naturhafte Menschsein enthält in sich immer schon diese Inhalte, die darin gegenwärtig sind und erkannt werden können. So erhält die menschliche Natürlichkeit die Bedeutung und den Charakter eines Naturgesetzes (lex naturalis). Diesen

---

[23] S. theol. I, 4, 3; 2, 3. S. c. Gent., III, 22, 7.
[24] S. theol. I, 44, 1 u. 3. S. c. Gent., II, 13.
[25] Vgl. W. Weier, Strukturen menschlicher Existenz. Grenzen heutigen Philosophierens. Paderborn 1977, §§ 67–78; ders., Nihilismus. Geschichte, System, Kritik. Paderborn/München/Wien/Zürich 1980, §§ 7–9, 14–17, 23–25.
[26] Vgl. W. Weier, Sinn u. Teilhabe. Wie Anm. 4, 159 ff.

Gesetzescharakter hat sie freilich nicht aus sich selbst, sondern aus jenen in ihr wirkenden, in ihr sich bekundenden und manifestierenden, alles Sein bestimmenden göttlichen Sinn-, Wert- und Wesensgehalten. Dieser Naturbegriff des Thomas umfaßt das gesamte Menschsein, also auch den Bereich des Geistigen. Jede Trennung von Natur und Geist entspricht nicht dem Selbstverständnis des mittelalterlichen Menschen. Das Naturgesetz ist daher nichts anderes als die Teilhabe der menschlichen Natur am Inhalt des göttlichen Ursinnes und Urwertes: »lex naturalis nihil aliud est quam participatio legis divinae in creatura rationali«.[27] Der menschliche Geist erfaßt diese Prinzipien des Naturgesetzes genauso unmittelbar wie die obersten Prinzipien des Denkens, und in diesen Prinzipien des Denkens wie der Natur spiegelt sich der letzte Grund und das höchste Ziel allen Seins wider. Die Teilhabe des Denkens und der Natur an Gott als dem Prinzip aller Prinzipien stellt eine Grundhaltung, Grundverfaßtheit und Grundbestimmung des Menschen dar, einen »habitus principiorum operabilium«.[28] Dieser »habitus« ist für Thomas das Gewissen oder das Seelenfünklein (synderesis), jener Bereich der intimsten Verbundenheit von Gott, Mensch und Natur: »synderesis dicitur lex intellectus nostri, inquantum est habitus continens praecepta legis naturalis, quae sunt prima principia operum humanorum«:[29] In der »lex naturalis« also manifestiert sich die »lex aeterna« oder »lex divina«.[30] Dieses Naturgesetz ist die Grundlage alles menschlichen Rechts, des positiven Rechts, des Zivil- und Völkerrechts.

Was besagt dies für das Selbstverständnis des Thomas? Allem vorweg, daß jeder Verstoß gegen die Natur, gegen ihre eigene Ordnung, gegen ihre Gesetzlichkeit, jeder diese pervertierende Eingriff einen Verstoß gegen das Menschsein darstellt, zugleich und in einem aber gegen Gott und Welt. Dies ist jedoch nur die negative Seite des thomasischen Naturrechtsgedankens. Positiv besagt er, daß all unsere natürlichen Neigungen per se sakrosankt, unanfechtbar und nicht nur gottgewollt, sondern Ausdruck des göttlichen Wesens selbst sind. Nirgendwann haben unsere natürlichen Neigungen innerhalb der Geschichte des menschlichen Selbstverständnisses einen höheren Rang, eine größere Auszeichnung und eine tiefere Bejahung gefunden: »secundum igitur ordinem inclinationum naturalium est ordo legis naturae«.[31] Das Naturgesetz (lex naturae) aber ist nichts anderes als die Teilhabe am göttlichen Gesetz (nihil aliud quam participatio legis divinae). Es ist also eine grundfalsche Vorstellung zu meinen, der mittelalterliche Mensch habe die natürlichen Neigungen verachtet, darin nichts als böse Begierde und Verderbtheit gesehen und versucht, sie allesamt auszulöschen. Der Gedanke an eine unterschiedslose Verachtung aller natürlichen Neigungen ist nicht mittelalterlicher Herkunft.

---

[27] S. theol. I-II, 91, 2.
[28] S. theol. I-II, 94, 2; 93, 2; 91, 2.
[29] S. theol. I-II, 94, 1.
[30] S. theol. I-II, 91, 2 ad 3; ebd., I-II, 91, 2, c. a.
[31] S. theol. I-II, 94, 2.

Insbesondere meint Thomas, daß wir unbedingt unserem natürlichen Glückstreben folgen sollen, und zwar ohne Einschränkung. Denn er ist davon überzeugt, daß das natürliche Suchen nach dem Glück (beatitudo), nach Freude, innerster Erfüllung und Beseligung zutiefst und zuletzt immer auf Gott gerichtet ist, ihn immer in allem letzthin sucht, in ihm allein zur Ruhe kommt, ja in ihm besteht: »In solo igitur Deo beatitudo hominis consistit«.[32] Er ist letztes Ziel (finis ultimus) all unseres Strebens, Drängens, Suchens, Ringens und Sehnens. Er ist das letzte Ziel unserer Freude und Glückseligkeit (felicitas vel beatitudo), um die unser ganzes Leben kreist.[33] Denn diese finden ihre letzte Erfüllung nicht in einem vorläufigen, noch steigerungsfähigen Inhalt, sondern allein in jenem allumfassenden Wert (summum bonum, bonum universale), der Gott selbst ist.[34] Folgen wir also unserer tiefsten und wahrsten Herzensneigung (lex naturalis), so stehen wir eo ipso in der Verwirklichung des Göttlichen (lex divina). In der Sünde sind wir noch nicht unserer eigentlichen Neigung gefolgt, wie die Reue zeigt, die anders gar nicht möglich wäre. Folgen wir unserem wahren Glücksstreben, so können wir nicht fehlgehen, denn dieses zieht uns immer zum schlechthin Beseligenden, zu Gott. »Dilige et quod vis fac«, hatte Augustinus gesagt.[35]

Im innerlichsten Grund ihres Selbstseins, ihrer Eigentlichkeit, ihrer Existenz treffen Augustinus und Thomas nicht wie die nihilistische Existenzphilosophie[36] unserer Zeit auf das Nichts, sondern auf das uns allein erfüllende, beseligende, voll beglückende »bonum universale«, auf Gott als den Wert schlechthin. Dieses Selbstverständnis des Menschen ist also immer zugleich und in einem Gottesverständnis, Selbstfindung ist Gottesfreude, Selbsterfüllung ist Gottesglück, Selbstgewißheit ist Gotteserkenntnis, und Selbstsicherheit ist Getragensein in Gott.[37]

Die Sinnteilhabe

Es ist auffällig, wie oft Thomas den Gedanken der Schöpfung mit dem Vergleich eines Künstlers, der ein Kunstwerk schafft, oder eines Architekten, der ein Haus bauen will, verbindet.[38] Was er damit verdeutlichen will, ist offenbar die Tatsache, daß eine präkonzipierte Idee in einem im Vergleich zu ihr selbst heterogenen Medium approximativen Ausdruck

---

[32] S. theol. I-II, 2, 8.
[33] S. theol. I-II, 90, 2.
[34] S. theol. I, 44, 1. S. c. Gent. I, 4, 1; 27, 13; II, 15, 7. Thomas, De veritate 2, 3.
[35] Augustinus, Tractatus in epistulam Joannis, P. L. 35, 2033.
[36] Vgl. W. Weier, Strukturen menschlicher Existenz. §§ 67–78.
[37] S. theol. I, 44, 3, c. a.: Et ideo oportet dicere, quod in Divina sapientia sint rationes omnium rerum, quas supra diximus ideas, idest formas exemplares in mente divina existentes. Quae quidem licet multiplicentur secundum respectum ad res, tamen non sunt realiter aliud a divina essentia, prout ejus similitudo a diversis participari potest diversimode. Ebd., I, 16, 5 u. 6; De potentia (De pot.), 3, 16 ad 24.
[38] S. theol. I, 15, 1; ebd., I, 15, 2; ebd., I, 16, 1; De pot. 3, 1, 13; ebd., 3, 6, ad 2; ebd., 3, 15, 3 usw.

findet.³⁹ So sind in Gott alle Wesenheiten vor ihrer Verbindung mit dem Sein präkonzipiert, und da in Gott Sein, Wesenheit und Sinn ineins fallen, ist Gott selbst in diesem Sinne die Wahrheit und Wesenheit der Dinge. So zeigt Thomas im Anschluß an Joh 14 (Ego sum via, vita et veritas), daß nicht *in* Gott die Wahrheit der Dinge ist, sondern *er selbst* die »prima veritas« sei.⁴⁰ In der Schöpfung sucht Gott die Dinge dieser seiner Wesenheit anzupassen: »veritas per prius est in intellectu (sc. divino) et per posterius in rebus, secundum quod *ordinantur* ad intellectum divinum«.⁴¹ Er hat in seiner Weisheit, die zugleich seine Wesenheit ist, die »rationes corporum«, denen die Körper angeglichen werden (assimilantur) wie ein Kunstwerk der Idee des Künstlers.⁴² Wie im Geiste eines Architekten die Idee des Hauses ist, das er bauen will und der er den Bau des Hauses anzupassen sucht, so präexistiert in Gott der Sinn der Welt, auf den hin er sie schuf.⁴³ Nun betont Thomas, daß dieser Sinn in Gott nicht als eine Pluralität von Ideen verstanden werden kann, weil dies seiner Einfachheit widerstreiten würde. Vielmehr entspricht der Vielfalt der Ideen die Schau einer großen Sinneinheit⁴⁴ und Sinntotalität⁴⁵ in Gott. Und Gott sieht nicht nur diese Sinnganzheit in sich, sondern er erkennt zugleich, wie weit seine Schöpfung dieser Sinntotalität ähnlich werden kann und wie weit nicht.⁴⁶ Der Sinn, den die Schöpfung widerspiegelt, ist daher auch nicht als in jeder Wesenheit für sich nur punktuell dargestellt zu verstehen, sondern als die Sinnganzheit aller Wesenheiten, die den göttlichen Sinn spiegeln.⁴⁷

Diese Verähnlichung der Welt mit dem in Gott präkonzipierten Sinn verdeutlicht Thomas als ein Verhältnis der Teilhabe an diesem Sinn: »unaquaeque auten creatura habet propriam speciem, secundum quod *aliquo modo participat divinae essentiae similitudinem*«.⁴⁸ Diese Sinnteilhabe, diese Teilhabe der Wesenheiten am göttlichen Sinn, muß genau unter-

---

[39] So sieht auch A. D. Sertillanges, Der heilige Thomas von Aquin. Hellerau 1928, 246, den Sinn dieses Vergleichs darin, »daß die Idee des Hauses hier und dort auf eine ganz verschiedene Art und Weise verwirklicht ist«.

[40] S. theol. I, 16, 5 c. a.

[41] Ebd., I, 16, 6.

[42] De pot. 3, 1, 13. ebd., 3, 6, ad 25: Deus (...) habet (...) in sua sapientia rationes corporum, quibus corpora assimilantur per modum quo artificiata artifici similantur.

[43] S. theol. I, 15, 1 c. a.: Agens non ageret propter formam, nisi inquantum similitudo formae est in ipso (...) sicut similitudo domus praeexistit in mente aedificatoris. Et haec potest dici idea domus, quia artifex intendit domum assimilare formae, quam mente concepit (...) in mente divina sit forma, ad similitudinem cujus mundus est factus.

[44] Ebd., I, 16, 6 c. a.: Et sic licet plures sint essentiae, vel formae rerum, tamen *una est veritas divini intellectus*, secundum quam omnes res denominantur verae.

[45] Ebd., I, 15, 2, c. a.: Non est autem contra simplicitatem divini intellectus, quod multa intelligat: sed contra simplicitatem ejus esset, si per plures species ejus intellectus formaretur (...) Deus autem *uno intellectu* intelligit multa, et non solum secundum quod in seipsis sunt, sed etiam secundum quod intellecta sunt.

[46] Ebd., Potest autem cognosci (sc. essentia Dei) non solum secundum quod in se est, sed secundum quod est participabilis secundum aliquem modum similitudinis a creaturis.

[47] De pot. 3, 15, ad 2: Ex perfectione divinae naturae est, quod virtute naturae divinae *ipsius naturae similitudo* creaturis communicetur.

[48] S. theol. I, 15, 2 c. a.

schieden werden von der Teilhabe der Wesenheiten am Sein (»esse commune«). Während zwischen dem geschaffenen und göttlichen Sein, was dieses als solches betrifft, ein Verhältnis der *Heterogenität* besteht, gibt es im Verhältnis des geschöpflichen zum göttlichen Sinn einen Bereich der *Sinnidentität*. Während die Teilhabe des geschaffenen Seins am göttlichen im Sinne des Thomas keine unmittelbare Beziehung zum Sein Gottes in formaler Hinsicht darstellt[49], bedeutet diese Sinnteilhabe eine Dircktbeziehung zum göttlichen Sinn als solchem. Erst durch die konstitutive Beziehung dieses Sinnes zum »esse commune« des geschöpflichen Seins wird diese Übereinstimmung mit dem göttlichen Sein zugleich zu einer Nichtübereinstimmung, in der jedoch jene Direktbeziehung keineswegs ausgelöscht wird: »Dicuntur tamen res *distare a Deo per dissimilitudinem naturae* vel gratiae, sicut et ipse est super omnia per excellentiam suae naturae«.[50] Die eigentliche Ursache dieser »dissimilitudo« ist zweifellos das »esse sommune«, das geschöpfliche Sein. So sieht Thomas ganz klar, daß eine Direktteilhabe der Dinge an Gott nicht auf ihr reales, sondern nur auf ihr ideales Sein, nicht auf ihr Sein als solches, sondern nur auf ihren Sinn bezogen werden kann: res creatae Deo assimilantur secundum quod ab ipso processerunt *per similitudinem idealem*.[51] So ist die eigentliche Intention des immer und immer wieder angeführten Vergleichs der Schöpfungstat Gottes mit dem künstlerischen Schaffensprozeß zu zeigen, daß zwischen Geschöpf und Schöpfer zwar eine asymptotische Sinngleichheit, nicht aber eine Seinsgleichheit besteht, wie es auch zwischen Künstler und Kunstwerk zwar eine Sinnidentität annäherungsweise, nicht aber eine Seinsidentität (»non quantum ad naturam artificis«[52]) gibt.

Einen besonderen Fall der Teilhabe »per similitudinem idealem« stellt die Teilhabe unseres Denkens an den Ideen in Gott dar. Wie alle Wesenheiten, so steht besonders der menschliche Geist in metaphysischer Teilhabebeziehung zum göttlichen Sinn. Da der Geist an demselben Sinnbereich partizipiert, an dem die Wesenheiten der Dinge »per similitudinem idealem« teilnehmen, ist dieser Sinnbereich das metaphysische Medium, das die Übereinstimmung des Denkens mit den Dingen gewährleistet. In diesem Sinne ist Gott die metaphysische »*radix verificans*«[53], welche die Erkenntnis der Wesenheiten durch das Denken überhaupt ermöglicht. Da Gott die Dinge ja nach demselben Sinn erschaffen hat, zu dem in besonderer Weise der menschliche Geist in Sinnteilhabe steht, die eben keine ontologistische Teilhabe am göttlichen formalen Sein dieses Sinnes bedeutet, ermöglicht die Teilhabe an diesem Sinnmedium zugleich die Teilhabe am Sinn der dinglichen Wesenheiten: »Nam essentia Dei est *sufficiens medi-*

---

[49] Vgl. W. Weier, Sinn und Teilhabe. Wie Anm. 3, 144–150.
[50] S. theol. I, 8, 1, ad 2. S. c. Gen. I, 29: Cum omnibus similitudinem habet et dissimilitudinem simul (sc. Deus).
[51] De pot. 7, 6, 5.
[52] De pot. 3, 15, 3.
[53] De pot. 7, 6, c. a.: omnes rationes sunt quidem in intellectu nostro sicut in subjecto: sed in Deo sunt ut in radice verificante has conceptiones.

um ad cognoscendum diversas creaturas et sufficiens virtus ad eas producendas«.⁵⁴ Somit ist Gott Seins- und Erkenntnisprinzip der Dinge, wenn auch in verschiedener Weise: »Cum enim sciat alia a se per essentiam suam, inquantum est similitudo rerum, vel ut principium activum earum, necesse est, quod essentia sua sit *principium sufficiens cognoscendi* omnia, quae per ipsum fiunt, non solum in universali sed etiam in singulari«.⁵⁵

Da aber die dinglichen Wesenheiten durch ihre Verbindung mit dem »esse commune« diesem Sinnbereich gegenüber »similitudo« und »dissimilitudo« zugleich darstellen, wird deutlich, daß auch der menschliche Geist durch die Erkenntnis der dinglichen Wesenheiten in der Sinnerfahrung nur zu einer »similitudo deficiens« diesem Sinn gegenüber gelangen kann. Der Geist sieht den göttlichen Sinn durch viele Gleichnisse, die doch hinter ihm zurückstehen: »(sc. intellectus noster) non potest pertingere ad illam Dei essentiam videndam secundum quod est, sed videt eam per multas *similitudines ejus deficientes*«.⁵⁶

Klar sieht Thomas diese Beschränkung einer absoluten Sinnerkenntnis im Zusammenhang mit der Teilhabe der Wesenheiten an jenem Sein, das eben im Unterschied zum »esse imparticipatum et incommunicatum« Gottes doch ein »esse participabile«⁵⁷ ist: »sola (sc. Dei) substantia est ipsum abstractum esse, ita sola ejus substantia est ipsum intelligere omnio abstractum. Omnia igitur alia *sicut* habent esse participatum, *ita* participative intelligunt, seu qualitercumque cognoscunt«.⁵⁸

Da also Begriffe wie Dinge zu dem göttlichen Sinn in einem Verhältnis der Teilhabe »per similitudinem idealem« stehen, das in verschiedenem Grade den Ursinn wiedergibt, stehen sie auch untereinander in einer bloßen Ähnlichkeitsbeziehung: »Species autem intelligibilis intellectus nostri est *similitudo rei*, quantum ad naturam speciei, quae est participabilis a particularibus infinitis«.⁵⁹ »Cum autem omnis res sit vera secundum propriam formam naturae suae necesse est, quod intellectus, inquantum est cognoscens, sit verus, inquantum habet *similitudinem* rei cognitae, quae est forma ejus, inquantum est cognoscens«.⁶⁰

So besteht ein Verhältnis unvollkommener Sinnabspiegelung zwischen den göttlichen Urbildern und den dinglichen Abbildern einerseits und den göttlichen Ideen und unseren Begriffen andererseits, wie auch zwischen

---

⁵⁴ De pot. 3, 16, ad 24. S. theol. I, 16, 6 c. a.: sicut ab una facie hominis resultant plures similitudines in speculo, sic ab una veritate divina resultant plures veritates.
⁵⁵ S. theol. I, 14, 11 c. a. In Bezug auf die Idee sagt Thomas so auch im Anschluß an Platon: S. theol. I, 15, 3 c. a.: Et secundum quod est principium factionis rerum (sc. idea), exemplar dici potest, et ad practicam cognitionem pertinet. Secundum autem quod principium cognoscitivum est, proprie dicitur ratio, et potest etiam ad scientiam speculativam pertinere.
⁵⁶ De pot. 7, 6 c. a.
⁵⁷ Thomas, De Anima 6, ad 2.
⁵⁸ De substantiis sep. c. XII.
⁵⁹ S. theol. I, 14, 12. c. a.
⁶⁰ Ebd., I, 16, 2 c. a. De pot. 7, 6 c. a.: Nam non essent verae conceptiones intellectus, quas habent de re aliqua, nisi per viam similitudinis illis conceptionibus res illa responderet.

den dinglichen Wesenheiten und den Begriffen unseres Denkens, da der göttliche Sinn als »medium« zwischen Ding- und Geisteswelt »radix verificans«, »principium sufficiens cognoscendi omnia« sein kann. Diese Teilhabe unseres Geistes am göttlichen Ursinn »per similitudinem idealem« bedeutet nicht nur die für jede Wesenheit geltende metaphysische Beziehung der Teilhabe am Sinn[61], sondern darüber hinaus eine durch die Erkenntnis der dinglichen Wesenheiten, die ihrerseits ja wiederum nur Gleichnis des Ursinnes sind, vermittelte größere Annäherung an die Sinnganzheit.

So ergibt sich ein Verhältnis gegenseitiger Sinnspiegelung oder Sinnteilhabe, wie es Thomas zwischen dem göttlichen Ursinn, der mit seinem Wesen identisch ist, den Dingen und den Begriffen unsres Geistes sieht.

---

[61] Ebd., I, 16, 6, ad 1: Anima non secundum quamcumque veritatem judicat de rebus omnibus, sed secundum veritatem primam: inquantum resultat in ea, sicut in speculo, secundum prima intelligibilia.

»Das ist mein glaube ...«

Luthers *Großes Bekenntnis* von 1528[1]

Gunther Wenz

1. »... fur unsers herrn Jhesu Christi richtstuel«[2]: Luthers Konfessionsbegriff

Bekenntnis ist nächst dem Gebet, in dessen Kontext es gehört, das erste und ursprünglichste Werk des Glaubens. Wessen der Glaube innegeworden ist und wessen er sich im Gebet beständig vergewissert, das wird im Bekenntnis geäußert, um erkennbares Zeugnis zu geben vom heilsamen Grund, auf den der Glaube sich verläßt: nämlich Zeugnis von Gott, wie er in Jesus Christus in der Kraft des Geistes offenbar ist, damit dem Menschen samt der kreatürlichen Welt, die in Sünde und Bosheit zu vergehen droht, Rettung und ewiges Leben zuteil werde. Indem er solchermaßen den dreieinigen Gott als den im auferstandenen Gekreuzigten offenbar gewordenen Grund des Heils bekennt, entspricht der Glaube dem Evangelium, durch das er hervorgerufen wurde und dessen Antwort er ist. Dabei hat als innerstes Zentrum und erstes Moment bekennender Glaubensantwort auf die Zusage des Evangeliums nichts anderes und nicht weniger zu gelten als die Selbstübereignung des Glaubenden an den göttlichen Grund des Glaubens, den er im Bekenntnis bezeugt. Selbstentäußerung in hingebungsvollem Vertrauen ist die Grundlage aller Äußerungsformen bekennenden Glaubens.

Im Verständnis des Bekenntnisses als einer Selbstentäußerung im Sinne der abnegatio sui, wie es gerade für Luthers Theologie kennzeichnend ist[3], ist die Erinnerung an die bußtheologische Herkunft des confessio-Begriffs in unschwer erkennbarer Weise mitenthalten. Bekanntlich stellt nach traditioneller Lehre die *confessio oris* – das mündliche Bekenntnis der Sündenschuld in der Weise der Beichte – neben *contritio* (Reue) und *satisfactio* (Genugtuung) ein Moment des *sacramentum absolutionis* dar. Trotz aller Kritik und trotz aller Modifikationen des mittelalterlichen Bußinstituts von reformatorischer Seite bleibt der Zusammenhang von Luthers Bekenntnisbegriff mit dem poenitentialen Verständnis von confessio kontinuierlich erhalten. Denn Bekennen heißt nach Luther im wesentlichen »zum Bewußtsein, zur Erkenntnis, zur Anerkenntnis des wahren Verhält-

---

[1] Weimarer Ausgabe (künftig WA), D. Martin Luthers Werke. Kritische Gesamtausgabe, Weimar 1883 ff., hier: 26,509,19 und 26,499–509.
[2] WA 26, 499, 10.
[3] Daß ein Bekenntnis, das dem Evangelium glaubend entspricht und sich von dessen Zusage bestimmt sein läßt, in elementarer Weise mit dem Vollzug einer abnegatio sui im Sinne vertrauensvollen Sich-Verlassens auf Gott verbunden ist, läßt sich am confessio-Begriff des jungen Luther eindrücklich zeigen, wie es z.B. in den Ausführungen der Römerbriefvorlesung steht. Siehe dazu Anhang.

nisses zwischen Gott und Mensch kommen. Gott der Alleinheilige, der Mensch Sünder vor ihm! Diesen Tatbestand sehen, verkünden und darum mit ungeteiltem Herzen leben, das heißt bekennen.«[4] Heilsam ist solches Bekennen freilich nur, wo Gott der Alleinheilige dem sündigen Menschen als der Versöhner und Erlöser begegnet, als der er in Jesus Christus in der Kraft des Heiligen Geistes in einer allem menschlichen Bekennen zuvorkommenden Weise offenbar ist. Diese Erkenntnis gehört untrennbar zu reformatorischem Bekenntnis und unterscheidet es zugleich von allen überanstrengten Versuchen, das Heil durch eigenmächtige Selbstnegation erzwingen zu wollen, etwa im Sinne einer imitatio, die meint, der Selbsthingabe Jesu bis zur resignatio ad infernum nachahmend folgen zu können, ohne vorher des auferstandenen Gekreuzigten, der stellvertretend für uns gelitten hat, in seiner Unvergleichlichkeit österlich gewahr zu werden.

Schon aus diesen wenigen Bemerkungen wird deutlich, was an Luthers *Großem Bekenntnis* von 1528 dann im einzelnen zu belegen sein wird, daß nämlich der hamartiologisch-rechtfertigungstheologisch strukturierte Bekenntnisbegriff, wie er für die Reformation charakteristisch ist, von der Erkenntnis und glaubenden Anerkenntnis des dreieinigen Gottes in keiner Weise abzulösen ist. Beides gehört untrennbar zusammen: Im Bekenntnis des dreieinigen Gottes wird dem Glauben der Grund seiner selbst vorstellig, wie er im Evangelium der Rechtfertigung des Sünders gegeben ist, die aus göttlicher Gnade um Christi willen in der Kraft des Heiligen Geistes erfolgt. Alles was sonst noch bekenntnistheologisch zu sagen ist, ergibt sich folgerichtig aus diesem Zusammenhang. Das gilt namentlich für den elementar ekklesiologischen Charakter des christlichen Bekenntnisses. Im Bekenntnis realisiert der Glaube, wessen der Glaubende im Innersten gewahr geworden ist, daß er zwar vor Gott in schlechterdings singulärer Weise ein einzelner und doch gerade so untrennbar verbunden ist mit seinen Mitmenschen und insbesondere mit seinen Brüdern und Schwestern im Glauben, deren irreduzibler Andersheit vor Gott und um Gottes willen liebende Anerkennung gebührt. Kurzum: Individualität und Sozialität gottbezogenen Glaubens gehören gleichursprünglich zusammen. Das gilt auch und gerade für das Bekenntnis des Glaubens, das seinem Wesen nach nicht lediglich die private Überzeugung eines einzelnen, sondern kirchlichen Gemeinsinn zu artikulieren beansprucht, wie er aus dem gemeinsamen Hören des Evangeliums hervorgeht und gehorsame Verantwortlichkeit dem Evangelium gegenüber zur notwendigen Folge hat. Nicht umsonst hat das Bekenntnis seinen genuinen Sitz im Leben in der zum Gottesdienst versammelten Gemeinde, deren Gemeinschaft jeder Getaufte unveräußerlich angehört, um im Glauben gestärkt und bewahrt sowie zu christlicher Weltsendung bereitet zu werden.

Ist die ekklesiologische Dimension im Begriff christlichen Bekenntnisses sonach auf genuine Weise impliziert, so ergibt sich daraus sachlich notwendig, daß auch das Bekenntnis zur Einheit[5] und Ökumenizi-

---

[4] E. Vogelsang, a.a.O., 94 f.
[5] Exemplarisch hierfür ist im Kontext reformatorischer Tradition der VII. Artikel der

tät[6] der Kirche in rechter christlicher confessio stets enthalten ist und enthalten sein muß. Dieser theologische Sachverhalt steht in eigentümlichem Kontrast zu der Entwicklung, die der Konfessionsbegriff und analog der Begriff des Bekenntnisses im nachreformatorischen Zeitalter erfahren haben. Wenngleich beide Termini bis heute einen personalen Akt der Glaubensäußerung sowie dessen inhaltliche Dokumentation benennen können, so ist doch im Zuge der neueren Wortgeschichte die Verwendung der Begriffe als kirchliche Gruppenbezeichnung führend geworden. *Konfession* heißt dann soviel wie *Denomination*, nämlich eine bestimmte christliche Glaubensgemeinschaft. Eine entsprechende Primärkonnotation hat sich mittlerweile auch mit dem Begriff des Bekenntnisses verbunden.[7]

Angesichts dieses begriffsgeschichtlichen Befunds ist eine für alles weitere entscheidende und grundlegende Vorbemerkung vonnöten. Sie lautet: Luthers *Großes Bekenntnis* hat mit dem, was man lutherische Konfession zu nennen gewohnt ist, zunächst sehr wenig, mit gemeinchristlichem Zeugnis hingegen sehr viel zu tun. Das gilt übrigens in vergleichbarer Weise für die gesamte frühe, von Luthers Konfession von 1528 wesentlich initiierte und inhaltlich mitbestimmte Bekenntnisentwicklung der Wittenberger Reformation bis hin zur *Confessio Augustana* und darüber hinaus. Bekenntnis und Konfession bezeichnen in deren Zusammenhang weder formaliter noch materialiter ein denominationelles Kirchentum und seinen partikularen Wahrheitsanspruch, sondern verstehen sich als eine Ausdrucksgestalt jener ebenso universalen wie in sich einigen Gemeinschaft, zu der die Kirche als der durch die Gegenwart des Herrn beseelte Leib Christi ihrem Wesen nach bestimmt ist. Auf die eucharistisch-gottesdienstlichen Bezüge, die diesem Sachverhalt innewohnen, hat Georg Kretschmar aufmerksam gemacht. Insbesondere Luthers *Großes Bekenntnis*, das nicht von ungefähr als dritter und abschließender Teil seiner Schrift *Vom Abendmahl Christi* erschienen sei, zeige in der nötigen Deutlichkeit, wie eng für den Reformator das Bekenntnis des Glaubens mit der Gegenwart Christi im Herrenmahl und dem Lobpreis des dreieinigen Gottes sich verbinde. Dieser Kontext sei es zugleich, aus dem heraus Luther unverbrüchlich gültige Lehraussagen in affirmativer und antihäretischer Weise zu entwickeln suche. Damit, so Kretschmar, war eine neue theologische Weise, vom Bekenntnis zu reden, ausgeprägt. Bekenntnis heißt nun jenes Gefüge von Glaubensaussagen über Trinität, Christologie,

---

Confessio Augustana (CA), der sachgemäß mit »De unitate ecclesiae« zu überschreiben wäre. Zu seiner Bedeutung vgl. meine Theologie der Bekenntnisschriften der evangelisch-lutherischen Kirche. Band 1, Berlin/New York 1996, 147 ff.

[6] Es entspricht der bekenntnistheologischen u. ekklesiologischen Position der CA, wenn im Konkordienbuch den drei altkirchlichen Symbolen die 1. Stelle im Corpus Doctrinae eingeräumt wird. Mehr dazu im Anhang.

[7] Die Bedeutung von Konfession als Bezeichnung einer Sonderorganisation läßt sich „nicht vor 1800 nachweisen«. (W. Reinhard, Konfession und Konfessionalisierung in Europa. In: ders. [Hg.], Bekenntnis und Geschichte. Die *Confessio Augustana* im lutherischen Zusammenhang. München 1981, 165–189, hier: 165, wie Anm. 1; ebd. finden sich auch Verwendungshinweise für nichtdeutsche europäische Sprachen.) Siehe dazu Anhang.

Soteriologie, Pneumatologie, Ekklesiologie etc. bis hin zur Eschatologie, die den katechismusartig aufgelisteten Inhalt des dritten Teils der Schrift *Vom Abendmahl Christi. Bekenntnis* ausmachen. Dieser Sprachgebrauch sollte für das Bekenntniskonzept Wittenberger Reformation insgesamt kennzeichnend werden. Mit Kretschmar zu reden: »Das Bekenntnis schlägt die Brücke vom Gottesdienst der Gemeinde zur eschatologischen Verantwortung des Lehrers in der Gemeinschaft der ganzen rechtgläubigen Kirche, eben weil das Bekenntnis stets, im Gottesdienst und im Endgericht, den Bekennenden vor Gottes Majestät stellt, den gegenwärtigen und den künftigen Richter.«[8]

Mit diesen Bemerkungen ist bereits deutlicher Bezug genommen auf den Anfang und den Schluß von Luthers besagtem Bekenntnis, in dem der eschatologische Ernst der konfessorischen Situation beredt zum Ausdruck gebracht wird. »Weil ich sehe«, so beginnt der Reformator,

> daß des Rottens und Irrens je länger je mehr wird, und kein Aufhören ist des Tobens und Wütens des Satans; damit nicht hinfort, bei meinem Leben oder nach meinem Tod, etliche zukünftig sich mit mir behelfen und meine Schrift, ihren Irrtum zu stärken, fälschlich führen möchten, wie die Sakraments- und Taufschwärmer anfingen zu tun, so will ich mit dieser Schrift vor Gott und aller Welt meinen Glauben von Stück zu Stück bekennen, darauf ich gedenke zu bleiben bis in den Tod, darinnen (des mir Gott helfe) von dieser Welt zu scheiden und vor unsers Herrn Jesu Christi Richtstuhl zu kommen.[9]

Der Schluß des Bekenntnisses bestätigt dessen eschatologische Ausrichtung. Nach ausdrücklicher Bestätigung des Glaubenszeugnisses von der »Auferstehung aller Toten am Jüngsten Tage«[10] führt Luther seine »Confessio« mit den Worten zu Ende:

> Das ist mein Glaube; denn also glauben alle rechten Christen und also lehret uns die Heilige Schrift. Was ich aber hie zu wenig gesagt habe, werden meine Büchlein gnugsam

---

[8] G. Kretschmar, Der christliche Glaube als Confessio. Die Herkunft des lutherischen Bekenntniskonzepts. In: P. Neuner/H. Wagner (Hg.), In Verantwortung für den Glauben. Beiträge zur Fundamentaltheologie und Ökumenik. Freiburg/Basel/Wien 1992, 87–116, hier: 104. Dieses genuine Bekenntnisverständnis Wittenberger Reformation ist nach Kretschmar mehr oder minder latent auch dort noch vorauszusetzen, wo sich Bekenntnis »zur Bezeichnung für eine bestimmte literarische Gattung kirchlicher Texte« (a.a.O., 105) entwickelte, wie das bereits im Vorfeld der *Confessio Augustana* der Fall sein sollte. Trotz und unbeschadet der fortschreitenden terminologischen Festlegung des Wortes im Sinne einer literarischen Gattung sei die Erinnerung an den genuinen – gottesdienstlich, gesamtkirchlich und eschatologisch ausgerichteten – Sitz im Leben des Begriffs durchaus erhalten geblieben, auch wenn das doktrinelle Interesse an verbindlichen Lehrformeln, wie es schließlich in der Sammlung von Bekenntnisschriften zu normativen, auf Abgrenzung bedachten Corpora Doctrinae am Werke ist, diese Erinnerung gelegentlich verblassen ließ.

[9] WA 26,499,2–10 bzw. 15–23. Um der besseren Verständlichkeit willen wird Luthers Bekenntnis nicht nach der bzw. den Originalversionen zitiert, wie WA 26,499–509 sie bietet, sondern im Anschluß an die von H.H. Borcherdt und G. Merz herausgegebene Ausgabe ausgewählter Werke Martin Luthers, wo der Text an modernes Deutsch angeglichen ist (H.H. Borcherdt/G. Merz [Hg.], Martin Luther. Ausgewählte Werke, IV Band. Der Kampf gegen Schwarm- und Rottengeister. München ³1957, 285–293). Zum Anschlußzitat an die zitierte Passage siehe Anhang.

[10] WA 509,13–18; vgl. die entschiedene Ablehnung der Lehre von der Wiederbringung aller.

Zeugnis geben, sonderlich die zuletzt sind ausgegangen in vier oder fünf Jahren. Des bitte ich, alle frommen Herzen wollten mir Zeugen sein und für mich bitten, daß ich in solchem Glauben feste möge bestehen und mein Ende beschließen. Denn (da Gott vor sei) ob ich aus Anfechtung und Todesnöten etwas anders würde sagen, so soll es doch nichts sein, und will hiemit öffentlich bekannt haben, daß es unrecht und vom Teufel eingegeben sei. Dazu helfe mir mein Herr und Heiland Jesus Christus, gebenedeiet in Ewigkeit, Amen.[11]

Umgeben von dem eschatologischen Horizont, wie er durch Anfang und Schluß entwickelt ist, bildet die konzentrierte Mitte von Luthers *Großem Bekenntnis* die »Confessio« des dreieinigen Gottes nach Maßgabe der drei Hauptartikel des Glaubens. Während der erste Hauptartikel[12] sehr knapp gehalten ist, wird dem zweiten[13] und dem dritten[14] eine Fülle von inhaltlichen Aspekten integriert, die im folgenden jedenfalls teilweise und unter Konzentration auf die rechtfertigungstheologische Grundeinsicht der Reformation vorgestellt werden sollen.

2. »... *drey person und ein Gott, der sich uns allen selbs gantz und gar gegeben hat mit allem, das er ist und hat*« [15]: *Das Evangelium des dreieinigen Gottes*

Das Evangelium von der Rechtfertigung des Sünders aus Gnade um Christi willen durch Glauben bestimmt wie die ursprüngliche Einsicht der Reformation so auch den Gesamtzusammenhang ihrer Theologie. Entsprechend gilt die Rechtfertigungslehre reformatorischem Bekenntnis als der »höchste (...) fürnehmste (...) Artikel der ganzen christlichen Lehre« (»praecipuus locus doctrinae christianae«)[16], wie es in Melanchthons Apologie[17] heißt. Auch Luther hat die zentrale, alle Verkündigung der Kirche regulierende Stellung der Rechtfertigungslehre wiederholt eingeschärft, etwa in den *Schmalkaldischen Artikeln* – nach dem *Großen Bekenntnis* sozusagen sein zweites Testament –, wo die Lehre von der Gerechtigkeit des Glaubens allein in Christus zum ersten und Hauptartikel erklärt wird, von dem man, mögen auch Himmel und Erde einfallen, in nichts weichen oder nachgeben dürfe.[18]

Aus dem erwähnten Schmalkaldischen Hauptartikel geht zugleich hervor, daß der articulus stantis et cadentis ecclesiae[19] mit der Christologie

---

[11] WA 26,509,19–28.
[12] WA 26,500,10–15 bzw. 27–32.
[13] Vgl. WA 26,500,16 bzw. 33–505,28.
[14] Vgl. 26,505,29–509,12.
[15] WA 26,505,38 f.
[16] BSLK 159,4 f.
[17] Apol IV,2.
[18] ASm II,1.
[19] Zwar belegt die erwähnte Stelle ASm II,1 (BSLK = Bekenntnisschriften der evangelischlutherischen Kirche, hg. im Gedenkjahr der Augsburgischen Konfession 1930, 415,21 f.: »Von diesem Artikel kann man nichts weichen oder nachgeben, es falle Himmel und Erden oder was nicht bleiben will ...«) eindeutig, „daß die Rechtfertigungslehre für Luther die Bedeutung gehabt hat, um derentwillen sie als der articulus stantis et cadentis eccle-

untrennbar zusammengehört. Denn was das Evangelium von der Rechtfertigung den Sündern auf den Glauben hin zuspricht, ist nirgendwo anders begründet und offenbar als in der Geschichte und Person Jesu Christi, in dem die Wahrheit über den Menschen vor Gott erschlossen ist. Die Christologie hat sonach als Kriterium und Richtmaß einer auf den Rechtfertigungsglauben hin angelegten Anthropologie zu gelten, die ihrerseits die in der Kraft des Heiligen Geistes wirksame Realisierung der Christologie zum Thema hat. Weil aber in Jesus Christus, dem auferstandenen Gekreuzigten, die Wahrheit des dreieinigen Gottes selbst manifest ist, steht die reformatorische Rechtfertigungsanthropologie nicht nur zur Christologie, sondern auch zur Gottes- und Trinitätslehre in einem Komplementaritätsverhältnis.

In seinem *Bekenntnis der Artikel des Glaubens wider die Feind des Evangelii und allerlei Ketzereien* von 1528 hebt Luther dies in der ihm eigenen Nachdrücklichkeit und in betontem Zusammenhang mit der kirchlichen Tradition[20] eigens hervor. Er begnügt sich dabei nicht mit dem allgemeinen Bekenntnis zum »hohen Artikel der göttlichen Majestät«, daß nämlich »Vater, Sohn, Heiliger Geist drei unterschiedliche Personen, ein rechter, einiger, natürlicher, wahrhaftiger Gott ist, Schöpfer Himmels und der Erden, aller Dinge«, sondern er verteidigt ausdrücklich das »in der römischen Kirche und in aller Welt bei den christlichen Kirchen gehalten(e)« Bekenntnis unter Berufung auf das erste Kapitel der Genesis »wider die Arianer, Makedonier, Sabelliner und dergleichen Ketzereien«.[21] Daß er den dreieinigen Gott »von Herzen«[22] glaube, bestätigt er vielmehr im spezifischen Kontext der Pneumatologie noch einmal eigens und in zusammenfassender Weise mit folgenden charakteristischen Wendungen:

> Das sind die drei Personen und ein Gott, der sich uns allen selbst ganz und gar gegeben hat mit allem, das er ist und hat. Der Vater gibt sich uns mit Himmel und Erde samt allen Kreaturen, daß sie dienen und nütze sein müssen. Aber solche Gabe ist durch Adams Fall verfinstert und unnütz geworden. Darum hat danach der Sohn sich selbst auch uns gegeben, all seine Werk, Leiden, Weisheit und Gerechtigkeit geschenkt und uns dem Vater versühnt, damit wir wieder lebendig und gerecht auch den Vater mit seinen Gaben erkennen und haben möchten. Weil aber solche Gnade niemand nütze wäre, wenn sie so heimlich verborgen bliebe und zu uns nicht kommen könnte, so kommt der Heilige Geist und gibt sich auch uns ganz und gar. Er lehret uns solche Wohltat Christi, uns er-

---

siae bezeichnet ist.« (F. Loofs, Der articulus stantis et cadentis ecclesiae. In: ThStuKr 90 (1917), 323–420, hier: 325.) Doch läßt sich die Wendung als solche weder für ihn noch für Melanchthon nachweisen. Als articulus stantis et cadentis ecclesiae, der die Rechtfertigungslehre jedenfalls der Sache nach ist, bestimmt sie nicht weniger als Mitte und Grenze evangelischer Theologie. Dazu mehr im Anhang.

[20] Die Reformation wollte keine neue Kirche schaffen, sondern die bestehende nach Maßgabe des wiederentdeckten Evangeliums von der Rechtfertigung des Sünders aus Gnade um Christi willen durch Glauben umgestalten. Dabei wußten sich die reformatorischen Väter in Kontinuität zu dem originären christlichen Zeugnis, wie es in der Heiligen Schrift beurkundet und durch das Bekenntnis der Kirche in apostolischer Nachfolge seit alters beständig verkündet wurde. Zur Rezeption des altkirchlichen Dogmas in der Wittenberger Bekenntnistradition vgl. im einzelnen meine Theologie der Bekenntnisschriften der evangelisch-lutherischen Kirche, a.a.O., bes. 143 ff. sowie 552 ff.

[21] WA 26,500,10–15 bzw. 27–32.

[22] WA 26,500,10 bzw. 27.

zeigt, hilft sie empfangen und behalten, nützlich brauchen und austeilen, mehren und fördern und tut dasselbige beides, innerlich und äußerlich: innerlich durch den Glauben und andre geistlich Gaben, äußerlich aber durchs Evangelium, durch die Taufe und das Sakrament des Altars, durch welche er als durch drei Mittel oder Weisen zu uns kommt und das Leiden Christi in uns übet und zu Nutz bringet der Seligkeit.[23]

»... der sich uns allen selbst ganz und gar gegeben hat mit allem, das er ist und hat«[24]: mit dieser ebenso einprägsamen wie eindrucksvollen Wendung, auf die er gelegentlich variierend zurückgegriffen hat[25], macht Luther in konzentrierter Form deutlich, was es mit der Trinitätstheologie soteriologisch auf sich hat. Der dreieinige Gott ist der Deus pro nobis, und eben weil das so ist, hat die Trinitätslehre als Summe des Evangeliums[26] zu gelten. Gott, der sich im auferstandenen Gekreuzigten ganz für uns dahingegeben hat, und dessen Hingabe im göttlichen Geist vermittelt und manifest wird, ist als der Dreieinige an sich selbst ganz und gar hingebungsvolle Liebe, in der Einheit und Verschiedenheit keine Gegensätze sind, sondern untrennbar zusammengehören. Die unteilbare Wesenseinheit der trinitarischen Personen hinwiederum ist nirgends anders faßbar als in der Gestalt dessen, der für uns gekreuzigt und für uns auferstanden ist, auf daß der Sünder, der in der Kraft des göttlichen Geistes glaubt, durch Gottes Gnade gerechtfertigt werde. Immanente und ökonomische Trinität gehören so auf eine zwar differenzierungsfähige und auch differenzierungsbedürftige, aber doch untrennbare Weise zusammen, wie denn auch die opera trinitatis ad intra nicht von denen ad extra abzusondern sind. Zugleich ist klar: »Die Reformation hat die trinitarischen und christologischen Entscheidungen der ersten vier ökumenischen Konzile und der drei altkirchlichen Glaubensbekenntnisse so rezipiert, daß sie sie im Sinne der reformatorischen Rechtfertigungslehre als der soteriologischen Mitte der Heiligen Schrift interpretierte.«[27]

---

[23] WA 26,505,38–506,12.
[24] WA 26,505,38 f.
[25] Vgl. etwa BSLK 651,13–15, wo es im *Großen Katechismus* zu Beginn der Auslegung des zweiten Glaubensartikels heißt: »... wie er sich ganz und gar ausgeschüttet hat und nichts behalten, das er uns nicht gegeben habe ....« Vgl. dazu H.G. Pöhlmann, »Er hat sich ganz und gar ausgeschüttet und nichts behalten, das er uns nicht gegeben hätte«. Die Gotteslehre der lutherischen Bekenntnisschriften. In: KuD 39 (1993), 48–63, hier: 48: »Wenn das obige Motto aus dem *Großen Katechismus*, das in ihm das Werk der ›zweiten Person der Gottheit‹ umschreibt (...), über die ganze Gotteslehre der lutherischen Bekenntnisse als Überschrift gesetzt wird, soll dadurch signalisiert werden: Die Kondeszendenz oder der Abstieg Gottes ans Kreuz ist nach ihnen nicht nur Grundmotiv der Christologie, sondern auch der Gotteslehre, ja der ganzen Theologie und ihrer Methodik.« vgl. ferner Pöhlmann, Gott. In: ders. u.a., Theologie der lutherischen Bekenntnisschriften. Gütersloh 1996, 50–72.
[26] Vgl. J. Baur, Die Trinitätslehre als Summe des Evangeliums. In: ders., Einsicht und Glaube. Aufsätze. Göttingen 1978, 112–121.
[27] E. Kinder, Die soteriologischen Motive der altkirchlichen Glaubensbekenntnisse. In: LR 11 (1961), 20–27, hier: 20. Vgl. Zitat im Anhang.

3. »Ich, Ich, Ich bin ynn sunden empfangen ...«[28]: Die Rechtfertigung des Sünders um Christi willen als Inbegriff des Evangeliums

Im christologischen Kontext wird die rechtfertigungstheologische Rezeptionsperspektive, wie sie für Luthers Wahrnehmung des altkirchlichen Dogmas kennzeichnend ist, dadurch deutlich, daß die ohne Abstriche und Einschränkungen übernommene Lehre von der Menschwerdung des Logos als der zweiten trinitarischen Person[29] konsequent hingeordnet wird auf das Bekenntnis des Glaubens,

> daß solcher Gottes- und Mariensohn, unser Herr Jesus Christus, hat für uns arme Sünder gelitten, sei gekreuzigt, gestorben und begraben, damit er uns von Sünde, Tod und ewigem Zorn Gottes durch sein unschuldig Blut erlöset und daß er am dritten Tage sei auferstanden vom Tode und aufgefahren gen Himmel und sitzet zur rechten Hand Gottes, des allmächtigen Vaters, ein Herr über alle Herren, König über alle Könige und über alle Kreatur im Himmel, auf Erden und unter der Erden, über Tod und Leben, über Sünde und Gerechtigkeit; denn ich bekenne und weiß aus der Schrift zu beweisen, daß alle Menschen von einem Menschen Adam gekommen sind und von demselbigen durch die Geburt mit sich bringen und erben Fall, Schuld und Sünde, die derselbe Adam im Paradies durch des Teufels Bosheit begangen hat, und also samt ihm allzumal in Sünden geboren, leben und sterben und des ewigen Todes schuldig sein müssen, wenn nicht Jesus Christus uns zur Hilf gekommen wäre und solche Schuld und Sünd als ein unschuldigs Lämmlein auf sich genommen hätte, für uns durch sein Leiden bezahlet und noch täglich für uns stehet und tritt als ein treuer barmherziger Mittler, Heiland und einiger Priester und Bischof unserer Seelen.[30]

Christologie und Hamartiologie sind genauestens aufeinander zu beziehen, soll der soteriologische Sinn der Offenbarung Gottes in Jesus Christus, wie der Geist sie erschließt und die Trinitätslehre theologisch bedenkt, erfaßt werden. Die expliziten Damnationen im Anschluß an die zitierte Passage unterstreichen dies: Als eitel Irrtum verworfen und verdammt wird zum ersten »alle Lehre, so unseren freien Willen preiset, als die stracks wider solche Hilfe und Gnade unsers Heilands Jesu Christi strebt«[31]. Mit einer Damnation belegt werden ferner die, wie es heißt, neuen und alten Pelagianer, »so die Erbsünde nicht wollen lassen Sünde sein, sondern solle ein Gebrechen oder Fehl sein«[32]. Weitere, auf Fragen praktischer Kirchenreform bezogene Verwerfungen schließen sich an. Sie betreffen vor allem das Klosterwesen, dessen Mißbrauch die Lehre vom ordo triplex als Lehre von den drei von Gott eingesetzten »heiligen Orden und rechten Stiften« (Priesteramt, Ehestand, weltliche Obrigkeit)[33] kontrastiert wird. Darauf ist hier nicht weiter einzugehen, zumal die theologische Pointe der Gesamtausführungen eindeutig ist: Seligkeit erlangen

---

[28] WA 26,503,14.
[29] Siehe dazu Anhang Nr. 7.
[30] WA 26,501,18 bzw. 502,18–502,15 bzw. 34. Zu den Schlußwendungen vgl. E. Kinder, Christus als Hoherpriester nach Luther und den lutherischen Bekenntnisschriften. In: Dank an Paul Althaus, Gütersloh 1958, 99–120.
[31] WA 26,502,16 bzw. 35–503,1 bzw. 19. Siehe ferner Anhang.
[32] WA 26,503,7 f. bzw. 25 f. Siehe ferner Anhang.
[33] WA 26,504,30.

wir nicht durch eigene Werke, was zu behaupten eine »öffentliche, greuliche Lästerung und Verleugnung«[34] sei, sondern allein durch den Glauben an Jesus Christus, dem der Gehorsam eines heiligmäßigen Lebens zwar zu folgen hat, ohne daß Jesus Christus und der Glaube an ihn deshalb aufhören würden, alleiniger Grund der Erlösung von Tod und Teufel zu sein.

Das Bekenntnis zum solus Christus, welchem das sola fide entspricht, ist es zugleich, das den Konfessor mit innerer Konsequenz bekennen läßt:

> Ich, Ich, Ich bin in Sünden empfangen ...[35]

Bekenntnis Gottes und Sündenbekenntnis gehören untrennbar zusammen. Denn in seiner Tiefe wahrgenommen wird das in Jesus Christus offenbare Heil des dreieinigen Gottes nur, wenn es auf die Bodenlosigkeit des Falles der Sünde und auf die Schuld des mit sich zerfallenen, in sich widrigen Ich des Sünders bezogen wird. Nicht daß Luther die Verderbensmacht des Todes und alles anderen Mißgeschicks, dem der Mensch Zeit seines irdischen Lebens ausgesetzt ist, verkennen würde. Nein, ohne Rettung von Krankheit und Tod, das sagt er ausdrücklich, gibt es keine Erlösung. Aber sie gibt es umso weniger, wo Gott nicht die Schuld der Sünde versöhnt, deren Fall ungleich abgründiger ist als aller leibliche Unfall. Recht ermessen wird die soteriologische Tiefe der Christologie bzw. der Lehre vom dreieinigen Gott daher nur, wo die Lehre vom peccatum originale als deren Konterpart anthropologisch ernst genommen wird. Deshalb Luthers schroffe Absage an die Behauptung eines liberum arbitrium des postlapsarischen Menschen vor Gott und das strikte Anathem gegenüber allen Spielarten des Pelagianismus!

»Durch Adams Fall ist ganz verderbt menschlich Natur und Wesen ...« läßt uns der Nürnberger Ratsherr und Lutherfreund Lazarus Spengler bekennen.[36] Zwar bleibt der Mensch auch unter den Bedingungen sündiger Verkehrung Geschöpf Gottes, weshalb er keineswegs zu einer »imago Satanae« erklärt werden darf; nichtsdestoweniger ist der Fall der Sünde anthropologisch unhintergehbar und der Sünder vollständig und nicht etwa nur zum Teil dem Unheil des Bösen verfallen. Ein soteriologisches Eigenvermögen, sich selbst Heil vor Gott zu bereiten, kommt dem im Banne seiner Sündenschuld stehenden Menschen nicht zu. Das steht fest und dabei muß es bleiben, soll die göttliche Gabe des Christusheils in ihrer Unbedingtheit nicht in Frage gestellt werden.[37]

---

[34] WA 26,504,16.
[35] WA 26,503,14 bzw. 32.
[36] EG 260,1.
[37] Siehe dazu Anhang.

4. »...daß Gott will unser Vater sein, sunde vergeben und uns ewiges leben geschenckt haben« [38]: Das evangelische Glaubenszeugnis des Geistes in Wort und Sakrament

Der Geist, der von dem im Sohne offenbaren Vater ausgeht, ist es, der lebendig macht und aus der Hölle sündiger Verkehrtheit errettet. Mit Luther zu reden:

> Zum dritten glaube ich an den Heiligen Geist, der mit Vater und Sohn ein wahrhaftiger Gott ist und vom Vater und Sohn ewiglich kommt, doch in einem göttlichen Wesen und Natur ein unterschiedliche Person. Durch denselbigen als eine lebendige, ewige, göttliche Gabe und Geschenk werden alle Gläubigen mit dem Glauben und andern geistlichen Gaben gezieret, vom Tode auferweckt, von Sünden gefreit und fröhlich und getrost, frei und sicher im Gewissen gemacht; denn das ist unser Trost, so wir solchs Geistes Zeugnis in unserem Herzen fühlen, daß Gott will unser Vater sein, Sünde vergeben und ewiges Leben geschenkt haben.[39]

Die Wirklichkeit des Heils, so wird gesagt, ist geistgewirkt. Indes wirkt der Geist sein Werk nicht unmittelbar, sondern auf mittelbare Weise, nämlich durch die Medien von Wort und Sakrament. Darin zeigt sich an, daß die Wirklichkeit des Geistes von derjenigen Jesu Christi zwar zu unterscheiden, nicht aber zu trennen ist. Deshalb steht alles Geistwirken im Zeichen Jesu Christi und seiner Heilsmittlerschaft. Sie zu verherrlichen ist das Wesen der Geistsendung und das Ziel des pneumatologischen Prozesses, dessen christologische Herkunft gerade daraus erhellt, daß der Geist sein Werk nicht durch irgendwelche Medien, sondern durch solche wirkt, die in der Erscheinungsgestalt Jesu Christi als des göttlichen Evangeliums in Person begründet sind. Indem er mittels des Evangeliums Jesu Christi einer sündig verkehrten Menschheit und ihrer vom Übel gezeichneten Welt Anteil gibt am Gottesverhältnis des Sohnes, erschließt er als Dritter im göttlichen Bunde dieses Verhältnis zum Heil aller Kreatur, auf daß die im auferstandenen Gekreuzigten offenbar gewordene Vatergüte Gottes sich als universal wirksam erweise.

Um diesen Gedankengang im Sinne von Luthers *Großem Bekenntnis* zu spezifizieren und vor Mißverständnissen zu bewahren, dürfte ein doppelter Hinweis hilfreich sein. In der bereits zitierten pneumatologischen Passage, die den soteriologischen Gehalt der Trinitätslehre bündig zusammenfaßt, unterscheidet Luther eine innerliche und eine äußerliche Wirkung des Heiligen Geistes: Innerlich wirkt er, wie es heißt, durch den Glauben und andere geistliche Gaben, äußerlich durch die Medien des Heils. Falsch wäre es freilich, darin eine gesondert verlaufende Parallelwirkung zu erblicken. In Wahrheit verhält es sich vielmehr so, daß der Mensch im Glauben der Gaben des Geistes nicht anders, sondern eben dadurch inne wird, daß er sich auf die Zusage des verbum externum verläßt. Der zweite Hinweis betrifft die Modi des verbum externum, durch die der Geist Glauben schafft: Es ist bemerkenswert, daß Luther Evangelium,

---
[38] WA 26,505,36 f.
[39] WA 26,505,29–37.

Taufe und Altarsakrament schlicht aneinandergereiht und zu den drei Artikeln oder Weisen erklärt, durch die der Geist »zu uns kommt und das Leiden Christi in uns übet und zu Nutz bringet der Seligkeit«.[40] Bedenkt man, daß Evangelium im gegebenen Kontext primär die viva vox mündlicher Verkündigung bedeutet, dann belegt die Auflistung der Medien des Geistwirkens, daß von einem Kontrast oder gar von einem Gegensatz von Wort und Sakrament bei Luther nicht die Rede sein kann. Verbum audibile und verbum visibile gehören untrennbar zusammen und sind wirksame Zeichen ein und derselben Wirklichkeit. Wenn Luther und die Wittenberger Tradition gleichwohl in der Regel keine allgemeine Zeichenlehre im Sinne etwa der Lehre »De sacramentis in genere« ausgebildet haben, so hat das seinen wesentlichen Grund darin, daß Ausgangspunkt der Argumentation stets die konkrete, durch Jesus Christus ursprünglich gesetzte Einzelhandlung und ihr theologischer Eigenwert ist. Wenngleich es Ansätze zu einer allgemeinen theologischen Zeichen- bzw. Sakramentenlehre durchaus gibt, so soll der entsprechende Allgemeinbegriff doch nur »als heuristischer und hinweisender Hilfsbegriff, nicht aber als ein Interpretationsbegriff (dienen), der durch den ihm immanenten Eigengehalt die Bedeutung der Handlungen, die ihm subsumiert werden, a priori präjudiziert, statt nur den Rahmen dafür zu geben, daß der kontingente Eigengehalt dieser konkreten Handlungen selbst zur Geltung kommt«.[41]

Die Konzentration auf den kontingenten Eigengehalt der Medien, durch die der Heilige Geist wirksam ist, muß im Sinne Luthers als eine konsequente Folge seiner Forderung gewertet werden, die Externität der Geistwirklichkeit, deren der Glaube inne wird, vor »enthusiastischer« Auflösung zu bewahren. Die Art und Weise, wie Luther die media salutis in seinem *Großen Bekenntnis* konkret behandelt, bestätigt dies: »Darum halt und weiß ich«, so steht zu lesen,

> daß gleich wie nicht mehr denn ein Evangelium und ein Christus ist, also ist auch nicht mehr denn eine Taufe, und daß die Taufe an sich selbst eine göttliche Ordnung ist, wie sein Evangelium auch ist. Und gleich wie das Evangelium drum nicht falsch oder unrecht ist, ob es etliche fälschlich brauchen oder lehren oder nicht glauben, also ist auch die Taufe nicht falsch noch unrecht, ob sie gleich etliche ohne Glauben empfingen oder gäben oder sonst mißbrauchten, derhalben ich die Lehre der Wiedertäufer und Donatisten und wer sie sind, so wiedertaufen, gänzlich verwerfe und verdamme. Ebenso rede ich auch und bekenne das Sakrament des Altars, daß daselbst wahrhaftig der Leib und das Blut im Brot und Wein werde mündlich gegessen und getrunken, obgleich die Priester, so es reichen, oder die, so es empfangen, nicht glaubeten oder sonst mißbrauchten. Denn es stehet nicht auf Menschen Glauben oder Unglauben, sondern auf Gottes Wort und Ordnung, es wäre denn, daß sie zuvor Gottes Wort ändern und anders deuten, wie die jetzigen Sakramentsfeinde tun, welche freilich eitel Brot und Wein haben; denn sie haben auch die Wort und eingesetzte Ordnung Gottes nicht, sondern dieselbige nach ihrem eignen Dünkel verkehret und verändert.[42]

---

[40] WA 26,506,11 f.
[41] E. Kinder, Zur Sakramentslehre. In: NZSTh 3 (1961), 141–174, hier: 148. Vgl. ferner meinen Beitrag: Die Sakramente nach lutherischer Lehre. In: W. Pannenberg (Hg.), Lehrverurteilungen – kirchentrennend? III. Materialien zur Lehre von den Sakramenten und vom kirchlichen Amt. Freiburg i.Br./Göttingen 1990, 72–98.
[42] WA 26,506,10–29.

Ich bemerke zu dieser gehaltvollen Passage, ohne auf Einzelheiten einzugehen, lediglich folgendes: Wenn die traditionelle Lehre des »ex opere operato« nichts anderes besagt, als daß die Gültigkeit und Valenz der sakramentalen bzw. heilsmediatorischen Handlungen nicht von der subjektiven Befindlichkeit der Spender oder Empfänger, sondern ausschließlich von deren stiftungsgemäßen Vollzug abhängt, dann widerspricht sie Luthers Auffassung nicht nur nicht, sondern entspricht ihr. Im antianabaptistischen und antidonatistischen Bekenntnis zur gottgesetzten Ordnung der einen Taufe, die der Einheit Christi und seines Evangeliums gemäß ist, und im gegen die sog. Sakramentierer gerichteten Bekenntnis zur wahrhaften Präsenz Christi in seinem Heiligen Mahl stimmt Luther mit der Überlieferung der Kirche völlig überein.

Dieser Sachverhalt wird auch durch das Problem der Zahl der media salutis bzw. der Sakramente nicht einfachhin aufgehoben. Zwar bestätigt z.B. die im *Großen Bekenntnis* – durchaus verhalten – geübte Kritik an der extrema unctio[43] die für die Wittenberger Reformation insgesamt signifikante Tatsache, daß man sich auf die ohnehin erst im zweiten christlichen Jahrtausend üblich gewordene Siebenzahl der Sakramente nicht theologisch festlegen lassen wollte. Diese Reserve ist aber keineswegs mit dem Interesse verbunden, zu einer einheitlichen Alternativzählung zu gelangen. Im Gegenteil: auch wenn der Sakramentsbegriff in der Geschichte des Luthertums in der Regel auf Taufe und Abendmahl beschränkt wurde, so ist er doch bei den Wittenberger Reformatoren selbst keineswegs numerisch klar und definitiv fixiert.[44] Dies wird durch eine gegen Ende von Luthers Bekenntnis begegnende Bemerkung, derzufolge mit lediglich zwei Sakramenten zu rechnen sei, nur scheinbar widerlegt. Zwar heißt es dort als summarische Folgerung vorhergehender Kritik der behaupteten Sakramentalität von extrema unctio, von Ehe und Priesteramt (»Sie sind sonst heilige Orden an sich selbst gnug.«[45]) sowie der Buße: »Daß die zwei Sakramente bleiben, Taufe und Abendmahl des Herrn, neben dem Evangelium, darinnen uns der Heilige Geist Vergebung der Sünden reichlich darbeut, gibt und übet.«[46] Aber gerade das Beispiel der Buße, die Luther als »Übung und Kraft der Taufe«[47] bestimmt, zeigt an, daß die Zweizahl sa-

---

[43] Siehe Anhang.
[44] Neben den erwähnten Vorbehalten gegenüber einem generellen Sakramentsbegriff ist dafür u.a. die Tatsache verantwortlich, daß die Reformatoren den Zeichenbegriff unterschiedlich verwendeten: Während er bei Melanchthon die ganze rituelle Handlung (ritus; ceremonia; opus) umfaßt, konzentrierte ihn Luther stärker auf die sichtbaren Elemente, was zu einer engeren Fassung des Sakramentsbegriffs und zu seiner Beschränkung auf Taufe und Herrenmahl führen konnte. Indes konnte Luther, wie z.B. sein Kleiner Katechismus beweist (vgl. BSLK 517 ff.), auch die Beichte durchaus in einem Zusammenhang mit Taufe und Abendmahl nennen und damit zu einer entsprechenden Zählung gelangen wie Apol XIII, wo Taufe, Abendmahl und die in der Buße statthabende Absolution ausdrücklich Sakramente im strengen Sinne von göttlich gebotenen Gnadenzeichen genannt werden. Vgl. ferner ASm III,4: Vgl. ferner ASm III, 4: Anhang.
[45] WA 26,508,26.
[46] WA 26,508,27–29.
[47] WA 26,508,27.

kramentstheologisch nicht als primär bedeutsam, sondern als dogmatisch eher zweitrangig zu gelten hat. Wird doch an anderer Stelle des Bekenntnisses ausdrücklich gesagt, daß die Vergebung der Sünde als Inbegriff dessen, was die media salutis vermitteln, »nicht auf einmal in der Taufe zu erwarten (sei), wie die Novatianer lehren, sondern so oft und vielmal man derselbigen bedarf bis in den Tod«.[48] Aus »dieser Ursache«, so Luther, »halt ich viel von der heimlichen Beicht, weil daselbst Gottes Wort und Absolution zur Vergebung der Sünden heimlich und einem jeglichen sonderlich gesprochen wird, und, so oft er will, darin solche Vergebung, aber auch Trost, Rat und Bericht haben mag, daß sie gar ein teuer, nützes Ding ist für die Seelen ...«.[49] Von einem sacramentum absolutionis zu sprechen ist also unter lutherischen Bedingungen keineswegs ausgeschlossen, vielmehr naheliegend, zumal da das Evangelium von der Rechtfertigung des Sünders, das alle Predigt zu bestimmen hat, im Absolutionswort am konzentriertesten zum Ausdruck kommt. Nicht von ungefähr hat die ursprüngliche Einsicht der Reformation von der Rechtfertigung aus Gnade um Christi willen durch Glauben in den Auseinandersetzungen um das mittelalterliche Bußinstitut seinen historischen Sitz im Leben.

5. *»... wo sie ist, da ist vergebung der sunden, das ist, ein Königreich der gnaden und des rechten ablas«* [50]*:*
Die christliche Kirche und das kirchliche Amt

Wo das Evangelium von der Rechtfertigung des Sünders in Wort und Sakrament recht und stiftungsgemäß zur Sprache und Darstellung kommt, da ist die »eine heilige christliche Kirche«[51] in der Nachfolge der Apostel real präsent. Die *Confessio Augustana* hat diesen Sachverhalt in ihrem VII. Artikel im Anschluß an Luther mit den vielzitierten Worten umschrieben: »Est autem ecclesia congregatio sanctorum, in qua evangelium pure docetur et recte administrantur sacramenta« (»die Versammlung aller Gläubigen, bei welchen das Evangelium rein gepredigt und die heiligen Sakrament lauts des Evangelii gereicht werden«).[52] Angemessen verstanden ist dieser Satz und der für seinen Sinn entscheidende Relativanschluß nur, wenn man Wort und Sakrament als Lebensäußerung und Lebensursache der Kirche zugleich versteht. Wort und Sakrament sind ohne Zweifel auch im Sinne reformatorischer Theologie Lebensäußerung der Kirche; aber sie sind es auf rechte Weise nur dann, wenn in ihrem Vollzug die Kirche ihrem christologisch-pneumatologischen Bestimmungsgrund entspricht. Diesem entspricht die Kirche in ihren Lebensäußerungen aber nur dann, wenn sie diese selbst als Explikationsgestalt ihres Grundes versteht und sich

---
[48] WA 26,507,14–17.
[49] WA 26,507,17–21. Siehe Anhang.
[50] WA 26,507,7 f.
[51] WA 26,506,30.
[52] CA VII,1, BSLK 61,4–7.

nicht als unmittelbares Subjekt ihres Vollzugs behauptet. Evangeliumspredigt und Sakramentsverwaltung der Kirche können mithin nur unter der Bedingung recht und rein, stiftungs- und einsetzungsgemäß sein, wenn in ihrem Vollzug das Leben der Kirche sich als ein solches äußert, das in, mit und unter diesem Vollzug des Grundes seiner selbst gewahr wird und zwar dergestalt, daß der Vollzug kirchlicher Lebensäußerung von der Kirche als eine – dem Grund freilich unveräußerlich zugehörige – Folge dieses Grundes wahrgenommen wird und damit den Status eines folgsamen Werkes im Sinne des Glaubensgehorsams erhält. Man kann das dann auch so sagen: »Die eigentliche Wirklichkeit der Kirche im Rechtfertigungsglauben erkennen heißt vor allem, sie entschlossen als Kirche Gottes erkennen und anerkennen.«[53] Eine Ekklesiologie ist nach reformatorischem Verständnis demgemäß nur dann recht, wenn sie theozentrisch verfaßt, nämlich ganz auf den in Jesus Christus kraft seines Geistes für uns offenbaren Gott konzentriert ist und »jegliche Abdichtung der Kirche in sich selbst«[54] verhindert. Damit ist nicht nur die ekklesiologische Grundintention der CA, sondern auch diejenige von Luthers *Großem Bekenntnis* zutreffend genannt.

Völlige Übereinstimmung zwischen Luther und der Augustana läßt sich auch bezüglich der Lehre konstatieren, »quod una sancta ecclesia perpetuo mansura sit« (»daß alle Zeit musse eine heilige christliche Kirche sein und bleiben«).[55] Bei Luther liest sich das so: »Und dieselbige Christenheit ist nicht allein unter der römischen Kirche oder Papst, sondern in aller Welt, wie die Propheten verkündiget haben, daß Christi Evangelium sollte in alle Welt kommen[56], daß also unter Papst, Türken, Persern, Tattern und allenthalben die Christenheit zerstreut ist leiblich, aber versammelt geistlich in einem Evangelio und Glauben unter einem Haupt, das Jesus Christus ist.«[57] Man darf diese Wendung nicht sogleich und ausschließlich aus dem Kontext der Papstpolemik Luthers deuten, so unzweifelhaft diese bis hin zum Antichristvorwurf geübt wird.[58] Denn worauf es ekklesiologisch im wesentlichen ankommt, ist die Tatsache, daß die Kirche eine die Schranken des Raumes und der Zeit transzendierende Größe darstellt. Zwar bezeichnen Luther und die Augustana die Kirche gleichermaßen als »congregatio«[59], als »die Gemeine und Zahl oder Versammlung«.[60] Damit ist der Charakter der Kirche als einer realiter um Wort und Sakrament gescharten Personengemeinschaft zum Ausdruck gebracht und gesagt, daß die konkrete Gottesdienstgemeinde Kirche im vollen und genuinen Sinne

---

[53] E. Kinder, Die theologischen Grundmotive in der Kirchenauffassung der lutherischen Reformation. In: W. Andersen (Hg.), Das Wort Gottes in Geschichte und Gegenwart. München 1957, 132–146, hier: 141.
[54] A.a.O., 145.
[55] CA VII,1; BSLK 61,2–4.
[56] Vgl. Psalm 2,7 ff. und Psalm 19,5.
[57] WA 26,506,35–40.
[58] Siehe dazu ein Lutherzitat im Anhang.
[59] CA VII,1.
[60] WA 26,506,31.

des Begriffs ist. Mit einem solchermaßen independentistischen Kirchenverständnis, das die Isolierung einer bestimmten Orts- und Zeitgestalt der Kirche zum Ziel hätte, hat dies freilich nichts zu tun. Auch wird lutherscherseits die Kirche als Ganze nicht lediglich als Summe von sog. Teilkirchen in ihrer raum-zeitlich bestimmten Ausformung vorgestellt, da deren gemeinschaftliche Gesamtheit anderes ist als das Ergebnis einer Addition partikularer Raum-Zeit-Größen. Ist doch allen einzelnen Gestalten der Kirche in Raum und Zeit der Bezug zur Gesamtkirche nicht lediglich äußerlich, sondern in ihnen von innen her und damit wesensmäßig präsent. Jede raumzeitliche Gestalt der Kirche ist sonach das, was sie ist, nur im Zusammenhang und im Verein mit der universalen Kirche, wie denn auch die mit der raumzeitlichen Gestalt der Kirche gegebene Pluralität von Kirchen nur als Einigkeit und somit in der Einheit der einen Kirche ekklesiologisch rechtens bestehen kann. Nicht von ungefähr hebt Luther die Gemeinschaft »aller Christen in aller Welt«[61] betont hervor. Mag ihm dabei auch der raumumgreifende Charakter der Kirche besonders wichtig gewesen sein, so bedeutet dies doch keineswegs eine Leugnung des Aspekts zeitlichen Überdauerns der Kirche, wie er für den Eingangssatz des VII. Kapitels der *Confessio Augustana* kennzeichnend ist. Vielmehr gehören die räumlichen und zeitlichen Perspektiven ekklesiologisch untrennbar zusammen.

Das geht insbesondere aus dem Begriff der Christenheit hervor, den Luther nicht zuletzt in seinem *Großen Bekenntnis* ekklesiologisch favorisiert, etwa wenn er in Zusammenfassung des Ertrags seiner Ausführungen zur Kirche sagt:

> In dieser Christenheit, und wo sie ist, da ist Vergebung der Sünden, das ist ein Königreich der Gnade und des rechten Ablasses. Denn daselbst ist das Evangelium, die Taufe, das Sakrament des Altars, darin Vergebung der Sünde angeboten, geholet und empfangen wird. Und ist auch Christus und sein Geist und Gott daselbst, und außer solcher Christenheit ist kein Heil noch Vergebung der Sünden, sondern ewiger Tod und Verdammnis. Obgleich großer Schein der Heiligkeit da ist und viel guter Werk, so ists doch alles verloren.[62]

In Entsprechung zum Rechtfertigungsevangelium, das sie in Wort und Sakrament zu verkünden hat, ist die Kirche, was sie ist: Ort und Hort verläßlicher Gnadenzusage Gottes, wie der Glaube sie wahrnimmt, um in glaubensfolgsamer Liebe tätig zu sein. Wo solches der Fall und die Wesensbestimmung der Kirche realisiert ist, hat sie als nichts Geringeres denn »die einige Braut Christi und sein geistlicher Leib«[63] zu gelten. Einiges Haupt dieses Leibes und Bräutigam der Braut, welche die Kirche ist, ist

---

[61] WA 26,506,31. Kontroverstheologisch strittig kann daher unter den Bedingungen der Wittenberger Reformation niemals der ekklesiologisch schlechterdings konstitutive universalkirchliche Bezug als solcher sein, sondern allenfalls das Problem, wie dieser universalkirchliche Bezug recht wahrzunehmen und unter Bedingungen von Raum und Zeit entsprechend zu gestalten ist. Siehe mehr im Anhang.
[62] WA 26,507,7–14.
[63] WA 26,506,32.

Christus und Christus allein. Hingegen sind »die Bischöfe oder Pfarrer nicht Häupter, noch Herren, noch Bräutigame derselbigen (...), sondern Diener, Freunde und (wie das Wort Bischof sagt) Aufseher, Pfleger oder Vorsteher«.[64]

Damit ist im wesentlichen gesagt, was Luther in seinem *Großen Bekenntnis* zum Problem des kirchlichen Amtes ausführt. Zu ergänzen ist im gegebenen Zusammenhang lediglich, was im Kontext des gemeinen Ordens der christlichen Liebe[65] zum ordo triplex und namentlich zum »heilige(n) Orden«[66] des kirchlichen Amtes angemerkt wurde, nämlich daß der ordo ecclesiasticus zwar recht eigentlich nicht sakramental zu verstehen sei[67], daß aber gleichwohl in Verein mit ihren Helfern alle diejenigen, die im Pfarramt oder im Dienste des Wortes stehen, in einem heiligen, rechten, guten und Gott angenehmen Stand sich befinden.[68] Als Hauptaufgaben des ordo ecclesiasticus werden dabei neben der Verwaltung des gemeinen Kastens die Predigt und die Verwaltung der Sakramente erwähnt. Daß damit eine Abgrenzung gegenüber dem sog. Meßopferpriestertum verbunden ist, zeigt sich an späterer Stelle, wo Luther zwar, wie erwähnt, ausdrücklich vom Priesteramt als einem an sich selbst heiligen Stand spricht, um freilich im unmittelbaren Anschluß daran und verbunden mit autobiographischen Hinweisen, wie er sagt, den Greuel der Messe zu brandmarken.[69] Mit diesen wenigen Notizen ist im Grunde bereits vollständig umschrieben, was Luther in seinem *Großen Bekenntnis* von 1528 zum Thema des kirchlichen Amtes ausgeführt hat. Man mag diesen Befund für dürftig erachten; und doch scheint er mir geeignet, den dogmatischen Rahmen abzustecken, innerhalb dessen sich eine Amtslehre, die als lutherisch gelten will, zu bewegen hat.

6. »Wir wollens hie bey bleiben lassen«[70]: *Luthers theologisches Erbe*

Ein Wort nur noch zum Schluß: Ungefähr achtzehn Jahre nach Abfassung seines im *Großen Bekenntnis* vorgelegten theologischen Testaments ist Luther in seiner Heimatstadt Eisleben gestorben. Drei Tage vor seinem Tod hat er in der dortigen St. Andreaskirche seine letzte Predigt gehalten.[71] Sie endet mit den – den Predigttext Mt 11,25–30 aufgreifenden und sein Testament von 1528 bekräftigenden – Worten, die abschließend im originalen Lutherdeutsch wiedergegeben werden sollen, wie es einer letztwilligen Verfügung gebührt:

---

[64] WA 26,506,33–35.
[65] Vgl. WA 26,505,11 f.
[66] WA 26,508,26.
[67] Vgl. WA 26,508,25 f.
[68] Vgl. WA 26,504,31 ff.
[69] Siehe ferner Anhang.
[70] WA 51,194,36 f.
[71] Vgl. WA 51,187–194.

Sihe, das heisst nu die Weisen der welt verworffen, auff das wir lernen nicht selbs weise uns düncken lassen und alle hohe Personen aus den augen setzen, und schlecht die augen zugethan, an Christi wort uns halten und zu jm komen, wie er uns auffs freundlichst locket und sagen: Du bist allein mein lieber Herr und Meister, ich bin dein Schüler, Das und viel mehr were von diesem Euangelio weiter zu sagen, Aber ich bin zu schwach, Wir wollens hie bey bleiben lassen.[72]

Anhang

(zu Anm. 3) »Confessio enim est opus fidei precipuum, Qua homo negat se et confitetur Deum ac ita negat et confitetur, Ut etiam vitam et omnia neget, antequam se affirmet. Moritur enim in confessione Dei et abnegatione sui. Quomodo enim potest fortius se abnegare quam moriendo pro confessione Dei? Tunc enim relinquit se, ut stet Deus et confessio eius.« (WA 56,419,21 ff.) Nach Erich Vogelsangs Kommentar wird in der zitierten Passage ein Doppeltes sichtbar und zwar im Zuge fortgeschrittener reformatorischer Einsicht deutlicher noch als in vergleichbaren vormaligen Ausführungen Luthers zum Thema: »Einmal die strengere Beziehung der confessio auf den Glauben, der für Luther zunehmend zu dem letzten, alles zur Einheit zusammenspannenden Ausdruck der Gottesbeziehung wird, auf der anderen Seite die weitere Vertiefung des Gerichtsgedankens: Bekennen heißt alles Eigene, ja, sich selbst verleugnen, mutvoll sich selber sterben!« (E. Vogelsang, Der confessio-Begriff des jungen Luther [1513–22]. In: LJ 12 [1930], 91–108, hier: 99. Weitere »Aspekte zum Bekenntnisproblem in der Theologie Luthers« entfaltet F.W. Kantzenbach in: LJ 30 [1963], 70–96. »Die spezifische Form des ›Bekenntnisses‹ aus der Sicht der katholischen Tradition« behandelt der gleichnamige Beitrag von K. Lehmann, in: ders./E. Schlink [Hg.], Evangelium – Sakramente – Amt und die Einheit der Kirche. Die ökumenische Tragweite der *Confessio Augustana*. Freiburg i.Br./Göttingen 1982, 164–183.)

(zu Anm. 6) Daß den drei altkirchlichen Symbolen die erste Stelle im Corpus Doctrinae eingeräumt wurde und daß dies unter der auf Nikolaus Selnecker zurückgehenden Überschrift »Tria Symbola catholica sive oecumenica« geschah, ist nicht nur ein weiterer Beleg für den Katholizitätsanspruch evangelischen Bekenntnisses, sondern auch insofern bemerkenswert, als hier der Begriff »ökumenisch« zum ersten Mal als Attribut für Glaubensbekenntnisse Verwendung findet. »Von da aus ist die Redeweise von den ›drei ökumenischen Symbolen‹ bis heute die allgemein übliche geworden. In der Bedeutungsgeschichte von ›ökumenisch‹ ist dies jedoch ein Novum. Es ist, so kann man sagen, der spezifisch lutherische Beitrag zu ihr.« (E. Kinder, Der Gebrauch des Begriffs ›ökumenisch‹ im älteren Luthertum. Zugleich ein Beitrag zur Frage der Rezeption der altkirchlichen Symbole durch die lutherische Reformation, in: KuD 1 [1955], 180–207, hier: 108 f. Vgl. ferner: F. Kattenbusch, Luthers Stellung zu den oekumenischen Symbolen. Gießen 1883.)

(zu Anm. 7) Dies mag als Beleg dafür gewertet werden, daß die lebendige Erinnerung an genuine Bedeutungsgehalte des Bekenntnis- oder Konfessionsbegriffs einseitig gruppenspezifische Fixierungen im Sinne denominationeller Verwendung geraume Zeit verhindert hat. Nichtsdestoweniger existiert »die Sache (...), um die es geht, die Konfessionskirche, (...) lange vorher«. (A.a.O., 165.) Die gruppenspezifische Festlegung des Konfessionsbegriffs, wie sie sich für das 19. und 20. Jahrhundert nachweisen läßt, ist daher keine eigentliche Neuerung, sondern zieht nur die Konsequenz aus einer Entwicklung, die das Reformationszeitalter charakteristisch kennzeichnete und deren terminologische Folge durch Wendungen wie »Anhänger der Augsburger Konfession« gleichsam vorherbestimmt war. In signifikanter Weise ist sonach der Bedeutungswandel des Konfessionsbegriffs paradigmatisch für das, was üblicherweise und nicht von ungefähr als Prozeß der Konfessionalisierung umschrieben wird. (Vgl. hierzu im einzelnen meine Theologie der Bekenntnisschriften der evangelisch-lutherischen Kirche, a.a.O., 89 ff.)

---

[72] WA 51,194,31–37. W. Sommer, Luthers letzte Predigt. In: Luther. Zeitschrift der Luther-Gesellschaft 67 (1996), 58–66. Zu der „Vermahnung wider die Juden«, die sich der Predigt anschließt (vgl. WA 51, 19 f.), vgl. die Bemerkungen H. Hövelmanns, a.a.O., 96.

(zu Anm. 9) »Und ob jemand nach meinem Tod würde sagen: wo der Luther jetzt lebte, würde er diesen oder diesen Artikel anders lehren und halten; denn er hat ihn nicht gnugsam bedacht etc., dawider sage ich jetzt als dann und dann als jetzt, daß ich von Gottes Gnade alle diese Artikel habe aufs fleißigst bedacht, durch die Schrift und wieder herdurch oftmals gezogen, und dieselbigen so gewiß wollt verfechten, als ich jetzt habe das Sakrament des Altars verfochten. Ich bin jetzt nicht trunken und unbedacht. Ich weiß, was ich rede, fühle auch wohl, was mirs gilt auf des Herrn Jesu Christi Zukunft am Jüngsten Gericht, darum soll mir niemand Scherz oder Narrenteiding draus machen. Es ist mir ernst; denn ich kenne den Satan von Gottes Gnaden: ein groß Teil kann er Gottes Wort und Schrift verkehren und verwirren, was sollt er nicht tun mit meinen oder eines andern Wort?« (WA 26,499 f.) Zur Genese und äußeren Situation bei der Entstehung der Gesamtschrift »Vom Abendmahl Christi, Bekenntnis« vgl. WA 26,241–249, hier: 244 f.: »Unter sehr schwierigen und bedrängten Verhältnissen ging Luther an die Bekämpfung der Gegner. Noch wütete in Wittenberg die Pest; seine Freunde waren mit der Universität in Jena. In seinem Hause war Krankheit, und seine Frau erwartete unter mancherlei Beschwerden ihre Niederkunft, die am 10. Dezember (sc. 1527) erfolgte. Er war krank und niedergeschlagen; mitunter dachte er ans Sterben. Dazu lastete auf ihm eine Fülle von Arbeit. Der Kurfürst nahm seine Mitarbeit an der Visitationsordnung mehrfach in Anspruch. Zur seelsorgerlichen Tätigkeit während der Pest kam sein dringender Wunsch, die Übersetzung der Propheten zu fördern.« Am 28. März 1528 kann Luther gleichwohl die ersten fertigen Druckexemplare seiner Schrift, die »sein letztes Wort in der Sache« (WA 26,245; vgl. 249) sein sollte, an Freunde verteilen.

(zu Anm. 19) »Mitte – das heißt: alles in reformatorischer Theologie ist auf sie bezogen; in ihr wird ja das subiectum theologiae zentral erfaßt. Grenze – das heißt: alles, was außerhalb des durch diese Mitte Bestimmten und Zusammengefaßten liegt, ist ›error et venenum‹ in theologia.« (E. Wolf, Die Rechtfertigungslehre als Mitte und Grenze reformatorischer Theologie. In: ders., Peregrinatio. Bd. II. Studien zur reformatorischen Theologie, zum Kirchenrecht und zur Sozialethik. München 1965, 11–21, hier: 14.) Die reformatorische Rechtfertigungslehre wäre sonach mißverstanden, wollte man sie lediglich zu einem spezifischen Lehrstück neben anderen erklären und sei es auch zu dem zentralen. Denn es soll ja gelten, was nicht nur E. Schlink in seiner »Theologie der lutherischen Bekenntnisschriften« nachdrücklich hervorhebt, daß »... jedes einzelne Lehrstück (...) nur von der Mitte der Bekenntnisschriften, nämlich von dem Artikel von der Rechtfertigung her, zu verstehen (ist).« (E. Schlink, Theologie der lutherischen Bekenntnisschriften. München 1946,14) Die reformatorische Rechtfertigungslehre kann insofern nicht oder doch nicht nur »als einzelner theologischer locus neben anderen loci gemeint sein, und der ›Artikel‹ von der Rechtfertigung ist auch nicht ein Glaubensartikel allein für sich.« (E. Wolf, a.a.O., 13) Indes läßt sich der Rechtfertigungsartikel ebensowenig als ein axiomatisches Prinzip fassen, aus dem alle Wahrheit des Glaubens deduktiv zu entfalten wäre. Er ist vielmehr stets hingeordnet auf den konkreten Vollzug der Zusage des Versöhnungsevangeliums Jesu Christi in Wort und Sakrament. Die reine Verkündigung und die rechte Verwaltung der Sakramente (vgl. CA VII) dadurch zu gewährleisten, daß sie beide zu Medien der vorbehaltlosen göttlichen Gnade bestimmt werden, wie sie in Jesus Christus offenbar ist, dies ist die genuine Funktion des Rechtfertigungsartikels, in welcher er seinem theologischen Gehalt entspricht.

(Anm. 27) »Die altkirchliche Christologie mit dem entscheidenden ›Gott in Christus‹ (Nizaenum) und der sogenannten ›Zwei-Naturen-Lehre‹ (Chalzedonense) ist der reformatorischen Rechtfertigungslehre grundsätzlich vorgegeben. Sie wird nach Meinung der Reformatoren freilich nur mit der Rechtfertigungslehre im richtigen Sinne interpretiert. Denn sie ist der Überzeugung, daß es Heilsabsichten und Heilshandeln Gottes sind, die die Christuswirklichkeit so, wie sie im altkirchlichen Credo bekannt wird, geschehen ließen, so daß nur der, der von diesen Heilsintentionen und -motiven getroffen wird, die Christuswirklichkeit richtig sieht. Aber es ist eben diese Wirklichkeit, in der sich Gottes Heilsintentionen und sein Heilshandeln manifestieren.« (A.a.O., 20 f.)

(zu Anm. 29) »Zum anderen glaube ich und weiß, daß die Schrift uns lehret, daß die Mittel-Person in Gott, nämlich der Sohn, allein ist wahrhaftiger Mensch worden, von dem heiligen Geist ohn eines Mannes Zutun empfangen und von der reinen heiligen Jungfrau Ma-

»Das ist mein Glaube ...«   211

ria als von einer rechten natürlichen Mutter geboren, wie das alles S. Lukas klärlich beschreibt und die Propheten verkündiget haben. Also daß nicht der Vater oder der Heilige Geist sei Mensch worden, wie etliche Ketzer gelehret. Auch daß Gott der Sohn nicht allein den Leib ohn die Seele (wie etliche Ketzer gelehret), sondern auch die Seele, das ist eine ganze völlige Menschheit, angenommen und als rechter Same oder Kind Abraham und David verheißen und als natürlicher Sohn Mariä geboren sei, in aller Weise und Gestalt ein rechter Mensch, wie ich selbst bin und alle andern, nur daß er ohn Sünde allein von der Jungfrau durch den Heiligen Geist gekommen ist. Und daß solcher Mensch sei wahrhaftig Gott, als eine ewige, unzertrennliche Person aus Gott und Mensch worden, daß also Maria die heilige Jungfrau sei eine recht wahrhaftige Mutter nicht allein des Menschen Christi, wie die Nestorianer lehren, sondern des Sohnes Gottes, wie Lukas spricht: ›Das in dir geboren wird, soll Gottes Sohn heißen‹, das ist mein und aller Herr, Jesus Christus, Gottes und Marien einziger, rechter, natürlicher Sohn, wahrhaftiger Gott und Mensch.« (WA 26,500,16 bzw. 33–501,17 bzw. 35)

(zu Anm.31)   »Denn weil außer Christo der Tod und die Sünde unsre Herren und der Teufel unser Gott und Fürst ist, kann da kein Kraft noch Macht, kein Witz noch Verstand sein, womit wir zur Gerechtigkeit und zum Leben uns könnten schicken oder trachten, sondern müssen, verblendet und gefangen, des Teufels und der Sünden eigen sein, zu tun und zu denken, was ihnen gefället und Gott samt seinen Geboten zuwider ist.« (WA 26,502,1–6 bzw. 19–24)

(zu Anm. 32)   »Aber weil der Tod über alle Menschen geht, muß die Erbsünde nicht ein Gebrechen, sondern allzu große Sünde sein, wie S. Paulus sagt: ›Der Sünde Sold ist der Tod‹, und abermal: ›Die Sünde ist des Todes Stachel‹, so spricht auch David Psalm 51,7: ›Siehe, ich bin in Sünden empfangen, und meine Mutter hat mich in Sünden getragen.‹ Er spricht nicht: Meine Mutter hat mit Sünden mich empfangen, sondern: Ich, Ich, Ich bin in Sünden empfangen, und meine Mutter hat mich in Sünden getragen, das ist, daß ich im Mutterleib aus sündlichem Samen bin gewachsen, wie das der hebräische Text vermag.« (WA 26,503,9 bzw. 27–17 bzw. 34)

(zu Anm. 37)   Im einzelnen gilt im Sinne Luthers und der Wittenberger Bekenntnistradition hamartiologisch folgendes: Zum einen darf das peccatum originale trotz seiner behaupteten gattungsgeschichtlichen Allgemeinheit, auf das der – im übrigen nicht unproblematische – Begriff der Erbsünde bezogen ist, nicht fatalisiert und zu einem äußerlich zugefügten und als Schicksal hinzunehmenden Übel verharmlost werden; die Schuld der Sünde läßt sich nicht auf anderes schieben; die Sünde ist an ihrer Verderbnis selbst schuld. In sich verkehrt verfällt sie dem höllischen Abgrund, welcher sie selbst ist. Zum anderen gilt, daß die einmal schuldhaft ins Werk gesetzte Sünde von ihren vermeintlich souveränen Akteuren ganz und gar Besitz ergreift, um sie total in ihren heillosen Bann zu ziehen. Die Ursünde, welcher die Dogmatiker der altprotestantischen Orthodoxie bemerkenswerterweise keine vernünftig zu begründende Wirkursache (causa efficiens), sondern im Gegenteil nur eine vernunftdestruierende causa deficiens – eine Verwirkursache sozusagen – zugedacht haben, ist von einer Bodenlosigkeit, in der wie aller Sinn, so auch die Möglichkeit sinnvoller Unterscheidung von Tun und Leiden zunichte wird und vergeht. Daß beide skizzierten Aussagereihen sachlich zusammengehören, läßt sich unschwer erkennen. Gemeinsame Absicht ist es, das Unwesen der Sünde als eine Radikalverkehrung zur Erkenntnis zu bringen, welche den Menschen nicht nur äußerlich und in seinem Bezug zu Mitmensch und Welt, sondern im Innersten, nämlich in seinem Gottesverhältnis betrifft. Sündige Konkupiszenz erschöpft sich – um es an diesem auf Augustin zurückgehenden hamartiologischen Zentralbegriff zu exemplifizieren – infolgedessen nicht in sinnlicher Wollust und ist nicht lediglich oder primär ein körperlich-affektives Phänomen. Das Unwesen, welches die Sünde treibt, ist keine vom innersten Wesenskern des Menschen auf die eine oder andere Weise distanzierbare Äußerlichkeit, sondern das ureigene menschliche Sein in der durch unmittelbare Selbstbestimmung verunstalteten Form selbstgesetzten Widerspruchs zu Gott. Kein zu veräußerlichendes Faktum also, kein bloßer Defekt am Menschen, auch nicht lediglich Gottlosigkeit, sondern Perversion der Gottesrelation in der Weise förmlichen Sichwidersetzens, ignorantia Dei als eine alle Dimensionen des Verstandes und des Willens ergreifende Verkennung Gottes – das ist das widerliche und in sich widrige Unwesen der Sünde.

Dabei entsprechen sich hybride Selbstvergottung und verzweifelter Gotteshaß wechselseitig, um gleichermaßen üble Folgen für Mitmensch und Welt zu zeitigen. Wo solches der Fall ist (und es ist nach dem Urteil Luthers tatsächlich und in einer universalen Weise der Fall), da kann von einem verbleibenden Restquantum an Urstandsgerechtigkeit nicht länger die Rede sein und zwar weder im Hinblick auf die einzelnen Menschen noch im Hinblick auf die menschliche Gattung. Alle Adamskinder sind ganz verderbt und heillos dem Bösen verfallen. Wahrnehmen läßt sich dies freilich nicht in generell-generalisierender Weise, sondern nur durch das Bekenntnis, welches der fides specialis gemäß ist: »Ich, Ich, Ich bin in Sünden empfangen ...« (WA 26,503,14 bzw. 32)

(Anm. 43) »Die Ölung, so man sie nach dem Evangelium hielte, Mark. 6,13 und Jak. 5,14, ließe ich gehen. Aber daß ein Sakrament draus zu machen sei, ist nichts. Denn gleich wie man anstatt der Vigilien und Seelenmessen wohl möchte eine Predigt tun vom Tod und ewigen Leben und also bei dem Begräbnis beten und unser Ende bedenken (wie es scheinet, daß die Alten getan haben), also wäre es auch wohl fein, daß man zum Kranken ginge, betete und vermahnte, und so man daneben mit Öle wollt ihn bestreichen, sollt es frei sein im Namen Gottes.« (WA 26,508,17–24)

(zu Anm. 44) Unter der Überschrift »Vom Evangelio« werden vier Weisen benannt, in denen Gottes überreiche Gnade evangelischen Rat und evangelische Hilfe wider die Sünde gibt: »erstlich durchs mundlich Wort, darin gepredigt wird Vergebung der Sunde in alle Welt, welchs ist das eigentliche Ampt des Evangelii, zum andern durch die Taufe, zum dritten durchs heilig Sakrament des Altars, zum vierden durch die Kraft der Schlussel und auch per mutuum colloquium et consolationem fratrum.« (BSLK 449,8–14)

(zu Anm. 49) Luther knüpft sein Lob der sog. »heimlichen Beichte« lediglich an die Bedingung, »daß man niemand dieselbigen mit Gesetzen und Geboten aufdringe, sondern lasse sie frei sein einem jeglichen für seine Not, wenn und wo er will, derselbigen zu gebrauchen, gleichwie es frei ist, Rat und Trost, Bericht oder Lehre zu holen, wenn und wo die Not oder der Wille fordert, und daß man nicht alle Sünden aufzuzählen oder zu berichten zwinge, sondern welche am meisten drücken oder welche jemand nennen will ...« (WA 26,507,21–27). Es folgt eine Kritik des Ablaßunwesens, der mißbräuchlichen Praxis der Vigilien und Seelenmessen, der Fegfeuerlehre, die als nicht glaubensverbindlich bezeichnet wird, sowie der Anrufung der Heiligen, von der sich genausowenig in der Schrift finde wie vom purgatorium. (Vgl. WA 26,507,28–508,16)

(zu Anm. 58) »Denn das Papsttum ist gewißlich das recht endchristliche Regiment oder die rechte widerchristliche Tyrannei, die im Tempel Gottes sitzt und regiert mit Menschengeboten, wie Matth. 24,24 Christus und 2. Thess. 2,4 Paulus verkündigen, wie wohl auch daneben der Türke und alle Ketzereien, wo sie sind, auch zu solchem Greuel gehören, so ›in der heiligen Stätte zu stehen‹ geweissagt ist; aber dem Papsttum nicht gleich.« (WA 26,506,40–507,6)

(zu Anm. 61) Anders und kontroverstheologisch formuliert: Ob und gegebenenfalls wie sich »römisch« und »katholisch« zusammenreimen, das ist, wie Luthers Bekenntnis von 1528 explizit belegt, im gegebenen Zusammenhang die entscheidende reformatorische Frage. Denn die reformatorische Kritik an Rom basiert ja keineswegs auf der Verabschiedung des universalkirchlichen Beziehungszusammenhangs, dessen ekklesiologische Unaufgebbarkeit vielmehr dezidiert vorausgesetzt wird; die Einwände sind im Gegenteil darauf gerichtet, daß der universalkirchliche Beziehungszusammenhang erheblich gestört, ja aufgelöst zu werden droht, wenn eine sogenannte Teilkirche – und als solche mußte die vom Bischof von Rom repräsentierte Kirche den Reformatoren mehr und mehr erscheinen – zwischen ihrer Partikularbestimmung und der universalen Sendung der Kirche Jesu Christi nicht hinreichend zu differenzieren vermag und infolgedessen zwangsläufig dazu tendiert, ihre partikulare Eigentümlichkeit mit kirchlicher Universalität zu verwechseln. Wo solche Verwechslung statthat, da wird – und auf diese Einsicht kommt es reformatorischer Kritik in Sachen Ekklesiologie entscheidend an – nicht nur der kirchliche Anspruch auf Katholizität verkehrt, sondern faktisch auch das Eigenrecht der sog. Teilkirchen und ihrer konkreten Ausgestaltungsformen in Raum und Zeit mißachtet. Diese Mißachtung ist u.a. in der ekklesiologischen Neigung erkennbar, die Gesamtkirche zu hypostasieren und auf diese Wei-

»Das ist mein Glaube ...«

se von den Teilkirchen abzuheben, was – recht besehen – niemals ein Indiz angemessener Wahrnehmung kirchlicher Universalbestimmung, sondern stets ein Kennzeichen ihrer Verkennung und Partikularisierung darstellt.

(zu Anm. 69) »Vor allen Greueln aber halt ich die Messe, so für ein Opfer oder gut Werk gepredigt und verkauft wird, darauf denn jetzt alle Stifte und Klöster stehen, aber, so Gott will, bald liegen sollen. Denn wiewohl ich ein großer, schwerer, schändlicher Sünder bin gewesen und meine Jugend auch verdammlich zugebracht und verloren habe, so sind doch das meine größten Sünden, daß ich so ein heiliger Mönch gewesen bin und mit so viel Messen über 15 Jahr lang meinen lieben Herrn so greulich erzürnt, gemartert und geplagt habe. Aber Lob und Dank sei seiner unaussprechlichen Gnade gesagt in Ewigkeit, daß er mich aus solchem Greuel geführt hat und noch täglich mich, wiewohl undankbaren, erhält und stärket in rechtem Glauben.« (WA 26,508,30–39) Es schließen sich an kritische Bemerkungen zu Klostergelübden etc. sowie Erwägungen zu Bildern, Glocken, Meßgewand, Kirchenschmuck, Altarlichtern und dergleichen. Die Einrichtungen werden grundsätzlich positiv, im übrigen aber als Adiaphora beurteilt, mit denen man es halten könne, wie man wolle.

Communio Sanctorum

Das Kirchenverständnis Martin Luthers

Gerhard Ludwig Müller

1. Die Einheit der Christen angesichts der modernen Herausforderungen in der Gottesfrage

Im Artikel *Kirche* der neuesten Auflage des Lexikons für Theologie und Kirche konstatiert Walter Kasper die heute fast einhellige Überzeugung, daß das eigentlich Trennende zwischen dem evangelischen und katholischen Christentum sich nicht mehr in der Rechtfertigungslehre, sondern in der Ekklesiologie und in den damit verbundenen Fragen nach dem geistlichen Amt manifestiere.[1] Diese Feststellung ist freilich nicht ganz neu. Schon im 16. Jahrhundert waren bei verschiedenen Einigungsversuchen, den sogenannten Religionsgesprächen, die gemeinsamen christlichen Grundüberzeugungen formuliert worden, daß der Mensch, der vor Gott zum Sünder geworden war, nur durch die freie und souveräne Gnade der Versöhnung aus einem Feind Gottes wieder zu einem Freund gemacht werden kann und so aus dem Abgrund des Todes errettet und in die lebenspendende Gemeinschaft mit Gott hineingenommen wird. Über das Grundprinzip der reinen Gnadenhaftigkeit der Rechtfertigung des Gottlosen konnte es nie einen Zweifel geben.

Unterschiede sind erst aufgebrochen bei der weitergehenden Frage, wie der Gerechtfertigte zum Vollzug und zur Aktualisierung seiner Freiheit durch die Gnade ermächtigt und dann aber nicht *neben und trotz*, sondern *kraft* der befreiten und begnadeten Freiheit an der endgültigen Erreichung des Heilsziels im ewigen Leben mitwirkt (Nachfolge). Geht es bei der Rechtfertigung des Sünders um die konstitutive Heilsrelation des Menschen zu Gott, so geht es bei dem Thema Kirche um die Frage der geschichtlichen, interpersonal-sozialen und leibhaftigen Konditionen und Bezüge, in denen Gott das in Jesus Christus inkarnatorisch gewordene Heil in Zeit und Welt vermittelt.

In der katholischen Antwort auf die von der reformatorischen Theologie aufgeworfenen zentralen Probleme hat das Trienter Konzil nach den großen Dekreten über die Erbsünde und die Rechtfertigung zwar nicht mit einem umfassenden ekklesiologischen Traktat geantwortet, aber doch wesentliche ekklesiologische Themen behandelt, vor allem die Sakramententheologie, die Autorität des päpstlichen und konziliaren Lehramtes bezüglich der verbindlichen Auslegung der Offenbarung und vor allem auch die Frage nach der Sakramentalität des Priesteramtes und damit auch der konstitutiven Bedeutung der apostolischen Rückbindung des kirchlichen Leitungsamtes des Bischofskollegiums und des Papstes als dessen Haupt, d.h. Prinzip und Fundament seiner Einheit.[2]

---

[1] Lexikon für Theologie und Kirche (LThK). ³1996, 1462.
[2] II. Vatikanum. Kirchenkonstitution »Lumen gentium« (LG), Art. 23.

Im Zeitalter der auf die Reformation folgenden Kontroverstheologie wurden die Spannungen im Bereich ekklesiologischer Themen allerdings nie von einer umfassenden ekklesiologischen Gesamtkonzeption her zu formulieren bzw. auch zu überwinden versucht. Unter den heutigen geistesgeschichtlichen Bedingungen hat es allerdings wenig Sinn, die Kontroverstheologie nur mit etwas friedlicheren Mitteln fortzusetzen und sie in den größeren Zusammenhang der auf evangelischer wie katholischer Seite entwickelten ekklesiologischen Gesamtkonzeptionen hineinzustellen, wie sie vor allem in diesem Jahrhundert ausgearbeitet worden sind. Man muß vielmehr noch einen Schritt weitergehen, indem man die Fragen von Rechtfertigung und Kirchenverständnis in den Horizont einer gemeinsamen Herausforderung stellt, von denen gerade eine ökumenische Theologie nicht absehen kann. Ökumenische Theologie ist nicht die Fortsetzung der Kontroverstheologie in einer etwas dialogischer-toleranteren Gesinnung. Die ökumenische Bewegung muß vielmehr verstanden werden als der Versuch zur Überwindung einzelner Lehrgegensätze im Horizont der *allen* Christen aufgegebenen Krise des Gottesglaubens *heute*.

Ohne den lebendigen Glauben an die Existenz geschichtlicher Wirksamkeit Gottes hängen das Offenbarungsverständnis und damit auch alle Inhalte des christlichen Glaubensbekenntnisses in der Luft. Gemeinsam stehen alle Christen vor der abgründigen, noch nie dagewesenen Immanentisierung der menschlichen Existenzfragen in der westlichen Zivilisation. Der Gottesglaube wird nicht mehr bekämpft, nicht einmal mehr ignoriert. Somit erscheint am Ende der Geistesgeschichte als Normalzustand des menschlichen Geistes, wenn der Mensch die Existenz und Wirksamkeit Gottes nicht einmal einer Frage für würdig erachtet. Was ehedem als das völlig unbestreitbare und unerschütterliche Fundament galt, auf dem sich überhaupt konfessionelle Auseinandersetzungen um die rechte Interpretation der Offenbarung abspielten, ist sogar innerkirchlich brüchig geworden.

Das Glaubensbekenntnis und die gottesdienstliche Praxis scheinen vielen lediglich interessant als Material für eine seelenimmanente und selbstbezügliche religiöse Erfahrung und nicht mehr als das Medium einer dialogischen und interpersonalen Kommunikation zwischen Gott und den Menschen, in welcher der Mensch zu einem ihn überschreitenden Glauben und zur Entscheidung für die konkrete Nachfolge Christi im Leben und Sterben herausgefordert wird.

Konnte Luther in den *Schmalkaldischen Artikeln* (1537) noch feststellen, daß in »den hohen Artikeln der göttlichen Majestät«, d.h. dem Grundbekenntnis zur Selbstoffenbarung des dreifaltigen Gottes in Christus und im Geist sich die Christen »in keinem Zank noch Streit befinden, weil wir zu beiden Teilen dieselbigen gläuben und bekennen«[3], so muß heute gerade auch unter Christen der Sinn und die Bedeutung des trinitarisch-christologischen Bekenntnisses als die tragende Mitte je neu errungen werden.

---

[3] Bekenntnisschriften der Ev.-Luth. Kirche (BSLK). Hg. Deutscher Ev. Kirchenausschuß, Göttingen [10]1986, 414 f.

Kann uns ein Mensch des 16. Jahrhunderts, so sehr er unbestreitbar eine weltgeschichtliche Bedeutung besitzt, dabei helfen, den tiefbohrenden Zweifel an der Existenz und geschichtlichen Wirksamkeit Gottes zu überwinden, so daß wir aus einer gemeinsamen Grunderfahrung Gottes und seiner geschichtlichen Offenbarung in Jesus Christus die Rolle und Sendung der Kirche für ein gelingendes menschliches Leben neu einsichtig machen können?

Obwohl Luther von uns durch den gewaltigen Abstand eines halben Jahrtausends getrennt ist, bleibt er mit uns doch verbunden durch die radikale Offenheit, mit der er seine ganze Existenz von Gott her bestimmen ließ und damit auch einen Zugang zum Verständnis der Kirche als Gemeinschaft der Glaubenden gefunden hat.

Der Ausgangspunkt Luthers war die ihn umtreibende Frage: »Wie finde ich einen gnädigen Gott?« Er ist von hier zu einer Kritik an den konkreten Zuständen der Kirche seiner Zeit gelangt und hat zugleich versucht, die der Rechtfertigungserfahrung entsprechende Gestalt von Kirche auf den Weg zu bringen.

In der Frage »Wie finde ich einen gnädigen Gott?« ist keineswegs, wie es oft fehlinterpretiert wurde, ein kirchensprengender Individualismus am Werke. Das »Ich« steht vielmehr für den Menschen selbst, der sich in seiner Identität ausschließlich von Gottes Zuspruch und Gnade her definieren kann. Was der Mensch vor Gott ist, ergibt sich nicht einfach durch den bloßen äußeren Mitvollzug der Riten und religiösen Traditionen, in denen er sozialisiert wurde. So unverzichtbar die Kommunikation mit der Gemeinschaft, der Sprache, der Kultur und den religiösen und sittlichen Überzeugungen der Mitwelt ist für den Aufbau der Persönlichkeit, so müssen doch alle diese Bedingungen je überstiegen werden in die personale Begegnung mit Gott, der mich in meiner innersten Existenz anspricht, ergreift und dem ich mich in reinem Vertrauen anheimgebe als Grund meines Daseins und all meiner Hoffnungen. Hier ergibt sich die theologische Grundfrage, wie die Unmittelbarkeit zu Gott und die konkrete Vermittlung durch die leibhaftig-sozialen Vollzüge des menschlichen Daseins miteinander in Verbindung zu bringen sind. In der Rechtfertigungserfahrung wird Gott gerade nicht zu einer Funktion der selbstbezogenen Identitätssuche eines religiös-mystisch sich selbst genießenden Ich gemacht. Das selbstbezügliche Ich wird radikal in der Begegnung mit dem Du Gottes aufgebrochen und zur Selbsthingabe an Gott fähig gemacht.

Gewiß fragen Menschen von heute nach Gott nicht mehr in der Terminologie der lutherischen Rechtfertigungslehre; aber es geht nicht um Begriffe, sondern um Inhalte. Nur wo in letzter Tiefe Gott als die letzte Infragestellung (»Gericht«) des Menschen aufgeht, spüren Menschen auch, daß es im Evangelium eine Selbstzusage Gottes gibt, die den Menschen von der Last der Selbstrechtfertigung und ständigen Selbstkonstitution befreit und ihn in die Gemeinschaft mit Gott ruft. So wird der Mensch zugleich unter dem Eindruck der wirksamen Präsenz Gottes in die Gemeinschaft der Mitglaubenden hineingeführt. Die anderen sind nicht mehr Konkurrenten. Es entsteht ein Für- und Miteinander aller Gläubigen, die durch ihren Glauben mit Christus gleichsam zu *einer* Person geworden sind.

Hier kommt Luther beim paulinischen Kirchenverständnis an, das Augustinus auf die Formel gebracht hat: »Haupt und Leib – ein Christus«. Es ist die Aussage, daß wir durch die Taufe alle trennenden Gegensätze überwunden haben und in Christus »einer«, d.h. eine Person geworden sind.[4]

2. *Die Kirche als Gemeinschaft der Heiligen*

Der in der Rechtfertigung begründeten Erfahrung der Unmittelbarkeit zu Gott steht nach Luthers Meinung ein real existierendes System von Kirche gegenüber, in dem die personale Unmittelbarkeit jedes Menschen zu Gott verdunkelt wird. Dies zeige sich darin, daß die Laien aufgrund der Vermittlung eines sakramentalen Priestertums von menschlichen Mittlern abhängig seien, denen das Opfer der Versöhnung ihrer *alltäglichen* Sünden anvertraut ist. Dies stehe – so Luther – im Gegensatz zu der biblischen Lehre, daß Christus ein- für allemal als der einzige Hohepriester und Mittler des neuen Bundes durch sein Opfer am Kreuz die Menschheit mit Gott versöhnt und damit die Sündenvergebung erwirkt hat. Somit sei ein eigenes Priestertum *neben* dem Priestertum Christi unmöglich. Nur im inneren Mit- und Füreinander aller Gläubigen konkretisiere sich als geistliche Haltung der Anschluß aller an dieses priesterliche Wirken Jesu Christi. Gerade auch im Hinblick auf die Interpretationskompetenz von Papst und Bischöfen, was die Offenbarung betrifft, erscheint ihm die Rede von der sakramentalen Gestalt und der apostolischen Vollmacht des kirchlichen Amtes eine ideologische Begründung eines klerikalen Herrschaftssystems zu sein, das die Heilsunmittelbarkeit der Christen in Frage stellt. Dies und nicht eine äußere Polemik ist der Hintergrund für Luthers Urteil, der »Papst«, d.h. eben dieses Kirchensystem, sei der »Antichrist«.[5]

Luther bestimmt die Kirche demgegenüber als eine *Gemeinschaft* von Glaubenden, von durch den Glauben und die Taufe Geheiligten, und als Leib Christi, der unmittelbar durch Christi Wort und Geist aufgebaut und geleitet wird. So gehe Kirche immer neu hervor aus Wort und Geist Gottes. Sie ist darum Geschöpf des Wortes (*creatura verbi*). Durch Gottes Wort wird die Kirche gesammelt, zur Einheit geführt, erhalten und aufgebaut. So ist die Kirche »das heilige christliche Volk Gottes im Wort«. Gottes Volk und Gottes Wort gehören untrennbar zusammen. Als geistliche Wirklichkeit, die sich im Spannungsfeld von Wort und Glaube, also von personalen Akten und Relationen bewegt, ist sie eine verborgene, aber wirkliche Gemeinschaft der Heiligen und Gerechtfertigten: *ecclesia abscondita* und *ecclesia invisibilis*.[6]

---

[4] Gal 3,28.
[5] Hebr 7,24 f.; 9,25 ff.; 10,10. Vgl. 1 Petr 2,5.9.
[6] Martin Luther, Kritische Gesamtausgabe (WA). 60 Bde., Weimar 1883–1982, 12, 191; WA 11, 408, 13; WA 5, 47; WA 7, 701.

Diese Verborgenheit der Kirche als der Gemeinschaft der *wahrhaft* Glaubenden und Gerechtfertigten steht theologisch in einem engen Zusammenhang mit der Verborgenheit Gottes im Kreuz Christi. Die Kirche orientiere sich am Vorbild Christi, der nicht in äußerer Macht und Herrlichkeit erschien und damit auch nicht durch eine nach gesellschaftlicher Macht und Geltung strebende Kirche repräsentiert wird, sondern sich in seiner Gottheit gerade in der Verborgenheit von Leiden und Kreuz geoffenbart hat. Dennoch sei die Christenheit nicht eine bloß äußerliche Summe von Glaubenden, die sich nachträglich zu ihrem persönlichen Glaubensakt aufgrund rein menschlicher Initiative zusammengefunden haben. Die Kirche als Geschöpf des Wortes gehe hervor als *Communio sanctorum* und *Congregatio fidelium*.[7]

Die Unmittelbarkeit des Glaubenden zu Gott stehe nicht im Gegensatz zu der Vermittlung des Glaubens durch das Zeugnis und das Leben der Mitchristen. Ihr stehe ein durch Gott selbst gewährleisteter innerer Zusammenhang von Unmittelbarkeit zu Gott und der Vermittlung durch die Mitglaubenden zu. Kirche wird manifest und vollzieht sich in den Kennzeichen der Kirche: dort, wo das Wort verkündet wird, Taufe und Abendmahl gefeiert werden, wo der Glaube bekannt und Gott gelobt wird, wo Gott seiner Kirche Diener des Predigtamtes schenkt, wo die Glaubenden angefochten und der äußeren Verfolgung unterworfen sind und den Weg des Kreuzes gehen. Hier erkennen wir die wahren Kennzeichen der apostolischen und katholischen Kirche.[8]

Hier werde auch der eigentliche Sinn des kirchlichen Amtes ersichtlich. Die Amtsträger sind nicht selbstmächtige Verwalter des Heiles; sie seien zu verstehen als Diener des Wortes und der Sakramente. Dennoch ist auch das kirchliche Predigtamt göttlichen Rechtes, weil es in der Sendung besteht, das Evangelium zu verkünden und dem Aufbau der Kirche zu dienen.[9]

Die konkrete Gestalt der kirchlichen Ämterordnung sei allerdings nur menschlichen Rechtes. Eine geforderte Unterwerfung unter die Lehren des Papstes – sofern sie nicht mit dem Wort Gottes übereinstimmen – hieße, das Heil an äußere menschliche Bedingungen knüpfen. Der Glaube als Heilsgeschehen würde sich auf menschliches Tun begründen.

Das Grundverständnis der Kirche als *Communio sanctorum* bei Luther muß keineswegs eine Marginalisierung des geistlichen Amtes zur Folge haben. Gewiß hatte Luther in seiner Frühzeit 1520 in der Schrift *De captivitate babylonica ecclesiae praeludium* die Sakramentalität des Amtes in Frage gestellt und in der Folgezeit den Eindruck erweckt, der Prediger sei nur der Mandatsträger des Amtes, das die Gemeinde als ganze ausübe. Doch nennt er 1539 in der Schrift *Von den Konziliis und Kirchen* das Amt ein *wesentliches* Kennzeichen neben Wortverkündigung, Taufe, Altarsakrament und Schlüsselgewalt:

---

[7] WA 21, 332; BSLK 656.
[8] WA 50, 628 ff.
[9] Confessio Augustana (CA). (1530), 5; 28.

Zum fünften kennet man die Kirche äußerlich dabei, daß sie Kirchendiener weihet oder beruft oder Ämter hat, die sie bestellen soll; denn man muß Bischöfe, Pfarrer oder Prediger haben, die öffentlich und sonderlich die obgenannten vier Stück oder Heiltum geben, reichen und üben, vonwegen und im Namen der Kirchen, viel mehr aber aus Einsetzung Christi, wie S. Paulus Eph 4,8.11 sagt: »Dedit dona hominibus«. Er hat gegeben etliche zu Aposteln, Propheten, Evangelisten, Lehrern, Regierern etc. Denn der Haufe ganz kann solchs nicht tun, sondern müssen einem befehlen oder lassen befohlen sein. Was wollt sonst werden, wenn ein jeglicher reden oder reichen wollt und keiner dem andern weichen. Es muß einem allein befohlen werden und allein lassen predigen, taufen, absolvieren und Sakrament reichen, die andern alle des zufrieden sein und dreinwilligen. Wo du nun solchs siehest, da sei gewiß, daß da Gottes Volk und das christlich, heilig Volk sei (...). Haben nun die Apostel, Evangelisten und Propheten aufgehöret, so müssen andre an ihre Statt gekommen sein und noch kommen bis zum Ende der Welt. Denn die Kirche soll nicht aufhören bis an der Welt Ende, darum müssen Apostel, Evangelisten, Propheten bleiben, sie heißen auch, wie sie wollen oder können, die Gottes Wort und Werk treiben.[10]

3. Eine neue Communio-Ekklesiologie als Ebene eines ökumenischen Dialogs

Die Communio-Ekklesiologie, die ein tiefes biblisches Fundament hat und für die ganze Zeit der Kirchenväter maßgebend war, und die Luther im Rückgriff auf die augustinische Tradition, die auch für Thomas, Bonaventura und andere im Mittelalter bestimmend gewesen ist, hat im 20. Jahrhundert auf evangelischer Seite wie auch in der katholischen Theologie eine umfassende Erneuerung gefunden.

Am Anfang des 20. Jahrhunderts formulierte Romano Guardini: »Ein religiöser Vorgang von unabsehbarer Tragweite hat eingesetzt: die Kirche erwacht in den Seelen«.[11] Und Otto Dibelius kündigte an, daß am Ende dieses Jahrhunderts das Kirchenthema in Verbindung mit der Gotteskrise gesehen werde.[12] Da Gott nicht an sich erkannt werden kann, sondern nur in der konkreten Vermittlung seiner geschichtlichen Selbstoffenbarung und der auf dieser Basis stehenden Bekenntnisgemeinschaft, und da die Kirche sich vor der Welt nicht anders ausweisen kann als durch eine von der Offenbarung initiierte Konkretisierung der anthropologischen Grundfrage nach dem Sinn des Menschseins im unübersteigbaren Horizont der Erfahrung des Absoluten, das sich unter dem Namen »der Gott Abrahams, Isaaks und Jakobs, als der Vater Jesus Christi« zu erkennen gibt, darf die Kirche sich nicht auf eine bloße von Menschen gestiftete Religionsgemeinschaft reduzieren lassen. Ähnlich wie Dietrich Bonhoeffer die Kirche als Kirche *für* andere beschreibt und damit als eine Gemeinschaft, die sich von dem Dasein Gottes in Jesus Christus für die Menschen her versteht und nicht als eine auf sich selbst zurückgeworfene Religionsgemeinschaft, so gibt auch das II. Vatikanische Konzil in der Kirchenkonstitution *Lumen gentium* eine Beschreibung der kirchlichen Sendung, wel-

---

[10] WA 50, 632–634.
[11] Romano Guardini, Vom Sinn der Kirche. Mainz 1922, 1.
[12] Otto Dibelius, Das Jahrhundert der Kirche. Berlin 1926.

che die Kirche in dem universalen Horizont des Heilswillens Gottes allen Menschen gegenüber in ihrer Dienstfunktion am universalen Heil aufscheinen läßt. Wenn Christus das Licht der Völker ist, dann muß gelten: »die Kirche ist ja in Christus gleichsam das Sakrament, d.h. Zeichen und Werkzeug für die innigste Vereinigung mit Gott wie für die Einheit der ganzen Menschheit«.[13]

Das Kirchenverständnis des Konzils beruht auf dem Verständnis der Offenbarung als einer von Gott her kommenden und von seinem Geist getragenen und in Jesus Christus inkarnatorisch und geschichtlich vermittelten Teilgabe an der Gemeinschaft der Liebe von Vater, Sohn und Geist, durch die der Mensch kraft des Glaubens und der Liebe einbezogen werden soll.[14] So versteht sich die Kirche als die Communio, d.h. als das Medium der gott-menschlichen Kommunikation. Die anthropologische Frage nach dem Sinn des Daseins erhält eine erfüllende und nicht zu überbietende Antwort, die in Jesus Christus als Zuspruch und Anspruch ergangen ist und sich in der Gemeinschaft seiner Jünger im Gang durch die Zeit bewährt. In der Pastoralkonstitution *Gaudium et spes* wird die anthropologische Frage christologisch auf Gott hin vermittelt:

> Was ist der Mensch? Was ist der Sinn des Schmerzes, des Bösen, des Todes (...)? Was kann der Mensch der Gesellschaft geben, was von ihr erwarten? Was kommt nach diesem irdischen Leben? Die Kirche aber glaubt, daß in Christus, in ihrem Herrn und Meister, der Schlüssel, der Mittelpunkt und das Ziel der ganzen Menschheitsgeschichte gegeben ist.[15]

Indem die Kirche kraft ihrer Sendung Gott in Christus als das Geheimnis des Menschen aufhellt, erscheint sie im Horizont der Menschheitsgeschichte als das Sakrament, in dem und durch das Gott das Heil der Menschen anzeigt und bewirkt. In einer solchen dynamisch-geschichtlichen Sichtweise zeigt sich das wechselseitige Erhellungsverhältnis von moderner Gottesfrage, von konkretem Christusglauben und einem zeitgerechten Verständnis der Kirche. Die konkrete Gemeinschaft der Glaubenden wurzelt in der inneren Communio von Vater, Sohn und Geist. Sie ist somit die konkrete Vermittlung in die Unmittelbarkeit zu Gott, die vermittels der geschichtlich sich ereignenden Selbstmitteilung Gottes in Jesus Christus zum Prinzip der Grundvollzüge von Kirche in *Martyria*, *Leiturgia* und *Diakonia* wird. Von Gott her wird das Volk Gottes je zum Leib Christi gemacht, weil Christus als Mittler des Heiles Haupt und Ursprung der Kirche ist. Kirche ist zu verstehen als *Volk Gottes*, des Vaters; als *Leib Jesu Christi* ist sie Kirche des Sohnes, und kraft des beständigen Wirkens des Geistes wird sie *Tempel des Heiligen Geistes* genannt. So erscheint die Kirche nach einem Wort des hl. Cyprian von Karthago »als das von der Einheit des Vaters und des Sohnes und des Heiligen Geistes her geeinte Volk«.[16]

---

[13] LG, Art. 1.
[14] Offenbarungskonstitution »Dei verbum«, 2–6.
[15] Vatikanum II, Pastorale Konstitution über die Kirche in der Welt von heute »Gaudium et spes« (1965) (GS), 10.
[16] Cyprian von Karthago, Über das Vaterunser. 23; LG 4.

Daraus ergibt sich auch die sakramental-charismatische Verfassungsgestalt der Kirche. Man kann nicht die innere und die äußere Kirche adäquat voneinander abheben. In der sichtbaren Gestalt der Kirche ist wesentlich in ihren sakramentalen Grundvollzügen der innere Gehalt, nämlich die Gnadengemeinschaft mit Gott, präsent und umgekehrt.

Das II. Vatikanische Konzil hat die Kirche in ihrer äußeren Zeichengestalt und inneren Wirklichkeit als Gott und Menschen verbindende *Communio* beschrieben:

> Der einzige Mittler Christus hat seine heilige Kirche, die Gemeinschaft des Glaubens, der Hoffnung und der Liebe, hier auf Erden als sichtbares Gefüge verfaßt und trägt sie als solches unablässig. So gießt er durch sie Wahrheit und Gnade auf alle aus. Die mit hierarchischen Organen ausgestattete Gesellschaft und der geheimnisvolle Leib Christi, die sichtbare Versammlung und die geistliche Gemeinschaft, die irdische Kirche und die mit himmlischen Gaben beschenkte Kirche sind nicht als zwei verschiedene Größen zu betrachten, sondern bilden eine einzige komplexe Wirklichkeit, die aus menschlichem und göttlichem Element zusammenwächst...[17]

Natürlich ist hier der Kirchenbegriff aus einer klerikalistischen Engführung und einer bloß additiven Gegenüberstellung von Laien und Amtsträgern herausgeführt. Zur Wesensverfassung der Kirche gehören darum die eingestifteten sakramentalen Grundvollzüge, die umfassende Teilnahme aller Gläubigen am prophetischen und priesterlichen Heilsdienst Christi in seiner Kirche und vermittels seiner Kirche, sowie auch die Ämter des Bischofs, der Presbyter und der Diakone, die der Ortskirche und durch sie auch der Gesamtkirche zugeordnet sind. Unbeschadet der »wahren Gleichheit in der allen Gläubigen gemeinsamen Würde und Tätigkeit zum Aufbau des Leibes Christi« und dem damit gegebenen personalen unmittelbaren Gottesverhältnis sind einige Gläubige durch das Sakrament der Weihe beauftragt von Gott, dem Vater, und vom erhöhten Herrn und vom Heiligen Geist bestellt, um im endzeitlichen Gottesvolk, der Herde Gottes, das Hirtenamt Christi auszuüben.[18] Ähnlich wie Luther formuliert das Konzil, daß nicht alle die gleichen Ämter haben, weil nicht jeder Apostel, Prophet, Lehrer, Evangelist und Hirt ist. Nicht alle sind Leitende, Vorsteher. Nicht alle sind Episkopen und Diakone, nicht alle sind Presbyter, die das Amt des Vorstehers versehen, von denen besondere Eignung verlangt wird und von denen auch besondere Rechenschaft gefordert ist.[19]

Trotz noch verbleibender Unterschiede in Einzelfragen (z.B. der dogmatische Unterschied zwischen Presbyter/Priester und Bischof und die gesamtkirchliche Verantwortung der Bischöfe und ihre Beziehung zum Papst als Bischof von Rom) kann heute im Rahmen einer Communio-Ekklesiologie der Unterschied zwischen dem gemeinsamen Priestertum aller Gläubigen und dem sakramentalen Hirten- und Verkündigungsdienst der Amtsträger die Verwiesenheit aufeinander deutlich formuliert werden.

---

[17] LG 8.
[18] LG 32. 1 Kor 12,28; Gal 1,1. 1 Kor 12,4 f.; Apg 20,28; 1 Tim 4,14.
[19] 1 Kor 12,28; Gal 6,6; Eph 4,11; 1 Thess 5,12; 1 Kor 16,16; Hebr 13,17; Phil 1,1; 1 Tim 3,1–13. 1 Tim 5,17; Tit 1,5–9; Apg 20,28.

In dem Dokument *Lehrverurteilungen – kirchentrennend?* des Ökumenischen Arbeitskreises evangelischer und katholischer Theologen[20] heißt es »zu den konfessionellen Gegensätzen in der Lehre vom geistlichen Amt«:

> Das geistliche Amt der Kirche wird sowohl in der römisch-katholischen Kirche als auch in den lutherischen und reformierten Kirchen vom gemeinsamen Priestertum der Getauften unterschieden. Alle Christen haben durch die Taufe an Christi Priestertum teil und bilden zusammen das eine priesterliche Gottesvolk. Aber nicht allen ist der Dienst der öffentlichen Verkündigung des Evangeliums und der Sakramentsverwaltung in der Kirche übertragen, der eine besondere Verantwortung für die Einheit und darum für die Leitung der Gemeinde einschließt. Dafür ist nach lutherischer und reformierter ebenso wie nach römisch-katholischer Auffassung eine »ordentliche Berufung« bzw. eine »Ordination« erforderlich, unbeschadet unterschiedlicher Interpretationen dieses Sachverhaltes. (...) Das kirchliche Amt ist nicht von der Gemeinde ableitbar, sondern hat seinen Ursprung in einer göttlichen Sendung und Einsetzung. Daher handeln die Amtsträger in Ausübung ihres Auftrages auch nach reformatorischem Verständnis nicht im eigenen Namen, sondern repräsentieren die Person Christi, gemäß der Verheißung: »Wer euch hört, der hört mich«.[21]

Die vorangehenden Überlegungen hatten nicht das Ziel, einen perfekten Ausgleich zwischen einer evangelisch-lutherischen und einer katholischen Konzeption der Kirche zu erreichen. Es sollte aber verständlich gemacht werden, daß das Verständnis der Kirche als Communio eine gemeinsame Bezugsebene darstellt, in der auch die schwierigeren Fragen des näheren Verständnisses des kirchlichen Amtes und des sakramentalen Priestertums angegangen werden können.

Indem von Luthers radikaler Gotteserfahrung und einem aus der Rechtfertigungserfahrung hervorgehenden Verständnis der Kirche als Communio ausgegangen wurde, konnte zugleich auch der Anschluß gewonnen werden an die heute so bedrohlich erfahrene Gotteskrise, die sich auch in der Kirchenkrise manifestiert.

Wenn sich die Christen verschiedener Konfessionen der gemeinsamen Herausforderung der Gottesfrage des heutigen Menschen stellen, haben sie auch die Chance, den Sinn von Kirche *neu* als Communio, als Gemeinschaft der Gläubigen in gemeinsamer Anteilnahme an der Heilssendung und als Kommunikation mit Gott plausibel zu machen.

In diesem Horizont werden sich die Christen verschiedener Konfession in der Frage der Kirchenverfassung und des Amtsverständnisses aufeinander zubewegen.

---

[20] K. Lehmann und W. Pannenberg (Hg.), »Lehrverurteilungen – kirchentrennend?« Dokument des Ökumenischen Arbeitskreises ev. und kath. Theologen (GAK). Freiburg-Göttingen ³1988.
[21] GAK 13. GAK 17. CA 14: BSLK 69; cf. Apol 14: BLK 296 f. LG 20; CA 5: BSLK 58; Lk 10,16, vgl. Apol 7,28: BSLK 241, 2 sowie CA 28,22: BSLK 124,8 und LG 20.

Michael Sattler (ca. 1490–1527)
Benediktiner – Humanist – Täufer

Hans-Otto Mühleisen

Konversion bezeichnet im herkömmlichen Sprachgebrauch sowohl den Übertritt von einer Konfession zu einer anderen, als auch einen grundsätzlichen persönlichen Einstellungs- oder Meinungswandel. Insbesondere die beteiligten Institutionen nehmen diesen gerne als Grund für jenen und sprechen je nach Sichtweise von Abfall oder Bekehrung. Diese Erklärung erspart vor allem der verlassenen Institution selbstkritische Fragen, ob nicht sie selbst Anlaß für einen Aus- oder Übertritt sein könnte. Der Konvertit wird für sie zum »Entsorgungsfall«, den man aktuell oft mit persönlicher Diskriminierung, historisch eher mit Verdrängung zu lösen sucht. Aber auch für die aufnehmende Organisation liegt in dem Schritt eine Versuchung, daraus vorschnell besonders dann auf die eigene Überlegenheit zu schließen, wenn Konfessionen in Konkurrenz stehen. Wenn gar noch in Umbruchszeiten eine scharfe Konfrontation hinzukommt, wird die individuelle Entscheidung des Konvertiten als Indiz für die Schlechtigkeit des Gegners verwendet. Wenn eine solche argumentative Konstellation selbst Jahrhunderte überdauert, mag dies ein Hinweis auf die Tiefe der seinerzeitigen Verwerfungen sein.[1]

Sicher noch in verschärfter Form gilt dies, wenn ein Übertritt nicht zwischen bereits etablierten Institutionen mit abgeklärten Frontlinien stattfindet, sondern wenn der Austretende zur Kristallisationsfigur einer neuen Glaubensrichtung wird. Eben dies gilt für jenen Michael Sattler, der es im Benediktinerkloster St. Peter im Schwarzwald wohl bis zum Prior gebracht hatte, vermutlich 1525 die Abtei verließ und wenige Jahre danach als Märtyrer der Täuferbewegung in Rottenburg hingerichtet wurde. Die Historiographie hat ihm das oben skizzierte Schicksal zuteil werden lassen: In der Forschung der Baptisten/Mennoniten ist ihm eine zentrale Rolle zugekommen und seine Bedeutung als »hervorragender Täuferführer« immer wieder untersucht worden. Dabei war lange die Abwendung vom Klosterleben als spektakulärer Beweis für dessen Verderbtheit genannt worden. Wohl erstmals 1984 suchte ein amerikanischer Forscher einer mennonitischen Universität genaueres auch über die benediktinische Zeit Sattlers zu erfahren[2], und mit dem angenommenen 500. Geburtstag 1990 kamen mehrmals amerikanische Täufergemeinden nach St. Peter, um die frühe Wirkungsstätte ihres Glaubensbruders zu besuchen. Andererseits war Sattler offensichtlich bereits aus der an sich umfassenden Geschichtsschreibung seiner Abtei so systematisch getilgt worden, daß auch

---
[1] Noch 1896 setzte die protestantische Literatur »Täufertum und Katholizismus auf die gleiche Linie pelagianischer Höhenerhebung«; vgl. Walther Köhler, Das Täufertum in der neueren kirchenhistorischen Forschung. In: Archiv f. Reform. Gesch. 1940, 94.
[2] Arnold C. Snyder, The Life and Thought of Michael Sattler. Scottdale/PA 1984.

die spätere Forschung zur Historie der Schwarzwälder Benediktiner lange nicht auf ihn aufmerksam wurde. Die Zeit nach 1520 schien ihr allein unter den Vorzeichen von Bauernkrieg und den damit verbundenen Problemen der Vogteirechte von Interesse zu sein, während Auswirkungen der Reformation auf das Kloster kaum angenommen wurden und dementsprechend keine Beachtung fanden. Dabei muß es für einen Konvent doch ein aufrührendes Ereignis gewesen sein, wenn der zweite Mann das Kloster demonstrativ verläßt, gleichsam als Besiegelung dieses Schritts kurz darauf ein kluge, später mit ihm hingerichtete Frau, möglicherweise eine Begine, heiratet und kurz danach als Staatsfeind und Erzketzer zum Tode verurteilt wird.

Forschungsleitend für diese Studie ist der Versuch, die Vita Sattlers als Spiegelbild einer Zeit zu verstehen, in der sich Umbrüche im Denken und in den Strukturen so überlagerten, daß es einen gradlinig denkenden Charakter notwendigerweise bald hierhin, bald dorthin führen mußte, während sich ein kompromißbereiter in der Sicherheit etablierter Institutionen einrichten konnte. Ein eindrucksvolles Beispiel hierfür sind die unterschiedlichen Konsequenzen, die Sattler und Erasmus aus ihrem ja aus den gleichen Quellen gespeisten Pazifismus zogen.[3] Während Erasmus bei der Frage, ob auch der Krieg gegen die Ungläubigen nicht gerecht sei, vor der Staatsraison einknickte, hielt Sattler bis in den Tod daran fest, daß auch ein solcher nicht zu rechtfertigen sei. Grundlegende These dieser Studie ist demnach, daß in Sattlers Lebenslauf eine innere Konsequenz liegt, in der ein die Periode bestimmendes Element durchscheint, die man gemeinhin als Übergang vom Mittelalter zur Neuzeit bezeichnet. Die äußerlichen Gegensätze der politischen und sozialen Interessen und damit einhergehend die Ausbildung konträrer religiöser Formen sind notwendige Krisensymptome eines Wandels, der im Kern von einem neuen Bild vom Menschen, von einem veränderten Verständnis von menschlicher Würde getragen wurde. Im Unterschied vor allem zur älteren Täuferforschung, die die benediktinische Phase als Kontrastmittel für die Klarheit von Sattlers Bekehrung nutzte, soll hier von der Hypothese einer inneren Stimmigkeit eines Lebenswegs ausgegangen werden, der zwar nicht Gegensätzliches vereinte, aber zur einen und zur andern Lebensweise führen sollte. Dabei ist der Ansicht zu folgen, daß die Erklärung nicht darin liegen kann, die von Sattler mitgeprägte Lebensart der frühen Täufergemeinden als einfache Konsequenz seiner benediktinischen Erfahrungen zu sehen. Eher wird man in einem konsequenten Humanismus, der weder den Kompromissen Erasmus' noch den Anpassungen an herrschende Staatsvorstellungen wie Luther oder Zwingli zu folgen bereit war, das gleichermaßen in Zweifel ziehende und dadurch vorantreibende wie provozierende und für seine Vertreter letztlich vernichtende Element sehen müssen. Im folgenden interessieren nicht die sich in der Geschichte wiederholenden Mechanismen, nach denen die Machthaber eher die Träger

---

[3] Hinweise auf das schwierige Verhältnis zwischen Erasmus und den Täufern bei W. Wiswedel, Bilder und Führergestalten aus dem Täufertum. Kassel 1928, 17.

neuer Ideen zerstören, als ihre alte Ordnung und damit sich selbst in Frage stellen zu lassen. Vielmehr soll die Forschungsspur zu einer Gestalt aufgenommen werden, die durch die Brüche ihres Lebenslaufs hindurch zeichenhaft ein zukunftweisendes Denken verkörperte.

Zum aktuellen Forschungsstand führen einerseits eine kleine Studie von Klaus Deppermann, die im Kontext des 500. Geburtstags Sattlers entstanden war[4], und andererseits die erwähnte Arbeit von Arnold Snyder, die Deppermann selbst für die st. petrische Phase Sattlers heranzieht. Beide Autoren bleiben bei der Erklärung seines Weges vom Benediktiner zum Täufer eher im erwähnten Muster, Deppermann: »Sattlers eigenes Bild vom Mönchsleben war jedenfalls völlig negativ (...). Als Grund für seine Absage an das Mönchtum und den Priesterstand gibt Sattler jedenfalls das unchristliche, vor allem unsittliche Leben der Kleriker an.«[5] Und zu Snyder, der nach Spuren Sattlers in den st. petrischen Quellen gesucht hatte: »Wenn er diese Stelle [in der er das unmoralische Leben der Mönche als Sattlers primäres Motiv für den Klosteraustritt benennt, d. Verf.] ganz ernst genommen hätte, dann hätte er sich seine Spekulationen über das benediktinische Erbe Sattlers, den Einfluß von Bursfeld auf St. Peter und die Bedeutung des Bauernkriegs (...) sparen können.«[6]

Da sich in den Archivalien zu St. Peter für den Fall Sattler direkt nichts finden läßt, wird man sich für die Zeit bis zum Austritt aus dem Kloster zunächst auf die bei den Täufern überlieferte Tradition stützen müssen. Geboren 1490 (oder wenig später) in Staufen/Breisgau, ist das erste gesicherte Datum der Vita seine Anwesenheit bei der zweiten Züricher Disputation mit Zwingli im November 1525.[7] Zu diesem Zeitpunkt muß er das Kloster bereits verlassen und so in Zusammenhang mit der Täuferbewegung gestanden haben, daß ihn nur der Schwur der Urfehde – möglicherweise in Zürich nicht mehr zu missionieren – und die Zahlung eines Geldbetrags vor einer längeren Haft bewahren konnte, während drei andere Täuferführer zu unbefristeter Kerkerhaft verurteilt wurden. Ob Sattler hier kompromißbereiter oder nur weniger prominent war als diese, läßt sich nicht sagen. Für die Zeit danach, in der er »die versprengten, enttäuschten und desorientierten täuferischen Gruppen« sammelte und ihnen eine »neue Ordnung und Orientierung« vermittelte, gibt es sicherere Belege.

Zunächst hielt er sich danach in Straßburg auf und pflegte engen Kontakt mit den Reformatoren Wolfgang Capito und Martin Bucer. Als seine Ansichten dort zunehmend auf Widerstand stießen, verläßt er Ende 1526 auf Betreiben Bucers die Stadt und geht, wohl auf Einladung Wilhelm

---

[4] Klaus Deppermann, Michael Sattler – Radikaler Reformator, Pazifist, Märtyrer. In: ders., Protestantische Profile von Luther bis Francke: Sozialgeschichtl. Aspekte. Göttingen 1992, 48–64; vgl. Hans J. Hillerbrand, Bibliographie des Täufertums 1520–1630. Gütersloh 1962.
[5] Deppermann, 1992, 49, 50.
[6] Deppermann, 1992, 62, Anm. 10.
[7] In der älteren Literatur wurde ein Bruder Michael »mit dem weissen Mantel« auf der ersten Züricher Disputation im März 1525 noch mit Sattler in Verbindung gebracht. Dies gilt heute als widerlegt. Sattler dürfte nicht zu der Generation gehören, die im Januar 1525 die erste Erwachsenentaufe vorgenommen hatte.

Reublins, ins Hohenbergische und tauft vor allem in Horb und Umgebung. Wichtigster Schritt zu einer Neustrukturierung der Täufergemeinden war am 24. Februar 1527 die Verabschiedung des Bekenntnisses von Schleitheim (bei Schaffhausen gelegen), das auf der Grundlage der in der Bergpredigt vermittelten Ethik eine Kirchen- und Lebensordnung »von erstaunlicher theologischer Geschlossenheit«[8] darstellt und für das die Autorschaft Sattlers heute als zweifelsfrei gilt. Die »Brüderliche vereynigung etzlicher Kinder Gottes« formuliert in sieben Artikeln auf der Basis reformatorischer Ideen die besonderen Grundlagen des Täuferdaseins. Kurz darauf wird Sattler mit seiner Frau und weiteren Gesinnungsgenossen in Horb festgenommen und sicherheitshalber im abgelegenen Binsdorf eingesperrt. Der wegen einer angemessenen Behandlung angefragte Erzherzog Ferdinand, später deutscher König und Kaiser, empfahl »die dritte Taufe«, also das Ertränken, doch die Tyroler Regierung verfügte, daß ein ordentlicher Prozeß zu führen sei.

Der zunächst auf den 12. April 1527 festgesetzte Gerichtstag mußte verschoben werden, da sich die Tübinger Doktoren, die teils kirchliche Weihen hatten, in Erwartung eines Bluturteils, d.h. zur Vermeidung von Karrierehindernissen, weigerten, am Prozeß teilzunehmen. Bis zur Neuansetzung am 17. Mai hatte man dann Beisitzer aus unterschiedlichen süddeutschen Städten bis hin ins Elsaß zusammenbekommen, darunter auf Druck auch zwei Tübinger Professoren, allerdings aus der Artistenfakultät, jedoch keine vom Gerichtsort Rottenburg selbst. Auch andere Umstände der Prozeßvorbereitung und -durchführung deuten darauf hin, daß es für Sattler und seine Mitgefangenen hier und in der Umgebung viel Sympathie gab, so daß starke Sicherheitsvorkehrungen getroffen wurden. Aus der Sicht der Machthaber handelte es sich um einen Prozeß gegen Staatsfeinde, die die »kaiserlichen Mandate« übertreten und selbst noch angesichts der Türkengefahr zur Gewaltlosigkeit aufgerufen hätten, also im Innern und im Äußern die politische Ordnung in Frage stellten. Sattler übernahm selbst seine Verteidigung, wohl wissend, daß ihm das Todesurteil, sofern er nicht abschwor, sicher war. Nach schlimmsten Foltern wurde er am 20. Mai verbrannt. Die Tradition überliefert, daß er sein Urteil »fröhlich und beherztz« angenommen und, als die verbrannten Seile die Hand wieder freigaben, seinen Anhängern noch das versprochene Abschiedszeichen gegeben habe. Seine Frau, der man für den Widerruf eine Hofkarriere angeboten hatte, folgte ihm wenige Tage später, wie Erzherzog Ferdinand es vorgeschlagen hatte, durch Ertränken[9] in den Tod. Andere Mitangeklagte retteten ihr Leben, indem sie ihrer Konfession abschworen.

---

[8] Martin Haas, Michael Sattler. In: Hans-Jürgen Goertz (Hg.), Radikale Reformatoren. München 1978, 115.

[9] Dieser Erzherzog Ferdinand steht seit den 1520er Jahren zusammen mit seinem Bruder, Vater und Großvater, Kaiser Maximilian I., an der Außenfassade des sog. Kaisersaales gegenüber dem Freiburger Münster. Diese Gestalten werden bis heute gerne als Beleg für die habsburgische Tradition der Stadt herangezogen. Ohne Zweifel gingen gerade die Habsburger der Reformationszeit als eine Dynastie in die Geschichte ein, die Andersdenkende mit gnadenloser Intoleranz verfolgte.

Schon dieses holzschnittartige Bild von Sattlers Lebensweg läßt immer wieder ein bestimmtes Merkmal seiner Persönlichkeit hervortreten. Es ist eine breite und fundierte Bildung – während seines Prozesses auch in erstaunlichen Sprachkenntnissen nachgewiesen –, die ihn befähigte, mit aus dem Gelehrtenstand kommenden Reformatoren wie Capito ebenso zu disputieren, wie dann in der Verhandlung das Hohe Gericht bis zur Weißglut zu provozieren. Diese fundierte Bildung, die ihm einen eigenverantwortlichen Zugang zur Heiligen Schrift eröffnete, bestimmte ebenso seinen persönlichen Lebensweg – ausdrücklich erwähnte er im Prozeß, daß ihn u.a. das Studium der paulinischen Briefe seinen Weg außerhalb des Klosters suchen ließ –, wie es die Grundlage seiner Schriften, insbesondere des Schleitheimer Bekenntnisses war. Wenn schon die Täuferchroniken ihn immer wieder als gelehrten Mann bezeichneten, so blieb die Frage bislang offen, wo er diese Bildung erhalten hatte, da sie ohne Zweifel auf einer soliden Schul- und Universitätsbildung beruhte. Am intensivsten hatte Snyder dazu recherchiert, indem er in den Matrikeln aller möglichen deutschen Universitäten, besonders natürlich in Freiburg, nach Sattlers Namen suchte.[10] Deppermann ist Snyder in dessen sieben Revisionen des Sattlerbildes denn auch nur darin gefolgt, daß er wahrscheinlich nicht studiert habe.[11]

Vermutlich wird man diesbezüglich das Sattlerbild erneut revidieren können. Am 20. Oktober 1525 soll die Universität Freiburg auf Verlangen und als Zeichen ihrer Übereinstimmung mit den gegenreformatorischen Maßnahmen Erzherzog Ferdinands »wenigstens die bedenklichsten Ketzernamen« aus ihren Matrikeln getilgt haben.[12] Zieht man in Betracht, daß einerseits Sattler in dieser Zeit seinen im Breisgau bekannten, öffentlichen Weg zum Täufer nahm – im November 1525 war sein erster größerer Auftritt in Zürich – und andererseits der damalige st. petrische Abt Jodokus Kaiser über enge Verbindungen zur Universität verfügte, so ist es sehr wahrscheinlich, daß Sattler nicht nur aus den klösterlichen Quellen, sondern bei dieser Gelegenheit auch aus den Universitätsmatrikeln getilgt wurde. Abt Kaiser jedenfalls wußte um die Chancen der politischen Indienstnahme der Geschichtsschreibung, nachdem er dem Freiburger Münsterkaplan und Inhaber der Pfarrpfründe Weilheim a.d. Teck, dessen Patronat er selbst inne hatte, aus der st. petrischen Bibliothek die Unterlagen zur ersten Freiburger Stadtchronik geliefert hatte. Diese, vor allem von dem zunehmend angepaßten Ulrich Zasius geförderte Chronik bot der Stadt »die Chance, im Rahmen der Geschichte der habsburgischen Stadtherren ihre eigene Identität zu finden: als Zähringerstadt«.[13] Sie forderte damit im Rahmen des damaligen historischen Verständnisses von einer dynastischen Verbindung zwischen Zähringern und Habsburgern die beson-

---

[10] Snyder (1984, 46) hat in den Matrikeln von 11 Universitäten bis hin nach Wien recherchiert.
[11] Deppermann, 1992, 62, Anm. 16.
[12] Geschichte der Stadt Freiburg. Bd. 2, 1994, 21; Peter P. Albert, Die reformatorische Bewegung zu Freiburg bis zum Jahre 1525. In: FDA 1919, 61, m.w.N.
[13] Geschichte der Stadt Freiburg, Bd. 1, 1996, 129.

dere Gunst dieses Hauses ein, wofür man bereit war, sich mit der rigiden Unterdrückung reformatorischer Ideen in Stadt und Universität erkenntlich zu zeigen. Wenn Abt Kaiser daher mit seinem Entgegenkommen so vielen Herren und den durch sie verwobenen Institutionen in Freiburg zu Diensten sein konnte, rannte er mit seinem anzunehmenden Wunsch, bei der Reinigung der Universitätsmatrikel von Ketzern auch Michael Sattler zu eliminieren, in Stadt und Universität offene Türen ein.[14] Ein solches Anliegen lag genau auf der politischen Linie von Stadt und Universität. Und selbst wenn die Streichung Sattlers aus den Matrikeln zu diesem Zeitpunkt noch nicht erfolgte, so würde sie spätestens nach seinem Prozeß, über den der Großherzog ja informiert war, vielleicht sogar auf dessen Initiative, zur Erledigung des Falles erfolgt sein. Eine diesbezügliche Recherche konnte also gar nicht zum Erfolg führen. Während dieser Vorgang bei Reformatoren der großen Konfessionen wie Capito, Hedios oder Zell bekannt wurde, kümmerte es bei einem Täufer niemand, so daß Sattler trotz ausgewiesener Gelehrtheit bislang als »nicht studiert« eingestuft werden konnte. Von der hier vorgetragenen Annahme ausgehend, wird man nun nicht nur seinen Lebensweg anders rekonstruieren, sondern auch Erklärungen für einige bislang offene Fragen erhalten können.

Aus einer unteren Schicht stammend, hatte Sattler vor allem in einem entsprechend intellektuell aufgeschlossenen Kloster eine Chance auf höhere Bildung. Ob er zu den Privilegierten gehörte, die nach Freiburg auf eine Schule kamen, ist eher zweifelhaft. Die Klöster in der Nähe Staufens, das Priorat St. Ulrich, das sich in einem elenden Zustand befand, und das nächstgelegene Benediktinerkloster St. Trudpert, von dessen Äbten die Annalen für diese Zeit nichts Rühmliches zu berichten wissen, waren unter dem Gesichtspunkt der Bildungschance nicht attraktiv. Dagegen war im Breisgau sicher bekannt, daß in St. Peter seit 1496 mit Petrus III. Gremmelspach ein herausragender Abt residierte, den noch die späteren Historiographen als einen der gelehrtesten in der Geschichte der Abtei würdigten.[15] Gremmelspach verfaßte zumindest drei Werke von unterschiedlichem Typus, die jedoch das gemeinsame Ziel einer aus den Quellen fundierten Sicherung der Rechte der Abtei verband. Sowohl die Geschichte der Zähringischen Stifterfamilie wie das Liber Vitae (Nekrolog/Äbtekatalog) und das Urbar dienten der Legitimation und Festschreibung der klösterlichen Existenzgrundlagen. Diesem wissenschaftlichen, historisch-juristischen Bemühen um seine Abtei entspricht, daß er, soweit bekannt, alle im Bereich der weltlichen Herrschaft anfallenden Konflikte durch Vergleiche und Verträge beizulegen vermochte.

---

[14] Dieser im nachhinein oft eher peinlichen Verstrickung unterschiedlicher Gruppierungen zur Unterdrückung zukunftweisender Ideen scheint zu den durchgängigen Freiburger Handlungsmustern zu gehören. Vgl. etwa für das 19. Jh. Hans-Otto Mühleisen, Politik – Wissenschaft – Kirche, Freiburgszenen zwischen Wiener Kongreß und 1848. In: Freiburger Universitätsblätter. März 1992.
[15] Julius Mayer, Geschichte der Benediktinerabtei St. Peter auf dem Schwarzwald. Freiburg 1893, 65–69.

Dennoch mag der erste Kontakt Sattlers mit St. Peter nicht aus dem Interesse an höherer Bildung erfolgt sein. Was zur Publicity St. Peters in Gremmelspachs Abbatiat in der Region wohl noch mehr beigetragen hatte, war die im Jahre 1500 auf dem Lindenberg eingerichtete Wallfahrt, um die sich viele Wundergeschichten rankten. So ist leicht vorstellbar, daß Michael Sattler mit etwa 10 Jahren zum erstenmal auf einer Wallfahrt nach St. Peter kam, die für die Landbevölkerung ebenso ein Anziehungspunkt war wie die im selben Jahr prächtig fertiggestellte und mit besonderem Ablaß ausgestattete Klosterkirche. Auf diese Weise mag er die Abtei kennen gelernt haben. Vielleicht war dabei dem Abt der kluge Junge aufgefallen, so daß er ihn in die (seit 1346) nachgewiesene Klosterschule aufnahm. Dies schon würde sein fließendes Latein erklären, freilich noch nicht das von Sattler im Prozeß gemachte Angebot, die Bibel in allen ihren Grundsprachen, also auch in griechisch und hebräisch, zu diskutieren. Geht man von einem damals üblichen Eintrittsalter von 16/17 Jahren aus, mag Sattler – mit oder ohne schulischem Vorlauf – um 1506 Mitglied des Konvents geworden sein. Nach der klösterlichen Grundausbildung von etwa drei Jahren könnte er an die Universität Freiburg gewechselt sein. Erleichtert wurde dies dadurch, daß sein Mentor Gremmelspach dort 1507 in unmittelbarer Universitätsnähe ein kleines Haus mit Garten, den späteren Peterhof, erworben hatte und so eine auch für einen jungen studierenden Mönch günstige Wohnmöglichkeit zur Verfügung stand.

Geht man davon aus, daß zumindest ein Motiv für Sattlers Eintritt ins Kloster die damit erhoffte Bildungschance war und daß ihm der selbst hochgelehrte und, wie aus anderen Fakten zu erschließen, großzügige Abt Gremmelspach eben diese auch bot, so mag zwischen diesen beiden ein besonderes Vertrauensverhältnis entstanden sein. Das Studium, das man etwa in die Jahre 1509–1516 datieren kann, eröffnete dem nun knapp 20jährigen eine neue Welt des Denkens. Freiburgs Universität in den ersten Jahrzehnten des 16. Jahrhunderts war humanistisch geprägt, wobei nicht nur die Fluktuation der Lehrenden auffallend ist, sondern vor allem die unterschiedlichen Wege, die die Professoren angesichts der Reformation und der in Freiburg nach 1520 massiv durchgesetzten Gegenreformation nahmen. Sattler orientierte sich an den Humanisten, die, von den Quellen her arbeitend, eine denkerische und persönliche Linie verfolgten, die sie durch die angenommene Nichtreformierbarkeit der alten Strukturen den überkommenen kirchlichen und politischen Institutionen entfremden mußte. Freilich unterschieden sich auch innerhalb dieses Typus' die Festigkeit der Haltung und die Konsequenzen des eigenen Wegs nochmals erheblich. Eine der Leitfiguren Sattlers dürfte Wolfgang Capito gewesen sein. Dieser war 1505 als Baccalaureus in Artibus nach Freiburg gekommen und hatte bis 1512 in unterschiedlichen Funktionen und Fakultäten gelehrt. Nach Tätigkeiten in Bruchsal, Basel und Mainz kam er 1523 nach Straßburg und wurde dort einer der führenden Reformatoren. Sattler könnte bei ihm als Realist die Vorlesungen über Aristoteles gehört haben und davon ebenso beeindruckt gewesen sein wie von dem Gräcisten Jakob Bedrott oder dem Hebraisten Johannes Lonitzer, die später ebenfalls reformatorischem Gedankengut anhingen. Sollte sich hier ein Meister-Schüler-Verhältnis ausgebildet haben, so wäre dies die Erklärung, daß Sattler nach der Züricher Haft an der Heimat vorbei nach Straßburg flüchtet, daß Capito ihn, was überliefert wird, in sein dortiges Haus aufgenommen habe und daß sich dieser im Zusammenhang des Rottenburger Prozesses in einer Herzlichkeit über ihn äußerte, die angesichts dogmatischer Differenzen und dem Urteil Capitos und anderer Reformatoren über die Täufer bislang nicht verstehbar war. Capito bezeichnet in seinem Brief an die Stadt Horb zur Rettung von Sattlers Gesinnungsgenossen das Urteil gegen diesen, der »großen Eifer für die Ehre Gottes und die Gemeinde Christi« gezeigt habe »als grausames Gottesurteil wider die Richter«.[16]

Das krasse Gegenbild zu Capito war Ulrich Zasius, der, 1491 als Stadtschreiber nach Freiburg gekommen, seine Karriere als lateinischer Schulmeister und Vorstand der Stadtschule begann. Die akademische Laufbahn, die eher durch den Kaiser und die Stadt als durch die Universität gefördert wurde, führte ihn 1506 auf das angestrebte Ordinariat in Legibus, während er gleichzeitig in städtischen Diensten blieb. Für Sattler muß sich dieser Rechtsgelehrte etwa so dargestellt haben: »Große Intoleranz, bei eigner Abhängigkeit von fremder Auctorität, verräth Zasius schließlich in Bezug auf kirchliche Reformatoren. So lange (...) die östreichische Regierung sich wenigstens gleichgültig verhält, ist ihm Luther ein Engel (...). Völlig entschieden gegen die Reformatoren ist er seit dem Jahr 1524, in welchem sein hoher Gönner, der streng römisch-katholische Erzherzog Ferdinand, zum ersten Mal persönlich nach Freiburg kam. Von nun an weiß er nur von einem ›schändlichen Luther‹ (...). Er fordert dazu auf (rühmt sich sogar dessen), ein Werk seines alten treuen Freundes Capito zu verbrennen«.[17] Die Abkehr Zasius' von seinen reformatorischen Freunden übte »besonders auf die gelehrten (...) Kreise der Stadt« großen Einfluß aus. Unter der Voraussetzung, daß Sattler um 1510 mehrere Jahre die Universität Freiburg besuchte und auch danach von St. Peter aus in intensivem Kontakt mit dieser blieb, d.h. die hier grob skizzierten Denk- und Handlungsweisen bis in die 1520er Jahre mitverfolgte, wird man in seinen hier gemachten Erfahrungen ein m.E. bislang nicht beachtetes Motiv seiner Entscheidungen sehen können. Spätestens Anfang der 1520er Jahre nahm er in dieser universitären Szene wahr, daß von der humanistischen Bildung ausgehend, die ihm seine Lehrer Zasius, Capito und andere fakultätsüberschreitend vermittelt hatten, sehr verschiedene wissenschaftliche und persönliche Wege möglich sind. 1522 wurde durch landesherrliches Mandat die Exekution über die verbotenen Bücher verhängt. Noch 1523 hatte Erasmus berichtet, daß die Freiburger Theologen, wenn sie über neutestamentliche Bücher lesen, »großen Zulauf« haben, dagegen ihre Vorlesungen über Scholastiker und Aristoteles niemand besucht. In die-

---

[16] Abgedruckt in: Mira Baumgartner, Die Täufer und Zwingli. Zürich 1993, 197–201. Snyder, 1984, 27: 'There remain fundamental questions concerning Sattler's relations to the reformers in Strasbourg.'

[17] Heinrich Schreiber, Geschichte der Albert-Ludwigs-Universität zu Freiburg. I. Teil, Freiburg 1857, 206/207.

sem Jahr verfaßte er seine Schrift gegen Luther. Inzwischen durch intensives Bibelstudium weiterentwickelt, realisierte Sattler, daß dies für ihn eine Entscheidung in der einen oder anderen Richtung erforderte. Vielleicht hat der Verrat des Zasius an Capito und damit auch der Verrat an humanistischen Idealen Sattler noch mehr bestärkt, eben dessen Weg zu folgen, auch wenn er selbst dann nochmals weitreichende Konsequenzen zog und in Kauf nahm. Mit der Gelehrsamkeit einer Universität, an der »das bloße Erscheinen des Landesfürsten« den Ausschlag zuungunsten der Reformation gab, mochte er nichts zu tun haben.

1512 war Jodocus Kaiser Petrus III. Gremmelspach im st. petrischen Abbatiat gefolgt. Daß mit der Wahl eines Abtes durch und für einen Konvent oft eine tiefgreifende politische Richtungsentscheidung getroffen wurde, ist bei den Überlegungen zu Sattler bislang ebenfalls nicht zur Sprache gekommen. Die Abtswahlen des wiederum als Umbruchzeit zu charakterisierenden 18. Jahrhunderts geben von diesem politischen Prozeß ein beredtes Zeugnis.[18] Auch wenn für das 16. Jahrhundert Quellen zum Wahlvorgang nicht vorliegen, ist doch festzustellen, daß man sich mit der Wahl von Kaiser für einen anderen Abtstypus und damit auch für eine andere Denkweise bei der Führung des Amtes entschieden hatte. Wie im 18. Jahrhundert die Konvente durch die Frage umgetrieben wurden, ob und wie weit man sich den Ideen der Aufklärung aufschließen sollte, oder ob das eigene Überleben eher hinter den festen Mauern einer traditionellen Frömmigkeit zu sichern sei, unterschied auch im Vorfeld der Reformation die Frage nach Sinn und Form von Reformen die verschiedenen Klöster und spaltete einzelne Konvente. Der Ausgang des Mittelalters wurde in vielfältiger Weise von einem Wissen um notwendige Neuorientierungen begleitet. Dieses schlug sich bei den Benediktinern Anfang des 15. Jahrhunderts mit der Petershausener Reformbulle (1417) erstmals konkreter in Vorschriften nieder, die neben der Verbesserung der Disziplin vor allem auf eine Anhebung des Bildungstandes aller und eine gezielte Förderung besonders begabter Mönche zielten. Diese ersten Impulse liefen jedoch weitgehend ins Leere, da reformunwillige Klöster das Fehlen einer zu Sanktionen berechtigten Autorität nutzten und die Anweisungen nicht umsetzten. Effektiver wurden die Reformideen erst, als sie von den Reformzentren Melk und Kastl sowie der strengen Verbandsorganisation der Bursfelder Union in stabileren Organisationsstrukturen durchgesetzt werden konnten. Oberstes Ziel der Bursfelder Reform, der sich im südwestdeutschen Raum mehrere Klöster anschlossen (z.B. Hirsau, Alpirsbach, Schuttern), war es, »die authentischen Satzungen St. Benedikts von neuem zu verlebendigen«.[19]

---

[18] Vgl. Hans-Otto Mühleisen, Geistlich-politische Karrieren im 18. Jh. – Abtswahlen in St. Peter/Schwarzwald. In: Bernd M. Kremer (Hg.), Kunst und geistliche Kultur am Oberrhein. FS Hermann Brommer, Lindenberg 1996, 107–126.
[19] Franz Quarthal, Die Benediktinerklöster in Baden-Württemberg. Bd. V, Augsburg 1975, 59.

Reformkonvente, denen »die innere Einheit des Geistes« ein zentrales Anliegen war, suchten aus dem Zustand geistiger und sozialer Erstarrung herauszuführen, pflegten die »Kunst des Schreibens«, betrieben theologische Studien, verzichteten auf ständische Vorteile und suchten nach einem höheren Maß an Solidarität. Zur Gedankenwelt der Bursfelder gehörte die bewußte Hinwendung zur Geschichte, wofür etwa die berühmten Hirsauer Annalen des Humanistenabtes Johannes Trithemius ein eindrucksvolles Zeugnis sind: »Die Kenntnis der Vergangenheit trage nämlich nicht nur zur rechtlichen und wirtschaftlichen Stabilität des Klosters bei, sie mache vielmehr den Menschen erst zum Menschen. ›Ohne Geschichte (...) sind wir keine Mönche, ja keiner kann ohne sie in alle Ewigkeit gerettet werden.‹« Unter dem Einfluß dieser Ideen öffneten sich auch Klöster, die der Union nicht angehörten, humanistischen Bildungsidealen und schickten einzelne Mönche zur Universität. Schließlich zeigte sich in der Neugestaltung der Kirchen- und Konventsgebäude ein enger Zusammenhang zwischen Klosterarchitektur und Reform. »Die respektablen Leistungen engagierter Reformmänner dürfen aber nicht darüber hinwegtäuschen, daß ihre Arbeit durch mannigfache Vorbehalte, durch verschwiegene Ablehnung und offenen Widerstand behindert wurde.«[20] Noch der letzte Abt von St. Peter, Ignaz Speckle, schreibt, daß die jungen Klostergeistlichen an der Universität Grundsätze annähmen, die dem Klostergeist zuwider sind und daß studierte Mönche die Verwaltung eines Klosters erschwerten. Gegen eine solche Einstellung hatte schon Trithemius postuliert, daß wissenschaftliche Arbeit Tugend, Güte (humanitas) und Frömmigkeit garantierten. In der Synopse bestätigt sich, daß an der Wende zum 16. Jahrhundert die Reformkraft erlahmt ist.

Vor diesem Szenarium benediktinischer Aufbrüche und dem widerstreitender Elemente erscheint Abt Gremmelspach wie eine Inkarnation Bursfelder Reformideen. Wie Trithemius schrieb er selbst Klostergeschichte und verwendete diese zur rechtlichen aber friedlichen Sicherung der Abtei. Er übersetzte wie auch in Hirsau, Alpirbach oder Blaubeuren die Reformziele in Architektur und schickte den begabten Sattler auf die Universität – ohne Angst, daß dieser der »Neuerungs- und Änderungssucht« verfallen könnte. Nicht zufällig begründet die der Aufklärung nahestehende Geschichtsschreibung des 18. Jahrhunderts die Verdienste Gremmelspachs zuvorderst mit dessen schriftstellerischer Tätigkeit.

Nichts von alledem findet sich dagegen im Schrifttum über seinen Nachfolger, Abt Kaiser. Viel habe er erduldet, sein Kloster wurde besetzt und er sei geflohen, die Schweizer Besitzungen seien verloren gegangen, und der Seuche von 1519 sei mit dem Bauernaufstand von 1524 die Ursache vieler Übel gefolgt. Die Unterschrift unter seinem Bild in der Äbtegalerie der vormaligen Abtei erwähnt nicht, daß er sich um das Kloster verdient gemacht habe.[21] Die Quellen der Klostergeschichte stellte er den-

---

[20] Ebd., 61–63.
[21] Wolfgang Reinhard, Ehrensaal der Geschichte? Die »Äbte-Galerie« im Kreuzgang von St. Peter und das Bild des Konvents von seiner eigenen Geschichte. In: Hans-Otto Mühleisen (Hg.), Das Vermächtnis der Abtei. Karlsruhe 2/1994, 15–38.

jenigen zur Verfügung, die sich durch eine dynastisch genehme Stadtgeschichte dem gegenreformatorischen Haus Habsburg anzudienen suchten. Er selbst suchte – ganz Typus der für den Aufstand der Bauern Anstoß gebenden Herren – Neuerungen über geltendes Recht und Herkommen hinaus auszudehnen[22], den Untertanen zusätzliche Lasten aufzuerlegen und dies bei Widerstand mit militärischer Macht des Vogts durchzusetzen. Auf deren Beschwerde ließ jedoch der Vogt, Markgraf Ernst von Hachberg, 1522 Truppen ins Kloster legen, was Abt Kaiser bewog, nach Freiburg zu fliehen, wo er das Bürgerrecht besaß. Als der Hachberger 1523 Erzherzog Ferdinand die Vogtei zum Kauf anbot, war das Kloster – bzw. sein Abt – daran so interessiert, daß es, als es 1526 dazu kam, selbst die dafür geforderten 1000 Gulden vorstreckte, ohne Aussicht sie je zurück zu bekommen.[23] Trotz der massiven Auseinandersetzungen mit den Untertanen, die zudem vom Markgraf gegen die Klosterherrschaft aufgehetzt wurden, zogen die Aufständischen 1525 am Kloster vorbei, ohne es wie andere zu zerstören. In einem Schreiben von 1529 wird aus Freiburg berichtet, daß »etliche äbte aus den klöstern umher haben alle alte und neue testamente verbrannt« haben.[24] Abt Kaiser könnte dazu gehört haben. Schon diese Hinweise auf Denken und Verhalten Abt Kaisers lassen ihn innerhalb des skizzierten Reformszenariums auf der Gremmelspach entgegengesetzten Seite erscheinen. Dies wird weiter untermauert durch die Beziehungen St. Peters zur Reformbewegung und die nicht geklärten Umstände des Nichtbeitritts zur Bursfelder Union. Erstmals gibt es 1519 Dokumente, die auf eine bevorstehende Reform des Klosters schließen lassen. 1520 stellte der Abt dann formell den Antrag, Mitglied der Bursfelder Union zu werden, wozu er weitere Unterlagen liefern sollte. Dies hat er nie getan, und die Abtei wurde auch nie aufgenommen. 1521 vermerken die Annalen, daß Abt Jodokus »unter mächtigem Druck des Herrn Ordinarius« (Bischof von Konstanz) der Reform zugestimmt habe[25], was nicht nur ein Leben nach der Regel Benedikts, sondern auch Visitationen und Teilhabe des Bischöflichen Stuhles an der Abtswahl einschloß. In der Zeit danach ist von Reform im Kloster nicht mehr die Rede.

Im Mosaik der Indizien erscheinen so die Bilder zweier unterschiedlicher Äbte. Gremmelspach verwendete die Archivalien als Grundlage einer Historiographie, mit der er gleichzeitig alte Rechte und Herkommen festschreiben konnte. Dies wiederum gab die Grundlage einer im Sinne des Humanismus rechtmäßigen Herrschaft, die auftretende Konflikte friedlich verhandeln und beilegen ließ. Auch wenn von ihm kein Antrag auf Beitritt zur Bursfelder Union bekannt ist – vielleicht hatte er wie andere

---

[22] Zum historischen Kontext vgl. Peter Blickle, Die Revolution von 1525. München 1975. Zu den »sublimen Formen der Herrschaftsintensivierung.« Vgl. ders., Der Bauernkrieg – Forschungsstand im Überblick. Tübingen 1986.
[23] Klaus Weber, St. Peter im Wandel der Zeit. Freiburg 1992, 78–80.
[24] Zit. Peter P. Albert, Die reformatorische Bewegung zu Freiburg bis zum Jahre 1525. In: FDA 1919, 79.
[25] Synopsis Annalium monasterii S. Petri in Nigra Silva, 1770, Erzbischöfliches Archiv Freiburg; für die anderen Quellen vgl. Snyder, Sattler. 43–45.

in der Region mehr Verbindungen zu Melk – spiegelt seine Persönlichkeit fast idealiter die benediktinischen Reformideen des 15. Jahrhunderts. Kaiser dagegen, im Abschwung des Reformelans gewählt, entzog das Kloster den Reformprozessen und war nur unter kirchenpolitischem Druck zu Konzessionen bereit. Die Archivalien waren für ihn nicht Basis wissenschaftlicher Arbeit, sondern er verwendete sie, um in der sich den Habsburgern anschmeichelnden Freiburger Stadtszene dabei zu sein und so seine eigenen politischen Ziele – die Ablösung der alten Kastvogtei und die Stärkung der Herrschaft gegenüber den Untertanen – zu verfolgen. Ihnen gegenüber praktizierte er nicht eine Herrschaft nach altem Recht, sondern versuchte sie darüber hinaus in Pflicht zu nehmen. Als in der Folge die Konflikte massiver wurden, war er von Beginn an bereit, militärische Gewalt einzusetzen. In unterschiedlichen, aber innerlich zusammenhängenden Dimensionen, Einschätzung und Verwendung von Wissenschaft, Legitimation und Praxis weltlicher Herrschaft, klösterliches Leben und seine Reform, unterschieden sich die beiden Klostervorsteher fundamental.

Mit dem Tod von Abt Gremmelspach hatte Michael Sattler einen geistesverwandten Gönner verloren. Die Wahl 1512 hatte der Abtei einen Richtungswechsel gebracht, der ihn fast zwangsläufig in Gegnerschaft zum neugewählten Abt bringen mußte. Wenn er später über die Schlechtigkeit der Klosterleute sprach, wird man diesen Einschnitt bedenken müssen. Vielleicht war man dem hier angelegten Konflikt aus dem Weg gegangen, indem Sattler die Jahre danach als Magister an der Universität geblieben war – seine immer wieder gerühmte Bildung wäre ein Hinweis darauf. 1519 jedoch waren durch die Pest sechs der st. petrischen Mönche gestorben – möglicherweise ein Großteil des Konvents –, darunter ein Johannes, vielleicht der 1505 als Prior genannte J. Stöcklin.[26] Es wäre denkbar, daß Abt Kaiser angesichts der personellen Auszehrung nun den gelehrten Sattler als Prior ins Kloster zurückholen mußte – also nicht wie die Regel (Kap. 65) empfiehlt, nach freiem Ermessen wählen konnte –, und sich daraus die hier von Benedikt vorausgesagten schweren Konflikte zwischen den beiden wichtigsten Amtsträgern ergaben. Daß er tatsächlich Prior war, gehört zu den ältesten Überlieferungen und ist durch die Berner Chronik belegt[27], deren Verfasser verwandtschaftliche Beziehungen nach Staufen hatte. Vergleicht man die beiden Persönlichkeiten, den Abt, der später vor den Soldaten des Markgrafs das Weite sucht, und Sattler, der unter den Täufern zu einer mitreißenden Integrationsfigur der gefährdeten Gemeinschaft werden sollte, ist leicht vorstellbar, daß Sattler nun den Konvent um sich scharte und wie »ein zweiter Abt« das Kloster durch Einbindung in die Bursfelder Union aus der Krise führen wollte. Der eher schwache Abt mußte noch 1519, wie die erwähnten Dokumente belegen, die ersten Schritte in dieser Richtung tun, obstruierte aber so gut er konnte und war erst 1521 »unter mächtigem Druck« zur Einwilligung in die Reform zu bewegen. Wenn er bei der nicht sehr machtvollen Militärprä-

---

[26] Synopsis Annalium zu den entsprechenden Jahren.
[27] Die Berner Chronik des Valerius Anshem. Hg. Historischer Verein Bern 1896.

senz des Markgrafen 1522 so schnell aus dem Kloster wegging, könnte diese sogar ein willkommener Vorwand gewesen sein, um den »Reformumtrieben« seines Priors zu entgehen und von Freiburg aus das Verbleiben seines Klosters bei der Tradition, letztlich beim alten Glauben zu sichern.

Spät im Winter 1522 nach Freiburg geflohen, rekurrierte der Abt nicht darauf, »daß sein Vorgänger sich von Maximilian 1498 auf dem Freiburger Reichstage die Reichsfreiheit hatte bestätigen lassen«, sondern setzte auf die althergebrachte Landeshoheit Österreichs, das seinerseits ein Interesse hatte, mit der Vogtei über St. Peter sein Breisgauer Territorium zu arrondieren. Wenn dieser Handel kurz nach dem Weggang Kaisers aus St. Peter, eben in der Zeit (1523), als Großherzog Ferdinand in Freiburg weilte, initiiert wurde, steht zu vermuten, daß er selbst dabei die Hand im Spiel hatte, um durch die Unterstellung unter die Habsburger nicht nur gegenüber den Untertanen, sondern auch gegen reformatorische Neuerungen im eigenen Haus eine stärkere politische Stütze zu haben. Dabei wird auch über den Reformen einfordernden Prior Sattler gesprochen worden sein, dessen sofortige Hinrichtung Ferdinand vier Jahre später verlangte. Wie lange Abt Kaiser in Freiburg blieb, ist nicht bekannt. Denkbar wäre, daß er auch in der Folgezeit mehr in der Stadt war, so, als die plündernden Bauern durch den Schwarzwald zogen, die Abtei aber verschonten. Die Annalen sprechen davon, daß aus den Bauernkriegen nichts zu vermelden sei, außer daß der Abt geflohen sei. Diese Bemerkung bezieht sich wohl nicht (nur) auf die Flucht als Folge der militärischen Besetzung, sondern heißt, daß er auch während des eigentlichen Bauernkriegs das Kloster verlassen hatte. Wenn während der Absenz des Abtes der Prior, Michael Sattler, das Kloster leitete, mag er, wie ehedem sein Mentor Gremmelspach, durch Zusagen, das alte Recht zu wahren, mit den Untertanen in den Konfliktfragen um höhere Steuern einvernehmliche Lösungen gefunden und so die Aufständischen von der Verwüstung der Abtei abgehalten haben. Ausdrücklich tadelte er den Hochmut und die überhöhten Zinsforderungen der Klöster. Dennoch ist angesichts der weitgehenden Zerstörung anderer Klöster durch die Bauern[28] die Schonung St. Peters so ungewöhnlich, daß gar zu vermuten ist, daß Sattler mit den »christlichen Vereinigungen« der aufständischen Bauern sympathisierte, die eine Ordnung nach dem Wort Gottes schaffen wollten, deren Regent gewählt und abgesetzt und durch die das »schinden und schaben« durch die Herren endgültig beseitigt werden sollte. Die bisweilen angenommenen Beziehungen zu seinem früheren Kommilitonen und nachmaligem Mittäufer Balthasar Hubmaier, dessen »Artikelbrief« die »Schwarzwälder Haufen« gerade zur Vernichtung der Klöster aufrief und dem auch die Autorschaft des Verfassungsentwurfs zugeschrieben wird, könnte die Rettung des Klosters miterklären. Unterstützt wurde er dadurch, daß neben anderen auch der Pfarrer des nahegelegenen Kirchzarten der sozial-religiösen Reformbewegung zuneigte. Dessen Widerruf gegen freies Geleit im August 1525,

---

[28] Vgl. etwa Walter Ziegler, Die Bursfelder Kongregation in der Reformationszeit. Münster 1968.

kurz vor der Freiburger »Matrikelsäuberung«, könnte den Zeitpunkt für Sattlers Weggang aus St. Peter markieren. Vielleicht hatten die »Gotteshausleute«, die Untertanen der klösterlichen Herrschaft, die sich noch an die gerechtere Herrschaft Gremmelspachs erinnerten, gehofft, daß Sattler als Vorsteher bleiben würde, und bewogen die »Schwarzwälder Haufen«, das Kloster zu schonen.[29] Seine späteren Worte, daß er ein Herr im Kloster hätte sein können, mögen hier ihren eigentlichen Grund haben. Wie es genau war, wird sich kaum feststellen lassen, jedenfalls war jeder Kompromiß aus Sicht der in Freiburg ansässigen habsburgisch-gegenreformatorischen Partei, der sich Abt Kaiser andiente, und erst recht die Annäherung an die Reformation ein Verrat des alten Glaubens und der alten politischen Ordnung: Anstatt der verhinderten Reform der Abtei hätte Sattler sie nun mit der neuen Ordnung der Reformation zugeführt. Daß in ihr das alte Herkommen, das von seinem Abt gebrochen worden war, durch »göttliches Recht« substituiert werden sollte, enthält den Kern der zwei Jahre später von ihm formulierten Ordnung der Täufergemeinden.

Die Verhältnisse in Freiburg, wo der Verrat am humanistischen Denken in der Verbrennung von Büchern Capitos durch Ulrich Zasius wie ein Fanal aufleuchtete, und die umschlagenden Machtverhältnisse, die unmittelbar die Abtei betrafen, ließen dann jedoch nur die für ihn folgenschwere Konsequenz zu, sein Kloster zu verlassen. Wenn man sein späteres harsches Urteil über die Zustände in den Klöstern angemessen werten will, muß man bedenken, daß er selbst dort um die zwanzig Jahre teils in verantwortlicher Position gelebt hatte, ohne daß er die Notwendigkeit wegzugehen empfunden hatte. Erst eine ganz eigene Situation, in der sich historische Strömungen – der Drang nach grundlegenden Reformen in Kirche und Politik im Gegensatz zu mächtigen bewahrenden Elementen – mit personalen Konstellationen so vermengten, daß für eine kluge und gradlinige Person schwerste Krisen geradezu vorprogrammiert waren, zwang ihn, nun seinerseits aus dem Kloster zu fliehen, was unter den gegebenen Verhältnissen auch bedeutete, den Orden zu verlassen. Vor diesem historischen Tableau wird man für seinen Schritt zur Reformation einen Grund in der Enttäuschung über die in seinem Kloster unterbliebene Reform sehen müssen, einen anderen in der Verzweiflung an Personen, die aus seiner Sicht Verrat an klösterlichen oder humanistischen Idealen geübt haben. Ganz ohne Reflex in der Historiographie mag diese Auseinandersetzung denn doch nicht geblieben sein. Die Klosterannalen berichten für 1525 von Unglückszeichen, einem Kometen und Stürmen, »daß man hätte glauben können, der letzte Tag sei gekommen.«

Das Auftauchen Sattlers in Zürich 1525 bedeutet nicht, daß er direkt zu den Täufern ging, sondern daß er zunächst Anschluß an die Reformation Zwinglis suchte. Folgt man Ernst Troeltsch in der Erklärung, daß das Täufertum aus Enttäuschung über die moralische Unfruchtbarkeit der refor-

---

[29] Solche Konstellationen sind für andere Klöster nachgewiesen; vgl. z.B. für Weißenau: Jakob Murers Weißenauer Chronik des Bauernkrieges von 1525.

matorischen Massenkirchen und aus Gegnerschaft zu deren Welt- und Fürstenfreundschaft entstanden sei[30], wird man auch für Sattler nach seiner Trennung von der alten Kirche durch die Züricher Erfahrungen, die Verknüpfung von Zwinglis Agitation gegen die Täufer mit deren Verfolgung durch den Rat, eine zweite Enttäuschung, ähnlich der vorangegangenen in Freiburg, annehmen dürfen. Die funktionale Verknüpfung von kirchlicher Disziplinierung mit politischer Macht, die bald auch die sich entwickelnden reformierten Staatskirchen praktizierten, ließ ihn bei dem humanistisch orientierten Teil der Täufer[31] Anschluß suchen, bei denen Sattler eigenständige Gesprächspartner für seine reformatorischen Anliegen finden konnte. Bei den in der ersten Zeit verwirrenden Entwicklungen blieben diejenigen der Täuferbewegung treu, »die sich ein eigenes theologisches Urteil zutrauten.«

Auf dem Weg vom Mönch zum Täufer begleitete Sattler benediktinisches Erbe und humanistisches Wissen. Versuche, sein Denken allein aus erstem zu erklären, greifen zu kurz und erinnern an Vorwürfe anderer Reformatoren, daß die Täufer nur eine neue »Möncherey« seien. Gerechter wird man diesem Weg, wenn man die erhaltenen schriftlichen Zeugnisse Sattlers als Quellen heranzieht. Wenn oben erwähnt wurde, daß es für die benediktinischen Reformbewegungen in der Zeit des Humanismus zentrales Anliegen war, die authentische Satzung Benedikts zu verlebendigen, so hieß dies einerseits, daß man auch hier zu den Quellen zurückging, und daß diese andererseits Maßstab des Lebensvollzugs werden sollten. Sattler selbst bezeugt, daß ihn – eben in diesem Sinn – das Studium der Bibel, besonders der Paulinischen Briefe, zu seinen persönlichen Entscheidungen bewogen habe. Zwei Schriften haben die Lebensform Sattlers bestimmt und beschrieben, die Regel Benedikts und die von ihm verfaßte *Brüderlich Vereinigung*, das sog. Schleitheimer Bekenntnis.[32] Beide Texte fußen ihrerseits auf der Heiligen Schrift. Hatte im frühen Mittelalter die Regula S. Benedicti den Lebensvollzug coenobitischen Mönchtums festgeschrieben, so sollte auch der auf der Schleitheimer Versammlung 1527 verabschiedete Sendbrief Maßstäbe für das Zusammenleben und Bedingungen für die Zugehörigkeit zu den Täufergemeinden festlegen. Begründet wurden durch ihn »kleine weltabgeschiedene Freiwilligkeitsgemeinden«, die Zucht und Bann kannten, die innerhalb der Kirchen unabhängig sein und ihre Vorsteher selbst wählen wollten, die annahmen, daß von der Bergpredigt eine Bildungswirkung für christliche Gemeinden ausgehe und in denen das Bewußtsein von der Vorläufigkeit der Welt die Einstellung zu den irdischen Dingen bestimmte. Versteht man diese sich E. Troeltsch anschließende Definition der Täufergemeinden organisationssoziologisch,

---

[30] E. Troeltsch, Soziallehren der christlichen Kirchen und Gruppen. Tübingen 1912, 797 ff.
[31] Köhler (Täufertum, 1940, 103) hat die Bedeutung des Humanismus für die Täufer um Sattler deutlich gemacht.
[32] Seine Autorschaft gilt heute als sicher; vgl. Hans Stricker, Michael Sattler als Verfasser der »Schleitheimer Artikel«. In: Mennonitische Geschichtsblätter 1964, 15–18; John H. Yoder, The Legacy of Michael Sattler, Scottdale/PA 1973.

wird man kaum Unterschiede zu dem Idealbild reformorientierter Benediktinerklöster, die »die Einheit des Geistes« zu wahren suchten, feststellen können. Nicht zufällig bezeichneten die Straßburger Reformatoren die strenge, gesetzliche Fernhaltung der Täufer von der Welt als »neue möncherey«. Eine solche Ähnlichkeit müßte sich dann auch in den beiden Texten feststellen lassen.

Grundidee der sieben Artikel der *Brüderlich Vereinigung* ist die Sonderstellung der Gemeinde der Gläubigen in der Welt, die hier aber nicht gegen diese, sondern gegen eigene Brüder gerichtet ausformuliert wird – die »irrig und dem wahren Verstand ungleich« –, eine Konstellation, die ihm aus seiner Klosterzeit vertraut war. Wenn seine Angriffe wegen deren »geylheyt und freiheyt des fleyschs« »tatsächlich nur ein Paktieren mit den Forderungen gesellschaftlichen Lebens«[33] bedeuteten, machte es Sinn, auch seinen im Prozeß gegenüber den Mönchen gemachten Vorwurf der Hurerei, der freilich konkreter benannt wird, so zu interpretieren. Jedenfalls enthält die Einleitung die Aufforderung, daß sich die dem Herrn gehorsamen Kinder Gottes mit all ihrem Tun von der Welt absondern sollten, daß sie haben »ihr fleysch gecreutziget mit sampt allen gelüsten und begirden«. Die Einleitung zur Regula hat mit dem Hinweis, daß nur die im Zelt des Herrn wohnen dürfen, die die Pflichten eines Bewohners erfüllen, d.h. »Herz und Leib für den Dienst bereiten, für den heiligen Gehorsam gegen die Gebote« eine sehr ähnliche Gedankenführung der Absonderung. Und die bildliche Übersetzung des der Welt Gekreuzigtseins gehört zu den bis heute sichtbaren ikonographischen Beständen St. Peters.

Die in Art. 1 behandelte Taufe ist für Sattler ebenso wichtigstes äußeres Zeichen der Absonderung, wie es für Andersgläubige das – der Gemeinde den Namen gebende – größte Ärgernis darstellt. Das gedankliche Fundament dieser Taufe, die nur der erhält, der sie als Ausdruck seines Glaubens will, liegt in der humanistischen Vorstellung vom Recht des Menschen, über sein Leben, wozu auch der Glaube gehört, bestimmen zu können. Wenn aber die Annahme des Glaubens in der Entscheidung des Menschen liegt, verliert er die Funktion eines kirchlichen und, man denke an Machiavelli, politischen Disziplinierungsmittels. Disziplin in bezug auf den Glaubensvollzug kann nur noch innerhalb des organisatorischen Rahmens gefordert werden, für den sich das Individuum entschieden hat. Strukturell entspricht dem das von Benedikt vorgeschriebene Verfahren bei der Aufnahme neuer Brüder (Kap. 58), das ebenfalls ganz auf das Wollen und auf die Entscheidung des Aspiranten, die ihm absichtsvoll erschwert wird, abstellt. Wenn es dann mit aller Härte heißt, daß, wer die Regel angenommen hat, die er »während so langer Überlegungen ablehnen oder annehmen konnte«, dieses Joch nicht mehr abschütteln kann, ist dies die Verbindung

---

[33] Walther Köhler (Hg.), Einleitung zu »Brüderlich Vereinigung ...«. Leipzig 1908, 288. Diese Ausgabe wird auch der folgenden Interpretation zugrunde gelegt. Zuletzt wieder abgedruckt in: Baumgartner, Die Täufer und Zwingli. 143–151; zum Verständnis wichtig: Fritz Blanke, Beobachtungen zum ältesten Täuferbekenntnis. In : Archiv f. Ref. Gesch. 1940, 242–249.

von rationaler Entscheidung und strenger innerer Zucht der Gemeinschaft, die auch den Geist des in Art. 2 der »Vereinigung« geregelten Banns erfüllt. Das dafür vorgesehene Verfahren – die dem Ausschluß vorangehende mehrmalige Ermahnung – entspricht wiederum demjenigen der Regel.

Die Brechung des Brotes und der Trank des Weines wird in Art. 3 als Zeichen der Vereinigung, der Gemeinsamkeit in der Gemeinde Gottes, »uff welchen Christus dz haupt ist« behandelt. Diese Grundidee vom gemeinsamen Leben konnte im historischen Kontext der Entstehung der Regula zwar nicht am Brotbrechen festgemacht werden, aber als solche findet sie sich in Kap. 72: Die Brüder »sollen einander selbstlos die brüderliche Liebe erweisen. Gott sollen sie in Lieben fürchten. (...) Sie sollen nichts höher stellen als Christus, der uns alle zum ewigen Leben führen möge.« Die in der Einleitung der »Vereinigung« als konzeptionelle Voraussetzung dargelegte »Absonderung« wird in Art. 4 in konkrete Anweisungen übersetzt, wie man sich der Greuel der Welt zu enthalten habe, wozu alle päpstlichen und reformierten Gottesdienste, Weinhäuser und Bürgerschaften gezählt werden. Auch die Regel kennt die Gefahren der Welt, ist aber hier bezüglich menschlicher Schwäche milder, indem dem Mönch pro Tag etwa ein Viertelliter Wein zugestanden wird. »Wem Gott aber Kraft gibt, sich davon zu enthalten, der wisse, daß er einen besonderen Lohn empfangen wird« (Kap. 40). Eine auffallende strukturelle Übereinstimmung ist in einer Zeit, in der die Wahl führender Amtsträger noch kein gängiges Legitimationsmittel war, die Bestimmung des »Hirten« der Gemeinde genau wie die des Abtes durch die Mitglieder der Gemeinschaft. Die Funktionen, die ihm zugeschrieben werden, »lesen, vermanen und leren, manen, straffen, bannen in der gemeyn, und allen brüdern und schwestern zur besserung vorbeten« finden sich in gleicher oder ähnlicher Weise ebenso in der Regel. Für den Inhalt des 6. Artikel, der den Gebrauch des Schwertes, die grundlegende Ausformulierung des für die politisch Mächtigen besonders anstößigen Pazifismus der Täufer, verbietet, findet sich auf den ersten Blick keine Quelle in der Regel. Nimmt man jedoch die biblische Begründung für die Gewaltfreiheit hinzu, so findet man im »Befehl Christi«, demütig zu sein, eine der zentralen Weisungen Benedikts (Kap. 7). Hier aber liegt der Grund für ihren Ruf als Aufrührer, da in einer Zeit, als der Erzherzog Schwierigkeiten bei der Aushebung eines Heeres gegen die Türken hatte, dieser Pazifismus eine christliche Freiheit außerhalb nationalen Zwangs behauptete und somit eine Infragestellung des Sozialgefüges enthielt. Für die in Art. 7 traktierte Verweigerung des Eides findet man in der Regel keinen Bezug. Im Gegenteil, die Profeß des Eintretenden beinhaltet einen Eid vor Gott und den Heiligen: »falls er je anders handelt, soll er wissen, daß er von dem verdammt wird, dessen er spottet« (Kap. 58). Wenn Sattler dagegen den Eid kategorisch ablehnt, mag dies nicht nur in Erinnerung an eigene damit verbundene Gewissensqualen geschrieben sein, sondern auch in nuce bereits die Sicht der Aufklärung von der Inhumanität der ewigen Gelübde enthalten: »Der Eid greift in die Zukunft vor und will das Verhalten des Eidgebers in unbedingter Weise festlegen.«[34]

Schon dieser mit der Suche nach Ähnlichkeiten sicher enggeführte Vergleich der beiden Texte, von denen der eine das Leben Sattlers etwa 20 Jahre regelte, der andere von ihm aufgrund seiner Erfahrungen mit klösterlicher wie reformatorischer Dekadenz, mit Praxis und Theorie des Bauernkrieges geschrieben wurde, läßt den Schluß zu, daß Sattler als Täufer nicht einfach die »Möncherey« fortlebte, sondern daß er vielmehr im Sinne humanistischen Denkens von den Quellen des Mönchtums her das Leben einer Gemeinschaft gestalten wollte, an die er sich willentlich binden konnte.[35] Gerade die Entscheidung, von einem Kloster wegzugehen, das im Sinne der Reformideen keine Chance auf ein durch die Regel vermitteltes authentisches Christentum bot, war nicht willkürlich. Vielmehr war es die humanistisch vermittelte Suche nach einem Leben, wie es die noch der Regel Benedikts vorangehende von Augustinus beschreibt: »Das erste Ziel eures gemeinsamen Lebens ist, in Eintracht zusammenzuwohnen und ›ein Herz und eine Seele‹ in Gott zu haben«, ist die Verwirklichung der apostolischen Urkirche, in der neben einem Vorsteher als Lehrer die Mitglieder in gleicher Würde aufeinander hingeordnet sein sollten.[36]

Diese Studie zur Konversion eines humanistisch gebildeten Mönchs mußte manche Quellenlücke durch Annahmen überbrücken. Dennoch konnte, ohne daß gesicherte Forschungsergebnisse tangiert wurden, manches bislang nicht verständliche Faktum, der ungewisse Ort der Ausbildung Sattlers, seine Verbindung zu Capito, die Rettung des Klosters vor marodierenden Bauern u.a., in einen – im Moment – bruchlosen, erklärenden Zusammenhang gebracht werden, der als Indiz für die Notwendigkeit eines gegenüber der bisherigen Forschung neuen Bildes von Michael Sattler genutzt werden kann. Statt ihn von einer Seite als möglichst zu verdrängenden Apostaten, von der anderen als Lichtgestalt, hinter der aufgegebener Glaube und Mönchtum besonders düster erscheinen, zu behandeln, hilft eine Sichtweise, die seine beiden Lebenswelten beachtet, etwas von den tiefgreifenden Prozessen einer Zeit zu verstehen, deren Erbe bis in die Gegenwart fortwirkt. Nimmt man Sattler als tragische Gestalt, der immer wieder mit seinen Idealen gescheitert ist, letztlich für sie mit dem Leben bezahlte, so mag dies ein Hinweis sein, daß die Gesellschaft für ihren Fortschritt auf Menschen angewiesen ist, die dafür ihr Leben einsetzen. Das damit angerührte Thema von der Würde des Menschen gehört zu den wichtigsten Zielen christlicher Kultur. Es könnte gesellschaftliche, politische wie kirchliche Institutionen für einen vorsichtigen Umgang mit dem Anspruch auf den Besitz der Wahrheit sensibilisieren.

---

[34] Vgl. Hans-Jürgen Goertz (Hg.), Die Mennoniten. Stuttgart 1971, 131–133. Zitat daraus: 102/103.
[35] Eine ganze Reihe struktureller Gemeinsamkeiten, aber auch wichtige Differenzen zwischen einer benediktinischen Kommunität und den von Sattler begründeten Gemeinden hatte Snyder unter den Stichworten Taufe/Profeß, Gehorsam und Disziplin (The life ..., 1984, 185–192) aufgewiesen.
[36] Die Regel Benedikts. Hg. P. Basilius Steidle OSB, Beuron 4/1980, 16.

Ausgespannt zwischen Gegensätzen

Zur Geisteshaltung und Spiritualität Blaise Pascals

Karl-Dieter Ulke

Wenn es einen Grundzug im Leben und Denken des Blaise Pascal gibt, so ist es das Ausgespanntsein zwischen Gegensätzen. Er entdeckt diesen Grundzug zuerst bei seinen mathematischen und physikalischen Untersuchungen, bald aber auch bei sich selbst, in seinem eigenen Leben, dann beim Erforschen dessen, was den Menschen zum Menschen macht, und schließlich im Glauben an die Menschwerdung Gottes. Eine solche Aufreihung meint allerdings kein chronologisch-phasenhaftes Nacheinander von völlig Verschiedenem, sondern ein oft explosionsartiges, fast gleichzeitiges Zutagetreten von Wirklichkeitsdimensionen, die einander entsprechen und die daher auch mit denselben Schlüsselworten zur Sprache gebracht werden. Für Pascal ist die gesamte Wirklichkeit stufenartig geordnet, wobei die jeweiligen Stufungen mit ihren spezifischen Gegensatz-Paaren so miteinander zusammenhängen, daß sie voneinander abhängig sind: »... die Teile der Welt sind alle derart aufeinander bezogen und miteinander verkettet, daß ich es für unmöglich halte, einen Teil ohne den anderen, ja ohne das Ganze zu erkennen«.[1] Es wird sich zeigen, wie die Verkettung der Teile mit der Gegensatzstruktur des Ganzen zusammenzudenken ist, und warum dieses Deutungsprinzip Pascal die Plausibilitätsstrukturen christlichen Glaubens erschließt. Meine Darstellung macht den Versuch, das zunächst biographisch und gerafft, dann anthropologisch und breiter, schließlich eher dialektisch strukturiert und wiederum gerafft zu umreißen. Die Proportionen der drei Teile entsprechen also denen eines Flügelaltars, und auch hier ist das meiste menschlich-allzumenschliche Personal im zentralen Hauptblatt versammelt.

I

Blaise Pascal (1623–1662) ist ein genialer Mathematiker und Naturwissenschaftler, der als Zwölfjähriger selbständig die Lehrsätze des Euklid entwickelt, mit 16 Jahren eine aufsehenerregende Abhandlung über die Kegelabschnitte verfaßt und mit Achtzehn für seinen Vater, damals Präsident des Obersteueramtes in Clermont, eine Rechenmaschine erfindet; jetzt versteht man, warum eine ziemlich bekannte, verhältnismäßig leicht erlernbare Programmiersprache seinen Namen trägt. Pascal ist aber auch als Philosoph und Theologe ein führender Kopf, der ebenso zielstrebig wie

---

[1] B. Pascal. Eine Auswahl aus seinen Schriften von W. Warnach. Düsseldorf 1947, künftig als *Pensées* zitiert. Die Zahlen folgen der Zählung dieser überzeugend aufgebauten und übersetzten Ausgabe, die am Ende ihre laufenden Nummern denen von L. Brunschvicg gegenüberstellt.

rhetorisch gewandt an den Auseinandersetzungen seiner Zeit teilnimmt und in seinen letzten Lebensjahren eine Verteidigung des Christentums entwirft; dieses Werk bleibt unvollendet, und die hinterlassenen Fragmente erhalten später, nach seinem Tod, den Titel *Pensées*. Er ist darüber hinaus als Verfasser dieser *Pensées* ein brillanter Stilist, der nach dem Zeugnis seiner älteren Schwester und ersten Biographin Gilberte alles so ausdrücken kann, wie er will; ihn habe, schreibt sie weiter, nie etwas anderes als die Erkenntnis der Wahrheit befriedigt. Die Dreifachbegabung dieses Mannes liegt überwältigend klar zutage. Was einen dennoch verwirren könnte, ist er selbst mit seinen gegensätzlichen Eigenschaften und Verhaltensweisen. Spielerisches Entzücken am Durchprobieren von Zahlenverhältnissen und am Durchdenken von Einfällen schlägt um in schauderndes Entsetzen vor der unendlichen Größe des Kosmos im Vergleich zur Kleinheit des Menschengeistes, dieses Entsetzen wiederum schlägt um in ergriffenes Staunen vor der Würde des Menschen:

> Der Mensch ist nur ein Schilfrohr, das schwächste im Bereich der Natur, doch ein denkendes Schilfrohr (...) All unsere Würde besteht also im Denken (...) Um das rechte Denken bemüht sein, das ist der Kern der Moral.[2]

Doch Pascal überschätzt das Denken nicht, und er wehrt sich gegen die Trennung von Vernunft und Liebe. Weil er die Vernunft nicht aus der Liebe verbannen will, sieht er den Menschen nicht als eine Art Denkautomaten wie sein älterer Zeitgenosse René Descartes, den er mit 24 einmal besucht hat, sondern viel reicher und darum auch viel gefährdeter: »Alle Leiber zusammen und alle Geister mit all ihren Hervorbringungen wiegen nicht die leiseste Regung der Liebe auf. Sie gehört einer anderen, unendlich erhabeneren Ordnung an«.[3] Pascal liebt unbedingt und ungeschützt. Darum leidet er viel und stirbt früh. Weder willens noch fähig, trügerischen Illusionen nachzugeben und tröstende Kompromisse einzugehen, überfordert er seine Kraft, untergräbt er seine Gesundheit. Mit der unbelehrbaren Leidenschaft des Liebhabers liebt er alles, was lebt, vom winzigen Sandkorn bis zum allmächtigen Gott, und alles so, wie er meint, daß es ursprünglich gemeint ist – ohne Abstriche zu machen, ohne im geringsten klein beizugeben. Solche Kompromißlosigkeit macht verletzlich und verletzend. Den Ärzten traut er übrigens nie, bis auf ein Mal. Er ist 31, als sein Arzt ihm rät, die Studierstube zu verlassen. So lebt er eine Zeitlang in der »großen Welt«, die eine skeptische Geisteshaltung kultiviert und mit dem Unglauben kokettiert. Er durchtänzelt die Salons der feinen Gesellschaft mit den Manieren eines Höflings »so selbstverständlich, als hätte er ein Leben lang diese Luft geatmet«, berichtet seine Schwester Gilberte.

Diese kurze Phase endet abrupt und bewirkt eine ebenso vollständige wie bleibende Änderung seines Lebensstils. In den Nachtstunden des 23. November 1654 erfährt er die Gegenwart Gottes mit solcher Eindringlichkeit, daß ihm die Sprache nur fragmentarisch als Stammeln über die Lippen kommt:

---
[2] *Pensées*, 121.
[3] *Pensées*, 368.

»Gott Abrahams, Gott Isaaks, Gott Jakobs!« Nicht der Philosophen und der Gelehrten. Gewißheit. Gefühl. Freude. Friede. Gott Jesu Christi.[4]

Er notiert seine Lossage vom Gott der Abstraktionen auf einen Zettel, den er immer bei sich trägt und den man nach seinem Tod im Futter seines Rockes eingenäht findet. Auf demselben Zettel, dem sogenannten *Mémorial*, diesem Zeugnis der anbrechenden *Geschichte* Gottes mit einem Menschen, schreibt er aber auch »O daß ich nicht ewig von ihm getrennt sein möge«. Und das letzte Wort des Sterbenden wird sein »Möge Gott mich nie verlassen«. Es wird berichtet, daß Pascal kurz vor seinem frühen Tod – er stirbt mit 39 Jahren – flehentlich danach verlangt, zu den unheilbar Kranken gebracht zu werden, um »in Gesellschaft der Armen« sein Leben zu beenden.[5] Man hat ihm diesen Wunsch versagt, und er hat sehr darunter gelitten. Derselbe Mensch aber konnte – in seinen früheren Jahren – selbstherrlich sein, anmaßend, aggressiv und seine Gegner mit gnadenloser Sprachgewalt zur Strecke bringen. Solche Ungeduld gegen alles Unfertige im Denken und Tun richtet er freilich zuerst gegen sich selbst, ähnlich wie 300 Jahre später die französische Philosophin Simone Weil, die ganz im Geiste Pascals notiert:

> ... sobald man einen Gedanken gefaßt hat, nachforschen, in welcher Hinsicht das Gegenteil wahr ist (...) Jedes Gute ist einem Bösen verhaftet; begehrt man also das Gute und will man das entsprechende Böse nicht um sich verbreiten, so ist man, da dieses Böse sich nicht vermeiden läßt, gehalten, es auf sich selbst zu versammeln.[6]

II

Weil es nach Pascal den Menschen ausmacht, zwischen äußersten Gegensätzen ausgespannt zu sein, schreibt er beispielsweise:

> Wenn man zu jung ist, urteilt man nicht richtig; ist man zu alt, desgleichen. Wenn man nicht genug an eine Sache denkt, wenn man zu viel an sie denkt, versteift man sich darauf und vernarrt sich in sie (...). So verhält es sich mit Gemälden, wenn man sie aus zu großer Entfernung oder zu sehr aus der Nähe betrachtet. Nur ein unendlich kleiner Punkt ist die Stelle, die anderen sind zu nahe, zu weit, zu hoch, zu niedrig. In der Malkunst gibt ihn die Perspektive an. Aber in der Wahrheitslehre und Moral – wer will ihn da angeben?[7]

Auf einem seiner vielen ungeordneten Zettel – die *Pensées* sind ja eine riesige Zettelsammlung, ein Gebirge behauener Bausteine – schreibt er, es sei mit der Wahrheitssuche wie mit dem Lesen: wenn man zu schnell oder zu langsam liest, versteht man nichts. Er selbst hat über acht Jahre, augustinisch gesagt, im »Buche der Natur« gelesen, das heißt auf dem Gebiet der exakten Wissenschaften – vor allem der Mathematik und der Physik – experimentiert und geforscht:

---

[4] *Pensées*, 15.
[5] Vgl. dazu: H. R. Schlette: Blaise Pascal 1623 -1662. In: H. J. Schultz (Hg.), Letzte Tage. Sterbegeschichten aus zwei Jahrtausenden. Stuttgart 1983, 137 -147.
[6] S. Weil, Schwerkraft und Gnade. München 1952, 194 (3. Aufl. 1981, 144).
[7] *Pensées*, 137.

> Ich habe lange Zeit auf das Studium der abstrakten Wissenschaften verwendet; aber da der Kreis der Menschen, mit denen man darüber sprechen kann, nur klein ist, wurde es mir verleidet (...). So glaube ich, wenigstens beim Studium des Menschen viele Gefährten zu finden; dies sei das wahre, dem Menschen gemäße Studium. Ich habe mich getäuscht. Zum Studium des Menschen finden sich noch weniger als zum Studium der Geometrie. Nur, weil man zum Studium des Menschen nicht imstande ist, erforscht man alles andere.[8]

Das Studium des Menschen richtet sich auf konkrete Lebewesen. Während die Naturwissenschaften Teilaspekte erfassen, die sie von ihrem Gegenstand »abziehen« (»abstrakt« heißt wörtlich »abgezogen«) und Theorien bildend kategorisieren, zielt das Nachdenken über das, was Menschen zu Menschen macht, auf »unabgezogene« Wirklichkeiten. Davor müssen also die mathematischen und physikalischen Erkenntnisse als partikulare Wahrheiten zurücktreten. Doch sie werden nun nicht etwa verächtlich gemacht, denn *ihre* Ordnung korrespondiert mit der – *anderen* – Ordnung des konkreten Menschenlebens. Insofern sind beim Studium des Menschen die Grenzen von Mathematik und Physik zwar überschritten, aber nicht nur bleiben ihre Ergebnisse bestehen, sondern ihre Gesetzmäßigkeiten haben in der »Natur des Menschen« gewisse Parallelen, Analogien, Entsprechungen mit wechselseitigen Verweisungsmomenten. Durch das Erkunden solcher Entsprechungen zwischen den verschiedenen Seinsbereichen oder Ordnungen zielt Pascal auf das Denken der gesamten Wirklichkeit. Er geht aufs Ganze, und man muß zugeben, daß ein größeres Denkprojekt undenkbar ist.

Doch seine Hinwendung zum Studium des Menschen auf der Suche nach Nähe zu diesen Menschen wird, wie er sagt, enttäuscht. Die er gewinnen will, wenden sich dem zu, was er verläßt. Sie können ihr Spiegelbild nicht ertragen oder, wie er anderswo schreibt: wir eilen sorglos in den Abgrund, nachdem wir etwas vor uns aufgebaut haben, das uns hindert, ihn zu sehen. Dieser Diagnose folgt die Warnung:

> Es ist gefährlich, dem Menschen allzu deutlich zu zeigen, wie sehr er dem Tiere gleicht, ohne ihm seine Größe zu zeigen. Aber auch das ist gefährlich, ihm seine Größe zu zeigen, ohne ihm seine Niedrigkeit zu zeigen. Weit gefährlicher aber ist es, ihn in der Unkenntnis über das eine und das andere zu lassen. Ihm beides zu zeigen, ist dagegen von großem Gewinn. – Der Mensch soll nicht meinen, er sei dem Tiere gleich oder den Engeln, ebenso darf er weder über das eine noch über das andere in Unkenntnis bleiben, sondern muß beides wissen.[9]

Dieser Warnung aber folgt ein schmerzhafter Denkzettel, der zugleich an die Erfahrung appelliert: »Der Mensch ist nicht Engel, nicht Tier. Das Unglück will, daß, wer den Engel spielt, zum Tier wird«. Nach Pascal ist keine Behauptung wahr ohne die entgegengesetzte Behauptung – und keine Handlung gut ohne die entgegengesetzte Handlung; einmal geht er so weit, zu behaupten, der Atheismus habe in gewisser Weise recht, was aber nichts anderes besagt als »Es ist unbegreiflich, daß Gott ist, wie es unbegreiflich ist, daß er nicht ist (...)«.[10] Eines muß das andere umgreifen, das

---
[8] *Pensées*, 1.
[9] *Pensées*, 2.
[10] *Pensées*, 3 bzw. 251.

eine Extrem das andere, auch wenn das nicht zu begreifen ist. Übrigens haben die vielen Pascal-Zitate (alle Pascal-Interpreten zitieren unablässig) neben der Belegfunktion (und damit das Interpretieren nicht vollständig zum Manipulieren verkommt) ihren Grund in der Tatsache, daß dieser Schriftsteller[11] wesentlich besser schreibt – fast hätte ich gesagt: in einer anderen »Ordnung« – als jeder Interpret: man muß *ihn* zitieren; gleiches gilt von Autoren wie der bereits genannten Simone Weil und John Henry Newman, der trotz aller gewaltigen Unterschiede Pascal in vielem geistesverwandt und spirituell benachbart ist.[12]

»Was unbegreiflich ist, ist darum nicht weniger wirklich«[13] – noch so ein herrlich einfacher und klarer Satz, großartig in seiner Wucht; doch wir denken genau umgekehrt, und die gebildeten Zeitgenossen Pascals dachten in diesem Punkt auch schon so ähnlich wie wir: nur was begreiflich ist, ist wirklich. Das ist aber falsch oder zumindest äußerst kurzsichtig und einseitig, sagt Pascal, denn das mathematisch-naturwissenschaftliche Denken ist nur *eine* Form des Denkens. Er nennt es »esprit de finesse«, was gern mit »Feingeist« übersetzt wird und wohl auch nicht besser zu übersetzen ist, obwohl es die gemeinte Geisteshaltung mehr streift als trifft. Pascal schreibt über den Unterschied zwischen Mathematiker- und Feingeist:

> Beim ersten sind die Prinzipien faßbar, aber vom gewöhnlichen Gebrauch weit entfernt; daher kostet es Mühe, den Blick dahin zu wenden, weil es ungewohnt ist (...) Doch beim Feingeist sind die Prinzipien im allgemeinen Gebrauch und vor aller Augen. Man braucht nur den Blick dahin zu wenden und sich keineswegs Gewalt anzutun. Die Frage ist nur, ob man ein gutes Auge hat, und das muß man haben. Denn die Prinzipien sind so fein und zahlreich, daß es fast unmöglich ist, daß sie uns nicht entgleiten. Nun führt aber das Weglassen eines Prinzips zum Irrtum. So muß man ein scharfes Auge haben, um alle Prinzipien zu sehen (...) Man sieht sie kaum, man fühlt sie vielmehr, als daß man sie sieht; und es kostet unendliche Mühe, sie anderen fühlbar zu machen, die sie aus sich heraus nicht fühlen.[14]

Gemeint ist ein Blick fürs Konkrete, das heißt fürs Gewachsene und mit allen Lebensfasern Zusammengewachsene. Gemeint ist ein Sehvermögen, das mit einem Blick das Ganze erfaßt, wobei aber nicht nur die Augen zu tun bekommen, sondern alle anderen Sinne auch *und* der Verstand *und* der Wille *und* das Gefühl. Gemeint ist eine Art von Sensibilität, die alle ihre Fühler ausstreckt, um ans Lebendige zu rühren; eine Art von Spürsinn, den man vielleicht als umfassendes Wahrnehmungsvermögen bezeichnen kann oder noch besser als eine Aufmerksamkeit, der nichts entgeht. So ein gebündeltes Aufnahmevermögen (»nous« bei den frühen Griechen, »at-

---

[11] Vgl. Ph. Sellier, Theologie und Schreiben: Die »Pensées« von Pascal. In: Concilium 12 (1976), 312–325.
[12] Das zeigt sich mir jetzt erst beim unvermuteten Rückblick auf eine frühere Arbeit: K.-D. Ulke, Der Mensch unter dem Gericht der Wirklichkeit. Der Habitus als anthropologische Schlüsselkategorie im Denken von John Henry Newman. In: H. Fries u. W. Becker (Hg.), Newman-Studien VIII. Nürnberg 1970, 13–122.
[13] *Pensées*, 297.
[14] *Pensées*, 140.

tente« bei Simone Weil[15]) muß man haben, meint Pascal, weil einem sonst über einem Teil das Gegen-Teil, über einem Satz der Gegen-Satz entgeht, ohne den das Ganze eines Sachverhalts oder einer Verhaltensregung eben nicht faßbar ist.

Fast alle Menschen aber suchen nicht das Ganze mit seiner Gegensatzstruktur, sondern leicht zugängliche Segmente, die im Vorbeigehen gestreift und wieder verlassen werden können. Statt die Wahrheit finden zu wollen, spielt man mit ihr wie mit einem Ball auf dem Rasen. Für die Wirklichkeit selbst interessiert sich kaum einer, für das Interesse daran hingegen so gut wie jeder: »Wir suchen niemals die Dinge selbst, sondern die Suche nach den Dingen«.[16] Wir träumen viel im Schlaf und wissen nicht, ob das Leben im Wachzustand vielleicht nur von größerer Beständigkeit ist. Pascal benutzt den in der damaligen Literatur beliebten Topos vom Leben als Traum (der sich übrigens auch in Descartes' Methodenschrift findet), um den vernachlässigten Realitätssinn seiner Zeitgenossen anzuprangern. Es gelingt uns nicht – und Pascals »uns« oder »wir« will weniger bescheiden als solidarisch gelesen werden – es gelingt uns nicht, zwischen Tatsachen und Illusionen zu unterscheiden. Dafür ist unsere Vernunft zu schwach:

> Der größte Philosoph der Welt mag sich auf einem Brett befinden, das breiter ist als nötig, – ist unter ihm ein Abgrund, so mag ihm die Vernunft noch so oft einreden, er sei in Sicherheit, – die Einbildung siegt.[17]

Diese kleine Szene formuliert keine schadenfrohe Philosophenschelte, sondern will heiter sein und machen (selten bei Pascal, häufig bei Montaigne), darin ähnlich einer anderen Mini-Konstellation, die das helle Entzücken Lichtenbergs hervorgerufen hätte: »Eine Fliege summt ihm um die Ohren; das reicht, um ihn jedes vernünftigen Entschlusses unfähig zu machen.«[18] Und zu diesen winzigen narrativen Passagen, die sich an die lebhafte Phantasie und nicht an die schwach entwickelte Vernunft wenden, paßt die trennscharfe Begrifflichkeit des folgenden Gedankens, der wiederum paradox gehalten ist, weil er seinen eigenen Gegensatz enthält wie ein dunkel leuchtender Edelstein:

> Der Philosophie spotten heißt wahrhaft philosophieren.[19]

Sein und Schein liegen im Streit, aber der Schein siegt: »Wieviel gerechter erscheint einem Advokaten die Sache, die er verteidigt, wenn er im voraus gut bezahlt wurde?« Wahrheit reduziert sich, sehr modern, auf wechselnde Perspektiven und ist manchmal handfest geographisch bedingt: »Was diesseits der Pyrenäen Wahrheit ist, ist jenseits Irrtum«. Die Sinne liegen im Kampf mit der Vernunft, und die Eitelkeit ist so tief in den Herzen der Menschen verwurzelt (verwurzelt? »Ich befürchte sehr, daß die Natur

---

[15] K.-D. Ulke, System und Befreiung bei Simone Weil. Beobachtungen an einigen Texten. In: Zeitgeschichte, Wien 7 (1980), 193–208, bes. 201.
[16] *Pensées*, 51.
[17] *Pensées*, 74.
[18] *Pensées*, 133.
[19] *Pensées*, 169.

ihrerseits nur eine erste Gewohnheit ist, wie die Gewohnheit eine zweite Natur«), so unausrottbar ihrer Seele eingewachsen, daß sie die Wahrheit hassen und darum voreinander verbergen.[20] Die Menschen kennen ihre »Größe« nicht, weil sie die Konfrontation mit ihrer Kleinheit fürchten und ihr »Elend« überspielen. Sie fliehen die Ruhe und stürzen sich ununterbrochen in Aktivitäten, um ihrem wahren Selbst auszuweichen. Diese Unruhe ist der hervorstechende Zug in allen menschlichen Lebensäußerungen. Unsereins schwankt zwischen Leichtgläubigkeit und Ungläubigkeit, zwischen Zaghaftigkeit und Verwegenheit, zwischen Vernunft und Leidenschaft, zwischen Verstand und Herz, zwischen Zuständen der Ruhe, die nie lange anhalten, und dem Getümmel der Zerstreuungen.[21] In diesem unablässigen Auf und Ab – reflektiert wiederkehrend im Für und Wider der Meinungen – schmälert man die Wahrheit unter wechselnden Perspektiven. Das dauernde Wechseln und Schwanken als gleichbleibend wahrnehmbares Erkennungszeichen aller menschlichen Regungen, rasch vorübergehende Beständigkeiten eingeschlossen, hat Pascal wahrscheinlich, vor eigenen Beobachtungen, übernommen von Montaigne, dem (anfangs auf väterliches Geheiß) immer wieder gelesenen und an anderen Stellen streng kritisierten Schöpfer der *Essais*. Die seinsmäßige Zusammengehörigkeit der Gegensätze, denen existierend zu entsprechen der Mensch außerstande ist, spiegelt sich in seiner Unfähigkeit, »an zwei Dinge zugleich zu denken«, und dieses gedankliche Spiegelbild der zerrissenen Realität provoziert jenes wahre Ganze, das »im Sinne Gottes« wäre.[22]

III

Pascal ist zutiefst davon überzeugt, daß bei dem Versuch, die Kennzeichen menschlichen Lebens zu erfassen, jede undialektische Annäherung in die Irre führt. Menschen sind konkrete, wirkliche Lebewesen, keine Abstraktionen, die nur einseitige Züge jener Realität wiedergeben, von der sie »abgezogen« sind. Was Menschen zu Menschen macht, ist immer zweidimensional, paradox, von Gegensätzen durchzogen und zerrissen, – auch als Summe nie eine Einheit, sondern eine Nicht-Einheit, die nur *in* ihrer Gegenstrebigkeit dem Geiste zugänglich ist, das heißt im dialektischen Hin und Her zwischen den Extremen. Die gesuchte Totalität ist weder lebbar noch denkbar, und die äußersten Enden lassen sich nur nacheinander berühren, nie miteins im selben Augenblick. Jede menschliche Regung ist doppelt, keine hat nur *eine* Seite, nur *ein* äußeres und nur *ein* inneres Gesicht. Überall trifft man auf ungeordnete Verhältnisse, und wer sie zu Papier bringt, muß es ebenso ungeordnet tun, um seinen Gegenstand nicht

---

[20] *Pensées*, 112; 74; 80; 83 und 84.
[21] *Pensées*, 34 und 37; 230 und 232; 48.
[22] Näheres zu dieser Beobachtung und Einsicht Montaignes wäre neuerdings zu finden bei: K.-D. Ulke, An den Rand geschrieben. Montaigne als Marginalist. In: K.-P. Pfeiffer (Hg.), Vom Rande her? Zur Idee des Marginalismus. Festschrift für Heinz Robert Schlette zum 65. Geburtstag. Würzburg 1996, 31–38; *Pensées*, 30.

zu verfälschen und seine Leser nicht zu verlieren. Darum hat Pascal sicher keine systematische Abhandlung geplant, ja es ist durchaus möglich, daß er die Fragmente, mit denen wir es zu tun haben, zwar nicht willkürlich durcheinander vorlegen wollte, aber in einer sehr überlegt arrangierten Unordnung. Was in der Realität Stückwerk ist, soll auch sprachlich als Stückwerk erscheinen.[23] Wenn eine prominente Pascal-Interpretation behauptet, »daß die einzige dem Inhalt der *Pensées* entsprechende adäquate Form das Fragment ist«[24], so ist ihr rückhaltlos beizupflichten, wenn auch mit dem Zusatz, daß die einzigartige Größe des Menschen der *Bejahung* seiner Bruchstückhaftigkeit entspringt.[25] Aber sogar diese »Bejahung« bietet keinen Halt, sondern schlägt sogleich (nicht zugleich) in »Verneinung« um, gerät damit in dialektisches Fahrwasser und treibt einem Strudel zu, der sie verschlingen will. Pascal sieht die radikale Bedrohtheit der menschlichen Daseinsweise in ihrer zwieschlächtigen Bodenlosigkeit.

Die »Doppelnatur« des Menschen, groß *und* elend zu sein, sich zu erheben *und* zu fallen, könnte einen vermuten lassen, man hätte es mit *zwei* Seelen zu tun, so grundverschieden sind diese gegenstrebigen Tendenzen. Unsere widerstrebenden Neigungen lassen uns manchmal über das gleiche lachen *und* weinen. Unser Platz ist zwischen zwei Abgründen, dem Unendlichen und dem Nichts; der Mensch ist »ein Nichts gegenüber dem Unendlichen, ein All gegenüber dem Nichts, eine Mitte zwischen Nichts und All«, und er kann weder das eine noch das andere erkennen. Die ins Extrem getriebenen Gegensätze finden zwar zusammen, aber nur in Gott, weshalb die menschliche Vernunft nirgends Ruhe und Halt findet. Zusammengesetzt aus zwei entgegengesetzten Naturen, dem Leib und der Seele, ist der Mensch der wunderlichste Gegenstand der Natur; er weiß nicht, was Geist ist, was Leib ist und wie sie vereint sind. Die Geometrie lehrt uns durch ihre Entsprechungen zur menschlichen Daseinsweise verstehen, wie wir »zwischen eine Unendlichkeit und ein Nichts des Raumes, eine Unendlichkeit und ein Nichts der Zahl, eine Unendlichkeit und ein Nichts der Bewegung, eine Unendlichkeit und ein Nichts der Zeit« gestellt sind, so daß wir den Bereich des Menschlichen verlassen, wenn wir die Mitte zwischen den äußersten Gegensätzen verlassen. Wir halten uns aufrecht durch das Gegengewicht zweier entgegengesetzter Laster wie »zwischen zwei widereinander fahrenden Winden«.[26]

---

[23] Man kann sich der »geordneten Unordnung«, die Pascal für seine *Apologie des Christentums* vorgeschwebt haben dürfte, über einen Vorfall annähern, von dem ich nicht mehr weiß, ob er wahr oder Anekdote ist: Die amerikanische Autorin eines Fremdwörterbuches notiert die aufgenommenen Fremdworte zunächst in der *falschen* Schreibweise, die durchschnittlich am häufigsten vorkommt, damit der nachschlagende Durchschnittsleser *findet*, was er sucht.

[24] L. Goldmann, Der verborgene Gott. Studie über die tragische Weltanschauung in den *Pensées* Pascals und im Theater Racines. Neuwied 1973, 303.

[25] Vgl. im Zusammenhang: K.-D. Ulke, Das Fragment. Meditationen über Mensch und Sprache. Wien 1997.

[26] BP, 154. Ähnlich bei B. Brecht: »Laster sind was, weiß man, was man will. / Sucht euch zwei aus: eines ist zuviel!« (Der Choral vom Manne Baal. In: B. Brecht, Gesammelte Werke. Frankfurt/M. 1967. Bd. 8, 249); *Pensées*, 156.

So sieht sich dieses seltsame Zwischenwesen in allem, was es tut und unterläßt, ersehnt und betrauert, umstellt von Gegensätzen, es erfährt und erkennt sich in einer äußerst labilen und unmöglich zu ertragenden Lage. Ändert der Mensch die eine Seite des Gleichgewichts – Pascal beschwört die Vorstellung von zwei Waagschalen an einer Achse –, so ändert sich zwangsläufig auch die andere. Unser unentrinnbares Los ist die schwankende Mitte, das ungesichert-ungewisse Schweben. Der Mensch erweist sich beim Studium des Menschen als ein Ungeheuer, als ein monströses Zusammengewachsensein heterogener Elemente, begrifflich gesagt: als ein sich selbst Entgegengesetztes, das es selbst und *nicht* es selbst ist. Was wir von uns zu sehen bekommen, ist etwas, das sich sogleich wieder dem Blick entzieht, denn das Ganze bleibt unfaßbar. Sobald dieses Ganze eines bestimmten Menschenlebens sich regt und in Bewegung zeigt, sind immer nur Momente des Vorgangs nacheinander zu sehen. Wir haben also von einem einzelnen Moment des Bewegungsvorgangs *eine* Vorstellung. Weil nun die Bewegung weitergeht, haben wir unmittelbar darauf von demselben Vorgang eine *andere* Vorstellung. Klafft dazwischen, unvorstellbar kurz, genau jene Lücke, die man als Nichts bezeichnet? Zerreißt also das Nichts jeweils zwei aufeinanderfolgende Momente eines Vorgangs, in dem es alles Zeithafte verschlingt, was dazwischen sein könnte? Dann wäre aber das Nichts der »Abgrund« zwischen einem Etwas »hüben« und dem entgegengesetzten Etwas »drüben«. Oder kommt das Nichts dadurch in den Vorgang hinein, daß das eine Moment durch das andere vernichtet wird? Dieser Gedanke wäre dialektischer und darum Pascal näher.

Jedenfalls sind weder das spatiierende Nichts noch die prozessual ernötigte Vernichtung durch eine Einheit und Vereinigung des Einen mit seinem Anderen aus der Welt zu schaffen – es sei denn, eine Wirklichkeit käme in die Welt, die seinsmäßig alle Gegensätze in sich enthielte. Diese Wirklichkeit, so Pascals letzter entscheidender Schritt, ist Gott in seinem menschgewordenen Sohn Jesus Christus, der durch die Vereinigung von göttlicher und menschlicher Natur die Mitte von allem wird und das Ziel, dem alles zustrebt, – »weder die totale Abwesenheit noch die totale Gegenwart der Gottheit, sondern die Gegenwart eines Gottes, der sich verbirgt«.[27] Man sieht, daß mit der Einführung einer menschlich unbesetzbaren Mitte, anders als bei Kierkegaard, kein Sprung in den Glauben vorliegt, sondern ein Schritt von einleuchtender Konsequenz – ein Schritt freilich, der die Entscheidung voraussetzt, auf vertrautem Gelände fremdes Terrain in Kauf zu nehmen. Durch diesen Entscheidungsschritt ändert sich aber auch die Einstellung zu den eigenen Existenzbedingungen: in Jesus Christus, so versichern viele *Pensées*, erkennen wir nicht nur Gott, sondern auch uns selbst, unsere Größe und unser Elend, er ist die Mitte und hält sich in der Mitte, die wir weder sind noch halten könnten.

Das Christentum ist für Pascal die einzige glaubwürdige Religion der Welt, weil sie der wirklichen Seinsweise des Menschen entspricht. Von dieser sozusagen letzten oder obersten Entsprechung könnte man nun, ge-

---

[27] *Pensées*, 341.

genläufig zum nachgezeichneten Weg Pascals, die Stufenleiter der wechselseitigen Entsprechungen zurücksteigen, über das Studium des Menschen zum Studium der Natur. Doch bleiben wir noch einen Augenblick beim Glauben. Pascal selbst hat ihm immer das »Herz« des Menschen zugeordnet, nicht den »Verstand«. Trotzdem (und um einem emotionalisierenden Mißverständnis vorzubeugen) ist man versucht, seine Spiritualität dem Lessing-Wort anzunähern »Die Religion ist nicht wahr, weil die Evangelisten und Apostel sie lehrten: sondern sie lehrten sie, weil sie wahr ist«.[28] Das Christentum ist wahr, weil es mit seinen gegensätzlichen, scheinbar widersprüchlichen und törichten Behauptungen – Pascal zitiert gern die paulinische »Torheit des Kreuzes« – einen scheinbar widersprüchlichen und törichten Glauben verlangt, der aber in Wahrheit die wirkliche Lage der Menschen berücksichtigt. Dieser Glaube akzeptiert die unverfälschte menschliche Realität mit ihren Doppeldeutigkeiten und Spannungen. Es ist der Glaube an den Inkarnierten und am Kreuz Ausgespannten, der alles umfaßt, einlöst und überbietet, wofür Pascal als Naturwissenschaftler, als einzelner Mensch und als emphatischer Beobachter seiner Gattung gelebt hat.

---

[28] G. E. Lessing, Gesammelte Werke in 10 Bdn. Hg. P. Rilla, Berlin 1956, Bd. VII, 183; zit. n. K. Feiereis, Die Umprägung der natürlichen Theologie in Religionsphilosophie. Ein Beitrag zur Geistesgeschichte des 18. Jahrhunderts. Leipzig 1965, 103.

Franz von Baaders spekulatives Denken

»Spiegel« – »Bild« – »Auge«

Heinz-Jürgen Görtz

Im Rahmen des Deutschen Idealismus und der Deutschen Romantik kommt dem vielseitigen Franz von Baader (1765–1841 in München) große Bedeutung zu. Im Zeitalter der wissenschaftlichen Naturentdeckung war er als voll ausgebildeter Naturwissenschaftler (Physik, Chemie, Medizin) anderen Philosophen – wie etwa Hegel und Schelling – überlegen. Gerade seine naturwissenschaftlich begründete genetische Denkform ermöglichte ihm, die Tiefe und den Reichtum der mystischen Naturphilosophie Jakob Böhmes zu erblicken und sie der Romantik zu vermitteln. Jakob Böhme wurde dann der Romantik zum menschlichen und wissenschaftlichen Ideal. Baader beeinflußte Hegel, besonders stark Schelling, den er 1806 zu München in Jakob Böhme einführte und somit die entscheidende Wende seines Denkens herbeiführte. Schellings Schriften *Über Das Wesen der menschlichen Freiheit* und vor allem *Die Weltalter* stellen fachphilosophische Übertragungen der Grundgedanken Böhmes dar. Zu den Werken Baaders zählen *Fermenta Cognitionis, Vorlesungen über speculative Dogmatik, Vorlesungen zu Jakob Böhmes Von der Gnadenwahl und Mysterium Magnum, Schriften zur Naturphilosophie, Schriften zur Societätsphilosophie.* Die sehr ursprüngliche Theologie und Religionsphilosophie Baaders haben der nachfolgenden einschlägigen Forschung immer wieder Antrieb und Erneuerungskraft gegeben. Seine Philosophie ist auch für die Entwicklung der modernen Soziologie wichtig. Von ihm gehen ferner entscheidende Impulse für die Vertiefung und Weiterentwicklung der modernen Phänomenologie aus, die ihm die Wiederentdeckung der grundlegenden Bedeutung des »ersten deutschen Philosophen« Jakob Böhme und die Dringlichkeit einer Rückkehr auf die Ursprünge im Hinblick auf eine radikale Erneuerung, einen absoluten Neubeginn der Philosophie verdankt. Die Mehrdimensionalität Baaders zeigt sich auch darin, daß sein Werk von entgegengesetzt denkenden Philosophen, wie etwa Hegel und Kierkegaard, hochgeschätzt wurde. Die ungewöhnliche Tiefe seines Denkens, aber auch seine eigenartig schwierige Ausdrucksweise jedoch haben Baader die führende Rolle im abendländischen Philosophiegeschehen, die ihm von der Sache her zustünde, versperrt. In dieser Abhandlung zeigt der Autor am wichtigen Grundthema »Spiegel – Bild – Auge« die spekulative Kraft des Philosophen und die Aktualität seines Denkens (Anm. der Redaktion).

*

Franz von Baader gehört zu jenen Denkern, die im Horizont neuzeitlichen Philosophierens diesen Horizont selbst aufzusprengen bemüht sind und die uns dadurch in ein neues Verhältnis zu epochalen Grundentscheidungen setzen können. Diese epochalen Grundentscheidungen bestimmen schon anfänglich das religiöse Verhältnis, ihr »Wesen« und ihr »Unwesen«. Baader steht in seiner Auseinandersetzung insbesondere Hegel vor Augen, durch den der poietische Ansatz neuzeitlichen Denkens bei der Selbstaffirmation des Geistes seine systematische Durchführung erfahren hat. Durch das von Hegel angezündete »dialektische Feuer« hindurch will er seine »wahre Aufklärung« unternehmen, indem er auf neue Weise in der christlichen Religion Grund faßt.[1] Im folgenden geht es um ein Relecture dieses Vorgangs der Spekulation bei Baader ins christliche Philosophieren[2] im Interesse eines über Baader hinausreichenden »neuen Denkens«,[3] das in einer eher den personalen »Gott losgewordenen«[4] als »gottlosen« Zeit um seinen Weg zur Religion, sein religiöses Sprechen und seine religiöse Lebensgestalt ringt.[5] Baaders eigene Worte erhellen wie ein »Blitz« diese Situation und das ihr geltende Interesse unseres Fragens. In den im Kontext der Hegelrezeption Baaders stehenden Fermenta Cognitionis heißt es im zweiten Heft: »Soll ich Gott wieder finden können, so muß vor allem die Sucht nach Gott wieder in mir geweckt worden sein.«[6]

Spekulation und Produktion: die »Reflexion« des »Spiegels«

Baaders spekulativer Gedanke setzt mit jenem *Axiom zeitgenössischen idealistischen Philosophierens* ein, das – so er – durch Hegel seine schlechthin gültige Formulierung gefunden hat: »Hegel war der Erste unter den namhaften Denkern der neuen Zeit, der die Behauptung, daß das Absolute Geist ist, mit Bestimmtheit aussprach.« Baader greift auf die Entwicklung dieses Axioms in der »bekannten *Identitätslehre*« zurück: Diese »Lehre der Identität des Unterschiedenseins und Einsseins des Objects und Subjects, des Gewußten und Wissenden im Wissen, ist darum auch wohlverstanden die Lehre vom Selbstbewußtsein, d.i. vom Selbstbewußtseienden oder vom Geist.« Demnach gilt auch für Baader: »Alles, was ist,

---

[1] Zitiert wird nach der Ausgabe: F. von Baader, Sämtliche Werke. Hg. F. Hoffmann u. a., 16 Bde., Leipzig 1851–1860 (unveränderter Nachdruck Aalen 1963) in abgek. Form unter Angabe der Band- und Seitenzahl. II/141; II/200.
[2] H. Graßl nennt Baader den »Aphoristiker einer kommenden ›christlichen‹ Philosophie«. In: Hegel an Baader. Ein unveröffentlichter Brief, eingel. und hg. von H. Graßl. In: Hegel-Studien Bd. 2 (1963), 105–110, hier 105.
[3] Es ist F. Rosenzweig, der seinerseits im Abstoß vom Deutschen Idealismus und im Grundnehmen in der jüdischen Religion sein Denken auf diesen Begriff bringt. Siehe ders., Das neue Denken. Einige nachträgliche Bemerkungen zum »Stern der Erlösung«. In: Ders., Der Mensch und sein Werk. Gesammelte Schriften III, Zweistromland. Kleinere Schriften zu Glauben und Denken. Hg. R. und A. Mayer, Dordrecht 1984, 139–161.
[4] Siehe zu dieser Redeweise K. Löwith, Gott, Mensch und Welt in der Metaphysik von Descartes bis zu Nietzsche. Göttingen 1967, 68.
[5] Siehe zur Diskussion um »Religion« und »Religiosität« als Signatur der Gegenwart etwa H. Waldenfels, Phänomen Christentum. Eine Weltreligion in der Welt der Religionen. Freiburg/Basel/Wien 1994.
[6] Zu »Blitz«, diesem zentralen Motiv Baaders, siehe XVI 104 f.; II 233; »finden«, »Sucht« gesperrt gedruckt.

ist eo ipso erkannt.«⁷ Das *Selbstbewußtsein* begründet und leitet Erkennen und Sein. Indem es selbst in seinem eigenen Hervorgang und Hervorbringen »wird«, »ist« es das »Schema« allen Wissens.⁸ Und so »geht« denn das Selbstbewußtsein seinerseits nur produzierend. Für Baader ist »jedes primitive oder vollendete (begreifende) Erkennen ein genetisches«, und der Hervorbringende weiß nur als hervorbringend oder im Hervorbringen sich und das Hervorgebrachte.⁹

Selbstbewußtsein wird demnach in Baaders Erkenntnislehre als *Selbsthervorbringung,* diese *als Selbstgestaltung,* d.i. als *Sichzuerkennengeben* verstanden: K. Hemmerle hat daher Baaders »leitendes Interesse« im »Anfangen als Gestalten« ausgemacht und diesem Interesse das ihm entsprechende »Grundmotiv« des »Gestaltens als Aufhebung von Widerstand« zugeordnet: »In allgemeinster Formalität sieht Baader den Vorgang des Lebens, des Denkens und Seins im ursprünglichen Ausgang der Ursache in ihre Fassung, in ihren Grund; in ihm aber ginge der Ursprung unter, höbe er solchen fassenden Grund nicht wiederum auf, korrespondierte der Bewegung des Grundes nicht die aufhebende des ›Geistes‹, in welchem der Ursprung zugleich zu sich zurückkehrt, freilich um sich aufs neue zu fassen.« Dieses »›allgemeine Modell‹, das sich mit der Spekulation des deutschen Idealismus im Ganzen durchaus als kompatibel erweist, erfährt nun aber bei Baader seine Differenzierung durch das Motiv der doppelten Gründung, für welche die beiden Stichworte ›Idee‹ und ›Natur‹ stehen. Beschreibt man bloß in formaler Abstraktheit den Grundprozeß von Gründen und Geistern, so bleibt der Vorstoß in die wirkliche Wirklichkeit, so bleibt der Ereignischarakter des Geschehens noch aus dem Blickfeld draußen. Die ›ideale‹ Bewegung wird erst wahrhaft ideal, indem der Ursprung sich zu ihr verhält, indem ihm die Idee zur Faszination, zur Lust wird, indem sie ›magischen‹, ›magnetischen‹ Zauber ausübt. Dann aber findet sich der Ursprung seinem ›idealen‹ Selbstsein *gegenüber,* und dieses Gegenübersein wird ihm zur Distanz, zum Widerstand, zur Dialektik von Aus-sich-Gehenwollen und In-sich-Bleibenwollen und eben das heißt: hier entsteht Natur, die sich der Idee lassen und in welche die Idee einbrechen muß, damit Verwirklichung gelingt, damit der Blitz des Anfangs zündet: Gestaltung als Aufhebung von Widerstand.«¹⁰ In dieser Hervorbringung wird das Subjekt für Baader allererst »par excellence

---

[7] Vgl. I/179; I/179–181.
[8] In diesem Begriff soll durchaus Hegels Kritik am »leblosen Schema« Kants mitklingen, das Hegel als »bloßen Begriff« und bloß »abstrakte Form« eines »leblosen Wissens«, das »entlebt« und »entgeistet«, verwirft, um ihm mit seinem Begriff des Selbstbewußtseins jenes Schema bzw. jene Form entgegenzustellen, die »das einheimische Werden des konkreten Inhalts selbst ist«. (Vgl. G.W.F. Hegel, Phänomenologie des Geistes. In: Ders., Werke in zwanzig Bänden, 3, Frankfurt a.M. 1970, 37, 48 ff., 51, 55, 137 ff.). Der von Hegel verworfene Begriff des Schemas kehrt in Baaders Begriff der »unwesentlichen«, »leblosen«, »leiblosen« »Figur« wieder und steht hier Baaders Begriff der »Idea« gegenüber.
[9] Vgl. I/183, 198; VIII/ 63, 64, 68.
[10] K. Hemmerle, Theologie in Fragmenten. Franz von Baader. In: Ders., Auf den göttlichen Gott zudenken. Beiträge zur Religionsphilosophie und Fundamentaltheologie 1. Ausgewählte Schriften, Bd. 1. Hg. R. Feiter, Freiburg/Basel/Wien 1996, 204–220, hier 213 f.

Subjekt«, will sagen der »lebendige Begriff« der »Identität des Subjects und des Objects«. In diesem Sinne gilt Baader denn auch zu Recht als ein *Denker der Mitte*.[11]

Im *immanenten Geschehen* ist es der *Produzent*, von dem aus Baader das Ganze der Produktion in einer »*Theorie des Spiegels*« ins Auge faßt. Im Prozeß des Selbstbegriffs und der Selbstformation geschieht das Tun als Hervorbringen eines Sehens, das in einem von Baader an seiner Wurzel gefaßten Sinne *Spekulation* wird: »Speculieren ist Spiegeln«, d.h. Sich-Sehen des hervorbringenden Tuns im spiegelnden »Umschluß« dieses Geschehens.[12]

Als »Spiegel« ist der Gedanke Begriff und Gestalt des selbstbewußten Anfangs. Er ist Gedanke des Selbstbewußtseins im Sinne des Genitivus subiectivus und obiectivus; denn er ist der »lebendige Begriff« der »Identität des Subjects und des Objects«; er ist jene »Geistesgestalt« beziehungsweise jener »erste geistige Leib«, in dem das Selbstbewußtsein »in sich« und »außer sich« »manifest« ist; er ist jene »Mitte«, in welcher der Anfang sich »gründet«. Baader begreift diese Mitte in einer ihm eigenen Weise als *Idea*. Erst in dieser Mitte der »Idee« erkenne ich nach Baader den Gegenstand so, daß »ich mich von ihm geschieden (unterschieden) und insofern frei von ihm« finde. »Ich sage frei, nicht los, denn die Befreiung schließt Beziehung in sich, nicht aber die beziehungslose Trennung.« Die Erkenntnis der Idee befreit das Selbstbewußtsein zu einer neuen Beziehung zu sich selbst: »die Wissenden sind die Freien«.[13] Diese Freiheit wird vernommen im »Hören« des »Namens«, denn die Sichtbarkeit des ganzen Selbstbewußtseins überhaupt in der Idee kann nicht noch einmal in ihrem Unterscheidenden gesehen, sie muß als ausgesprochener Name gehört werden. Der das Gesehenwerden des Selbstbewußtseins vollbringende und also selbst sehende Grund ist selbst nicht zu sehen, da er nicht in der Region des Sichtbaren vorkommt. Das Hören aber braucht den Grund nicht in derselben Region zu sehen, um ihn doch als Grund der ganzen Region zu vernehmen. Das Hören bestimmt sich ganz vom Jenseits seines eigenen Horizonts her. Baaders berühmte Formel des »Cogitor ergo cogitans sum«, die das Selbstbewußtsein als »Gewissen« – das ist als »Wissen seines Gewußtseins von einem Höheren« – und das Sichwollen als Gewolltwerden begreift, hat in solch hörendem Gewissen ihren anfänglichen Anlaß.[14]

Baaders Idee greift über die »Region« eines in seinem Sinne bloß abstrakten Begriffs hinaus. Dabei »schließt« sie nichts »aus«. Als »Um-

---

[11] So H. Sedlmaier, Der Gedanke der Mitte bei Franz von Baader. In: J. Tenzler (Hg.), Wirklichkeit als Mitte. Beiträge zu einer Strukturanthropologie. Freiburg/München 1968, 309–318, und H. Spreckelmeyer, Die philosophische Deutung des Sündenfalls bei Franz von Baader. Würzburg 1938, der die »Centrumsmetaphysik« Baaders hervorhebt; auch Verf. ließ sich in seinem Zugang zu Baader (H.-J. Görtz, Franz von Baaders »anthropologischer Standpunkt«, Freiburg/München 1977) von diesem Schlüsselwort leiten.
[12] I/197 (auch IX/182); VIII/68; vgl. IX/145. So bekommt das Spiegelbild den Charakter des »Idols«. Vgl. J.-L. Marion, Idol und Bild. In: B. Capser (Hg.), Phänomenologie des Idols. Freiburg/München 1981, 107–132; A. Halder, Bild und Wort. Zur Frage religiösen Sprechens als Geschichte. In: B. Casper (Hg.), Phänomenologie des Idols. 65–105.
[13] Siehe VIII/70 ff. u.ö.; vgl. I/227.
[14] XII/325 (vgl. VIII/338 ff., I/193); IV/240; vgl. VIII/339 Anm.

schluß« des Vermittlungsgeschehens des Selbstbewußtseins ist die Idee dessen »Spiegel«: In diesem »Spiegel« sieht das Selbstbewußtsein, wie es in seinem eigenen Tun »wird«, was es »ist«.

Die Idee gilt Baader durchaus, »wie Hegel sagt, [als] Einheit des Begriffs und der Realität«, doch ist für ihn die Einheit der Idee selbst noch einmal vom Unterschied des Begriffs und der Realität betroffen, und das nicht nur in ihrem Eins-Werden, sondern auch in ihrem Eins-Sein: Die Idee unterscheidet nicht nur den Gedanken und seine Realisierung innerhalb der Region des Gedankens, sondern sie unterscheidet das Denken und Realisieren, das Sehen und Tun, als jeweils eigene und verschiedene *Regionen* überhaupt. Die Idee als Gedanke vollendet somit nicht nur den *immanenten* Prozeß des Selbstbewußtseins als eines ganzen, sondern treibt diesen weiter in den *emanenten* Prozeß der Realisierung des Gedankens, indem sie das »eigentlich productive Vermögen« allererst in seiner ihm eigenen »wesentlichen« Region eröffnet und aufschließt und somit von seiner abstrakten »Figürlichkeit« befreit. Nach Baader kann daher die Idee zwar nicht das »schaffende«, aber doch das »anschaffende Vermögen« genannt werden.[15]

Es ist der *Blick in den Spiegel*, der die *Produktionskräfte* des Produzenten erregt. Vom Phänomen der Produktion her liest Baader dieses Geschehen so: »Was ich darzustellen, zu äußern oder zu schaffen vermag, spiegelt sich immer in mir als Figur ab (als Einbildung oder innere Bildung) und ich bemerke leicht, daß diese Figur als Lust sofort auf mein executives Vermögen (Fiat) erregend wirkt, welches sich erhebt, mit dieser Lust oder Figur conjungirt, und in dieser Conjunction schafft.« Alle Hervorbringung geschieht daher nach Baader »nur durch das Begehren, also durch die Natur vermittelt«. Letzteres wirft noch einmal Licht auf die immanente Bewegung: Daß das Ganze des Selbstbewußtseins als solches verschiedene Regionen, will sagen verschiedene Selbstvollzüge des Menschen umschließt, schlägt hier bis auf die konstitutiven Momente allen Hervorgangs selbst durch. Ins ruhige Gleichmaß von Tun und Sehen fahren hier die Unruhe und das Unmaß von Lust und Begierde, der Differenz des Konflikts von Idee und Natur. Ein Selbstbewußtsein, das sich in sich so auseinanderspannt, wird im Anfangen in die Krisis seiner Selbstmächtigkeit und seines Selbstbewußtseins geführt.[16]

Baader beschreibt dieses Geschehen der *emanenten Produktion* im Anschluß an Böhme als das von *Idee* und *Natur* und faßt deren dynamische Bedeutung als *Lust* und *Begierde*. Idee und Natur führen sich gegenseitig »a potentia ad actum«, indem sie sich vereinigen. »Der machtlose Gedan-

---

[15] VIII/70; vgl. VIII/75 (zur »Figur« als dem eigentlichen Gegenbegriff zum Realen siehe II/421, VIII/224; H.-J. Görtz, Franz von Baaders »anthropologischer Standpunkt«. 148 ff.); vgl. VIII/75; VIII/240.

[16] II/255 Anm.; I/186; IV/228; hier ist auch der Ort der Baaderschen Rede von der »Angst«, siehe XVI/74; Kierkegaard hat bekanntlich Bezug genommen auf Baaders »Angst«; K. Hemmerle, Theologie in Fragmenten. 18, liest die »Angst« als Ausdruck der »Unselbstverständlichkeit der Subjektivität, die sich als alleinige setzt und in sich alles hineinsetzt«, und daher als »kritische Frage [Baaders] an die sich in sich selber schließenden Systeme neuzeitlicher Metaphysik, zumal des deutschen Idealismus«.

ke bringt so wenig hervor als die gedankenlose Macht. Nur in ihrer Vereinigung erst bringen sie etwas hervor.« In der Vermittlung von Idee und Natur gewinnt der Produzent seinen Grund als Mitte in sich und bekommt er Idee und Natur als Mittel seines Produzierens nach außen an die Hand. Baader folgert: »Hiermit ist der [...] dualistischen Vorstellung der Idea und der Natur ein Ende gemacht, und die Causalität (Wille) stellt sich als in der Triplicität von Idea, Natur und Grund (Mitte oder λόγος) sich manifestirend dar.« Weil das Produzieren nach außen auf die *»Leibgebung« des Gedankens* in der Region realer, d.h. wesentlicher Leiblichkeit zielt, bedarf es des Willens oder der Begierde als des »eigentlich productiven Vermögens«, der »zeugenden, schaffenden, bildenden« Macht. »Indem der Wille (der Wollende) sich schaut, wird er begehrend (a visu gustus – speculirend). [...] In der Begierde, sagt J.Böhme, steht des Willens Figur. Diese Figur wird aber durch Zuschaffung des Wesens vermittelst desselben Begehrens real und selbstisch und tritt leibhaft und lebhaft vor den Hervorbringer (den Willen) als offenbar, als real und selbstisch geworden.« Für die Anstrengung der emanenten Produktion, die einen Widerstand hervorruft, durch dessen Sammlung dem Gedanken Wesen »zugeschafft« wird, ist daher festzuhalten: Im Imaginieren der Lust und im Realisieren der Begierde machen sich die »Productionsfactoren« Idee und Natur geltend.

Hemmerle kann daher den ganzen Vorgang überblickend sagen, daß das »dynamische Schema des vorausgesetzten Selbstseins des Menschen, seines dieses vollendenden Selbstvollzugs und des mit ihm je gleichzeitigen freien Wirkens nach außen [...] je und notwendig dasselbe« ist: »Der Mensch ist nur wirkliches Selbst, wirkliches Subjekt-Objekt, weil er als Ursprung und Ursache gleich anfänglich in die Idee als in das Bild seiner Lust, als in sein Wesen hinein offen und in die Natur als das Gegenüber, das bedürfende Verhältnis zur Idee hinein ausgegangen und aus beiden heimgekehrt ist in die Einheit seines sich gegebenen Selbst als in seinen ›Grund‹ und seine ›Mitte‹.«[17]

Baaders Gedanke der Produktion sucht mehr zu denken als den bloßen Selbstvollzug des Selbstbewußtseins. Baader will in der »Mitte« anfangen und somit sehen lassen, daß der wahre Anfang – und gerade der des Selbstbewußtseins – seinerseits immer schon vermittelter und als solcher unableitbarer Anfang ist. Indem Baader aber diesen Anfang im Instrumentarium der Poiesis und der Produktion denkt, die »abstrakt«, weil allein und unmittelbar vom Anfangenden als dem Produzierenden her, alles andere ableitet, ist seine Spekulation stets gefährdet, dem reduktiven Zug einer solchen bloß poietischen Produktionsspekulation zu verfallen. Reduzierte man einmal ihrerseits Baaders Spekulation auf das Geschehen einer solchen »bloßen Produktion«, so zeigte sich das Eigentümliche dieser Spekulation auf besondere Weise im Verhältnis des Produzenten zu seinem

---

[17] K. Hemmerle, Franz von Baaders philosophischer Gedanke der Schöpfung. Freiburg/München 1963, 139.

Produkt.[18] Dabei wäre es entscheidend, daß das in der Produktion produzierte Bild aus der hier zunächst eingenommenen Hinsicht des Produzenten Spiegelbild ist. Dann aber gälte vom Ganzen einer produzierenden Spekulation: In jener Spekulation, deren »Fac et videbis« auf die Weise der bloßen Produktion ginge, waltete die *Mono-logik* des totalen Selbstbewußtseins; Monologik, da nur aus dem Ansatz des Einen und Selben angefangen würde und alle Hervorgänge nur auf seine Gestalt zielten. Diese mono-logische Spekulation wäre so taub für einen anderen, ihr jenseitigen Grund, da ihr Sehen grundlos ihrer eigenen Logik entspränge, wie für ein jenseitiges anderes, da ihr Sehen letztlich alles andere ins Eigene einverleibte. Baader hat für diese Mono-logik besitzenden und mächtigen Wissens ein eigenes Wort: »Ein höheres Agens [hier: der Produzent] durchwohnt entweder bloß ein ihm niedrigeres [hier: das Produkt], oder es wohnt diesem zugleich auch inne. Wie jenes das letztere auf eine andere Weise erkennt, wenn es das niedrigere Agens nur durchwohnt, als wenn es ihm auch innewohnt, so erkennt das niedrigere das ihm höhere Agens auf andere Weise, wenn es von diesem nur durchwohnt, als wenn es auch von ihm innegewohnt wird. Wobei zu bemerken kömmt, daß jede *Innewohnung wechselseitig,* die *Durchwohnung* aber nur *einseitig* ist.«[19]

Spekulation und Vermittlung: die »Reaktion« des »Bildes«

Baader selbst geht es von Anfang an um mehr als bloße »Durchwohnung«. Auch für ihn lassen sich die Reaktion des Produkts nicht auf den bloßen Reflex und das ganze Geschehen dementsprechend nicht auf die bloße Reflexion des Produzenten reduzieren. Der »Durchwohnung« liegt ein »mechanisches, äußeres, figürliches«, der Inwohnung dagegen »ein dynamisches, eigentlich lebendiges, inneres, wesentliches«[20] Gestalten des Produzenten und dementsprechendes Gestaltetwerden des Produkts zugrunde.

Baader bleibt nicht bei einer bloßen Kritik des Spiegels und seines Bildes stehen; vielmehr nimmt er deren Wahrheit auf, um von ihr aus das Geschehen der Spekulation neu zu denken. Für ihn gilt auch in diesem neuen Zugang, daß die Spekulation in einem ursprünglichen Spiegelgeschehen gründet. Es ist die unverzichtbare Leistung dieses Spiegelgeschehens, die »Regionen zu scheiden«, mag auch die Mono-logik der bloßen Produktion diese Unterscheidungen wieder ins Selbe einebnen. Geschieden werden im Spiegel die Regionen des Sichtbaren und des Greifbaren, des Bildes und des Wesens, und selbst jene »heimatliche Region«, in der, was »sichtbar« und »greifbar«, »Bild« und »Wesen«, »Urbild« und »Abbild«, Produzent und Produkt ist, auf seine ursprüngliche Weise »real ist und

---

[18] Daß dies eine *methodische Reduktion* ist, die den Gedanken Baaders nicht ausschöpft, sondern gerade um seiner Fülle willen unternommen wird, legen bereits manche der zur Sprache gekommenen Momente des Produktionsgeschehens nahe und wird eine sich Baader selbst verdankende doppelte Relecture der Produktion noch ausführen.
[19] VIII/89; VIII/93; vgl. II/257; VIII/62; I/214 Anm.; VIII/86 Anm.; I 283 (Herv. durch Verf.)
[20] I/52.

wirkt und als solches (als wesenhaft) sich in ihr kund gibt oder zum Vorschein kommt«.[21]

Baaders *Relecture des Produktionsgeschehens* geht von dieser »Scheidung der Regionen«, die im Spiegel statthat, aus. Die Geschiedenheit der Regionen ist der neue Grund; sie kann nicht mehr einfachhin übersprungen und in die »Einregionalität« eines sich spiegelnden Produzierens aufgehoben werden. Mit diesem neuen Grund sind drei Entscheidungen getroffen, die in der Durchführung bewährt werden wollen: 1. Die neue Aufgabe heißt: die *Differenzen der Regionen wahren und die Regionen dennoch vermitteln*. Das Spiegelgeschehen der Produktion selbst leistet solche Vermittlung noch nicht. Erhebt es dennoch diesen Anspruch, verwirft Baader es als jene »Abstraction« der mono-logisch-einsamen Vernunft eines »Robinson Krusoe«, in der sich »diese isolirende und sich separirende, ja atomisirende Vernunft als Industrie« als »alleinige Bedingung und Garantie ihrer Freiheit sowohl als des Reichthums ihrer Entwickelung« behauptet.[22] 2. Widerspricht nach Baader die Einseitigkeit des Spiegelgeschehens der Vielfalt der zu vermittelnden Regionen, wird zugleich klar, daß die Reaktion des Produkts sich nicht im Spiegeln als bloßen Reflex erschöpft und neu gefaßt werden muß. In diese Re-Aktion muß gerade die regionale, d.h. wesentliche Andersheit des Produkts gegenüber dem Produzenten eingehen. 3. Den Menschen begreift Baader als jenes »producirende Product«, »welches Mitwirker und nicht bloß Organ oder Werkzeug des Producens ist«. Die »Idea« des Menschen, sein »Gedanke«, ist jene Mitte, in der die Unterscheidung der Regionen ihren Ort hat. In ihr als der »geistigen Region« wird die »göttliche« als die schlechthin »centrale«, weil allen anderen Regionen »heimathliche« *Region* des unumschließbaren Grundes ebenso unterschieden wie die »weltliche« beziehungsweise »natürliche Region« als die des äußeren Produkts. Baader faßt daher für seine Spekulation »ausschließend den *anthropologischen* Standpunct«, denn »[o]hne ihn hat man keine Basis«.[23]

Jene Relecture des Produktionsgeschehens, in der Baader die *unterscheidende und einende Vermittlung* der im Spiegelgeschehen zwar unterschiedenen, aber sogleich wieder vereinerleiten Regionen Gottes, des Menschen und der Natur aus der *Perspektive des Produkts* und im Vorgang seiner Re-Aktion zu denken sucht, unternimmt Baader in seiner *Lehre vom Bild*. In dieser Theorie des Menschen als Bild Gottes wird offenbar, daß Baader schon die »Theorie der Hervorbringung« im Horizont von »Schöpfung« gedacht hat, wenngleich er auch hier auf seinem anthropologischen Standpunkt besteht: »Um aber von den Hervorbringungen Gottes sprechen zu können, müssen wir zuvor die Hervorbringungen des Menschen kennen lernen, denn auch für die Erkenntnis ist der Mensch Vermittler zwischen Gott und Natur.«[24]

---

[21] IX/128; vgl. I/185, IX/128, VII/263.
[22] Vgl. VIII/202 f.; »Robinson Krusoe« gesperrt gedr.; vgl. I/194 d. Bezugn. auf Bacon.
[23] Vgl. VII/270; VIII 270 Anm.
[24] Lehre vom Bild: Diese findet sich über das ganze Werk verstreut, ausdrücklich und zusammengefaßt jedoch in VIII/93–105; VIII/95; VIII/93.

In seiner Lehre vom Bild macht Baader ausdrücklich das Verhältnis der in der Lehre vom Spiegel freigelegten Regionen zum Thema. Das Bild soll die Regionen vermitteln. Dazu fragt er, »was Bild ist, was leb- und leibhaftes und was unleb- und unleibhaftes Bild ist?« Baader führt mit der Leb- und Leibhaftigkeit zwei neue Kriterien ein, um das Eigene des Bildes vom »katoptrischen oder Spiegelbild im weitesten Umfange« einerseits und vom »plastischen Abbild oder Porträt« andererseits zu unterscheiden: »Unter keine von beiden Arten der Bilder kann aber der Mensch als Bild Gottes gehören, weil er auch in seiner Trennung vom Original ein leib- und lebhaftes mit einer vita propria ausgestattetes Wesen, ein dädalisches Bild bleibt.« Um zum rechten Verständnis des Menschen als Bild Gottes durchzustoßen, muß »das Bild sowohl vom Original als von dem Träger des Bildes unterschieden und darf also weder mit ihm confundirt, noch dürfen beide voneinander getrennt werden«. Der Mensch als Produkt Gottes ist demnach nicht unmittelbar auch schon Bild Gottes, sondern es ist ihm »nur der Same hiezu eingeschaffen.« Unmittelbar als Produkt wäre der Mensch allenfalls Gottes »Figur«. Dies macht die eigentümliche Wendung Baaders vom bloßen Reflex in die wahre Re-Aktion des Produkts aus, daß »diese Benennung eines Bildes Gottes, auf den Menschen angewandt, eine ganz andere Bedeutung, als jene allgemeine [hat], nach welcher jedes Geschöpf als Product Gott als seinen Producenten theilweise abbildet«.[25]

Der Aktion des Produzenten muß die Reaktion des Produkts entsprechen, damit die Produktion sich im Produkt als Bild des Produzenten vollendet. Nur wo Produzent und Produkt aufeinander zu ins Selbe vorgehen, nur in dieser Wechselseitigkeit des Geschehens »geht« nach Baader letztlich Produktion. Der »Rapport« von Produzent und Produkt wird also vom Produzenten und vom Produkt gestiftet und getragen. In diesem Rapport macht es die eigene Aktion des Menschen aus, sich zum Bild Gottes zu gestalten. In diesem Sinne spricht Baader im Anschluß an Meister Eckhart davon, »daß das Bild Gottes, zu dessen Ausgebärung der Mensch geschaffen ward, Gottes *und* des Menschen (der Creatur) Sohn sei«. Zu dieser Selbstbildung des Menschen gehört es dann aber wiederum, daß er sich einerseits die *Idee Gottes* »ein- und ausgebiert« und dieser Akt der »Eingeburt« andererseits »nur durch den Willen« geschieht. In keine andere Idee als eben in die Idee Gottes darf dabei der Mensch imaginieren, wo er von sich aus das Ganze der Produktion wiederholen will. Um Bild Gottes zu werden, müssen auch hier die Bildungskräfte von »Idee« und »Natur« als »Lust« und »Begierde« hervortreten und ihre Spannung gelöst werden. Auch die Reaktion des Menschen fällt unter Baaders Gesetz der Produktion als Formation und Manifestation.[26]

Was leistet diese Relecture des Spiegelgeschehens der Produktion in Baaders Lehre vom *Bild* für seinen Begriff der *Spekulation* und was zeitigt

---

[25] VIII/95; XII/347; VIII/316.
[26] IX/172 Anm.; »Ausgebärung«, »geschaffen« gesperrt gedruckt (Herv. durch Verf.); vgl. VIII/126; I/193.

sie für Konsequenzen? In Baaders eigenen Worten bringt der Schritt vom Spiegel zum Bild die Überholung der »Durchwohnung« in die *Inwohnung*. Darin ist ein Mehrfaches beschlossen: Zunächst bedeutet dies die *Dynamisierung* der »mechanischen«, weil bloß reflektierenden Produktionsspekulation. Das Spiegelbild wird *lebhaft*. Des weiteren wird dieses Spiegelbild aber auch *leibhaft*, und zwar »leibhaft« in der »Wesentlichkeit« des Produkts als eines regional anderen gegenüber der Selbheit des Produzenten. Erst hiermit wird die »figürliche« Spekulation Baaders wahrhaft »ideal«, weil die Idea von der Leibhaftigkeit nicht abgelöst wird. Erst so auch wird die Spekulation »*centrales* Erkennen«, das in die Mitte seines Gegenstandes »eingeht« und sich in sie »vertieft«.[27]

Von diesem *Ganzen* selbst zeigt sich, daß es sich in *verschiedene regionale Manifestationen* seiner selbst ausdifferenziert. Baaders Spekulation gründet in der Unterscheidung der »Triplicität der Manifestation Gottes [...] in der göttlichen, in der geistigen und in der natürlichen Region«. Dieser Triplizität zufolge gilt bezüglich des Verhältnisses der Regionen: »Was darum in seiner heimathlichen oder ursprünglichen Region real ist, wirkt und zum Vorschein kömmt, das wirkt und kömmt in einer niedrigen Region urbildlich in Bezug auf die niedrige zum Vorschein, vorausgesetzt, daß nichts in letzterer diesem zum Vorschein Kommen in seiner Integrität sich widersetzt.« Ins *Zwischen* der – höheren und niedrigeren – Regionen stellt Baader den Menschen und seine Erkenntnis. Diesen Ort begreift er auch als den Ausgangspunkt seiner Spekulation, die dadurch den Charakter der *Positivität* und *Sekundarität* erhält. Wie Baader die menschliche Aktion der »Bildung« zum Bild Gottes als Reaktion und diese Reaktion als Fundort der vorgängigen göttlichen Aktion erhellt, so geht ihm im Cogito des Menschen dessen Sekundärstruktur als Cogitor auf, das hinwiederum seinerseits Fundort des göttlichen Cogito ist. Dieser reziproken Struktur des »Cogitor, ergo cogitans sum« entsprechend muß nach Baader auch das »Fac et videbis« der Vermittlung des Bildes gelesen werden. Mit der »Sekundarität« der Spekulation geht ihre »Positivität« einher: Es macht diese Positivität der Spekulation aus, daß sie sich in der göttlich-zentralen Region des »Positiven par excellence« als der »heimathlichen« Region aller Positivität so gründet, daß dieses absolute Positive seinerseits in ihr »erscheint« und in ihrer Positivität »da« ist.[28]

Baaders Spekulation zeichnet sich schließlich in der Lehre vom Bild dadurch aus, daß sie auf die regionale Differenzierung achthat. Baader warnt vor der Mißachtung dieser Positivität: »Wenn man ein Wesen aus den Relationen setzt, denen es seinen Urstand und gedeihlichen Bestand verdankt, so hört dieses Wesen auf zu sein oder es wird entstellt«.[29] Als wechselseitige versteht er seine Spekulation demgegenüber als Regionen ver-

---

[27] VIII/351; Herv. durch Verf. Vgl. VIII/342 f.; Baaders spekulative Bewegung geht erst eigentlich als solche im Rhythmus der Spekulation Hegels, die dieser in der Bewegung des spekulativen Satzes darstellt; siehe dazu und zu der oft gleichlautenden Redeweise Hegels und Baaders: G.W.F. Hegel, Phänomenologie des Geistes. A.a.O.,51 ff.
[28] Vgl. VII/262; VII/263; ferner I/193 ff.; VII/269; VIII/218.
[29] VIII/202 Anm.; »entstellt« gesperrt gedruckt.

mittelnde und selbst deren Relation in den Relationen des Gegenstandes ereignende Spekulation. Mit der regionalen Differenzierung geht ein neues Verhältnis des Erkennenden zum Erkannten einher, ja, dieses Verhältnis wird hier allererst ein solches, eben »Relation«. Das »Gemüth« ist für Baader das Organ dieser Relationen.[30] So gilt denn in der in diesem Sinne *gemüthvollen* Spekulation Baaders, »daß ich nicht auf dieselbe Weise, sondern auf eine andere das, was über mir ist und dem ich subjicirt bin, auf eine andere Weise das erkenne, was mir subjicirt ist«. So wenig daher für Baader der Begriff »anschauungslos« ist, so wenig denkt er ihn »empfindungslos«. Daraus folgt die These: »Da ich bei allem Kennen und Erkennen nothwendig bei mir selber sein und mich selber wissen muß, da ich nichts zu erkennen vermag, ohne (unterscheidend) zugleich mich zu erkennen, so muß nothwendig diese meine Erkenntnis eines Andern, von mir Unterschiedenen, jene der Relation meiner zu diesem Andern in sich schließen«. Baader selbst hält die *Triplizität der Erkenntnisweise* aufgrund der regionalen Differenzierung für »das Charakteristische [...] [seiner] philosophischen Erkenntnislehre im Unterschiede der bisherigen« und fordert ein, »daß die Logik nur dann eine vollendete Wissenschaft sein wird, wenn sie nicht nur eine solche dreifache Erkenntnisweise unterscheidet, sondern auch die Begründung dieser dreifachen Erkenntnisweise in einer dreifachen Weise des Seins und des Bezugs des Erkennenden und des Erkannten anerkennt und nachweiset«.[31]

Spekulation und Ereignis: die »Ursprünglichkeit« des »Augen-Blicks«

Trotz dieser Steigerung und Neubegründung der Spekulation Baaders im Bildgeschehen wird eine nochmalige Relecture derselben notwendig. Die Notwendigkeit dieser zweiten Relecture hängt unmittelbar mit der Fraglichkeit des Baaderschen Verfahrens zusammen, seine Lehre vom Bild an der Lehre vom Menschen als Bild Gottes nicht etwa bloß zu exemplifizieren, sondern vielmehr umgekehrt das religiöse Verhältnis als das allgemeine Gesetz zu behaupten. Schon Hegel hat den Finger auf diesen Zirkel Baaders gelegt, wenn er – zwar unmittelbar auf Böhme, aber mittelbar auch auf Baader gemünzt – zunächst rühmt, hier werde der »Gehalt der Religion [...] zur allgemeinen Idee erweitert«, nur wenige Zeilen später jedoch die »Gnosis des Herrn von Baader« und »ihre Unbequemlichkeiten« zuletzt dahingehend kritisiert, »daß sie den absoluten Inhalt als *Voraussetzung* hat und nur aus derselben erklärt, räsoniert und widerlegt«?[32] Diese Kritik Hegels

---

[30] Siehe etwa I/103–106; ebenso ist etwa bei Pascal das »coeur« Organ der Ordnungen, die sich ihrerseits noch einmal in Baaders Unterscheidung der »Regionen« spiegeln; siehe B. Pascal, Pensées (Ed. Brunschvicg), Frg. 793.
[31] I/257. Siehe etwa seine Polemik VIII/348; I/256 (gesperrt gedruckt); I/192.
[32] G.W.F. Hegel, Enzyklopädie der philosophischen Wissenschaften. A.a.O., 28 f.; »Voraussetzung« kursiv gedruckt; siehe auch VIII/198 f., wo Baader selbst von der »idealen Natur« des Christentums, oder gar VII/219, wo er von der christlichen Religion als der »Religion [...] der Idee par excellence« spricht.

trifft die Sache dann, wenn im Vorgang der Spekulation Baaders an der Stelle seiner Lehre vom Bild stehengeblieben wird. Das Geschehen von Einung und Unterscheidung der Aktion und der Reaktion wäre nichts als die *dialektische Bewegung der Idee*, dieser »lebendigen Mitte zweier Extreme«.[33] Aktion und Reaktion würden zu Funktionen, Selbst und anderes, Wesen und Bild zu Momenten der sich selbst gleichen Idee, die sich unendlich, da »regional«, ihrer Gleichheit entfremdete und in solcher Entfremdung alle regionalen Unterschiede umfassend dennoch sich selbst gleich bliebe.[34] Die Monologik des Spiegelgeschehens würde differenzierter und komplizierter als Dialektik der Idee im Bildgeschehen wiederholt. Das Bildgeschehen selbst hätte *ideo-logischen* Charakter.

Baader ist sich dieses idealen und, sofern nicht weitergedacht würde, gar »ideologischen« Charakters seiner Spekulation als Vermittlung des Bildes durchaus bewußt. Die Lehre vom Menschen als Bild Gottes kann für ihn »[n]ur im speciellen Theile der Dogmatik [...] vollständig durchgeführt werden«. Die »speculative und allgemeine Dogmatik«, in der Baader die »Speculation frei gewähren« läßt, um die »Begriffe speculativ oder philosophisch zu entwickeln«, kommt als »propädeutische« Disziplin nur zum philosophischen Vorverständnis der eigenständigen religiösen Verhältnisse. Diese Differenz zwischen dem *philosophischen Gedanken religiöser Verhältnisse* und dem *sich ereignenden religiösen Verhalten selbst* betrifft aber entscheidend auch den spekulativen Vorgang Baaders. Er zielt seinerseits weiter. Die Konkretheit seiner Spekulation, die alle ihre Bestimmungen neu zu lesen ernötigt und die Spekulation im ganzen aus dem Horizont der Produktion herausbricht, deutet sich schon in Baaders durchgängigem Rückgriff auf ästhetische Phänomene an, verstärkt sich in der systematischen Unverdaubarkeit seiner Rede von *Freiheit* und geht in ihrer Intention vollends auf, wo Baader das Geschehen der Inwohnung und das der *Liebe* unmittelbar aufeinander bezieht. Zu solcher Freiheit und Liebe ist mehr gefordert als die bloß dialektische Wechselseitigkeit einander entgegengesetzter Momente, denen allein aus ihrer Entgegensetzung zukommt, was sie sind; die Wechselseitigkeit von Freiheit und Liebe setzt die eigene *Ursprünglichkeit* der aufeinander Bezogenen voraus. Solcher Ursprünglichkeit allein verdankt sich die Lebhaftigkeit und Leibhaftigkeit des Bildes.[35]

Obgleich hier ein Sprung in eine neue Hinsicht notwendig ist, um dasselbe noch einmal anders zu sehen, schließt Baader dennoch diese neue Qualität seiner Spekulation wiederum im Bildgeschehen selbst auf. Wir sahen: Im Bild denkt Baader das Lebhaftwerden des Spiegels durch die Reaktion des Produkts. Erst jener Spiegel aber – so er – ist der wahre Spie-

---

[33] Vgl. II/268.
[34] Siehe dazu II/332 Baaders ausdrücklichen Bezug auf Hegels Idee; zum Gedanken und zur Redeweise siehe F. Ulrich, Sprache der Begierde und Zeitgestalten des Idols. In: B. Casper (Hg.), Phänomenologie des Idols. Bes. 147 ff.
[35] VIII/95; vgl. VIII/9 f.; siehe auch VIII/201 ff.; zu den Unterscheidungen Baaders und zum Begriff der »Speculativen Dogmatik« siehe L. Xella-Procesi, La dogmatica speculativa di Franz von Baader. Turin 1977, und auch H.-J. Görtz, Franz von Baaders »anthropologischer Standpunkt«. 114–121, 154–170.

gel, dessen Reflex sein eigenes Sehen ist, der also selbst sieht; mit anderen Worten: Spiegeln vollendet sich im Blick in das gegen-blickende Auge. »Das eigentliche Object des Auges [kann] nur ein Auge sein«. So ruht »der forschende [will sagen spekulierende und spiegelnde] Geist nicht, bis er zu solch einem Erkennen eines Erkennenden, das heißt seines Erkanntseins, durchgedrungen ist, oder wie Plato sagt, bis sein Auge einem sein Sehen sehenden Auge begegnet«. Dieser Ansatz beim »Auge« als dem »eigentlichen Objekt« der Erkenntnis macht mit einem Schlag deutlich, woraufhin Produktion und Vermittlung gelesen werden wollen. Die Rede vom Auge stellt beides in einen neuen personalen und dialogischen Kontext; mit ihr geht Baader über seine »Idee« und seine »Lehre« hinaus und stellt sich dem Ereignis der Beziehung selbst; aus ihm sind alle Bestimmungen wiederzugewinnen.[36]

Dies gilt zumal für die *Triplizität der Regionen und Relationen*. Vom »Auge« her zeigt sich jene Erkenntnis jetzt als Maß und Mitte, in der das »erkannte und erkennbare Andere [...] als Object ein sich selber gleichfalls Erkennendes (Empfindendes, Schauendes u.s.f.)« ist. Von dieser Mitte aus werden die Relationen nach unten und nach oben bestimmt. In einer zweiten Erkenntnisweise erkennt der Erkennende und wird selbst nicht erkannt, denn das Erkannte »ist ein Selbstloses, Empfindungsloses, also nicht selber ein Auge, Ohr u.s.f.«. Von diesen beiden unterscheidet Baader schließlich »die dritte (in genetischer Ordnung die erste) Erkenntnisweise«; in ihr erkennt der Erkennende »zwar sein Erkanntsein, erkennt aber hiemit sein ihn Erkennendes noch nicht«; dies ist daher jene Erkenntnis, »wo das anerkannte (wenn auch nicht erkannte), ergriffene (wenn auch nicht begriffene) Object weder dem Erkennenden gegenüber, noch unter ihm, sondern über ihm, gleichfalls als Auge, steht, und das Erkennende sein Erkanntwerden oder Sein von letzterem erkennt und weiß, obschon nur von ihm (diesem Höheren) ihm (dem Niedrigeren) gegebene oder aufgegebene Erkenntnis«. Von dieser durch das Kriterium des »Auges« gewonnenen Unterscheidung her weist Baader auf die Konsequenzen ihrer Unterlassung hin: »Nur zu häufig wird in unseren Erkenntnislehren der Begriff des Erkennens und Erkanntseins schier allein auf [...] [den] zweiten Fall beschränkt, wo nemlich das Gesehene nicht wieder ein Auge ist, somit ausschließend auf die Erkenntnis selbstloser, nichtintelligenter Wesen, denen man darum auch allein Objectivität oder Sein einräumt«; die »Logiker« nahmen »bis dahin stillschweigend das Object als Cognoscibile nur im letzten Sinne«, d.h. in dem der Relation nach unten. »Und diese mangelhaften Vorstellungen zeigten denn auch besonders ihren verderblichen Einfluß in ihrer Uebertragung auf die Erkenntnis Gottes, indem man Gott eben auch nur als ein Cognoscibile betrachtete, mit welchem unsere Vorstellung oder unser Begriff von Ihm übereinstimmen soll, zu welchem als Erkennbaren der Mensch nur hinzutritt, nachdem er mit sich selber und seinem Sichselberwissen bereits fertig und im Reinen ist.«[37]

---

[36] IV/240; VIII/339 (»Plato« gesperrt gedruckt).
[37] VIII/359; VIII/229 f.; VIII/359 f.

Diese Einregionalität des Erkennens wird durch den Gedanken vom »Auge« als dem »eigentlichen Objekt« gesprengt. Und weniger die unmittelbaren Aussagen zur Gotteserkenntnis als die ihnen zugrunde liegende, wenn auch nicht ausgeführte *Phänomenologie des Auges* treiben unseren Gedankengang weiter. Im »Sehen des Auges« als dem »Sehen eines Angesichts, welches das Sehen oder Gewahren seines (des Sehenden) Gesehenwerdens bereits mit sich bringt«, kommen die Erkenntnis Gottes und die Erkenntnis von Menschen zusammen. Das Auge, das ich mir »gegenüber« sehe, sehe ich doch »über« mir, wenn auch nach Baader in derselben »Gegend« beziehungsweise Region. Die Phänomenologie des Auges ist es, mit der Baader neue Wege des Denkens anbahnt, ohne sie selbst schon zu betreten.[38]

Wo ein Auge ein Auge sieht, kann von letzterem nicht mehr »als von einem unserem Erkennen exponirten, wo nicht gar unterworfenen Objecte« gesprochen werden. Baader knüpft auch hier an seine Grundbestimmung des Produktionsgeschehens als »Formation« an, als »Sicherkennbarmachen« und »Sichzuerkennengeben«; noch die Erkenntnis der »unter« dem Menschen stehenden »nichtintelligenten Natur« wird von hierher gedacht. *Loquere ut videam Te* lautet die Formel, in die Baader seine »Fundamentalwahrheit« faßt. Sie besagt die Notwendigkeit für alles Erkennen, das zu Erkennende in seine unableitbare und unergründbare Ursprünglichkeit freizugeben, ihm jenen Raum »einzuräumen«, in den es von sich her aufgehen kann. Ohne den anderen als solchen zu hören, vermag ich nichts von ihm zu sehen, da alles Sehen sich seinem Wort verdankt. Alle Anstrengungen, die nicht mit einer solchen Einräumung anfangen, sondern »die Erkenntnis Gottes, so wie jene anderer Intelligenzen und Nichtintelligenzen lediglich vom Selbsterkennen (Selbstbewußtsein) des Menschen deduciren wollen«, nennt Baader deshalb »absurd«.[39]

Auch die *Sekundarität* und *Positivität* seiner Spekulation bekommen in diesem Zusammenhang einen anderen Klang. Sie werden nicht mehr kraft einer dialektischen Spekulation dem »Ersten« und »Positiven par excellence« entgegengesetzt, sondern im Blick ins Auge des anderen über mir unmittelbar erfahren. Der erste Akt des Erkennenden wird damit zum »Subjectionsact« unter den anderen über ihm, in dem seine den Raum besetzende Selbheit verzehrt wird.[40] Der Blick des anderen »befremdet«; wo die Blicke sich treffen (»einen«), tut sich ein unendlicher Abstand auf. Im Angesicht des anderen über mir ereignet mein erster Akt als solcher seine Zweitheit als Niedrigkeit; in diesem neuen Sinne ist er als erste Aktion immer schon Re-Aktion. Sehen vergeht ins Hören auf den anderen, dessen Wort allererst das Sehen neu ermöglicht. An der Gotteserkenntnis spitzt Baader dies zu: Nur »vermöge des religiösen Acts der Aufgabe seiner

---

[38] IV/240. Es kann nicht darum gehen, die Grundintuition eines modernen Denkers wie etwa Emmanuel Levinas v. Baader unmittelbar angebahnt zu sehen; wohl aber schärft umgekehrt d. Gedanke von Levinas d. Blick f. d. Phänomen u. d. in seinem Ereignis waltende Logik.
[39] Vgl. VIII/360; vgl. IV/227; VIII/231.
[40] Vgl. IV/229: »Wenn ein Auge in seiner Region selber sichtbar (trübe) wird, so sieht es in ihr nicht mehr, wie man den angelaufenen Spiegel blind (nicht mehr zeigend) nennt.«

natürlichen Selbheit« gelangt der Mensch zur Erkenntnis Gottes; ohne sich »zu unterscheiden«, d.h., ohne sich »zu *demüthigen*«, »ohne eine solche großartige, wahrhaft religiöse Hingebung an das Höchste vermag der Mensch auch in der Speculation nichts«. Die alles befragende Spekulation wird hier »eine Bitte oder ein Optativ«. Gerade mit dieser Wendung seiner Spekulation in die »Demut« einer »zweiten Philosophie« kritisiert Baader Hegel und seine vom Begriff der Aufhebung geleitete Philosophie: Hegel habe »eine Hauptbedingung dieses activen Aufhebens übersehen, nemlich die freie Aufhebung seiner selbst an den Höchsten, an Gott«. Deshalb führe seine Philosophie als »Motto: non serviam!«[41]

Dieser Anfang mit der unableitbaren und unergründbaren Ursprünglichkeit des anderen, die sich ihm im Auge bekundet, ist in dem Sinne eine »Fundamentalwahrheit«, daß sie »beweisend [...], aber selber keines Bewiesenwerdens fähig« ist; »so wie man sie [daher] auch nur als erweisbare oder zu erweisende aufstellte«, d.h. aus dem Erkennenden oder dem Vorgang des Erkennens selbst und ihren Gründen deduzierte, würde sie »hiemit auch schon geleugnet werden«. Nach Baader sind davon unmittelbar alle Versuche betroffen, Gott zu beweisen; für ihn sind sie Versuche, »Gott ohne Gott« erkennen zu wollen. Im Bild des Auges heißt das: Nichtanfangen mit dem Blick ins Auge und Angesicht des anderen, sei es Gott oder seien es Menschen, ist schon dessen Leugnen und sich in ihm als dem anderen meiner selbst bloß Reflektieren.[42]

So setzt denn Baader, wenn er mit dem »Cogitor ergo cogitans sum« des Menschen ansetzt, mit einem Denken an, das sich im Vollzug seiner selbst unter anderes gesetzt findet und selbst das andere als seine Voraussetzung sich voraus- und über sich setzt. Das Geschehen des *Auges* erschließt den Rang des Cogitor und legt den Anlaß der Überzeugung von der »Priorität des Erkanntseins unserer selbst von einem uns Höheren« frei. Der Vollzug des Denkens zeigt sich dabei jenseits aller bloßen Idee und Lehre als ein »Trieb und ein Verlangen«, und dies nicht nur »nach Erkennen oder Ergründen seiner selbst, eines Anderen und der selblosen Natur«, sondern »auch nach seinem Erkannt- oder Ergründetsein von einem ihm Höheren«. Alles Wissen ist folglich von Anfang an *Mitwissen* mit dem sich frei erschließenden anderen. Wo »das eigentlich Erkennbare ein Erkennendes, und zwar meinerseits ein Erkennen oder Wissen meines Erkanntseins ist«, wird ihm deshalb das »Gewissen« zum Ort der »Gewißheit«. Nach Baader läßt sich dies auch »etymologisch« »nachweisen«, insofern das »Ge [...] nemlich mit dem griechischen Συν und dem lateinischen Con gleichbedeutend« sei, so daß das Ge eben »ein Mitwissen« ausdrücke.[43]

Wenn das Selbstbewußtsein, ohne das nichts anderes gewußt werden kann, seine Gewißheit seinerseits einem Mitwissen verdankt, empfängt es sich selbst als mit solchem Wissen und solcher Gewißheit *begabt*. Die »Selbsterkenntnis des Menschen [ist] ist keine Selbsterfindung und kein

---

[41] VIII/45; II/208 (Herv. durch Verf.); IX/123; VIII/344; II/516 Anm., vgl. auch IV/230.
[42] IV/240; VIII/360; VIII/339 (gesperrt gedruckt).
[43] VIII/231; VIII/360 (»Ge«, »Συν«, »Con« jeweils gesperrt gedruckt).

Selbstgemächte, sondern eine Gabe Gottes an ihn [...], welcher er jedoch mitwirkend und selbstwirkend gleich einer Speise oder dem Odem in sich oder als sich auszuwirken hat«. Als Gabe und Geben denkt Baader angesichts des Auges die Weise, wie die Ursprünglichkeit des höheren anderen die Ursprünglichkeit des Erkennenden neu einsetzt: »Es verhält sich nemlich mit dem Erkennen wie mit dem Lieben, oder vielmehr beide sind hier Eins, Cognovit eam; – denn, eben nur indem z.B. der Mensch sein Geliebtsein von Gott inne wird, erlangt er hiemit das Vermögen, sowohl Gott wieder zu lieben (Ἀντερωρ), als sich, Andere und selbst die Natur unter ihm. Und wie der Mensch das Vermögen dieser dreifachen Liebe nur als eine Gabe Gottes empfängt, so empfängt er sein dreifaches Erkenntnisvermögen gleichfalls nur als eine solche Gabe.« Eine Deduktion der Erkenntnis aus dem bloßen Selbstbewußtsein wäre daher »nicht minder absurd [...] als jene, welche alle Liebe von der Selbstliebe des Menschen deduciren wollte oder will«.[44]

Baader führt seine »Phänomenologie des Auges« vornehmlich am Verhältnis des Menschen zu Gott durch. Wenn wir die Erkenntnis Gottes und die Erkenntnis des anderen Menschen im Hinblick auf das Geschehen des Auges zusammenlesen, so nehmen wir daher Baader mehr beim »Phänomen« als bei seiner Durchführung desselben. Es müßte also der Konflikt der Logik dieses Phänomens mit der Logik des dialektischen Bildgeschehens, in dessen Konflikt Baader verstrickt bleibt, noch eigens ausgetragen werden. Er selbst gibt allerdings dazu Anlaß genug. Schon bei ihm setzt sich die *eigene Dynamik der anderen Logik* seiner zentralen Phänomene, des »Auges« und des »Angesichts« des anderen, durch. Sie prägt vor allem dort seinen Gedanken, wo er nun neu nach der Möglichkeit der Vermittlung der regionalen Differenz des Menschen und Gottes fragt und diese Frage für ihn ebenso die Vermittlung der Differenz der Menschen untereinander, d.h. die Wechselseitigkeit ihres Sich-Erkennens, betrifft. Wie kann angesichts der im Auge gewahrten unvermittelten Ursprünglichkeit des anderen überhaupt noch Vermittlung geschehen? Es ist dies zugleich die Frage, wie denn nun jenes Wissen, das sich mit sich selbst und der anderen Gewißheit des Mitwissens begabt findet, seinerseits »geht«. Die Wechselseitigkeit dialektischer Vermittlung und erst recht die Einseitigkeit monologischer Reduktion sind hier ausgeschlossen; und doch spricht Baader von einer neuen Wechselseitigkeit »jenseits« der Wechselseitigkeit, nämlich von der »Reciprocität des Gebens und Nehmens«.[45] Diese »Reciprocität« macht das Unterscheidende der hier waltenden Vermittlung als *dia-logische Vermittlung* Baaders aus.

Ihr gemäß geht Baaders »Fac et videbis« jetzt als *Da et dabitur tibi*.[46] Die Notwendigkeit des »et« entspringt keiner Idee, sondern ist *Ereignis* selbst von *Liebe*. Es selbst ist der Zusammenhang von Geben und Neh-

---

[44] VIII/202; gerade für die Erörterung des Zusammenhangs von Mitwirken und Selbstwirken greift Baader gern auf das Geschehen der »Alimentation« zurück. VIII/230 f.
[45] IV/232.
[46] IX/194; IX/302 Anm. (Herv. durch Verf.)

men, von Geben und Empfangen. Liebe wird zum »Ganzen«, so daß das Ganze nicht selbstverständlich wird, sondern frei sich schenkendes Ereignis; Liebe »konstituiert« die Partner der Beziehung, so daß diese selbst sich je vom anderen als einem solchen empfangen. In den Worten des berühmten Textes der *Religiösen Erotik*: »Der Geber ist nicht die Gabe, und diese nicht jener, und doch gibt der Geber in der Gabe sich selber, insofern er liebt, und der Empfänger empfängt den Geber in der Gabe, insofern er ihn liebt. Gebe ich in meiner Gabe dir nicht mich selber (mein Herz), so liebe ich dich nicht, und nimmst du in ihr nicht mich selber, so liebst du mich nicht.« Solchermaßen geht die andere Logik der Liebe: »Was ich liebe (oder hasse), das erkenne ich zum Beispiel allerdings auf andere Weise, als das, was ich nicht liebe (oder nicht hasse) oder was mein Gemüth nicht afficirt und darum mich nicht in meiner Ganzheit [...] ergreift.« Deshalb also verhält es sich »mit dem Erkennen wie mit dem Lieben« und sind »beide hier Eins«; Erkennen wird zu jenem »ganzheitlichen« Akt der Liebe, die ihrerseits selbst, ja nach Baader allererst und zuhöchst, »sieht«. So aber wird Erkennen zum Geschehen von Geben und Empfangen: Der Erkennende erkennt gebend und empfangend; er erkennt empfangend im Maße seines Gebens, und er erkennt gebend im Maße seines Empfangens; das Unterscheidende dieser Dia-logik ist der Wechsel der Ursprünglichkeit: Der Empfänger wird empfangend zum Geber wie der Geber gebend zum Empfänger. Dazu aber ist nach Baader eines »nöthig«, nämlich »die Anerkennung (Erkenntlichkeit) des Gebers in der befreienden Gabe, somit die freie Vertiefung von Seite des Empfängers [...], weil jedes freie Empfangen (Annehmen) ein sich frei dem Geber subjiciren oder sich ihm verpflichten und verbinden ist, was auch das Wort: Glauben als Geloben und Verloben, sagt«. Diese Dia-logik besagt für das Selbstbewußtsein, daß in seinem Bewußtsein sich das Selbst empfängt, um sich zu geben; und als solchermaßen dia-logisch sich begründendes und dia-logisch vorgehendes wird das Selbstbewußtsein die neue Bedingung und die neue Wirklichkeit allen Bewußtseins.[47]

In dieser Wechselseitigkeit des »Da et dabitur tibi« liebender Erkenntnis wird denn diese auch erst »vollständig«: »Was übrigens das Wort: Speculiren, als von Speculum oder Spiegel abgeleitet betrifft, so muß man wissen, daß die Vollständigkeit einer Erkenntnis erst dann eintritt, wenn die sich wechselseitig Erkennenden einem und demselben Höheren (inneren) als Spiegel dienen (zu einem solchen zusammengehen), so wie sie abwärts (nach Außen) sich in einem gemeinsamen Spiegel wieder finden.« Im Ereignis des »Da et dabitur tibi« verdanken die Geeinten ihre Einheit einander so, daß sie die Einheit des höheren Einen spiegeln und »verherrlichen«, indem dieses Eine ihnen mit seiner Liebe innewohnt, und daß dieser »Dienst« der Verherrlichung mit der Beherrschung der Welt zu deren Heil, d.h. der seinerseits liebenden Inwohnung des Menschen in der Welt, ineinsgeht. Hier wiederholt der neue spekulative Vorgang des »Da et da-

---

[47] IV/189; I/106; IX/259 (siehe auch IX/104 f. Anm.).

bitur tibi« die der Rationalität Baaders eignende fundamentale Relationalität. Die Erkenntnis wird nach Baader erst dann vollständig, wenn der Erkennende sich vergegenwärtigt, daß seine Welterkenntnis sowohl als seine Menschen- und Gotteskenntnis immer auch die Erkenntnisweise der jeweils anderen Relationen betreffen: »Insofern der Mensch zum Erkanntwerden und zum Erkennen bestimmt ist, und das höhere System sich in ihm, er sich im niedrigern System spiegeln soll, insofern ist auch sein Erkennen an sein Erkanntwerden, und das Wie seines Erkennens [...] an das Wie seines Erkanntwerdens bedungen. Findet sich Gott nicht mehr in ihm, so findet auch er sich nicht mehr in der ihn umgebenden Natur zurecht.« Mit dieser Relationalität des Erkennens macht die Dialogik der Liebe Ernst; sie stellt sie nicht nur fest, sondern ereignet sie.[48]

Wenn auch Baader selbst in dieser äußersten Spitze seines Gedankens noch einmal von seiner *dialektischen Ideo-logie* und seinem »›systematischen‹ Willen zur gestaltenden Bewältigung des Ganzen« eingeholt wird, insofern er sie funktional als Ergänzung des Selbst begreift, bleiben trotz aller Unterbietung und Verkehrung Baaders Ansätze zu einer Phänomenologie des Auges der empfindliche und verletzliche Nerv seiner Spekulation. In der Tat ist so »im Werk Baaders selbst und unmittelbar der Überschuß des von ihm Gewollten über das von ihm Geleistete mächtig«. Im spekulativen Vorgang der Dynamisierung der Lehre vom Spiegel durch die Lehre vom Bild und deren beider Genese in der »Lehre« vom Auge strukturiert sich Baaders Denken; und es ist diese innere Struktur des Baaderschen Denkens, die deutlich seinen Ort in der Reihe jener Gedanken markiert, »die das System neuzeitlicher Metaphysik aufzusprengen versuchen, dabei aber dem Ansatz verhaftet bleiben, über den sie hinausdrängen«.[49]

Das jedenfalls lehrt Baader uns heute sehen: Die »*Sucht*« *nach dem Antlitz* des anderen, die »Sucht« nach Begegnung, nach Ursprünglichkeit, nach Wirklichkeit, reißt jene unfaßbare Offenheit eines Raums jenseits aller Räumlichkeit begreifenden Denkens auf, in die das »Wesen« der Religion sich ereignen kann. Die »Sucht« wird zum Kriterium des »Wesens« der Religion. Ein Denken, das sich selbst in solcher »Sucht« nach dem Angesicht ausspannte – mit anderen Worten: transzendierte –, um sich von ihm, dem Unergründbaren her zu begründen, will mehr als begründet, es will bejaht und geliebt sein. Die »Sucht« nach dem Angesicht verwandelt Baaders »Anstrengung des Begriffs« ins »Kreuz der Spekulation«.[50]

---

[48] VIII/351 f.; I/56.
[49] K. Hemmerle, Theologie in Fragmenten. 219 f.; siehe etwa IV/277.
[50] Vgl. IX/10; Hegels Rede von der »Anstrengung des Begriffs« nimmt Baader ausdrücklich auf, siehe etwa II/363 f.

»Abraham ist verloren«

Semiologie des Schweigens bei Søren Kierkegaard

Gert Hofmann

> Wie alles gesagt werden kann, wie für alle, für die fremdesten Einfälle ein großes Feuer bereitet ist, in dem sie vergehn und auferstehn.[1]

Es ist die Euphorie einer *Niederkunft*, die am Morgen des 23. Septembers 1912 Franz Kafka diese Zeilen in sein Tagebuch notieren ließ, die »fürchterliche Anstrengung und Freude« eines symbolischen Geburtsaktes, dessen Gelingen in seiner Doppeltgewirktheit an die reziproke Dialektik mystischer Spekulationen erinnert[2] – handelt es sich doch nicht einfach um einen abgeschlossenen Akt literarischer (Re-)Produktion, sondern mit der *Niederschrift* der Erzählung »Das Urteil« im selben Federzug auch um das *Zur-Welt-Kommen* des *Schriftstellers* Franz Kafka, um das gleichsam initiatische Ereignis der auktorialen Selbstoffenbarung und Selbstbestätigung, durchdrungen und getragen von den ambivalenten Angstgefühlen notwendiger Selbstgefährdung:

> Das zitternde Eintreten ins Zimmer der Schwestern. Vorlesung. Vorher das Sichstrecken vor dem Dienstmädchen und Sagen: »Ich habe bis jetzt geschrieben. (...) Die bestätigte Überzeugung, daß ich mich mit meinem Romanschreiben in den schändlichen Niederungen des Schreibens befinde.«

Mit der Niederkunft der Schrift allererst entdeckt sich die Möglichkeit des Schreibenkönnens. Kierkegaards Antwort darauf könnte lauten:

> Wer aber arbeiten will, gebiert seinen eigenen Vater.[3]

Kafka:

> *Nur so* kann geschrieben werden, nur in einem solchen Zusammenhang, mit solcher vollständigen Öffnung des Leibes und der Seele.[4]

»Schreiben ist Niederkunft eines Lebensprozesses. (...) Darin tut sich das Wesen kund, indem es die lebendige Substanz entzieht, (...) die ursprüngliche Bewegung, die nun in der Form der Abgeschiedenheit waltet. Durch das Geschriebene bricht das Abgeschiedene als solches in die Zeit ein (...)«[5] Worauf Kierkegaard hindeutet, ist in Auseinandersetzung mit dem Phä-

---

[1] Franz Kafka, Tagebucheintrag vom 23. September 1912. In: Gesammelte Werke in 7 Bänden. Hg. Max Brod, Bd. 7: Tagebücher 1910–1923. Frankfurt a. M. 1976, 214.
[2] Vgl. Eckard Wolz-Gottwald, Meister Eckhart oder: Der Weg der Gottesgeburt im Menschen. Gladenbach [1986], 53. »Der Mensch als geboren werdender Sohn ist eins mit dem gebärenden Vater, und beide sind nur Ausdruck des einen göttlichen Lebens.«
[3] Sören Kierkegaard, Furcht und Zittern. Gesammelte Werke. Hg. Emanuel Hirsch und Hajo Gerdes, Gütersloh, versch. Jahre, 24, künftig FuZ. Vgl. auch Jes 26,18.
[4] Franz Kafka, a.a.O.
[5] José Sánchez de Murillo, Der Geist der deutschen Romantik. Der Übergang vom logischen zum dichterischen Denken und der Hervorgang der Tiefenphänomenologie. München 1986, 30.

nomen »Abraham« die Arbeit an der »Urschrift der individuellen humanen Existenzverhältnisse«[6], ein poietischer Prozeß, der im Wege einer paradoxalen Dialektik und vagierenden Selbstreflexion den Verfertiger der Schrift, das Subjekt der schriftlichen Selbst-Öffnung und -Entäußerung, unversehens in den Leser derselben verwandelt und den *Zeugenden* zum »*Zeugen*« derselben dissoziiert, zum Entzifferer jener »Urschrift«, der beim wiederholten »Durchlesen« in den Momenten dissoziierender Selbstbegegnung den existentiellen Geburtsakt allererst vollzieht. Indes erweist sich die *Urschrift* in diesen Begegnungen immer schon als die *Übersetzung* des jeweiligen schriftstellerischen Aktes, der sich ihr stellt; die jeweilige Schrift, ihr wirkliches Dasein, erhellt als das *individuelle Apriori* der ›existentiellen‹ Urschrift, die sie ermöglicht und grundiert. Die Konsequenzen, die sich aus dieser ontologischen Reziprozität der Existenzdialektik Kierkegaards für die Lektüre seiner Schriften ergeben, sind freilich radikal, wenngleich Kierkegaard nicht der erste war, der ihnen dichterisch nachspürte. Bereits Hölderlin hatte, ähnlich wie Kierkegaard in kritischer Wendung gegen die idealistischen Systemphilosophien seiner Zeit, die »Apriorität des Individuellen über das Ganze«[7] als generatives Prinzip für seine poetische Arbeit entdeckt[8] und bereits den Kierkegaardschen Weg in die Dialektik der Existenz inauguriert, jenes Vorwalten der *Singularität* des existentiellen *Wortes* (der [Ur-]Schrift) gegenüber der *Universalität* des transzendentalen *Begriffs*. Schreiben versteht sich für Kierkegaard als mäeutische Handlung, als »Existenzmitteilung«[9], die sich der vermittelnden Lehre versagen muß, weil es ihr nicht um die Abstraktion des begrifflich Allgemeinen geht, also nicht um »Wissenschaft« – sondern um die »Leidenschaft« der absoluten Konkretion[10], der äußersten Verdichtung des menschlichen Lebens zur Gestalt des *Einzigartigen*. Es geht um die Existenzerfahrung des *Einzelnen*, der »als Einzelner in ein absolutes Verhältnis zum Absoluten« tritt[11], d.h. um die Leidenschaft der Selbst-Geburt, um die *Entbindung* oder »Entwöhnung« des individuellen Geistes von jedem Verhältnis auktorialer Vermittlung.[12]

In der reziproken Dialektik von *Schrift* und *Urschrift* wird die *Ohnmacht* des auktorialen Verhältnisses gegenüber dem Wort signifikant. Die Reziprozität des Verhältnisses von Schreiben und Lesen versetzt das Sub-

---

[6] Sören Kierkegaard, Auswahl aus dem Gesamtwerk des Dichters, Denkers und religiösen Redners. Hg. Emanuel Hirsch, Wiesbaden 1977, 37.
[7] Friedrich Hölderlin, Sämtliche Werke (Große Stuttgarter Ausgabe). Hg. Friedrich Beißner, Stuttgart 1946 u.ö., II/339.
[8] Vgl. hierzu vom Verf., Dionysos Archemythos. Hölderlins transzendentale Poiesis. Tübingen/Basel 1996.
[9] Sören Kierkegaard, Tagebücher in 5 Bänden. München 1962–1974, III/50.
[10] Vgl. zur Opposition von »Leidenschaft« und »Wissenschaft« FuZ, 6.
[11] So lautet wiederholt der Kierkegaardsche Topos des »Glaubens« als der *gelingenden* Existenzerfahrung in »Furcht und Zittern«.
[12] Im Eingangsteil von *Furcht und Zittern* wird die den Sprung in die Glaubensexistenz bedingende »unendliche Resignation« auf den kategorischen Anspruch der ethischen Vermittlung (i.e. der Anspruch der unendlichen Aufgehobenheit, Geborgenheit des Individuellen im Allgemeinen) allegorisiert als »Entwöhnung« des Säuglings von der mütterlichen Brust. FuZ, 8–12.

jekt der Sprache in die *Krise* einer unaufhebbaren Ambivalenz von Selbst-Enteignung und Selbst-Aneignung. Zugleich bedingt der Verlust der Namens-Authentizität, also die *vorläufig namenlose* Exzentrizität der Schrift die figurativen Möglichkeiten ihrer autopoietischen Bewegung; die bezeichnete Identität des auktorialen Subjekts ist selbst allererst eine *Figuration* der schriftlichen Existenzmitteilung. Seine essentielle Fragilität erweist sich im Ereignis der Niederschrift, in der Tatsache seiner buchstäblichen Zersplitterung als signifikanter Glücksfall: Der *Name* wird zum *Pseudonym*. Für den Schriftsteller Kierkegaard ist das »Pseudonym (...) kein romantisches Spiel«, sondern »poeto-logische Konsequenz seiner Geburtshelferaufgabe als Schriftsteller.«[13] Das Pseudonym ist der poetisch-mäeutische Hebel der Existenzmitteilung. Die signifikante Ambivalenz der auktorialen Identität und die wechselseitig deutende Reziprozität von Schreiben und Lesen, die sich darin zeigt, eröffnen dem Lesenden die Möglichkeit zur Einverwandlung in den Prozeß der existentiellen Urschrift, zum inwendigen Vollzug derselben. »Der einzelne Leser wird gleichsam an diesem schreibenden Lesen beteiligt – er steigt in den Wortfluß, der ihn verwandelt entläßt (...).«[14]

Die *Verlorenheit* der namentlichen Identität, die Identifizierung mit der *Nicht-Identität* des Pseudonyms, ist die Bedingung für die Wahrhaftigkeit und Freiheitlichkeit des *qualitativen Sprunges* im Bewußtsein für das ›Eigentliche‹ des individuellen Subjekts, der sich den Imaginationen solcher »urschriftlichen« Lektüre, dem steten Übergang von der Urschrift zur je eigenen Schrift, einzuschreiben verspricht[15] und gleichsam zurückversetzt in einen »reflektierten Zustand geistiger Unschuld, in der alles neu wahrgenommen wird, weil sich die Perspektive *verrückt* hat« – die ›Eigentlichkeits‹-Perspektive der »geistigen« Selbstwahrnehmung.[16] Der ausdrückliche, sozusagen *emphatische* Sinn für die Verrückung der auktorialen Be-

---

[13] Gisela Dischner, Es wagen, ein Einzelner zu sein. Versuch über Kierkegaard. Bodenheim 1997, 40.
[14] A.a.O., 87.
[15] Jacques Derrida gelangt in seinen phänomenologischen Untersuchungen über die Schrift zu Bemerkungen, die Kierkegaards reziproker Dialektik der ›urschriftlichen Existenzmitteilung‹ vollkommen adäquat sind: Die »Ur-schrift« erhellt als ein »Spiel der Differenz«, für das die *Durchstreichung des Eigennamens*, die »Obliteration, die Schriftlöschung« konstitutiv ist, weil sie »paradoxerweise die ursprüngliche Lesbarkeit dessen begründet, was sie durchstreicht (...), weil die Eigennamen schon keine Eigennamen mehr sind, weil ihre Entstehung ihre Obliteration ist, weil die Durchkreuzung und die Auferlegung des Buchstabens ursprünglich sind, weil der Eigenname immer nur (...) der Ursprungsmythos einer unter der Obliteration transparenten und gegenwärtigen Lesbarkeit gewesen ist (...), weil das Untersagte möglich ist, weil es spielen und, wie wir sehen werden, überschritten werden konnte. Überschritten, das heißt wiedererstellt an der Obliteration und der ursprunghaften Nicht-Eigentlichkeit.« Jacques Derrida, Grammatologie. Übers. v. Hans-Jörg Rheinberger und Hanns Zischler, Frankfurt a. M. 1974, 190 f. Zu Kierkegaard ließe sich im Verlauf dieses Gedankens extrapolieren: Das *Eigentliche* der auktorialen Identität wird im Prozeß der Schriftwerdung durch das ›Noch-einmal-Durchlesen‹ der existentiellen Urschrift »wiedererstellt« als das *Nicht-Eigentliche*, als das nur in der Weise der *Selbst-Überschreitung* ausdrücklich und wirklich (d.h. Schrift) Seinkönnende.
[16] Gisela Dischner, a.a.O., 56.

ziehung, für die exzentrische Identifizierung mit dem pseudonymen Nicht-Identischen schlechthin, wandelt den »Autor« zum »Zeugen« der Schrift – wobei zu bemerken ist, daß Kierkegaards terminologische Verwendung des Wortes dessen polyvalente Deutsamkeit bis in alle Nuancen mitschwingen läßt.

Das Wesen des Zeugen findet sich zumal im *Zeugnis*, das er *ablegt*; er muß sich selber als *Schrift* beglaubigen. *Was* er bezeugt, kann niemals das *Subjekt* seiner Zeugenschaft bezeichnen. Sein Zeugnis muß sich im Gegenteil als die Niederschrift dessen erweisen, was durch ihn als Subjekt der Zeugenschaft ausdrücklich nicht affiziert ist. An diesem Punkt entscheidet sich mit seiner Glaubwürdigkeit die Frage, ob er *eigentlich* Zeuge sein kann. Seine *Glaubwürdigkeit* beglaubigt die *Identität* des Zeugen; Glaubwürdigkeit korrespondiert aber der Verantwortung des Subjekts, sein Dasein zum Zeichen dessen zu machen, was es auf keine Weise an sich selber ist. Die *Identität des Zeugen* gewährt die Gewißheit, *authentisches Zeichen für das entschieden Nicht-Identische* zu sein. Die Sache der Zeugenschaft im forcierten Sinne Kierkegaards ist nicht die Aktion oder Passion des Subjekts, sondern dessen *Zeichenhaftigkeit* in Wahrnehmung eines an sich subjektlosen, eigentlich namenlosen Sich-Ereignens, ist der Sedimentationsprozeß der »Urschrift« als Spur einer Existenz. Das Existierende ist nicht das Objektive – als solches wäre es nichts anderes als das transzendental vermittelte Subjektive –, sondern das begriffslose unvermittelbare *Einzigartige*. Die Euphorie der Schriftwerdung, die wir in dem einleitenden Kafka-Zitat zu lesen vermochten, wäre also die Euphorie einer Zeugenschaft, die in der Emphase einer absoluten Zeichenhaftigkeit gründet, die den Zeugen – aber erst vermöge der ausdrücklichen Annihilierung seiner auktorialen Identität – selbst noch zum *Zeugenden* dessen macht, was er *bezeugt*, zum Wahrheitssiegel auf die Wirklichkeit dessen, was sich – als »fremdester Einfall«, als Einbruch des Deutungslosen in die Ordnung deutender Konvention – zwar ereignet hat, aber erst vermöge seiner Zeugenschaft wirklich existiert und dergestalt seiner Einzigartigkeit und Unvermittelbarkeit zum Trotz gleichwohl »kraft des Absurden« eine Wahrheitsdimension zu eröffnen vermag. Kierkegaards Zeuge bezeugt mit der Einzigartigkeit des Wortes, das er spricht (der Je-weiligkeit der Urschrift), die *Zeichenhaftigkeit der Wahrheit als solcher*, aber er erweist nicht über die Allgemeinheit seiner Begriffe die Wahrheit als für sich seiendes Substrat des Zeichens, das er setzt (seines Zeugnisses). Der Zeuge wird dadurch zum »ewigen Bild« einer Wahrheit, die er nicht repräsentiert, die vielmehr durch ihn als *Zeugen* ursprünglich existiert.[17]

---

[17] Die Explikation solcher Bildlichkeit versucht Kierkegaard z. B. in Auseinandersetzung mit der Gestalt der »Sünderin« nach Luk 7,47: »Es ist wahr, Deine Sünden sind Dir in Christus vergeben; dies Wahre aber (...) ist ja in einem andern Sinne noch nicht wahr, es muß zur Wahrheit gemacht werden von einem jeden im besonderen. So ist denn dies Weib ein ewiges Bild. (...) Denn daß es eine Vergebung der Sünden gibt, das hat Er erworben, *sie aber macht es zur Wahrheit*, sie die viel geliebet hat.« Aus: Die Krankheit zum Tode. In: Gesammelte Werke. Wie Anm. 3, 161 f., künftig KzT.

Das regenerative (statt repräsentative) Verhältnis von Schrift und Urschrift begründet aber nicht allein die Euphorie der existenzmitteilenden Zeugenschaft, es gründet selbst bereits in der *Krise der Verlorenheit* des Subjekts zwischen Identität und Nicht-Identität, Ohnmacht der Deutungslosigkeit und Freiheit der Selbst-Deutung. Zur Existenzerfahrung Kierkegaards gehört die *Wirklichkeit der Freiheit* nicht als Schein, sondern als *existierende*, als tatsächliche Daseinsstruktur geistiger Provenienz, als individuelles menschliches Vermögen zur *Um-Deutung* des Wirklichkeitssinnes in der »Doppelbewegung« von »unendlicher Resignation« auf die allgemeine Deutungskonsistenz der Wirklichkeit einerseits und augenblicklicher Rekreation derselben »inkraft des Absurden« andererseits, als das Durchleben der dialektischen Reziprozität von Transzendenz und Immanenz, als *Ekstatik* einer »Einheit des Lebendigen«, die sich »nur aus der *Brechung* heraus (...) am Leben erhält«, die »nicht Flucht in eine jenseitige, sondern Sprung in die Offenheit der diesseitigen Welt« sein muß.[18] Kierkegaard exponiert diese Ekstatik der existentiellen Doppelbewegung im Sinne einer gleichsam pseudonymen Phänomenologie des »Glaubens«: *Abraham* ist derjenige, der die »Urschrift der individuellen humanen Existenzverhältnisse« buchstabiert und als »*Zeuge*« des Glaubens ebenderselbe ist, der *den Glauben gezeugt* hat.[19]

> In unendlicher Resignation schöpft er des Daseins tiefste Wehmut aus, er kennt die Seligkeit der Unendlichkeit, er hat den Schmerz empfunden, allem zu entsagen. (...) Und doch, doch ist die ganze irdische Erscheinung, die er hervorbringt, eine neue Schöpfung inkraft des Absurden. Er hat in unendlicher Resignation auf alles verzichtet, und dann hat er alles wieder ergriffen inkraft des Absurden.[20]

Abraham, Zeuge der existentiellen Schrift, in die er selbst als Vater des Glaubens, als Zeugender, eingeschrieben ist, setzt damit als *Einzelner* das Zeichen einer absoluten Wirklichkeitsdeutung. Dessen existentielle, also gerade den Einzelnen in seiner Einzigartigkeit betreffende Lesbarkeit, verdankt sich allererst der Krise einer unbedingten Deutungslosigkeit, dem endgültigen Untergang der transzendentalen Signifikate (welche die *allgemeine* Ordnung der Schrift motivierten), der Abgeschiedenheit aller deutenden Autoritäten und auktorialen Deutungen. Denn das *einzelne* Zeichen in seiner Absolutheit bezeichnet nichts anderes als seine Zeichenhaftigkeit, die *Resignation* der Bedeutungen. Aber »der Tod durch die Schrift inauguriert auch das Leben«.[21] Die Sterblichkeit des auktorialen Subjekts und seiner vermittelnden Deutungsmöglichkeiten initiiert *in discrimine rerum* die spontane Wirklichkeit bzw. Lesbarkeit einer sich selbst schreibenden (schreibend lesenden und lesend wiederum überschreibenden) Schrift als Zeugnis der »individuellen humanen Existenzverhältnisse«.

---

[18] José Sánchez de Murillo, a.a.O., 318. Sánchez interpretiert an dieser Stelle die »organische Philosophie« des romantischen Philosophen Franz v. Baader als Phänomenologie des Lebendigen in Richtung auf die Begründung einer »Tiefenphänomenologie«, der auch unsere Kierkegaarddeutung entscheidende Impulse verdankt.
[19] Vgl. FuZ, 89; »des Glaubens Vater« FuZ, 8 u.a.
[20] FuZ, 40.
[21] Jacques Derrida, a.a.O., 247.

Zu betonen ist, daß Spontaneität und Selbstreferenzialität dieser Schrift des Menschseins komplexer geraten als ein bloßes Verhältnis der synthetischen »Selbstkonstitution«.[22] Kierkegaard beschreibt dies als ein »Verhältnis, das sich zu sich selbst verhält«, genauer, als die *positive* Qualität in diesem Verhältnis, »daß es sich zu sich selbst verhält«.[23] Die elementare Bestimmung des Menschen, eine »Synthesis von Unendlichkeit und Endlichkeit« zu sein, war auf den verschiedenen Stufen der Systementwicklung idealistischer Philosophie immer wieder nur als »negative Einheit« zu interpretieren gewesen: sei es als Schillers spielerische Sublimierung der positiven Affiziertheit des Menschen durch seine sinnliche Wirklichkeit zum »negativen Affekt« des Erhabenen, sei es als Hegels teleologische Überführung des geschichtlichen Geistes in den »absoluten Begriff« des sich selbst »als Geist wissenden Geistes«, dessen geschichtliche Ausgelegtheit sich der synthetisierenden »Er-innerung« nur mehr als *Negation* ihrer positiven Wirklichkeit, als »Schädelstätte des absoluten Geistes« in der Weise ihrer Abgestorbenheit erschließt.[24] Indem nun Kierkegaard das Selbstverhältnis des Geistes entschieden als *Existenz* interpretiert, setzt er der negativen Synthese der elementaren Beziehung das Selbstverhältnis als das »positive Dritte« gegenüber; wobei zu bedenken ist, daß schon der ausdrückliche Charakter der reinen *Setzung* oder »Position« – also der Schriftlichkeit – dieses Verhältnisses es ausschließt, das so konstituierte existierende »Selbst« noch einmal als *Synthesis* zu denken.[25] »Das Selbst ist Freiheit«[26] im Sinne der spontanen Setzung – also ist es keine *Syn*these im Sinne der Vermittlung, der das *Unvermittelte* immer bereits *voraus*gesetzt ist. Dieses Unvermittelte ist das *Positive* am existierenden Selbst, das den Charakter der Synthesis an sich nur hat, insofern es sich »als Synthesis« ins Verhältnis zu sich selbst zu setzen vermag. Die Gesetztheit der Syn-

---

[22] Vgl. Christine Axt-Piscalar, Ohnmächtige Freiheit. Studien zum Verhältnis von Subjektivität und Sünde bei August Tholuck, Julius Müller, Sören Kierkegaard und Friedrich Schleiermacher. Tübingen 1996, 153. Axt-Piscalar spricht in diesem Zusammenhang von der »Krise der Freiheit als Selbstkonstitution«.

[23] KzT, 8.

[24] Georg Wilhelm Friedrich Hegel, Phänomenologie des Geistes. In: Theorie-Werk-Ausgabe in 20 Bänden. Frankfurt a. M. 1969–71, III/591. Vgl. hierzu die Überlegungen von Michael Theunissen, der Hegels »absolute Negativität« als »substratlosen Prozeß« des sich selbst synthetisierenden Geistes mit Kierkegaards positivem Selbstverhältnis parallelisiert – ein Vergleich, der m.E. zu weit getrieben ist, insofern er gerade Kierkegaards Emphase der ›Positivität‹ und ›Wirklichkeit‹ des geistigen Selbstverhältnisses qua *Existenz* unterdrückt: Michael Theunissen, Das Selbst auf dem Grund der Verzweiflung. Kierkegaards negativistische Methode. Frankfurt a. M. 1991, 32 ff.

[25] Auch verdienstvolle neuere Untersuchungen tendieren noch immer zur gegenteiligen Auffassung; vgl. z.B. Walter Dietz, Sören Kierkegaard. Existenz und Freiheit. Frankfurt a. M. 1993, 109: »Die Synthesis ist also dadurch charakterisiert, daß ihre Einheit als Zweiheit gesetzt ist bzw. die Zweiheit als Einheit, wobei ihre Gegensatzmomente in einem dialektischen Wechselverhältnis zueinander stehen (...), d. h. auf Identität hin gesetzt« sind. Die kritische Differenz von *Synthesis* und *Setzung* erscheint hier rhetorisch verschleiert. Auch Michael Bösch, Sören Kierkegaard: Schicksal – Angst – Freiheit. Paderborn/München 1994, 48 ff., 55, konstatiert wiederholt die »synthetische Struktur des Geistes« bei Kierkegaard.

[26] KzT, 25.

thesis ist das Zeichen und die Position ihrer Unvermitteltheit und Unbedingtheit im Verhältnis zu sich selbst. Das »Selbst«, als freies, *ist* überhaupt nur in der unvermittelten Weise seiner Setzung, in der Spontaneität seines *Werdens*: Das »Selbst« ist

> jeden Augenblick, in dem es da ist, im Werden, denn das Selbst der Möglichkeit nach (...) ist nicht wirklich da, ist lediglich das was zum Dasein kommen soll. Insofern also das Selbst nicht es selber wird, ist es nicht es selbst.[27]

Selbst-Werden heißt zum Dasein kommen: In diesem Prozeß (Kierkegaard spricht auch vom »konkret werden«) ist das »Da« der unvermittelte Rest des negativen Seins der Synthesis, das nicht synthetisierbare, abgeschiedene und verworfene Wirklichkeitssediment aller – ex negativo »unendlichen« – synthetischen Möglichkeiten, das Humane zu vollenden. Nicht als neuerliche Antithese, sondern als das schlechthin »Andere« der synthetischen Systematik des Idealismus im Ganzen, als exzentrischer ontologischer Widerstand gegen deren ontische Negativität, als ontologischer Standort einer Verkehrung der unendlichen synthetischen Möglichkeit »negativer Vermittlung« (des Gegensatzes von Endlichkeit und Unendlichkeit) in die positive Un-Möglichkeit der endlichen »Konkretion« des Unendlichen. Das *Da-Sein* ist die paradoxe Wirklichkeit einer Un-Möglichkeit, ist das »gesetzte Verhältnis« des Menschen zu sich selbst, das sich, »*indem es sich zu sich selbst verhält, zu einem Andern sich verhält.*«[28] Das »Selbst« ist das »Andere«, seine Identität das Nicht-Identische; das Sediment des unendlichen Prozesses der synthetischen Negation ist der *Boden* für die *Position* der Synthesis im Verhältnis zu sich selbst. Das positive »*Selbst*« ist der infinitesimale Rest, das Unverhältnismäßige, »Inkommensurable« im Verhältnis zu sich selbst.

In dieser Exzentrizität der Selbstidentität des Menschen liegt unaufhebbar ein doppelter Sinn: Das *Heil* des »qualitativen Sprunges«[29] aus der Negativität der allgemeinen Vermittlung, der bloßen infinitesimalen Repräsentation eines höheren Sinnes, in die Position der individuellen Zeugenschaft, des ›sinnlichen‹ Daseins einer »inkommensurablen« Wahrheit, die in die Unvermitteltheit des verworfenen sinnlosen Restes, in das Sediment der teleologischen oder sublimen Vermittlung die *Signatur einer absoluten Zeichenhaftigkeit* einzuschreiben vermag, etwa die Signatur jenes existierenden Einzelnen, der »als Einzelner in ein absolutes Verhältnis zum Absoluten« gesetzt ist[30] und noch das Verwerflichste, die Sünde, das Verbrechen (den »Mord«) zu »heiligen« vermag.[31] Zugleich liegt aber dar-

---

[27] KzT, 26.
[28] KzT, 9.
[29] »Aber das eigentliche Selbst ist erst gesetzt im qualitativen Sprunge«. Aus: Kierkegaard, Der Begriff Angst. Wie Anm. 3, 80.
[30] FuZ, 59.
[31] Vgl. FuZ, 56. Verwiesen sei hier nur auf Julia Kristevas Überlegungen zur »Fragilität des sprechenden Wesens« im Zeichen der Gleichursprünglichkeit von »Abjektion« (Verworfenheit) und »heiliger Ordnung« bzw. ihre semiologisch differenzierende Auseinandersetzung mit Freuds Opposition von »Totem und Tabu«. Julia Kristeva, Pouvoirs de l'horreur. Paris 1980.

in die Bedrohung des existierenden Subjekts durch die »Angst« und »Verzweiflung«, die jeden Augenblick aus der paradoxalen Ambiguität seiner Bildung zwischen Identität und Alterität aufsteigt, die Gefahr einer »ohnmächtigen Selbst-Verzehrung, die nicht vermag, was sie will«, weil sie sich im synthetischen Bilde ihrer selbst unendlich vergeblich nur der Repräsentation ihrer *eigenen* Möglichkeiten zuneigt, und nicht den exzentrischen Sprung in die fragile Zeugenschaft ihrer selbst als jener *ganz andern* Wirklichkeit wagt, die aber erst dem Abgrund der »zunichte gemachten Möglichkeit« ihres Willens zu sich selbst entspränge.[32]

Es liegt darin die heillose *Verlorenheit* Abrahams im Felde der ethischen Verständigung und der das eigene dem gemeinsamen Wesen des Menschen verbindenden symbolischen Ordnung der Sprache – »Abraham *kann* nicht sprechen«:

> ... darin liegen die Not und die Angst. Wenn ich nämlich damit, daß ich spreche, mich nicht verständlich zu machen vermag, so spreche ich nicht, und spräche ich gleich ununterbrochen, Nacht und Tag. So ist es bei Abraham. Er kann alles sagen; aber Eines kann er nicht sagen, und doch, wo er das Eine nicht sagen kann, d.h. es so sagen kann, daß ein andrer es versteht, so spricht er nicht.[33]

Sein *Schweigen* ist weder zufällig noch bedeutungslos, sondern ausdrückliche und notwendige Signatur seiner prinzipiellen *Deutungslosigkeit* im Sinne der begrifflichen Möglichkeiten menschlicher Selbstdeutung, seiner Unauffindbarkeit im Netzwerk des kommunikativen Verstandes, seiner »Inkommensurabilität« für das ethische Maß der Humanität. Schweigend wird Abraham zum Zeugen für die absolute Selbstgegründetheit seiner Existenz:

> Schweigen ist auch der Gottheit Mitzeugenschaft mit dem Einzelnen[34],

ist die individuelle Konkretion des Absoluten. Existenz ist das bezeugte, zur Sprache gekommene Schweigen – die unaufhebbare Bedrohtheit des existierenden Subjekts wird darin offenbar: Nur im Sprung über den Abgrund zwischen Verschwiegenheit und Ausdrücklichkeit, deutungsloser Unvermitteltheit und verbindlicher Bedeutsamkeit erlangt es die Wahrheit beglaubigter Zeugenschaft. Erst indem es die Bedrohtheit seiner Wahrheit durch die Wirklichkeit seiner Zeichenhaftigkeit von Mal zu Mal (von Zeichen zu Zeichen) widerlegt und zugleich die Ausdrücklichkeit seiner Schweigsamkeit durch die Verschwiegenheit seines Ausdruckes – durch das Reden »in Zungen«[35] – erweist, vollzieht es seine Existenz. Abraham, der als ›Vater des Glaubens‹ »unbedingt Bedeutung hat in Richtung auf Geist«[36], muß sich als *Zeuge* seiner Tat bewähren. Denn die *Tat* ist es, die ihn in seiner existentiellen Wahrhaftigkeit bedroht; ist doch der Sohn die Wirklichkeit des Vaters. Erst als Zeuge, der »etwas zu sagen haben muß« im Sinne der geistigen Transfiguration seiner verzweifelten Identität als

---

[32] KzT, 11.
[33] FuZ, 129.
[34] FuZ, 99.
[35] FuZ, 137.
[36] FuZ, 135.

Zeugender (als *Vater*) oder als *Täter* (als *Mörder*) erlangt er die Wirklichkeit seines existentiellen Selbstseins, das die Möglichkeit seiner Verzweiflung (den Mord) zunichte macht. Der Sohn ist die Wirklichkeit des Vaters, das Wort die Wirklichkeit des Mundes, der spricht. In der Ausgesetztheit des Wortes – in der Schrift – liegt dieselbe existentielle Bedrohtheit für den Schreibenden, der darin den ›Tod‹ finden kann (als auktoriales Subjekt), oder zum Zeugen einer unentdeckten, verschwiegenen und riskanten Lebensmöglichkeit wird. Daher die Angst des Schriftstellers, die sein Schreiben noch bis zuletzt befeuert:

> Immer ängstlicher im Niederschreiben. Es ist begreiflich. Jedes Wort, gewendet in der Hand der Geister – dieser Schwung der Hand ist ihre charakteristische Bewegung –, wird zum Spieß, gekehrt gegen den Sprecher. (...) Und so ins Unendliche. Der Trost wäre nur: es geschieht, ob du willst oder nicht (...).[37]

Daher auch die »Selbstvergessenheit« des Autors Kierkegaard in seinen Schriften, die exzentrische Transfiguration seines Namens ins Pseudonym, die besonders im Falle Abrahams ein ausdrückliches Zurücktreten seiner autoritativen namentlichen Identität vor einer Signatur der Verschwiegenheit bedeutet: *Johannes de Silentio*. Das Pseudonym ist die Signatur seiner Schrift. Von ihr ließe sich sagen, was Kierkegaard vom Bild der »Sünderin« sagt:

> Sie ist, was sie nicht spricht, oder was sie nicht spricht, das ist sie, sie *ist* selbst die Bedeutung, gleich einem Bilde: Sie hat der Zunge und der Sprache und der Unruhe der Gedanken vergessen und auch dessen vergessen, das noch mehr ist als Unruhe, des eigenen Selbst.[38]

Die Zeugenschaft des existentiellen Schreibens erfordert für Kierkegaard nicht »Vermittlung« der abstrakten »Urschrift« in die konkrete Abschrift des individuellen Daseins, auch nicht erinnernde Mimesis oder Anamnesis einer archetypischen Wahrheit unter den defizienten Bedingungen einer abbildhaften Wirklichkeit, sondern »Wiederholung« im Zeichen der »Doppelbewegung« von *Resignation* und *Signifikation*. Sie ist *Interpretation* in einem tiefenphänomenologischen Sinne, als »*Wieder-holung* des ursprünglichen Phänomens«, dessen Substanz die Einzigartigkeit ist, das erinnerungslose Schweigsame, das nur in seiner jeweiligen Andersheit wahr ist: »Die Andersheit der Jeweiligkeit ist die menschliche Form der Wieder-holung. Darum sind Interpretationen grundsätzlich irr-sinnig, d.h. sie stiften in ihrem Irren Sinn«[39]. So ist es gerade die »Unfaßlichkeit«, die *Verschwiegenheit* der ursprünglichen Schrift, welche die »Echtheit des Vorgangs der Wieder-holung« ermöglicht. Wir hatten bereits gesehen, daß für Kierkegaard die *Andersheit* der genuine Ort für das *Dasein* des »Selbst« ist. Dieser Ort ist die wieder-holende Interpretation der existentiellen Urschrift, der Signatur Abrahams, im Schreiben: Vergegenwärti-

---

[37] Franz Kafkas letzter Tagebucheintrag am 12. Juni 1923. Zum vorletzten Datum des Tagebuchs, dem 18. Dezember 1922, findet sich noch die lapidare Notierung: »Gestern *Entweder – Oder*.« Franz Kafka, Tagebücher. A.a.O., 428 f.
[38] KzT, 160.
[39] José Sánchez de Murillo, a.a.O., 30.

gung einer abgeschiedenen Wahrheit, die nicht Erinnerung des Vergangenen ist, sondern verschwiegene (weil erinnerungslose) Zeugenschaft für dessen Dasein in der Wirklichkeit des Augenblicks, *Ursprung* der Vergangenheitsdimension als erste Erinnerungs-Möglichkeit überhaupt:

> ... das ganze Dasein, welches da ist, ist da gewesen; wenn man sagt, daß das Leben eine Wiederholung ist, so sagt man: das Dasein, welches da gewesen ist, tritt jetzt ins Dasein.[40]

---

[40] Kierkegaard, Die Wiederholung. Gesammelte Werke. Wie Anm. 3, 22.

III
LITERARISCHE UND PHILOSOPHISCHE STUDIEN

Transzendierung ins Diesseits

Christus als Gestalt der Freiheit im »Großinquisitor«
von F. M. Dostojewskij

Gisela Dischner

> Frey ist der Mensch, wenn er Gott hervorbringt oder sichtbar macht, und dadurch wird er unsterblich.[1]

Als Abschiednehmender versprach Christus seinen Jüngern – die sich ein Leben ohne ihn nicht vorstellen konnten – er werde ihnen einen Tröster schicken; das sei der Geist der Wahrheit.

In diesem Geist der Wahrheit sollten sie von ihm künden als von dem Menschensohn, von seiner Frohen Botschaft der Liebe, die Freiheit ist, der Freiheit, die Wahrheit ist. Christi Nachfolge bedeutet Nachfolge zur Menschwerdung, Menschwerdung bedeutet Geburt zur Freiheit. Unter Albert Schweitzers Nachfahren sagte einer: »Wir sind zur Freiheit verdammt«. Christus war gekommen, den Himmel auf die Erde zu bringen und so die Erde zum Himmel zu machen: Für alle die, die Ohren haben zu hören.

Der Einbruch des Ewigen ins Zeitliche durch Christus löste die Schuldfrage, weil er die Menschen durch seinen Tod von der Schuld erlöste. Das hat die Wohnstatt der Menschen, die Erde, verändert. Durch die »Einwohnung« Gottes im Menschen (Meister Eckhart) wird alles beseelt, die Dinge aus ihrer Stummheit erlöst.

Christus ist der Beseeler. Christi Gestalt der Freiheit erscheint in der Literatur (ich sehe von den naiv-realistischen Thematisierungen ab) dort, wo die Freiheitsproblematik brennend wird. Brennend wird sie, wenn es keine hierarchische Ordnung, kein vorgegebenes Sinngefüge mehr gibt: in der Moderne.

Die literarische Moderne beginnt in Frankreich mit Baudelaire, in Deutschland mit Hölderlin und der Jenaer Frühromantik, den Brüdern Schlegel, Novalis, Tieck und ihren philosophischen Freunden Schleiermacher und Schelling. In Rußland beginnt sie mit Puschkin, der 1799 geboren wird, dem in Deutschland fruchtbarsten Jahr der Jenaer Frühromantik. Schelling bereichert den Kreis. Seine im Tübinger Stift mit Hölderlin und Hegel gegründete »unsichtbare Kirche« beeinflußt das spirituelle Pathos der Jenaer; das Bestehen neben und die Abgrenzung gegen die Weimarer Klassik schärft ihren kritischen Geist: Eine geistige Renaissance beginnt, die von den Nachbarländern aufgegriffen und verwandelt wird.

Die Auseinandersetzung mit dem Christentum und der Gestalt Christi nimmt verschiedene Formen an, die einander berühren und manchmal durchdringen, so wie die Dreierkonstellation selbst: Die Weimarer Klassik wirkt auf die engbenachbarte Jenaer Frühromantik; Hölderlin bildet

---

[1] Friedrich Schlegel, Ideen 1799.

sich an seinem Ideal Schiller, vor dem, wie vor Fichte, er schließlich aus Jena in die Vogelfreiheit geistigen Alleinseins flieht. Schelling kommt nach Jena.

In Hegels theologischen Frühschriften finden wir polemische Worte gegen das bestehende Christentum (auch bei Schleiermacher), die in ihrer Schärfe auf Kierkegaard vorausweisen, allerdings ohne die Frage nach dem Existentiellen und der Existenz in dieser radikalen Form zu stellen, wie Kierkegaard dies, und nach ihm Nietzsche, tut. Die Frage nach der Existenz bestimmt den Gedanken der Menschwerdung als Nachfolge Christi. In Rußland stellt sie Dostojewskij, dessen Gestalten – Nachfahren der romantischen Helden Puschkins – damit alle Leichtigkeit verlieren. Im Helden Raskolnikow finden wir Züge aus Puschkins *Pique Dame*, aber diese Züge sind verschärft wie die Fragen, die Raskolnikow sich stellt: Habe ich das Recht, eine geistlose, geizige Alte umzubringen, wenn ich mich mit ihren Mitteln »verwirklichen« kann?

Die engelhafte Gestalt Sonjas beantwortet diese Frage im christlichen Geist, der keine Zweideutigkeit zuläßt.

Die Frage nach der menschlichen Freiheit wird in den *Brüdern Karamasow* zugespitzt zur Auseinandersetzung zwischen Christentum und Atheismus. Wieder finden wir eine radikale Kritik am Christentum, vor allem in seiner bestehenden Form des Papsttums, aber auch in der Form der autoritätshörigen Gläubigkeit des russischen Volks. Dostojewskij liebt dieses Volk. Er will ihm zur Freiheit verhelfen, er glaubt an eine Metamorphose der russisch-orthodoxen Kirche in eine vorbildhafte Liebesgemeinschaft, die dem Westen ein Beispiel geben wird.

Rilke war auf seinen Rußlandreisen (1899/1900) von der tiefen Religiosität und dem Gemeinschaftsgefühl der russischen Menschen beeindruckt, das Erlebnis veränderte seine Haltung des »Sozialrebellentums« – er nahm davon Abstand.

Die Erscheinung von Jesus Christus in den *Brüdern Karamasow* ist als Dichtung innerhalb der Dichtung eingebettet. Ihr »Autor« ist Iwan Karamasow, der sie in einem Restaurant seinem Bruder Aljoscha mitteilt; Aljoscha unterbricht ihn während des dichterischen Vortrags mehrmals. Diese Unterbrechungen sind bewußt verfremdend, sie erlauben dem Leser nicht, identifizierend zu lesen, das Fiktionale der Dichtung wird dauernd bewußt gemacht. Durch diese Metaebene erreicht Dostojewskij das, was Kierkegaard in seinem Verständnis des Schriftstellers als Geburtshelfer »indirekte Mitteilung« nennt. Gerade die »indirekte Mitteilung« ist es, die paradoxerweise den Leser direkt erreichen soll:

Die maieutische Methode der indirekten Mitteilung sollte den Leser – den Einzelnen – nicht zum Lehrer und Autor führen, sondern zu sich selbst.[2]

Wie Kierkegaard versteht sich Dostojewskij dabei als schriftstellerischer Geburtshelfer, wie dieser geht er über die sokratische Maieutik und deren Form der Ironie hinaus, ja wir finden eine Metareflexion über die roman-

---

[2] Dischner, Es wagen, ein Einzelner zu sein. Versuch über Kierkegaard. Bodenheim 1997, 37.

Transzendierung ins Diesseits

tische Ironie, die er nur scheinbar einsetzt. Daß die romantische Ironie ihr Wahrheitsmoment nur darin habe, das Negative am Bestehenden aufzudecken und damit »verjüngend« zu wirken, hatte Kierkegaard in seiner *Kritik der romantischen Ironie* betont.

Dostojewskij nimmt die Kritik der Ironie gleichsam praktisch auf, indem er sie durch die ernstgemeinten Worte des Großinquisitors ins Absurde treibt. Der Großinquisitor (im sechzehnten Jahrhundert) spricht davon, daß die Menschen mehr als je davon überzeugt sind, vollkommen frei zu sein:

> ... und dabei haben sie selbst uns ihre Freiheit dargebracht und sie uns gehorsam zu Füßen gelegt. Aber wir, wir haben das zuwege gebracht ...[3]

In diesem Augenblick kann der geduldige Zuhörer Aljoscha nicht mehr an sich halten:

> ... »Ich verstehe wieder nicht«, unterbrach ihn Aljoscha; »meint er das ironisch, macht er sich lustig?« »Durchaus nicht. Er rechnet es sich und den Seinen geradezu als Verdienst an, daß sie endlich die Freiheit überwältigt haben und zwar, um die Menschen glücklich zu machen« ...[4]

Die ganze Argumentation des Großinquisitors ist auf der Utilitarismusthese (des Glückes für die meisten) aufgebaut. Indem Dostojewskij sie ad absurdum führt, argumentiert er gleichzeitig gegen die sozialistischen Staatsutopien seiner Zeit und die »gängige Meinung« zu diesem Thema. Er erwischt den Leser auf dem Umweg des sechzehnten Jahrhunderts, dessen Methoden der Inquisition selbstverständlich aus moderner Sicht abgelehnt werden, bei geläufigen Vorurteilen seiner Zeit, die in sich eine verblüffende Logik zu entfalten scheinen. Er entfaltet diese, die öffentliche Meinung unausgesprochen noch heute lenkenden Vorurteile, auf der Negativfolie des Freiheitsverständnisses von Christus, der zu den Monologen des Großinquisitors nur schweigt. Damit verweist Dostojewskij auf die historische Situation Jesu Christi (und Jesus schwieg zu alledem ...) und zeigt in der Wiederholung, daß es sich um die Grundsituation des freien Menschen handelt, der für die Machthaber aller Zeiten ein Skandalon bedeutet.

Auf das Grundsätzliche wird der Leser durch die indirekte Mitteilung Iwans verwiesen, der keine historische Erzählsituation konstruiert, sondern diese als sichtbares Gewand seiner eigenen Erfindung durchsichtig macht. Den Ernst nimmt Iwan immer wieder zurück, denn er spricht bis zum Ende, und auch danach lachend zu seinem Bruder: »Siehst du, die Handlung geht bei mir im sechzehnten Jahrhundert vor sich ...«

Er beginnt aber nicht mit dieser Handlung, die ja immer noch eine identifizierende Lesung ermöglichen könnte. Sondern er beginnt mit einer Vorrede, präzisiert: »eine literarhistorische Vorrede« und weist lachend

---

[3] F.M. Dostojewskij, Der Großinquisitor. Übersetzt v. H. Röhl. Leipzig o.J., 14. Künftig GI.
[4] Ebd.

auf sich als den Erfinder hin: »Und dabei bin ich doch nur ein jämmerlicher Autor!«

Damit wird die »atopia«, die Unortbarkeit der Handlung, signalisiert, das sechzehnte Jahrhundert als Kulisse durchschaubar gemacht, der Leser damit von der Handlung weg zur Reflexion gezwungen, die ihn direkt betrifft. Weshalb wählt Iwan das sechzehnte Jahrhundert, um Jesus Christus wiederkommen zu lassen, mitten unter das Volk? Weil es damals gerade üblich war, »in poetischen Erzeugnissen die himmlischen Mächte auf die Erde herabzuholen«.

Dostojewskij läßt den Leser über das Fiktionale nochmals reflektieren, indem er es durch seine Figur Iwan zu einer literarischen Mode erklärt, die er spielerisch wieder aufnimmt, mit dem augenzwinkernden Hinweis zu Aljoscha und dem potentiellen Leser in nochmals verfremdenden Klammern: »(das muß dir übrigens noch von der Schule her bekannt sein) ...«.

Mönche und Gerichtsschreiber gaben ganze Vorstellungen, »in denen sie die Madonna, die Engel, die Heiligen, Christus und Gott selbst auf die Bühne brachten«. Der dies sagt, Iwan, ist der hedonistische, atheistische Bruder des gottgläubigen, liebevollen Aljoscha, der den Zynismus Iwans als dessen Unglück durchschaut. Es ist, im Sinne Kierkegaards, eine Äußerungsform der Krankheit zum Tode, – verzweifelt und trotzig – ein Selbst sein zu wollen.[5]

Als Aljoscha ernsthaft auf die Geschichte eingeht, nachdem Iwan sie fertig erzählt hat, »lachte« Iwan:

> Aber das ist doch alles nur Unsinn, Aljoscha; das ist ja doch nur die verrückte Dichtung eines verrückten Studenten, der niemals auch nur zwei Verse geschrieben hat. Warum nimmst du die Sache so ernst? ...[6]

Mit der eigentlichen Geschichte, die Iwan vorträgt, beginnt er erst nach seiner ausführlichen Vorrede über die historische Tradition des sechzehnten Jahrhunderts. Ausführlicher verweilt er in seiner Aufzählung bei einem aus dem Griechischen übersetzten klösterlichen »Gedichtchen«: *Die Wanderung der Mutter Gottes durch die Stätten der Qual*. Durch diese Stätten, genauer die Hölle, führt die Madonna der Erzengel Michael. Einige Sünder versinken in einem brennenden See so tief, daß sie nicht mehr an die Oberfläche heraufkommen können:

> diese »vergißt Gott schon« – ein Ausdruck von außerordentlicher Tiefe und Kraft.[7]

Diese Bemerkung reißt den Leser aus einer möglichen Gefühlsregung – er wird Bewußtsein des Gefühls, das er bei dieser Beschreibung empfand. Eine Art »gegenrhythmische Zäsur« im Sinne von Hölderlins Anmerkungen zum *Ödipus* entsteht durch solche Einschübe, die vom identifizierenden Gefühl (Mitleid) zur Reflexion zurückführen (zur »Besonnenheit«, wie dies die Reden des Theresias im *Ödipus* tun).

---

[5] GI, 3.
[6] GI, 40.
[7] GI, 4 (auch nachfolgendes Zitat).

Die Muttergottes gibt sich dem Gefühl hin. Erschütternd und weinend fällt sie vor dem Thron Gottes nieder und bittet um Gnade »für alle, die sie dort gesehen hat, ohne Ausnahme«.

Die Geschichte endet damit, daß sie von Gott ein Aussetzen der Qualen alljährlich vom Karfreitag bis Pfingsten erreicht. Die Sünder danken rufend und preisen Seine Gerechtigkeit. Nicht zufällig verweilt Iwan bei dieser Geschichte: Wie verträgt sich die Höllenvorstellung mit Christi Erlösung der Menschheit? Wenn Er die Liebe ist, wie ist dies möglich? Seit Luther sind die Vorstellungen von Himmel und Hölle als Zustände im Diesseits denkbar. Bis hierhin wäre die Transzendierung ins Diesseits zu denken, die durch die Jenseits-Tradition verwischt wurde.[8]

Das Erhandeln einer Strafmilderung wirkt nicht gerade göttlich. Dostojewskij verweist damit vermutlich auf den Symbolcharakter auch der Schrift, die, wörtlich genommen bis zur Lächerlichkeit irdisch wirkt (spirituelle Händler hätte Jesus vermutlich auch aus dem Tempel getrieben).

Iwan macht Aljoscha – und Dostojewskij durch ihn hindurch den Leser – aufmerksam auf den Unterschied der möglichen geschichtlichen Einkleidung der Geschichte, die er im Begriff ist, erzählen zu wollen:

> Siehst Du, von derselben Art würde auch meine kleine Dichtung gewesen sein, wenn sie zu jener Zeit erschienen wäre. Bei mir erscheint auf der Szene Er; allerdings redet Er in der Dichtung nichts, sondern erscheint nur und geht vorüber.[9]

Der Epiphanie Christi wird alles Wunderbare genommen, indem er gleichsam auf einer Bühne erscheint. Die Bemerkung der schweigenden Erscheinung wirkt wie eine Regieanweisung, die gleichzeitig die möglicherweise entstehende Spannung (was wird er antworten auf die Fragen des Großinquisitors) wegnimmt. Er wird schweigen, das wissen wir schon vor Beginn der Geschichte. Der Beginn der Geschichte wird an dieser Stelle weiter hinausgezögert mit den Erzählungen der Verhältnisse und Begebenheiten von damals, die allerdings das Ereignis seiner Wiederkunft vorbereitend erläutern.

Von den Ketzern, welche die Wunder leugneten, ist die Rede, vom Leiden der Verbannten, von Tränen und Jammerrufen zu ihm:

> Die Tränen der Menschheit stiegen zu Ihm hinauf wie ehemals; die Menschen erwarteten Ihn, liebten Ihn, hofften auf Ihn wie ehemals … Und so viele Jahrhunderte lang betete die Menschheit in feurigem Glauben: Herr Gott, erscheine uns! … daß es Ihn in seinem unermeßlichen Erbarmen verlangte, zu den Betenden hinabzusteigen.[10]

Wenn Iwan jetzt die historische Wahrheit der folgenden Geschichte bekräftigt, weiß der Leser, daß dies eine literarische Konvention ist. Denn er ist genügend darauf hingewiesen worden, daß er sich in der Welt der Fiktion, der Märchen und Gleichnisse befindet: »Und so ist es auch tatsächlich geschehen, kann ich dir sagen«.

---

[8] Vgl. »Ich bin mein Himmel und meine Hölle«. In: Dischner, Es wagen … Wie Anm. 2, 128–135.
[9] GI, 5.
[10] GI, 6.

Die Konvention der Redeweise wird mit der nachfolgenden Bemerkung sofort wieder in Frage gestellt:

> Die Handlung spielt bei mir in Spanien, in Sevilla, in der furchtbarsten Zeit der Inquisition, als täglich zum Ruhme Gottes im Lande die Scheiterhaufen loderten und
> Die Flammen der prächtigen Autodafe's
> Verbrannten die schändlichen Ketzer.[11]

Christus erscheint, als am Tag zuvor fast »ein ganzes Hundert von Ketzern« verbrannt worden war vor den Augen des Königs, des Hofs, der Ritter, der Kardinäle »und der reizendsten Damen des Hofes«. In dieser Situation, am Tage danach, erscheint er, still und unauffällig. Iwan spricht nun nicht mehr ironisch, sondern erhaben im biblischen Stil, die Epiphanie ernstnehmend: »... und siehe da, es ergibt sich etwas Seltsames: alle erkennen Ihn«.

Kaum hat er den Leser in eine erhabene, gehobene Stimmung versetzt, kühlt er ihn mit einer stilistischen Bemerkung wieder ab, zwingt ihn erneut in die Reflexion: »Das könnte einer der besten Stellen meiner Dichtung sein, nämlich die Darlegung, woran sie ihn denn erkennen«. Nach dieser Bemerkung erfüllt der Erzähler die Erwartungshaltung des Lesers über die Vorstellung der Erscheinung des Herrn. Sein Herz brennt in Liebe, aus seinen Augen strahlt Licht und Kraft, sie erschüttern die Herzen der Menschen in Gegenliebe. Von der Berührung seiner Hände und sogar seines Gewandes geht heilende Kraft aus, er macht einen Blinden sehend und aus einem Kindersarg vor dem Domportal erhebt sich lächelnd die einzige Tochter eines angesehenen Bürgers.[12]

Seine Wunder beweisen, daß Er es wirklich ist. Indem Wunder nötig sind, um das Volk gläubig zu machen, wird klar, daß es kleingläubig ist – worauf der Großinquisitor, der finster vorbeigeht, später reagieren wird:

> ... er hat gesehen, wie das Mädchen auferstand, und sein Gesicht hat sich verfinstert ... ein böses Feuer funkelt in seinem Blick. Er streckt einen Finger aus und befiehlt der Wache, Ihn zu ergreifen. Und seine Macht ist so groß und das Volk ist schon dermaßen an Unterwürfigkeit und zitternden Gehorsam ihm gegenüber gewöhnt, daß die Menge sofort vor den Häschern auseinanderweicht.[13]

Christus ist nicht enttäuscht von der Feigheit und Unterwürfigkeit des Volkes. Er wußte ja alles schon vorher, als es ihn verlangte –

> sich, wenn auch nur für ganz kurze Zeit, dem Volke zu zeigen, dem sich quälenden, leidenden, garstig sündigenden, aber Ihn doch kindlich liebenden Volke.[14]

Er wird gefangengenommen und in den Kerker gesperrt, wo ihn nachts der Großinquisitor aufsucht.

Der Hauptteil des Kapitels besteht aus dem langen Monolog des Großinquisitors, wie Dostojewskij ihn Iwan ausdenken läßt, unterbrochen von den Fragen Aljoschas. Während Iwan »lachend« auf die Fragen antwortet, heißt es vom sanften Aljoscha, daß er lächelt. Ein einziges Mal,

---
[11] GI, 7.
[12] GI, 8.
[13] GI, 10.
[14] GI, 7.

Transzendierung ins Diesseits

am Schluß, lächelt auch Iwan, aber es ist ein »schiefes Lächeln«. Es ist schief, weil Aljoscha ihn auf seine am Vortag ausgesprochene Doktrin »alles ist erlaubt« anspricht. Iwan erwidert »mit einem schiefen Lächeln: 'Na meinetwegen: 'Alles ist erlaubt', wenn der Satz nun einmal ausgesprochen ist. Ich nehme ihn nicht zurück‹ ...«. Mit diesen Worten charakterisiert Dostojewskij Iwan, der seine tiefe Empfindungsfähigkeit hinter einer distanziert-ironischen Maske verbirgt.[15]

In dieser Maske erscheint er auch als der Vortragende. Er kann die tiefgehenden Gedanken zu Freiheit, Glück, Verantwortung, Mut, Verzweiflung und Macht keinesfalls mit Pathos vortragen.

Iwan als »Autor« der Geschichte wird von Dostojewskij für die »indirekte Mitteilung« eingesetzt, so, wie Kierkegaard seine Pseudonyme für die indirekte Mitteilung gebraucht. Er ist nicht nur eine Romanfigur, er ist als Romanfigur ein von Dostojewskij erfundener Autor, der eine Geschichte erfindet, in der Christus mitten in der Zeit der Inquisition dem Volk erscheint. Die geschichtliche Einkleidung ist der Rahmen für seine Freiheitsproblematik, die modern ist und die in dieser Weise im sechzehnten Jahrhundert nicht diskutiert worden war, worauf der Autor Iwan auch hinweist, wenn er zu Aljoscha, die poetischen Produktionen jener Zeit zitierend, sagt: »Siehst Du, von der selben Art würde auch meine kleine Dichtung gewesen sein, wenn sie zu jener Zeit erschienen wäre«. Iwan gibt den Wink, seine kleine Dichtung nicht als historische Erzählung zu hören.

Der historische Rahmen verführt zunächst zu einer distanzierenden Betrachtung, aber sie läßt sich nicht durchhalten, weil die Fragen ewig und insofern auch brennend aktuell sind für jeden, der sich darauf einläßt. Der Großinquisitor blickt Ihm ein oder zwei Minuten ins Angesicht. Aber dies besänftigt ihn nicht. Das Ausmaß seiner Verhärtung wird sofort spürbar, wenn der Leser sich an Christi Wirkung im Volk erinnert, wie Strahlen von Licht und Kraft aus seinen Augen sich auf die Menschen ergießen und »ihre Herzen in Gegenliebe« erschüttern. Nichts hören wir von solcher Wirkung. Es wird von Christus überhaupt fast nichts gesagt, aber seine schweigende Anwesenheit erregt den Großinquisitor zu immer neuen Vorwürfen und triumphierenden Siegesbezeugungen über das, was Christus wollte. Der Großinquisitor beginnt sofort mit einer Frage, die er selbst beantwortet und ihm zu schweigen gebietet. Aber Christus schweigt ohnehin.

> ... »Bist Du es? Ja?« Aber ohne eine Antwort abzuwarten, fügt er schnell hinzu: »Antworte nicht; schweig! Und was könntest Du auch sagen. Ich weiß recht wohl, was Du sagen willst. Aber Du hast auch gar kein Recht, dem, was Du schon früher gesagt hast, etwas hinzuzufügen. Warum bist Du denn hergekommen, uns zu stören?«[16]

Iwan führt später näher aus, wie diese Rede zu verstehen ist: Das Verbot, etwas hinzuzufügen, leitet Iwan aus dem Papsttum ab. Deutlich vernimmt

---
[15] GI, 42.
[16] GI, 11.

der Leser Dostojewskijs Kritik am Katholizismus, dessen Grundzug die Besitzstandwahrung sei:

> Sie sagen: Du hast alles dem Papste übergeben; folglich gehört alles jetzt dem Papste; Du aber komme jetzt überhaupt nicht wieder, störe wenigstens nicht vor der Zeit ...

Der Großinquisitor eröffnet ihm, daß er ihn morgen als den schlimmsten Ketzer verbrennen werde, und das ihm noch soeben huldigende Volk werde auf einen Wink herbeistürzen, um Kohlen für Christi Scheiterhaufen zu holen. Er sagt dies nicht wirklich hämisch, er ist tiefernst dabei, er erkennt, daß Christus all dies selbst schon weiß. Auf die Frage Aljoschas, ob dies zügellose Phantasie sei oder ein Irrtum des Greises, »ein unerhörtes *quid pro quo*«, erwidert Iwan lachend, er möge das letztere annehmen, »wenn dich der moderne Realismus bereits so verwöhnt hat und du nichts Phantastisches mehr ertragen kannst ...«

Dostojewskij unterbricht über Iwan den Monolog des Greises mit einer Frage nach dem Stil und einer Kritik an der von der Aufklärung tradierten Wahrscheinlichkeitsforderung, die mit der Ablehnung des Phantastischen und Wunderbaren einhergeht. Diese verfremdende Unterbrechung wird potenziert durch Iwans Bemerkung:

> Es kann schließlich einfach Fieberwahn gewesen sein, die Vision eines neunzigjährigen Greises vor dem Tode, der noch dazu erregt ist von dem Autodafé des vorhergehenden Tages, wo hundert Ketzer verbrannt worden sind ...[17]

Nachdem ich als Leser, den Hörer Aljoscha und seine Einwürfe mitbedenkend, völlig klar über das Fiktionale der Geschichte bin, versetzt mich Iwan, hinter dem der Autor Dostojewskij im doppelten Wortsinne aufgehoben ist – vernichtet als identifizierbare Person, aufbewahrt als einer, der die Freiheitsproblematik denkt, die der Großinquisitor entfalten wird – in die Situation des Großinquisitors selbst, in seine Erregung über das Autodafé, in den Fieberwahn eines Neunzigjährigen, auf dessen Wink hin das Volk zurückweicht und Christus, den es eben umjubelt hat, von dem es ergriffen ist, abführen läßt ohne eine Regung der Rebellion. Es geht nicht um das Faktische oder so etwas wie »historische Wahrheit«. Und noch weniger geht es um Stilfragen. Es geht um das Denken selbst, zu dem uns Dostojewskij zwingt, folgen wir der Poeto-Logik seines Textes.

Denken im nicht umgangssprachlichen Sinn ist Ekstasis: Ich versetze mich in das Gedachte. Ich bin dort, wo ich denke, ich bin Bewußtsein meines Denkens, nicht reflexionslose Identifikation mit den Gefühlen einer erfundenen Figur. Wenn ich den Großinquisitor denke, bleibe ich mir bewußt, daß ich es bin, der ihn denkt. Wenn ich im folgenden Christus durch den Großinquisitor hindurch denke – denn dieser ist sich durchaus bewußt, daß Christi Nachfolge Freiheit bedeutet, Freiheit und Leiden in der Welt des Sozialen – so erfahre ich Aspekte des Christ-Seins, die ich vielleicht in solcher Beleuchtung bisher nicht gesehen habe: Ich erfahre im

---

[17] GI, 12 f.

Textfluß Dostojewskijs Denken der Gestalt Iwans, die den Großinquisitor und Christus durch den Großinquisitor hindurch denkt. Ich tauche ein in den Bewußtseinsstrom des Geistes, der fähig ist, dies alles mitzubedenken. Die Wiederkehr Christi in einem Jahrhundert der Scheiterhaufen der Inquisition, eines durch die Knechtung feigen, unterwürfigen Volkes, das doch voller Sehnsucht die Wiederkunft des Erlösers erwartet, eines Jahrhunderts höfischer Schönheit, die zur Etikette erstarrt ist, literarischen Darbietungen über Heilige und die Madonna folgend, die Mitleid mit den Verdammten der Hölle hat, und dies konsumierend wie die Darbietungen der realen Verbrennungen von hundert Ketzern. Darauf werden wir durch das Attribut »reizend« besonders deutlich hingewiesen: Dostojewskij spricht von den »reizendsten Damen des Hofes« wie der zahlreichen »Einwohnerschaft von ganz Sevilla.[18]

Es handelt sich hier nicht um die vielzitierte »Verlebendigung der Geschichte«, es ist mehr als dies: Es ist Dostojewskijs geschichtliche Konstruktion einer Zeit der Macht (der Kirche), die als ewige Wiederholung in der Geschichte zu denken ist. Die Einwohnerschaft von Paris sitzt vor den Darbietungen der Guillotine ähnlich wie die Einwohnerschaft von Rom im Zirkus oder wie die Einwohnerschaft Sevillas vor dem Scheiterhaufen. Deshalb kann Iwan auch sagen, daß es gleichgültig sei, ob es sich um ein quid pro quo oder »zügellose Phantasie« handle.[19]

In dem *Brief eines Dichters an einen Anderen* empört sich Kleist über den Formalismus des anderen, der mit seinen Gefühlen auf Metrum und Wohlklang verweilt,

> im Vergleich mit den großen, erhabenen, weltbürgerlichen, die vielleicht nach der Absicht dieses herrlichen Dichters in deinem Herzen anklingen sollten ..., wenn Ophelia vom Hamlet sagt: »welch ein edler Geist ward hier zerstört!« oder Macduf vom Macbeth: »er hat keine Kinder!« – Was liegt an Jamben, Reimen, Assonanzen und dergleichen Vorzügen, für welche dein Ohr stets, als gäbe es gar keine andere, gespitzt ist? ...[20]

Der Dichter wählt *die* Form, in der die existentielle Lesung möglich wird. Auch wenn wir begreifen sollen, was uns ergreift, ist doch der Blick auf die Form immer einer im Dienst der höheren Ergriffenheit, deren Bewußtsein wir werden.
Worum geht es Iwan?

> ... der Greis hat das Bedürfnis, sich auszusprechen, er spricht sich endlich zur Entschädigung für die ganzen neunzig Jahre aus und sagt das laut, was er die ganzen neunzig Jahre verschwiegen hat.[21]

Der Greis stellt Christus – der nur schweigt – immerzu rhetorische Fragen, die er selbst beantwortet:

> Hast Du das Recht, uns auch nur eines der Geheimnisse jener Welt aufzudecken, aus der Du gekommen bist? fragt ihn mein Greis und antwortet Ihm selbst für Ihn: Nein, ein solches Recht hast Du nicht; Du darfst dem, was Du schon früher gesagt hast, nichts hinzufügen ... Alles, was Du neu verkünden könntest, würde eine Beeinträchtigung der

---

[18] GI, 8.
[19] GI, 12.
[20] Kleist, Brief eines Dichters an einen Anderen. 809.
[21] GI, 12.

> Freiheit des Glaubens der Menschen sein, da es wie ein Wunder erscheinen würde ... Hast Du nicht damals so oft gesagt: Ich will euch frei machen?

Der Großinquisitor spricht von zweierlei Begriffen von »Freiheit«. Die »Freiheit des Glaubens«, von der er spricht, ist keine Freiheit. Sie ist zum Dogma erstarrt, zum festen Besitz einer Kaste, die sie verwaltet und auslegt. Der Satz von Christus aber ist an jeden einzelnen gerichtet, der sich ihm öffnet. Dieses Öffnen hin zu ihm ist selbst der Akt der Ent-schlossenheit. Gegen die Entschlossenheit der Ketzer, sich nicht in einem für alle Zeiten feststehenden Glaubensdogma verschließen zu lassen, greift der Großinquisitor zur Gewalt: Er läßt sie verbrennen. Sein Angriff gegen den Störenfried – der die Weise, in welcher der Großinquisitor die Menschen »glücklich« macht, indem er und die Seinen »endlich die Freiheit überwältigt haben«, in Frage stellt – ist zugleich eine Verteidigung der eigenen Handlungsweise; diese erniedrigt die Menschen, während Christus sie erhebt. Die Erhabenheit, die der einzelne als Erhebung zum höheren Selbst erfährt – in einem Augenblick erkennt er sich als Geistwesen –, verspottet der Großinquisitor mit dem Hinweis auf die seit Christi Geburt vergangene Geschichte. Er rechtfertigt sein Monopol der Gewalt mit dem Hinweis auf die Faktizität. Bitterer Hohn spricht daraus. Christi Satz: »Ich will euch frei machen«, der sich auf eine Möglichkeit bezieht, die jeder selbst ergreifen muß, ohne ein Glücksversprechen damit zu verbinden, konfrontiert der Großinquisitor mit der faktischen Unfreiheit der vielen.

> Aber Du hast jetzt diese freien Menschen gesehen ... Fünfzehn Jahrhunderte lang haben wir uns mit dieser Freiheit abgequält; aber jetzt ist es mit ihr zu Ende, gründlich zu Ende. Du glaubst nicht, daß es mit ihr gründlich zu Ende ist? Du blickst mich sanftmütig an und würdigst mich nicht einmal Deines Unwillens?[22]

Während der Großinquisitor so spricht, wird aus seinen Worten unausgesprochen klar, daß er selbst fühlt, wie ohnmächtig er ist trotz aller weltlichen Macht, die er besitzt und gebraucht: Er weiß, daß er die Ketzer umbringen kann, aber nicht den Geist der Freiheit, für den sie sterben. Er weiß, daß es mit dieser Freiheit nicht »gründlich zu Ende ist« und daß die Sanftmut stärker ist als die Macht, die er ihr entgegensetzt. Dies alles läßt Dostojewskij Iwan nicht aussprechen. Der Leser selbst muß zu dieser Schlußfolgerung kommen, wenn er den Ton der Verzweiflung er-hört, der sich in den Worten verbirgt: »und würdigst mich nicht einmal Deines Unwillens«. Dieser Sanftmütige straft durch seine bloße schweigende Anwesenheit die Worte des Großinquisitors Lügen. Der weiß wohl, daß Er gekommen ist, zu brechen alle Macht auf Erden. So siegreich er im Augenblick erscheint, muß der Großinquisitor wissen, daß der Geist der Freiheit unbesiegbar ist, weil er sich diesseits von Sieg und Niederlage befindet, weil er selbst ständig ins Diesseits transzendiert und von den Sterblichen aufgenommen wird, die sich zu ihm entschließen. Dagegen hilft kein Pochen auf die Faktizität derer, die unfrei und verschlossen bleiben: Der Mensch ist zur Freiheit verdammt. Alle Geschütze, die der Großinquisitor in seiner militaristischen Strategie auffährt, alle Scheiterhaufen, die er

---

[22] GI, 13; 14; 13.

entzündet, können ihn nicht wirklich beruhigen, denn er weiß, wogegen er spricht:

> ... Wisse, daß auch ich in der Wüste war, daß auch ich mich von Heuschrecken und Wurzeln nährte, daß auch ich die Freiheit segnete, mit der Du die Menschen gesegnet hattest ... Aber ich kam zur Besinnung und trug nun kein Verlangen, dem Wahnsinn zu dienen ...[23]

Dies verrät der Großinquisitor erst gegen Ende seiner Rede. Es ist sein letzter Trumpf und er hilft ihm nicht aus der entsetzlichen Lage, daß er, angesichts der Faktizität der Entsetzlichkeiten der Geschichte und der Schwäche der Menschheit nicht an Ihn glauben kann und nicht an die Möglichkeit Seiner Freiheit. Deshalb dient er jetzt dem Ungeist, dem Widersacher, er verbindet sich mit ihm, er sieht ein,

> daß man nach der Weisung des klugen Geistes, des furchtbaren Geistes des Todes und der Zerstörung verfahren und sich zu diesem Zwecke der Lüge und der Täuschung bedienen und die Menschen mit Bewußtsein zum Tode und Untergange führen und sie dabei auf dem ganzen Wege betrügen müsse, damit sie nicht merken, wohin sie geführt werden, und damit diese armseligen Blinden sich wenigstens auf dem Wege für glücklich halten.[24]

Der Großinquisitor rechtfertigt die Entmündigung der Menschen mit dem Hinweis auf den Herdencharakter[25] der meisten. Christus hat diesen nie abgestritten, weshalb sollte er sonst den Weg der Freiheit geöffnet haben für jene, die den »tierischen Stand« (Kierkegaard) verlassen? Der Großinquisitor spricht lange von den drei Versuchungen des Teufels, denen Christus ausgesetzt war. Er zeigt die Klugheit dieser Versuchungen. Weshalb folgte Christus nicht dieser Klugheit? Weshalb wies er den »dritten Rat des mächtigen Geistes« zurück, das Schwert des Kaisers, also die weltliche Macht zu ergreifen? War er nicht auf das »Glück aller Menschen« bedacht? Er hätte damit alle irdischen Wünsche des Menschen erfüllt:

> ... er hätte jemand gehabt, den er anbeten und dem er sein Gewissen anvertrauen konnte, und hätte eine Möglichkeit gesehen, daß sich endlich alle zu einem gemeinsamen, feindlosen, einmütigen Ameisenhaufen vereinigten; denn das Bedürfnis, einer die ganze Welt umfassenden Vereinigung ist die dritte und letzte Qual der Menschen.[26]

Indem Dostojewskij in Iwans Phantasie den Großinquisitor über jene Wünsche reflektieren läßt, »die der Mensch hier auf Erden hegt«, hat er ihn auf den tierischen Stand reduziert (Ameisenhaufen) und ihm die Möglichkeit der Freiheit abgesprochen. Aber gerade die Verleugnung des Menschen als Geistwesen zeigt überdeutlich die Möglichkeit, die über das Erdenverhaftete hinausreicht. Auf der Negativfolie rein materialistischer Faktizität erscheint die Frohe Botschaft Christi um so leuchtender: Denn der Mensch empört sich in seiner Würde gegen die Behauptung, nicht Geist zu sein. Stellvertretend empört sich Aljoscha, »fast von seinem Platze aufspringend«: »... ›Aber ... das ist ja ein Unsinn!‹ rief er errötend. ›Dei-

---

[23] GI, 33 f.
[24] GI, 37.
[25] Vgl. 21, 34, 39.
[26] GI, 28.

ne Dichtung ist ein Lob Jesu und kein Tadel ... wie du es doch wolltest ...‹« Aljoscha spricht vom Mißbrauch der Lehre, vom »Verlangen der Macht ... nach Knechtung ... Vielleicht glauben sie auch gar nicht an Gott«.[27]
Dieser Unglaube ist das ganze Geheimnis. Es ist der Skeptizismus, den Iwan beschreibt. Es ist die aus solchem Skeptizismus geborene Verleugnung, daß der Mensch auch ein Geistwesen ist. Als Geistwesen ist er fähig, der »Gnade der Zeitlichkeit«, wie Kierkegaard sagt, teilhaftig zu werden und damit frei, so daß

> das mir Widerfahrene durch mich von Notwendigkeit in Freiheit gewandelt und übergeführt worden ist.[28]

Dostojewski spricht in diesem Zusammenhang deutlich aus dem Zeitgeist, nicht historisierend aus dem sechzehnten Jahrhundert. In der Polemik des Großinquisitors spricht sich Dostojewskij über das Problem des Sozialismus aus, wie er ihn wahrnahm. Antizipierend hören wir eine Kritik an dem, was in Brechts »Dreigroschenoper« im Chor gesungen wird: »Erst kommt das Fressen, dann kommt die Moral«.
Durch Iwans Phantasie der Phantasie des Großinqisitors vom Teufel, der Jesus in der Wüste versucht, hören wir Dostojewskijs Kritik am Sozialismus, an der Milieutheorie und an jeder Form reduktionistischer Psychologisierung:

> Weißt Du wohl, daß nach Verlauf von Jahrhunderten die Menschheit durch den Mund ihrer Weisen und Gelehrten verkünden wird, es gebe gar kein Verbrechen und folglich auch keine Sünde, sondern es gebe nur Hungrige? Mache sie satt und dann erst verlange von ihnen Tugend! Das werden sie auf das Panier schreiben, das sie gegen Dich erheben werden, und durch das Dein Tempel gestürzt werden wird ... Sie werden schließlich selbst begreifen, daß Freiheit und reichliches irdisches Brot für einen jeden zusammen nicht denkbar ist; denn niemals, niemals werden sie verstehen, untereinander zu teilen![29]

Dostojewskij läßt Iwans Großinquisitor in eine Zukunft vorausblicken, die noch die unsere ist; eine Zeit, in der die Ideologien des Sozialismus und Materialismus zusammengebrochen sein werden. Eine Zeit, in der die Angst vor der Freiheit wieder Formen annehmen wird, die jenen, die Brot versprechen, Macht verleihen wird. In ihrem Namen spricht der Großinquisitor über die Menschen. Er leugnet dasjenige, was Heidegger im Denken der Freiheit benannte als »die Bedingung der Möglichkeit des *Freiseins für* eigentliche existenzielle Möglichkeiten«[30]:

> Sie sind lasterhaft und rebellisch, aber schließlich werden auch sie gehorsam werden. Sie werden uns anstaunen und uns für Götter halten, weil wir, die wir uns an ihre Spitze stellen, uns bereit erklärt haben, die Freiheit zu ertragen, vor der sie Angst haben, und über sie zu herrschen, – eine so schreckliche Empfindung wird es schließlich für sie wer-

---

[27] GI, 28; 34 u. 35.
[28] Kierkegaard, Krankheit zum Tode. Übers. u. eingel. v. Lieselotte Richter. Frankfurt/M., ²1986.
[29] GI, 18.
[30] Martin Heidegger, Sein und Zeit. Tübingen ¹⁴1977, 193.

Transzendierung ins Diesseits 295

den, frei zu sein. Aber wir werden sagen, wir seien Dir gehorsam und herrschten in Deinem Namen. Wir werden sie wieder täuschen; denn Dich werden wir nicht mehr zu uns lassen.[31]

Dostojewskij spricht hier von einer Zukunft, die mit unserer Gegenwart begonnen hat: von der Dominanz sozialer Fragestellungen, denen die geistigen nicht nur untergeordnet, sondern im Dienste der sozialen eingesetzt werden; von einer Zeit, die ein tragisches Bewußtsein, das aus der Freiheit möglich wird, als Depression klinifiziert; von einer Zeit, in der Emanzipation an die Stelle der Freiheit getreten ist und zu Denktabus führt, mit denen verglichen die äußere Zensur vergangener Zeiten idyllisch wirkt. Aber auf der Handlungsebene, der unausgesprochenen des großen Schweigenden, spricht Dostojewskij auch von der Freiheit, die Liebe ist und nie vergehen wird. »Wie endet denn deine Dichtung?«, fragt Aljoscha mitten in der Auseinandersetzung um die zynisch wirkenden Thesen des Großinquisitors. Er fragt dies plötzlich und »mit niedergeschlagenen Augen«, die als symbolische Handlung seine Niedergeschlagenheit ausdrücken.

Iwan antwortet, daß, nachdem der Großinquisitor ausgeredet hat, eine Zeit des Wartens auf die Antwort des Gefangenen einsetzt. Aber dieser hat nur zugehört und »ihm still und durchdringend in die Augen gesehen«.[32]

Gegen die »Abblendung des Möglichen als solchen«[33] steht Christus als volle *Anwesenheit*:

Der Greis möchte, daß Er etwas zu ihm sage, sei es auch etwas Bitteres, Furchtbares. Aber Er nähert sich plötzlich schweigend dem Greise und küßt ihn still auf die blutlosen, neunzigjährigen Lippen. Das ist seine ganze Antwort. Der Greis fährt zusammen. Es zuckt etwas in seinen Mundwinkeln, er geht zur Tür, öffnet sie und sagt zu Ihm: Geh weg und komm nicht mehr wieder ... komm überhaupt nicht mehr wieder ... niemals, niemals! ... Der Gefangene geht.[34]

Aljoscha fragt in die Stille nach diesem Schluß, was mit dem Greis sei. »Der Kuß brennt auf seinem Herzen; aber der Greis bleibt bei seiner früheren Idee ...« Aljoschas Frage im Stil der Bibel beschwörend wiederholt: »Und auch du mit ihm, auch du?«, führt den Leser zurück aus der Fiktion des Iwan in die Fiktion Dostojewskijs von den Brüdern Karamasow. Iwans Lachen scherzt den tiefen Ernst der Rede hinweg mit dem Hinweis, daß dies alles nicht ernst zu nehmen und die verrückte Dichtung eines verrückten Studenten sei. Und als Aljoscha den Ernst der Geschichte zurückholt, indem er aufsteht und den Bruder »still auf den Mund« küßt, ruft Iwan, nicht mehr lachend, sondern »in eine Art Enthusiasmus« übergehend: »Das ist literarischer Diebstahl ... Das hast du aus meiner Dichtung gestohlen! Aber dennoch: ich danke dir ...«.[35]

Der Leser wird jetzt, im existentiellen Vollzug der Freiheitsproblematik, die er nicht in konsumierender Haltung verdrängen kann, angeregt,

---
[31] GI, 19.
[32] GI, 39.
[33] M. Heidegger, a.a.O., 195.
[34] GI, 40.
[35] GI, 40 und 42.

das Verhältnis von Fiktion und Wirklichkeit zur Anschauung zu bringen, zu erkennen, daß es keine objektive Wirklichkeit gibt, daß Realität ist, was ich realisiere, und Freiheit immer meine je eigene ist: Dies ist die Frohe Botschaft. Liebe und Freiheit ist eins. Alle Handlungen im Geiste der Liebe sind heilige Handlungen.

»Worte wie Hände aus Rosen«

Die irakische Dichterin Nāzik al-Malā'ika

Wiebke Walther

Erzählerinnen aus arabischen Ländern sind seit mindestens fünfzehn Jahren in Übersetzungen auch auf dem deutschen Buchmarkt namhaft geworden. Stellen sie doch das Leben von Frauen in arabisch-islamischen Ländern mit ihren häufig extrem patriarchalischen Verhältnissen – eins der wichtigsten Themen der modernen Literaturen arabischer Länder seit ihrem Entstehen – oft subtiler dar als männliche Autoren. Schließlich sind sie selbst Betroffene.[1]

Dichterinnen sind seltener. Dabei waren es Frauen, die in der traditionsreichen arabischen Dichtung früh in Erscheinung traten. Tumaḍir (575 bis ca. 643, auch 661) mit dem Beinamen al-Ḫansā', »die Gazelle« (eigentlich »die Stupsnäsige«), unter dem sie bekannt wurde, gilt bis heute als Meisterin der Trauerode, einer der wichtigsten Gattungen der altarabischen Poesie. In vorislamischer Zeit waren es oft Frauen, die ihre Brüder, Väter oder Ehemänner nach deren Tod in einer Marṯiyya[2], einer Elegie, rühmten und den Schmerz des Stammes, später der Familie, poetisch ergreifend in Worte kleideten. So pries al-Ḫansā' (dem traditionellen Tugendkanon entsprechend) die Qualitäten zweier ihrer Brüder, die bei Stammeskämpfen unmittelbar vor dem Aufkommen des Islams gefallen waren, und brachte ihre Trauer über deren Tod in kunstvoller Sprache zum Ausdruck. Ihre Elegien wurden vorbildlich für diese Gattung. Als der Dichter al-Ǧarīr (gest. 728/9) eine Marṯiyya auf eine Frau, seine Frau, verfaßte, traf ihn noch der Spott seines dichterischen Rivalen al-Farazdaq. Erst vom 3./4. islamischen Jahrhundert an, in der Abbasidenzeit (750–1250), kennen wir Marṯiyyas männlicher Dichter auf ihre Mütter, auch auf eine Schwester oder die Ehefrau, Marṯiyyas, in denen sie manchmal indirekt auch sich selbst verherrlichten oder bedauerten.[3] Schmähgedichte altarabischer Frauen auf ihre Männer, in denen, wie auch umgekehrt, mit Derbheiten nicht gespart wird,[4] sind uns eher überliefert als Liebesgedichte. Aber zarte ebenso wie leidenschaftliche und freie Liebesgedichte von Frauen auf Männer wurden später im islamischen Spanien vor allem von den Dichterinnen al-Wallāda (gest. 1087/8 oder 1091/2) und Ḥafṣa Bint al-Ḥāǧǧ (gest. 1190/1) bekannt.[5]

---

[1] Vgl. W. Walther, Neuere Entwicklungen in der zeitgenössischen arabischen narrativen und dramatischen Literatur. In: W. Fischer (Hg.), Grundriß der arabischen Philologie. Bd. 3, Wiesbaden 1992, 237 ff.; dies., Die Frau im Islam heute. In: W. Ende, U. Steinbach (Hg.), Der Islam in der Gegenwart. 4. neu bearb. u. erw. Aufl., München 1996, 626 ff.
[2] Vgl. Ch. Pellat, Marthiyya. In: The Encyclopedia of Islam. New Ed., V. 6 (1989).
[3] Vgl. etwa die Marṯiyya des Abū Firās (935–968) auf seine Mutter: »O Mutter des Gefangenen ...«
[4] Vgl. z. B. Friedrich Rückerts Übertragung der Anthologie al-Ḥamāsa »Tapferkeit« des Abū Tammām (804–846). Stuttgart 1846, besonders die letzten Kapitel.
[5] Ausführlicher W. Walther, Die Frau im Islam. 3. neu bearb. Aufl., Leipzig 1997, 119 ff.

In den siebziger Jahren des 19. Jahrhunderts begann sich unter dem soziokulturellen Einfluß westeuropäischer Kolonialmächte – vor allem Frankreichs, dann auch Englands – die Presse sowie eine neue Literatur zu entwickeln, und zwar zuerst vorwiegend in Ägypten und im Raum Syrien/Libanon. Es waren Frauen aus Oberschichtfamilien, die hier, zunächst vereinzelt, ihre Stimme erhoben. Maryānā Marrāš (1848–1919) aus einer literarisch gebildeten Familie aleppinischer Christen war offensichtlich die erste Araberin, die in einem Artikel, veröffentlicht in der Zeitschrift eines christlichen Landsmanns in Beirut 1870, ihre Landsmänninnen aufforderte, sich mit Bildung statt mit Gold, Juwelen, Seide und Brokat zu schmücken. Die Ägypterin ʿĀʾiša Taimūr (1840–1902), Schwester von Aḥmad Taimūr Pāšā, einem bekannten Bibliophilen und Verfasser mehrerer Bücher, schrieb seit 1890 Artikel in kunstvoll gereimter Prosa zum Thema Frauenbildung, die in ägyptischen Zeitschriften publiziert wurden. Sie veröffentlichte auch Diwane, Gedichtbände, in arabischer und türkischer Sprache – die Familie gehörte zur turko-arabischen Oberschicht in Ägypten – zu konventionellen Themen und in (neo-) klassizistischer Form.[6]

Seit der Zeit um 500 gab es im Arabischen eine kunstvolle Dichtung in Monoreim und Monometrum, die vor der Entwicklung der arabischen Schriftkultur längere Zeit nur mündlich tradiert wurde. Diese Dichtung war zunächst Beduinenpoesie. Sie besang das harte Leben der Nomaden in der Wüste und gipfelte in den Qaṣīden, langen Gedichten zu einem festgelegten Themenkreis.

Die koranische Verdammung der Poeten in Sure 26:224–26, zu verstehen wohl aus der ablehnenden Haltung einiger Dichter der Zeit Muḥammads dem neuen Glauben gegenüber, hat der Rolle der Poesie im Arabischen keinen Abbruch getan. Die Qaṣīde als Form blieb bis in dieses Jahrhundert üblich, wie auch die formalen Traditionen von Monoreim und Monometrum bis in die Mitte unseres Jahrhunderts vorherrschend blieben – trotz gelegentlicher Versuche nach der Jahrhundertwende, sich von ihnen zu befreien. Der Themenkanon der älteren Qaṣīde wandelte sich mit der Urbanisierung der arabisch-islamischen Gesellschaft. Nicht mehr die Klage an den verlassenen Lagerplätzen des Stammes der Geliebten, mit der die altarabische Qaṣīde begann, nicht mehr der Ritt durch die Wüste und die Naturschauspiele dort, nicht mehr das Kamel als bewährtes Reittier, das Lob des eigenen und die Schmähung des feindlichen Stammes waren die poetischen Themen der höfisch-städtischen Gesellschaft. Allenfalls waren sie es noch in Persiflagen.

Die luxuriösen Freuden einer höfisch-urbanen Kultur, die soziokulturelle Elemente iranischer, indischer und byzantinischer Herkunft integriert hatte: Liebe, auch die zu Knaben, Wein (trotz des koranischen Weinverbots) und Jagd wurden besungen. Eine hochentwickelte Panegyrik sollte dem Dichter die Existenz am Hof ermöglichen. Traueroden auf Freunde, Gönner und Verwandte, auch auf Gelehrte, ebenso wie beißen-

---

[6] Ausführlicher W. Walther, Der Islam in der Gegenwart. (Wie Anm. 1), 606 ff.

de Spott- und Schmähgedichte auf Rivalen, auf Gönner, die sich nicht großzügig genug gezeigt hatten, auf höfische Sängersklavinnen (die Hetären der muslimischen Höfe), die dem Dichter gegenüber zu selbstbewußt und/oder abweisend aufgetreten waren, offenbaren feinziselierte Sprachkunst und geben reizvolle Einblicke in die sozialen Beziehungen einer hochkultivierten Gesellschaft. Aber auch Gottsuche, Askese, Klagen über die Welt mit ihren Ungerechtigkeiten und das unbegreifliche Schicksal, dem der Mensch nicht entrinnen kann, der Pfad der Mystiker, das Vergehen oder Aufgehen des Menschen in Gott wurden zu Themen arabischer Dichter über Jahrhunderte.

Die altarabische Dichtung gehörte zum Bildungskanon der höfischen Gesellschaft in Damaskus und dann in der 762 gegründeten Kalifenmetropole Bagdad. Dichter konnte nur werden, wer Hunderte, ja Tausende von Versen seiner Vorgänger auswendig lernte, um, in dieser Tradition versiert, kunstvoll anzuzitieren, zu variieren, auch zu persiflieren, die Bildungselite mit der Variation des Altbekannten, Ererbten, dem kunstvollen bis gekünstelten sprachlichen Spiel zu erfreuen.[7]

Von der zweiten Hälfte des 19. Jahrhunderts an wurden, bei Wahrung der formalen dichterischen Konventionen, neue Themen aufgegriffen: politische Repression, soziales Unrecht, darunter die Frauenfrage, der Kampf gegen koloniale Unterdrückung, gegen mangelnde Bildung unter großen Teilen der Bevölkerung, gegen zivilisatorische Rückständigkeit. Die Berufung auf die Glanzzeiten der arabisch-islamischen Kultur sollte nationales Selbstbewußtsein wecken und stärken.

Nach dem Ersten Weltkrieg besannen sich arabische Dichter auf die Bedeutung der Wurzel, von der das Wort für »Dichter« im Arabischen abgeleitet ist: Šākir (Dichter) bedeutet »fühlend« und »wissend«. Unter dem Einfluß vorwiegend der englischen Romantik, aber auch der Dichtung arabischer Emigranten in Nordamerika, wurden individuelle Gefühle besungen.[8]

Der Bruch mit der anderthalb Jahrtausende alten formalen Tradition der arabischen Poesie, die eng an die Eigenart der arabischen Sprache mit ihrem Wurzelsystem und ihren festgelegten Wortstrukturen gebunden ist, ging vom Irak aus. Wer als erster diese formale Erneuerung einführte, Badr Šākir as-Sayyāb (1926–1964) oder Nāzik al-Malā'ika (geb. 1923), darüber streiten sich bis heute die Geister. Beide waren Absolventen des Iraqi Teachers' College, des Lehrerbildungsseminars, in Bagdad und hatten als Studenten englische Dichtung, oft in Rezitationen, kennengelernt. Nāzik erhielt 1944 die Lizenz dieses Instituts für Arabisch, weist in ihrer Vita[9] aber auch darauf hin, daß sie im Britischen Kulturzentrum in Bag-

---

[7] Vgl. R. Jacobi, Studien zur Poetik der altarabischen Qaside. Wiesbaden 1971; dies., Dichtung. In: H. Gätje (Hg.), Grundriß der Arabischen Philologie. Bd. 2, Wiesbaden 1987, 7–63.
[8] Vgl. z. B. Mustafa M. Badawi, A Critical Introduction to Modern Arabic Poetry. Cambridge/London 1975; S. Moreh, Modern Arabic Poetry 1800–1970. Leiden 1976; S. K. al-Jayyusi, Trends and Movements in Modern Arabic Poetry. V 1, 2, Leiden 1977.
[9] In: Robert Campbell, A'lām al-Adab al-'arabī al-mu'āṣir, Siyar wa-siyar dātiyya. Beirut

dad damals dazu angeregt wurde, Shakespeare-Sonette und Gedichte von Byron, Shelley und Keats im Original zu lesen. 1950/51 hatte sie Gelegenheit, in Princeton, New Jersey, Literaturkritik zu studieren. Dem schloß sich ein Studium der Komparativistik in Wisconsin 1954–56 an.

Badr Šākir as-Sayyāb und Nāzik al-Malā'ika kannten sich natürlich auch während ihrer Studienzeit und kamen mit anderen zusammen, um gemeinsam Dichtung zu lesen, zu hören und über sie zu sprechen. Sie machten sich später gegenseitig die Pionierrolle in der »freien Dichtung« streitig. Historiker der modernen arabischen Literatur verweisen meist darauf, daß bereits in den zwanziger und dreißiger Jahren Shakespeare-Dramen in freien Rhythmen ins Arabische übersetzt wurden, und daß arabische Dichter in dieser Zeit gelegentlich Gedichte in freien Rhythmen publizierten.[10]

Die eigentliche Bewegung der freien Dichtung im Arabischen begann jedenfalls mit Nāzik al-Malā'ika und Badr Šākir as-Sayyāb. Sie veröffentlichten, wie aber auch ihr Landsmann Buland al-Ḥaidarī (1926–1996), von der zweiten Hälfte der vierziger Jahre an Gedichte, die auf Freunde und Kenner arabischer Poesie formal geradezu revolutionär wirkten. Nicht mehr die schwierigen bis schwerfälligen Gesetze von Monoreim und Monometrum beherrschen ihre Gedichte, sondern Strophenform – die es schon in der spanisch-arabischen Dichtung wie auch der arabischen Volksdichtung gab – und wechselnde Reime wirken sanghaft und melodiös. Trotz variierender Metren ist Rhythmus spürbar, lassen sich rhythmische Strukturen der älteren arabischen Dichtung in Form bestimmter Versfüße in leicht abgewandelter Form heraushören. Nāziks erstes Gedicht in freien Rhythmen, das leidenschaftliche al-Kūlīrā *Die Cholera* auf eine Epidemie in Kairo, publiziert in der Beiruter Zeitschrift al-'Urūba *Das Arabertum* am 1.1.1947,[11] ist rhythmisch von der dreifachen Wiederholung des Wortes al-Maut »der Tod« wie von dumpfen Trommelschlägen durchzogen. Badr Šākir as-Sayyābs erstes Gedicht dieser Form erschien wenige Wochen später ebenfalls in einer Beiruter Zeitschrift. Es ist ein sehr lyrisches, melancholisches Liebesgedicht mit dem Titel Hal kāna Ḥubban? *War es Liebe?*, das er für spätere Drucke überarbeitete.

Nāzik al-Malā'ika besingt, beginnend mit ihrem ersten Diwan 'Āšiqat al-Lail *Die Liebende der Nacht*, 1947, immer wieder Trauer und Ängste des Menschen, eine melancholische, resignierende Grundstimmung, die unter irakischen Intellektuellen und Schriftstellern dieser Zeit weit verbreitet war. Ausgelöst wurde sie durch den Zweiten Weltkrieg und seine Auswirkungen auf die arabischen Länder. England als die frühere Kolonialmacht und das faschistische Deutschland, das sich als Befreier von britischen kolonialen Machtansprüchen gab, rivalisierten um die Gunst der

---

1996, Bd. 2, 1247–52. (Beiruter Texte und Studien, Bd. 62). Vgl. zu ihrem Leben auch Ḥayāt Šarāra, Ṣafaḥāt min Ḥayāt Nāzik al-Malā'ika, London 1994.

[10] Vgl. vor allem Yūsuf aṣ-Ṣā'iġ, Aš-Ši'r al-ḥurr fī l-'Irāq mundu naš'atihi ḥattā 'ām 1958. Bagdad 1978.

[11] Verfaßt nach Aussage der Dichterin am 27. 10. 1946, vgl. Qaḍāyā aš-Ši'r al-mu'āṣir. Bagdad 1965, 23.

irakischen politischen und intellektuellen Eliten. Der Einfluß des französischen Existentialismus und des Nihilismus ist aber auch in der irakischen Erzählliteratur der fünfziger und sechziger Jahre zu spüren.

Schon unmittelbar nach Kriegsende begann Nāzik mit einem Gedicht Ma'sāt al-Insān *Die Tragödie/das Leiden des Menschen*, das sie als Muṭawwala ši'riyya »Poetisches Langwerk« bezeichnete. Im Vorwort aus dem Jahr 1970 sagt sie, sie habe damals lange englische Gedichte gelesen und diese Form auch ins Arabische einführen wollen, weil sie ihr gefiel. Der Titel knüpft an den französischen Titel »La Passion d'al-Halladj« an, eine 1922 erschienene Untersuchung des französischen Orientalisten Louis Massignon über den berühmtesten arabischen Mystiker al-Ḥallāǧ, der 922 in Bagdad gekreuzigt wurde. Dieser hatte von sich gesagt: Anā l-Ḥaqq »Ich bin Gott / die absolute Wahrheit«, um die untrennbare, liebende Vereinigung von Gott und Mensch, die Hingabe des Menschen an Gott, die zum Gefühl des Aufgehens in ihm führte, zu definieren.[12] Al-Ḥallāǧ, der auch sozial-religiöser Rebell war, wurde arabischen Dichtern und Schriftstellern, besonders denen aus dem Irak, seit Massignons Buch zum Symbol des Aufbegehrens des Menschen gegen ein in Konventionen erstarrtes Establishment.[13] Nāzik al-Malā'ika beruft sich aber im Vorwort zu *Ma'sāt al-Insān* auf Schopenhauers Worte, mit denen sie ihren Pessimismus begründet: »Ich weiß nicht, warum wir den Vorhang für ein neues Leben heben, jedesmal, wenn er sich über eine Niederlage und einen Tod gesenkt hat. Ich weiß nicht, warum wir uns selbst mit diesem Orkan betrügen, der sich um ein Nichts erhebt. Wie lange noch ertragen wir geduldig diesen Schmerz?«[14] Sie hat dieses lange Gedicht wenige Jahre später, 1950, fortgesetzt und dem Titel hinzugefügt: Uġniya li-l-Insān *Ein Lied für den Menschen*.

In der Zwischenzeit hatte sie zwei Diwane publiziert, mehr dichterische und mehr Lebenserfahrung gesammelt und sah das Leben optimistischer als 1945. 1965 korrigierte und überarbeitete sie das Gedicht für die Veröffentlichung ein weiteres Mal und fügte Neues hinzu. So besteht es aus 1200 Versen im selben Metrum, Ḫafīf, und mehr als 460 arabischen Seiten. Aber es setzt sich aus Strophengedichten zusammen, die eigene Titel tragen und um unterschiedliche Themen kreisen.

Ihr Aufruf zur *freien Dichtung* (aš-Ši'r al-ḥurr) – frei vor allem in formaler Hinsicht – erfolgte mit ihrem zweiten Diwan Šaẓāyā wa-Ramād *Splitter und Asche*, 1949. 1962 umriß sie in ihrem Buch Qaḍāyā aš-Ši'r al-mu'āṣir *Probleme der modernen Dichtung* ihre Ansichten zur Theorie dieser Dichtung, deren Notwendigkeit sie mit soziokulturellen Entwicklun-

---

[12] Vgl. A. Schimmel, al-Halladsch, Märtyrer der Gottesliebe, Köln 1967, und dies., Al-Halladsch, O Leute, rettet mich vor Gott, Worte verzehrender Gottessehnsucht. Ausgewählt, übers. u. eingeleitet. Freiburg 1985.
[13] Vgl. ausführlicher A. Schimmel, Das Ḥallāǧ-Motiv in der modernen islamischen Literatur. In: Die Welt des Islams. N. S. 23/24 (1984), 165–181, vgl. auch W. Walther, Von Sozialkritik bis Mystik. Der Islam im Spiegel irakischer Erzählliteratur. Ebd., 222–243.
[14] Zitiert nach Nāzik al-Malā'ika, Dīwān, Bd. 1, Bagdad 1970, 6, ohne Quellenangabe.

gen begründete.[15] Eingeleitet wurde es von ihrem Mann, dem Historiker ʿAbd al-Hādī Maḥbūba (geb. 1917), aus einer bekannten schiitischen Familie der Stadt Naǧaf, einem der beiden Hauptheiligtümer der Schiiten im Irak.[16]

Auch Nāzik al-Malāʾika stammte aus einer angesehenen, hochgebildeten Familie, die in Bagdad ansässig war. Sie spricht wiederholt mit liebender Verehrung von ihrer Mutter, die, obwohl Analphabetin, Gedichte im neoklassizistischen Stil zu politischen und sozialen Themen der Zeit verfaßte. Als konservative Muslimin verließ sie selten das Haus, hörte aber viel Radio und eignete sich so, auf dem Weg des Hörens, die Regeln der arabischen Dichtkunst an, wie sie sich auch intensiv für Zeitfragen im arabischen Raum interessierte. Ihren Diwan gab Nāzik 1968 heraus.[17]

Ihre eigenen weiteren Diwane erschienen 1957 unter dem Titel Qarārat al-Mauǧa *Die Tiefe der Wogen* und 1968 Šaǧarat al-Qamar *Der Mondbaum*. 1977 publizierte sie in Bagdad Yuġayyiru Alwānahū al-Baḥr *Das Meer verändert seine Farben*, 1978 in Beirut Li-ṣ-Ṣalāt wa-t-Ṯaura *Für das Gebet und die Revolution*.

Eine Gesamtausgabe ihrer bis dahin erschienenen Gedichte wurde 1970, eine Nachauflage 1979/81 in Beirut gedruckt.[18] Sie hat auch sozialer Kritik und patriotischen Themen poetische Form verliehen. Ihr erstes Gedicht in freien Rhythmen, *Die Cholera*, erschien nach dem Vorabdruck in einer libanesischen Zeitschrift in ihrem Diwan *Splitter und Asche*. Ein Gedicht auf ein elfjähriges Mädchen, das in Nächten voller Regen und Wind im Bagdader Stadtviertel al-Karrāda auf dem nassen, eisigen Boden schlafen muß, das hungrig und durstig ist und Fieber hat und dessen sich niemand erbarmt, denn »Erbarmen ist ein Wort, nur zu finden im Wörterbuch«, steht im Diwan *Die Tiefe der Wogen*.[19] Wie die Dichterin hier auch die Gattung der Marṯiyya, der Elegie, ummünzt auf »eine wertlose Frau«, eine arme Frau aus dem Volk, die schnell vergessen sein wird:[20]

> Sie ging. Keine Wange erbleichte für sie. Keine Lippe bebte.
> Und ihres Todes Geschichte vernahmen die Türen nicht lange...

In einem narrativen Strophengedicht *Um die Ehre reinzuwaschen* aus dem Jahr 1949 klagt sie den in arabischen Ländern bis ins 20. Jahrhundert geübten Brauch an, ein junges Mädchen zu töten, das in den Ruf geraten ist, seine Jungfräulichkeit ohne eine Heirat verloren zu haben, das »Ehre-

---

[15] Nach Kūrkīs ʿAwwād, Muʿǧam al-Muʾallifīn al-ʿIrāqiyyīn fī l-Qarnain at-tāsiʿ ʿašara wa-l-ʿišrīn 1800–1969. Bagdad 1969, Bd. 3, 375, erschien die erste Auflage 1962 in Beirut, die zweite 1965 in Bagdad.
[16] Vgl. a.a.O., Bd. 2, 358.
[17] Unšūdat al-Maǧd, Dīwān li-Umm Nizār al-Malāʾika, Ǧamʿ wa-Iʿdād wa-Taqdīm. Bagdad. Spätere Auflagen unter Salīma al-Malāʾika.
[18] Beim Verlag Dār al-ʿAuda in zwei Bänden. Mir liegt die 2. Auflage vor, Bd. 1 (1981), Bd. 2 (1979), die die Diwane von 1977 und 1978 nicht enthält.
[19] Dīwān, Bd. 2, 269–72, an-Nāʾima š-Šāriʿ.
[20] Arab. Diwan, Bd. 2, 273 f., Marṯiyyat Imraʾatin lā Qīmata lahā. Deutsche Übersetzung von A. Schimmel in: Zeitgenössische arabische Lyrik. Ausgewählt, eingeleitet u. übersetzt. Tübingen, Basel 1975, 43, hier auch Übersetzungen einiger anderer Gedichte von ihr, 37–52.

Reinwaschen durch Blut«, das heißt, die Ehre der Familie durch das Blut des »schuldigen« Mädchens wiederherzustellen. Auch hier durchzieht das kurze arabische Ġuslan li-l-'Ār »um die Ehre reinzuwaschen« wie ein leidenschaftlicher Klage- oder eher Anklageruf leitmotivisch das gesamte Gedicht.

Im gleichen Diwan heißt es unter dem Titel *Die verschleierte Erde*[21] (1953) mit der Anspielung auf eine verschleierte Frau, die durch ihre Verhüllung mehr verheißt als sie hält:

> Sie malten sie als Paradies, als zauberhaftes,
> Aus erlesnem Wein und Rosen im Abendrot.
> Sie gossen über ihre Hügel Bilder
> Aus Zärtlichkeit und reinem Gotteslob.
> Dann sagten sie: Es wurde ein Balsam in ihr gefunden,
> Bereitet, zu heilen der Menschheit Wunden.
> Wir suchten ihn, ohn' ihn zu erringen.
> So kehrten wir um zu unsern Wünschen, den niedrigen, geringen.
>
> Millionen von Menschen sind Augen voller Durst,
> Die kaum eine Tröstung besitzen.
> Millionen von Menschen sind Lippen, die trocken geworden,
> Nicht zu tränken durch leere Versprechen...

Ein größerer Teil ihrer frühen Gedichte ist dem Gefühl der Trauer, der Melancholie bis Verzweiflung über eine unzulängliche Welt gewidmet. *Die Legende vom Fluß des Vergessens*[22] etwa beginnt:

> Der Furcht und des Unheils Krallen
> Verwundeten die Tage uns, ließen Blut auf unsre Jugend fallen.
> O wär' der Fluß des Vergessens doch Illusion nicht nur,
> Gemalt von unsren Träumen für unsres Leidens Spur.[23]

Der Mythos vom Lethestrom war der arabischen Kultur vor der intensiveren Begegnung mit westeuropäischer Kultur und Literatur seit etwa der Mitte des vorigen Jahrhunderts unbekannt. Hier ist er abgewandelt zum von Erinnerung an Unrecht und Leid befreienden Element.

In einem Gedicht aus ihrem ersten Diwan *Eine Liebende der Nacht* mit dem Titel *Im Tal der Sklaven* (1946), heißt es, auch dem Lebensgefühl dieser Generation junger irakischer Intellektueller Ausdruck gebend:

> Welche Tragödie meine Jugend, mein Leben,
> Welches Feuer hinter meinem Schweigen, meinem Schmerz,
> Offenbaren meine Augen, verbirgt mein Herz.
> O hüllten sie doch meines Lebens Geheimnisse ein!
> Wem klag' ich mein Leiden und meine Pein?
> Wem schick' ich diese Lieder?
> Um mich herum nur Sklaven und Opfertiere!
> Und ins Dunkel sinkt dieses Leben nieder.[24]

---

[21] Dīwān, Bd. 2, 275.
[22] Bd. 1, 185, undatiert.
[23] Vollständig in deutscher Übersetzung von W. Walther abgedruckt in: Edith Stein Jahrbuch 1996, »Das Weibliche«, 295 f.
[24] Bd. 1, 480.

Ihr leidenschaftliches Aufbegehren ist für eine Araberin, eine Irakerin dieser Zeit, die unter extrem patriarchalischen Verhältnissen lebte, geradezu revolutionär, etwa in *Revolution gegen die Sonne*[25]:

> Ich stand vor der Sonne und schrie ihr zu:
> O Sonne, mein rebellisches Herz ist wie du!
> Mein Herz, dessen Jugend das Leben vorwärts drängt,
> Und dessen stets neuer Glanz die Sterne tränkt...
>
> Laß all deine tänzelnden Lichter ziehn,
> O Sonne, denn sie vergehn wie des Aufruhrs Glühn.
> Und dein Wahnsinnsfeuer zerreißt meine Weise nicht,
> Solange die singende Gitarre in meiner Hand nicht zerbricht...

Vom Nachdenken über sich selbst, über ihre Situation im Leben, ihre individuellen Empfindungen und Standpunkte sprechen auch andere, oft sehr zarte Gedichte. Ihre Thematik erinnert an Gedichte männlicher Autoren des Raums Syrien/Libanon der selben Zeit. Sie sind aber doch ganz individuell geprägt, voller Emotionen, begehren gegen ererbte Vorstellungen auf:

Unglaube[26]

> Im Schweigen der Nacht,
> Im Dunkel des Seins,
> Wenn das Licht nicht mehr wacht
> Und Erstarrung mich packt,
>
> Komm' ich gefangen mir vor
> An fernem Ort,
> Äther über dem Herzen,
> Fesseln unter den Füßen.
>
> In meinem Wesen Ermattung,
> In meinem Blut ein Orkan,
> Den Empfinden sie nannten,
> Doch er ist: Nichts.
>
> In Ketten aus Schmerz
> Meine Rätselseele.
> Begriffe des Nichts,
> Verständ' ich Euch doch!
>
> Im Nebel des Seins
> Bin ein Geheimnis ich.
> Und kehr' morgen wieder
> Ohn' alles Wissen.
>
> Mein Leib in Schmerzen,
> In Fesseln mein Geist,
> Zwischen dem Flüstern des Nichts
> Und dem Aufschrei des Seins.
>
> Und mein Schweigen ist: Leben.
> Mein Dunkel ist: Leuchten.

---

[25] Bd. 1, 485 ff.
[26] Bd. 2, 90–93.

Das Heil ist die Rettung
Vor meinem tiefen Gefühl.

Bin ein Traum ich nur
Und Gefühl voller Reinheit?
Oder bin ich ein Körper,
Versunken in Schlechtigkeit?

Nein, Horizonte bin ich
Aus Gefühlen voll Härte.
Und Tiefen bin ich
Eines Meers voller Schrecken.

Der Werte Normen
Gehn mich nichts an.
Nur das Empfinden
Gesetz mir sein kann.

Ich begehre nicht,
Was die Menschen lieben.
Und wenn in meinem Blut
Eine Empfindung hallt,

Dann geh ich aufrecht,
Gehe nach dieser Stimme.
Denn morgen schon wird umfassen
Meines Lebens Frühe der Tod.

In meinem Blut ein Zyklon,
Ein Sturm durch Erstarrung,
Während Feuersplitter
Dem Stillstand trotzen.

Mein Herz ist ganz Zweifel
Am Sinn des Guten.
Ein Gedanke, der lachhaft:
Ich begehre das Böse.

Wenn der Leib ist
Aus verächtlichem Staub,
So bin ich: Sünde,
Bin edel ich nicht.

Und wenn der Verstand
Es haßt zu explodieren,
So steht er mir frei zu...
O wehe der Schmach!

Und wenn Glaube
Diese Erstarrung ist,
Bin Leugnung ich,
Bin Unglaube ganz.
(1947)

Aus dem selben Diwan stammt ihre sensible poetische Selbstbefragung und -beschreibung:

Ich[27]

Wer ich bin, fragt die Nacht.
   Ich bin ihr Geheimnis, schwarz und tief und ohne Ruh.
   Ich bin ihr rebellisches Schweigen.
   Mein Innerstes verhüllt' ich mit Ruh.
   Mein Herz deckt' ich mit Zweifeln zu.
   Ernst blieb ich hier und schaue zu,
   Wie die Jahrhunderte mich fragen:
        Wer werd' ich sein?

Wer ich bin, fragt der Wind.
   Ich bin seine ratlose Seele. Verleugnet hat mich die Zeit.
   Ich bin wie er, ohne Ort.
   Wir gehen, wir gehn, ohne Ende.
   Wir ziehn vorbei, ziehn vorbei, ohn' zu bleiben.
   Und erreichen wir eines Weges Wende,
   Denken wir, dies sei unsrer Qualen Ende.
        Doch da ist nur: Leere.

Wer ich bin, fragt das Schicksal.
   Ich bin wie es, voller Macht, laß Jahrhunderte in mir vergehn.
   Und lasse sie dann wieder auferstehn.
   Ich erschaffe die ferne Vergangenheit
   Aus verzaubernder Hoffnung Bequemlichkeit.
   Dann begrab' ich sie wieder, ich.
   Und erschaff' mir ein Gestern neu,
        Dessen Morgen voller Stärke sei.

Wer ich bin, fragt das Selbst.
   Ich bin, so wie es, ratlos, starr' in die Dunkelheit.
   Nichts ist, das mir Frieden gewährt.
   Weiter befrag' ich, doch eine Fata Morgana
   Wird weiter die Antwort verhülln.
   Und immer noch glaub ich sie nah.
   Doch komm ich zu ihr, zerschmilzt sie,
        Erlischt und vergeht sie.
(1948)

Die Beziehungen zwischen Mann und Frau, auch mit ihren oft quälenden Spannungen, um die ihre Gedichte immer wieder kreisen, hat sie vielleicht am schönsten hier dargestellt:

Eis und Feuer[28]

   Du fragst, was ich will? Nein, laß mich, frag nicht!
   Klopf nicht ans Portal dieses verschlossenen Winkels!
   Laß mich! Ein fester Vorhang verhüllt meine Geheimnisse,
   Und hinter den Vorhängen sind Rosen, vielleicht schon verwelkt.

   Wenn ich mich Dir offenbarte, die Träume meiner Liebe entblößte
   Und Nischen, überquellend von Verlangen in meinem Herzen,

---
[27] Bd. 2, 114.
[28] Bd. 2, 483–485, undatiert.

>*Worte wie Hände aus Rosen*«

Würdest Du mir zürnen, Dich empören gegen meine Schuld.
Und Dein Tadel wüchse zu Dornen auf meinem Weg.

Und wenn Du begännest mich zu tadeln, würd' ich mich zurückziehn?
Würde mein flammendes Herz das Eis Deines Tadels ertragen?
Meinst du, ich würde erdulden? Nicht zürnen?
Nicht unruhig werden?
Nein! Ich würd' gegen Dich aufbegehren!
Zorn würde mich verzehren!

Wenn ich aber aufbegehrte gegen Dich, die Atmosphäre trübte
Mit der Bitterkeit eines trockenen Lauts, eines unwilligen Worts,
Dann würdest Du zürnen, würdest schweigend und streng Dich erheben,
Und Du würdest gehn, Adam, ohne nach Eva zu fragen.

Wenn Du aber gingest und die Sehnsucht hier ließest,
Als durstigen Vogel, nicht träumend von Tränkung,
Als Nächte, die einen Morgen nicht kennen, keinen Sonnenaufgang,
Und wenn Du dann gingest... was bliebe zurück?

Nein! Frag nicht! Laß mich schweigend, verborgen!
Laß mich und meine Lieder da, wo sie sind!
Laß mich als Dir ferne Fragen und Antworten,
Und als Rosen, niedergebeugt unter Deinem Eis.

O Adam, frag nicht... Deine Eva liegt gekrümmt
In einem Winkel Deines Herzens, verwirrt, vergessen.
Das ist, was vergangene Zeiten wollten:
Ein Adam wie Eis und eine Eva aus Feuer.

Das Wort für »Feuer«, das die Dichterin hier wie schon im Gedicht *Unglaube* (»Feuersplitter«) verwendet, das arabische nār, erscheint im Koran sehr häufig in der Bedeutung »Höllenfeuer«.
Einem Gedicht *Laß Freunde uns sein!* steht ein anderes mit dem Titel *Feinde* gegenüber:

Feinde[29]

Feinde also sind wir
    Aus einer Welt, die die Sehnsucht nicht versteht,
    Die die Melodien der Blicke nicht ein sich gesteht.
    Selbstgespräche verstehn unsre Augen nicht.
    Liebe nur ist ein Weg in ihnen, der zu Staub nicht zerfällt.
    Er hatte ein Gestern,
    Das ein Grab umfing
        Aus Hasses Erde.

Feinde also sind wir.
    Weite Welten, die uns trennen,
    Mit Grenzen, die verloren, die wir nicht kennen.
    Die das Unmögliche in unsre Gassen streuen.
    So laß uns das Leben, das dürre, das lange, durchmessen,
    Suchend nach einer Tür.
    Während unsre erlöschende Liebe
        Uns in Wüsten treibt.

---

[29] Bd. 2, 260–263.

Feinde also sind wir.
  In unsern Tiefen ruht die Erinnerung
  Verwirrt, verloren und voller Lähmung.
  Haß wirft Schatten über sie.
  Groll raubte ihr die Gestalt.
  Und der Fluch der Tage
  Ließ Träume zurück:
       Gliederfragmente auf fruchtbarem Boden.
Feinde also sind wir.
  Auch wenn gemeinsame Träume uns gehörten
  Aus unserm Gestern, die dann die Tage zerstörten.
  Auch wenn sie Dinge hinterließen
  In unsern Augen, so trocken und leer,
  In Mondphasen, die schwinden
  Wie ein sinkender Stern,
       Vergehn sie im Dunkel.
Feinde also sind wir.
  Auch wenn Sehnsüchte toben in unserm Blut
  Und Wachheit kriecht in verlöschende Lebensglut.
  Zwischen uns stehen Welten,
  Die wir begreifen, so wie Tote gewahren
  Unter vernutzter Erde
  Der Passanten Schritte
       Und der Lebenden Lärm.
(26. 11. 1949)

Im Vorwort zu ihrem 1978 in Beirut nach jahrelanger Pause erschienenen Diwan Li-ṣ-Ṣalāt wa-t-Ṯaura *Für das Gebet und die Revolution* sagt Nāzik al-Malā'ika, sie habe zwischen 1969 und 1972 kein Gedicht geschrieben, habe dann aber angesichts einer Glückwunschkarte zum Fest des Fastenbrechens im November 1972 mit dem Foto des Felsendoms in Jerusalem (dem zweitwichtigsten Heiligtum der Muslims) ganz plötzlich ein Gedicht auf den Felsendom begonnen und bald darauf beendet. Ihr nächster Diwan Yuġayyiru Alwānahū al-Baḥr *Das Meer wechselt seine Farben* (der tatsächlich schon 1977, also ein Jahr zuvor, in Bagdad erschienen ist) liege auch fertig vor. Außerdem kündet sie einen dritten Diwan an, ohne einen Titel zu nennen.[30]

Im Vorwort zu *Für das Gebet und die Revolution* bekennt sie sich erneut zur »freien Dichtung« und bezeichnet sie als die poetische Form, die den arabischen Ländern heute nach dem kulturellen Wandel, den sie erlebten, einzig gemäß sei. Hinzuzusetzen ist aber, daß sie nie so rigoros mit den formalen Regeln der klassischen arabischen Dichtung gebrochen hat wie andere Iraker ihrer Generation, etwa Buland al-Ḥaidarī (geb. 1926), der 1996 im Exil in London starb, oder 'Abd al-Wahhāb al-Bayātī (geb. 1926), der seit einigen Jahren als Emigrant in Amman lebt und sich vorher jahrelang in Spanien aufhielt.

Nāzik bezeichnet hier Gebet und Revolution als die beiden nicht von einander zu trennenden Seiten des vollkommenen Menschen. Sie seien verbunden mit den ewigen göttlichen Quellen des Menschen. Das Gebet

---

[30] Er ist anscheinend nicht erschienen.

entspringe seinen Träumen und Sehnsüchten und sei Symbol für die geistig-seelische Seite in uns, für die Bindung des Menschen an die Quellen der Ewigkeit. Revolution sei die Ablehnung von Verfälschung, Verdorbenheit, Frevel, Sklaverei, Unterdrückung und Unrecht.

So finden sich im Beiruter Diwan neben leidenschaftlichen Liebesgedichten religiöse Gedichte von mystischer Innigkeit, die dem Aufbegehren ihrer frühen Gedichte konträr entgegengesetzt sind, etwa *Die Flucht zu Gott*:[31]

> Ich erkannte Dich, als ich nachts starr und schlaflos lag,
> in Bergen duftender Nelken.
> Ich erkannte Dich in ergründender Myrte.
> Ich erkannte Dich in der Gewißheit des Todes und der Gräber.
> Ich erkannte Dich in einem Bauern, der Setzlinge steckte in fruchtbare Erde...
> (29. 6. 1973)

Im Bagdader Diwan trägt ein langes Gedicht den Titel Zanābiq ṣūfiyya li-r-Rasūl *Mystische Lilien für den Propheten*.[32] Der Untertitel bezeichnet es als »Liebesgedicht auf den Propheten in moderner Form«. Tatsächlich schließt das Gedicht, das mit lyrischen Beschreibungen des Meeres beginnt, mit Versen mystischer Liebe auf Aḥmad, das ist ein anderer Name des Propheten Muḥammad, abgeleitet von der selben Wurzel: ḥ-m-d »loben, lobpreisen«. Auf die Traditionen früher weiblicher Mystik im Islam, vertreten durch Rābiʿa al-ʿAdawiyya aus der irakischen Stadt Basra im 8. Jahrhundert[33], muß die Dichterin ihre Landsleute sicher nicht verweisen.

Wohl aber erscheint auch Schehrezād, die berühmte Erzählerin aus *Tausendundeiner Nacht*, in diesen Gedichten. Schehrezād ist für arabische Dichter und Schriftsteller seit den vierziger Jahren unseres Jahrhunderts zur Symbol für schöpferische Phantasie und ihre Macht, für die Freiheit des Wortes und natürlich für die Emanzipation und Klugheit der Frau geworden.[34] In einer Kultur, in deren Niedergangsphase es hieß: Ṣaut al-Marʾa ʿAura »Die Stimme der Frau ist etwas, das schamvoll verborgen werden muß«, sind Symbolfiguren wie diese von großer Bedeutung.

In einem anderen Gedicht ihres Beiruter Diwans nimmt Nāzik Bezug auf den Dornröschenstoff, auf ein Märchen über eine schlafende Prinzessin, die durch einen Mann, der sie liebt, nach hundert Jahren Schlaf erweckt wird, und vergleicht sie mit dem »Wort«, das im Arabischen feminin ist:

> *Die schlafende Prinzessin*[35]
> Das Wort ist eine Prinzessin, die lächelnd entschlafen,
> Jahrhunderte schlummernd, wartend auf den Prinzen, der sie liebt,
> Der aus dem Unbekannten kommt, den Sommer weckend und Düfte...

---

[31] Beiruter Diwan, 68 ff.
[32] Bagdader Diwan (vom 21.9.1974), 52–75.
[33] Vgl. M. Smith, Rābiʿa al-ʿAdawiyya and her Fellow-Saints in Islam. Cambridge 1928, ²1984; A. Schimmel, Mystische Dimensionen des Islam: »Das weibliche Element«. Köln 1985, 603 ff.
[34] Vgl. W. Walther, Tausendundeine Nacht. Eine Einführung. München/Zürich 1987, 86 ff. u. 160 ff.
[35] 97–103.

(10. 8. 1973)

Schon in ihrem Diwan *Der Mondbaum* steht ein wunderschönes Gedicht über die Furcht vor den Worten, die arabische Frauen hindert, von sich und ihren Gefühlen zu sprechen, und die in Liebesbeziehungen zu störender Scheu wird:

Ein Liebeslied auf die Worte[36]
Warum fürchten wir die Worte?
　Manchmal sind sie wie Hände aus Rosen,
　Duftend und kühl, die sanft uns über die Wangen streichen.
　Manchmal sind sie wie Gläser erfrischender Labsal,
　Die durstige Lippen im Sommer begehren.

Warum fürchten wir die Worte?
　Manche sind wie verborgene Glocken,
　Deren Wiedererklingen von unsres Lebens Erregung kündet,
　Einer Zeit verzauberter Morgenfrühe, voller Großmut,
　Sie tropfen Gefühl und Liebe und Leben,
　Warum also fürchten wir die Worte?

Wir nahmen Zuflucht zum Schweigen
　Und waren still, wollten nicht, daß Lippen Geheimes offenbaren.
　Wir glaubten in Worten böse Geister verborgen, unsichtbar,
　Die da hockten, verdeckt von den Buchstaben, ungehört durch Jahrhunderte.

Wir legten den durstigen Buchstaben Ketten an,
　Ließen sie nicht die Nacht uns bereiten
　Zum Kissen für Melodien, Düfte und Wünsche,
　Für wärmenden Weins Pokale.

Warum fürchten wir die Worte?
　Sie sind die geheime Tür der Leidenschaft,
　Durch die unser rätselhaftes Morgen tritt, so laß den Vorhang
　des Schweigens uns heben!
　Lichtfenster sind sie, durch die hereindringt,
　Was wir in unsren Tiefen verborgen, verhüllt:
　Unsre Wünsche und Sehnsüchte.
　Wann wird verdrossenes Schweigen
　kundtun, daß wir längst wieder lieben die Worte?
　(...)

Warum fürchten wir die Worte?
　Wenn vielleicht ihre Dornen uns gestern verletzten,
　So legten sie danach ihre Arme um uns,
　Breiteten über unsre Sehnsüchte ihren süßen Duft.
　Wenn ihre Buchstaben uns spitz einst durchbohrten,
　Uns uns entfremdeten, sich unsrer nicht erbarmten,
　Wieviel Versprechungen doch blieben uns.
　Und morgen werden sie bedecken uns mit Duft und Rosen und Leben.
　O, so füll' unser beider Becher mit Worten!
1954

Nāzik al-Malā'ika beleuchtet also Begriffe wie »Vorhang«, »Schleier«, »Schweigen«, die jahrhundertelang das Leben arabisch-islamischer Frauen bestimmten, in ihrer quälenden, Gefühle und Leben verhüllenden Ambivalenz.

---

[36] Dīwān, Bd. 2, 486–491.

»*Worte wie Hände aus Rosen*« 311

Die Einheit von Liebe und Qual findet sich auch in ihrem letzten Diwan, etwa in dem Gedicht *Der Himmel über einem Wald von Feigenkakteen*[37]:

> Die Qual und die Liebe sagten mir:
> Nimm uns an, denn Zwillinge sind wir!
> Zwei Wunden, verloren,
> Zwei Saiten einer Geige.
> Heil' uns mit Liedern,
> Hüll' mit Küssen uns ein!

Seither ist kein Gedicht mehr von ihr erschienen. Es heißt, die Dichterin sei sehr krank.

---

[37] Bagdader Diwan, 141 ff.

Von der Phänomenologie zur Tiefenphänomenologie

Rüdiger Haas

Einleitung: Das Phänomen Phänomenologie

Unter einem bestimmten historischen Gesichtspunkt scheint die phänomenologische Philosophie der Neuzeit aus einer Reihe verschiedener Ansätze unterschiedlichster Denker zu bestehen, die kein einheitliches Philosophiekonzept erkennen lassen. Der Sache nach aus der griechischen Philosophie hervorgegangen, tradiert sie deren Fragen zur Erkenntnis und Selbsterkenntnis des Menschen im Abendland. Forschungsgegenstand sind Sein und Bewußtsein.

Berücksichtigt man jedoch die Phänomenologie als *Phänomen* im philosophiegeschichtlichen Kontext, so entdeckt man sehr wohl einen inneren Zusammenhang. Die Zeitstrecke, die sie historisch ausmacht, umfaßt seit Husserls *Logische(n) Untersuchungen* (1900/1901) knapp ein Jahrhundert. Darin findet eine gewichtige philosophische Entwicklung statt, die nun einen Höhepunkt erreicht.

Diese Entwicklung hat eine lange Vorgeschichte und sehr tiefe Wurzeln, die hier nicht mit der geforderten Ausführlichkeit offengelegt werden können. Zumindest einige Hinweise scheinen darum notwendig, um den Kontext der vorliegenden Untersuchung genau zu situieren.[1]

Friedrich Chr. Oettinger (1702–1782) verwendete 1762 das Adjektiv phänomenologisch, Johann Heinrich Lambert (1728–1777) führte das Substantiv für den 4. Teil seines Werks ein.[2] Erst Hegel übertrug die Bedeutung des Wortes auf die Erscheinung des Geistes. In der *Phänomenologie des Geistes* wird das Bewußtsein »in seiner Fortbewegung von dem ersten unmittelbaren Gegensatz seiner und des Gegenstandes bis zum absoluten Wissen« dargestellt. Der »Weg geht durch alle Formen des Verhältnisses des Bewußtseins zum Objekte durch und hat den Begriff der Wissenschaft zu seinem Resultate«.[3] Er ist selbst schon Wissenschaft und dem Inhalt nach Wissenschaft der Erfahrung des Bewußtseins.[4] Dabei übt das Bewußtsein an ihm selbst, sowohl an seinem Wissen als an seinem Gegenstand eine dialektische Bewegung aus.

Hegels Werk ist Phänomenologie im modernen Sinn. Er versteht die verwandelnde Bewegung der Substanz als phainesthai, Erscheinen, Hervortreten des Wirklichen. Zwar vermag er nur die Bewegung als Bewe-

---

[1] Für eine ausführliche, den *weltgeschichtlichen* Kontext entfaltende Darstellung des im vorliegenden Aufsatz nur Skizzierten vgl. Rüdiger Haas, Über das Wesen des Todes. Eine tiefenphänomenologische Betrachtung. Konkret dargestellt am dichterischen Werk Hermann Hesses. Würzburg 1998.
[2] Vgl. Karl Lembeck, Einführung in die Phänomenologische Philosophie. Darmstadt 1994, 5.
[3] Hegel, Logik I. Einleitung: Allgemeiner Begriff der Logik. Frankfurt 1986, 46.
[4] Hegel, Phänomenologie des Geistes. Einleitung. Frankfurt 1973, 80.

gung von etwas (Substanz) zu denken und zwar dialektisch, d.h. so, daß
jede Phase durch Aufhebung der vorhergehenden entsteht. Freilich kannte Hegel die Traditionen, in denen die *absolute Seinsgenese*, die die letzte
Wurzel des menschlichen Daseins ist, gedacht wird. Doch eine Entwicklung, deren »Substanz« (das Ruhende) die Bewegung selbst ist, ist dialektisch nicht erfaßbar.[5] Darüber hinaus begreift er die grundlegenden Momente als epochale Grundphänomene. Seine Phänomenologie sprengt den
statischen Rahmen des Kantischen Entwurfs, deckt die geschichtliche Entwicklung (das Werden) als Grundform des Seins auf und führt die genetische Sichtweise in die abendländische Philosophie ein. Dadurch bringt er
den Zeitgeist – der durch die Entdeckung der genetischen Betrachtungsweise in den Wissenschaften, insbesondere in Biologie, Chemie und Psychologie, gekennzeichnet war – »auf den Begriff«. Daß Hegel dieses Denken möglich wurde, ist vor allem auf den Kontakt mit romantischen Denkern (Hölderlin, Schelling, Franz von Baader) zurückzuführen.

Die Rückbesinnung auf diese tiefe Wurzel des Seins und die damit zusammenhängende *ur-genetische* Sicht verleihen dem menschlichen Denken und Handeln eine kontemplative Sensibilität, einen tiefen Sinn für
wissenschaftliche und kosmische Verantwortung und zugleich eine dichterische Wärme, die auf dem Höhepunkt einer von Kampf und Härte,
Machtsucht und egoistischen Interessen gekennzeichneten Geschichte
dringend, ja überlebenswichtig sind.

Auf dem Boden einer nur an sich selbst denkenden Wissenschaft vermag eine solche Grundhaltung nicht zu entstehen. Aufzugehen vermag sie
dagegen in den mythologischen, dichterischen und naturwissenschaftlichen Traditionen, welche die deutsche Romantik aufnahm und zur Entfaltung zu bringen versuchte. Der Versuch mißlang, weil die Romantiker
das neue Denken – mangels einer *philosophisch* entsprechenden Dimension – mit alten Mitteln verwirklichen wollten.

Wiederholt sich das Phänomen nicht in unserer Zeit? Heidegger z.B.
besaß sowohl philosophisch-wissenschaftliches Können als auch dichterisch-andächtige Sensibilität. Doch warum drückt er die dichterische Erfahrung philosophisch-akademisch aus? Kaum jemand hat schärfer als er
die Schwäche und die Gefahr einer über alles urteilenden Vernunft gesehen. Behält er in der Auffassung des Menschen als Hirten und seiner Sprache als Haus des Seins nicht letztlich dieselbe Grundhaltung bei? Heideggers ahnungsvoller Blick suchte etwas, das sich vielleicht jetzt öffnen
könnte.

---

[5] Franz von Baader befindet daher, daß sich »... Hegel unrichtig ausdrückt, wenn er sagt, daß die Blüthe die Knospe, die Frucht die Blüthe widerlege, weil diese Widerlegung eben so nur Schein ist ...« (Sämtliche Werke. Band X, Aalen 1963, 61). Baader weist hier auf die Unterscheidung hin, die später in der Tiefenphänomenologie entscheidend sein wird: die Tiefe und die Ober-Fläche. Hegel interpretiert Tiefenphänomene auf der Dimension der Ober-Fläche und kommt daher, wie später genauer zu zeigen sein wird, über strukturales Denken nicht hinaus. – Zu den Begründern des genetischen Geschichtsdenkens gehört Augustinus mit seinem *De Civitate Dei,* dem sowohl Hegel als auch Marx ausdrücklich verpflichtet sind.

Kant, Hegel, Deutsche Romantik. Diese Namen sind Exponenten von Grundhaltungen, die sich durch die ganze Philosophiegeschichte, ja Menschheitsgeschichte ziehen. Bislang haben sie gegeneinander gekämpft, sich gegenseitig ausgeschlossen. Könnte eine Besinnung auf die Geschichte der »Sache«, um die es dabei gegangen ist und die vielleicht mißverstanden wurde, nicht neue Wege öffnen?

In diesem Sinne möchte unser Versuch verstanden werden, der sich wie folgt gliedert:
Die Transzendentale Phänomenologie Edmund Husserls
Die Ontologische Phänomenologie Martin Heideggers
Die Tiefenphänomenologie José Sánchez' de Murillo

I. Die Transzendentale Phänomenologie Edmund Husserls

Edmund Husserl, der eigentliche Begründer der neuzeitlich-wissenschaftlichen Phänomenologie, zielt auf die Erforschung des Bewußtseins, das empirische Objekte in einem Bewußtseinszusammenhang wahrnimmt und erkennt. Er entdeckt, daß das Bewußtsein immer »Bewußtsein von etwas« ist. Der Beziehung (»Bewußtseinsform«) entspricht eine jeweils andere Weise der Objektivität des Objekts (»Gegebenheitsweise«). Diesen das Wesen sowohl des Bewußtseins als auch des Objekts verändernden Bezug nennt Husserl im Anschluß an Brentano *Intentionalität*.[6] Demnach zeigt sich das Bewußtsein in einer Vielfalt von Erscheinungsweisen, die die Frage nach ihm selbst erzwingen.

Husserl fragt nach dem Problem der Identität des Bewußtseins[7] und wendet sich dabei gegen aufkommende naturalistische und psychologische Entwürfe. Der Unterschied von Phänomenologie und empirischer Psychologie liegt für ihn darin, daß die Phänomenologie eine ganz andere Dimension umreißt als die empirische Psychologie, denn sie ist nicht nur an Raum und Zeit gebunden, sondern begibt sich auf das Gebiet der Transzendenz.[8]

Zunächst geht er von der natürlichen Einstellung des Menschen aus, die darin besteht, von sich wissend als Ich zu reden. Dieses Ich unterscheidet sich von den persönlichen Eigenschaften der Erlebnisse insofern, als es kein Erlebnis, sondern der Erlebende selbst ist. Es begleitet daher alle Er-

---

[6] »Jedes psychische Phänomen enthält etwas als Objekt in sich, obwohl nicht jedes in gleicher Weise. In der Vorstellung ist etwas vorgestellt, in dem Urteil ist etwas anerkannt oder vorgeworfen, in der Liebe geliebt, in dem Hasse gehaßt, in dem Begehren begehrt ist« (Franz von Brentano, Psychologie vom empirischen Standpunkt. Wien 1874, 115). Die Intentionalität bestimmt die Wesensqualität von Bewußtsein und Gegenstand. »In Liebe und Haß liegt eine eigene Evidenz, die nicht an der Evidenz der ›Vernunft‹ zu messen ist« (Max Scheler, Wesen und Form der Sympathie. In: Gesammelte Werke VII. Bern/München 1974, 152).
[7] Vgl. Poul Lübcke, Edmund Husserl. Die Philosophie als strenge Wissenschaft. In: Philosophie im 20. Jahrhundert. Band 1. Hg. Hügli/Lübcke. Hamburg 1992, 102.
[8] Edmund Husserl, Grundprobleme der Phänomenologie 1910/11. Den Haag 1977, 69–75. Vgl. im folgenden den gesamten Text.

lebnisse. Das Ich der natürlichen Einstellung ist der Grund, von dem jeder Mensch ausgeht. Es ist an einen organischen Leib gebunden, der ein raumzeitliches Ding darstellt und auch als Eigenleib bezeichnet wird. Jedes so verstandene Ich ist relativer Mittelpunkt einer raumzeitlichen Welt. Die anderen Ichs sind nicht Mittelpunkte, sondern Umgebungspunkte. Diese natürliche Einstellung wird Erfahrung genannt. Urteilt das natürliche Ich über sie, kommt es zu einer Erfahrungsthese, die unvollkommen ist, weil individuelle Erfahrung trügen kann. Urteilen auf Grund der Erfahrung hat aber ein selbstverständliches Recht. Möglichkeiten der Erfahrung sind 1. das schlicht beschreibende Urteilen, 2. das induktive wissenschaftliche Urteilen der deskriptiven Wissenschaften und 3. das Urteilen der exakt objektiven Wissenschaften. Die Erfahrungswissenschaft, bestehend aus Naturwissenschaft und Psychologie, ist die Wissenschaft der natürlichen Einstellung. Sie schafft einen natürlichen Weltbegriff.[9]

Ihr gegenüber tritt eine nicht-empirische Welt, die im Phänomen der reinen Geometrie erscheint. Es ist die ideale Welt apriorischer Formen, mit denen sich die reine Naturwissenschaft oder Ontologie der Natur befaßt. Hier geschieht ein Sprung – der erste Sprung in die Philosophie, bei dessen Erkenntnisaufgang sich die Einstellung des Menschen ändert. Sie ist nicht mehr natürlich, sondern wird apriorisch. Mit der apriorischen Einstellung ist der Mensch in der Lage, Idee und Wesen zu erfassen. Der Natur als Faktum steht die Natur als Idee gegenüber. Dadurch kommt es zu einer *distinctio phaenomenologica*. Sie trennt Faktizität und Erfahrung. Der Leib wird auf das reine Erlebnis, das die Möglichkeit der Leibeserfahrung erst begründet, zurückgeführt (reductio); denn der Leib ist als Ding eine Faktizität, in Verknüpfung mit dem Psychischen aber eine Erfahrung. Wesensmäßig haben beide (Faktizität und Erfahrung) jedoch *nichts miteinander zu tun*.[10]

Diese distinctio phaenomenologica ist zusammen mit der transzendental-phänomenologischen Reduktion auf das reine Ich Kernpunkt Husserlschen Philosophierens. Ihre große Leistung liegt darin, daß sie sich in die Dimensionen der Bewußtseinserforschung vorwagt und damit den ersten Schritt in eine später mögliche Tiefe setzt. Ihr Problem ist, daß der Übergang von der Faktizität zum Erlebnis noch ungeklärt bleibt.

Erlebnisse können nach Husserl an und für sich, d.h. ohne Rücksicht auf Empirie, betrachtet werden. Jegliche empirische Setzung kann also ausgeschaltet werden. Das reine Erlebnis sieht als Setzung in <sich> selbst von der empirischen Auffassung ab, obwohl es auf diese transzendental bezogen bleibt. Auf die Betrachtung und Erforschung solcher Erlebnisse in Wechselwirkung mit empirischen Erfahrungen kommt es Husserl an.

Die phänomenologische Einstellung begründet sich dadurch, daß sie die Gegenständlichkeiten zur Gegebenheit bringt; denn sie betrifft als phänomenologische Schauung ihre eigenen gebenden Akte. Die phänomenolo-

---

[9] Ebd., vgl. 17, 21 und 28.
[10] Ebd., vgl. 38 und 47 f.

gische Reduktion führt zum reinen Erlebnis, dem Objekt der phänomenologischen Wahrnehmung, und »vollzieht allererst echte phänomenologische Wahrnehmung in ihrer radikalen Verschiedenheit von empirischer Wahrnehmung«.[11]

Das phänomenologische Urteil wird vom natürlichen unabhängig. Das heißt nicht, daß die natürliche Einstellung infrage gestellt oder als nichtseiend angesehen wird, sondern nur, daß die Stellungnahme zur natürlichen Einstellung ausgeklammert wird (*Epoché*). Das ego cogito wird damit nicht negiert; das Reich der *eidetischen* Phänomenologie jedoch ist von der Existenz einer objektiven Welt unabhängig. Für Husserl ist es unbezweifelbar, daß das empirische Ich ausgeschaltet werden kann. Deshalb unterscheidet er zwischen dem Empirisch-Psychischen und dem Transzendental-Psychischen. Allein das Transzendental-Psychische würde die Möglichkeit einer Wissenschaft von den Erlebnissen in phänomenologischer Reduktion eröffnen und das Empirisch-Psychische damit begründen. Die phänomenologische Forschung befaßt sich mit der Transzendenz, die Transzendentales und Empirisches im Entsprechungszusammenhang berücksichtigt. Mit »Phänomenologie« wird dann mehr eine Methode als eine Disziplin bezeichnet. Dazu schreibt Husserl: »Die Methode der phänomenologischen Reduktion (auf die reinen ›Phänomene‹, das rein Psychische) besteht danach 1. in der methodischen und streng konsequenten *Epoché* bei jeder in der seelischen Sphäre auftretenden objektiven Setzung, sowohl am einzelnen Phänomen als am ganzen seelischen Bestand überhaupt; 2. in der methodisch geübten Erfassung und Beschreibung der mannigfaltigen ›Erscheinungen‹ als Erscheinungen ihrer gegenständlichen Einheiten und der Einheiten als Einheiten der ihnen jeweils in den Erscheinungen zuwachsenden Sinnbestände. Es zeigt sich damit eine doppelte *noetische* und *noematische* Richtung der phänomenologischen Beschreibungen an«.[12] Dabei ist das Kernstück der Methode die *intentionale Beziehung*, d.h. die Beziehung zwischen Bewußtsein und Bewußtseinsobjekt. Zwar gehört es zum Wesen dieser Beziehung, daß das Bewußtsein immer Bewußtsein von etwas ist, was es selbst nicht ist. Aber das Bewußtsein bildet als ein Schauen auf eine cogitatio gleichzeitig jenen lebendigen Bezug, der als Einheit von Schauendem und Geschautem besteht. Als solche, Bewußtsein und Gegenstand aufeinanderbeziehende *Intentionalität*, trifft sie das Wesen des Phänomens. Intentionalität ist *das Phänomen* der husserlschen Phänomenologie. Folglich ist sie eigentlich Bewußtseinsforschung als Intentionalitätsforschung: Erforschung der *im Phänomen* sich jeweils konstituierenden Gegebenheitsweise und der ihr entsprechenden Bewußtseinsform. Denn in der jeweiligen Beziehung verändern sich Bewußtsein und Gegenstand wesenhaft.

Was also die distinctio zunächst scharf getrennt hat, kommt auf einer höheren Ebene (der des Phänomens) wieder zusammen. Die Phänomeno-

---

[11] Ebd., vgl. 54.
[12] E. Husserl, Encyclopaedia Britannica Artikel. Husserliana (Hua) IX. Den Haag 1968, 283.

logie beschreibt sowohl Erfahrungsgegenstände (cogitata) als auch Erlebnisse dieser Erfahrungsgegenstände (cogito) in ihrem Aktzusammenhang, wobei das cogito für das cogitatum konstituierend ist.[13] Seinerseits aber liegen in dieser auftauchenden Akthierarchie auf der Seite des cogito wiederum Voraussetzungen.

Diese zwingen Husserl zu einer *transzendental-phänomenologischen Reduktion* auf das reine Ich als Selbstschließung des reinen Ich. Phänomenologische Wahrnehmungen werden nacheinander vollzogen. Weil dieses Nacheinander aber durch Retention oder Wiedererinnerung zu einer Gleichzeitigkeit vereinigt werden kann, gibt es ein phänomenologisches Erfahrungsbewußtsein, das nicht an vereinzelten cogitationes hängt, sondern sich »über den ganzen Strom des Bewußtseins als einen einzigen Zeitzusammenhang«[14] erstreckt. Dieser Strom des Bewußtseins wird zu einem eigenen Erfahrungsfeld. Jede Erfahrung läßt eine doppelte phänomenologische Reduktion zu, einmal an sich selbst und zum zweiten an ihrem intentionalen Objekt und Inhalt.[15]

Husserl reduziert das Erlebnis der Einfühlung auf diese Weise in doppelter Hinsicht. Es ergibt sich die Einfühlung in ›sich‹ selbst und das Erlebnis von einem eingefühlten Bewußtsein. Dadurch erfährt jedes phänomenologische Ich prinzipiell auch ein anderes als es selbst, wodurch eine Vielheit von phänomenologischen Ichs entsteht, die Husserl Ichmonaden nennt. Der die Ichmonaden tragende »Grund« ist das reine Ich oder transzendentale Ego.[16] Es liegt der Konstruktion des einheitlichen Bewußtseinsstromes zugrunde. Als konkretes Ego ist es der Zusammenhang im Bewußtseinsstrom in seiner Einheit mit der Welt, die es erfährt.

Die Identität des Bewußtseins wandelt sich bei Husserl also von einem natürlichen in ein transzendentales Ich, das zur Möglichkeitsbedingung des natürlichen wird.

Was ist das transzendentale Ego an sich? Welche die ihm korrelative Welt? Diese Fragen, die Heidegger bei der Überarbeitung des *Encyclopaedia Britannica Artikels* ausdrücklich stellte,[17] können von der transzendentalen Phänomenologie her nicht beantwortet werden. Beschränkt auf eine bestimmte Dimension des intellektuellen Bereichs des Menschen blieb die transzendentale Phänomenologie im Idealismus verhaftet, von dem sie ausging. Außer acht wurde der ontologische Boden gelassen, aus dem das Bewußtsein als späteres Moment der *ursprünglichen* Seinsweise des Menschen hervorgeht.

---

[13] Vgl. P. Lübcke, a.a.O., 96 f.
[14] Ebd., 80 f.
[15] Ebd., vgl. 82.
[16] In den Logischen Untersuchungen von 1900/1901 lehnt Husserl das rein geistige Ich noch ab. 1903 nennt er es eine Fiktion! Zu dieser Zeit ist das Bewußtsein als phänomenologisches Ich noch die Verwebung psychischer Erlebnisse. Die phänomenologische Reduktion führt Husserl erst 1906 durch. Danach wandelt sich seine Bewußtseinsauffassung radikal. Das reine Ich als Prinzip der Einheit eines Bewußtseinsstromes prägt Husserl erst um 1914/15.
[17] Vgl. Hua IX/237–277.

II. Die Ontologische Phänomenologie Martin Heideggers

Martin Heideggers Phänomenologie versteht sich nicht als Bewußtseinsforschung. Sie geht auf den Ursprung zurück, wiederholt die Frage nach dem Sinn von Sein und sucht fundamentalontologisch nach einer Seinsauslegung. Grundsätzlich behält Heidegger in »Sein und Zeit« die von Husserl initiierte phänomenologische Methode bei. »Ontologie ist nur als Phänomenologie möglich«. Phänomen ist das Sich-an-ihm-selbst-Zeigende, und Phänomenologie besagt: »Das, was sich zeigt, so wie es sich von ihm selbst her zeigt, von ihm selbst her sehen lassen.«[18]

Heideggers Kritik an Husserl bezieht sich auf dessen Konstitutionsanalyse.[19] Wesen und Faktizität lassen sich nicht trennen, sondern stellen – so Heidegger – eine Einheit dar, die am konkreten Ort des Menschen zur Erscheinung kommt. Diese konkrete Einheit heißt Existenz. Sie ist der Name für den Menschen, der als Ganzes in einem Seinszusammenhang steht und in diesem Zusammenhang Welthaftigkeit besitzt. Der Mensch ist Dasein. Das Da des Seins desjenigen Seienden, das wir je selbst sind, hat die Seinsmöglichkeit des Fragens. Als solches ist es In-der-Welt-sein. Die Existenz ist somit das »Sein selbst, zu dem das Dasein sich so oder so verhalten kann und immer irgendwie verhält«.[20]

---

[18] Martin Heidegger, Sein und Zeit. Tübingen 1967, 34. Heideggers Bekenntnis zur Phänomenologie und die Widmung von *Sein und Zeit* an Husserl dürfen nicht über die Realitäten hinweg täuschen. Zwischen Husserl und Heidegger hat es von Anfang an eine unüberbrückbare Kluft gegeben, die nicht zuletzt auf Veranlagung und Herkunft zurückzuführen ist. Husserl, von Ausbildung und Veranlagung her Mathematiker, blieb ein grundsätzlich mathematisch denkender Wissenschaftler. Heidegger dagegen war ein dichterisch-mystisch veranlagter Denker mit theologischer Herkunft. So schloß Husserl von seiner wissenschaftlichen Phänomenologie mit aller Entschiedenheit das aus, was den Ursprung des Philosophierens seit eh und je nennt: Tiefe und Weisheit. »Die Wissenschaft (...) bedarf nicht der Weisheit, sondern theoretischer Begabung (...) Tiefsinn ist ein Anzeichen des Chaos« (E. Husserl, Philosophie als strenge Wissenschaft. Frankfurt/M. ²1971, 69). Genau in die abgelehnte Richtung entwickelte sich Heidegger immer mehr, und ebenso die Phänomenologie (vgl. etwa Max Scheler, Edith Stein, Hedwig Conrad-Martius, Gerda Walther, Emmanuel Lévinas usw.). Die Spannung, die zwischen beiden Männern stets herrschte, war offenkundig. Heidegger ärgerte sich darüber, daß er von Husserl nicht als Philosoph genommen wurde; er sei für ihn »eigentlich noch Theologe« (Otto Pöggeler, Martin Heidegger und die Religionsphänomenologie. In: Edith Stein Jahrbuch 2, 1996, 18). (Ob das nicht ein Vorwurf ist, den »wissenschaftlichen« Fachphilosophen immer denjenigen zu machen pflegen, denen die Dimension echten Philosophierens zugänglich ist?) Als er sich beruflich eine solche Kritik am Meister leisten konnte, konterte Heidegger, daß für ihn Husserl kein Phänomenologe sei. »Die Phänomenologie Husserls bestimme gegen ihr eigenstes Prinzip ihre eigenste thematische Sache nicht aus den Sachen selbst, sie sei daher in der Bestimmung ihres eigensten Feldes unphänomenologisch – vermeintlich phänomenologisch« (Vgl. Hans Rainer Sepp, Die Phänomenologie Edmund Husserls und seine »Schule«. In: Edith Stein Jahrbuch 3, 1997, 257). Die vernichtende Kritik trifft nicht nur den (vermeintlichen?) Begründer der wissenschaftlichen Phänomenologie, sondern auch den Mathematiker ins Herz. Der Eklat war unvermeidbar. Man wundert sich heute darüber, daß zwei so verschiedene Menschen es so lange miteinander aushalten konnten.
[19] Vgl. die Kritikpunkte bei P. Lübcke, a.a.O., 160–166.
[20] Sein und Zeit. 12, vgl. 14–24.

Existenz entspricht der Intentionalität Husserls, aber auf einer neuen, ontologischen Dimension. Der entscheidende Unterschied zwischen Existenz und Intentionalität besteht darin, daß die Existenz nicht auf ein Ich, ein Bewußtsein oder einen psychischen Akt intendiert, weil sie diese Konstituenten als Ganzheit konkreten Lebens a priori übersteigt.

Die Frage der Existenz ist eine ontische Angelegenheit des Daseins. Existenzialität dagegen ist der Zusammenhang der Strukturen, die aus der Frage nach der Konstituierung der Existenz als ontologisches Ergebnis entspringen. Das existenziale Verstehen meint die Analytik der Existenzialität. Hier verweist Heidegger auf die scholastische Transzendentalienlehre. Transzendentalien sind *keine Kategorien, sondern Seinsweisen*, die sich gegenseitig nicht aus-, sondern einschließen. Als Seinscharaktere des Daseins sind die Existenzialien scharf von den Seinsbestimmungen des nichtdaseinsmäßigen Seienden zu unterscheiden, die Kategorien genannt werden. Weil Dasein nicht kategorische Vorhandenheit und damit kein isoliertes Seiendes ist, sondern schon bei der Welt, verhält es sich als In-der-Welt-sein verstehend zum Sein auf je spezifische Weise. Seine beiden existenziellen Grundmöglichkeiten sind die Uneigentlichkeit, in die es sich verloren hat, und die Eigentlichkeit, die es seinem Wesen nach ist und in die es sich zurückgewinnen kann. Das In-der-Welt-sein hat sich mit dessen Faktizität je schon in bestimmte Weisen des In-Seins zerstreut oder gar zersplittert. Im Dasein selbst und für es ist diese Seinsverfassung schon immer irgendwie bekannt.

Die Welt des Daseins ist Mitwelt, nicht Umwelt. Das Mitdasein ist das Dasein anderer, sofern es für das Mitsein durch dessen Welt freigegeben ist. Durch Mitdasein ergibt sich die Fürsorge, die in der Seinsverfassung des Daseins als Mitsein gründet. Das Mitsein ist existenziales Konstituens des In-der-Welt-seins.

Das »Wer« des Daseins als Neutrum ist das Man. Es schreibt die Seinsart der Alltäglichkeit vor. Weil das Man in der verdunkelnden Öffentlichkeit alles Urteilen und Entscheiden vorgibt, nimmt es dem jeweiligen Dasein die Verantwortung ab. Jeder ist der andere, und keiner ist er selbst. Das Man ist in der Weise der Unselbständigkeit und Uneigentlichkeit. Im Man-selbst ist das Dasein in das Man zerstreut und existiert uneigentlich. Es wird vom eigentlichen, d.h. eigens ergriffenen Selbst unterschieden.

In der Analyse des In-Seins thematisiert sich die Lichtung des Da des Seins von der Uneigentlichkeit des Man-selbst in die Eigentlichkeit des eigentlichen Selbst. Die Befindlichkeit ist als existenziale Grundart die Stimmung, das Gestimmtsein. Die Geworfenheit meint den Seinscharakter des Daseins. Die Befindlichkeit erschließt das Dasein in seiner Geworfenheit. Ein Modus der Befindlichkeit ist zum Beispiel die Furcht, die verwirrt, kopflos macht und das gefährdete In-Sein zugleich verschließt. Dasein ist Verstehen. Befindlichkeit hat aber schon ihr Verständnis. Deshalb ist Verstehen immer schon ein gestimmtes.

Das Dasein hat die Möglichkeit des Freiseins für das eigenste Seinkönnen. Es muß sich in seinen Möglichkeiten erst wiederfinden. Verstehen ist das existenziale Sein des eigenen Seinkönnens des Daseins selbst. Es macht die Sicht des Daseins aus. Durchsichtigkeit ist die Sicht, die sich im ganzen auf die Existenz bezieht. Die Undurchsichtigkeit des Daseins wurzelt dagegen in egozentrischen Selbsttäuschungen und in der Unkenntnis der Welt. Die Sicht entspringt der Gelichtetheit, als die die Entschlossenheit des Da charakterisiert wird. Sehen meint nicht das Sehen von Vorhandenem, sondern die an ihm selbst unverdeckte Begegnung von Seiendem.

Das Dasein ist von ihm selbst als eigentlichem Selbstseinkönnen zunächst immer schon abgefallen und an die Welt verfallen. Hier wird es zu einem Nicht-es-selbst-sein und geht besorgend in einer Welt auf. Es bereitet ihm selbst die ständige Versuchung zum Verfallen.

Die Abkehr des Verfallens gründet in der Angst, die sich vor der Welt ängstigt. Die Angst bringt das Dasein vor sein Freisein für ... . Sie holt das Dasein aus seinem verfallen Aufgehen in der Welt zurück. Die alltägliche Vertrautheit bricht in sich zusammen. So weist die Angst das Un-zuhause aus und vereinzelt. Aber die Vereinzelung holt das Dasein aus seinem Verfallen zurück und macht ihm Eigentlichkeit und Uneigentlichkeit als Möglichkeiten seines Seins offenbar. Grundphänomen dieser Möglichkeiten ist die Sorge. Sie bestimmt gleichursprünglich die perfectio des Menschen, das Werden zu dem, was er aus der Erfahrung seines Sein-zum-Tode in seinem Freisein für seine eigensten Möglichkeiten (dem Entwurf) sein kann, und die Geworfenheit, die Grundart, gemäß der das Dasein an die besorgte Welt ausgeliefert ist. Das Ganze der Daseinsverfassung zeigt sich nicht einfach, sondern ist durch den existenzialen Begriff der Sorge struktural gegliedert.

Dasein ist gleichursprünglich in Wahrheit und Unwahrheit. Die Wahrheit als Entdecktheit muß dem Seienden immer erst abgerungen werden, denn Dasein ist wesenhaft verfallend, d.h. seiner Seinsverfassung nach in Unwahrheit. So wird das Seiende der Verborgenheit ent-rissen. Das Dasein beschreitet den Weg des Entdeckens durch verstehendes Unterscheiden von Wahrheit und Unwahrheit. Dadurch kommt es zu einem Unterscheidungsprozeß, der aus der Verborgenheit immer weiter zur Unverborgenheit (a-lātheia) vordringt. Nicht wir setzen Wahrheit voraus, sondern sie ist es, die ontologisch überhaupt möglich macht, daß wir voraussetzen können. Wahrheit läßt sich nicht beweisen.

Die Verwandlung des Man-selbst zum eigentlichen Selbstsein vollzieht sich als Nachholen einer Wahl. Das Dasein entscheidet sich für ein Seinkönnen aus dem eigenen Selbst. Weil es aber an das Man verloren ist, muß es sich zuvor finden. Der Bruch des Daseins mit dem Hinhören auf das Man wird durch ein Angerufenwerden des Daseins bewirkt. Der Ruf erfolgt durch das Gewissen. Das Dasein wird auf das eigene Selbst angerufen und damit zu seinem eigensten Seinkönnen aufgerufen. Dieses Gewissen redet im Modus des Schweigens. Täuschungen entstehen im Gewissen nicht durch ein Sichversehen des Rufes, sondern erst dadurch, daß er statt eigentlich verstanden zu werden, vom Man-selbst in ein verhandelndes Selbstgespräch gezogen und in seiner Erschließungstendenz verkehrt wird. Das Dasein ruft im Gewissen sich selbst. Der Ruf wird gerade nicht und nie von uns selbst geplant noch vorbereitet noch willentlich vollzogen. »Es« ruft wider Erwarten und gar wider Willen. Das Dasein ist der Rufer und der Angerufene zugleich. Das Gewissen offenbart sich dann als der Ruf der Sorge: Der Rufer ist das Dasein, sich ängstigend in der Geworfenheit (Schon-sein-in) um sein Seinkönnen. Der Angerufene ist aber auch dieses Dasein, aufgerufen zu seinem eigensten Seinkönnen (Sich-vorweg). Aufgerufen ist das Dasein durch den Anruf aus dem Verfallen in das Man (Schon-sein-bei-der-Welt). Es bedarf keiner Zuflucht bei nichtdaseinsmäßigen Mächten. Der Anruf versagt dem Man die Herrschaft.

Die Sorge selbst ist in ihrem Wesen durch und durch von Nichtigkeit durchsetzt. Die Sorge – das Sein des Daseins – ist das nichtige Grundsein einer Nichtigkeit. Das bedeutet: Dasein ist als solches schuldig. Das Anrufen zum Schuldigsein bedeutet ein Vorrufen auf das Seinkönnen, das ich je schon als Dasein bin. Dieses Seiende braucht sich nicht erst durch Verfehlungen oder Unterlassungen Schuld aufzuladen; es soll nur das »schuldig« sein, als das es eigentlich ist. Das existenziale Gewissen bedeutet also den vorrufenden Rückruf in das jeweilige faktische Selbstseinkönnen. Den Ruf eigentlich hören bedeutet, sich in das faktische Handeln bringen. Es gibt kein gutes Gewissen und auch keine praktischen Anweisungen des Rufes, weil er das Dasein zur Existenz, zum eigensten Selbstseinkönnen aufruft.

Die Entschlossenheit ist das verschwiegene, angstbereite Sichentwerfen auf das eigenste Schuldigsein. Das entschlossene Dasein kann zum Gewissen der anderen werden. Aus dem eigentlichen Selbstsein der Entschlossenheit entspringt erst das eigentliche Miteinander, nicht aber aus den zweideutigen und eifersüchtigen Verabredungen des Man. Entschlossenheit bedeutet Sich-aufrufen-lassen aus der Verlorenheit in das Man. Die Unentschlossenheit des Man bleibt gleichwohl herrschend, nur vermag sie die entschlossene Existenz nicht anzufechten. Der ontologische Sinn der Sorge wird danach als Zeitlichkeit bestimmt.

In Heideggers Existenzialien geht es um die konkrete Möglichkeit der Selbstfindung des Menschen. Der Begriff des Selbst als Selbstheit des Daseins ist sein Identisches und als solches das Grundproblem. Heidegger weigert sich, es als Subjectum oder Substanz zu denken, weil diese Substanz aristotelisch erscheint und daher als Kategorie die Stufe der Vorhandenheit, also der Dinglichkeit, nicht überschreitet. Das Dasein hat von daher als Existenzialität, also als Gesamtstruktur der Existenzialien, die sich im Phänomen der Sorge versammeln, die Ebene der Kategorien je schon überschritten und bewegt sich auf einer intentionalen Ebene, wie sie Husserl herausgearbeitet hat. Jedoch darf das Dasein nicht als ein Ich interpretiert werden. Wird es aber als solches betrachtet, dann kann dies nur existenzial sein, d.h. auf der Ebene einer im traditionellen Sinn existenziell-essentiellen Einheit unter Vorherrschaft der Existenz, die nicht auf dem Grund eines Ich steht, sondern die erst die Bedingung der Möglichkeit einer Interpretation des Ich zuläßt und freigibt. So erscheint das Ich (Selbst, Substanz, Essenz, usw.) nicht als ein Grundbegriff wie bei Descartes, Kant (transzendentale Apperzeption) und Husserl, sondern als mögliches Folgephänomen der ursprünglichen Einheit der Existenz. Die Existenz hat eine ausgezeichnete Vorrangigkeit vor der Essenz. Damit steht sie auf einer höheren Stufe der Realität, die sich über eine ausschließende Spaltung von Realität und Idealität a priori erhebt. Heideggers Sichtweise kennt keine kategorische Trennung von Realismus und Idealismus. Sie steht bereits im Zirkel der vertieften geistigen Betrachtung, die sich über den kontradiktorischen Widerspruch erhoben hat und damit zum komplementären Widerspruch vorgestoßen ist.

Heidegger geht von der alles leitenden Grundfrage des Warum aus. Dasjenige, das nach dem Warum fragt, ist das Dasein, die Existenz, d.h. der sich öffnende Mensch. Das Sein geht also zunächst im Verstandensein des Daseins auf, das die Seinsverfassung des Daseins ausmacht. Weil der Mensch dieses Wesen als ständiges Anwesen in einer Offenheit ist, ist er ein Wesen, das transzendiert, also Transzendenz.[21] Dem Dasein geht es um sich selbst, um seinen »umwillentlichen Überstieg«, »der als solcher sich auf die Möglichkeiten seiner selbst entwirft«.[22] Dieser Wille wird auch Freiheit genannt, die eine dreifache Gründungsweise besitzt, als Stiften, Bodennehmen und Begründen. Die dreifache Begründungsweise von Grund gehört aber zusammen. Sie ist eine Einfachheit, deren letzter Grund das Dasein, der Mensch selbst ist, der sich in einem Seinsverständnis als In-der-Welt-sein befindet. Die Transzendenz ist die Freiheit des Menschen und als diese Freiheit die Freiheit des Grundes. »Freiheit ist Freiheit zum Grunde«.[23]

Zehn Jahre später ändert sich die Position Heideggers zum Grund. Zunächst wurde der Seinsgrund vom Dasein aus gelegt. Aber durch eine Wahrheitsanalyse gelangt Heidegger zur Kehre seines Ansatzes.[24] Der Grund ist nun nicht mehr im Dasein zu finden, sondern das Dasein ist auf das Sein angewiesen. Im konträren Gegensatz zu »Sein und Zeit«, wo noch alle Eigentlichkeit aus der Uneigentlichkeit hervorging, geht jetzt alle Unverborgenheit aus der Verborgenheit hervor. Wahrheit wird zur Wahrheit der Idee, die Heidegger von Plato her deutet. Die Wahrheit dieser Idee beruht in ihrem gesichteten Anblick, in ihrem Immer-schon-gesehen-sein. Bei diesem Erfassen der Idee geht es um ein Sehen des Wesens des Wesens, um ein Erfassen des Grundes für Richtigkeit als solche. Das Erfassen des Wesens ist die Legung der Gründe. Gründe gründen heißt jetzt Ideen schauen. Freiheit ist nun das Sehen des Grundes. Das Sehen des Grundes als Gründung des Grundes ist aber kein Machen oder Produzieren, sondern ein Hervorbringen, ein Er-sehen. Es ist als schöpferisches Hervorsehen kein Selbstmachen, sondern vollzieht sich durch den Vorgang der Entbergung der Verborgenheit aus der Unverborgenheit. Heidegger verweist bei dieser Entbergung auf den griechischen Wahrheitsbegriff, die A-lētheia (Unverborgenheit). Er dringt bei seiner Frage nach dem Sinn von Sein weiter in die griechische Philosophie vor und gelangt zu den Vorsokrati-

---

[21] Vgl. Sein und Zeit, 366.
[22] Vgl. M. Heidegger, Vom Wesen des Grundes. Frankf./M. 1984, 43.
[23] Ebd., 44.
[24] Vgl. M. Heidegger, Grundfragen der Philosophie. Gesammelte Werke Bd. 45. Frankf./M. 1984, 77–103.

kern.²⁵ Dabei erkennt er aufgrund der Unterscheidung zwischen Alätheia und Doxa einen Unterschied zwischen dem Anspruch der Bedürfnisse, dem Brauchen und dem Anspruch an das Wesen. Das Brauchen ist Wünschen und Drängen auf das Nützliche hin. Deswegen ist es nur der Schein der Freiheit, der in Wahrheit eine Knechtschaft darstellt, nämlich die unter der Herrschaft des ständig »Gebrauchten«. Der Anspruch an das Wesen ist aber der Weg des Erkennens. Er entbehrt das nur Nützliche. Die notwendige Auseinandersetzung ist daher die Auseinandersetzung mit dem Wesenhaften, die Kunst der Téchne, eine Kunst, die das unverborgen werdende Leben in seinem Durchhandeln betrifft. Sein wird nunmehr verstanden als Verbergung und Entbergung. Es verfügt, indem es das Seiende in sein Anwesen hervorgehen läßt. Dazu gehört das Verweilen. Aber hieraus entsteht auch die Zwiespältigkeit des Menschen, die bis zum Sichentfernen vom Grunde gehen kann. Die Sorge wandelt ihren Charakter: Sie richtet sich nicht mehr nur auf das Dasein, sondern gilt dem Sein des Seienden. Der Mensch aber spielt jetzt die Rolle des Wächters des Seins. Das Sein selbst hat sich nach Heidegger gewandelt.²⁶ Die Seinsgeschichte ist eine Wandlungsgeschichte. Anfangs erscheint das Sein in der Form der Anwesenheit (ousia). Diese Anwesenheit zeigt sich auf zweifache Weise, bei Plato als idea oder eidos, die vor der existentia Vorrang hat, bei Aristoteles als energeia, die als Vollendung einer Bewegung auf ein höchstes Ziel hin (Entelechie) vor der essentia Vorrang hat. Im Fortgang der Metaphysikgeschichte vollzieht sich aber ein wesentlicher Wandel: Die (platonische) idea wird zur Vorstellung und die (aristotelische) energeia wird zur Wirklichkeit. So wandelt sich das Sein in die Wirklichkeit. Die aristotelische Wirkkraft wird zu einem Machen. Der Grund wird zur ratio. Gott wird zum Schöpfer aus dem Nichts. Die Seinsgeschichte wird beherrscht vom agere: esse est actus, nicht mehr energeia. Der Verfügungscharakter im Sinne der Technisierung der Neuzeit bricht aus. Beim späten Heidegger wird der Name »Ge-stell« zum Koordinator von Mensch und Sein.²⁷ Es ist etwas, das uns dasjenige offenbart, was die Konstellation von Sein und Mensch durchwaltet. So wird es zum Vorspiel dessen, was Er-eignis heißt. Er-eignen heißt ursprünglich: er-äugen, d.h. erblicken, im Blicken zu sich rufen, an-eignen. Das Wort Ereignis wird damit zum Leitwort wie etwa der griechische Logos oder das chinesische Tao. Diese Wort lassen sich als Leitworte nicht mehr übersetzen. Sie nennen das, was sich einzig ereignet. Dadurch wird der Grund weiter zurückverlegt in das Er-eignis, dem das Ge-stell nachfolgend erst entspringen kann.

In der zwischen 1950 und 1959 entstandenen Aufsatzsammlung »Unterwegs zur Sprache« dringt der späte Heidegger an die Grenze zu einer ontologischen Tiefe, die eigentlich eine neue Form des phänomenologischen Philosophierens hervornötigte. Die Betrachtungen beugen sich zum Geist der Romantik zurück. Sprache erörtern meint dabei, sich an den Ort

---

²⁵ Vgl. M. Heidegger, Grundbegriffe. Gesammelte Werke Bd. 51. Frankf./M. 1981.
²⁶ Vgl. im folgenden M. Heidegger, Nietzsche. Bd. 2, Pfullingen 1961, 400–451.
²⁷ Vgl. M. Heidegger, Identität und Differenz. Pfullingen 1957.

ihres Wesens bringen: die Versammlung ins Ereignis.[28] Die Meinung, Sprechen sei als Ausdrücken eine Tätigkeit des Menschen, löst sich in die Erkenntnis auf, daß das Gedicht ein rein Gesprochenes ist.[29] Heidegger interpretiert, nach dem Sprechen fragend, Trakls Gedicht »Ein Winterabend«. In ihm wird Sprechen zum Entsprechen, wenn der suchende Wanderer durch den weltlichen Schmerz in die Stille gerufen wird. Das bei sich versammelnde Rufen ist das Geläut der Stille, das nichts Menschliches mehr darstellt, sondern als das Gesprochene des Gedichts dem heißenden Ruf der Stille entspricht.[30] Dichten wird dadurch zum Hören, und Dichtung hütet so das Gesprochene als das wesenhaft Ungesprochene.[31] In ihr erfolgt das Schauen der Anblicke des Unsichtbaren: Es ist Gottes Sprechen, das dem Menschen ein stilleres Wesen zuweist.[32]

Nach der Kehre hat Heidegger den durchschauen- und beherrschenwollenden, den *einseitig* »männlichen« Charakter der abendländischen Philosophie, der die entsprechende, an Macht *einseitig* orientierte Form von Wissenschaft zustande gebracht hat, immer deutlicher und immer schärfer kritisiert. Dieser Wesenszug zeigt sich unverhüllt im *kategorialen Sprechen:* »Was so im allgemeinen von jedem Ding als Ding gesagt wird, dieses ›auf das Ding Herabgesagte‹, worin sich eine Dingheit und Allgemeinheit bestimmt, nannten die Griechen *kategoría (kata-agoreúein)*. (...) Die Aussage ist eine Art von légein – etwas als etwas ansprechen. Darin liegt: etwas als etwas nehmen. Etwas für etwas halten und ausgeben, heißt lateinisch: reor, ratio; daher wird ratio die Übersetzung von lógos. (...) Die Kategorien bestimmen allgemein das Sein des Seienden (...); so fragen ist erstrangige, erste und eigentliche Philosophie, *protón philosophía,* prima philosophia (...) Lógos und ratio werden im Deutschen mit *Vernunft* übersetzt.«[33]

Art und Inhalte der bisherigen offiziellen abendländischen Philosophie sind daher im ganzen zu überspringen. Allerdings konnte dies Heidegger deshalb nicht gelingen, weil er selbst unmerklich noch im Netz des dominierenden kategorialen Denkens befangen bleibt. Dies zeigt sich nicht nur darin, daß Heidegger das Sein zwar nicht zu beherrschen, aber doch zu überwachen und zu hüten für die »Sache« des Denkens hielt. Daß Heidegger die *andere Seinsquelle – die weiche und weibliche, die die Tiefenphänomenologie öffnet –* nicht sichtete, zeigt sich vor allem darin, daß er

---

[28] M. Heidegger, Unterwegs zur Sprache. Stuttgart 1993, 12.
[29] Vgl. a.a.O., 12–16.
[30] Vgl. a.a.O., 26–33.
[31] Vgl. a.a.O., 70.
[32] Vgl. a.a.O., 79.
[33] M. Heidegger, Die Frage nach dem Ding. Zu Kants Lehre von den transzendentalen Grundsätzen. Tübingen 1962, 48–49. Nach Heidegger hat die Phänomenologie weiterhin die Vernunft verherrlicht und die Kategorien geradezu uferlos vermehrt. Die Heideggersche Erfahrung konnte noch nicht nachvollzogen werden. Dies ist natürlich nicht zu tadeln. Daß man sich aber, um das von Heidegger aufs schärfste und entschiedenste abgelehnte kategoriale Denken zu begründen, auf ihn beruft, bzw. daß man kategoriales Denken als Fortsetzung des Heideggerschen Philosophierens verstehen kann, ist einfach verblüffend. Kategorial analysierende Denkweise stellt einen Rückfall hinter Heidegger dar.

ein neues Denken durch die Rückkehr zur Vorsokratik eröffnen zu können glaubte. Die Notwendigkeit der Destruktion der überlieferten Ontologien hat Heidegger gesehen, die Tragödie der letzten dreitausendjährigen abendländischen Geistesgeschichte zutiefst erfahren, der Möglichkeit eines absoluten Neubeginns jedoch keine Tür aufgetan. Denn eine Rückkehr dorthin, wo alles begonnen hat, ist Neuanfang des gleichen Irrweges.

Es geht der *Neuen Phänomenologie* nicht mehr um eine »Sache des Denkens«. Es geht um die *Liebe zum Leben*, das sich im Sprechen der Dichtung ereignet. Dieses läßt den Mythos des gemeinsamen Sinnes in der Freude anklingen. Um die Töne wahrnehmen zu können, muß »Der Übergang vom logischen zum dichterischen Denken« nachvollzogen werden, was folgende Überlegungen versuchen.

III. Die Tiefenphänomenologie José Sánchez' de Murillo

Erst José Sánchez de Murillo öffnet der Phänomenologie die *Tiefe*. Unter Tiefe wird jene Dimension des Urlebens verstanden, in dem sich die tragenden Urphänomene gestalten. Insofern die Möglichkeit der Selbstgestaltung in der gebärenden Urkraft liegt, meint Tiefe *zunächst* das »weibliche«, empfangende, bergende Urprinzip des Seins. Dieses ist aber *zugleich* auf das »männliche«, gebende, vorschreitende *ontologisch und ontisch* ausgerichtet.[34] Die Tiefe schließt also die Ober-Fläche mit ein, wenngleich beide in der *äußeren* Welt auseinandergehen müssen, damit die Vereinigung immer wieder möglich und so Leben unaufhörlich aus der ekstatischen Freude hervorgehe. Es geht also in der Tiefenphänomenologie um *absolute Seinsgenese,* die nicht in der Zeit geschieht, sondern die Zeit gebiert, und nicht als Struktur erscheint, sondern die Welt der Strukturen ermöglicht und das sie alle tragende Identische ausmacht. In der vorzeitlichen Dimension der Tiefe sind *Sein* und *Werden* die zwei unzertrennlichen Seiten des Urlebens und folglich aller Urphänomene. Insofern *Jakob Böhme* im *Un-Grund* die Identität beider erblickt und so philosophiegeschichtlich *Parmenides* und *Heraklit*, weltgeschichtlich die *morgenländische* und *abendländische* Denkform, im Selben vereinigt, geht *der Aufgang* der Tiefenphänomenologie historisch wie philosophisch auf die *Begegnung* mit dem »ersten deutschen Philosophen« (Hegel), dem Philosophus Teutonicus Jakob Böhme, und dadurch mit der deutschen Romantik im Jahre 1977 zurück.[35]

In der Tiefenphänomenologie ist das Sein ein ungründiges Geschehen, das als Kreisbewegung, deren Anfang und Ende wir nicht denken können, den Ungrund darstellt, der sich menschlichem Begreifen entzieht, dem ganzheitlichen, reinen Erfahren des Menschen aber öffnet. Insofern die Seinsbewegung in der menschlichen Erscheinungsform notwendig *und*

---

[34] Vgl. José Sánchez de Murillo, Vom Wesen des Weiblichen. In: Edith Stein Jahrbuch 2 (1996), 68–103.
[35] Vgl. Jakob Böhme, Das Fünklein Mensch. Herausgegeben und meditativ-philosophisch erschlossen von José Sánchez de Murillo. München 1997.

zugleich gewollt unaufhörlich dem Abgrund entgegeneilt, geschieht Leben als die ständige Bewegung der *mitgeleisteten* Wiederaufrichtung.»Dies erzwingt die leitende These: *In der uns einzig bekannten Seinszeit ist Ontologie nur als Ethik möglich.*«[36] Die neue Ethik ist tiefenphänomenologische Ethik. Die tiefenphänomenologische Ethik ist *Fundamentalethik*.[37] In der Fundamentalethik geht es nicht um Schuld, Werteproblematik, moralische Fragen o.ä. Sie erhellt die Verlaufsform des Seinsprozesses im Menschen. Im Menschen verläuft der eigentliche Prozeß als die Bewegung des Sichverbrauchens, Sichverzehrens und Sichverlaufens, was nicht nur die radikale Beschränkung im Erkennen und im Handeln mit sich bringt, sondern auch die grundsätzliche Verfallstendenz des Daseins verursacht und die *ontologische* Forderung der stetigen Wiederaufrichtung, ja der ständigen Neugeburt aufnötigt.[38] Tiefenphänomenologie ist Ontologie der Vergänglichkeit, die das Geschehen der Endlichkeit im Prozeß des Menschen darstellt. Das endliche Verstehen des Menschen ist begrenzt. Zugleich ist er durch sein »Gemüt« mit der Fähigkeit ausgestattet, sich dem Unendlichen zu öffnen.[39]

Aus der abendländischen Tradition lassen sich zwei Denkarten heraussehen, das Logosdenken, das der mathematischen Denkform entspricht, befehlend ins Seiende spricht und sich dadurch letztlich nur mit sich selbst anstatt mit der Ganzheit der Welt beschäftigt, und das ursprüngliche Denken, das dort waltet, »wo der Mensch, sich aus dem kosmischen Prozeß heraus erfahrend, in den Ursprung zurückkehrt, aus dem er emporgestiegen« ist.[40]

Ursprüngliches Denken erfährt sich durch das Phänomen, das die Romantik als »Nacht« bezeichnet. Es ist vergleichbar mit dem Nichts des Ursprungs, aus dem Seiendes ontologisch hervortritt. Das Hervortreten erfolgt als Neugeburt, die mit dem Grundwort »Liebe« benannt wird. Die Liebe gelangt zum Geist der ursprünglichen Einheit, der die Freiheit als das unfaßlich Anwesende ist. Freiheit ist der Charakter *der ontologischen* Urbewegung, in der das Sein unaufhörlich aus dem Ungrund hervortretend als Prozeß geschieht, »der aus sich entsteht, sich selbst trägt und in sich selbst zurückgeht, um wieder aus sich, als dasselbe und doch zugleich jeweils unvordenklich neu, hervorzugehen.«[41]

Die Identität von Sein und Nichts – der Ursprung der Zeit und mithin das Absolute – wird Ungrund (Un-Grund) genannt. Der menschlichen Vernunft ist es nicht gegeben, überzeitlich über dem Ganzen zu stehen, weil sie sich im Prozeß der Geschichtlichkeit des Seins bewegt. Deswegen sind die Systeme der abendländischen Philosophie jeweils nur von der An-

---

[36] Jóse Sánchez de Murillo, Der Geist der deutschen Romantik – Der Übergang vom logischen zum dichterischen Denken und der Hervorgang der Tiefenphänomenologie. München 1986, 13. Vgl. im folgenden 13–46.
[37] José Sánchez de Murillo, Fundamentalethik. München 1988.
[38] José Sánchez de Murillo, Der Geist der deutschen Romantik. 14–16, 24–34, 36–38.
[39] Ebd., 68–82, 232–256.
[40] Ebd., 18.
[41] Ebd., 22 f.

dersheit ihres Inseins durchstimmt, die vom Urphänomen der Vergänglichkeit aus bestimmt wird. Vergänglichkeit zeigt sich im Phänomen des Vergehens: Sie ist die »Wesensbezeichnung eines Seienden, das in nichts als in seiner Bewegung zu ruhen vermag.«[42]

Der Prozeß des Vergehens wird zu einem Sichentgehen des immer Bleibenden. Das Verhältnis dieses nur im Sichentgleiten Bleibenkönnenden zu sich selbst aber ist die Zeit, die nur aus der Mitte des Augenblicks heraus erlebt werden kann. Erworbene Erkenntnisse sind deshalb wesenhaft irrsinnig, weil sie keinen in sich ruhenden Sinn zu erzeugen vermögen. Das heißt, sie stiften in ihrem Irren Sinn.

Die Zeit ist die Öffnung, durch die sich die Welt dem Menschen darbietet. Sie erscheint ihm in einer Reihenfolge von qualitativ anderen *Grundzeiten*. Deren Ablauf ist der Ort der Wahrheitsfindung des Menschen, der Grundwahrheit genannt wird. Er beschreibt den Wandlungsprozeß, in dessen Verlauf die Welt sich dem Menschen jeweils anders darbietet. Die Grundwahrheit ist die Koinzidenz der Grundzeiten und die Bedingung der Möglichkeit des Aufnehmens von Welt überhaupt. Das Vermögen, das die Grundzeiten ermöglicht, ist die *tiefenphänomenologische Erinnerung*, in der das Gedächtnis als ontische Erscheinungsform gründet. Sie ist Grund des Verstehens. Die Verstehensform eines vergänglichen Wesens geschieht als *Umdeuten*. Die Jeweiligkeit der Grundzeit wird durch die Färbung der Welt, die sie stiftet, zugänglich. Das Insgesamt aller Grundzeiten in ihrem Verhältnis zueinander ist die ontologische Welt, die sich im Prozeß der Eingrenzung des Offenen bildet. Dadurch geschieht Begrenzung, die dem Menschen in seiner vergänglichen Endlichkeit Halt gibt und ihm so den Zugang zum Schein ermöglicht. Die Grenzen können sich dem Menschen offenbaren, wenn der Begrenzungsprozeß öfter gebrochen wird. Aufgrund einer solchen *Brechung* öffnet sich erst die Tiefe der Welt, die die Grenzen des Begrenzungsprozesses erhellt. Die Grenzen sind: 1. die Stimmung, die den Aufgang durch Hineingang in ein Phänomen ausdrückt. Sie wird durch die Berührung entzündet und erhält ihre Qualität durch die Grundstimmung der Grundzeit der individuellen Bewegung. Letzter Grund der Wahrheit ist die Urstimmung, die die unableitbare Seinsart der Individualität darstellt; 2. die Ortschaft, die die Stimmung trägt; 3. der Bezirk, der das Zusammenwirken der Ortschaften miteinander gewährleistet; 4. der Raum, der die Verflechtung der Bezirke darstellt; 5. die Zeit, die dem Raum seine Prägung gibt, und 6. die Färbung als der Schein, in den sich die Welt als das Selbe jeweils anders einhüllt.

Die Wahrheit unterliegt so dem Gesetz des Zeitlichen. So lebt der Mensch grundsätzlich ver-rückt. Seine Erkenntnisse sind notwendig irrsinnig, weshalb seine Interpretationen auch nur immer irr-sinnig sein können. Die tiefenphänomenologische Interpretationsauffassung stellt die Interpretationsfrage ursprünglich.

Eigenart des Interpretationsvorgangs ist die Urbefindlichkeit der Vergänglichkeit. Durch das Phänomen des Geschriebenen kommt das vorläu-

---

[42] José Sánchez de Murillo, Fundamentalethik. 80 f.

fige Gestimmtsein zum Ausdruck. Schreiben ist Niederkunft eines Lebensprozesses. Das Geschriebene ist geronnene Lebensbewegung. Es bewahrt Phänomene auf, entzieht ihnen aber die Einmaligkeit des Geschehens. So wird ursprüngliches Interpretieren zum Paradoxon der Wiederholung des ursprünglichen Phänomens. Es ist weder subjektiv noch objektiv, weder besser noch schlechter, sondern, da kein absoluter Maßstab vorliegt, immer nur jeweils anders.

Die Wieder-holung des Interpretierens ist eine Erweckung, die durch Berührung geschieht und aus Gewohntem und Tragendem herausreißt. Sie eröffnet die neue Stimmung, die eine ursprüngliche Befindlichkeit ist. Nur in ihr können sich Phänomene offenbaren. Sie wird von der jeweiligen Grundstimmung getragen, die wiederum von der Urstimmung abhängig ist. Die Erweckung vollzieht sich im Staunen über das Geschriebene, weil Interpretationen Öffnungsformen des Unfaßlichen sind, dem die Menschen dienen. Die Haltung der staunenden Bewunderung ist die Grundhaltung der ursprünglich sachlichen und menschlichen Wissenschaft. Interpretieren wird dadurch zur Wieder-holung des schöpferischen Vorgangs. Nur das helle Bewußtsein der eigenen Interpretationsgrenzen kann vor dem Anspruch absoluten Interpretierens, das sich im Besserwissen sonnt, schützen. Denn es gehört zum Wesen des menschlichen Selbstverständnisses, daß dem Menschen die Möglichkeit der absoluten Selbstreflexion nicht gegeben ist. Das Wissen des Menschen ist deshalb auch immer nur umdeutende Wiedergabe des jeweils Aufgenommenen. Die Aufhellung der Phänomene, die aus der Tiefe erfolgt, entgeht zwar der Vernunft, aber nicht dem Selbsterfahrungsvermögen des Menschen. Daher muß die Wissenschaft organisch fragen, nicht befehlend. Organisches Fragen fördert die Selbstentfaltung des Befragten, während befehlendes Fragen die Dinge in die Bahn zwingt, die wesenhaft den ichsüchtigen Interessen des Menschen entspringt. Aus dem befehlenden Fragen entsteht zwangsläufig die Selbstgefährdung der vernunftgeleiteten Wissenschaft, deren Wesen in der Urnegativität besteht, sich über die anderen zu erheben.

Die Erfahrung der fortwährenden Ungründigkeit, die Seiendes nichtig werden läßt, ruft im Menschen eine Angst hervor, vor der er ständig flüchtet. Weil menschliches Tun wesenhaft von solcher Angst durchstimmt ist, *hängt* der Mensch *an* Fixierungen, um sich vor der Bedrohung der ungründigen Offenheit zu schützen. So ist menschliches Hängen ein fundamentales Phänomen, in dessen Abhängigkeiten der Mensch hineingehen muß, um einen haltgebenden Ort zu finden. Der Gang der Freiheit kann nämlich nur so erfolgen, daß der Mensch in diesen Abhängigkeiten die Beengung der Angst entdecke, um durch sie wieder zur Loslösung von den Fixierungen des Hängens durch Brechung zu gelangen. Die sich dadurch wiederfindende Freiheit entspricht der Grundstimmung der *dritten Dimension* des Denkens, die auch Tiefdichtung genannt wird und die auf die Unmöglichkeit der eigenen Begrenzung gelassen hinschauen kann. Sie hält das Paradoxon aus, daß Sein, das in der Endlichkeit als Vergehen geschieht, nur nichtseiend sein kann. Der Grund, der sich selbst stets entschwindet, wird eigens ungründig. Die dritte Dimension des Denkens ist also eine von der Angst der Enge geheilte dichterische Grundstimmung, der die Welt als eine unter-scheidende Einheit erscheint: Die Dinge sind gleich-ursprünglich, aber nicht gleich-bedeutend. Sie besitzen eine qualitative Differenz in ihrer jeweiligen Andersheit, die nicht Besonderheit, sondern die Mannigfaltigkeit fördernde Erscheinungsform der einzigen Seinsgenese darstellt. Durch Rückführung auf den Selbstgeburtsprozeß des Einen hält sich die Erscheinungswelt des Vielen in seiner Wahrheit. Daher erfährt sich ein solches »Denken« als Mitvollzug der aus ihrer ursprünglichen Nacktheit hervorgehenden Urbewegung der Freiheit. Es ist als die Bewegung der tiefenphänomenologischen Ethik noch zu seiner Darstellungsform unterwegs.

Die Tiefenphänomenologie verfolgt das notwendige und zugleich unmögliche Ziel der Übereinstimmung des Menschen mit sich selbst.[43] Unmöglich ist es deshalb, weil der Mensch zwar nach sich selbst strebt, aber sich selbst aufgrund seiner Vergänglichkeit ständig entgeht. Notwendig ist es jedoch, weil sich ohne dieses Streben der Mensch auflöst.

Die ungrundstiftende Unterscheidung ist die zwischen Ober-Fläche und Tiefe. Dabei dürfen die beiden Termini weder wertend noch vor allem ontisch mißverstanden werden. Sie benennen die gleichberechtigten, jedoch entgegengesetzten Grundformen des Seinsvollzugs, die sich aus der Polarität des Seins ergeben.

Die Welt der Ober-Fläche ist das Insgesamt von Strukturen, die das Leben ermöglichen. Sie drückt das Insgesamt von Hängepunkten aus, die dem Menschen auf der Flucht vor der ontologischen Angst Schutz bieten. Es sind die Situationen (Familie, Beruf, Gemeinschaft, Geschichte usw.), in denen er *als diese* erscheint: als Deutscher, als Arzt, als Mannschaftsfußballer, als Hausfrau, als Mönch usw. Auf der Ober-Fläche lebt der Mensch als *Als.* Darin ist sein Ich nur Situations-Ich. Es ist dasjenige, was ich zu sein scheine. Der Schein ist das notwendige Sein der Ober-Fläche. Philosophien, die die Welt der Ober-Fläche darstellen, sind wesensnotwendig Struktur- und Situationsphilosophien.[44] Sie beschreiben den Schein der Verkleidungen, ordnen ein, nivellieren. Dadurch flüchten sie

---

[43] J. Sánchez de Murillo, Die Erste Philosophie der großen Krisenzeit. In: prima philosophia 3 (1990), 433. Vgl. im folgenden 433–441.

[44] Für Sánchez sind die Philosophien von Hegel bis Heidegger wesentlich Struktur- und Situationsphilosophien. Tiefsinnig sind sie nur im Sinne der Tiefe der Oberfläche, die die Tiefe der Tiefenphänomenologie nicht zu erreichen vermögen. Vgl. a.a.O., 434. – Zur rechtswidrigen Entlehnung tiefenphänomenologischen Gedankenguts sei hier nur folgendes angemerkt: Die ersten Manuskripte zur Tiefenphänomenologie verfaßte Sánchez 1977–1980 in Würzburg. Da sie zuerst als Habilitationsschrift vorgelegt werden sollten, wurden sie naturgemäß zugänglich gemacht und jahrelang in zahlreichen Gesprächen erläutert. Der amtliche und vertrauliche Charakter dieser Manuskripte und dieser Gespräche wurde mißachtet. Entstellt, da das Konzept nicht verstanden wurde, und ohne die Quelle zu nennen, sind seit 1980 Gedanken und Ausdrücke im Umlauf, die ursprünglich auf die Tiefenphänomenologie zurückgehen. Der Sachverhalt ist später falsch (umgedreht!) dargestellt worden. Die Begleitumstände beim Entstehungsprozeß der Tiefenphänomenologie sind philosophisch, hochschulpolitisch und politisch relevant. Aus diesem Grund wird an einem ausführlichen Bericht gearbeitet, der seinerzeit der Öffentlichkeit mitgeteilt werden soll.

vor der Tiefe, selbst wenn sie von Tiefe sprechen. Auf der Ober-Fläche geht es weder um Tiefe noch um Wahrheit. Es geht um das Sichdurchsetzen der Macht, die dem Schein Glanz verleiht. So ist jede Philosophie darum bemüht, alle anderen zu erklären, sie unter ein Ordnungsprinzip zu bringen, das man zu besitzen vorgibt. Alles Vorhergehende war Vorbereitung seiner selbst. Dies ist nur dadurch möglich, daß man alle anderen verkleinert. Das Verkleinern ist freilich bloß verbal, aber nicht weniger destruktiv. Jedem Dogmatismus liegt Angst um sich selbst zugrunde. Wo es wesentlich um Macht und Beherrschung geht, die vor der Unsicherheit der eigenen realen Dürftigkeit schützen soll, ist die tödliche Destruktion der Andersheit des anderen – während gleichzeitig über Einmaligkeit emphatisch geredet wird – ein zentrales Unterfangen. Tatsächlich geht es dort, wo es nicht mehr um Wahrheit und Irrtum geht, nur darum, die Position des anderen zu *unterfangen* und aus der verbalen List heraus mitzuinterpretieren. Der Trick ist geradezu ein Wesenszug der strukturalen Welt der Ober-Fläche. In der Tiefenphänomenologie geht es um Wahrheit, ja um *die* Wahrheit des Seins, die in der *Liebe zum Leben* besteht. In den bisherigen Philosophien ging es intellektuell um Erkennen, Wissen, Analysieren, Überwachen, also in Wirklichkeit um Macht. In der Tiefenphänomenologie geht es um Wiederentdeckung des Einen, um Rückbesinnung auf den alles tragenden Seinsgrund: die Urliebe, die jeden ins Eigene befreit. Erst von daher ist Selbstliebe möglich, die Frieden und Fülle spendet und in die Gelassenheit entläßt. Die Tiefe erscheint von der Ober-Fläche aus als Gegensatz und Bedrohung. Doch sie ist die tragende Grundform des Seinsvollzugs und in diesem Sinne das Andere der strukturalen Welt. Die Tiefe der Tiefenphänomenologie ist demnach »dasjenige, das nicht die Struktur ist, aber durch die Struktur und als diese erscheinen muß, damit Leben sein könne.«[45] Strukturen zerbrechen, Situationen vergehen, die Identitäten, die sie den Menschen verleihen, gehen zugrunde. In der Tiefe, wo das Eine und Einzige erfahrbar ist, findet der Mensch jenes Selbst, das identisch mit dem Sein ist. Aber die Tiefe öffnet sich nur in der Stille, die die Reinheit des Lebensprozesses umhüllt. Sie, die Stille der Tiefe, füllt das Sprechen mit göttlichem Klang. Der Alltag wird Dichtung.

Als Lebenssubstanz ist die Tiefe das, was im Vergehen der Strukturen Bestand hat. Deshalb ist sie ein Nichts, das etwas ist, das Unfaßliche, der Un-grund, die Ursubstanz schlechthin, die das Vergehen der Zeit ist. Eine solche Zeit ist die Wesenszeit, »die nirgends erscheint, aber überall wirkend ist.«[46] Tiefzeit ist das Bleibende als das Vergehen des Bestehenden. Sie ist die Urzeit, die sich durch die Grundzeiten hindurch als der schöpferische Prozeß des Selben gestaltet. Alles, was geschieht, vergeht als Zeitprozeß, und alles was ist, ist geronnene Zeit. So stellen Tiefzeit und Grundzeit die Urphänomene des Seinslebens überhaupt dar.

Die Tiefenphänomenologie klärt die Grundgesetzlichkeiten des Lebens. Die Lebensgeschichte ist aber vor allem eine *Leidensgeschichte*, die den

---

[45] Ebd., 434.
[46] Ebd., 435.

Menschen für die große Öffnung befreit, hin zum Unendlichen, zu dem er als Seiendes zurückkehrt. Deshalb ist die Tiefenphänomenologie an Modeworten nicht interessiert. Befreit von den Unterscheidungen von Philosophie, Religion, Wissenschaft, Vernunft, Gefühl usw. denkt sie das Menschliche vom Göttlichen her.

Die Fundamentalethik ist nichts anderes als die Ontologie der Vergänglichkeit, also die Tiefenphänomenologie vom Aspekt des im entsprechenden Sinne verstandenen Ethischen aus gesehen. Sánchez läßt sie aus der abendländischen Entwicklung der Ethik und der begrifflichen Entwicklung der klassischen Moralphilosophie hervorgehen.[47]

Die utilitaristische, die eudämonistische und die pluralistische Ethik, die die ethische Entwicklung des Abendlandes bestimmen, führen dabei nur zur Herrschaft der Ichheit, zum Phänomen der Ichsucht und dadurch zur Dekadenz des abendländischen Denkens, das sich schließlich im heutigen Erfolgszwang des Menschen bekundet.

Der fundamentalethische Ansatz konstatiert dagegen, daß im Menschen die Identität von Eigenwille und Universalwille gebrochen ist. Daher ist die Wiederherstellung dieser gebrochenen Identität Aufgabe des Menschen: die Rückkehr in die Einheit des individuellen und universalen Willens. Freiheit ist daher nur im Nachvollzug des Willens des Ganzen im Punkt des Einzelnen möglich. Die ursprüngliche Bestimmung des Menschen ist es, Diener am Ort seiner Berufung zu werden. Diese Berufung erfolgt durch den Ruf des Ungründigen und Namenlosen, die keinen Herrn kennt, sondern die Herrlichkeit selbst darstellt. Daher ist »das Höchste die Freiheit, die in ihrem Wesen ungründig« und »in ihrem Tun unvordenklich ist.«[48] Doch die Freiheit wird im Menschen zum Wagnis, weil er sich in seiner Freiheit selbst gefährdet. In ihm finden die Verkehrungen der Freiheit statt, die im Tiefenphänomen des Neids am deutlichsten sichtbar werden.

Menschliches Leben verläuft in verschiedenen Grundzeiten, die jeweils anders sind und die jeweils ihr eigenes Grundgesetz haben. Weil die menschliche Ordnung die Gesetze aller Grundzeiten sein lassen muß, gibt es für menschliches Zusammenleben also nicht nur ein Gesetz, sondern ein Grundgesetz aller Gesetze: »Das Grundgesetz des menschlichen Lebens ist demnach die ontologische Gesetzlosigkeit, d.h. die Öffnung des ständigen Aufgangs, die das Ge-setz der Freiheit ist. Davor ängstigt sich der Mensch.«[49] Das Gesetz soll die Angst vor dem Rückfall in das abgründige Nichts des Gewesenen auffangen. Deshalb wird das Gewesene durch das Gesetz für das Eigene genommen und als solches mitgewußt. So wird es be-wußt und dadurch zum Ge-wissen, das zum Grund des Schuldigseins wird. Das objektive Gewissen, das dasjenige ist, das mit dem Gesetz übereinstimmt, ist die einzig subjektive Norm menschlicher Handlungen. Weil das Problem der objektiven Übereinstimmung des Gewissens

---

[47] Vgl. im folgenden José Sánchez de Murillo, Fundamentalethik. München 1988, 31–54.
[48] Ebd., 61.
[49] Ebd., 70.

mit dem positiven Gesetz aber von der Auslegung abhängig ist, wird das objektive Gesetz dem Menschen nur durch Umdeutung zugänglich. So drückt die vermeintliche Gewißheit des Gewissens jeweils nur die wesenhafte Begrenzung aus, in der sich der Mensch aufhält. Die Begrenzung ist die Grundform, durch die einem endlichen Wesen die Wahrheit des Gewissens gegeben werden kann. Weil sich aber der Mensch in verschiedenen Grundzeiten verschieden deutet, ist das Gewissen der Endlichkeit grundsätzlich irr-sinnig. Die Gewißheit eines solchen Gewissens ist deshalb ungewiß, woraus folgt, daß sich der Begriff von Gerechtigkeit in der Welt der Endlichkeit aufhebt. Übrig bleibt die Macht des herrschenden Rechts, das sich gegen das Ethische wendet.

Tiefenphänomenologisch liegt das Problem des willentlichen Handelns darin, daß der Mensch nie wissen kann, ob sein Wollen rein und ob es überhaupt sein Wollen ist. Im fundamentalethischen Prozeß wird der Prozeß der Freiheit durch die notwendigen Abhängigkeiten der äußeren Festlegungen nicht gehemmt, sondern durch Brechung der inneren Abhängigkeit ermöglicht. Der innerlich so gelöste Mensch lebt in der Vorläufigkeit seines endlichen Lebens im Grund eines ständigen Aufgangs.[50] Das Handeln des Menschen ist dann gut, wenn es der Grundbewegung des Vergehens entspricht. Denn die menschliche Ethik (Fundamentalethik) deckt die Vergänglichkeit als den letzten Grund der menschlichen Handlungen auf, wodurch sie den Menschen in die Offenheit des Seins stellt. Das alles tragende und ermöglichende Grundgesetz ist so eine fließende Bewegung: »Leben ist nur im Aufgang.«[51] Diese nichtende Bewegung des Lebens erschließt im Grund des Seienden die Spaltung einer Seinssammlung, die sich als die Doppeltheit des Selben zeigt. Sie offenbart sich im gründenden Geschiedenen, das der Erzeuger des Schmerzes ist, und im anwesenden Ursprünglichen, das der Quell der Freude ist. So wird das Seinsleben zum »Prozeß einer Freude, die, um sein zu können, unaufhörlich den Tod gebiert. Das ist das Wesen aller Wesen.«[52] In dieser ruhenden Bewegung geschieht die Ruhe in der Form ihrer bewegenden Wirkung als Nicht-Wirkung. Der Drang zum Sein dagegen ist nichtseinsollende Möglichkeit, bloßes Können und daher die Urtäuschung, die den Übergang oder *Fall* darstellt. Leben ist deshalb »ständige Aufrichtung. Die Verfallstendenz ist notwendig, damit die ständige Wiederaufrichtung den Lebenskreislauf wachhält.«[53]

Der Mensch ist gleichzeitig der Ort der Angst und der Ort der Freiwerdung; denn in ihm begegnet die Offenheit der Begrenzung, vor der sich der Mensch ängstigt, weil sie ihm das offenbart, was er sein könnte, wenn er sein Ich verlöre: Offenheit in der Begrenzung. Daher flieht er vor diesem Selbstverlust des Ichs. Die Flucht vor der Angst arrangiert sodann die Verkleidungen, um die Angst vor der Vergänglichkeit zu verdecken und dem Menschen dadurch Schutz vor der Angst zu bieten. Die Verklei-

---

[50] Ebd., vgl. 81 und im folgenden 81–112.
[51] Ebd., 82.
[52] Ebd., 84.
[53] Ebd., 85.

dungen sind die Zufluchtsorte der Menschenwelt; die Geschichte der Verkleidungen ist die Menschheitsgeschichte. Der Streit entsteht in dieser Welt dadurch, daß jeder Mensch seinen eigenen Hängepunkt verabsolutiert und ihn so über den des anderen stellt. So wird das Hängen zum Grundphänomen der Flucht vor der Angst vor der Abgründigkeit der Vergänglichkeit.[54] Aber es gibt eine Möglichkeit, die Flucht vor der Angst zu beenden. Im mutigen Anschauen der Angst liegt das entscheidende Phänomen für die Heilung. Es zeigt dem Menschen die Wunde seiner Vergänglichkeit, vor deren Schmerz er auf seiner Flucht vor dem Anblick zurückschreckte: »Der geheilte Mensch flieht nicht. Er verweilt in der Offenheit der ungründigen Freiheit, die ihm sein Wesen öffnet. In dieser Offenheit ausharrend entdeckt er das Hängen eben als *nur* Hängen und den Haltpunkt als eben nur *einen* Haltpunkt. Im Sehen des Hängens als solchem und in der Entdeckung der Haltpunkte als eben nur zufälliger Haltpunkte wird der Mensch zwar nicht sofort geheilt, aber in den Ort der ursprünglichen Freiheit entlassen.«[55] Das Phänomen der ethischen Heilung führt den Menschen aus der Flucht vor der Angst hin zu seiner Bestimmung im Ganzen, in der er seine Aufgabe in der Welt entdeckt und daher die Grenzen seines Tuns festlegt.[56] Dabei erkennt er drei wesentliche Selbsttäuschungen: 1. über alles hinausgehen zu wollen, 2. den Glauben daran, ein Selbst sein zu müssen, und 3. den Glauben daran, alles verstehen zu können und zu müssen.

Der Weg der ethischen Heilung ist ein langer Verwandlungsweg, der drei Grundsätze kennt:
1. »Sei stets bemüht, deinem Ich zu widersprechen; dadurch wirst du lernen, dich dem Ganzen zu öffnen.« ... 2. »Sei stets bemüht, niemals an Bestimmtheiten zu hängen; dadurch wirst du lernen, für alles offen zu sein.« ... 3. »Sei bemüht, überall die Präsenz des Einzigen zu sehen und die Stimme des Höchsten zu vernehmen; dadurch wirst du lernen, stets beim Selben zu bleiben.«[57]

Die Grundbewegung des Erkennens verläuft über den Entblößungsprozeß vom ichhaften zum geläuterten, edlen Erkennen. Sie kennt drei Erkenntnisformen. Die *sinnliche* Erkenntnis als basale Dimension des Menschen dient zur unmittelbaren Bedürfnisbefriedigung. Da sie von blinden Kräften geleitet ist, wirkt sie zerstörerisch und ist daher von der Ichsucht durchdrungen. Die *Vernunfterkenntnis* läutert zwar aus der Begierde des Bedürfnisses, verstärkt allerdings die Ichsucht noch mehr, weil sie die Dinge in einem kategorialen Ordnungsprinzip zu erfassen bemüht ist und dadurch zu den Dingen von oben herab spricht. Auch sie muß geläutert werden, und zwar durch die dritte (*edle*) Form der Erkenntnis, die aus dem Nachvollzug des menschlichen Paradoxons hervorgeht: aus dem Aufenthalt der Befindlichkeit innerhalb der Begrenztheit ihrer Endlich-

---

[54] Vgl. ebd., 87.
[55] Ebd.
[56] Vgl. ebd., 90.
[57] Ebd., 91 f.

keit und ihrem gleichzeitigen Tendieren hin zur Unendlichkeit. In der dritten Dimension findet ein Erkennen statt, das *liebt* und darum die Dinge ursprünglich ent-deckt und zu sich befreit. Der edle Mensch, der um die Begrenzung seiner Endlichkeit weiß, be-greift die Dinge nicht, sondern wird von ihnen berührt. Die Berührung entfacht das Feuer des Geistes, das die ursprüngliche Form der Erkenntnis im Menschen erweckt: »Die ursprüngliche Form des menschlichen Erkennens ist nicht, die Wirklichkeit zu er-fassen. Seine Bestimmung ist nicht, über alles zu urteilen. Der edle Mensch ist vielmehr darum bemüht, mit den Dingen mitzuleben, den Prozeß ihres Werdens mitzugehen, im hellen Bewußtsein jedoch, daß ihm das Wesen entgeht. Die Welt ist vom Geheimnis durchdrungen. Der Mensch hat primär nicht zu wissen, sondern zu lieben. Die Liebe irrt nämlich nie.«[58]

In der dritten Form der Erkenntnis gelangt der Mensch in die ursprüngliche Offenheit. Das Leben des Menschen geschieht daher nicht als ein teleologisches Sein-zum-Tode, sondern dem Menschen geschieht aufgrund seiner Vergänglichkeit das Leben als ständiges Sterben, das zum Urphänomen der Fundamentalethik wird und allen anderen Grundsätzen zugrundeliegt: »Im Sterbenlernen öffnet sich dem Menschen der Sinn seines Daseins und erwächst die Freude des Lebens, denn er befindet sich dabei in der Mitte der Wahrheit seines Wesens.«[59]

Der Prozeß des Sterbens, der die Rückkehr durch die Vergänglichkeit leitet, ist der eigentliche Weltwerdeprozeß, der sich prozessual in verschiedenen Grundzeiten vollzieht. Wenn der Mensch durch alle Grundzeiten hindurchläuft, findet er sich in der Nacht nackt aber welterfüllt – weil ursprünglich geworden – wieder. Er ist zur Fülle des Nichts geworden, die die Welt des geläuterten Menschen darstellt. Sánchez beschreibt diese Welt am Beispiel des Dichters Hölderlin, der am Ende des Lebens zum Echo der Welt und damit zum Wort des Seins geworden ist. Hier zeigt sich die Vollendung des Menschlichen: »Da Welt geworden, hat der im fundamentalethischen Prozeß geläuterte Mensch keine Wünsche, hat Herz und Selbst bezähmt und allen Besitz verlassen. Er erkennt die Ruhe in der Bewegung und die Bewegung in der Ruhe. Er sieht überall das Selbe. In der Entzückung dieser Sicht ruht der Mensch – eins mit dem All.«[60]

Schluß

Mit Martin Heidegger schließt jene Form des Philosophierens, die mit den Vorsokratikern begann. Mit der Tiefenphänomenologie beginnt eine neue Ära. Der erste Schritt ist getan. Grundthema, Stil und Sprache des neuen »Denkens« werden jedoch deutlich sichtbar. Erkennen und Wissen haben den Menschen zu dem Punkt gebracht, wo ihm fast alles möglich ist. Nur

---

[58] Ebd., 99.
[59] Ebd., 111.
[60] Ebd., 112.

zu leben versteht er nicht, da er noch nicht richtig zu lieben vermag. Nun muß er einen neuen Weg beginnen, auf dem es wie einst um Wahrheit, ja um *die* Wahrheit geht. Doch es handelt sich nicht mehr um eine theoretische, sondern um die konkret geschehende Ur-Wahrheit, die nachzuvollziehen der Mensch zu lernen hat: *Die Liebe zum Leben.* Die Sprache, die dieses Ereignis ausspricht, kann nur die göttliche sein: Dichtung, die die *Mythologie der Liebe* für das nächste Jahrtausend entwirft.[61] Mit der Tiefenphänomenologie wird die Sehnsucht Wirklichkeit, die sich im Wort bekundete: »... bald sind wir aber Gesang«. In diesem neuen Sinn wird auch der Wunsch Husserls Realität, aus der Phänomenologie eine *Philosophia perennis* zu machen: »Demnach fordert die Phänomenologie vom Phänomenologen, für sich dem Ideal eines philosophischen Systems zu entsagen und doch als bescheidener Arbeiter in Gemeinschaft mit anderen für eine *philosophia perennis* zu leben.«[62]

---

[61] Ein erster Versuch zu dieser Urmythologie der Zukunft war José Sánchez de Murillo, Leben im Aufgang. München 1994. Deutlicher und entschiedener dichterisch-mythologisch José Sánchez de Murillo (Hg.), Jakob Böhme. Das Fünklein Mensch. München 1997; ders., Dein Name ist Liebe. Bergisch Gladbach 1998; ders., Gotteshervorgang. In diesem Band.

[62] E. Husserl, Encyclopaedia Britannica Artikel. Hua IX. Den Haag 1968, 301.

Visionen als Wegweisung

Die Wirklichkeit im Horizont
von Lebenssteigerung und Lebenserfüllung

Albert Stüttgen

Visionen haben etwas zu tun mit weitgesteckten Lebenszielen. Sie weisen über jeweils beschränkte Verhältnisse hinaus und verbinden sich mit der Vorstellung eines erfüllten Lebens. In ihnen hat der Mensch etwas vor Augen, das hinausführt über das, was er in seiner augenblicklichen Situation als beengend erfährt. So hängen sie aufs engste mit dem jeweiligen Selbstverständnis des Menschen zusammen.

Ihrer ursprünglichen Herkunft nach verweisen sie auf ein menschliches Selbstverständnis, das geprägt war vom Bewußtsein, daß man von einem vollendeten Dasein noch weit entfernt ist, da dieses etwas zu tun hat mit einem lebenslangen inneren Entwicklungsprozeß des Menschen selbst, der ihn erst zu einem erfüllten Leben fähig werden läßt, und zwar der Entwicklung auf eine vorgegebene Wirklichkeit hin, der er in seiner Lebensführung zu entsprechen hat. In Visionen sah sich der Mensch auf eine Wirklichkeit verwiesen, die einen Anspruch an ihn stellte und von der er sich in seinem konkreten Leben noch weit entfernt wußte.

Von daher stellt sich zunächst die Frage, ob gegenwärtig überhaupt noch bewußtseinsmäßig die Voraussetzungen dafür gegeben sind, auch nur nachvollziehen zu können, was Visionen bedeuten, geschweige denn zu dergleichen noch selber fähig zu sein. Wir haben zwar noch Wunschbilder eines angeblich erfüllten Lebens; aber sie sind eher geeignet, uns den Blick für Visionen zu verstellen. Schauen wir uns daher erst einmal den Charakter dieser Wunschbilder an, um auf diese Weise, nämlich durch ein Bewußtmachen illusionärer Vorstellungen, von denen man heutzutage allerorts wie geblendet ist, zu einem wahren und vertieften Verständnis von Visionen zurückzufinden; denn was früher so bezeichnet wurde, hat im Zuge angeblicher Aufklärung eher den Anschein des Abseitigen und in diesem Sinne Lebensfernen angenommen. So möchte ich schrittweise von heute üblichen Wunschvorstellungen zu einem wahren Verständnis visionärer Wirklichkeitserfahrung zurückführen, um damit eine Neubesinnung einzuleiten auf etwas hin, das wegweisend sein könnte in einer im buchstäblichen Sinne aussichtslosen Zeitsituation am Ende dieses im Vordergründigsten versandenden Aufklärungszeitalters.

Was sich gegenwärtig allgemein an Wunschvorstellungen breitmacht, die angeblich über die Stumpfsinnigkeit des eigenen Dahinlebens hinausführen, beruht in Wahrheit nur auf einer ständigen Vermehrung von Bedürfnissen, nachdem – jedenfalls hierzulande – alle grundlegenden Bedürfnisse längst befriedigt sind. Da für das Elementare im Sinne von Essen, Kleidung und Wohnen gesorgt ist, werden nunmehr Lebensperspektiven entwickelt, die mit neuen Lebensbedürfnissen zu tun haben, die danach verlangen, auf der Stelle befriedigt zu werden, und deren Erfüllung etwas noch nicht Erlebtes in Aussicht stellt. Erleben ist überhaupt der neue Schlüsselbegriff, um den sich alles dreht. Noch nicht Erlebtes erleben – das ist es, worum es allenthalben geht. Soweit das, was an Erleben aussteht, noch unklar ist, mag es im Sinne einer vagen Vorstellung in die Nähe des Visionären rücken. In der Regel aber haben geschäftskundige Unternehmen sich immer schon der Realisierung sogenannter traumhafter Objekte angenommen, so daß es in Wahrheit nur darum geht, sich in das künftige Erleben entsprechender Angebote hineinzusteigern. Bei dieser Gelegenheit entdeckt man dann bei sich neuartige Bedürfnisse, und die Spannung hält so lange an, bis auch diese wieder befriedigt sind.

Die elementaren Bedürfnisse sind, was ihre Befriedigung anbetrifft, einigermaßen klar und bestimmt. Das Bedürfnis nach gesteigertem Erleben ist äußerst vage. So weiß man inzwischen auch gar nicht mehr richtig, was man eigentlich will. Nur noch dieses Eine ist übriggeblieben: die allgemeine Sucht nach Erleben, ganz gleich wo und angesichts welcher Umstände ein solches Erleben stattfindet. Dementsprechend bietet etwa der Club-Med einen vielversprechenden Urlaub zu ermäßigtem Pauschalpreis an mit unbestimmt umschriebenen Ferienzielen. Hier soll dem Anbieter überlassen bleiben, welches Land, welche Insel und welchen Strand er für seine Kunden bzw. Mitglieder auswählt. Die Interessenten können sich auf diese Weise davon überraschen lassen, was als das große Ferienerlebnis auf sie zukommt. Im Falle des angeführten Angebots ist man der Not enthoben, sich noch für etwas Bestimmtes entscheiden zu müssen. In dem Maße aber, wie man sich auf diese oder andere Weise »alles gönnt«, was in kaum vorstellbarer Vielfalt und angeblicher Erfüllung aller Wünsche angeboten wird, stellt sich nach solchem Erlebnistaumel die unvermeidliche Ent-Täuschung und schließlich ein allgemeiner Lebensüberdruß ein, da die immer wieder aufs neue erfüllten Wünsche zugleich die Erlebnisfähigkeit abstumpfen lassen.

Alles große Erleben war stets eine Folgeerscheinung auf dem Wege zu hoch gesteckten Zielen, denen sich anzunähern für die betreffenden Menschen erfülltes Leben bedeutete. Wo demgegenüber die Lebenserfüllung unmittelbar greifbar erscheint und womöglich noch, wie es heute in der Regel erwartet wird, auf bequeme Weise erreicht werden kann, ist der Mensch denn auch bald buchstäblich am Ende. Ein zielloser Lebensgenuß, wie er heute um sich gegriffen hat, kann nur noch den Charakter einer Droge haben, die den Geist noch für eine Weile umnebelt, bis der Mensch endgültig merkt, an welchem Punkt er sich befindet.

Es ist der Punkt, der prinzipiell bereits zu Beginn der Neuzeit erreicht war, als es mit einem Male nur noch darum ging, eine Welt zu errichten, welche dem Menschen restlos zu Gebote steht zur ausschließlichen Befriedigung seiner Bedürfnisse, und eben dies zur leitenden Lebensperspektive erklärt wurde. Diese Lebensperspektive verband sich mit einer Wunschvorstellung, die über alles bisher Erreichte hinausging. Was Francis Bacon zu Beginn des 17. Jahrhunderts im Sinne einer Vorausschau als von ihm so betitelte »Nova Atlantis« vor Augen führte, war – gemessen an den Lebensverhältnissen der damaligen Zeit – etwas kaum für möglich Gehaltenes.[1] Es war, von daher gesehen – wenn man so will – eine Vision. Sie zu realisieren, wurde eine neu zu errichtende Wissenschaft ins Auge gefaßt, eine »Instauratio magna«, wie Bacon sie in der Überschrift seines seines großangelegten programmatischen Hauptwerks betitelte, und eine von ihr in die Wege zu leitende Technik.[2] Auf diese Weise wurde Bacon zum Vorreiter der neuen Entwicklung.

Aber von dem Zeitpunkt an, da es nur noch darum ging, jene Bedürfnisse zu befriedigen, die mit Hilfe von Wissenschaft und Technik einer endgültigen Lösung zugeführt werden können, konnte es im Grunde keine Vision mehr geben, die diesen Namen verdiente. Man gewöhnte sich auch bald im Zuge des hier entwickelten Fortschritts daran, das, was bislang so bezeichnet wurde, als reine Einbildung anzusehen oder diesen Begriff fortan im Sinne eben dieses sogenannten Fortschritts zu verwenden, nämlich als Vorausblick auf eine durch Planung und zugehöriges wirksames Eingreifen zu perfektionierende menschliche Gesellschaft.

Unter solchen Voraussetzungen stand schließlich das von Marx ins Auge gefaßte Arbeiterparadies, zu dessen Verwirklichung eine Revolutionstheorie entworfen wurde, als deren Vollstrecker der an Marx und Lenin orientierte Sozialismus in unserem Jahrhundert auftrat. Nach seiner Auflösung infolge des Zusammenbruchs insbesondere der politischen Ordnung der Sowjetunion und ihrer Satellitenstaaten stellt sich nun erneut und nunmehr wieder von Grund auf die Frage nach dem Sinn einer visionären Sicht überhaupt.

Was im Sinne des seit der Aufklärung proklamierten Fortschritts noch so bezeichnet wurde, war im wesentlichen die Vorstellung einer nach menschlicher Kalkulation total funktionierenden Welt. In Wahrheit aber handelt es sich hier nicht um eine Vision, sondern eine von kurzschlüssigem Zweckdenken bestimmte Konstruktion. Wie alles wissenschaftliche Vorgehen im einzelnen auf rationaler Konstruktion aufbaut, so ist auch die alle wissenschaftliche Erkenntnis übergreifende Gesamtsicht einer restlos verfügbaren Welt im Sinne einer totalen Bedürfnisbefriedigung, die das Glück aller Menschen vorsieht, eine pure Konstruktion.

Visionen in ihrer ursprünglichen Bedeutung weisen stets hinaus über eine vordergründige, dem Menschen zur Verfügung stehende Wirklichkeit. Sie beruhen auch nicht auf willkürlichen, weithergeholten Phantasievorstellungen. Darauf deutet schon die Herkunft des Wortes hin. »Vision« leitet sich ab von lat. videre: etwas vor Augen haben. Was ich vor Augen habe, zu dem stehe ich in unmittelbarer Verbindung, und insofern handelt es sich stets um etwas für mich Naheliegendes. Auch das Entfernte ist mir nahe, wenn ich es sehen kann. Diejenigen, die Visionen hatten, sahen sich unmittelbarer Erfahrung ausgesetzt, und zwar einer Erfahrung von besonderer Eindringlichkeit und Tiefe, die sie ganz und gar in Anspruch nahm und auch ihr Leben tiefgreifend bestimmte. Durch ihr Lebenszeug-

---
[1] Francis Bacon, Nova Antlantis. 1627.
[2] Ders., Instauratio magna. 1620.

nis wurden sie für andere bedeutsam, die ihrem Lebenszeugnis folgten und dabei ihre Visionen als eine daseinsbestimmende Wirklichkeit lebendig vor Augen hatten. Auf diese Weise haben sie nicht nur ihr jeweiliges Zeitalter bewegt, sondern auch künftigen Generationen den Blick geöffnet für eine alles Zeitbedingte übergreifende Lebensdimension. Ich denke an das, was der Prophet Isaias vor Augen hatte in der Vorausschau eines kommenden Messias, und die bewegende Kraft, die dieser Schau innewohnte. Auch an die Ideenschau Platons, in der seine gesamte Philosophie wurzelte, schließlich die Verkündigung vom Reich Gottes als der bestimmenden Wirklichkeit in der Botschaft Jesu. Daran anschließend dann die eschatologische Schau der sogenannten Geheimen Offenbarung des Evangelisten Johannes oder später die Visionen einer Hildegard von Bingen im Zentrum ihres noch heute in vieler Hinsicht beeindruckenden Lebenswerks.

Visionen bezeugen eine besondere Erfahrungstiefe. Man findet zu ihnen nur ein angemessenes Verhältnis, wenn man davon eine Ahnung hat, ein gewisses Gespür für die hier angesprochene Tiefendimension der Wirklichkeit. Daher denn auch das unausbleibliche Mißverstehen, wenn man die entsprechenden inneren Voraussetzungen nicht mitbringt. Platon hat das gewußt und eindringlich bezeugt: »Wenn es mir vernünftig geschienen hätte, daß jene Gedanken durch Schrift und durch Wort unverschleiert unter dem Volke verbreitet werden dürften: was für eine schönere Lebensaufgabe würde ich da gehabt haben, als der Menschheit der Verkünder eines großen Heils zu werden und dabei das Wesenhafte des Universums aller Welt ans Tageslicht zu bringen! Aber weder die Veröffentlichung jener Geheimnisse noch die sogenannte populäre Behandlung jener Materien halte ich für Menschen für ein Glück, mit Ausnahme von wenigen Auserwählten, von allen jenen nämlich, welche imstande sind, auf einen ganz kleinen Wink selbst zu finden.«[3]

Selber finden heißt letzten Endes: selber schauen, angestoßen durch jene, denen Visionen in ihrem Leben zuteil wurden. So heißt es im gleichen Brief von Platon in diesem Zusammenhang, es gäbe von ihm über jene letzten Geheimnisse keine Schrift und es werde auch keine geben: »Vielmehr entspringt aus häufiger vertrauter Unterredung über diesen Gegenstand sowie aus innigem Zusammenleben plötzlich jene Idee in der Seele wie aus einem Feuerfunken das angezündete Licht und bricht sich dann selbst seine Bahn.«[4]

Erfahrungstiefe ist nicht jederzeit und für jeden beliebig erreichbar. In dem Maße, wie ein entsprechendes Gespür fehlt, muß alles, was mit Visionen zusammenhängt, also nicht nur das so Geschaute selbst, sondern auch eine zugehörige Lebensführung, als abseitig oder gar verrückt erscheinen.

Das Zeitalter, das sich in einem ausdrücklichem Sinne für aufgeklärt hielt und fortan alle entscheidende Erkenntnis allein von einer Wissen-

---

[3] Platon, 7. Brief 341d.
[4] A.a.O., 341c.

schaft erwartete, die auf rational ausgearbeiteten Verfahren aufbaut, die sich gleichsam zwischen den aufnehmenden Menschen und die ihn umgebende Wirklichkeit schieben, wertete damit alle anderen Erfahrungen ab. In den empirisch-wissenschaftlichen Erkenntnisbemühungen geht es um ein sogenanntes objektives – und das heißt – um ein von jedem in gleicher Weise handhabbares Rasterverfahren, das gleichsam ein feinmaschiges Netz über die Dinge legt und sie damit in ihrem äußeren Verhältnis zueinander berechenbar macht. Hier geht es nicht mehr um eine von Mensch zu Mensch differente Tiefe der Erfahrung, in der Menschen auf dasjenige treffen, was ihnen eine höchstmögliche Lebenserfüllung verheißt, sondern allein darum, sich die Wirklichkeit verfügbar zu machen.

Mit dem immer offenkundiger werdenden Scheitern eines dergestalt verflachten, nur noch methodisch-wissenschaftlich faßbare Kausalvorgänge beachtenden Fortschrittsdenkens und aller darauf sich gründenden Konstruktionen ist eine Neubesinnung auf Erfahrung angezeigt. Es geht darum, ein Erfahrungspotential neu zu beleben, das die wissenschaftlicher Erfaßbarkeit entzogene Tiefe des eigenen Daseins und der Welt im ganzen in den Blick bringt.[5] Das im Zeichen der Aufklärung entworfene Bild der Wirklichkeit wird weder der Natur des Menschen noch der übrigen Natur gerecht. Wie die Natur im ganzen nicht als steuerbarer Mechanismus erfaßt werden kann, so auch nicht der einzelne Mensch als triebbestimmtes Wesen, das auf der Basis materieller Bedürfnisbefriedigung einer Daseinserfüllung zugeführt werden kann.

Wir sind heute in der fortgeschrittenen Industrie- und Freizeitgesellschaft an einen Punkt gelangt, wo das mit aller Deutlichkeit in Erscheinung tritt. Wo die uneingeschränkte Erfüllung aller Bedürfnisse zur obersten Devise geworden ist, stellt sich schließlich heraus, daß ein solches Programm nicht zur Lebenssteigerung und Lebenserfüllung führt, sondern daß der Mensch einschließlich der von ihm geschaffenen Umwelt am Ende ist, wenn er glaubt, sich alles gönnen zu können und gönnen zu müssen, was ihm inzwischen an konsumierbaren Gütern zur Verfügung steht.

Es erscheint daher immer dringlicher, Lebensperspektiven zu entdecken, in denen ihm dasjenige aufgeht, was ihn mit einer tieferen als nur materiell verstandenen Wirklichkeit verbindet, wo alles vordergründig Sichtbare auf verborgene geistige Zusammenhänge verweist, in die es eingebunden ist. Diese Zusammenhänge erkennend, erfährt der Mensch seine innere Verbindung mit der Natur, der er angehört. Solche Erfahrung hatte wesenhaft visionären Charakter. Sie fand in der Vergangenheit ihren wohl sichtbarsten Ausdruck in sakraler Architektur. So beruhte die Kathedrale als Abbild des »Himmlischen Jerusalem« keineswegs auf einer von biblischer Theologie geleiteten bloßen Phantasievorstellung. Bei ihrem Bau wurde alles aufgeboten, was an Naturerfahrung vorlag. Dabei handelte es sich freilich um eine Naturerfahrung, die sich noch nicht er-

---

[5] Von mir näher dargelegt in: Transzendenz erfahren. Perspektiven eines sinnbezogenen Daseins. Scheidewege 1994/95, (1924), 125 ff.

schöpfte im Konstatieren vordergründiger Vorkommnisse im Hinblick auf ihre Verfügbarmachung zum Zwecke äußerer Lebensbedingungen. Es ging vielmehr um die Erfahrung tieferer Zusammenhänge, in denen sich menschliches Leben beheimatet und verankert wußte, die in Formen und Proportionen des Bauwerks zur Darstellung gelangten. Bei seiner Errichtung knüpfte man auch unmittelbar an Erfahrungen an, die vor Ort gemacht und für die Wahl des Ortes, an dem es entstand, entscheidend waren. Das galt nicht zuletzt für das einzelne Detail, etwa die Bestimmung des Standorts, an dem der Altar errichtet wurde. Erdströme spielten für die Ortsbestimmung eine entscheidende Rolle. Die Maße des Grundrisses wie der Pfeiler und Fenster stehen im Zusammenhang mit der Sonnenbahn und den Umläufen von Mond und Planeten. An diesen Orten hatten die Erbauer etwas gespürt von geistigen Zusammenhängen, die Erde und Himmel verbinden, und was dort aufgebaut wurde, war unter anderem eine Kunde von dem geheimen Zusammenspiel von Sonne- und Planetenbahnen, von gründenden erdhaften Kräften und spiritueller Energie, von Dunkel und Licht. Louis Charpentier ist dem bei der Kathedrale von Chartres im einzelnen nachgegangen. Er kam zu dem Schluß: »Die Menschen der Alten Welt wußten weit mehr von jenen Orten als wir heutigen. Sie waren empfänglicher als wir für die Eigenschaften natürlicher Kräfte und deren Wirkungen; wir sind deshalb bei der Suche nach solchen Stätten auf Erforschung der Spuren angewiesen, die uns die Alten hinterlassen haben: Megalithe, Dolmen oder Tempel. Eine Stätte dieser Art ist Chartres.«[6]

Von dem Erfahrungsreichtum, den eine Kathedrale wie Chartres repräsentiert, blieb schließlich nur noch jene äußere Form sogenannter gotischer Architektur übrig, mit der wir mehr oder weniger künstlich einen Sinn zu verbinden suchen, nachdem die Vision, die den Bau hervorgebracht hatte, geschwunden ist. Nur noch andeutungsweise ist sie für uns nachvollziehbar, wenn wir zu sehr früher Stunde, noch unberührt vom Strom der Besucher, die Treppenstufen ersteigen und durch die Figurenportale in das mystische Dunkel des gewaltigen Innenraums eintreten, unsere Augen von den aufragenden Pfeilern in die Höhe der Kreuzrippengewölbe führen lassen und, an das Dunkel uns gewöhnend, von der Leuchtkraft der Farbfenster berührt werden. Sie lassen wohl am unmittelbarsten jene letzte und eigentliche Wirklichkeit transparent werden, welche die Kathedrale als Ganzes und in allen ihren Teilen sichtbar machen will. Es ist eine als Vision geschaute Wirklichkeit, zu der Menschen, zuinnerst ergriffen, als Pilger in einer vordergründigen Welt unterwegs waren. Was sie an diesem Ort erfuhren, gab ihnen Kraft, diesen Weg zu vollenden.

Wir mögen angesichts dessen, was wir heute an solchen Orten vorfinden, noch etwas von der motivierenden, das heißt in Bewegung setzenden Wirkung des ehemals dort Erfahrenen ahnen.

---

[6] Louis Charpentier, Die Geheimnisse der Kathedrale von Chartres. 1974, 18.

Visionen als Wegweisung 343

Die Kraft und Tiefe unserer Erfahrung ist dürftiger geworden. Sie reicht nicht mehr, Zeugnisse von derart visionärer Gestalt hervorzubringen. Sie mag gerade noch hinreichen, das, was uns in diesen Bauten vor Augen tritt, in staunender Bewunderung zur Kenntnis zu nehmen. Aber wir sollten es nicht bei dieser Bewunderung bewenden lassen und dem möglichen Bedauern, das nicht mehr nachvollziehen zu können, was damals sich hier ereignete. Wir haben uns vielmehr nach einem Durchblick durch eine vordergründige Wirklichkeit zu fragen, wie er *uns* möglich ist. Dann können wir womöglich bei uns noch einen Rest von ähnlich ursprünglicher Erfahrung einer anderen Dimension finden.

Ursprüngliche Erfahrung, das heißt aller Empirie im Sinne wissenschaftlicher, insbesondere naturwissenschaftlicher Theoriebildung vorausgehende Erfahrung, hat immer und notwendigerweise den Charakter der Unmittelbarkeit.[7] Es ist das entscheidende Verdienst Edmund Husserls, mit der Begründung der Phänomenologie darauf grundlegend verwiesen zu haben. Sie ist, wie Ludwig Landgrebe sagt, »ein Weg der ›Erinnerung‹, die den Menschen (...) auf die Untrennbarkeit von Welt und Selbst verweist und darauf, daß in dieser Untrennbarkeit (...) ein unverfügbares Wahres sichtbar und die Bereitschaft geweckt wird, es als solches hinzunehmen (...) wahr, weil (...) es die Spur (vestigium) ist, die uns auf ihren all unserem Verfügen und Belieben entzogenen übermächtigen Grund zurückverweist.«

Die Vision, der ich auf der Spur bin, beschränkt sich auf wenige Lichtblicke, in denen sich ein wiedererwachendes inneres Naturverhältnis andeutet und eine neue Lebensperspektive eröffnet. Sie gibt mir Richtung und Zuversicht in einer von Technik und Konsum beherrschten Welt, in der das menschliche Zusammenleben von Leistungsdruck und Konkurrenz bestimmt und die überbeanspruchte Natur nur in soweit respektiert wird, als sie dem Menschen als Lebensgrundlage dienlich ist.

Ohne die Vision einer über menschliches Ermessen hinausreichenden Wirklichkeit erscheint mir kein Leben auf Dauer möglich. Ein in menschlicher Planung und Konsum aufgehendes Dasein geht an sich selbst zugrunde. Der Mensch kann Lebenserfüllung und dauerhaftes Glück nur in dem Maße finden, als er sich in der Erfahrung der Wirklichkeit über sich hinaus verwiesen sieht, nicht aber, wo er alles, was ist, für sich vereinnahmt.

In diesem Sinne eröffnet mir ein in freier Landschaft sich ausbreitender Baum eine Vision unseres Daseins zwischen Himmel und Erde. Sie reißt mich heraus aus der Vordergründigkeit meiner Machenschaften und läßt mich einen umfassenden Zusammenhang erfahren, jenseits der Maschinerie einer von Technik bestimmten Welt und dem Getriebe, in dem sich unser Alltag abspielt. Ich ahne, was es bedeutet, tiefverwurzelt im dunklen

---

[7] Vgl. dazu meine Abhandlung: Die Dimension lebendiger Erfahrung. Zur Überwindung des Dilemmas von Wissenschaft und Glauben in der Moderne. Scheidewege 1995/96, (24), 105 ff.

Erdreich gegründet zu sein und emporragend weitverzweigt hinauszugreifen in den lichterfüllten Himmelsraum, von wunderbarer Kraft belebt, zu wachsen dank der im Boden schlummernden Nährstoffe und den von oben kommenden lebensspendenden Gaben: Licht, Luft und Wasser.

Solche Art Vision mag unvergleichbar erscheinen mit der visionären Schau vergangener Jahrhunderte. Aber finden sich nicht beispielsweise in der Raumerfahrung gotischer Kathedralen, die Sinnbild der Gottesstadt sind, Anklänge an die eben angedeutete Naturerfahrung? Entfaltet sich nicht zwischen dem Pfeilerwald der Kathedrale, in dem von Glasfenstern gefilterten Licht und dem nach oben sich weitenden Rippengewölbe ein Raum wie zwischen hochragenden Buchenstämmen und ihrem lichten Blätterdach? Erscheinen nicht die Krypten mit ihren Gräbern früher Glaubenszeugen als der Wurzelgrund, auf dem das Bauwerk aufruht? Wir, die wir zu einer Gestalt gewordenen Vision, die den Kathedralen vergleichbar wäre, nicht mehr fähig sind, können aber gleichwohl ansatzhaft ähnliche Erfahrungen haben und unser Leben auf sie ausrichten.

Vision als Zusammenschau und Zusammenführung dessen, was wir in der Regel als abgetrennt und sogar miteinander unvereinbar erfahren, ereignet sich in meinem Leben im Anschluß an eine bestimmte Gemeinschaftserfahrung. Wenn sich im Miteinander zu zweit eine innere Verbindung knüpft, sich möglicherweise zu einem Kreis Gleichgesinnter erweitert und so etwas wie Freundschaft entsteht, in der sich unverhofftes Glück einstellt, kann sich aufgrund solcher Erfahrung der Blick weiten für eine viele Menschen umfassende Gemeinschaft, in der ein alle zutiefst verbindender Geist waltet, der gleichwohl die Eigenart eines jeden voll zum Zuge kommen läßt. Vom Geist der Freundschaft und Liebe beseelt, vermag ich in gewissen Augenblicken alle mir nahe und entfernt stehenden Menschen, auch diejenigen, mit denen ich nicht übereinstimme und die ihrerseits mit mir Schwierigkeiten haben, in einem großen inneren Zusammenschluß verbunden zu sehen, in dem alle noch bestehenden Mißverständnisse sich auflösen. In diesem Zusammenhang denke ich an die Vision Jesu vom Reich Gottes, in der alle, die ihm angehören, einander um Vergebung ihrer Schuld bitten und Vergebung empfangen und so befreit und erlöst einen immerwährenden Bund bilden.

Solche Vision ist kein von der Erfahrung abgesondertes Phantasiebild, vielmehr eine Intensivierung des lebendig Erfahrenen. Daß solche Erfahrung angesichts bestimmter Situationen nicht durchzuhalten ist, macht mein Leiden aus. So gesehen, ist alle tiefreichende und in diesem Sinne visionäre Erfahrung mit Leiden verbunden, dem Leiden an einer Welt, die uns den gelegentlichen Durchblick in eine alles umfassende Wirklichkeit gewährt, aber einen dauernden Aufenthalt in ihr noch nicht zuläßt.

Sich auf Visionen einzulassen, setzt Leidensbereitschaft voraus, weil unser alltägliches Dasein, im ganzen gesehen, hinter ihnen zurückbleibt. Das mag ein Grund sein, warum es sie in unserer gegenwärtigen Gesellschaft kaum noch gibt, schon gar nicht als lebensbestimmende Kraft. Für unser Zeitalter ist kennzeichnend ein überall zu beobachtendes Ausweichen vor dem Leiden und die damit zusammenhängende Sucht nach einem ungetrübten Dahinleben in vordergründigem Konsum bzw. nach Bereitstellung nicht abreißender Möglichkeiten, sich im Vordergründigen zu betäuben. So ist das Angebot über das Jahr verteilter Reisen zu entlegenen »traumhaften« Urlaubszielen unerschöpflich. Nach der Rückkehr wartet dann ein wochefüllender Veranstaltungskalender, einschließlich nicht abreißender privater und öffentlicher Fêten. Für den verbleibenden Rest der Tage und Stunden sorgt das Fernsehprogramm.

Was ist dabei geblieben vom Feier-Abend und Fest im ursprünglichen Sinne, wenn auf irgendeine Art ständig gefeiert wird? Zu Fest und Feier gehörte in der Regel die Vision einer tieferen Wirklichkeit, die auch im härtesten Lebensalltag noch durchzuscheinen vermochte und um derentwillen man auch das Leiden annehmen konnte.

Vision, in welcher Weise auch immer sie mir zuteil und von mir verstanden wird, stets verbindet sich mit ihr Lichterfahrung. Wie Licht nur auf dem Hintergrund des Dunklen erscheinen kann, so geschieht visionäre Erscheinung immer aus der Dunkelheit heraus, der Dunkelheit des eigenen Existierens. Vision ist ein Lichtblick in der trüben Landschaft eines vordergründigen Daseins. Wir finden diese Situation sinnbildhaft dargestellt in der Landschafts- und Portraitmalerei der Renaissance: im Vordergrund das Portrait oder eine dargestellte Szene, dahinter in unbestimmtem Licht sich auflösende ferne Höhenzüge oder Meeresgestade. Dieses Licht gibt den Bildern einen visionären Charakter. In diesem Sinne sprechen wir auch vom Licht der Hoffnung und vom Geist, der erleuchtet wird.

Vision ist Erleuchtung. In ihr geht auf das über den flüchtigen Augenblick Hinausliegende. Sie gibt den Ausblick auf ein Ziel, das hinausreicht über eine vordergründige empirische Realität und das insofern nur annäherungsweise erreichbar ist. Im Bereich des Machbaren liegende Lebensziele sind, sobald man sie erreicht hat, eine Art Lebensabschluß. Visionen im angeführten Sinne eröffnen die Möglichkeit unbegrenzter Lebenssteigerung und Lebenserfüllung in der Weise eines inneren Wachstums und stellen so eine unendliche Lebensperspektive dar.

Christliche Philosophie: Holz und Eisen

Rainer Marten[1]

Der christliche Geist und der philosophische Geist tun sich im Fremdgehen wirklich schwer. Diese Höchstformen des Menschen, wie die Sachwalter des einen und des anderen Geistes den je ihren gerne, sich selbst schmeichelnd, verstehen, gehen Verbindungen ein, die es gar nicht gibt. Und warum gibt es sie nicht? Weil sie gar nicht möglich sind! So jedenfalls sehen und sagen es nicht ganz unbedeutende Leute, die den Geist anders oder eben einen anderen Geist verwalten.

»Es steht fest, daß Marx niemals selber vom dialektischen Materialismus gesprochen hat. Er hat es seinen Erben überlassen, dieses logische Monstrum zu feiern.«[2]

Heute darf man das ja laut sagen: Der dialektische Materialismus (»Diamat«) ist ein logisches Monstrum. Sartre hatte dafür gesorgt, daß Camus' Urteil in Frankreich nicht so recht publik wurde. Dabei behauptet es etwas ganz Einfaches und eigentlich Eingängiges: Dialektik und Materialismus gehen nicht zusammen. Materialismus, auch der »höhere«, der reine Theorie ist, hat es mit dem zu tun, was mit Händen zu greifen ist, Dialektik dagegen einzig mit dem zu Denkenden. Der schöne junge Charmides, wie er Platons Sokrates begegnet, ist mit Augen des Leibes zu sehen, aber, wie es die dialektische platonische Liebe will, ja nicht leibhaft zu berühren, wenn nicht der Absprung ins Geistige mißlingen soll, der gedacht ist, um mit den Augen der Seele am Ende für einen zeitlosen Augenblick das Schöne selbst zu schauen.

Der dialektische Materialismus ist ein logisches Monstrum, d.h. ein geistiges Ungeheuer, eine Mißgeburt, erzeugt und ausgetragen von Intellektuellen, die partout aus Geist und Materie eins zu machen gedachten, indem sie die allen vertraute und doch immer auch wieder erschreckende Lebenswirklichkeit für zugleich dialektisch und ökonomisch ansahen. »Was hättet ihr euch«, so hört sich nachträglich Camus an, »in den eben verflossenen 60er bis 80er Jahren alles an intellektuellem Witz und Scharfsinn ersparen können, wäret ihr nur ein klein wenig besser logisch ausgebildet und entsprechend engagiert gewesen.«

Das war die Mesalliance des philosophischen Geistes, die ich Ihnen vorführen wollte: eine Verbindung, die schlicht keine war – trotz all dem Enthusiasmus, der sich ihretwegen selbst feierte. Warum war sie dann aber nicht doch eine Verbindung? Weil sie, ich sagte es schon, nicht möglich war und nicht möglich ist. Die geistige Materie – das ist ein hölzernes Eisen (um dies logische Monstrum als solches geradezu noch entgegenkom-

---

[1] Unveränderte Fassung des Vortrags, gehalten am 23. Mai 1992 an der Katholischen Akademie Freiburg.
[2] Albert Camus, L'homme révolté, Paris 1951; deutsch: Der Mensch in der Revolte, Hamburg 1953.

mend zu deuten). In seiner 1914 veröffentlichten Dissertation schreibt Martin Heidegger: »Man redet von (...) Widersinn, wenn sich wohl etwas denken läßt, aber ein sich innerlich Widerstreitendes« und merkt dazu an: »die bekannten Paradigmata ›rundes Viereck‹, ›hölzernes Eisen‹.«[3] Der reizvolle Ausdruck »›hölzernes Eisen‹ schlechthin«, wie ihn Heidegger 1927 prägt, träfe allerdings für den dialektischen Materialismus nicht zu. Der ist für christliche Philosophie reserviert, weil zwischen Glauben und Philosophie nichts Geringeres herrsche als Todfeindschaft.[4]

Nun habe ich auch noch eine Mesalliance des christlichen Geistes für Sie bereit, die höchst aktuell ist. Im Spätsommer 1991 äußert sich der polnische Science-fiction-Autor Stanislaw Lem in einem Interview mit Laszio Trankovits: »Ich bin nun absolut gegen die Theologie der Befreiung und diesen marxistischen Pseudo-Katholizismus. Das ist absolut unannehmbar, diese Mischung Marxismus mit dem Christentum. Das geht nicht, das ist wie Wasser und Feuer«.[5]

Das Bild ist nicht ganz geglückt: »Wasser und Feuer«. Das wäre St. Florian: Marxistischer Geist löscht christlichen. Auch nach der Elementarlehre gedeutet, stimmt es nicht ganz: Das Feuer hat seinen »natürlichen Ort« oben, das Wasser unten. Der Marxismus jedoch, obgleich als Wasser gedeutet, ist wohl eher im Himmel der Utopien zu Hause, das Christentum, obgleich als Feuer gedeutet, eher auf der Erde: in menschlichen Biotopen. Aber wir verstehen schon, wie es gemeint ist: Christlicher und marxistischer Geist gehen nicht zusammen, widersetzen sich einander aus ihrer eigenen Art heraus, bilden, zusammengedacht, einen Widersinn.

Das ist dem Papst, wie er 1991 auf Reisen in Ansprachen mehrfach bekundete, aus der Seele gesprochen, aber auch dem US-amerikanischen Militär. Eine Geheimstudie aus den 80er Jahren hält es fest:

> Genau in diesem Zusammenhang muß die Befreiungstheologie verstanden werden: Sie ist eine politische Doktrin mit einer Tendenz gegen den Papst und gegen die freie Marktwirtschaft, die sich als religiöser Glaube maskiert, um so die Unabhängigkeit der Gesellschaft von dirigistischer Kontrolle zu schwächen. (...) So wird die marxistische Doktrin neuerdings einem schon lange bestehenden kulturellen und religiösen Phänomen aufgepfropft.[6]

Da ich des Beispiels wegen auf jeden Fall eine Mesalliance brauche, lassen wir für heute die anderen Stimmen weg. Leonardo Boff etwa, wenn er die Existenz der Befreiungstheologie mit der Existenz der Armen verknüpft, oder Luiza Erundine, die derzeitige Oberbürgermeisterin von Sao Paulo, wenn es für sie keinen Widerspruch zwischen Marxismus und Christentum gibt, sobald es darum geht, Armut vor aller Augen bloßzulegen.

Meine provokative und beispielrettende Auslegung von Stanislaw Lem lautet: Christentum ist nicht etwas für Bettler, die Hunger nach Bäcker-

---

[3] Martin Heidegger, Frühe Schriften, Frankfurt 1972, 113.
[4] Martin Heidegger, Phänomenologie und Theologie, HGA Bd. 9, Frankfurt 1976, 66.
[5] Badische Zeitung, Kultur, 12. Sept. 1991.
[6] Dokumente Santa Fe II, dt. Ulrich Duchrow u.a., hrsg. u. komm., München 1989, 200.

brot haben, sondern allein etwas für Bettler um Geist und himmlisch Manna, für die ptochoi toi pneumati, wie sie das Matthäusevangelium[7] nennt.

Christliche Philosophie – ein hölzernes Eisen: Fragezeichen! Ist christliche Philosophie ein logisches Monstrum, vergleichbar dem dialektischen Materialismus, ein unmögliches Zueinander von Feuer und Wasser wie die Befreiungstheologie? Wenn christlicher Geist und philosophischer Geist je für sich fremdgehen und auf ihren Widersinn einlassen, warum sollten sie es dann nicht bei Gelegenheit auch miteinander versuchen: eine Verbindung einzugehen, die es nicht gibt und geben kann, weil sie nicht möglich ist?

Prüfen Sie selbst. Ich gebe zwei Beispiele: Platon und Cusanus. Platon müssen Sie dabei als so etwas wie einen Vor-Christen verstehen. Dante z.B. läßt ihn eigens nicht bis dorthin kommen, wo es für die Seelen höllisch ernst wird. Obgleich er vor dem »Erlöser« gelebt hat und zwangsläufig kein Christ war, hat er, tot wie er ist, seine Bleibe im ersten Kreis der Hölle bei den guten Seelen gefunden. Der evangelische Philosophiehistoriker Constantin Ritter wieder feiert ihn im ersten Fünftel dieses Jahrhunderts als einen Vordenker christlicher Theologie. Cusanus, schon darum, weil er Bischof von Brixen war, ist dann noch etwas unproblematischer als christlichen Geistes anzusehen.

Platon gibt im 2. Buch der *Politeia* seine ganze Theologie mit wenigen Sätzen in ihren Grundzügen zum besten. Fazit (hoi typoi peri theologias): Gott ist wirklich *gut*.[8] Er ist einfach (haplous) und bleibt der *eine und selbe*, der er ist. Letzteres trifft sich in der Tat gut mit dem Alten und Neuen Testament: »Du sollst keine anderen Götter neben mir haben«[9]. Logisch steht es allerdings eins zu null für Platon. Wer von anderen Göttern spricht, setzt sie auch schon. Das ist wie in Sprüche 5,18; 20: »... und du erfreue dich des Weibes deiner Jugend (...) allezeit (...) Warum solltest du dich auch an einer anderen berauschen ...?«

Dem angetrauten Weib treu zu bleiben – das ist wie dem Gott treu zu bleiben, mit dem der Bund geschlossen ist. Bei Platon dagegen bedarf es keiner Treue. Gott ist von ein und derselben Gestalt (idea); er ist *einer*. Basta! Wer überhaupt Gott haben und Gottes sein will (es versteht sich: geistig-philosophisch), hat keine Wahl. Irgendwelcher Promiskuität ist rein von der Sache her keine Chance gegeben.

Bei dem Prädikat »gut« zieht allerdings das *Neue Testament* mit Platon gleich: »Meister, was muß ich Gutes tun, damit ich das ewige Leben erlange? Er aber sprach zu ihm: Warum fragst du mich über das Gute? Einer ist der Gute (heis ho agathos)«.[10]

Das grenzt doch an das Wunder der prästabilierten Harmonie: Da wird akkurat so gedacht wie geglaubt wird bzw. akkurat so geglaubt wie gedacht wird. Da ist etwas zum voraus genau so gedacht, wie es dann – unter Mitwirkung des Heiligen Geistes – für den Gläubigen theoretisch und

---

[7] Mt 5,3 (Bergpredigt).
[8] Platon, Politeia II/379 b ff.
[9] 2. Mose 20,3 (Ex).
[10] Mt 19, 16–17.

praktisch wahr ist. Oder sollte es hier doch eine geheime Verbindung geben: Wird bei Platon etwa gläubig gedacht und im Evangelium rational geglaubt, so daß beides auf dasselbe hinausläuft?

Üben wir uns einmal für eine Minute in der Denkkunst: Wir denken uns ein höchstes Wesen. Denken Sie ganz einfach, ohne alle Skrupel und Vorurteile, und doch streng darüber nach. In Ihrer Schiedsrichtertasche haben Sie alle Prädikate. Welches würden Sie als erstes ziehen? Ich sehe schon: »omnipotent«. Geschenkt! Natürlich, das höchste Wesen muß nicht nur vermögender als jedes andere, sondern schon wirklich allvermögend sein. Davon war nun aber in der zitierten Theologie nicht die Rede. Ich versichere Ihnen jedoch nebenbei: Platon hält auch hier mit.

Jetzt bin ich aber gespannt auf die zweite Prädikatskarte. Da kommt sie schon, wie ich sehe, unweigerlich, es ist das Zahlwort »ein«. Das geht ja gar nicht anders: Das höchste Wesen kann nur eines sein, weil es sonst eben nicht das höchste wäre. Primus inter pares – nein, das ist schon auf Erden eine höchst delikate Angelegenheit. Beim wirklich höchsten Wesen geht das nicht. Derart »sophisticated« kann man ihm nicht beikommen. Die letzte und höchste Deduktion verlangt, alles von *einem* abzuleiten. Da lassen sich nicht Zeus und Poseidon zugleich gebrauchen, von Zeus und Hera gar nicht zu reden.

Nun aber zum nächsten Prädikat. Sie haben nachgedacht, zögern jedoch. Fällt Ihnen etwa nichts mehr ein? Nein, so weit ist es noch nicht. Vielleicht aber haben Sie nicht mehr sehr viel im Sinn. Die einen sind am Ende schon bei »barmherzig«. Doch das wäre nicht nachgedacht. Sie müssen ja rein an eine Entität denken, nicht an etwas mit allzu menschlichen und menschengewünschten Zügen, eben an eine höchste Entität. Jetzt sehe ich das Prädikat »vernünftig«. Das wäre nicht falsch, ja das ist nicht falsch. Wer nachdenkt und denkt aufs Höchste, der denkt auch das Denken hinauf: bis zur reinen Vernunft, zum reinen Geist, zum Denken selbst. Was für ein Wunder auch, nein: welche Stringenz! – mit dem Prädikat »vernünftig« haben Sie auch schon das Prädikat »gut« gezogen. Gutsein nämlich kann, nachgedachterweise, überhaupt keinen anderen Gehalt haben als Vernünftigsein. Für den Philosophen ist all das gut getan, was rein vernünftig getan ist, lebt derjenige gut, der rein vernünftig lebt. Wird *das Gute* nicht wie bei Platon als Idee, sondern nach dem Aristotelischen Kategorienschema als Substanz gedacht, dann kann es, wie Aristoteles[11] festhält, nur die Vernunft und der Gott sein – zwei Namen für dasselbe.

Wir beenden hiermit die Denkkunstübung. Das Nachdenken, das nicht bloß, sondern eben sogar ein Nachdenken ist, erdenkt ein höchstes Wesen als *eines*, als *gut* und *vernünftig* (auch als *Grund von allem*, es versteht sich: *von allem Guten*). Sind wir damit auf dem Weg zum lebendigen Gott, zum eifernden etwa, der niemanden neben sich duldet, zum guten etwa, der barmherzig ist? Nein, in nichts! Das Evangelium für die Armen[12], aber auch der Gott Jahwe, der Gott namens »Ich bin«, der sein Volk aus dem

---

[11] Vgl. Aristoteles, Nikomachische Ethik A 4.
[12] Vgl. Mt 11,5; Lk 4,18.

Christliche Philosophie: Holz und Eisen

Elend in Ägypten herausgeführt hat[13] und der einen im Tode nicht verläßt – nichts davon findet in dem Erdenken des höchsten Wesens auch nur seine Vorbereitung und Annäherung.

Philosophie beginnt nicht mit der Offenbarung, nicht mit dem Glauben, sondern mit der Irritation der Vernunft[14]. Für die hat freilich das Christentum auf wundersamste Weise gesorgt: Creatio ex nihilo, causa sui, Trinität – was wäre unsere philosophische Tradition ohne die Arbeit an diesen unvergleichlichen intellektuellen Herausforderungen? Doch der rechte Philosoph läßt sich eben nicht auf sie ein, um zu einem Glauben durchzudringen und religiöse Praxis theologisch zu fundieren, sondern um Irritationen der Vernunft loszuwerden. Kein Paradoxon darf ein solches bleiben und der Vernunft die Durchsicht verwehren, keine Aporie auf Dauer der Vernunft den Weg versperren. Wie ein Condottiere sich auf Kriegsführung zu verstehen hat, so ein Philosoph auf Vernunftführung. Causa sui, eine Ursache, die Ursache ihrer selbst ist, – soll das nicht zu einer geistigen Münchhauseniade geraten, muß man sein Denkhandwerk schon gut verstehen. Eine Dreifalt, die drei und doch eins ist, eine Einheit, die eins und doch drei ist – machen Sie das nur einmal, bringen Sie das in Anbetracht von Essenz, Existenz und Person so recht vernünftig in Ordnung! Wenn Sie das dann nachher, so Ihre Vernunft erfolgreich war, christliche Philosophie nennen – bitte schön, dann müssen Sie das selber verantworten. Namen können bekanntlich jederzeit neu verabredet, Begriffe neu besetzt werden (man muß nur genügend Leute finden, die bei einer solchen Neuerung mitspielen). Mit dem Geist des *Alten* und *Neuen Testaments* hat das aber, wenn ich als Nicht-Theologe einmal so pauschal urteilen darf, nichts zu tun.

Jetzt aber nehmen wir uns wie versprochen Cusanus vor, um ihn als christlichen Denkkünstler zu erproben. Auch bei ihm greife ich den Gottesgedanken auf. Wenn überhaupt, dann müssen ja vor allem und zuhöchst das Christliche und das Philosophische in *diesem* Gedanken konvenieren. Cusanus hat aber Gott nicht stets exakt als ein und dasselbe gedacht. So stehen aus der Spätzeit seines Denkens zwei Gedanken zur Wahl: Gott, gedacht als das Nicht-Andere, und Gott, gedacht als das Können selbst. Nach unseren bisherigen Prädikatsverleihungen klingt das sehr neu, zugleich aber auch sehr different. Allein aus der Tatsache dieser Wahl lernen wir schon einmal vorweg: Das Denken findet nicht nur einen einzigen Ansatz, von dem aus es den Gedanken Gottes angehen kann. Es vermag so oder so anzusetzen, ja vielleicht ist es sogar wie mit den Wegen nach Rom: Wo immer ich auch methodisch den Anfang nehme, im letzten führt es mich stets zu Gott – es fragt sich eben nur, wozu es dann jeweils geführt hat, wenn es im *Denken* zu Gott geführt hat.

Uns genügt als Beispiel *ein* Ansatz. Ich wähle den Gedanken Gottes als den des Nicht-Anderen, den Cusanus 1462 in der Schrift mit dem Titel *Directio speculantis seu de non aliud* (Leitung des Suchenden oder über das

---

[13] Vgl. 2. Mose (Exodus) 3,14–17.
[14] Platon, Theaitetos 155d; Aristoteles, Metaphysik A 2 982b 12–21; 983a 12–21.

Nicht-Andere) vorgelegt hat. Schon von seinem bloßen Namen her verspricht dieser Gedanke, die formalen Kräfte des Denkens besonders gut zu entdecken. Ich muß Sie aber warnen: Jetzt wird es kurzfristig etwas anstrengend. Cusanus ist einer der wirklich »großen« Denker der Tradition. Er entwickelt besondere intellektuelle Phantasie, zugleich denkt und schreibt er äußerst stringent und präzise.

Der höchste Gedanke als der Gedanke des Höchsten wagt sich an ein höchstes Wissen. Was aber von *allem* Wissen vermittelt, erklärt Cusanus, ist die Definition. Also sieht er sich nach einer höchsten Definition um. Da aber fällt der geistige Blick nicht schwer. Was nämlich kann höher sein als das, in dem sich *alles* findet? Konsequent fragt er nach der alles definierenden Definition. Doch passen Sie auf: Eine Definition, die wirklich alles definiert, definiert notwendig auch sich selbst. Wir sind, wie ich es Ihnen zu bemerken nahelege, bei der berüchtigten Selbstbezüglichkeit der Allesaussagen.

Eine ganz kurze Probe, gleichsam eine Geruchsprobe: Wenn alles riecht, was dann? Ja, jetzt müssen Sie für den Augenblick einer geradezu irren Denksekunde wirklich einmal alles meinen. Also: Wenn alles riecht und d.h. Geruch absondert – was dann? Klar: Dann sondert nicht nur sogar die Nase, eigentlich das Geruchsorgan, selbst Geruch ab, nein, auch jedes Wort und jeder Wunsch riecht, aber allem zuvor riecht die Hypothese »Wenn alles riecht« selbst. Erst wenn dieser Selbstbezug durchgeführt ist, sind Sie dabei, im Alles-sagen auch wirklich alles zu meinen. Das muß ausreichen, um nun des weiteren Cusanus folgen zu können.

Das Schlüsselwort, das Cusanus zum näheren Verständnis der Definition, in der *sich* zu definieren und *alles* zu definieren zusammenfällt, einbringt, lautet: das Nicht-Andere. Seine für wunderbar und geheimnisvoll erklärte Geistigkeit liegt in dem Gedanken, daß es nichts anderes als das Nicht-Andere ist. Das aber heißt jetzt: Es definiert sich selbst.

Wir bemerken: Die Geruchsprobe haben wir mit dem Gedanken des Nicht-Anderen schon wieder hinter uns gelassen. Beim Riechen bis hin zum Selbstbezug hatten wir es mit einem nach dem anderen zu tun: mit lauter »anderem«. Jetzt aber zählt allein noch das Nicht-Andere. Dann gehört jedoch, anders als beim Riechen, der Selbstbezug nicht mehr als *ein* Beziehungsfall unter anderen zum Allbezug, sondern der Selbstbezug ist in sich auch bereits der Allbezug. Das Nicht-Andere verläßt sich nicht, um damit zu einem anderen überzugehen.

Sie sollten nicht unwillig werden, wenn wir so doch nur die Probe machen, wie christlich dies Denken ist, und zu welch Christlichem es uns führt. Zudem wird das weitere Denken jetzt äußerst leicht: »Nichts ist leichter« äußert sich Cusanus selbst, nihil est facilius. Sie denken jetzt einfach – ganz leicht – jedes Sein ohne Unterschied in sein Nichts-anderes-Sein. Beispiel: der Himmel. Himmel!? – Richtig! – Der Himmel ist nichts anderes als der Himmel. Doch das leicht Gedachte ist nicht bloß gedacht in dem Sinne, daß jeweils ein bloßer Begriff mit sich selbst gleichgesetzt würde. Daß nämlich der Himmel nichts anderes als der Himmel ist, hat seinen Grund nicht im menschlichen Denken, sondern darin, daß eine höchstvermögende Seinsmacht den Himmel eben nichts anderes als den Himmel sein läßt. Anstatt im Nicht-Anderen eine Reflexionsbestimmung zu sehen, eine Bedingung, etwas als es selbst denken zu können, ist es als allmächtiges Prinzip zu begreifen.

Sie bemerken: Der Gedanke des Nicht-Anderen entpuppt sich als der Gedanke Gottes. Mit dem Nicht-Anderen hat Gott gleichsam seinen Denkzettel bekommen, das Denken am Ende gar, wenn nicht seine religiösen, dann doch seine theologischen Weihen. Das unbegreifliche, ja nicht einmal mit seinem Namen zu nennende Wesen hat für den Augen-Blick eines Gedankens Gestalt gewonnen. Was Sie aber vermutlich noch nicht bemerkt haben: Das Denken selbst ist ein anderes geworden. Es ist in eine Selbstgleichheit geraten. Denken und Gedachtes unterscheiden sich nicht mehr als Subjekt und Objekt. Daß *sich* zu definieren und *alles* zu definieren eins ist, ist wahr geworden.

In seiner unbeirrbaren Konsequenz nennt Cusanus daraufhin den Gedanken des Nicht-Anderen den der Identität selbst (idem ipsum). Diese Konsequenz trifft aber eben gerade das Denken selbst: Die Identität selbst ist kein Objekt des Denkens, sondern ist das Denken selbst, genauer: ist das reine Denken des Denkens. Sie verstehen: Das Nicht-Andere ist nichts anderes als das Denken des Denkens. So genau hat es der Philosoph mit Gott.

Noch einmal: Sie denken ein Höchstes. Sie denken es mit Cusanus als das Nicht-Andere und dies – einsichtigerweise – als die höchste Seinsmacht in allem. Sie denken mit diesem »Sein« aber doch eigentlich allein das Denken. Täten Sie nämlich anderes, dann dächten Sie auch schon nicht mehr das Nicht-Andere. Das Denken, das nichts anderes denkt als das Denken, muß demnach als *solches*, d.h. rein als *Denken* Seinsmacht sein. Wie aber geht das zu: Denken, das Sein ist und sein läßt? Es geht bestens zu, dann nämlich, wenn Sie es – und wie wollten Sie etwa nicht – auf göttliches Sein und göttliches Denken ankommen lassen. Das ist ja das Merkwürdige: Der Philosoph ist kein Gott. So sehr er auch göttliche Vernunft hat, so wenig ist er doch die göttliche Vernunft selbst. Doch das schmälert die Reputation, die er sich selbst zuspricht, kaum. Er ist nicht das göttliche Denken selbst, aber er kann das göttliche Denken denken: Er springt einfach in das denkende Selbstverhältnis Gottes ein und denkt es.

Hiob ist auf mit Gott rechtende und dann auf sich Gott unterwerfende Weise im Glauben nie etwas Vergleichbares gelungen, zuvor schon Abraham nicht, auch wenn es ihm gelang, wegen Sodom den »Herrn« von 50 Gerechten auf 10 herunterzuhandeln, am Ende selbst Jesus Christus nicht, wenn er sich im Tode von seinem Gott verlassen sah. Der Philosoph wird nicht von seinem Gott verlassen. Ganz im Gegenteil. Schon zu seinen Leb- und Denkzeiten geht er in das Denken Gottes ein: Er denkt die reine Selbstgleichheit des Denkens, die ebensosehr eine sich gründende Selbstgleichheit des Seins ist. Kommen Sie mit?

Hoffentlich nicht; denn sonst wäre alle Anstrengung und zugleich alle Leichtigkeit des Geistes umsonst gewesen. Der Gedanke des Nicht-Anderen als der des seinsmächtigen Wesens, das in jedem Denken das Denken und dabei das Identische selbst ist – dieser Gedanke Gottes (gen. obi.)[15] ist der Gedanke, den Gott selbst denkt. Das aber bedeutet, daß er für den Menschen der schlechthin undenkbare Gedanke ist. Aber wir haben ihn doch soeben selber gedacht!? Ja und nein. Wir haben ihn als den Gedanken gedacht, den Gott denkt, nicht aber als den, den wir denken. In unserem Denken liegt ja niemals Seinsmacht. Das ist schon wirklich toll: Wir denken und denken doch nicht. Jedes menschliche Denken, das sich am Höchsten versucht und dies Höchste absolut setzt (eben als absolut denkt), muß sich im letzten übersteigen und d.h. als Denken aufgeben.

Ist das nicht am Ende nun doch christlich: die Ohnmacht des menschlichen Denkens? Ist das nicht die Unterwerfung unter das Höchste, schmecken wir nicht plötzlich doch Staub und Asche, wovon bei Abraham und Hiob zu lesen ist? Nein. Der Philosoph bereut nichts, widerruft nichts. Sein Schweigsamwerden ist eine Attitüde, die er sich selbst verdankt: dem freien Selbstüberstieg.

Wir kommen, was das Beispiel Cusanus' anbelangt, zum Fazit – noch lieber würde ich sagen – zum »fabula docet«:

»Christliche Philosophie« hat, wie gezeigt, die Bewandtnis, ein Denken vorzuführen, das die Transzendenz denkt, etwas, bei dem es als menschliches nicht mitsteigen kann, es übersteige denn sich selbst und gebe sich selbst auf. Das tut es denn auch. »Christliche« Metaphysik, wie alle Metaphysik, richtet das Denken »zugrunde«, nämlich zu einem Grund, der höher bzw. tiefer ist, als es aus eigener Kraft und eigener Perspektive zu denken vermag. »Christliche Philosophie«, um diesen problematisierten Titel zu wiederholen, ist, wenn »christlich« für theologisch stehen darf, die selbstaufgegebene Philosophie. Das teilt sie, wie gesagt, mit aller Metaphysik. Die aber könnte sich ja noch als »Denkkunst« entdecken: als freies Erdenken eines höchsten Denkens, das sich bis in die Selbstaufgabe ausspielt. Doch in seiner theologischen Variante bedeutet die Selbstaufgabe des philosophischen Geistes, bei allem Spiel des Ernstes, in jedem Falle die Selbstaufgabe des christlichen Geistes.

Was nämlich soll dem Gläubigen die Transzendenz als Selbstzweck, ob sie nun insgeheim ein Werk der Denkkunst oder das eines »wirklichen« Selbstüberstiegs menschlichen Denkens ist? Bei dem metaphysischen bzw. denkkünstlerischen Eifer, Gott nicht bloß menschlich Gedachtes und Erdachtes sein zu lassen, verselbständigt sich die Idee der Transzendenz: Sie wird im schönsten Sinne unbedingt. Ich könnte mir aber denken, daß es dem gläubigen Christen weit wohler wäre, wenn es sich mit der Transzendenz, sollte sie schon »wirklich« sein können und sein (wovon er nichts weiß), wie mit dem Sabbat verhielte: »Der Sabbat ist um des Menschen willen (dia ton anthropon) geschaffen worden und nicht der Mensch um des Sabbats willen.«[16]

---

[15] Genitivus obiectivus = eben der Gedanke, der Gott zum Gegenstand hat.
[16] Mk 2,27.

Das hieße übersetzt: Die Transzendenz Gottes ist um des Menschen willen da, nicht aber der Mensch um der Transzendenz Gottes willen, und schon gar nicht ist die Transzendenz Gottes um ihrer selbst willen da.

Damit habe ich das Meine getan, das Thema zu bearbeiten. Das Fragezeichen ist gestrichen. »Christliche Philosophie« ist, unter den angegebenen Bedingungen, ein hölzernes Eisen. Damit will ich nicht vorweg behaupten, daß ich andere, die vom Gegenteil überzeugt sind, nicht ernst nehme. Ich hatte zunächst nur erst einmal zu zeigen, inwiefern ich mich in der Auseinandersetzung mit diesem Thema selber ernst nehme. Doch jetzt beginnt meine eigentliche Arbeit: die eigene.

Christliche Philosophie – das gelte nicht mehr, das sei auseinandergenommen: christlich und philosophisch, Holz und Eisen. Es gilt nunmehr, aus den Elementen des Undings, aus diesen beiden »Dingen« Holz und Eisen, ein neues Ding zu machen. Ich möchte sie also nicht auf ewig voneinander trennen, sondern vielmehr zeigen, wie sie im Verein für den Menschen fruchtbar zu sein vermögen.

Es gäbe Liebhaber von Undingen, Sammler und Produzenten, wären sie seinshaft möglich. Was hätte der Künstler mit Hut, Joseph Beuys, wohl darum gegeben, zwischen seinen Fettecken und Filzmattenstapeln ein hölzernes Eisen aufstellen zu können, gleich neben seinem Spaten mit den zwei Stielen, bei dem Holz und Eisen immerhin bereits so günstig zusammen sind, daß nichts mehr geht?

Doch lassen Sie mich ab jetzt bis zum Schluß »konstruktiv« sein. Ich trenne Holz und Eisen, das duldsame Holz des Kreuzes und die geschliffene Härte der Nachdenklichkeit, um ein brauchbares Ding zu formen. Dieses soll ein Bild dafür sein, wie christlicher und philosophischer Geist einander brauchen können. Das ist nicht absolut gemeint. Andere mögen andere Weisen kennen und finden, wie Christliches und Philosophisches im Verein fruchtbar sind. Ich habe hier nur ein Beispiel vorzutragen, das mir aus eigenem philosophischen Interesse besonders nahegeht.

Zunächst aber ist das reale Ding zu konstruieren, das uns als Bild dienen soll. In Deutsch-Nonsberg, einer Gegend in Südtirol mit Grenze zum Trentino, haben Bayern im 13. Jahrhundert vier Siedlungen errichtet, die heute noch bestehen. Bei einer ihrer Hauptarbeiten, der Waldarbeit, verwenden ihre Einwohner wie eh und je den reinen Eisenkeil und schlagen mit Eisen auf ihn, sei es, um dem zu fällenden Baum die gewünschte Fallrichtung zu geben, sei es, um Meterholz zu spalten. Sie tun nicht gut daran. Eisen auf Eisen – das verprellt Hände und Arme. Eisen gehört mit Holz und Holz mit Eisen geschlagen. So habe ich denn von meinem Zähringer Freund aus alten Holzfällertagen einen brauchbaren Keil anfertigen lassen; die massive Schneide, die in einen Hohlraum ausläuft, aus Eisen, ein Holz hineingepaßt, oben mit einem Eisenring versehen, um den sich, nach den Axtschlägen, das Holz legt – fasernd, nicht splitternd. Das Mitbringsel war vergebens, aber ich habe jetzt ein Bild. An ihm kann ich zeigen, wie philosophisches Eisen auf christliches Holz schlägt, um den philosophischen Keil in das einzutreiben, was da nur mit vereinter elementarer Substanz zu denken ist. Und der Stiel aus Holz? Nein, jedes Bild hat seine Grenzen. Es bleibt dabei: Philosophisches Eisen, wer und was es auch führt, schlägt auf christliches Holz. Wie Sie hören, spreche ich ziemlich selbstbewußt als Philosoph. Mit Philosophie als Magd der Theologie weiß ich in der Tat nicht zu dienen. Das christliche Holz wird es vielmehr sein, das sich verbraucht, eher jedenfalls als das philosophische Eisen.

Mein Interesse ist das Leben des Menschen: das gelingende Leben, das geteilte Leben. Ich spreche bewußt nicht vom guten Leben. Wie das seit Aristoteles diskutiert wird, kann man es vollends am einzelnen demonstrieren. Bei mir jedoch gibt es den einen nie ohne den anderen. Das ist keine Idealisierung, keine Utopie, nicht einmal eine Vereinseitigung. Schauen Sie sich nur einmal, ganz allein vor dem Spiegel, genau an. Ich garantiere, Sie merken, wie der andere, wie die anderen mitschauen. Jedes gelingende Alleinsein steht auf mannigfache Weise mit anderen in Verbindung. Denke ich demnach an den Menschen, dann habe ich kein Wesen im Sinn, das eine Person ist, das für sich zu einer Zeit in einem Raum steht, das ein Bewußtsein hat und einen Magen, um solcherweise rein für sich als Mensch gesehen werden zu können. Mein Menschenblick geht stets von lebensteiligen Verhältnissen aus. Ich sehe uns also selbst hier in diesem Raum und jetzt zu dieser Stunde nicht als Personen, die es etwa miteinander »teilten«, Personen zu sein. Nein, ich meine Sie und mich eigenheitlich, d.h. in unserer Vielfalt gleicher und signifikant ungleicher Möglichkeiten, uns vor einander und vor uns selbst zu inszenieren und uns mit uns selbst zu identifizieren. So »sehe« ich hier etwa Hörer, den Redner und bald schon miteinander Diskutierende, »sehe« ich Junge und Alte, Männer und Frauen, Protestanten und Katholiken, Gesunde und Nicht-so-Gesunde. Für mich gibt es den Menschen praktisch allein in seinem eigenheitlichen Auftreten, das sich ganz unterschiedlich inszeniert. Welche Frau wäre hier schon *als Frau* mit einer anderen gleich? Frausein ist eine je individuell angeeignete und jeweils eigens inszenierte Eigenheit. Menschen sind sich nicht gleich, nicht einmal, ja schon gar nicht Frauen. Genauer gesagt: Menschen unterscheiden sich niemals als Menschen, weil Menschsein keine Eigenheit ist. Eigenheitlich aber unterscheiden sich Menschen nicht allein durch signifikant unterschiedene Eigenheiten wie z.B. Mann und Frau, sondern auch in der gleichen Eigenheit selbst. Nicht ein an sich seiendes Individuum macht menschlich den Unterschied aus – gegen ein ebensolches anderes, sondern die je inszenierte Eigenheit. Zugleich ändert sich in jeder praktischen Situation die Gewichtung, z.B. ob sich ein Mensch als Mann, als Beamter, als Vater, als Kranker oder als Intellektueller ins Spiel bringt. In jedem Fall ist die praktische Situation des sich eigenheitlich mit sich selbst identifizierenden und sich selbst inszenierenden Menschen jeweils ziemlich komplex. Für den Menschen genau dieser Situation, also gerade auch für uns hier, denke ich an einen durch das wache Bewußtsein nicht greifbaren Grund seiner Lebensbefähigung.

Lebensbefähigung – das ist ein für meine Überlegungen höchst bedeutsamer Begriff. Er spricht die Befähigung an, auf gelingende Weise Leben miteinander zu teilen. Diese Befähigung ist kein bloßes Können, wie es z.B. die Fähigkeit des Architekten ist, Häuser zu bauen. Der kann das ja, falls er genügend zurückgelegt oder geerbt hat, auch lassen. Er muß nur, wie Aristoteles sagt, wenigstens einmal im Leben ein Haus gebaut haben, sonst wäre er kein Architekt gewesen. Mit der Lebensbefähigung verhält es sich gänzlich anders. In jedem Moment gelingenden Lebens wird sie miteinander (neu) gegründet, bewährt und gestärkt. Ob ich dabei unversehens mit so etwas wie »Urvertrauen«[17] zu tun habe, bleibe dahingestellt. Ich habe meine eigenen Überlegungen dazu, die ich Ihnen jetzt vortrage.

Der Grund menschlicher Lebensbefähigung ist praktische Gewißheit, also eine Gewißheit, die das Leben und Handeln durchherrscht, ohne daß sie auf Erkenntnis beruhte und auf bewußte Erfahrung zurückgeführt werden könnte. Dieser praktischen Gewißheit gebe ich vier Namen, die alle auf einmal zu benutzen sind, wenn der in Rede stehende Grund sich einem Menschen namentlich ganz entdecken soll. Es sind also vier Schlüssel, um ein und denselben Tresor in einem vierfach-einzigen Dreh zu öffnen. Hier ihre Namen:

1. Ich bin geliebt. 3. Ich habe Zeit.
2. Ich bin gebraucht. 4. Ich werde sterben.

Weil das alles zu sehr nach Ich und einzelner Person klingt, meiner Sicht und Erklärung nach der Mensch aber der Lebensteilige ist, werde ich die Namen der Schlüssel und d.h. der praktischen lebensbefähigenden Gewißheiten umgehend modifizieren:

1. Wir lieben uns. 3. Wir haben Zeit füreinander.
2. Wir brauchen uns. 4. Wir werden uns für immer verlassen.

Jetzt ist klarer, daß zum Geliebtsein auch das eigene Lieben gehört, zum Gebrauchtsein das eigene Brauchen, zum eigenen Zeithaben das Teilen von Zeit und einander Zeit-Geben, zum eigenen Sterben, jemandem zu sterben und von jemandem Abschied zu nehmen.

Wer aus der ungreifbaren, aber im Grunde der je eigenen Lebensbefähigung wirksamen Gewißheit lebt, daß es so um ihn selbst und mit den anderen steht, der muß nicht etwa reibungslos leben, ringsum glücklich und zufrieden sein. Nein, es ist allein von der Lebensbefähigung zu reden, von ihrer gemeinsamen Gründung, Bewährung und Stärkung. Wer aus der praktischen Gewißheit als der lebensbefähigenden lebt, der versteht nicht mehr und nicht weniger, als mit anderen je so zu leben, daß er im Verein mit ihnen praktisch die Bejahung des Lebens bekundet.

Doch was ich Ihnen soeben mit vier Schlüsseln als lebendiges menschliches Gelingen aufgeschlossen habe und was Ihnen noch immer etwas idealisiert und harmonistisch erscheinen mag, bleibt nicht. Jemand »ganz Anderes« faßte da dazwischen, nämlich der gläubige Mensch, der christliche Geist. Plötzlich soll es mit keinem der Schlüssel mehr so ganz stimmen, der eine von ihnen sogar überhaupt nicht passen.

Geliebtsein und Gebrauchtsein – ja, aber doch bitte, so ruft uns der abrupt dazwischen getretene Gläubige entgegen, wenn überhaupt von Menschen geliebt und gebraucht, dann nicht von ihnen allein und nicht zuerst.

---

[17] Vgl. basic-trust bei E. H. Erikson.

Zeithaben – ja, aber doch bitte nicht für menschliche Dinge allein und nicht zuerst. Gott hat mich zuerst geliebt[18], göttliche Dinge gilt es vor allen anderen zu besorgen[19].

Nun, das läßt sich vielleicht noch arrangieren: Der im Namen der lebensbefähigenden praktischen Gewißheiten geöffnete Tresor erschließt noch eine andere Dimension, die bei der ersten Schatzsichtung verborgen blieb. Doch einen der Schlüssel wird man, wie es aussieht, des Glaubens wegen ganz wegzuwerfen haben: die praktische Gewißheit des Todes und des Einander-für-immer-Verlassens. Die Paßform dieses vierten Schlüssels möchte ich mir nunmehr für den Rest der Zeit, die wir noch miteinander haben, ansehen. Ich beginne damit, indem ich einen fünften Schlüssel forme, der, zumindest prima facie, überhaupt nicht in das Schlüsselloch des vierten paßt. Ich setze aber auf ein secunda facie, daß er es dann dennoch tut.

Eine neue praktische Gewißheit tut sich auf, die unmittelbar mit der vierten konkurriert, weswegen ich sie nur der Ordnung halber, nicht aber der Sache nach als fünfte anführe. Sie lautet:

>Ich bin im Tode nicht allein gelassen.

Ein »*Wir* sind im Tode nicht allein gelassen« erübrigt sich. Das menschliche Einander ist nicht mehr von Bedeutung. Ein »ganz Anderes« tut sich auf.

Das nämlich ist die alte Todesangst: im Tod in ein Anderes einzugehen, wo niemand mehr bei mir ist. Das andere Angesicht fehlt, die Hilfe des anderen. Ich bin allein: hilflos und im Dunkel. Todesangst ist als Verlassenheitsangst zugleich Dunkelheitsangst: das Reich des Todes im strengen Sinne des Wortes als »Verlies«. Das Wort kommt von »verlieren«, Verlies also als der unterirdische Raum, der sich verliert und in dem man sich verliert. Kein Anderer ist mehr da. Das Gesicht fehlt, die Hilfe, der Halt, mit einem Wort: die Gegenwart (das Bei-mir-Sein). Der Gläubige hat darum nicht eigentlich Angst, sich zu verlieren, sondern vielmehr *Gott*. Er sieht die Gefahr, daß Gott der Toten nicht gedenkt, sie gänzlich von seiner Hilfe geschieden sind. Doch er »droht« auch mit dem vice versa: »(...) denn im Tode gedenkt man deiner nicht«.[20]

Das Versprechen an den Gläubigen, daß Gott bei ihm ist »Ich bin bei euch alle Tage« soll auch dann gelten, wenn der Tod kommt und gekommen ist:

>Du wirst meine Seele nicht dem Tode lassen.
>Du hast meine Seele vom Tode errettet.
>Der Herr gibt mich dem Tode nicht.[21]

Gott, der ein Gott nicht von Toten, sondern von Lebendigen ist, kennt nur Lebendige. Schon bei Jesaja heißt es: »Deine Toten werden leben, meine Leichname werden auferstehen« (nach Luther) oder »Die Gestorbenen

---

[18] Vgl. 1 Joh 4,19; Jer 31,3; Joh 17,24.
[19] Vgl. Aristoteles, Nikomachische Ethik K 7 1177b 26 ff.
[20] Ps 88,6; Ps 6,6.
[21] Mt 28,20; Ps 16,10; Ps 56,14; 118,18.

werden auferstehen, die in den Gräbern werden aufwachen, die in der Erde werden fröhlich sein« (nach d. Septuaginta).[22]

Praktische Gewißheit scheint gegen praktische Gewißheit zu stehen: die praktische Gewißheit des Todes gegen die praktische Gewißheit des ewigen Lebens. Dividiert sich der Mensch etwa in eine philosophische bzw. profane und in eine religiöse Verantwortung? Ja und nein. Ich sehe es für eine modifizierte und dabei doch für ein und dieselbe Verantwortung an. Der Glaube bringt jedoch ein ganz neues und geradezu ungeheures Moment in sie hinein.

Praktische Gewißheiten sind keine Kopfgewißheiten, sie liegen nicht abrufbar im Bewußtsein bereit. Das Leben, wie es Lebenszeit und Lebensweg ist, befindet sich im besten Falle, und das ist der Fall des gelingenden Lebens, auf dem Wege der Selbstvergewisserung. Wer sich z.B. im Grunde seiner Lebensbefähigung praktisch gewiß ist, geliebt zu sein, der lebt sein Geliebtsein nicht anders als so, daß er sich dessen praktisch vergewissert. Doch wie geht das vor sich: sich der Liebe praktisch zu vergewissern? Werden vom anderen Schwüre verlangt, Geschenke, große Taten, von einem selbst besondere Härteproben? Nein. Nichts davon. Um sich der Liebe praktisch zu vergewissern, bedarf es einzig der Liebe selbst. Sie muß gewagt werden, um den reinen Augen-Blick ihrer praktischen Gewißheit zu wiederholen. Gerade das gelingende Leben ist auf solche Weise ein fortwährendes Wagen und Aufs-Spiel-Setzen. Doch das klingt zu dramatisch. Keine Art russisches Roulett ist gemeint, kein Hasardeur gefragt. Die Liebe zu wagen, heißt einfach: zu lieben, gelingend zu lieben. Das ist die Weise der Vergewisserung.

Wir überspringen das Brauchen und Zeithaben und wechseln von der Liebe zum Tod. Es geht ja vor allem um die Paßform des vierten Schlüssels. Doch gleich beim ersten Versuch erweist sich eine Parallelisierung von Liebe und Tod als nahezu, wenn nicht ganz und gar unmöglich. Wer nämlich wollte schon den Tod aufs Spiel setzen, um sich des Todes zu vergewissern? Das verlangte doch, wenn wir die Sache mit der Liebe richtig verstanden haben, dafür den Tod »selbst« wagen zu müssen. Aber wir werden es sehen: Der Gläubige ist es, der eine einzigartige Möglichkeit entdeckt und wahrnimmt, den Tod aufs Spiel zu setzen. Anstatt jedoch eben dafür in den Tod zu gehen, um sich auf irrigste Weise auf dem Weg zur praktischen Vergewisserung des Todes zu wähnen, wählt er die einzige freie lebendige Möglichkeit: Er setzt den Tod aufs Spiel, indem er an Gott glaubt. Sein Glaube an Gott ist dabei der Glaube an die bleibende Gegenwart Gottes und damit an den überwundenen Tod. Doch der so gedeutete Sachverhalt von Tod und Glauben bleibt allein schon logisch eine einzige Herausforderung: Der überwundene Tod als der geglaubte soll der praktisch vergewisserte Tod sein. Wie ist das gedacht, wie ist das dem Gläubigen zumutbar?

Die religiös gestimmte Angst vor dem Tod als dem endgültigen Verlassen- und Im-Dunkel-gelassen-Sein hat einen lebenspraktisch höchst be-

---

[22] Lk 20,38; Röm 14,8.21; Jes 26,19.

merkenswerten Zug: Sie bringt den Sichängstenden dazu, nicht in den Tod einzuwilligen. Bereits in seiner Angst lebt er von einer Art Wissen, als Toter weiterzuleben und eben das Leben eines Toten zu führen. Wer sich so ängstet, der hat bereits sein Selbst ins Lebensreich der Toten hinübergerettet: Er verabschiedet sich im Sterben allein von den anderen, nicht aber, wie es eigentlich angebracht wäre, auch von sich selbst. Damit aber verliert der Tod seine lebensbefähigende Kraft. Die Angst des Gläubigen vor ihm verdirbt ihn regelrecht, bringt ihn darum, über den anderen Menschen hinaus als der »andere andere«, letzter Halt und Einhalt des Lebens zu sein. Doch dafür steht, dank der Kunst des Glaubens, schon ein anderer bereit: Gott als der »ganz andere«. Dieser steht nunmehr für die ganz andere Gehalten- und Geborgenheit.

Die neue praktische Gewißheit ist perfekt. Für den Gläubigen gilt vom Grunde seiner Lebensbefähigung her praktisch: Ich bin gewiß, daß ich im Tode und Totsein nicht alleingelassen und nicht ohne Beistand bin, ja daß ich eigentlich überhaupt nicht des Todes, sondern vielmehr des lebendigen Gottes und des ewigen Lebens bin.

Diese Gewißheit als die des Glaubens greift lebenspraktisch voll. Der Gläubige lebt anders, das eigene Leben und der eigene Tod ist für ihn anders geworden. Der Tod ist keine unbeirrbare Naturgewalt mehr. Kraft der Freiheit seines Glaubens ist er zu ihm auf Distanz gegangen, hat er sich aus seiner Unmittelbarkeit und Ausschließlichkeit gelöst. Doch Glauben ist keine Metaphysik: Der Gläubige überlistet nicht durch geistige Selbstabsolution sich selbst und seinen Tod. Meine Deutung des für den Gläubigen anders gewordenen Lebens und Todes lautet: Der Gläubige hat sich kraft seines Glaubens, seiner Glaubensgunst und Glaubenskunst des eigenen Todes auf eine außerordentliche Weise vergewissert. Er hat ihn nicht aufs Spiel gesetzt, indem er ihn auf sich nahm, sondern indem er – praktisch – frei zu ihm wurde.

Diese Auslegung hat allerdings bedeutsame Konsequenzen für das Verständnis des Verhältnisses von Todesgewißheit und Gottesgewißheit. Jetzt ist nämlich konsequent weiter zu deuten: Der Glaube an den »ganz anderen«, der, lebenspraktisch geurteilt, eine praktische Gewißheit erbringt, eben die lebendige Gewißheit der bleibenden Gegenwart Gottes, kann selbst in keiner anderen praktischen Gewißheit gründen als in der des haltgebenden und einhaltgebietenden eigenen Todes. Die praktische Gottesgewißheit hebt die praktische Todesgewißheit nicht nur nicht auf, sondern bringt sie auf eigene Weise je neu vor sich selbst. Die Gottesgewißheit ist so eine ausgezeichnete Form der Todesgewißheit. Gäbe es ein großes Verständnis menschlicher Poesie, das nicht vom *bloß* Poetischen, sondern vielmehr vom *sogar* Poetischen weiß, dann würde ich jetzt gerne sagen, daß Auferstehung, ewiges Leben und ewige Gegenwart Gottes die glaubenskräftige und lebensverändernde Poetisierung des Todes sind. Da wäre dann der christliche Geist das Holz, das zwar nicht zersplittert, aber nach und nach zerfasert, wenn der Philosoph seinen Keil in das Rätsel des menschlichen Lebens treibt. Eisen und Holz, ja Holz und Eisen hätten ihr gemeinsames Werk getan.

Die Phänomenologie in Italien

Von den zwanziger bis zu den achtziger Jahren

Angela Ales Bello[1]

1. Die Verbreitung der Phänomenologie

Um den Werdegang der Phänomenologie in Italien zu umreißen, muß die philosophische Entwicklung der letzten siebzig Jahre zurückverfolgt werden.[2] Die Vielschichtigkeit des Kulturgeschehens, das diese Entwicklung – vor allem nach den beiden Weltkriegen – kennzeichnet, erschwert eine klare Darstellung. Dazu muß Italien als eines der offensten Länder Europas gesehen werden, das den mannigfaltigsten Kultureinflüssen zugänglich ist und in dem verschiedene Strömungen sich gegenüber- und entgegentreten. Das erschwert zwar eine übergeschichtliche Zusammenfassung der Kulturtendenzen des 20. Jahrhunderts und eine eigenständige Erwiderung darauf, reflektiert jedoch den starken Widerhall aller europäischen Bewegungen. Diese »Zugänglichkeit« erschöpft sich nicht in passiver Übernahme irgendwelcher Erscheinungen, sondern bedeutet häufig deren neuartige Weiterentwicklung. Als Musterbeispiel hierfür sei der Neoidealismus angeführt – die wohl typischste philosophische Bewegung im Italien des 20. Jahrhunderts, die tief im deutschen Denken verwurzelt ist.

Der Neoidealismus ist als einer der Widersacher der Phänomenologie anzusehen (man denke an B. Croce und G. de Ruggero). Dabei darf nicht übersehen werden, daß sich in den Kreisen, die der idealistischen Philosophie entgegenstehen, die Suche nach einem »anderen« Weg vertiefte: nach einer »Alternative«, die den nunmehr überholten Positivismus ersetzen oder den in seiner realistischen und spiritualistischen Wesenheit vom Idealismus bedrohten metaphysischen Gedanken festigen kann.

Von daher ist verstehbar, daß sich Denker wie Norberto Bobbio, Antonio Banfi und Sofia Vanni Rovighi nach dem Ersten Weltkrieg dem Studium der Phänomenologie widmen. Bei den beiden ersten finden wir eine Weiterführung des Positivismus, weniger vom Inhalt her als in der Forderung nach einer »weltlichen«, »rationalen« und »antimetaphysischen« Erkenntnis, worin sich die Vorsicht des Metaphysikers gegenüber der Phänomenologie zeigt.

---

[1] Ins Deutsche übertragen und überarbeitet von Renate M. Romor und José Sánchez de Murillo.

[2] Im vorliegenden Aufsatz beziehe ich mich im wesentlichen auf die phänomenologischen Analysen Husserls. Den großen Widerhall, den die französische Phänomenologie in Italien gefunden hat, und den in gewisser Weise an diesen Denker gebundenen deutschen und französischen Existenzialismus beziehe ich nicht ein. Ein gelegentliches Streifen dieser Strömungen ergibt sich daraus, daß die Phänomenologie in einigen Momenten durch den Existenzialismus in Erscheinung tritt.

In seinem Artikel *La filosofia di Husserl e la tendenza fenomenologica*[3] gelangte Bobbio zu der Feststellung, daß die Verbreitung der Phänomenologie in Italien von einem tiefen Bedürfnis nach »zeitnahen« philosophischen Gedanken bestimmt ist, »wiewohl darüber nur wenig und mit äußerster Vorsicht und argwöhnischem Mißtrauen geschrieben wird«. Dieses Bedürfnis zielt im wesentlichen auf die Veranschaulichung der eidetischen Sphäre im antimetaphysischen Sinn oder auf eine sich als strenge Wissenschaft ausweisende Philosophie, die an die Stelle »ethischer Wertungen und religiöser Mythen« treten kann.

Hier kommt also im wesentlichen die Zielsetzung der Philosophie als strenge Wissenschaft zur Anwendung. Bobbio kennt natürlich auch die spätere Entwicklung von Husserls Denken: Er führt nicht nur die *Logischen Untersuchungen*, die *Ideen* und *Cartesianischen Meditationen* an. Aufgrund dieser Werke begreift er die Phänomenologie als »konstitutiven transzendentalen Idealismus«, der das Ideal einer von psychologischen, naturalistischen und religiösen Problemen befreiten außerweltlichen Wissenschaft stützt. Husserl »ist bestrebt, die Blindheit des Glaubens auszulöschen und an dessen Stelle das Licht der Forschung zu setzen«.[4] Bobbio deckt dabei einen Zwiespalt bei Husserl auf, der eine antidogmatische Haltung verkündet, aber zum »Glauben« an die transzendentale Welt aufruft. Einen Ausweg sieht Bobbio in der Trennung der »phänomenologischen Tendenz« von der »Philosophie Husserls«, wie denn auch die Gültigkeit der Phänomenologie mehr in seiner Methode als in seiner Weltanschauung zu suchen ist.

In der Zeit von 1923 bis 1939 ist das Denken Banfis von der Forderung nach einer Theoretizität bestimmt, die allen pragmatischen Ideologien, dem Sichverschließen in die einzelnen Forschungszweige und dem Irrationalismus fern ist. Seiner Zielsetzung im Zeichen einer neuen Aufklärung steht in gewissem Sinn auch Husserl nahe.

Nach Banfi[5] hat die auf dem Nährboden des Positivismus entstandene Phänomenologie den wichtigsten Leitgedanken des Positivismus selbst geläutert: Der Begriff der Philosophie als Erfahrungstheorie äußert sich hier in einer rationalen, jedoch antimetaphysischen Forderung. Er bedeutet nämlich nicht mehr Bewußtheit einer idealen Lebensordnung, sondern einer dynamischen Lebensstruktur.

S. Vanni Rovighi fand über ein »geschichtliches« Bedürfnis zu Husserl. Durch ihr Interesse an diesem Denker gab sie den Anstoß zu neuen theoretischen Perspektiven in den Kreisen christlich orientierter Philosophen. In der Katholischen Universität von Mailand, wo sie lehrte und wo – zumindest zwischen den Weltkriegen – die neothomistische Richtung vorherrschte, wurde Husserl soweit studiert, als er für eine Anwendung zur Bekämpfung der neoidealistischen Positionen in Frage kam. Somit konn-

---

[3] Norbero Bobbio, La filosofia di Husserl e la tendenza e fenomenologica. In: Rivista di Filosofia, XXVI, Nr. 1, 1935, 1–19.
[4] A.a.O., 14.
[5] Antonio Banfi, La fenomenologia e il compito del pensiero contemporaneo. In: Omaggio a Husserl. Milano 1960, 31–46.

te die phänomenologische Methode für eine realistische metaphysische Forschung als propädeutisch angesehen werden.

Gleichzeitig mit dem bereits genannten Aufsatz Banfis veröffentlichte Vanni Rovighi im Jahr 1939 einen historischen Umriß der Husserlschen Spekulation.[6] Ihre theoretischen Stellungnahmen erschienen erneut 1960 im Sammelband *Omaggio a Husserl*[7], gemeinsam mit Banfis Schrift. Diese Tatsache führte zu einer Reihe von Überlegungen: Zum einen, wie Husserl im metaphysischen Denkansatz von Vanni Rovighi und den ihrem Denken verwandten Philosophen eingesetzt wird, zum anderen wie daraus der innere Zusammenhang zwischen den in den beiden Nachkriegszeiten erfolgten Erörterungen und Interpretationen der Phänomenologie hervorgeht. Schließlich ist ein neues Interesse für diese Forschung erkennbar, die großenteils mit der fortschreitenden Abkehr vom Existentialismus, 1950 und 1960 »in Mode«, sowie mit dem Erscheinen der italienischen Übersetzungen von Husserls Werken Hand in Hand geht.[8]

Aber gehen wir der Reihe nach vor. Vanni Rovighi schreibt: »Die phänomenologische Beschreibung des Erkennens sagt noch nichts über seine ontologische Natur aus: (...) sie löst (...) keinerlei metaphysische Probleme. Sie verhindert jedoch – oder sollte es vielmehr –, metaphysische Probleme aufgrund angeblicher Widerlegungen als gelöst hinzustellen.«[9] So gelangt sie zu der Feststellung, daß Husserls Standpunkt in den *Ideen I* zwar als idealistisch gedeutet werden könne, aus den *Ideen II* aber eine »neutrale« Sicht hervorgehe, und zwar sowohl im Hinblick auf den Idealismus als auch auf den Realismus. Da Neutralität gegenüber Idealismus und Realismus nicht mit Idealismus gleichzusetzen ist, konnte die Phänomenologie sogar von den Thomisten angenommen werden.

Die 1960 erfolgte Veröffentlichung des bereits zitierten *Omaggio a Husserl* sowie des Berichts einer an der Universität Padua abgehaltenen

---

[6] Sofia Vanni Rovighi, La filosofia di Edmund Husserl. Milano 1939.
[7] Sofia Vanni Rovighi, Una fonte remota dell'intenzionalitá husserliana. In: Omaggio a Husserl, 47–66.
[8] 1) Idee per una fenomenologia pura e per una filosofia fenomenologica. Übers. der *Ideen I* G. Alliney, Torino 1950; 2) Due manoscritti inediti di Husserl. Übers. u. Hg. P. Valori, in: Archivio di Filosofia, 1954, 165–175; 3) La filosofia come scienza rigorosa. Übers. F. Costa, Torino 1958; neue durchges. Aufl., Pisa 1990; 4) Esperienza e giudizio. Übers. Costa, Milano 1960; neue, durchges. Aufl. v. Costa u. L. Samona, Milano 1995; 5) Meditazioni cartesiane e discorsi parigini. Übers. Costa, Milano 1960; 6) Mondo, io e tempo nei manoscritti inediti di Husserl. Übers. E. Filippini, Milano 1960; 7) Teologia universale. Übers. E. Paci 1933, übertr. v. W. Biemel, in: Archivio di Filosofia I, 1960, 91. Wiederveröff. als Anh. zu E. Paci, Tempo e verità nella fenomenologia di Husserl. Bari 1961; 8) La crisi delle scienze europee e la fenomenologia trascendentale. Übers. (Ausgabe v. 1954) Filippini, Milano 1961; 9) Idee per una fenomenologia pura e per una filosofia fenomenologica. Übers. der *Ideen I und II* Filippini u. G. Alliney, Torino 1965; 10) Inediti husserliani. In: G. Piana, Esistenza e storia negli inediti di Husserl. Milano 1965; 11) Inedito husserliano. In: M. Sancipriano, L'Urkind Husserl. In: Aut-Aut, 1965, Nr. 36, 7–26; 12) Logica formale e trascendentale. Übers. G. D. Neri, Bari 1966; 13) Inediti husserliani. In: G. Piana, Esistenza e storia negli inediti die Aut-Aut, 1966, Nr. 92, 20–29; 14) Ricerche logiche. Übers. Piana, Milano 1968.
[9] Vanni Rovighi, a.a.O., 61.

Tagung von »weltlichen« und »katholischen« Denkern[10] bezeugt in jener Zeit das Interesse weiter Kreise für die Phänomenologie und ermöglicht eine genauere Analyse der Begegnungen zwischen den damals vorherrschenden philosophischen Tendenzen und der Phänomenologie.

Die Kontinuität der beiden oben genannten Hauptrichtungen zeigt sich nicht nur in ihrem Bestehen seit der Zeit vor dem Zweiten Weltkrieg; sie haben auch eine Anreicherung erfahren: die weltliche Gruppierung in der Auseinandersetzung mit neuen Positionen und die Anhänger der christlichen Philosophie in der Konsolidierung unter anderen Gesichtspunkten.

Schon beim Überfliegen der Inhaltsangaben der beiden Werke fällt auf, wie tief die namhaftesten Vertreter der italienischen Philosophie in die Diskussion um einige Kernfragen verwickelt sind. Die Phänomenologie wird also nicht »hingenommen«, sondern die Auseinandersetzung mit ihr gesucht. Wohl geht aus diesen Arbeiten der Versuch einer Anwendung hervor; es wird jedoch fast durchwegs von »anderen« Positionen ausgegangen. Paci kann als der einzige angesehen werden, der auf dem Boden der Phänomenologie steht. Die Aufsätze von Neri, Melandrini, Semerari, Lugarini, Pedroli, Filippini, Pucci und Guzzoni in *Omaggio a Husserl*[11] sowie die von Garin, Paci und Prini geführten Diskussionen in *Bilancio della fenomenologia e dell'esistenzialismo*[12] zeugen davon, wie sehr die weltliche Richtung historischer Prägung bzw. die eigentliche marxistische Richtung in Auseinandersetzung mit der Phänomenologie begriffen sind. Im gleichen Maße wie nach dem Zweiten Weltkrieg der Historismus in Croces Denkansatz vom Marxismus abrückt, sehen wir das Interesse für die Phänomenologie steigen.

In Paci, Melandrini und Semerari begegnen wir nicht nur Philosophen, welche die als neuen Rationalismus verstandene Phänomenologie antimetaphysisch anwenden (was auch bei Neri, Lugarini, Pedroli und Filippini beobachtet werden kann). Sie sind überzeugt, daß die Phänomenologie Berührungspunkte mit dem Marxismus finden könne.

Verbindendes Element dieser Denker ist die Philosophie als »strenge Wissenschaft«. Obwohl das positivistische Modell für sie überholt ist, hat sich doch ihr Glaube an eine wissenschaftlich vorgehende Ratio erhalten. Da der Marxismus sich als wissenschaftliche Geschichtsanalyse ausgibt, wird für sie eine Begegnung mit ihm möglich. In Lugarinis Aufsatz wird die Wissenschaftlichkeit und Strenge des philosophischen Gedankengangs betont, indem er jene Passagen der *Formalen und Transzendentalen Logik* und der *Philosophie als strenge Wissenschaft* anführt, welche die Notwen-

---

[10] Eugenio Garin, Enzo Paci, Pietro Prini, Bilancio della fenomenologia e dell'esistenzialismo. Padova 1960.
[11] Enzo Paci, Husserl sempre di nuovo. 7–27; Giulio David Neri, La filosofia come ontologia universale e le obiezioni del relativismo scettico in Husserl. 67–79; Enzo Melandri, I paradossi dell'infinito nell'orizzonte fenomenologico. 81–120; Giuseppe Semerari, La »filosofia come scienza rigorosa« e la critica fenomenologica del dogmatismo. 121–161; Leo Lugarini, La fondazione trascendentale della logica in Husserl. 163–193; Raffaele Pucci. Fenomenologia e psicologia. 227–261; Guido Guzzoni, Di una posizione »storicamente« positiva rispetto alla fenomenologia di Husserl. 263–289.
[12] = Bilanz der Phänomenologie und des Existenzialismus.

digkeit des »Radikalismus der an sich wissenschaftlichen Veranwortung« hervorheben. In seiner Untersuchung dieser Frage kommt er zu dem Schluß, daß die Idee der strengen Wissenschaft sich im erstgenannten Werk verwirklicht findet. Filippinis Analyse der Intersubjektivität und die Pedrolis der Praxis stellt eine Verbindung zur Untersuchung der Gesellschaftsrealität her, die unter historischem wie wissenschaftlichem Aspekt Auswertung finden kann. Das ermöglicht die Aussage Semeraris, der Antidogmatismus, der die Phänomenologie selbst ist, sei »eine Haltung, welche die Verwerfung der institutionellen und konstitutiven Formen als definitive Erkenntnis- und Lebensformen negativ und das Beharren auf der Idee des Ideals der vollkommenen, strengen, apodiktischen, endgültigen Wissenschaft positiv bewertet«.[13] Da Naturalisten und Historisten sich von diesem Ideal abgewendet haben, muß klargestellt werden, daß Husserls antihistoristische Kritik nicht die Geschichte als solche, sondern die Geschichte als reine Beobachtungstatsache ablehnt und als etwas verstanden haben will, »das es gleichzeitig in seiner Faktizität anzunehmen und abzulehnen gilt, um erneut vorgebracht zu werden, und zwar im Sinn eines Wahrheitsideals, wie es das Erkenntnisziel der strengen Wissenschaft darstellt. Deren Sachlichkeit setzt als einzig mögliche Verwirklichungsbasis Gemeinschaftssinn und unaufhörliche Zusammenarbeit allen menschlichen Geistes voraus«.[14]

Das Ideal der Wissenschaftlichkeit an sich erstreckt sich ins Unendliche. Dieser Grundgedanke begegnet uns in den Schriften von Semerari, Neri und Pacis. Die von Letztgenanntem vorgelegte Studie der Phänomenologie »von innen heraus« weckt das meiste Interesse. Hier finden wir alle bisher behandelten und für die »weltliche« italienische Richtung kennzeichnenden Motive, und zwar vor allem die Wissenschaftlichkeitsidee, die eine anwachsende Gültigkeit der phänomenologischen Analyse in den verschiedenen Forschungsbereichen zur Folge hat. Doch auch das Wissen um die Unerschöpflichkeit der Erkenntnis ist vorhanden, das mit der »Pflicht« verbunden ist, in der Forschung nach einem geschichtlichen und gesellschaftlichen Endzweck fortzufahren. Das 1961 in Pacis *Relazioni e significati*[15] veröffentlichte Programm der Zeitschrift *Aut-Aut* – die ab Januar 1951 fünfzehn Jahre lang Wortführer der Phänomenologie in Italien war – enthält eine Aussage, die im Widerstreit mit der Forderung steht, die Philosophie unwiderruflich im Namen des Technizismus und der Verabsolutierung spezieller Fragen zu verdammen. Sie postuliert eine die Rationalität aufwertende Einstellung, und zwar nicht die Rationalität der Wissenschaft und Technik, sondern vielmehr eine implizite Rationalität, die einen rationalen Zweck verfolgt, selbst wenn dieser nicht zu erreichen ist. Die Wahrheit ist ein idealer teleologischer Geschichtshorizont. Mit der Überwindung von Idealismus und Realismus kann die Phänomenologie zur Philosophie der Vernunft und des Lebens werden, zu einer Philoso-

---

[13] Giuseppe Semerari, a.a.O., 141.
[14] A.a.O., 155.
[15] Filosofia e fenomenologia. Bd. 1, Milano 1966.

phie, welche die Mittel für die Analyse konkreter, spezieller Fragestellungen bietet, zu einer Philosophie, die nicht auf die ihr eigene Allgemeinverbindlichkeit zu verzichten braucht.

Pacis Sympathie für Sartre und Merleau Ponty bezeugt aber auch die Verbreitung der Husserlschen Phänomenologie durch seine existentialistischen Interpreten, die mit ihrer marxistisch angelegten Geschichtsanalyse bereits eine Synthese erarbeitet hatten. So entsteht bei Paci der Wunsch nach einer »offenen Dialektik« – die Position des »Relationismus« besteht ja darin, Dialektik und Teleologie in Relation zu setzen. Letztgenannte hält Paci nämlich für die gültigste Anwendungsmöglichkeit der Intentionalität in der wissenschaftlichen Forschung sowie in den zwischenmenschlichen Beziehungen. Es geht nicht darum, die Wissenschaft in Abrede zu stellen, sondern sie auf ihren vorkategorialen Boden zurückzuführen und mit dem Geschichts- und Gesellschaftsbereich zu verbinden.

Als einen Berührungspunkt zwischen Phänomenologie und Wissenschaften betrachtet Paci deren Grundlegung auf jener transzendentalen Subjektivität, die Materie und Geist, Außen und Innen vereint. Ihre Verschiedenheit ist von der regionalen Ontologie bedingt. Ihre Gemeinsamkeit liegt darin, daß jeder Wissenschaftler ein menschliches und transzendentales Wesen, also ein *ganzheitlicher Mensch* ist.

Indem Paci der Phänomenologie eine Funktion der Grundlegung zuschreibt, stellt er einen Zusammenhang zwischen ihr und den verschiedenen Disziplinen her, die unter die herkömmlichen Unterscheidungen von Natur- und Geisteswissenschaften fallen, aber vor allem auch unter die jüngsten Forschungsrichtungen wie die strukturelle Anthropologie und Kulturanthropologie[16], Soziologie[17], Gestalttheorie[18], die auf den ersten Blick mit der phänomenologischen Perspektive zu kontrastieren scheinen.

Im gemeinsamen Rückgriff aufs »Vorkategoriale« sieht Paci eine weitere Bestätigung der klärenden Funktion der Phänomenologie im Hinblick auf diese Forschungen. Sie ermöglicht auch das Verständnis heutiger Ausdrucksformen der Kunst wie in Dichtung, Musik, Theater.[19] So findet Paci den Grund für die modernen antiintellektualistischen Kunstströmungen und hebt deren großen Wert hervor. Dadurch sieht er sich aber keineswegs gehindert, die Naturwissenschaften ebenso positiv zu bewerten. Rückblickend könnte man ihn jenen zurechnen, welche, die Wissenschaftlichkeit verherrlichend, das Neue bejahen, ohne sich vom Alten abzuwenden. Bei Akzeptierung des »globalen« Grundlegungsprogramms der Wissenschaft im vorkategorialen Bereich legt er die von Husserl vorgelegte Lö-

---

[16] Enzo Paci, Fenomenologia e antropologia culturale. In: Aut-Aut, Nr. 77, 1963; Antropologia strutturale e fenomenologia. In: Aut-Aut, Nr. 88, 1963.

[17] Enzo Paci, Per una sociologia intenzionale. In: Aut-Aut, Nr. 71, 1962; Fenomenologia e sociologia. In: Aut-Aut, Nr. 72, 1962; Sociologia e condizione umana. In: Aut-Aut, Nr. 76, 1963.

[18] Enzo Paci, La psicologia fenomenologica e la fondazione della psicologia come scienza. In: Aut-Aut, Nr. 71, 1963; Il senso delle parole. In: Aut-Aut, Nr. 89, 1965.

[19] Enzo Paci, Annotazioni per una fenomenologia della musica. In: Aut-Aut, Nr. 79–80, 1963; ders., Teatro, funzione delle scienze e riflessione. In: Aut-Aut, Nr. 81, 1964.

sung hinsichtlich der Genesis der Wissenschaftsforschung als »liberalisierenden Empirismus« aus, in dem Theorie und Erfahrung so eng miteinander verbunden sind. So gesehen wäre Husserls Denken dem von C. G. Hempel oder I. Scheffler nahe, vor allem in seiner Veranschaulichung einer Erfahrung, welche die Erklärung, d.h. die Kausalwirkung und Voraussicht, ermöglicht.[20]

Die Überzeugung, daß die Phänomenologie eine »wissenschaftliche« Auslegung der Wirklichkeit rechtfertigen kann, wird von Masullos und Melandris Studien der Husserlschen Schriften untermauert. Wie bei Paci finden wir auch bei ihnen die Verbindung von Wissenschaftlichkeit und Gesellschaft, und zwar bei Erstgenanntem in den beiden Werken *Logica, psicologia, filosofia* und *La communità come fondamento*, bei Letztgenanntem in seiner Arbeit *Esperienza e Giudizio in Husserl,* die in Italien großen Anklang gefunden hat.[21]

Masullo hakt beim Husserlschen Programm einer Philosophie »von unten« ein, einer induktiven und somit streng wissenschaftlichen Philosophie, die im Gegensatz zur Kantschen die Apriori als unabänderliche »Strukturen« der konkreten Erfahrung versteht. Die Kategorien sind der Ausdruck der Erfahrungsformen und »gründen« auf diesen. Somit wird der Kausalzusammenhang Explikation der Wahrnehmung. Für Masullo dient die Genesis der Wissenschaft dazu, eine strukturalistische Interpretation in der Psychologie zu rechtfertigen und eine anthropologische Anschauung der Geschichts- und Gesellschaftsrealität zu akzeptieren, welche die wahren Ebenen dieser Realität in nichts anderem als in verschiedenen Sprachebenen sieht. Derart nähert er sich der Interpretation von Merleau Ponty, während er die deterministisch-dialektische und weitgehend positivistische ablehnt.

In seiner eingehenden Analyse von Husserls Schriften erkennt Melandri, welche Bedeutung das Erfahrungsmoment in der Husserlschen Sicht einnimmt.[22] Er stellt eine Verbindung zwischen Wissenschaft, Empirie, Vorbegrifflichem und Teleologie fest. Demnach ist für Husserl die Wissenschaft nicht rationalistischer, sondern empiristischer Natur. Sie darf nicht der Mathematik oder der formalen Logik einverleibt werden, da auch diese Wissenschaften auf der eidetisch-sinnlichen Wissenschaft gründen müssen, wie sie die Phänomenologie darstellt, die »streng« sein kann, ohne »exakt« sein zu müssen. Jede Erfahrung besteht aus einem hyletischen und einem noetischen Moment. Das Sinnliche wird immer die Basis von Erfahrung und Individualisierung bilden, ohne zu individualisieren. Die Individualisierbarkeit nämlich ist das Ergebnis einer konstitutiven Genesis, die auf eine Präkonstitution und somit auf eine vorbegriffliche Ebene verweist. Über die Analyse des Vorbegrifflichen gelangen wir zur

---

[20] Vgl. Enzo Paci, Sulla struttura della scienza. In: Aut-Aut, Nr. 86, 1975.
[21] Vgl. Aldo Masullo, Logica, psicologia, filosofia. Un'introduzione alla fenomenologia. Passagen aus den *Schriften zur Logik*, übersetzt und kommentiert von Aldo Masullo. Neapel 1961; ders., La comunità come fondamento – Fichte, Husserl, Sartre. Neapel 1965.
[22] Enzo Melandri, Logica e esperienza in Husserl. Bologna 1960.

Untersuchung der Evidenz, wie sie der zielgerichtete Erfahrungsakt darstellt. Je vollkommener die Evidenz, desto aktueller die Erfahrung. Der Fall einer gänzlich aktuellen Erfahrung und einer dementsprechenden Evidenz ergibt sich niemals. Dies hätte nämlich eine teleologische Idee zur Folge.

Als Schlüssel zur Erfahrungsdeutung erweist sich die teleologische Dimension auf geschichtlicher Ebene als ungemein wirksam. Nach Melandri ist die Krisis, von der Husserl spricht, dadurch charakterisiert, daß sich die Teleologie der Geschichte nicht mit der Wissenschaftsidee deckt. Es entsteht eine Kluft, welche die Wissenschaftsidee außerstande setzt, die Teleologie der Geschichte zu beherrschen. Zwar hat Husserl das Übel aufgezeigt, jedoch nicht, wie dem abzuhelfen ist: »Hier fordert die Phänomenologie der Geschichte nun den Beistand des historischen Materialismus.«[23]

Wie schon Semerari geht auch Melandri gegen Husserls vermeintlichen Antihistorismus an. Stellt die Phänomenologie auf genealogischer Ebene einen authentischen Empirismus dar, dann ist sie, auf die Geschichte bezogen, ein authentischer Historismus, so »wie die Idealität der Formen aus dem Erlebten heraus begriffen werden muß. Weil sie ja nur in dessen Funktion existiert, ist die mutmaßliche Zeitlosigkeit des Logos als immanente Eigenschaft seiner Geschichtlichkeit selbst zu verstehen«[24]: Lebenswelt und Geschichtlichkeit besagen ein und dasselbe.

Carlo Sini[25] bringt ebenfalls die Idee der strengen Wissenschaft mit Gesellschaft und Geschichte in Zusammenhang. Er begreift die Phänomenologie als »radikale« Wissenschaft: Durch die unanzweifelbare Beschreibung typischer Grundelemente ist sie in diesem Sinn auch streng, »da sie nichts erfindet, keinerlei Hypothesen noch sonstige Aussagen aufstellt (...), sondern die Gegebenheiten ergründet, um sie in aller Strenge vorzubringen«.[26] Bei Anwendung dieser Methode auf die Geschichte »liest« er – im wesentlichen mit Paci übereinstimmend – die geschichtlichen »Sedimentationen« als »ökonomische« Vorgänge. Diese werden den nachfolgenden Generationen in jenen »Idealisierungen« überliefert, deren wichtigste die Sprache ist. Dies führt zu Betrachtungen über die intersubjektive Mitteilung, welche die Phänomenologie auch in ihrer negativen Periode zu erforschen vermag. Die Nicht-Mitteilbarkeit wurzelt nämlich in diesen Sedimentationen. Das in den sechziger Jahren besonders aktuelle »Modethema« Nicht-Mitteilbarkeit wird noch eingehend erörtert.

Auch Pedroli[27] sieht in der Intersubjektivität das zentrale Thema in Husserls spätem Denken. Allerdings deckt er in der Husserlschen Phänomenologie einige Widersprüchlichkeiten auf, die ihn deren Wert anzweifeln lassen. Nach Ansicht Pedrolis liegt Husserls Verdienst mehr in seiner Kritik als in einer gültigen Antwort auf das Problem der Grundlage einer

---

[23] A.a.O., 242.
[24] A.a.O.
[25] Carlo Sini, Introduzione alla fenomenologia come scienza. Milano 1965.
[26] A.a.O., 122.
[27] Giulio Pedroli, La fenomenologia di Husserl. Turin 1958.

Philosophie als strenge Wissenschaft. In dieser so faszinierenden wie radikalen Problemstellung ist bereits ihre Undurchführbarkeit begründet, nämlich in der inneren Schwierigkeit, eine Philosophie – das heißt eine grundlegende Erkenntnistheorie als strenge Wissenschaft – mit einem deskriptiven Verfahren zu begründen. Dies ist der Grund, warum Husserl zur idealistischen und realistischen Tradition gedrängt wird: Er vermag keine systematische und definitive Beschreibung des Erlebens zu geben, ja er identifiziert sogar seine Phänomenologie mit der Logik im weiten Sinne des Wortes und verwandelt den Logos von Seele in Geist, d.h. von psychischem Bewußtsein in menschlich-göttliches Geistesvermögen. Somit identifiziert er in idealistischer Hinsicht »den Logos mit der Ratio der logischen Formen«[28] und löst in rationalistischer Hinsicht »die Wirklichkeit selbst in den rationalen Gegebenheiten ihrer Erkennbarkeit«[29] auf.

Schließlich erhebt Pedroli einige Einwände, welche die Verschiebung der Phänomenologie zum Rationalismus hin hervorheben und die von den anderen, uns näher stehenden und noch zu besprechenden Kritikern wieder aufgegriffen werden.

2. Die Phänomenologie gegenüber der wissenschaftlichen Rationalität, der Geschichte und der Metaphysik

Nachdem Pacis Schaffenskraft in seinen letzten Lebensjahren bereits eine Verlangsamung erfahren hatte, schien sich nun mit seinem Tod (1976) das Ende der Phänomenologie in Italien abzuzeichnen. Selbst ein Großteil seiner Schüler hatte sich nach Veröffentlichung einiger vorzüglicher Kommentare von ihr abgewandt.

Dennoch ist das Interesse für diese Forschungsrichtung niemals völlig erloschen, ja sie ist sogar in den siebziger Jahren zu neuer Blüte gelangt. Allerdings haben sich ihre Perspektiven aufgrund des kulturellen Wandels leicht verschoben. Hat die Phänomenologie etwa selbst zu diesem kulturellen Wandel beigetragen? Man kann diese Frage nicht gänzlich bejahen. Unumstößliche Tatsache bleibt jedoch die Krisis des Historismus, eine immer tiefergreifendere Neuentwicklung des Marxismus und eine Rückentwicklung des Neopositivismus. Auch wenn die Phänomenologie nicht der eigentliche Anstoß zu diesen Geschehnissen war, kommt der Verbreitung der Husserlschen Werke unbestrittene Bedeutung zu, vor allem seiner zuletzt in der *Husserliana* erschienenen unveröffentlichten Schriften, deren Studium sich eine ganze Gelehrtengeneration gewidmet hat. Viele von ihnen sind nicht, wie es um die sechziger Jahre schien, Anhänger der Phänomenologie geblieben, doch haben ihre Studien durchaus ihre Spuren hinterlassen.

Was nun das Jahrzehnt 1960–1970 betrifft, wollen wir auf die Philosophen eingehen, die sich mit der Phänomenologie auseinandergesetzt und

---
[28] A.a.O., 197.
[29] A.a.O., 198.

sie mit anderen kulturellen Strömungen konfrontiert haben, sowie auf diejenigen, die ihr grundsätzlich verpflichtet geblieben sind und die phänomenologischen Analysen fortgeführt haben. Die Kernfragen heißen weiterhin Geschichte, Wissenschaft, Metaphysik und Antimetaphysik, werden aber aus einem neuen Blickwinkel heraus betrachtet.

Die Forschungen zum Thema Wissenschaft haben nicht nur an Vertiefung gewonnen, sondern sich auch gewisser Mythisierung entledigt. Die christlich orientierten Philosophen haben sich weiterhin mit der Phänomenologie auseinandergesetzt und die Frage nach der Metaphysik im wesentlichen zurückgestellt.

Die Marxisten, vor allem Gramsci, haben ihre eigene kulturelle Quelle für ihre Betrachtungen gefunden und teilen sich in solche, für welche die Phänomenologie den äußersten Ausdruck der bürgerlichen Welt darstellt (so z.B. L. Colletti) – nicht zuletzt aufgrund der weiten Verbreitung, die das Denken der Frankfurter Schule in den letzten Jahren in Italien gefunden hat –, und schließlich in solche, die weiterhin nach neuen Synthesen suchen.

In erster Linie wollen wir auf die Interpretationen näher eingehen, die das Thema der Wissenschaft in der Phänomenologie aufgreifen. Die wichtigsten Studien hierfür sind die von G. Scrimieri und F. Voltaggio. Aber auch F. Bosio und R. Raggiunti haben mit ihren Abhandlungen über die Probleme der Husserlschen Logik wertvolle Beiträge zur Klärung der Wissenschaftsfrage bei Husserl geleistet.

Die Arbeiten von Voltaggio und Scrimieri dienen einem zweifachen Zweck: Einmal heben sie unter geschichtlichem Aspekt die konkreten Bindungen Husserls zu Mathematik und Physik seiner Zeit hervor und überwinden so die Unbestimmtheit des »Wissenschaftlichkeitsbegriffs«. Sie sind Wegbereiter einer epistemologischen Erhellung der Phänomenologie – einer Erhellung, die in Wirklichkeit noch aussteht.

Schon Melandri hat in seinen *Paradossi dell'intuito nell'orizonte fenomenologico*[30] die Bedeutung der mathematischen Studien Husserls für die Weiterentwicklung seines Denkens sowie für eine Grundfrage hinsichtlich der Beziehungen zwischen Endlich und Unendlich hervorgehoben. In der Entdeckung der »figuralen Momente«, von der Husserl in seiner *Philosophie der Arithmetik* berichtet, hat Melandri mit Scharfblick die Möglichkeit zur Überwindung obiger Alternative gesehen, insofern als »hier alles Endliche in einen unendlichen Horizont eingebettet erscheint, der sich erstmals von seiner herkömmlichen ›Anonymität‹ der unvollendeten Voraussetzungen erhebt«.[31]

Von den beiden Gelehrten (Scrimieri und Voltaggio), die sich besonders um das Thema der Wissenschaft in Husserls Spekulation angenommen haben, verweist der erste in seinem *Algoritmo e calcolo in Edmund Husserl*[32] nachdrücklich auf die Bedeutung der mathematischen Studien des Philo-

---

[30] In: Omaggio di Husserl, a.a.O.
[31] A.a.O., 98.
[32] Giorgio Scrimieri, Algoritmo e calcolo in Edmund Husserl. Bari 1974.

Die Phänomenologie in Italien

sophen unter Weierstrasse hin. Er betont, daß die Variationsrechnung – Gegenstand von Husserls Doktorarbeit – in zweifacher Hinsicht wichtige Folgen zeitigt: einmal, weil er über Weierstrasse bis auf Riemann und dessen Anschauung des n-dimensionalen Raums zurückgreift; zweitens, weil er die Variationsrechnung auf das Wirklichkeitsverständnis in eidetischem Sinn ausweitet.

Scrimieri beschreibt die grundlegenden Entwicklungsstufen von Husserls Denken folgendermaßen: a) Studium der Infinitesimalvariationsrechnung (*Beiträge zur Theorie der Variationsrechnung*), b) logische und psychologische Analyse der Variationen der strukturellen Verfahren des Zahlenbewußtseins, des Bewußtseins der mathematischen Gegenstände und Zeichen (*Philosophie der Arithmetik*), c) das Raum-Zeit-Schema des Erscheinungsdings in all seinen Variationen.

Das Ding ist ein Zeit-Raum-Schema, dessen Variationen in die »figuralen Momente« der Darstellung integriert werden, und zwar in einer analytischen Folge, die von Beginn der Untersuchung an durch die Integral- und Differentialfunktionen bestimmt ist. Das erklären die Vorlesungen »Ding und Raum« von 1907, denen Scrimieri eigens eine Studie widmet.[33] Er hebt zwar den Einfluß hervor, den die Psychologiestudien und insbesondere Stumpfs Werke auf Husserl ausgeübt haben. Trotzdem hält er die von Husserl dargelegte Lösung hinsichtlich des Ursprungs der Zahl nicht für psychologisch, sondern für die Entdeckung der quasi-figuralen Momente, die einen neuen, bereits phänomenologisch orientierten Forschungsweg öffnet.

Der gleichen Ansicht ist Voltaggio. Ohne sich allerdings auf die quasi-figuralen Momente zu beziehen, schreibt er in seinen *Fondamenti della logica di Husserl*[34] von Husserls erstem Werk nicht als einem vom Psychologismus geprägten, sondern stark der Thematik der *Logischen Untersuchungen* verpflichteten Werk. Hier finden wir eine erste unbewußte Übernahme von Bolzanos Thesen, was für seine spätere völlige Bejahung dieses Philosophen bestimmend wird. Das konnte geschehen, weil Husserl über Weierstrasse zu Bolzano vordringen konnte. Die »kollektive Verbindung« basiert also auf logisch-mathematischen Operationen, welche die gesamte Husserlsche Intentionalitätstheorie bedingen. Dennoch nimmt sich Voltaggios Schrift nicht nur die Untersuchung des ersten Husserlschen Werkes vor, sondern gibt auch eine genauere Wertbeurteilung von Husserls Spekulation über die Logik im Hinblick auf die Grundlegung einer Epistemologie: »Die Husserlsche Epistemologie identifiziert sich mit dem Ideal der Formalisierung und einer absoluten Vollständigkeit der formalen Mathematik, und in diesem Sinne deckt sich der Endzweck seiner Epistemologie mit der immer radikaleren Logisierung der wissenschaftlichen Theorien.«[35] Das Neue in Husserls phänomenologischem Ansatz ist, daß er die verschiedenen mathematischen Theorien und ihre logischen

---

[33] Giorgio Scrimieri, La formazione della fenomenologia di E. Husserl. La »Ding-Vorlesung« del 1907.
[34] Franco Voltaggio, Fondamenti della logica di Husserl. Milano 1965.
[35] A.a.O., 216.

Grundlegungen als Noemata, als bis zu einem gewissen Grad selbständige und den diversen noetischen Richtungen entsprechende Einheiten ansieht.

Der Husserl gemachte Vorwurf, etwa durch die Ablehnung der Symbolisierung nicht zum Aufbau einer strengen Logik zu gelangen, weist für Voltaggio weniger auf einen Mangel dieses Denkers als vielmehr auf Unsicherheiten und Schwierigkeiten der modernen Logik selbst hin. Die unterlassene Symbolisierung hat denn auch Husserls logische Theorie gegen Antinomien und Aporien immunisiert, denen viele neuere logische Sprachen anheimgefallen sind. Selbst das Theorem von Gödel ist auf phänomenologischer Basis begreifbar, das dem nomologischen Wissenschaftsideal in der Krisis überlegen zu sein scheint. Wenn die Erklärung der Nicht-Widersprüchlichkeit eines Systems von außen, von anderen Systemen kommen muß, werden immer neue Rückgriffe nötig, was zwar die Vollständigkeit der Systeme keineswegs zerstört, dafür jedoch ins Unendliche verweist. Das Ideal der mathematischen Vollständigkeit ins Unendliche könnte, als Leitgedanke im Kantschen Sinne verstanden, mit Gödels Theorie der Unentscheidbarkeit Hand in Hand gehen.

So sehr Voltaggio die Phänomenologie im epistemologischen Bereich schätzt, mißbilligt er Husserls Offenheit den Geschichte und Gesellschaft betreffenden Problemen gegenüber, die seine letzten Betrachtungen in der *Krisis* kennzeichnen. Anders ist die Position Bosios[36] im Hinblick auf eine Bewertung von Husserls Logik.

Dem Ansatz Pacis folgend, versucht er, das logische, kategoriale Moment mit dem vorkategorialen zu verbinden. Und auch Renzo Raggiunti[37] sieht in den letzten in *Erfahrung und Urteil* enthaltenen diesbezüglichen Analysen Husserls eine stärkere Kontinuität zwischen Setzungen der Wahrnehmung und kategorialen Setzungen bewiesen, und dies, obwohl er sich der Schwierigkeiten hinsichtlich einer Übereinstimmung zwischen der Ebene, die den Gegenstand der sinnlichen Wahrnehmung und derjenigen, die den Gegenstand der idealisierenden Abstraktion betrifft, bewußt ist.

Stefano Zecchi schließlich bleibt am stärksten Pacis Vision verhaftet. In seiner Studie zu den Grundlagen der phänomenologischen Forschung ermittelt er diese in der Analyse der *Lebenswelt*. Er verbindet das kategoriale mit dem vorkategorialen Moment, so daß die ideale Objektivität immer auf die ursprüngliche Evidenz verweist. Dies ist die Aufgabe der phänomenologischen Analyse. Was die Frage der Wissenschaft betrifft, versteht Zecchi in einem Fall den Unterschied zwischen Husserls Standpunkt und dem von Hume und Kant als »die Reaktivierung der von den Assoziationsbildungen abgesetzten Bedeutung« im »Versuch, Humes Skeptizismus aufzulösen«[38], im anderen Fall als die Durchsetzung der »Intuitivität« des aus der Ausschaltung der objektiven Wissenschaften erfolgten

---

[36] Franco Bosio, Fondazione della logica in Husserl. Milano 1966.
[37] Renzo Raggiunti, Husserl. Dalla logica alla fenomenologia. Firenze 1967.
[38] Stefano Zecchi, Fenomenologia dell'espirenza. Saggio su Husserl. Firenze 1972, 111.

Apriori, der uns die *Lebenswelt* mit ihren Strukturen und Kategorien wiederfinden läßt.[39]

Bei Paolo Filiasi Carcano finden wir die Wissenschaftsfrage und die der Metaphysik in ihren Wechselbeziehungen kritisch erörtert. Sein Interesse für beide, seine tiefe Kenntnis der von den neopositivistischen Philosophien aufgeworfenen methodischen Probleme, aber vor allem sein tiefes Anliegen, die Grundfragen aufzuspüren, haben ihn um 1936 als einen der ersten zum Studium des Husserlschen Opus bewogen. In einer 1955 vom Centro Studi di Gallarate veranstalteten Tagung ist er näher auf die Frage der zwischen Phänomenologie, Wissenschaft und Metaphysik verlaufenden Beziehungen eingegangen und hat sich als eine der dann immer zahlreicher werdenden Stimmen gegen den unbegrenzten Glauben an die Wissenschaft erhoben. Die anfänglich auf theologischem Boden errichtete Wissenschaft hat diesen nach und nach verloren und ist als einzig gültige Erkenntnis an dessen Stelle getreten. Als es evident wurde, daß auch die Wissenschaft nicht die Probleme des Menschen erhellen kann, ist die von Husserl aufgezeigte große Krisis eingetreten. Die Metaphysik hat von jeher geglaubt, dem menschlichen Wissen rationalen Halt geben zu müssen. Doch Filiasi zieht dies in Zweifel. Nach ihm ist die Problematisierung unserer Beziehung zur Welt durch die Aufhebung unseres natürlichen Glaubens in sie und die Veranschaulichung einer Reihe schwerwiegender latenter Probleme des Menschseins das Verdienst der Phänomenologie. Sie gibt uns nicht nur eine Methodologie der Beschreibung, sondern zwingt uns auch, die Fragen hinsichtlich Ursprung, Bildung und Sinn der Welt zu »sehen« und »zu einer radikalen Neubearbeitung der philosophischen Problematik beizutragen«.[40]

Gegenüber den verschiedenen Positionen der christlich eingestellten und meist metaphysisch orientierten Philosophen, die sich für oder gegen ein Sich-Öffnen der Phänomenologie zur Metaphysik hin ausgesprochen hatten, beurteilt Filiasi die ambivalente Haltung der Phänomenologie gegenüber der Metaphysik nicht als eine Mangelerscheinung, sondern betrachtet sie als innere Folgeerscheinung der menschlichen Kondition. Den Dingen auf den Grund gehen bedeutet ja Verlangen nach Unmittelbarkeit und Glaubenswilligkeit, während die Ausschaltetechnik ein auf Verteidigung und Wachsamkeit ausgerichtetes Verhalten bekundet. Von daher läßt

---

[39] Bisher gibt es wenige Studien über die erste Phase der Husserlschen Spekulation. Hierzu ist auf die Dissertationen zweier Forscher hinzuweisen. Die erste stammt von Emilio Baccarini unter dem Titel: E. Husserl – Dalla scienza alla filosofia come scienza. 1972. In dieser Arbeit wird die Entwicklung der Husserlschen Analysen von der über die Kritik-Selbstkritik bis zum Psychologismus der Logischen Untersuchungen dargestellt. Im Anhang finden wir eine Übersetzung der Philosophie als reine Wissenschaft. Die zweite Dissertation stammt von Francesco Dentoni, unter dem Titel: La formazione e la problematica del primo Husserl. Roma 1976. Diese Arbeit schließt eine Lücke in den italienischen Forschungen über den Entwicklungsstand von Mathematik, Psychologie und Logik in Deutschland gegen Ende des 19. Jahrhunderts und ermöglicht ein Verständnis des kulturellen Hintergrunds, auf dem die Philosophie der Arithmetik entstanden ist.
[40] Paolo Filiasi Carcano, La metodologia nel rinnovarsi del pensiero contemporaneo. Napoli 1957.

sich keine verbindliche Antwort auf die Beziehung zwischen Phänomenologie und Metaphysik geben.

Ein spezielles Thema der bereits genannten Tagung in Gallarate war ein etwaiges Sich-Öffnen der Phänomenologie zur Seinsmetaphysik hin. Das Mißtrauen der »Metaphysiker« beruht darauf, daß sie häufig die Phänomenologie als Methodologie oder Idealismus interpretieren. Insbesondere Husserls idealistische Interpretation vereint schließlich die völlig verschiedenen Philosophietendenzen wie Marxismus und Neothomismus, indem paradoxerweise beide die Phänomenologie – zum Schaden Husserls – als eine neue Form des Idealismus verurteilen; der eine sieht sie als Gegnerin des Materialismus und der andere als Widersacherin des Realismus an.

Dieselbe Thematik wird um 1960 herum erneut von Raffaele Pucci erörtert.[41] Er anerkennt Husserls Absicht, dem Menschen eine neue Basis zu geben, sieht aber auch in der Husserlschen Spekulation einen Mangel (wie übrigens die meisten »realistischen Metaphysiker«), weil sie die klassischen Fragen des metaphysischen Gedankens: die Wesenheiten, das Eine, das Sein als solches, nicht beherzt angegangen ist und wenn, dann nur über den Menschen als wertsetzendes Subjekt einer idealistisch gefärbten, nicht annehmbaren Metaphysik.

Die Frage um die idealistische oder realistische Interpretation Husserls und ihre etwaigen Implikationen auf metaphysischem Gebiet hat ihre einstige Vorrangigkeit verloren. Für diejenigen Philosophen, die sich weiterhin der Phänomenologie zur theoretischen Interpretation bedient haben, ist vor allem das Problem einer möglichen Metaphysik auf phänomenologischer Basis von Interesse. Hier beziehe ich mich insbesondere auf M. Sancipriani und P. Valori.

Paolo Valori hält die phänomenologische Methode vor allem deshalb für sehr bedeutsam, da sie mit der »Schmutzarbeit« der Vorurteile aufräumt, um wieder zum »Prinzip aller Prinzipien« zu gelangen. Er findet in ihr einige der überzeugendsten Leitgedanken unserer heutigen Kultur: das Bedürfnis nach Radikalität und Aufrichtigkeit, Antidogmatismus und Antisystematik. Dennoch sieht er die Grenzen dieser Forschung. Das Klären des Sinns des »Prinzips aller Prinzipien« würde eine ontologische Perspektive eröffnen, der sich die Phänomenologie verschließt – zumindest Husserl hat solches nie in Angriff genommen. So verbleibt sie auf einer methodologischen Ebene. Dabei wäre es durchaus möglich, eine Ontologie auf phänomenologischer Basis zu errichten und mit derart geklärtem Blick das Sein zu thematisieren.

Trotz Betonung dieser Unzulänglichkeiten hat Valori im Rahmen der moralischen Reflexion die phänomenologische Methode angewandt und die Phänomenologie nicht zugunsten einer Metaphysik verworfen. Festgestellt werden kann, daß er sich die phänomenologische Methode im wesentlichen zu eigen gemacht hat.[42]

---

[41] Raffaele Pucci, La fenomenologia contemporanea e il problema dell'uomo. Napoli 1963.
[42] Paolo Valori, Il metodo fenomenologico e la fondazione della filosofia. Roma/Paris 1959.

Schon in seinen ersten Werken war Sancipriani darauf bedacht, die Beziehung zwischen Phänomenologie und Hegelschem Idealismus von jeglicher Fehldeutung zu befreien, indem er versuchte, Husserls Denken mit dessen Schriften zu »rekonstruieren«. Gegen die Synthesis zwischen Husserl und Hegel – wie sie Preti in seinem Werk mit der von Pastore angeregten Erneuerung der logischen Studien auf phänomenologischer Grundlage vertritt – zielt Sancipriano auf eine »Untersuchung der immanenten logischen Funktionalität der aktiven Genesis«[43] und somit auf die Analyse des transzendentalen Moments der Husserlschen Spekulation, deren überzeugendster Aspekt in der »innigen gegenseitigen Durchdringung von denkendem Subjekt und der eigenen wie der anderen Welt«[44] liegt. Hervorstechendes Element der gesamten Genealogie von Logik und Intentionsdynamik ist die Geistestätigkeit, die eine über sie selbst hinausreichende Vollendung und Unbedingtheit sucht. Für Sancipriano hat Husserl bereits auf eine derartige Lösung hingewiesen und »uns über die Schwelle des Tempels der Philosophie hinausgeführt«.[45] Sanciprianos Auffassung der Phänomenologie ist weithin »spiritualistischer« Natur. Er behandelt das Verhältnis zwischen Phänomenologie und Metaphysik nicht etwa als abstraktes Problem, sondern konkret als die inneren metaphysischen Möglichkeiten der phänomenologischen Analyse.

Auch Armando Rigobello hält die Verwendung der phänomenologischen Untersuchung zur Lösung des Moralproblems für geeignet.[46] Die phänomenologische Vermittlung dient zum theoretischen Verständnis des »transzendentalen Zustands«, der das Moralphänomen vornehmlich kennzeichnet. Hermeneutik und Existenzialismus gehen beide in das anthropologische Gefüge ein. Die Lebenswelt stellt jedoch das grundlegende Moment dar, mit dem sich das Moralgesetz als »Vermittlerin« zwischen der ursprünglichen, dem Leben den letzten Sinn gebenden Bedeutung und der konkreten Situation auseinandersetzen muß.

So kann die Erforschung der Lebenswelt zu gegensätzlichen Lösungen spiritualistischer Art führen oder aber auch zu Ergebnissen materialistischer Prägung wie bei Pier Aldo Rovatti[47], der erneut das Geschichtsmotiv aufgreift und wiederum eine Synthese zwischen Marxismus und Phänomenologie postuliert. Indem er marxistische mit der phänomenologischen Methode verbindet, kommt er zu der Ansicht, daß die kommunistische Idee Funktion der Kritik – wie sie Karl Marx im *Kapital* beschreibt – und dazu grundlegend anthropologischer Natur sei, da sie auf dem konkreten, historisch gegenwärtigen Subjekt gründet. Folglich unterliegt der Kritik kein »unveränderlicher Grundinhalt«, sondern sie unterliegt einer fortwährenden, vom subjektiven Pol ausgehenden Sinnbildung. Daher

---

[43] Mario Sancipriano, Il Logos di Husserl – Genealogia della logica e dinamica intentionale. Turin 1962, 11.
[44] A.a.O., 415.
[45] A.a.O., 417.
[46] Armando Rigobello, Legge morale e mondo della vita (= Moralisches Gesetz und Lebenswelt). Roma 1968.
[47] Pier Aldo Rovatti, Critica e scientificità in Marx. Milano 1973.

muß das von Marx dargelegte Bedürfnis dem Naturalismus entnommen und zur Funktion subjektiven Wachsens werden, wobei es sich als Antriebsmoment zur Handlung allmählich und zielbewußt mit der Praxisverwirklichung herausbildet.

Auch wenn die marxistisch eingestellten Philosophen, die sich mit der Phänomenologie beschäftigt haben, meist versuchen, diese mit dem Marxismus in Einklang zu bringen, hat es nicht an verurteilenden und ablehnenden Haltungen gefehlt. In dieser Hinsicht ist besonders das Werk von Giorgio Baratta[48] zu nennen, der einen von Husserls Interpreten meist unbeachteten Aspekt, dessen politische Stellungnahmen, durchleuchtet. Husserl erscheint als gemäßigter Konservativer, der gegen den Sozialismus, den Nationalsozialismus und jeden rechtsgerichteten Extremismus ankämpft und mit den Monarchisten sympathisiert. Baratta ist bemüht, ein verbindendes Element zwischen dieser politischen Einstellung und Husserls philosophischem Denkansatz zu finden. Für ihn ist der Husserlsche Idealismus letzten Endes nichts weiter als bürgerliche Gesinnungsäußerung. Die phänomenologische »Ausschaltung« sieht er ideologisch als »Auswirkung und endgültige Anerkennung der geistigen und materiellen Arbeitsteilung«.[49]

Aber nicht alle Werke, die sich mit den Themen Geschichte und Gesellschaft aus phänomenologischer Sicht befassen, sind nur Zeugnis eines historisch gearteten Kulturrudiments. Einige möchten die Möglichkeit der Phänomenologie selbst analysieren, die Themen jenseits von Vergleich oder Angleichung an andere Strömungen in Angriff zu nehmen.

Angela Ales Bello[50] hat unter Verwendung der in Husserls Spekulation enthaltenen Hinweise – einer Spekulation, deren Gültigkeit sie entfernt von jeglichem Historismus und Idealismus sieht – das Fundament zu einer Geschichtsphilosophie gelegt. Mit dem Aufzeigen der Grundperspektiven, welche die bejahenden oder gegensätzlichen Standpunkte italienischer wie ausländischer Interpreten bestimmen, tritt Ales Bello in die Diskussion ein. In kritischer Auslegung der Werke Husserls sucht sie einen eigenen Ansatz, wobei sie alle Schwankungen und Schwierigkeiten (wie die Gefahr von Idealismus und Solipsismus) sowie die positiven Momente hervorhebt. Aufgrund der gnoseologischen Thesen Husserls, die Faktizität sowie die Analyse des Hauptmoments einbeziehend, findet sie eine Antwort auf das Geschichtsproblem, die vor Zersplitterung und Verabsolutierung bewahrt und die Gültigkeit der Ratio als Mittel zum Verständnis wieder einsetzt. Mit besonderem Nachdruck wird das Thema der Teleologie als grundlegendes Deutungskriterium dargestellt, das dem Geschichtsverlauf Einheit und Sinn verleiht.

Bianca Maria D'Ippolito[51] mißt dem Husserlschen Ansatz zum Geschichtsverständnis durchaus Bedeutung zu, sieht aber in der Analyse der

---
[48] Giorgio Baratta, L'idealismo fenomenologico in E. Husserl. Urbino 1969.
[49] A.a.O., 224.
[50] Angela Ales Bello, Husserl e la storia. Parma 1972.
[51] Bianca Maria D'Ippolito. Ontologia e storia in Husserl. Salerno 1968.

Die Phänomenologie in Italien

Lebenswelt eine Spannung in Bezug auf das »Vorkategoriale«. Wenn dieses nämlich ein unveränderliches Formensystem darstellt, so bedeutet es eine Beschränkung für die Selbstgrundlegung der Geschichte und für die menschliche Freiheit. Klammert man es hingegen aus, verfestigen sich die Wissenschaftsgefüge und setzen sich als einzig gültige Realität. Mit seinem Verweis auf eine Subjektivität, die Gefahr läuft, von transzendental in absolut umzuschlagen, kommt Husserl zu keiner Lösung des Problems.

Im Mittelpunkt der Reflexion der Mitglieder des von A. Ponsetto geleiteten »Istituto di Fenomenologia della Communità di Ricerca di Milano« stehen die Zusammenhänge zwischen Phänomenologie, Geschichte und Politik. Diese Gruppe hat ihre Diskussion mit der Gegenüberstellung von Phänomenologie und der Frankfurter Schule erweitert[52] und in ihren Jahrestagungen, die auch von ausländischen Gelehrten besucht werden, philosophisch-politische Grundthemen behandelt.

Eine gewisse Verbreitung des Heideggerschen und des französischen Existentialismus bezeugt das in den siebziger Jahren verschobene Verständnis der Beziehungen zwischen Philosophie und Wissenschaft nicht nur in Italien. Daneben zeichnet sich eine Rückkehr zu einem neuen Verständnis der Phänomenologie ab, deren Schwerpunkt in der Suche nach dem Ursprünglichen liegt. Eigentlich hatte schon Paci eine derartige Untersuchung mit Betonung des vorkategorialen Moments der Lebenswelt eingeleitet, diese aber weiterhin mit der Rationalität identifiziert. Der Kampf Husserls gegen den Naturalismus und Objektivismus wird heute besonders unterstrichen und aus antirationalistischer – nicht irrationalistischer – Sicht interpretiert. In diesem Sinne ist bezeichnend, wie Giulio David Neri[53] das Thema des Husserlschen Antiobjektivismus im Namen einer Rationalität, die sich nicht mit dem Verstand in technisch-wissenschaftlicher Hinsicht gleichsetzt, nachdrücklich behandelt. Interessant ist auch, wie sich im Versuch, in der Wissenschaftlichkeit die wahre Bedeutung zu finden, eine immer klarere Trennung der in den objektiven Wissenschaften geübten Rationalität von einer tieferen Rationalität abzeichnet.

In dieser Richtung erfährt die Vertiefung des Lebensweltthemas durch Domenico Antonino Conci eine sehr interessante Entwicklung.[54] In seiner Analyse einer Phänomenologie der Tiefe legt er dar, daß das Neue der Husserlschen Idee in der Entdeckung der vorkategorialen Dimension als Zielpunkt der Auflösung der westlichen Philosophie liegt, die sich als das Sich-Behaupten des »Kategorialen« versteht.

---

[52] Siehe insbesondere Ludwig Landgrebe, Claus Strube, Antonio Ponsetto, Anna Teresa Tymieniecka, Guglielmo Forni, Angela Ales Bello, Giorgio Nardone, Filosofia e impegno politico. Communità di Ricerca. Milano 1975; Klaus Held, Antonio Ponsetto, Leonardo di Tomasi, P. Migliarese, P. Zuccari, Roberto Contardi, Mario Signore, Un nuovo impegno politico dell'intellettuale. Milano 1976.
[53] Giulio David Neri, L'obiettivo moderno – Riflessioni storico-critiche sul pensiero europeo dell'età di Galileo. Milano 1977.
[54] Domenico Antonino Conci, La conclusione della filosofia categoriale. Roma 1967; ders., Prolegumeni ad una fenomenologia del profondo. Roma 1970.

Die mit Nietzsche einsetzende und sich im Existentialismus verfestigte Kritik gegen die westliche Philosophie findet in der Analyse der vorkategorialen Dimension einen über den Existentialismus selbst hinausgehenden wichtigen Zielpunkt. Mittels der Analyse des Vorkategorialen durchleuchtet Conci die Husserlsche Untersuchungsmethode genauer, um sie von allen subjektivistischen (des ego cogito) und objektivistischen (der eidetischen Konstitution) Überresten zu klären und sie zur gültigen, in der Analyse des vorkategorialen Erlebnisses bestehenden Anfangsidee zurückzuführen.

Die Forschung, die ihre größten Erfolge im Bereich der Epistemologie erzielt, drückt das Verlangen nach Antiintellektualismus aus, was bei der Verarbeitung der Phänomenologie in Italien immer deutlicher wird. Es wird auf eine vertiefte Interpretation der Husserlschen Werke geachtet, aber auch versucht, durch Weiterentwicklung seiner Wegweisungen die Sache voranzutreiben.

Diese Zielsetzung hat im Jahr 1974 einige Forscher zur Bildung des »Centro Italiano di ricerche Fenomenologiche« veranlaßt, dem die »International Husserl and Phenomenological Research Society« angeschlossen ist. Die Arbeitsergebnisse der Gruppe sind beim Internationalen Kongreß von Arezzo/Siena (1976) im Thema »Husserls Teleologien« zusammengefaßt worden.

Dieser Kongreß hat einen Überblick über die heutige Situation der Phänomenologie in Italien ermöglicht:[55] Sie zeigt die Kontinuität der Motive, die in den Analysen der vorkategorialen Dimension hinsichtlich ihrer teleologischen Spannung und ihrer Beziehungen zum Theologieproblem (Ales Bello), hinsichtlich ihrer Zusammenhänge mit dem Problem von Wissenschaft und Natur (A. Rizzacasa und B. M. D'Ippolito) zum Ausdruck kommt, und deren eigenständige Weiterführung, die in Sanciprianos Analysen der Geisteshaltungen eine dauernde und zugleich theoretisch erneuerte Entwicklung in der phänomenologischen Forschung aufweist.

F. Liverziani hat die bereits von Sancipriano und Ales Bello[56] untersuchte Dimension des Heiligen zum Gegenstand seiner Studien gemacht, während Valori die phänomenologische Methode im Bereich der Moral angewandt und Rigobello deren Gültigkeit weiterhin unter personalistischer Perspektive bestätigt hat. Nach R. Romanis Ansicht hat sich ein mehr und mehr humanistisch gefärbter Marxismus in einer originalen Synthesis mit der Phänomenologie verbunden.

Im Verlauf des Kongresses sind auch die erstaunlichen Anwendungsmöglichkeiten der phänomenologischen Methode auf psychiatrischem

---

[55] Hier beziehe ich mich lediglich auf die italienischen Beiträge; ein ausführlicher Bericht des ganzen Kongresses findet sich in meinen Artikeln: Rinascita della fenomenologia in Italia. In: Vita sociale. Nr. 6, 1976 und Il VI congresso internazionale di fenomenologia. In: Bolletino Filosofico. November 1974.
[56] Mario Sancipriano, Fenomenologia del sacro e figurationi del divino. Angela Ales Bello, La fenomenologia e il sacro. Beide in: Incontri culturali. Roma 1972, Nr. 1.

Die Phänomenologie in Italien

Gebiet erläutert worden, wobei E. Borgna besonderes Interesse für die Melancholie gezeigt hat. Untersuchungen dieser Art – als Alternative zur bzw. in Abänderung der psychoanalytischen Methode – haben in Italien Callieri, M. De Negri und A. Gianini durchgeführt.

Unter kritisch-geschickter Anwendung der Analysen aus *Erfahrung und Urteil* hat M. De Negri das Problem der »Erkenntnis« im Kind erforscht, indem er, von der vorbegrifflichen Erfahrung ausgehend, die Entwicklung der gesamten psychischen Tätigkeit darlegt. Mit überzeugend kritischen Ausführungen nimmt De Negri zu diesen Thesen Piagets Stellung. Seine Zielsetzung ist die Analyse »abweichender« Verhaltensweisen des Kindes, wobei gleichzeitig noch eine weitere Aufgabe hinzukommt, nämlich Husserls Egebnisse speziell auf die Erkenntnisse in bezug auf das Kind zu überprüfen.[57]

Callieri erläutert in seinem Buch[58], daß man, wo immer im Rahmen der Psychopathologie von der phänomenologischen Perspektive die Rede ist, sich nicht nur auf Husserl, sondern auch auf Heidegger und Biswanger bezieht, was erlaubt, pathologische Erscheinungen wie Depression, Unschlüssigkeit usw. – mit großem Gewinn für ein wahres Verständnis – auf ihren subjektiven und intersubjektiven Wertgehalt hin zu untersuchen.

Die Studie von G. Del Carlo Giannini und A. Giannini über die Psychosen des Kindes[59] erweist sich außer von Husserls Phänomenologie auch von Biswanger beeinflußt. Diese und die bereits genannten Arbeiten zeugen von der sich in Italien verstärkenden Tendenz, die psychiatrischen Forschungen nicht nach naturalistischen und positivistischen Gesichtspunkten auszurichten – Zeichen eines sich im philosophischen Bereich bereits niedergeschlagenen kulturellen Wandels. Nicht nur die Phänomenologie setzt sich also mit den verschiedenen Wissensgebieten auseinander, sondern sie bestimmt in deren Durchdringung auch den Forschungsstil.

Im ganzen gesehen können gegen Ende der siebziger Jahre die Krisis der »wissenschaftlichen« Geschichtsdeutung, der Übersättigung soziologischer Forschungen, ja selbst die auf epistemologischem Gebiet sich ergebende Problematik als Symptome der Verunsicherung angesehen werden, die nunmehr die als gesichert geltenden Gewißheiten bedrohen.

Das »Centro di Ricerche Fenomenologiche di Roma« hat vornehmlich eine Forschungsrichtung gepflegt, die dem Nachdenken über die Husserlsche Phänomenologie verbunden ist. Dabei werden Beziehungen mit anderen philosophischen Richtungen nicht ausgeschlossen. Neben der Abteilung Humanwissenschaften mit dem Schwerpunkt Phänomenologische Psychopathologie ist eine Merleau Ponty gewidmete Abteilung gegründet

---

[57] Maurizio De Negri, 'Esperienza e giudizio': Analisi husserliana rapportata al problema genetico della 'conoscenza' infantile. In: Infanzia anormale, Quaderno Nr. 12. Roma 1968.
[58] Callieri, Castellani, De Vincentis, Lineamenti di una psicopatologia fenomenologica. In: Il pensiero scientifico. Roma 1972.
[59] Giulia Del Carlo Giannini und A. Giannini, Approcio fenomenologico nelle psicosi infantili precoci. In: Dalla parte dei bambini. Pisa 1975.

worden. Von der Tätigkeit des Zentrums zeugen zahlreiche italienische Zeitschriften.[60]

3. Das Methodenproblem und die hermeneutische Wende in den achtziger Jahren

Das kulturelle Klima hat in den achtziger Jahren eine tiefe Veränderung erfahren. Nachdem Wissenschaftlichkeit und Strenge der Philosophie in Frage gestellt, das Interesse für den Marxismus schwächer wurde und sich ein eher nihilistisches Klima ausbreitete, hat die Phänomenologie versucht, den negativen Neigungen des neuzeitlichen Denkens dadurch entgegenzutreten, daß sie sich als fruchtbare Forschungsmethode vorstellte. Es war notwendig geworden, neue Wege zu gehen. Dies zwingt zu einer genaueren Konkretisierung der Eigenart und Originalität des phänomenologischen Vorschlags.

Das Thema der Lebenswelt, das seine Fruchtbarkeit schon in den ersten Phasen gezeigt hatte, hat als Grundboden und Prüfstein jeder kulturellen Institution ein besonderes Echo gefunden: in den Wissenschaften (so die Forschungen von Conci und Ales Bello[61]), in der Religion[62], in der Sprache[63]. Um die theoretischen Möglichkeiten zu entdecken, die in der Analyse der Lebenswelt enthalten sind, haben es die Forscher, die der Husserlschen Sicht treu geblieben sind, für nötig erachtet, zu den Ursprüngen zurückzukehren und die Husserlschen Texte einer neuen Interpretation zu unterziehen. Unter den erwähnten Autoren haben sich viele allerdings auch anderen Denkrichtungen – wie z.B. der Heideggerschen, der Sprachphilosophie – zugewandt und eine neue Bewegung hervorgebracht, die man im weiten Sinne als hermeneutisch bezeichnen kann.

Ein Grund für die gegenwärtige Reflexion war das fünfzigjährige Jubiläum der Niederschrift der Texte, die dann in *Die Krisis der europäischen Wissenschaften* eingeflossen sind. Bei diesem Anlaß sind Tagungen – wie etwa die 1984 in Lecce – gehalten worden, deren Akten ein tiefes Bedenken der Husserlschen Phänomenologie bezeugen.[64] Neben dem Thema über die Rationalität, die typisch für das Abendland ist, stand auch jenes über die europäische kulturelle Verantwortung. Dies zeigt den Prozeß einer Überprüfung des abendländischen Denkens an, der im vergangenen

---

[60] Dialogo di Filosofia. Universität Lateranense, Rom; Analecta Husserliana. Dordrecht; Phenomenological Inquiry. World Phenomenology Institute.
[61] Domenico Antonino Conci, L'universo artificiale. Roma 1978; Angela Ales Bello, Husserl e le scienze. Roma 1980.
[62] Le metodologie della ricerca religiosa. Hg. A. Molinaro. Roma 1983.
[63] Enrico Garulli, Crisi e rifondazione del linguaggio nella fenomenologia di Husserl. In: Il Linguaggio. Struttura Espressione Simbolo Referenza. Hg. A. Ales Bello und A. Molinaro. Roma 1984, 39–64; Enrico Nicoletti, Linguaggio e referenza. A.a.O., 79–156; Renzo Raggiunti, Lo strutturalismo e il concetto di creazione linguistica. A.a.O., 11–38; Carlo Sini, La funzione simbolica del linguaggio. A.a.O., 65–78.
[64] Vgl. Husserl, La 'crisi delle scienze europee' e la responsabilità storica della ragione. Hg. Mario Signore. Milano 1985.

Jahrzehnt seinen Höhepunkt erreicht hat. Dabei ragen eine antiintellektualistische Forderung und die Offenheit der Vielfalt von kulturellen Auffassungen heraus, welche die vorkategoriale Dimension der Lebenswelt faßbar macht.

Diese Dimension wird von Conci untersucht. Er unterzieht die Husserlsche Methode einer Prüfung, um von ihr Reste von Subjektivismus (das *ego cogito*) und Objektivismus (die eidetische Intuition) zu beseitigen und sie zur eigentlichen Entdeckung Husserls zurückzuführen, die im vorkategorialen Erlebnis enthalten ist.[65] Die Weiterentwicklung der phänomenologischen Methode hat Conci zum Erkennen der kulturellen Zeichen geführt, was bislang Gegenstand der Kulturanthropologie gewesen war. Die Ergebnisse gehen über die Humanwissenschaften hinaus und erlauben von der »Genese ihres Sinnes« her ein Verständnis der verschiedenen kulturellen Phänomene, das deren Eigentümliches erfaßt.

Man kann fragen, ob in das erwähnte antiintellektuelle Klima auch phänomenologische Untersuchungen aus dem Bereich der Ästhetik passen. Da die Aufgabe der philosophischen Ästhetik darin besteht, zur Überwindung der Krise der Philosophie in unserer Zeit durch die Förderung der Vorstellungskraft im Hinblick auf die Beziehung zum Leib und zur Natur beizutragen, könnte die phänomenologische Analyse dieses Vorhaben unterstützen. Diese stellt nämlich eine Untersuchung des Ursprünglichen dar, von dem her sich die menschlichen Beziehungen zur Natur und zur Welt durch Bilder, Gesten und Töne gestalten. Dies ist die Position Zecchis, womit er seine früheren Anaylsen der Lebenswelt wieder aufnimmt.[66]

Innerhalb dieser Überprüfung steht die Erneuerung der Husserlschen Phänomenologie durch die »Weiterentwicklung« oder den »Verrat« Heideggers. Neben der Auffassung, Heidegger stelle eine Überwindung der Husserlschen Phänomenologie dar, steht auch der Versuch einer hermeneutischen Phänomenologie wie der E. Nicolettis, der dabei positive Aspekte der Husserlschen Analysen zu »berichtigen« versucht, aber auch auf Grenzen und Mängel hinweist. Durch Wiederaufnahme Heideggerscher Themen wie der ontologischen Differenz und des hermeneutischen Zirkels wird eine Hermeneutik eigener Art erreicht, die zur ursprünglichen Inspiration der Husserlschen Suche führt. Die Schwierigkeiten der Husserlschen Position finden sich im Risiko des Bewußtseins und in der angeblichen Apodiktizität der Evidenz. Nach Nicoletti verdecken sie das, was Heidegger später aufdeckte: die Interpretation des Lebens im geschichtlich-zeitlichen Horizont der Welt und die Rückführung desselben auf das Ur-Ich. Das ursprüngliche Husserlsche Ich kann als das verstanden werden, was sich von all dem unterscheidet, was ihm begegnet. Es ist das »es gibt«, das sich mit keiner der »Gegebenheiten« identifiziert, aber

---

[65] Vgl. Domenico Antonino Conci, Introduzione ad un'epistemologia non fondante. In: Epistemologia, Nr. V, 1982, 3–18.
[66] Stefano Zecchi, La maggia dei saggi – Blake Goethe Husserl Laurence. Milano 1984; ders., La fenomenologia dell'esperienza. Saggio su Husserl. Firenze 1972.

sich im Leben und in der Welt als die Quelle des intentionalen Lebens offenbart.[67]

Ein weiteres Forschungsgebiet, in dem eine fruchtbare Begegnung zwischen Husserlschem und Heideggerschem Denken stattgefunden hat, stellt die phänomenologische Psychopathologie dar. Sowohl der Daseinsanalyse wie auch den Forschungen über die Lebenswelt sind viele italienischen Ärzte und Forscher verpflichtet, wie etwa D. Cargnello, B. Callieri, E. Borgna, M. De Negri, L. Calvi, A. Bovi. Auf ihre Forschungen sind Phänomenologen und Philosophen aufmerksam geworden, und sie wurden zu Kongressen und Tagungen eingeladen, um ihre Thesen vorzustellen.[68]

Selbst wenn Bedenken von Philosophen über den Eklektizismus beim Gebrauch der Husserlschen und Heideggerschen Analysen geäußert werden, wird doch die Fruchtbarkeit der phänomenologischen Sicht anerkannt, die oft über andere Forschungsmethoden (z.B. Psychoanalyse, traditionelle Psychiatrie) hinausgeht – oder mit ihnen zusammenarbeitend eine Erweiterung des Forschungsfeldes in diagnostischer und therapeutischer Hinsicht erlaubt.

---

[67] Enrico Nicoletti, L'apertura ermeneutica della fenomenologia alla differenza ontologica. In: Il Pensiero, Nr. 1–2, 1986.
[68] Z.B.: Zu Kongressen in Siena/Arezzo (1976) und Viterbo (1979) vom Centro Italiano di Ricerche Fenomenologiche u. von der Internationalen Gesellschaft für Phänomenologie (jetzt World Phenomenology Institute), dessen Akten in *Analecta Husserliana,* Band IX und XI veröffentlicht wurden; zu der Tagung »Fenomenologia, Filosofia e Psichiatria« in Mailand, deren Ergebnisse von C. L. Cazzullo und C. Sini herausgegeben wurden. Ferner der Kongreß zu Chiavari (Dezember 1984) »Segno Simbolo Sintomo Comunicazione – Implicanze e convergenze fra Filosofia Psichiatria Psicoanalisi«, organisiert von M. Schiavone und A. Dentone, Universität Genova.

Ethos und Leben

Eine phänomenologische Grundbesinnung

Rolf Kühn[1]

Wenn mit Selbstgebung radikalphänomenologisch das Selbsterscheinen des Erscheinens vor jeder singulären Erscheinung angesagt ist, dann wird damit die Trennung von Gebung und Gegebenheit, die Husserl letztlich nicht überwinden wollte oder konnte, ebenfalls für die Frage der Urphänomenalisierung hinfällig. Als reines Sichgeben ist letztere die Identität von Akt und Gehalt des Gebens, was zugleich bedeutet, daß Sein nur insoweit »wird«, wie es erscheint, und die Ontologie mithin – was Descartes im Denken der reinen *cogitatio* gefordert hat – der Phänomenologie insgesamt untergeordnet ist. Mit dieser Reduktion von jeglichem Seinssinn als phänomenologischer Voraussetzung werden nicht nur Horizont und Sichtbarkeit als Phänomenverständnis des »Sichzeigens« verabschiedet, sondern auch die Möglichkeit, ein originäres Ethos in etwas anderem als in dieser reinen Selbstphänomenalisierung gründen zu können, wo es die absolute Selbstbindung des reinen Erscheinens an sich selbst als unzerbrechliches Sich-selbst-Geben bedeutet.

Eine solch absolute Selbstbindung in ausschließlicher Phänomenalisierung kann es in keiner »Welt« geben, sofern diese das Hervorbrechen eines Eröffnungsraumes in seiner Entäußerung als Selbstveräußerung meint, wodurch alles darin im einzelnen dann Erscheinende in sich selbst opak sowie untereinander indifferent ist bzw. zeitlich gesehen dem unaufhebbaren Horizontgesetz von vorstellungsbewußtem oder intentionalem Entstehen und Verschwinden unterworfen wird. Innerhalb einer solchen Gegenstand/Zeit-Genese als Weltwerden ist auch jegliches ethisches Sprechen der eigentlichen Ursprungsstätte des Ethos entrissen, denn kein Gesetz, kein Imperativ noch irgendeine Weisung als Wort birgt in der Weltdichotomie von Anruf und Antwort jemals in sich selbst die notwendige Kraft zur Motivation, um das auszuführen, was eine Ethik solcher Art verlangt. Sofern mithin Ethos prinzipiell auf ein »Wollen« verweist, das zugleich »Können« sein muß, verweist es auf eine Selbstverlebendigung als Modalisierung innerhalb eines Ursprungs, der in sich keine Distanz oder keinen Horizont kennt. Nur im rein phänomenologischen Leben ist diese Unmittelbarkeit von Phänomenalisierung als Selbstgebung und Selbstmotivation gewährt, denn was sich hier ergreift, ist dasselbe wie das, was sich gibt. Oder anders gesagt entspricht nur hier die Affektion dem Affizierten in der bestimmten Individualität eines subjektiven Soseins, das keine Aspekte oder Leerhorizonte wie die Dinge kennt.

---

[1] Unveränderte Fassung eines Vortrags auf der Tagung »Perspektiven phänomenologischer Ethik« der Deutschen Gesellschaft für phänomenologische Forschung. Freiburg/Br., 9.-12. Okt. 1996.

Versteht man folglich diese absolut bestimmte Lebendigkeit als eine radikal-ipseisierende Phänomenalität, dann ist jenes »Sich«, das allein im »Wie« aus solchem Leben gezeugt wird, eine Passivität, die zugleich mit allen Vermögen des Ego als »Ich kann« ausgestattet ist, ohne diese Investitur in transzendentaler Illusion als das Werk selbst des »Ich« auszugeben. Die Egoität der Polhaftigkeit des intentionalen Ich vergißt irreführend seine eigene Überdeterminiertheit, sofern ihm die Lebendigkeit all seiner Vollzüge nur aus der immemorialen Lebensgeburt zukommt, wie Michel Henry wiederholt in Auseinandersetzung mit der metaphysischen und phänomenologischen Tradition aufgezeigt hat. Die Aufklärung dieser transzendentalen Illusion läßt nicht nur erkennen, daß jedes Ich zunächst ein originär passives »Mich« ist, sondern diese Ipseität im Akkusativ beinhaltet genau mein ständiges »Bedürfen« als Ethos. Denn genau an dieser Stelle ist zu sagen, daß die Verwirklichung des Lebens als *mein* Leben (und es gibt nur individuiertes Leben) zunächst und vor allem des Lebens selbst bedarf, um leben zu können. Diese ontologische Tautologie besagt phänomenologisch die Selbstaffektion dieses Lebens, die »ich« in jeder Affektion meiner selbst durch mich bin, und sie enthält von daher ethisch auch die Selbstbindung desselben absolut-phänomenologischen Lebens an sein ihm unhintergehbar zukommendes Sich-selbst-Bedürfen vor aller Zeit sowie außerhalb davon.

Seiner selbst zu bedürfen, ohne einen Mangel zu kennen, ist als reine Passivität mit anderen Worten *Pathos*. Die phänomenologische Materialität dieses pathischen Sich-selbst-Bedürfens des Lebens ist jedoch mit immanent eidetischer Notwendigkeit zugleich das Sich-Erfreuen des sich an sich selbst übergebenden Lebens als solchem, insofern es selbstaffektiv in seinem passiven Sich-Selbst-Ertragen ewig nichts anderes als sich selbst entgegennimmt. Dadurch ist das unzerbrechliche Ethos der Selbstbindung des Lebens an sich selbst kein rigid formales Gesetz wie die husserlsche Selbstverzeitlichung in ihrer Trias, sondern eine innere Historialität der affektiv tonalen Gewißheiten, die jeweils absolut gegeben sind und auch keiner urhyletischen Abhebungslinie kontingenter Assoziationssynthesen unterliegen. Ein Eindruck, ein Gefühl, eine Anstrengung usw. sind als Modalisierung des sich selbst bedürfenden Lebens jeweils ohne Aufschub und Verdrängung »da«, denn es ist lebensphänomenologisch unmöglich, daß sie nicht so empfunden werden, wie sie in ihrer absolut bestimmten Tonalität gerade erprobt oder erfahren werden. Damit ist das Ethos in der pathischen Selbstgebung des Lebens eine Gewißheit in stetigem Wandel, und dieses Hinübergleiten als absoluter »Übergang« von einer affektiven Gewißheit zur anderen läßt für uns nirgendwo die Möglichkeit eines *Nichts* aufkommen, sofern eben ohne die Phänomenalisierung durch diese transzendental-lebendige Affektivität nichts zur Erscheinung gelangt – auch nicht Transzendenz und Sprache als Weisen der Einbildungskraft, auf denen alle bisherige Ethik sich errichtete. Auf diese selbstimpressionale Weise ist im übrigen die Gesamtheit der Weltgehalte als »Realität« an das genannte Ethos der affektiven Lebensselbstgewißheit zurückgebunden, denn da jeder Weltgehalt perzeptiv sinnlich sowie subjektiv praktisch in seinem Erscheinenkönnen motiviert ist, ruht die Gesamtrealität im rein phänomenologischen Leben, und nicht umgekehrt.

Die ausschließliche Gewißheit des Ethos, das mit dem nicht abreißenden Ankünftigwerden des Lebens als Pathos, Affekt, Trieb usw. identisch ist, birgt mithin ein nichtekstatisches »Wissen«, das älter als jede Vorstellung und Theorie ist. Dieses immanent-radikale Lebenswissen ohne Dichotomie von äußerer Frage und Antwort impliziert auch alle »Werte«, die als solche dem Bewußtsein sich sekundär zeigen können, denn im Bedürfen seiner selbst weiß das Leben zugleich, wessen es bedarf, um leben zu können, so daß jeder Wert mit seinen unendlich subjektiven Modifizierungen im sich affektiv phänomenalisierenden Lebensursprung seine eigentliche Stätte hat. Kultur, Wirtschaft, Religion sind beispielsweise fundamentale Manifestationsweisen dieser Selbststeigerung des Lebens aus sich selbst heraus, um sich in allem als sich selbst gemäß dem Ethos von Selbstbedürfen und Selbstbindung zu ergreifen. Das Ethos tritt also nicht irgendwann im Verlauf der Menschheitsgeschichte kontingent und – man wüßte nicht wie – historisch auf die Weltbühne, sondern es gehört von vornherein wesenhaft zu unserer Geburt aus dem Leben mit dessen immanent transzendentaler Selbstobjektivierung als affektiv praktischer Teleologie, für die jeder hermeneutisch geschichtliche Sinn nachfolgend ist. Diese innere »Generativität«, die auch nach Husserl noch vor der Urrhythmisierung und Urperiodisierung des existentiellen Lebens durch Geburt, Tod und allzeitlicher Generationenvergemeinschaftung in der Welt liegt, hat Jacques Derrida im Auge, wenn er in bezug auf die Marxlektüre von Michel Henry[2] anerkennt, »daß man (keine) Philosophie des Todes (...) dieser Interpretation des Seins oder der Produktion als Manifestation – oder radikale Immanenz – einer lebendigen und monadischen Subjektivität entgegenstellen sollte«.[3]

Ist daher der Tod als die äußerste Zerstreuung kein Einwand gegen ein absolut-phänomenologisches Leben, weil der Tod streng genommen das phänomenale Nicht-mehr-Erscheinen von Welt in all ihren Möglichkeiten besagt, dann erübrigt sich auch originär jede Philosophie der Sammlung oder Bergung, wie etwa als Ethik der »Seinshütung« bei Heidegger[4], sofern diese mit einem immer noch idealistischen Gestus »Sinn« über Sein oder Ereignis stiften und bewahren will. Die originäre »Sammlung« hat immer schon stattgefunden, sofern Leben die Unmöglichkeit ist, sich sich selbst gegenüber verweigern zu können. Die äußerste denkbare Verdichtung in sich selbst als Pathos seiner *Nichtdistanzierbarkeit* verwirklicht genau diese absolut gesammelte oder geeinte Ursprunghaftigkeit – ohne mögliche »Dissemination« – im Leben als solchem. Anstatt uns mithin unserer selbst über hermeneutisch unendliche Referenzen wie Biographie,

---

2   M. Henry, Marx. I: Une philosophie de la réalité, II: Une philosophie de l'économie. Paris, 1976.
3   J. Derrida, Marx' Gespenster. Der verschuldete Staat, die Trauerarbeit und die neue Internationale. Frankfurt/M, 1995, 177.
4   M. Heidegger, Beiträge zur Philosophie (Vom Ereignis) (GA 65). Frankfurt/M., 1994 (bes. S. 389 ff: Die Wesung der Wahrheit als Bergung).

Geschichte, Wissenschaft, Utopien usw. vergewissern zu wollen, die alle die Selbstrepräsentation von Ich, Ego, Dasein oder Wir der transzendentalen »Sorge« und ihrer uneinlösbaren Projektion als Wesen der Ekstasis ausliefern, enthält das Ethos des unverlierbaren Lebenswissens eine nicht aufhebbare Verknüpfung mit dem *Immemorialen* der Lebensaffektion, die in ihrem primordialen Erscheinenswesen notwendigerweise »Vergessen« ihrer selbst ist.

Da sich kein retentionaler Erinnerungshorizont zunächst über das Leben spannt oder es intentional durchzieht, entspringt dieses Vergessen wiederum nicht einem Mangel des Denkens, dem abzuhelfen wäre, sondern es ist dem rein selbstaffektiven Wesen des Lebens konstitutiv eingeschrieben. Dieses Immemoriale des Lebens als von mir vorgefundene Voraussetzung eines Immer-schon-Da ist aber zugleich auch die absolute Bedingung, daß ich in allem sich modalisierenden »Erleben« mir gegeben sein kann. Damit ist meine transzendentale Geburt in und aus dem Leben keine uneinholbare, ge-wesene Vergangenheit, sondern die unverbrüchlich geschehende Wirklichkeit »zu jedem Augenblick«. In bezug auf Sorge, Bergung, Sammlung sowie hinsichtlich jedes anderen ethischen Projekts besagt daher die originäre Ethoshaftigkeit des Lebens ebenfalls eine ständig mögliche neue oder »zweite Geburt« aus diesem Leben heraus, wenn dessen absolutes Sichvergessen zum Vorwand meines Vergessens solchen Lebens in der Welt als Sorge in der Zeit wurde.

Mit solch unthematischer »Wiedererinnerung« an das absolut-phänomenologische Leben, was weder eine platonische Ideenlehre noch eine mystische oder sonstige Intuition beinhaltet, ist eine Weise der Epoché indiziert, die in sich zusätzlich intersubjektive Konsequenzen birgt. Da ich mein Leben nicht selbst gesetzt, sondern absolut-phänomenologisch empfangen habe, ist dieser mein »Zugang« zum Leben zugleich eine Subjektivität im Plural, das heißt, die Bedingung der Zugänglichkeit zum Leben aus der Geburt im Leben heraus enthält eidetisch die konkrete Möglichkeit der Ipseisierung anderer »Iche«. Der »Andere« wird mithin nicht erst über die freie Selbstsetzung eines Imperativs der Achtung gegenüber der »Person«, bzw. über eine Appräsentation, zum *alter ego*, sondern das pathische Lebensethos als mein absolutes Eingetauchtsein ins Leben ist gleichursprünglich *Mit-Pathos* oder auch *Mit-Ethos*. Damit erweist sich die Epoché auf den immemorialen Anfang hin zugleich als eine Mitkorrelation zu einer zu wahrenden Welt-für-das-Leben, in der prinzipiell kein Können als »Macht« sich absolut autonom verstehen kann, weil dieses Ego-Können in seiner transzendental-lebendigen Abkünftigkeit bereits keine ausschließlich egozentrierte Selbstlegitimierung kennt. Dem Anderen dann den Vortritt zu lassen, wo es sein »Leben« gebietet, ergibt sich deshalb nicht erst durch die Epiphanie seines »Antlitzes«, das ich schauen muß, um mich nach Lévinas[5] in meiner Verantwortung vor aller imperialistischen Selbstidentität gefangennehmen zu lassen, sondern meine Affektivität ist in ihrer Impressionabilität als »Erregbarkeit« bereits vor je-

---

[5] E. Lévinas, Entre nous. Essais sur le penser-à-l'autre. Paris 1991.

dem ethischen Anruf durch den Anderen ein wesenhaft pathisches »Erschüttertsein«, dem keine Frage vorausgeht. Die stets argwöhnischen Vorbehalte von Staat, Gesellschaft, Gruppen und Politik gegenüber solch affektiver Priorität entstammen nicht dem urphänomenologischen Wesen wahrer »Gemeinschaftlichkeit«, die es nur unter Lebendigen und als Lebendige gibt, sondern der Hypostase ihrer Abstraktion der *res publica* oder Allgemeinheit als vermeintlich gerechtfertigter Äquivalenz und Delegation.[6]

Die hier durchgeführten Radikalisierungen hinsichtlich eines tatsächlich gegebenen Ethos gemäß der Selbstgebung des Lebens führen dahin, daß jede Ethik als Ersatz für eine phänomenologisch nicht restlos aufgeklärte Ontologie zu durchschauen ist. Denn im Bereich solcher unausgewiesenen Überlagerung der Ontologie durch »Ethik« erwachsen nicht nur alle Appelle, sich in ein mythisch oder abstrakt »Höheres« um des eigenen Heiles willen aufzulösen, sondern diese ethischen Diskurse verkennen auch, was grundlegend Aufgabe des Ethos gemäß der Lebensselbstphänomenalisierung bleibt: nämlich diesen Prozeß »am Leben« zu erhalten. Somit ist die Gesetzhaftigkeit dieses Ethos keine andere als die innere Selbstgesetzhaftigkeit des Lebens, das heißt dessen autoaffektiv oder pathisch vorgezeichnete Verwirklichung von Bedürfen oder Begehren und Anstrengung bis hin zum Tun. Sofern diese immanent lebendige – und daher sich selbst motivierende – »Gesetzesidentität« gegeben ist, bleibt die »Kraft« dieses Ethos das Leben selbst und muß nicht in einem immer wieder über sich hinausweisenden apperzeptiven »Anderswo« gesucht werden, wo nach Kafka nur das Nichtfinden wartet. Ist jedoch die »Ethik« in diesem Sinne die Phänomenalisierung der Ontologie als »Leben« selbst, dann ist korrelativ damit ein kritischer Maßstab für alle »Handlungsentwürfe« heute und in Zukunft gewonnen, in denen sich diese innere Selbstphänomenalisierung des Lebens nicht mehr umfassend verwirklichen kann: In der weltweiten Ausbeutung jeder Art; in der Vernichtung der »subjektiven Arbeit« (Marx) durch die ethikfremde Eigenteleologie von Technik, Wissenschaft, Informatik, Markt und Kapital; in der damit verbundenen Abkoppelung der kulturellen Potentialitäten voneinander, wie sie an sich einer transzendentalen Subjektivität zur *gleichzeitigen* Ausbildung verliehen sind und sich bis zum galileischen Projekt der Moderne hin auch tatsächlich im Miteinander von Produktion, Religion, Kunst, Ethik und Philosophie (Wissenschaft) in der Menschheitsentwicklung vollzogen hatten.[7] Diese Hinweise müssen hier genügen, um erkennen zu lassen, daß das lebensphänomenologische Ethos weder kritiklos noch restaurativ oder bloß zitat- und ornamenthaft ist, sondern prinzipiell erst verstehen läßt, was eine reine Ethik des Handelns als phänomenologisch ausgewiesene »Lebenspraxis« beinhaltet.

---

[6] Vgl. ausführlicher R. Kühn, Leben als Bedürfen. Eine lebensphänomenologische Analyse zu Kultur und Wirtschaft. Heidelberg 1996.
[7] Inzwischen erschien hierzu auch M. Henry, C'est Moi la Vérité. Pour une philosophie du christianisme. Paris 1996 (dt. übers. Ich bin die Wahrheit. Für eine Philosophie des Christentums. Freiburg/München 1997).

IV
Zeitspiegel

Begegnungen mit dem Judentum

Luise Rinser

Impressionen und Reflexionen

Dem Thema Juden und Judentum kann man sich auf verschiedenen Wegen und unter verschiedenen Aspekten nähern: dem neutral-historischen, dem politisch-aktuellen, dem literar-historischen, dem christlich-theologischen, dem alttestamentlich-exegetischen, dem jüdisch-mystischen; man kann das Volk der Juden identifizieren mit dem noch jungen Staat Israel oder mit dem »Volk Gottes« des Alten Testaments; man kann einen Unterschied machen zwischen den Israelis in Israel und den über die Welt verstreuten Juden; man kann mit den orthodoxen Juden an ihre Auserwähltheit glauben als an ein göttlich gelenktes Schicksal, von dessen Sein, Nicht-Sein, So-Sein das Heil der ganzen Menschheit abhängt; oder man kann sich über diese Präpotenz ärgern und sie als Vorwand für politische Aggression erklären; man kann dieses Volk lieben oder hassen; man kann sich ihm gegenüber schuldig fühlen (nicht nur als Deutscher; Antisemitismus ist weit verbreitet) – man kann nur eines nicht: am jüdischen Problem die offene Wunde übersehen und sich an der jüdisch-israelischen Realität vorbeischleichen. Auf seltsame Weise geht es uns alle an. Es ist nicht nur mit der christlichen Heilsgeschichte verbunden, sondern mit der Geschichte schlechthin: Es existiert (geschichtsbildend) seit 3000 Jahren.

Mit diesem Problem wird ein Kind im 20. Jahrhundert konfrontiert. Wie reagiert es darauf?

Ich hörte das Wort »Jude« vermutlich als Sechsjährige im Religionsunterricht. Aber der aus Lothringen stammende Deutsch-Franzose, unser Dorfpfarrer, legte offenbar nicht den geringsten Wert auf die Tatsache, daß Jesus Jude war und »von Juden gekreuzigt wurde«.

Ich, sechsjährig, hielt Jesus für einen Ägypter, der mit seinem ganzen Volk auswanderte, in einem Land namens Kanaan lebte, eines Tages wieder auswandern mußte, nach Ägypten zurückkehrte (die »Flucht der Heiligen Familie nach Ägypten«) und dort eine Weile lebte, bis die Ägypter die Juden verjagten. Aber Jesus wurde gerettet in einem Binsenkörbchen, das eine Prinzessin im Wasser fand. Später mußte er aber doch auswandern nach Palästina. Solcherart vermischten sich mir Personen, Orte, Zeiten. So entstehen Mythen.

Mein Mythos von Moses-Jesus wurde dann biblische Geschichte und Jesus schließlich eine historische Person, von der man alles wußte, denn es war aufgeschrieben in unserer Bibel, die für mich eine Sammlung schöner Geschichten war, ein bißchen wahrer als Märchen und auch verbindlicher, denn da stand, wie man leben mußte, um heilig zu werden, und das interessierte mich. War mir Jesus ein Jude? Er stand außerhalb und oberhalb jeder rassischen und nationalen Zuordnung. Er war *Er* und er war *mein* Jesus, und als ich, viel später, vom Streit um die Historizität seiner Gestalt hörte, schien mir das völlig unwichtig, ja un-wissenschaftlich, denn es ging am Eigentlichen vorbei. Es war eine andere Kategorie, die da in Frage kam. Mag er Jude gewesen sein, was ging's mich an? Mir war er immer schon das, was ich später als »kosmischen Christus« erkannte.

In mein Elternhaus kamen viele Besucher, meist Musiker, die am exzellenten Orgelspiel meines Vaters interessiert waren. Einer hatte den seltsamen Namen Roderich Bass. Ich hörte, er sei »Wiener Jude«. So verband sich mir früh das Wort Jude mit den Worten Musiker und Musik. Das war so unrichtig nicht. Die europäische Kultur, besonders die deutsche, verdankt den Juden große Musiker. Daß der so deutsche Richard Wagner »jüdisches Mischblut« hat und daß selbst mein Ex-Ehemann Carl Orff mütterlicherseits jüdische Urahnen hat, ist nur ein kleiner Hinweis auf die Bedeutung des Jüdischen für die Musik. Ich könnte eine Reihe großer Musiker aufzählen, meist Dirigenten und Interpreten. Daß viele unserer Besucher aus Wien oder Ungarn kamen, weckte in mir die vage Vorstellung, alle Juden kämen aus dem Osten und viele seien Zigeuner, und das gefiel mir, denn (seltsame Kinder-Phantasie): ich sah König David als Zigeunerfürsten mit seiner Harfe in einem »jüdischen« Land sitzen.

»Das Jüdische« zeigte sich mir in einer ganz besonderen, zugleich konkreten und geheimnisvollen Weise, die mich für mein ganzes Leben prägte: Ich hatte einen Freund, ungefähr gleich alt, sieben-acht Jahre, mit dem gut deutschen Namen Ernst Gärtner. Sein Vater war Ingenieur, reiste durch die Welt, nahm jeweils Frau und Kind mit sich und kam so auch in unsern Ort Übersee am Chiemsee. Der Sohn sprach mehrere Sprachen, aber alle schlecht, und jetzt sollte er gutes Deutsch lernen, und zwar durch den Umgang mit mir, der Lehrerstochter, die reines Deutsch sprach.

Die Eltern kamen mit diesem Anliegen in unser Haus. Die Mutter war sehr schön. Ich habe diese Art Schönheit viele Jahre später wiedergesehen, in Georgien, im Kaukasus, Frauen mit kupferrotem Haar, hennagefärbt, die Augen ungemein groß, die dunkelbraune Iris in einem leuchtenden Weiß schwimmend, der Mund groß und weich. Der Sohn glich ihr, nur war sein leicht krauses Haar rabenfederschwarz, und schon vom Äußeren her war er ein Fremder unter den oberbayerischen blonden Kindern. Die fremde Schönheit, die etwas Trauriges hatte, bezauberte mich. Meine erste Liebe. Ernstl, so nannte ihn seine Mutter, schloß sich mir rasch an, mit scheuer Zuneigung, wie ich denn mein Leben lang ein Magnet für Fremdlinge, Ungewöhnliche, Heimatlose blieb.

Mein Deutschunterricht bestand vor allem darin, daß ich meinem Freund alles erzählte, was ich wußte und was ich in der Schule lernte und was er, von mir korrigiert, nacherzählen mußte.

Eines Tages las ich ihm eine Geschichte vor von dem Knaben Jesus, der aus Lehm Vögel formte und sie dann fliegen ließ; eine Geschichte, die von Selma Lagerlöf stammt (ich besitze das Buch noch, von 1919 datiert). Keine biblische Geschichte. Plötzlich unterbrach mich Ernstl. Was ist? »Ich bin Jude.« Er wußte: Jesus war Jude. »Ich bin Jude.« Er sagte es mit erschreckender Autorität, die mit einem Schlag aus dem Kind, das er war, einen Erwachsenen machte. Ich las nicht weiter.

Die Szene war mir damals wohl unverständlich. Sie blieb Geheimnis zwischen uns, und das war richtig, denn sie entsprach einem großen meta-historischen Geheimnis: der Geschichte des Gottesvolkes der Juden mit seinem Stammesgott, der seltsamerweise auch mein Gott war, wenngleich er nicht Jahwe hieß und nicht furchterregend war, sondern ein brüderlicher Mensch, den man lieben konnte und der »unter uns wohnte«, wie ich im Religions-Unterricht lernte.

Aus jenen Kindertagen blieb mir Ernstls Wort scharf eingeritzt. Einige Jahrzehnte später formte sich in mir eine Erzählung; sie findet sich jetzt in meinem Erzählband »Ein Bündel weißer Narzissen«. Da steht sie nun in ihrer poetischen Traurigkeit, erfunden und erträumt, doch im Kern erlebte Wirklichkeit. In der Geschichte taufte ich meinen jüdischen Freund, den ich David nannte, ehe er bei einer Diphtherie-Epidemie starb. Daß Ernstl an Diphtherie starb, war Realität, daß ich ihn taufte, späte Erfindung. Real ist, daß Ernstl, ungetaufter Jude, auf unserm katholischen Friedhof nach katholischem Ritus begraben wurde. Für unseren Pfarrer war Ernstl auf jeden Fall ein Gotteskind.

Ich habe das Grab später oft besucht. »Unser Ernst. 1911–1918«. So stand es auf dem Stein, bis die Inschrift auswitterte und der Stein sich bemooste, und eines Tages war der Stein nicht mehr da und das Grab eingeebnet, das war um 1930. Ich bin sicher, daß kein grabschänderisches Gesindel am Werk war, denn wer wußte, daß da ein Judenkind lag? Niemand kümmerte sich je um das verfallende Grab. Vor einigen Jahren kam es mir in den Sinn, für meinen Freund einen neuen Stein setzen zu lassen mit dem Davidstern, doch gab es keinerlei Befugnis. Die Eltern blieben unauffindbar.

Das einzige Denkmal, das ich meinem Freund setzen konnte, ist meine Erzählung »David«. Sie enthält ein theologisches Problem: Die Mutter Ernstls (Davids) kommt zurück, findet ihren Sohn sterbend und von mir »not-getauft« nach seinem Wunsch. Von mir, dem Christenkind. »Die Frau« (so schrieb ich) »starrte mich an, dann hob sie den Arm wie zu einem Fluch, aber sie ließ ihn wieder sinken, schlug die Hände vors Gesicht und lief fort.« Der Schluß der Geschichte: »Ich sah Davids Eltern lange allein am Grab stehen, verstört und wild und starr vor doppelter Qual.«

Als ich zum ersten Mal in Auschwitz war und die Haufen von Kinderschuhen sah, dankte ich dem Gott der Christen und Juden, daß Ernstl 1918 einen menschenwürdigen Tod hatte sterben dürfen.

Ich glaube, ich erlebte in meiner Kindheit kein Rassenproblem. Oder doch? Auf dem Gutshof meiner Großmutter hörte ich öfters die Rede: »Der Vieh-Jud kommt.« Aber das war kein Schimpfwort. Der Viehhändler wurde von der Großmutter freundlich behandelt, wie jedermann. Nur (ich darf es nicht verschweigen) hörte ich die Großmutter sagen: »Der ist schlauer als wir, da müssen wir aufpassen.« Das war aber ein Wort der Bewunderung. Es blieb als solches in meinem Gedächtnis. Fortan galten mir »die Juden« als besonders intelligent. Hatte ich Unrecht? Waren die Juden nicht große Wissenschaftler? Das Kind wußte natürlich noch nichts von

Einstein und den andern epoche-machenden Physikern und auch nichts von den großen Philosophen, von Spinoza zum Beispiel, und auch nichts vom Juden Karl Marx.

Später, schon nahe an 1930, an der Hitlerzeit also, sagte mir eine Mitschülerin (jene, die dann als erste der NS-Partei beitrat): »Wie kannst du das biblische Zeug glauben, und übrigens waren die ja alle Juden, der Jesus und die Maria und der Josef und die Apostel. Lauter Juden. Die ganze Geschichte ist verjudet. Und es waren ja die Juden selbst, die den Jesus umgebracht haben – wenn's wahr ist. Und diese Juden sind Schmarotzer, sie sind alle reich und wollen uns regieren. Aber das lassen wir uns nicht gefallen.«

Das war die Sprache der frühen Nazis. Sie schien mir dumm, aber sie wirkte, wie sich bald zeigte. Ich freilich war immun dagegen. Ich wußte mittlerweile durch eigene Lektüre und eine »linke« Lehrerin, daß die deutsche Kultur, auf die wir so stolz sein sollten (»Deutschland über alles«), nicht denkbar ist ohne den großen Beitrag der Juden: Maler, Musiker, Schriftsteller, Verleger, Philosophen, Ärzte, Naturwissenschaftler. Und was wäre die Weltkultur ohne das Juden-Christentum des Paulus, der aus der kleinen jüdischen Sekte eine Weltreligion aufbaute? (Die Frage enthält für mich ein schweres Problem, das hier nicht besprochen werden soll.) Und wieviel jüdisches Blut fließt in unseren arischen Adern, und wir wissen es nicht. Verdanken nicht viele bedeutende Persönlichkeiten ihre hohe analytische Intelligenz apokryphen jüdischen Vorfahren? Wer weiß denn, daß eine sehr große christliche Heilige Jüdin war: Teresa von Avila? Zum Beispiel. Und wer weiß denn, daß viele gute Christen in ihrer Ahnenreihe Juden hatten, die Christen wurden nur durch Zwang? »Taufe oder Tod.« Als ob damit das historische Gedächtnis habe verändert werden können! Einen antisemitischen Schwelbrand freilich gab es immer. Das unwissende Volk war leicht zum Judenhaß zu entflammen.

1933: Hitler kam an die Macht.

Ich mußte für die Staatsprüfung in Psychologie und Pädagogik an der Universität München 1934 zeit-entsprechende, also Nazi-Bücher lesen, um sie zitieren zu können, vor allem Hitlers »Mein Kampf« und Rosenbergs »Mythos des 20. Jahrhunderts«. Ich, die ich mich längst mit Platon, Hegel, Kierkegaard und Buddhas Reden befaßte, mußte mich mit den idiotischen Hetzschriften der Nazis befassen, sonst gab es keine Zulassung zum Lehrfach.

Mein zwar nationalgesinnter, aber antifaschistischer Vater hatte mich politisch aufgeklärt, aber strenges Schweigen geboten. Schon herrschte die Angst im Lande. Überall gab es Spitzel, die offene oder heimliche Antifaschisten denunzierten und sie ins KZ brachten. Die Juden galten als Staatsfeinde. Aber hatten sie nicht längst die deutsche Staatsangehörigkeit und die gleichen Rechte und Pflichten wie alle Deutschen? Sind sie für ihr Deutschland nicht in den Ersten Weltkrieg gezogen und haben sich umbringen lassen für dieses Land, das nicht ihr Vaterland sein wollte? Hatten sie nicht mit ihrem Geld und ihrer großen Intelligenz die nach 1918 zusammengebrochene deutsche Wirtschaft sanieren geholfen?

Begegnungen mit dem Judentum

Einer der jüdischen Freunde unserer Familie, Frederik Fernbrook (Fritz Fernbach vorher als Berliner Rechtsanwalt), dem ich meine Erzählung »Jan Lobel aus Warschau« gewidmet habe, besaß das Eiserne Kreuz. Er nahm es mit, als er 1938 mit Frau und Tochter in die USA emigrieren mußte, und es war ihm so heilig, daß er es 1946, als US-Major wieder nach Deutschland zurückkehrend, mit sich brachte. Er schenkte es mir. Warum kehrte er zurück, da er doch US-Bürger geworden war? »Heimweh« war es, was ihn zurücktrieb in die alte Heimat. Aber das Deutschland von 1946 war sein Deutschland nicht mehr. Es war ein von Amerikanern und Russen besetztes Land, das seine kulturelle Identität verloren hatte, und er, Frederik Fernbrook, mit dem US-Paß und der Uniform der US-Army, sah und fühlte sich als Fremder. Und er war allein. Seine Frau hatte in New York Selbstmord begangen, und seine Tochter hatte einen Amerikaner geheiratet. Keinen Juden, oh nein. Da brachte er sich um. Mit Schlafmitteln. Ich, mit ihm befreundet, schickte seiner Tochter einiges von seiner wenigen Habe. Das Eiserne Kreuz behielt ich, denn sie hätte es in eine New Yorker Mülltonne geworfen. Mit Recht. Er selbst liegt im Münchner Nordfriedhof.

Wo hätte er bestattet sein wollen? In seiner Heimat? Wo war die Heimat eines deutschen Juden? In Israel doch. Was für eine Frage. So einfach aber ist die Antwort nicht. Für die Emigranten der ersten und zweiten Generation blieb die Heimat Deutschland, auch wenn sie auswanderten, schon ehe sie vertrieben wurden. Die ersten, die emigrierten, nannten sich Zionisten, weil Zion der Name für die Heimat ihrer Väter war: Jerusalem, die Heilige Stadt, und Palästina, das Heilige Land. Und dort zeigten sie ihre Stärke. Sie überlebten. Sie überleben bis heute, wie sie über viertausend Jahre Not und Kampf überlebt hatten. Ihr Stammesgott stand ihnen bei. Er hielt den Bund, den er mit ihrem Urvater Abraham geschlossen hatte. Er hielt ihn, obwohl sie ihm so viele Male die Treue brachen und »Götzendiener« wurden. Er scheint den Bund weiterhin zu halten, denn sie überleben immer noch am Rand der Niederlage.

1962 war ich in Israel. Ich kam vom Norden her, vom Libanon über Jordanien ans »Mandelbaum-Tor«, die beidseits streng bewachte Grenzstation. Hinter mir die Wüste am Toten Meer, vor mir der Garten Eden: grünes blühendes Land mit Palmen, Ölbäumen, Zitrusfrüchten, Blumen. »Kanaan«, das Land, das von »Milch und Honig fließt«, wie Jahwe es dem Stammvater der Juden, Abraham, verheißen hatte, als er ihn aus Ur in Chaldäa führte.

Die Geschichte der ersten Landnahme ist im Buch Genesis aufgezeichnet und liest sich wie echte Historie, und wenn es Dichtung ist, ist es ein großes Epos wie das persische Gilgamesch und die griechische Odyssee und die Upanischaden. Was ist daran echte Geschichte? Genesis und Exodus lesend, verirrt man sich in einem großartig wüsten Gestrüpp von spät aufgezeichneten Ereignissen. Wer da der Frage nachgehen will, wem eigentlich das Land gehört, das heute Israel ist, der muß entweder mit dem großen Hopie-Indianer von Seattle sagen »Die Erde gehört niemand« oder er muß eben glauben, daß Jahwe, dem ja die ganze Erde gehört und dessen Entscheidungen dunkel sind, diesen Streifen Land am östlichen Mittelmeer gerade den Hebräern geschenkt hat. Wem aber gehörte es vorher? Gehörte es niemand? War es Durchzugsland von Nomaden verschiedener Stämme? Die jüdisch-biblische Geschichte, die nicht für das genommen werden darf, was heute unter Geschichte verstanden wird, bleibt auch nach Abrahams Landnahme höchst bewegt. Völker kamen, gingen, kehrten wieder, wurden vertrieben, kamen zurück, bauten Städte, führten Kriege, siegten, verloren, teilten das Land, vereinigten es wieder, trieben untereinander Diebstahl, Betrug, Bestechung, Unzucht, Ehebruch, Mord, trotzten ihrem Gott, kehrten zum Götzendienst zurück, erlitten schreckliche Strafen, taten Buße, zogen verzweifelt durch die Wüsten, hatten selbsternannte Stammeskönige, so den großen Saul, der gegen die Philister kämpfte, die um 1000 vor unserer Zeitrechnung in Palästina eingewandert oder eingefallen waren, und damit kommt uns mit der Gestalt des Königs David (des Hirtenknaben, der mit seinem Cithera-Spiel den tief schwermütigen König Saul tröstete) die biblische Geschichte näher, die unheimlich bewegte Geschichte von der Liebe Sauls zu David, von der Feindschaft der beiden und vom Selbstmord Sauls, »der sich in sein Schwert stürzte« und seine drei Söhne tötete. Und »Israel« wurde durch das Los geteilt in 12 Stämme. Jahwe schaute lange zu. Aber dann sagte er: »Ich will Jerusalem fortwischen, wie man eine Schüssel auswischt und nach unten kehrt.« (2. Buch der Könige 21,13). Dank einer Hungersnot wurden die Juden gezwungen, ins fruchtbare Niltal, nach Ägypten zu ziehen; später wurden sie vertrieben, zogen nomadisch durch die Wüste, lästerten ihren Gott, schlossen wieder einen Bund mit ihm, wurden aber in die Babylonische Gefangenschaft geführt, wo sie »an den Wassern saßen und ihre Harfen an den Weiden aufhängten und weinten«, und Israel war nicht mehr. Bis 1948. Da erhielten sie ihre alte neue Heimat dank UNO-Beschluß.

Was für eine Geschichte. Sie ist viel, viel größer, als ich sie hier so kurz wiedergebe. Und bis zur Erschaffung der Erde reicht unsere Erinnerung nicht, wenngleich wir soviel mehr an wissenschaftlichen Fakten beibringen können, als die jüdischen Mythen kennen. Ich frage mich, ob wir Christen von heute (wir Christen überhaupt) die doch sehr wüste jüdische Geschichte kennen sollten. Ist sie nötig, um dem Juden Jesus einen Ort in der Heilsgeschichte einzuräumen und dem jüdischen Volk seine Auserwähltheit (prophetisch vorhergesagt) zu bestätigen?

Wie auch immer. Dieses aus so verschiedenen Stämmen zusammengewachsene Volk hat den Bau und die Zerstörung des Tempels Salomons überlebt und alle Verfolgungen, es hat im Prinzip Hitler überlebt, es lebt weiter, heute wie immer am Rande des Abgrunds, umgeben von Feinden, begleitet von göttlichem und menschlichem Segen und Fluch, und hat, so klein es als Land und (seit 1948) als Staat ist, die Welt in Unruhe versetzt und politisch beeinflußt und tut es weiterhin. Wie lange?

Aber wirklich: Was geht uns Israels wahnsinnige, schreckliche, tödlich ernste, finstere Geschichte an, übers Literarische, über die herrlichen Psalmen und das schönste aller Liebesgedichte, das »Hohe Lied«, hinaus?

Müssen wir Jesus als Juden sehen? Muß er einen Stammbaum haben, da er doch der Erstgeborene des Weltengottes ist und nicht einfach der von

Juden unerkannte Messias, der als »Jude« geboren wurde? Fängt doch unsere Zeitrechnung mit seiner Geburt an, nicht mit jener Davids oder Salomons oder eines der großen jüdischen Propheten.

Zurück zu der Frage: Wem gehört das Land am Jordan? Wer kann stichhaltig beweisen, was nicht beweisbar ist: daß ein Weltengott dieses Land gerade den Juden schenkte?

Als ich 1962 am Mandelbaum-Tor war, beantwortete sich mir jedenfalls von selbst die Frage nach dem heutigen Besitz-Recht. Wer immer hier aus Wüstenland und kriegszerstörten Dörfern und der Tempelruine von Jerusalem ein blühendes Land geschaffen hat, dem gehört es. Die Juden haben teuer genug dafür bezahlt mit dem Verlust der Heimat, sei es Deutschland, sei es Polen, sei es die Sowjetunion, teuer bezahlt mit rund 6 Millionen Menschenopfern und der harten Arbeit ihrer Hände, der Hände von namhaften Juristen, Schriftstellern, Theologen, Wissenschaftlern, Ärzten ...

Die Freunde, die mich damals am Mandelbaum-Tor erwarteten, wohnten in Tel Aviv, und sie waren so ungemein deutsch, so berlinerisch, daß sich mir die Zeiten und Räume vermischten. Ich konnte mich nicht unbefangen freuen, denn hinter den beiden Geretteten standen jene Millionen, deren Tod ich nicht verhindert hatte. Ich Deutsche. Ich halte theoretisch nichts vom Gedanken der »Kollektivschuld«, und doch: Es gibt sie. Was für ein Widerspruch in mir. Was für ein Problem überhaupt. Jeder ist an allem schuld. Jeder ist ein Glied der Kette, die vom mythischen Brudermord Kains bis Auschwitz reicht, und von Israel bis Tibet, von Spanien bis Mexiko ... Gibt es einen Ort, wohin man fliehen könnte und dort von jeder Schuld freigesprochen würde?

Da waren nun meine Freunde, Deutsche mit einem israelischen Paß, und sie empfingen mich mit offenen Armen, und da waren die anderen deutschen Emigranten, die mich zu einer Lesung in Tel Aviv einluden und die mich trösteten darüber, daß ich trauerte über mein eigenes Volk, das Auschwitz geschaffen hatte. »Aber Sie sind nicht schuld, Sie waren doch gegen Hitler ...« Ja, schon, aber ...

Die Klagemauer war damals im jordanischen Teil Palästinas. Ich war dort mit meinem jordanischen Reiseführer armenischer Abstammung. Damals, dort, weinte ich an der Seite der betenden Juden. Jetzt, in Israel, schämte ich mich. Ich schämte mich nicht eigentlich nur der Deutschen, ich schämte mich der Menschen. Diese böse dumme Tier-Rasse also hat unser Weltengott sich entwickeln lassen aus der unschuldigen Natur?

Wie stand es mit den Juden selbst? Sind sie ohne Schuld?

Im Buch Mose steht zu lesen: »Dein Leben wird immerdar in Gefahr schweben. ... Und du wirst zum Entsetzen und zum Spott werden unter allen Völkern, zu denen der Herr dich treibt.«

Es muß 1948 gewesen sein, nach der Gründung des Staates Israel, als mich der Oberrabbiner von München einlud, mit ihm nach Landsberg am Lech zu fahren. Wozu? Was ich sah, erschreckte mich, und mein treues Gedächtnis behielt meine eigenen prophetischen Worte: »Die sehen ja aus wie die Hitlerjugend, alle in Uniform und im Marsch-Schritt, und diese Marsch-Lieder, wohin führt das alles? Das sieht ja nach Krieg aus.« Auch die Mädchen in Uniform mit weißen Hemden und schwarzen Dreiecktüchern mit Lederknoten, und dieser zu allem entschlossene Blick, und sie waren hier im Sammellager, von wo aus sie nach dem eben gegründeten Staat Israel auswanderten, der Worte des Propheten gedenkend: »Ich will das Joch auf deinem Nacken zerbrechen. Ihr werdet nicht mehr Fremden dienen.«

Es war noch weit bis 1967.

Meine Erinnerung hinkt nach.

Ich stehe im Jahr 1934. Als ich für die Staatsprüfung Hitlers »Mein Kampf« las, stieß ich auf einen Satz, der mir so unverständlich schien, daß ich meinen Vater fragte, der sonst meinem jungen intellektuellen Hochmut keine Kompetenz war. »Die deutsche Jugend muß erzogen werden im Bewußtsein des vorrangigen Lebensrechts der deutschen Nation.« Was hieß das? Warum sollte die deutsche Nation vorrangiges Lebensrecht haben? Und die andern Völker? Sind sie weniger wert? Was für Schlüsse sollten wir daraus ziehen? Die Antwort meines Vaters in düsterem Ernst: »Das bedeutet Krieg.« Prophetie von 1934.

1935 wurde die Judenfrage brisant: Kein Arier (was war das? wer war einer?) durfte mehr einen Juden heiraten. »Blutschande-Gesetz« hieß das. Und dann teilte man die Deutschen ein in Volljuden, Halbjuden, Vierteljuden, Achteljuden, ... Und wir mußten einen Ahnenpaß haben, in dem die Reinheit unseres arischen Bluts nachgewiesen wurde, das heißt, daß wir beweisen mußten, daß wir drei oder vier Generationen lang nicht jüdischen Blutes und auch nicht jüdisch versippt waren. Wer wußte das so genau? Manchmal genügte es den Machthabern, daß jemand »jüdisch« aussah oder auch einen jüdischen Namen trug: Daß der Antisemit Rosenberg einen solchen Namen trug und daß der so deutsche Richard Wagner Halb-Jude war und Hitler selbst jüdisches Blut hatte – das störte die fanatischen Antisemiten nicht. Ab 1935 also galten Ehen zwischen Juden und Ariern als »Blut-Schande« und wurden nur geduldet, wenn ein jüdischer Teil wichtig war für die Nazi-Politik. Die Schwiegertochter von Richard Strauss war Jüdin. Aber Hitler sagte: »Wer Jude ist, bestimme ich.« Damit war sie »arisiert«.

Was für eine wahnwitzige Vorstellung, man könne eine arische Rasse züchten, so wie man Pferde züchtet, indem man jede fremde Blutsmischung streng verhindert. Als ob es »Rassen« gäbe in unserer Zeit, in der seit Jahrtausenden die indogermanischen und slawischen Völker sich paarten! Und als ob man aus dem »deutschen Volk« alles »Fremd-Rassische« tilgen könnte, indem man die Juden eliminierte.

Es war freilich für junge Leute eine faszinierende Idee von »Reinheit«. Es gab einen Schriftstellerkollegen, der sehr früh der SS beitrat, weil sie seinem Ideal von Reinheit und Askese entsprach. Der Törichte. Er wurde homosexuell, wie viele in diesen Männerbünden. Aber die Homophilie selbst wurde wiederum schwer bestraft, denn man brauchte ja Nachwuchs. Alle »Ideen« des NS erwiesen sich als widersprüchlicher Irrsinn. Heute wissen wir, daß wir »den Juden« einen wichtigen Teil unserer deutschen Kultur, ja der Kultur überhaupt verdanken, einer Kultur, die vor allem über Nordafrika und Spanien Europa mitgestaltete.

Zurück zur Frage nach dem Staat Israel. Wenngleich die Engländer nach dem 1. Weltkrieg Palästina teilen wollten, um Ruhe zu schaffen, hatten sie keinen Erfolg. Im Gegenteil: Was der berühmte »Araber-Lawrence« erreichte, war nichts weniger als Frieden, wie sich seither stets von neuem zeigt. Die Araber, uraltes Volk mit hoher Kultur (wenn sie nicht Nomaden blieben), waren in Palästina an Zahl den Juden weit überlegen: 1949 gab es 400 000 Juden und eine runde Million Araber; wenige Jahre vorher waren es nur 60 000 Juden gewesen. Mußten die Araber sich nicht fürchten vor der ständig wachsenden Zahl der jüdischen Einwanderer? War das Zahlenverhältnis nicht Unruheherd genug? War es nicht eine unerträgliche Situation für die Araber, daß da sozusagen mitten unter ihnen ein neuer, moderner Staat gegründet wurde? Sind die vielen Angriffe der Araber verständlich, die von damals, die von heute? Und ist die Verteidigungs- und Angriffshaltung der Israelis verständlich? Doch wohl. Beides ist verständlich. Unseliges Verhängnis. Und stammen nicht beide Völker vom selben Ur-Vater Abraham ab wie auch die Muslime?

Ich habe einen Raum- und Zeitsprung gemacht. Ich lande im Jahr 1938, am 9. November.

»Kristallnacht« nannte man jene Nacht. Am Morgen danach lagen die Straßen der Städte voller Glasscherben, und viele Schaufenster zeigten leere, ausgeraubte Höhlen, und die jüdischen Synagogen brannten, und die Juden standen stumm und starr vor Entsetzen vor ihren zerstörten Häusern, und Hitlerjugend marschierte auf und gröhlte: »Juda verrecke!« Waren das Deutsche, die sich so barbarisch zeigten? Oh ja, es waren Deutsche, und sie hatten Wort und Aktion der Kristallnacht erfunden.

Was eigentlich dachten sich die Deutschen von damals? Wenig genug. Sie hatten das Denken verlernt in nur fünf Jahren des Hitlerterrors. Sie tobten ihren verdrängten Haß und Neid aus. Sie ließen ihrem nationalistischen Teufel freie Hand und sahen nicht, daß der Todesengel schon wartete, um Millionen »rein arischer« Deutscher hinwegzufegen. Sie beschworen ihren Rächer selbst herauf. Die Kristallnacht war der Beginn des Holocaust. Der Vorwand: Die Staats- und Volksfeinde hatten den Reichstag in Berlin angezündet. Es waren nicht »die Juden«, aber hinter dem Attentäter Dimitroff standen angeblich die Juden, die Zionisten. Der »Welt-Jude« stand hinter allem ...

Seltsam, wie die Deutschen (die Nazis und die Verführten) ihr eigenes Böses projizierten auf ein anderes Volk. Und seltsam auch, wie die deutschen Christen ihre Religion transformierten: Aus Gottvater wurde Wotan, aus Jesus Baldur, aus Maria Freija, aus Ostern die Frühlingsfeier und aus der jüdisch-christlichen Ethik die Gefolgschaftstreue: »Führer, befiehl! Wir folgen dir!« Und sie folgten ihm. Und die nicht folgten, landeten in den Gaskammern.

In jenen Jahren hatte ich keine direkten Beziehungen zu Juden. Meine Freunde waren ausgewandert in die USA oder nach Israel. Ich sah sie nie mit dem »Judenstern«. Ich selbst, Nichtjüdin und Antifaschistin, hatte

Glück: Ich landete 1944 im Gefängnis statt im KZ oder unterm Fallbeil. Das Ende des Krieges brachte meine Rettung.

Dann kam eine lange Reihe von Begegnungen aller Art mit Juden, die ihrer Sprach- und Landeskenntnis wegen als US-Army-Angehörige in Deutschland eingesetzt wurden. Unter ihnen war jener ehemals Berliner Jurist, von dem ich schon erzählte: Frederik Fernbrook (Fritz Fernbach), der in meiner 1948 geschriebenen Erzählung als »Jan Lobel aus Warschau« erscheint.

Die Geschichte ist erfunden, aber sie hätte so verlaufen können. Ihr Realitätskern ist sehr klein: Eines Nachts im Mai 1945 erwachte ich von einer kurzen Schießerei, der ich keine besondere Bedeutung zuschrieb. Aber am nächsten Tag hörte ich, daß man die Insassen eines KZ's aus einer Stadt im Nordosten nach dem Süden trieb, den anmarschierenden Russen aus den Augen.

Das war alles. Daraus machte ich die Geschichte von dem Mann, der entfloh und bei einer deutschen Familie Zuflucht fand, bis der Hausherr, ein Nazi, aus der Gefangenschaft heimkehrte und den Flüchtling fand. Eine sehr stille Geschichte, die dennoch, in viele Sprachen übersetzt, tausende von Lesern zum Weinen brachte. Wieder sprach da eine meiner Gestalten das brennende Wort: »Ich bin Jude«, und dieser mein Jude, Jan Lobel aus Warschau, setzte hinzu: »Und Pole.« Schlimmer konnte es nicht sein. Ich fand, der Logik der Geschichte gehorchend, keine andere Lösung, als daß ich meinen Juden wiederum fliehen ließ: Er, der nach Israel wollte, ist (so die Nachricht, die seine Freunde erhielten) »bei dem Versuch, sich illegal nach Palästina einzuschiffen, ertrunken. Wir haben ihn in Triest begraben.« Warum illegal? Was wußte ich damals, 1948? Wie kam man damals legal nach Jerusalem, in palästinensisches Gebiet?

Die Erzählung brachte mir eine der seltsamsten Beziehungen meines Lebens ein. Der Beginn: der Brief eines polnisch-jüdischen Wissenschaftlers, der die Autorin von »Jan Lobel« kennenlernen wollte.

Zygmunt Hauptmann hieß er. Er kam, blieb einige Zeit in München und tauchte jeden Tag bei mir auf. Seine Geschichte ist nicht von mir erfunden. Sie ist umso rätselhafter, je wahrer sie ist, auch in den Einzelheiten.

Er, Sohn reicher Warschauer Eltern, floh beim Nahen der Hitler-Armee. Mit sich nahm er einen Koffer voll Schmuck und Geld, das Eigentum seiner Verwandten und Freunde. Er kam flüchtend nur bis in die Karpaten, denn vom Westen stießen bereits die Deutschen vor. Er vergrub den Koffer mit den Kostbarkeiten im Gebirge. Mit dem Rest entkam er und erreichte schließlich Jerusalem. 1947 kehrte er zurück, um den Koffer zu holen. Der war verschwunden. Die Verwandten forderten ihr Eigentum zurück. Es existierte nicht mehr. Zygmunt war verzweifelt: Man beschuldigte ihn des Betrugs. Eines Abends kam er zu mir, in der Tasche ein Fläschchen mit Zyankali. Ich versuchte, ihm den Selbstmord auszureden. »Gut«, sagte er, »lassen wir das Schicksal entscheiden. Du gehst mit mir in die Synagoge (es war Jom Kippur) und betest zu meiner toten Mutter. Wenn sich kein Wunder ereignet, bin ich morgen tot.«

Das Wunder ereignete sich, und ich schwöre, daß es so geschah: Ich ging mit in die Synagoge und sah von der Frauenempore aus Zygmunt stehen. Er stand reglos, und er betete, er, der aufgeklärte Jude, der Agnostiker oder Atheist, betete, und es schien mir, es schlügen Flammen aus ihm. Er war selbst zum Gebet geworden.

Seine Glut ließ mich ahnen, wie Moses betete und die anderen Propheten. Das war jüdische Mystik und Zygmunt ein Chassid, der nicht wußte, daß er es war. Was, wenn sein Gott sein Gebet nicht erhörte?

Am nächsten Morgen rief er mich an unter Weinen und Schluchzen: »Ich habe den Haupttreffer der deutschen Klassenlotterie gewonnen!« Hunderttausend Mark. Damals ein Reichtum. Er verteilte das Geld unter jene, die sich für seine Gläubiger hielten.

Ein anderer (sephardischer) Jude, der geistreiche Verleger Fritz Landshoff, der bis zu seinem Tod 1994 mein Freund blieb, sagte damals: »Es war eine Prestigefrage für Jahwe. Er mußte dir, dem Christenmädchen, zeigen, was er kann.«

Und wenn's nun mein Christengott war, der einem Juden half? (Denn auch ich habe glühend gebetet!) Seither glaube ich alle chassidischen Legenden und alle jüdischen Wundergeschichten und einige der christlichen auch. Ich glaube, daß glühendes Gebet Wunder wirkt, weil es geballte Energie ist.

Freilich gerät mein Glaube an Jahwe-Gottvater oft ins Wanken, so angesichts der Terrortaten im Deutschland von gestern und der Attentate im Israel von heute. Auschwitz, Treblinka, Buchenwald, Ravensbrück ... das vermag ich nicht einzuordnen in meine jüdisch-christlich geprägte Religion; da muß ich meine buddhistisch-hinduistischen Vorstellungen hinzuziehen; die wissen eine Antwort: *Karma*. Und doch: Auch die jüdische Bibel selbst weiß sie. Wie oft hat Jahwes Lieblingsvolk seinen Herrn verraten und das Goldene Kalb angebetet, das Symbol des platten Materialismus. Wie oft hatte der Judengott Gelegenheit, sein Volk zu verfluchen ob seiner Untreue, seiner Rückfälle ins Heidentum. Wie oft mußte er es handgreiflich bestrafen mit giftigen Schlangen, mit Krankheiten, mit den Angriffen der Feinde, mit Gefangenschaft. Und wie oft hat er seinen Fluch zurückgenommen in unendlicher Barmherzigkeit. Warum? Weil er dies aufsässige, blitzgescheite monotheistische Volk schätzte. Das Volk, das so großartig ist in seiner vieltausendjährigen Hoffnung. Worauf hofft es? Auf den Messias? Israel ist das Volk, das nicht eigentlich »auf etwas« hofft, sondern das selbst ganz Hoffnung *ist*. Es müßte nur begreifen, daß sein Weg sein Ziel ist. Und das unterscheidet die Juden nicht von den Christen und nicht von den Buddhisten. Wir alle: Wüstenwanderer, die einer Wolkensäule folgen, in der wir unseren Gott zu sehen glauben.

Ich habe viele Juden gekannt, aber kaum einen religiösen. Es waren lauter »aufgeklärte« Intellektuelle, und wenn sie das nicht waren, bekehrten sie sich früher oder später zu dem, was sie als Christentum betrachteten. Eigentlich unverständlich nach all den Ereignissen allein dieses Jahrhunderts.

Was Paul Claudel, den Dichter, zum Christentum konvertieren ließ, ist verständlich: Das Christentum entsprach seiner Radikalität und seiner dramatischen Poesie. Aber was brachte den Israeli Mordechai Vassuno, Techniker im Kernreaktor Dimona, dazu, Christ zu werden? Danach gab er Atomgeheimnisse weiter an die britische Presse. Ich möchte wohl die Geschichte dieser Konversion, einer politisch-religiösen, kennen; sie muß abgrundtief sein. Aber es gibt ja auch Christen, die sich zum Judentum bekehren, weil sie, den Juden gleich, nicht glauben, daß der Messias bereits gekommen ist.

Ist er gekommen? Er war immer da. Aber das ist ein großes Geheimnis. Nur Mystiker wissen es. Die andern versuchen, es zu glauben. Oder zu leugnen. Oder es dahingestellt zu lassen. Eben als ich diese Zeilen schrieb, fiel mein Blick auf das Farbfoto, das ich von meiner israelischen (nicht-jüdischen) Freundin aus Jerusalem bekam: »A Peaceful New Year«. In Goldbuchstaben, und die Karte mit dem politischen Dreigestirn: Rabin, Clinton und König Hussein von Jordanien. Es gibt sie (ich habe sie) als Telefonkarte mit Minuten-Zähler. Die Zeit läuft rasch und ist teuer. Was für ein Land.

Warum eigentlich hat der Weltengott sich in diesem immer schon friedlosen Land inkarniert? Als Jude inkarniert? Hätten die Griechen, dieses spirituell-philosophische Kulturvolk, Jesus nicht früher erkannt als immaterielle göttliche Lichtgestalt des Apollon oder etwa in der Person des Heilers Äskulap? Oder die Inder, diese Metaphysiker und Mystiker? Warum gerade die Juden? Warum überhaupt diese göttlich-jüdische Tragödie? Warum, wozu? Auch die großen, weisen Juden Philo und Maimonides und Paulus bringen keine einleuchtende Erklärung.

Die intensive Befassung mit der jüdischen Geschichte kann einen Menschen von heute letztlich zum absoluten Unglauben führen. Besser nicht zu denken, was nicht von selber ein-leuchtet. Jedenfalls stellt das Judentum unsere Gottesvorstellung in Frage, und die Frage kann heiß werden. Eine Frage auf Leben und Tod.

Als ich 1962 in Israel war, machte ich mit einer Gruppe von Besuchern aus verschiedenen Ländern eine Busfahrt durchs Land. An vielen Stellen hielt der Bus, und der Fahrer hieß uns aussteigen – nicht etwa an besonders schönen Aussichtspunkten, sondern an Stellen, die sich durch nichts auszeichneten als durch die vom Fahrer laut und hart verkündete Tatsache, daß hier ein tapferer Israeli ein paar Palästinenser getötet hatte. Ich ging jedesmal weg. Angewidert, obwohl ich verstand. Leider verstehen mußte. Ich mußte auch verstehen, daß nicht nur der Sohn meiner Freunde (ein »Sabre« schon) begeisterter Soldat war, sondern auch die Tochter, die, von Geburt an hinkend, ebenso begeisterte Soldatin war, was die deutsch-liberalen Eltern bedrückte. Aber gab es nicht schon im Alten Testament große weibliche Helden mit dem Schwert in der Hand, feierlich Männer mordend? Warum nicht auch heute ...

Der Militarismus, verbunden mit einem ungemein starken Nationalismus, besser Chauvinismus (wie einige Juden selbst es nennen, so Leibowitz, der große Gegner Martin Bubers) ist ein theologisch-politisches Problem. Leibowitz, deutsch-jüdischer Herkunft wie Buber, aber im Gegensatz zu Buber schärfster Gesellschaftskritiker und Gegner des israelischen Anti-Arabismus, nannte Politiker des rechten Flügels »Judo-Nazis«, ein überaus scharfes Wort. Er wagte es auch, angesichts der nationalen Feiern nach dem gewonnenen Sechstagekrieg, die Klagemauer »Disco-Mauer« zu nennen. Dieser Leibowitz (Pazifist, Mediziner, Professor an der Hebräischen Universität) drängt uns dazu, unser Verständnis für den Israel-Palästina-Streit scharf zu überdenken und den jüdischen Anspruch auf sein Prophetentum auf einen soliden Boden zu stellen. Die Tatsache des Überlebens der Juden über Jahrtausende in der Diaspora (angefangen bei der Babylonischen Gefangenschaft) liege nicht im »Prophetentum«, sondern in der »Halacha«, dem jüdischen Gesetz. Gershom Scholem, »der führende Gelehrte des jüdischen Mystizismus« (so Leibowitz), habe einmal gesagt, die Juden glaubten an das Gesetz und nicht an Gott. Buber sieht in der strengen Gesetzestreue eine Katastrophe: »Die Stärke des Judentums wurde nicht nur von außen unterdrückt, sondern auch von innen durch den Despotismus des Gesetzes, was heißen soll, durch eine falsch verstandene, entstellte, verzerrte religiöse Tradition.«

In der Tat: Die Halacha, der Talmud und die vielen Kommentare dazu scheinen vielen Juden selbst ein Anachronismus, so wie uns Christen viele unserer Gesetze (Dogmen und kirchlich-moralische Vorschriften) als überholt erscheinen.

Was die Halacha betrifft: Was hat der jüdische Rabbiner Jesus darüber gesagt? »Das Gesetz ist für den Menschen da«, und die Frömmigkeit liegt nicht im starren Einhalten von Speise- und Sabbatgesetzen (die er selber provokatorisch übertrat!), sondern in der Liebe. Er war ein jüdisch Frommer und zugleich ein Reformer, eigentlich ein Revolutionär. Ohne das Gesetz ausdrücklich abzulehnen, überstieg er es um eine ganze Dimension.

Ich war eingeladen zum Seder-Abend in einer jüdischen Familie. Ein teils vertrautes, teils schwer verständliches Ritual, eine Vorform unserer katholischen Messe. Was wird da gefeiert? Die Erinnerung an den Auszug aus Ägypten, die Befreiung von der Sklaverei. Zweck und Sinn des Festes: die Tradition fortzuführen, die Einheit zu stärken. Die Reihenfolge von Gebeten und Handlungen ist so festgefügt wie die der katholischen Messe: vom einleitenden Gebet über ein Gespräch zum gemeinsamen Mahl mit dem ungesäuerten Brot. Eine Feier, in der zeitlich längst Vergangenes als gegenwärtig erlebt wird und als Zeichen der unendlichen Hoffnung: »Dieses Jahr hier, nächstes Jahr in Jerusalem, dieses Jahr Sklaven, nächstes Jahr Freie.«

Ich, den übersetzten Text in Händen, betete mit, so gut es ging, und plötzlich wußte ich, daß wir um dasselbe flehten: um Befreiung. Wovon? Von der Schattenseite unseres Mensch-Seins.

Ich bemerkte, daß die übrigen Teilnehmer bei ihren Gebärden und Worten genau so zerstreut waren wie viele der Gewohnheits-Christen in der Messe. Mich, die Nichtjüdin, betraf's tiefer. Als ich dann, in der Osternacht, im Kloster auf dem Zionsberg an der katholischen Feier teilnahm, leuchtete mir für kurze Zeit ein Licht auf: Was ich bei den Juden erlebt hatte, war die Verheißung dessen, was auf dem Zionsberg schon der Erfüllung nahe oder doch näher war.

Juden und Christen: was für eine Schicksalsbindung politischer und metaphysischer Art.

Ich las dieser Tage, wie schon oft, im »Heinrich von Ofterdingen« des Novalis und fand wieder die Stelle mit dem »Kreuzgesang« der christlichen Ritter, die ins »Heilige Land« zogen, um es aus den Fäusten der »Ungläubigen« zu retten. Die Stelle ist schrecklich.

> Zum Kampf, ihr Christen! Gottes Scharen
> Ziehen mit in das Gelobte Land.
> Bald wird der Heiden Grimm erfahren
> Des Christengottes Schreckenshand.
> Wir waschen bald in frohem Mut
> Das Heilige Grab mit Heidenblut.

Im nächsten Vers die dem Islam entnommene Vorstellung, daß jeder im »Heiligen Krieg« Gefallene, ob Täter oder Opfer, sofort in die Arme der »Heiligen Jungfrau« gelange.

Freilich darf Novalis nicht wörtlich genommen werden. Für sein Weltbild ist die ganze Geschichte »der Rückweg zum Heiligen Grab«, und jedes seiner Worte ist hermeneutisch, also doppel-deutig geheimnisvoll. Dennoch: Dieses Kreuzfahrerlied sollte es besser nicht geben, denn es gab die Wirklichkeit der Kreuzzüge.

Es folgen bei Novalis die Worte einer »Sarazenin«: »Wie ruhig hatten die Christen das Heilige Grab besuchen können, ohne einen fürchterlichen, unnützen Krieg anzufangen, der unendliches Leid verbreitet und auf immer das Morgenland von Europa getrennt hat. Was lag an dem Namen des Besitzers? Unsere Fürsten ehrten andachtsvoll das Grab eines Heiligen, den auch wir für einen göttlichen Propheten halten. Und wie schön hätte ein Heiliges Grab die Wiege eines glücklichen Einverständnisses, der ewig wohltätigen Bündnisse werden können.«

»Was lag an dem Namen des Besitzers? ...« Sagt man das heute den Juden oder den Palästinensern, wird man von den einen oder den anderen erschossen. Oder man bekommt den Friedensnobelpreis, je nachdem.

Wann werden wir endlich begreifen lernen, daß wir alle Nomaden sind, bestenfalls vorübergehend Besitzer geliehenen Landes? Wann werden wir je lernen, was der Hopie-Indianerhäuptling Seattle 1854 sagte bei der Versammlung der Häuptlinge, als »die Weißen den Indianern ihr Land abkauften«:

> Eines wissen wir:
> Unser Gott ist derselbe Gott.
> Diese Erde ist ihm kostbar.
> Auch der Weiße Mann
> kann dem allgemeinen Schicksal
> nicht entfliehen.

Wie lange wird dieser blaue Planet uns gehören? Wie lange wird der Küstenstreifen zwischen Libanon und Ägypten den Israelis gehören? Wie lange wird es Israel geben? Wird sein alter Gott sein Lieblingsvolk nicht vergessen – und uns dazu? Wer es wagt, solche Fragen zu Ende zu denken ...

Eines Tages (1980, wenn ich mich nicht irre) hörte ich, daß in Ostia-Lido russisch-jüdische Emigranten lebten, und zwar in erbärmlichen Unterkünften am alten Bahnhof. Sie seien aus Israel gekommen, schon vor Monaten. Was taten sie denn in Ostia? Sie taten, was sie in Babylonien getan haben: Sie warteten. Worauf warteten sie jetzt und hier? Ein Bekannter, selbst Jude, sagte sarkastisch: »Sie warten, daß auf den toten Gleisen ihr toter Messias ankomme.«

Worauf aber warteten sie wirklich? Auf ein Einreisevisum in eines der Länder, die ihr neues »Gelobtes Land« sein sollten: die USA oder Australien. Aber die Visa kamen und kamen nicht.

Wie aber waren diese Russen, die Juden waren, hierher gekommen? Sie kamen aus Israel, wohin sie emigriert waren aus der Sowjetunion. Aber warum blieben sie nicht in Israel, wohin sie doch gewollt hatten?

Ich nahm mir eine russisch-israelische Dolmetscherin und fuhr mit ihr nach Ostia. Ein wahrhaft herz-zerreißendes Bild: Da saßen die Juden auf den zersprungenen Stufen des aufgelassenen kleinen Bahnhofs, an dem kein Zug mehr ankam und keiner mehr abfahren würde, um Heimatlose und Heimwehkranke irgendwo hinzufahren. Verzweifelte Leute auf toten Gleisen ...

Da saßen sie, Männer meist, und taten nichts, Tag um Tag. Taten sie nichts? Sie warteten. Das war ihr Tun.

Was sie mir mit Hilfe meiner Dolmetscherin berichteten, war die Essenz einer politischen Tragödie. Sie hatten nicht in der vielfach antisemitischen Sowjetunion bleiben wollen. Wie so viele Juden. Sie stellten den Antrag auf die Erlaubnis zur Auswanderung. Tausende stellten diesen Antrag. Sie mußten warten, warten, warten. Endlich bekamen jene, die ich nun in Ostia traf, die Erlaubnis. Israel sollte aber nur Zwischenstation sein. Man nahm sie natürlich auf und half ihnen finanziell. Bedingung war aber, daß sie so lange in Israel bleiben und für Israel arbeiten mußten, bis sie den erhaltenen Vorschuß »abgearbeitet« hatten.

Schließlich erhielten sie ein Visum für Italien. Aber das Visum galt nur für ein Jahr, und danach mußten sie das Land wieder verlassen. Jetzt war die Frist beinahe abgelaufen. Konnte Italien sie nicht doch aufnehmen? Aber da gab es keine Arbeit. Und sie wollten ja auch gar nicht dableiben. So warteten sie also auf ein Einreisevisum in eines der ersehnten Länder. Ihr Geld schwand hin, und ihre Lage wurde immer verzweifelter. Und Israel wartete darauf, daß die »entlaufenen Söhne und Töchter« reumütig zurückkehren würden ...

Die Sache ließ mir keinen Tag Ruhe. Ich fuhr zum Oberrabbiner in Rom. Der aber stand auf der Seite Israels, so schien es. Sollten die Juden doch nach Israel zurückkehren, wohin sie gehörten. Ich fuhr zur deutschen Botschaft, die aber nichts mit diesen russisch-israelischen Juden zu tun hatte. Ich fuhr zum Vatikan, wo man Betroffenheit zeigte, aber keine Abhilfe zu bieten hatte. Ich fuhr zur US-Botschaft, in der man Hilfe versprach, sehr vage allerdings.

Ich alarmierte die deutsche Presse. Der »Spiegel« (oder die »Zeit«?) brachte meinen Artikel, der mir die (zeitweilige) Feindschaft der israelischen Presse eintrug.
Schließlich war die Weltöffentlichkeit genügend beunruhigt, und die Ostia-Juden fanden Länder, die bereit waren, sie aufzunehmen, Kanada vor allem.
Einer jener Juden, der Solo-Cellist Mark Varshavsky, Meisterschüler Rostropowitschs, gelangte in die Schweiz, heiratete eine Einheimische und wurde Schweizer Bürger. Eines Tages stand er vor meinem Gartentor. Wir wurden Freunde. Er, obgleich im Besitz eines Schweizer Passes (heute wieder eines russischen dazu), blieb heimatlos. Er sagte, er fühle sich bei mir daheim, wenn er für mich und meine Freunde ein Hauskonzert gab. Daß er unter jenen Juden gewesen war, für die ich mich eingesetzt hatte, kam erst später zutage. Heute reist er, Konzerte gebend und auch dirigierend, zwischen Rom, St. Petersburg und Zürich. Ein Nomade. Ein melancholischer Heimatloser, daheim nur in seiner Kunst.
Unser Planet ist im tanzenden Universum der Stern der Heimatlosen, vielleicht ihre eigentliche Heimat, die doch nie Heimat werden kann. Vielleicht der Ort, den wir Purgatorium oder Fegefeuer nennen, der Ort der Reinigung, der Durchgang zum »Nirvana«. Wo aber ist unser Gott? Gilt sein Bund mit dem Menschen noch, oder ist unsere Ruhelosigkeit und weltweite Angst nicht Folge des Fluchs, weil wir Baal anbeten und die Dämonen des Unheils: Geld, Macht, Technik ...? Nehmen wir Israels Geschichte nicht als wirklich genug? Ob Mythos oder Historie – ist sie nicht die Geschichte der Menschheit überhaupt?
Ich mache einen Sprung zurück ins »Heilige Land«.
Ich bin in Jerusalem, zuerst im jordanischen Teil, dann im israelischen. Ich sah alle »heiligen Stätten«: den Ölgarten, die via crucis, Golgatha, das Felsengrab, den Abendmahlssaal, den Tempelberg – und ich fühlte nichts Besonderes. Ich war eine der vielen Touristen, die da herumliefen. Dies alles war nicht »mein« Jerusalem. Mein Jerusalem war zwei Jahrtausende lang gespeichert im Gedächtnis meiner Seele, die seltsamerweise auch Gerüche bewahrte. Woher sonst wußte ich, als ich meinen Roman »Mirjam« schrieb, daß der Vorhof des Tempels voll vom dumpfen Blutgeruch der frisch geschächteten Opfertiere war und die engen Gassen nach Abfällen stanken, und woher kam mir die körperliche Angst vor Eisengeruch? Es war der Geruch der römischen Soldaten. Ich roch, ich sah, ich hörte, ich fühlte ... Das lag weit über den Möglichkeiten meiner Dichter-Phantasie; das war Wirklichkeit, nie vergangene. So gegenwärtig war mir jenes Jerusalem, das ich als lebendige Wirklichkeit erlebte und es auch so beschreiben konnte, daß mir der Literaturhistoriker Hans Mayer 1983 schrieb, er habe das Buch während seiner Gastprofessur an der Hebräischen Universität gelesen und sich gefragt, wie ich denn das Wesen dieser »unheimlichen und unvergleichlichen« Stadt so habe einfangen können: einer der Beweise, daß Raum und Zeit nie vergehen, weil es sie nicht gibt. Jerusalem war *in mir*.

Am stärksten erlebte ich das, was vor zweitausend Jahren geschehen ist, am See Kinneret (Genezareth). Ich berührte das Wasser, auf dem *Er* gewandelt war, und ich hörte Seine Stimme, als die vom Sturm verschreckten Fischer ihn weckten: »Habt keine Angst, ich bin doch bei euch.«

Vermag ich das heute noch zu glauben? Kann ich jene Worte zum Leben erwecken, wenn mich die Weltangst überfällt? Ist Jesu Wort stark genug, der Chaosforschung Sinn zu unterlegen? Fürchte ich die Anti-Materie, wenn der Herr der Materie Gott ist und ich selbst Gott bin? Die Befassung mit jüdischer Philosophie führt in Abgründe.

Aber zurück nach Jerusalem: Ich sitze bei meinen Freunden Frankenstein, und plötzlich sagt jemand: »Weiß eigentlich Martin Buber, daß Sie hier sind?« Woher sollte er es wissen und was könnte es ihm bedeuten?

»Er würde sich freuen, wenn Sie ihn besuchten.«

»Wieso? Ich bin Deutsche.«

»Nun: Er war immer deutschfreundlich.«

Diesen Satz sagt jemand in unfreundlichem Ton. Ich bemerkte, daß die Israelis von 1962 diesen Martin Buber nur sehr bedingt akzeptierten. Wieso? War er nicht freiwillig nach Israel gegangen, wo doch andere Länder ihn aufgenommen hätten? Welcher Makel haftete ihm an?

Für mich, damals, war Buber (den ich einmal flüchtig in Deutschland getroffen hatte und von dessen Büchern ich mehrere kannte) ein Heiliger, ein Prophet. War er das? Nun: Meine Freunde riefen ihn an, er ließ mich ans Telefon holen und lud mich für den nächsten Nachmittag zu sich ein.

Was wollte ich eigentlich bei ihm? Was wollte er von mir? Was war der Sinn dieser improvisierten Begegnung?

Sein Haus, ein Bungalow, lag in einem dichten Garten an der vormaligen »Todeszone«, dem Grenzstreifen zwischen Israel und Jordanien. Eine Frau öffnete mißmutig.

Buber lag auf einem Ruhebett, sein langer weißer Prophetenbart, schön gekämmt, ausgebreitet auf der Decke. Ich war befangen. Er aber streckte mir beide Hände entgegen. Ich sagte »Schalom«. Es war wie ein Losungswort. Er schaute mich an, als wollte er wissen, wer ich denn »wirklich« sei, und ich schaute ihn an, um zu wissen, wer er »wirklich« sei, das nämlich war mir so ganz klar nicht.

Buber zog mich näher zu sich, ganz nahe, zuletzt auf den Rand seines Ruhebetts. Er sei ein wenig krank, sagte er. Und dann stellte er Fragen. Es war wie ein Verhör. Was sollte ich sagen über das Deutschland von 1962, das ich, ohne zu emigrieren, zwei Jahre vorher für Italien eingetauscht hatte? Er stellte Fragen; eine Litanei von Fragen, die politischer Natur waren. Ich weiß meine Antworten nicht mehr. Was mochte ich gesagt haben über mein Vaterland? Vorsichtige Verteidigung oder Verdammung oder Erklärungen ... Er fragte nach meiner Gefängniszeit, und ich sagte, ich hätte nichts erlebt, was »Auschwitz« gleichkäme, außer der Erwartung meines Todesurteils vom Berliner Volksgerichtshof.

Dann wollte er mein Urteil über das Israel von 1962. Schwierige Frage, schwierig zu antworten, denn ich war keineswegs nur begeistert von der Leistung Israels. Ich sagte offen, was mir mißfiel: die vielen uniformierten und bewaffneten Mädchen und der (wenn auch begreifliche) Nationalismus und Militarismus und der unselige Schwelbrand: die Spannung zwischen Israel und den Palästinensern. Er gab immer neuen Anlaß zum Krieg, und der Friede war zähnefletschend, und ich erwartete neue Gewalttaten, solange offiziell erlaubt war, daß ein israelischer Reiseführer provozierend öffentlich berichtete, wo überall böse Palästinenser von tapferen Israelis getötet worden waren ... Buber schwieg.

Ich sagte: »Natürlich kenne ich die Schuld der Deutschen, und ich weiß, daß die deutsche Regierung 1952 versprochen hatte, jährlich eine sehr hohe Summe an den neuen Staat Israel zu zahlen: Wiedergutmachung und Finanzhilfe. Ja, aber mit Geld wäscht man das jüdische Blut nicht von deutschen Händen ab. Das bleibt ein Makel, ein Gespenst, das ruhelos wandert zwischen Israel und Auschwitz. Aber ein anderes Gespenst wandert entlang dem Jordan, das Heilige Land zerschneidend.« Ich wagte zu sagen, was ich später im »Israel Forum« schrieb: daß die Gründung des Staates Israel eine Provokation für die Völker Vorder-Asiens sei und Zündstoff für weitere Kriege. (Der »Blitzkrieg« war zeitlich nicht sehr weit entfernt, er lag schon in der Luft.) Ich wagte Buber zu sagen, daß die Gründung eines weltlichen Staates den Juden so wenig entspräche, wie die Gründung eines christlichen spanischen Staates in Mittelamerika dem Weltgeist des Friedens entsprochen habe; die Juden seien ein spirituelles Volk, und ihr Reich sei ein geistiges, über die Welt verstreut, und ihre Religion sei Geist vom Geist Gottes, nicht Eroberpolitik. Zu meiner Bestürzung gab Buber mir recht, aber er bedeutete mir, zu meinen israelischen Freunden darüber nicht zu sprechen, er habe schon Feinde genug, man halte ihn für »nicht gesetzestreu«. Er ist also eine Art Ketzer. Ein Verräter am echten Judentum. Einer, dem die Halacha als Heilsweg nicht genug, ja vielleicht eher hinderlich ist.

Plötzlich seine Frage, dringlich: »Warum sind Sie Christin?« Ja, warum... Weil ich in einem christlichen Land von christlichen Eltern geboren wurde.

Bubers Frage hieß eigentlich, warum ich Christin bleibe nach all dem, was Christen im Namen Christi andern Völkern angetan hatten; sie hieß: Wie können Sie nach Auschwitz Christin bleiben?

Ich hatte eine Antwort: »Ich bin Christin, weil ich bis jetzt keine Religion fand, die mir bessere Antworten auf meine Fragen gibt.«

Hätte ich damals Bubers Werk »Zwei Glaubensweisen« gekannt, hätte ich antworten können: Ich bin Christin aus demselben Grund, der Sie Jude sein läßt. Sie, Herr Buber, schreiben, Sie hätten Jesus von Jugend auf als Ihren großen Bruder empfunden, und: »daß die Christenheit ihn als Gott und Erlöser angesehen hat und ansieht, ist mir immer eine Tatsache von höchstem Ernst erschienen.« Und Sie schrieben auch, daß diesem Jesus »ein großer Platz in der Glaubensgeschichte Israels zukommt ...« Unter Glaubensgeschichte verstehe ich die Geschichte des uns bekannten menschlichen Anteils dessen, was zwischen Gott und Mensch geschehen ist. Sie, Herr Buber, haben sich ein halbes Jahrhundert mit dem Christentum befaßt. Mit der christlichen Glaubensweise ist hier also ein Prinzip gemeint, das in der Urgeschichte des Christentums zu dem genuin-jüdischen hinzutritt und das in der Lehre Jesu, wie wir sie aus den älteren Evangelientexten kennen, als das genuin Jüdische waltet ...

Dies hätte ich Buber antworten können. Ich hätte sagen können: Ich bin Christin, weil ich auch Jüdin bin, denn Jesus war Jude.

Aber damals wußte ich diese Antwort nicht, jedenfalls konnte ich sie nicht formulieren.

Bubers nächste Frage war sehr streng: »Lieben Sie die Menschen?«

So könnte einen der Weltenrichter fragen am Ende der Zeiten. Ich sagte spontan: »Ja, Herr Buber.«

Bubers Antwort (ich schrieb sie nachher auf): »Nein, Sie irren. Sie können nicht *die* Menschen lieben. Man kann nur einzelne Menschen lieben, wenige ... Die übrigen erträgt und duldet man, oder man mag sie ganz und gar nicht.«

Ich widersprach: »Ich liebe wirklich *die* Menschen ... Ich liebe *den* Menschen. Ich liebe immer den, den ich vor mir habe und der etwas von mir will und der also mein Nächster ist. Ich mag wirklich alle, weil alle mich interessieren.«

»Aha, als Schriftstellerin mögen Sie die Menschen.«

»Als was auch immer. Ich bin ja nicht von meiner Arbeit zu trennen.«

Er: »Gut. Aber ich vermute, daß Ihre Menschenliebe, soweit sie nicht pure Neugier auf immer neue Spielarten Mensch ist, einfach anerzogen ist. Man hat Sie gelehrt, daß es Sünde sei, jemand nicht zu lieben, und das Verbot leitet Sie weiterhin.«

Ich: »Nicht das Verbot, sondern das Gebot: Du sollst lieben.«

Er: »Deinen Nächsten.«

Ich: »Meinen Nächsten mag ich nicht immer, aber ich liebe *den* Menschen.«

Er (nach einer sehr langen Pause des Nachdenkens, seinen Blick in meinen Augen): »Ja, Ihnen glaube ich das.«

Nach diesem Gespräch zog er mich an sich, legte mir seine Hand auf den Scheitel und sagte etwas Hebräisches und übersetzte es nicht. Und dann küßte er mich auf den Mund (das wagte ich damals in meinem Tagebuchbericht nicht zu schreiben, aber es ist geschehen). Daß er es so meinte, wie es geschah, erfuhr ich später, als er mir schrieb: »... Ihr M. B., der die Erde um so mehr liebt, seit er weiß, daß es Sie auf ihr gibt.«

Ich traf Buber noch einmal, dieses Mal in der Schweiz, wo er in einem Sanatorium bei Luzern war. Wir machten einen Spaziergang. Ein schöner Sommertag. Auf dem höchsten Punkt des Hügels blieb Buber stehen. Wir sprachen über Gott. Das Gespräch bewegte sich in jener Zone, in der nicht mehr der analytische Verstand »denkt«, sondern das ganze Sein »erkennt«. In dieser Kairos-Stunde wagte ich Buber zu fragen: »Was ist Ihnen Gott, Herr Buber?« Er rief (ja, er rief es laut): »Gott? Ich liebe ihn.«

In diesem Augenblick hob ein leichter Wind Bubers weißen Bart, der wie eine silberne Flamme aufsprang, und Buber, beide Arme ausbreitend, den Spazierstock wie den Mosesstab hochhebend, rief noch einmal laut: »Ja, ich liebe ihn!«

Es wäre nicht zu verwundern gewesen, wäre er wie Elias im feurigen Wagen gen Himmel gefahren.

Danach traf ich ihn nicht mehr unter den Lebenden. Aber ich wundere mich, in meiner Bibliothek nicht nur viele allgemeine Judaica-Werke zu finden, sondern eine Anzahl von Büchern Bubers. Wenn ich mich jetzt frage, was mir das Wesentliche an Bubers Philosophie-Theologie ist, dann weiß ich, daß es sein Begriff des Dialogs ist.

Aber gerade das ist mir in den letzten Jahren zur großen Frage geworden.

1962, nach meiner Rückkehr aus Israel, schrieb ich an meinen Lehrer Karl Rahner (der Brief ist abgedruckt in meinem Buch *Gratwanderung*):

»... Buber fragte mich, was ich unter »Religion« verstehe. Ich sagte: ›Das immerwährende reale Verbundensein mit Gott.‹ Er fragte: ›Brauchen Sie dazu eine Religion, eine Kirche?‹«

Damals schien ich sie zu brauchen. Aber das Jerusalemer Gespräch mit Buber war auch der Beginn meiner großen Zweifel gerade an diesem »Brauchen«. Ich schrieb an Rahner: »Ich denke, daß Gott sich immer wieder neu offenbart, jedem Volk so, wie es ihm adäquat ist. Und so frage ich: Warum sollten wir Christen *die* Wahrheit wissen? ... Ist das Christentum die – bis jetzt – höchste Form der göttlichen Offenbarung? ... Glaubst Du nicht, daß Gott sich nicht auch deutlicher offenbaren kann in einer neuen Religion ... vor dem Zeiten-Ende?«

Meine Frage bleibt offen.

Und eine andere Frage, die ich an Buber hätte stellen mögen, bleibt auch offen: die Frage nach Gott als »Person«. Es war den Juden streng verboten, sich von Gott ein Bild zu machen, ein Bild aus Erz oder Stein. Aber ein Bild aus Worten machten sie sich durch den Dialog mit ihm. War das nicht ein Widerspruch? Oder war es einfach ein Entgegenkommen »Gottes« an ein Volk, das kein Volk bildender Künstler war, sondern ein Volk des Wortes und des Intellekts?

Und schließlich blieb und bleibt offen die Frage der »Auserwähltheit« Israels. Mußte der Weltengott nicht wollen, daß es ein einziges großes Gottesvolk gebe, alle ethnischen, kulturellen, psychologischen Grenzen übersteigend und alles fremd Scheinende einschmelzend in einer einzigen Religion der Liebe? Sind Buddhisten und Hindus nicht weiser und näher am Liebesgeist?

Die beiden Statuen am Straßburger Münster (Judentum und Christentum) betrachtend, denke ich: Damals gab man der »Synagoge« eine Binde um die Augen. Tragen diese Binde wir alle?

Von Israel habe ich viel verstanden. Vom Judentum verstand ich etwas auf dem Prager Jüdischen Friedhof, diesem unheimlichen Ort. Wie die gläubigen Juden steckte auch ich einen Gebetszettel in den Schlitz des Grabmals eines der großen Weisen. Auf meinem Zettel stand nichts als »Schalom«, und ich fühlte gerade an jenem Ort, daß ich einem Volk angehöre, das über die Welt verstreut ist: das Volk der Hoffenden.

Zeitzeugenschaft

Die Tagebücher von Victor Klemperer 1933–1945

Theo Stammen

I. Vorbemerkung

Am Ende eines Jahres frage ich mich immer: Welches Buch, welches literarische Werk hat mich am meisten und nachhaltigsten beeindruckt, mich hinsichtlich Weltverständnis oder Welterkenntnis am meisten befördert? Im Jahr 1994/95 war es das dichterische und essayistische Werk des russischen Dichters Ossip Mandelstam[1], eines jüdischen Autors, der in der Stalinzeit in Konflikt mit dem Regime geriet und schließlich in einem stalinschen Gulag 1938 umgekommen ist. Er war ein Lyriker höchsten Ranges, dessen Gedichte und Essays die Auseinandersetzung des Autors mit der Politik (mit Staat und Partei) auf einem für das 20. Jahrhundert selten hohen Niveau repräsentieren – vergleichbar im Deutschen am ehesten mit Rose Ausländer und Paul Celan.

Im Jahr 1995/96 war es ein gänzlich anderes literarisches Werk, das einen ähnlich starken Eindruck, eine ähnlich nachhaltige Wirkung auf mich ausgeübt hat: Die Tagebücher des Victor Klemperer von 1933 bis 1945, deren Titel ein Zitat aus den Tagebüchern ist: »Ich will Zeugnis ablegen bis zum Letzten!« Darauf folgte die Lektüre der zweibändigen Jugendgeschichte bis 1919, der beiden Tagebücher von 1919 – 1932 und eines knappen Nachkriegstagebuches vom Frühjahr bis Herbst 1945.[2] Das sind sieben Bände im ganzen, eine beträchtliche Menge autobiographischen Materials, das das individuelle Erleben und zeitkritische Wahrnehmen der deutschen Geschichte vom Kaiserreich (etwa ab 1880) bis in die deutsche Nachkriegsgeschichte 1945 umfaßt, aufgenommen und beschrieben aus der Perspektive eines deutschen Juden protestantischen Bekenntnisses in der Epoche der Heraufkunft des extremen Nationalismus und virulenten Antisemitismus in Deutschland bis zum Ende des Holocausts. Damit etabliert sich hier eine kritische *Zeitzeugenschaft*, die ihresgleichen so leicht nicht findet – vor allem dann nicht, wenn man die literarische Qualität und die nüchterne Wahrhaftigkeit und Authentizität dieser Aufzeichnungen mit in Rechnung stellt.[3]

---

[1] Vgl. meinen Artikel Der Dichter und Europa: Ossip Mandelstam. Edith Stein Jahrbuch Bd. III. Würzburg 1997, 173 ff.

[2] Victor Klemperer, »Ich will Zeugnis ablegen bis zum Letzten!« Tagebücher von 1933–1945, 2 Bde., o.O. 1995, Zitat Bd. 2, 124. Künftig T.I bzw. T.II; ders., Curriculum Vitae. Jugendtagebücher bis 1919, 2 Bde., o.O. u. o.J.; ders., Leben sammeln, nicht fragen wozu und warum. Tagebücher von 1919–1932, 2 Bde., o.O. 1996; ders., Und so ist alles schwankend. Nachkriegstagebuch Mai 1945 – Herbst 1945, o.O. 1996

[3] Verstärkt wurde bei mir noch die Wirkung der Lektüre der ersten beiden Tagebuchbände durch das Anhören einer öffentlichen Lesung in den Münchner Kammerspielen

Zu dieser Erfahrung tritt noch ein zweites Moment hinzu: eine eher objektive Tendenz in der innerdeutschen Diskussion seit der Wiedervereinigung. Sie hat inzwischen eine solche Intensität erreicht, daß sie schon fast den Charakter der Selbstverständlichkeit und des guten Gewissens für sich beanspruchen zu können glaubt: die Tendenz zur Normalisierung der NS-Zeit in der historischen Analyse und Bewertung, die – genauer besehen – eine falsche Normalisierung ist und die in der Praxis auf eine politisch motivierte Umwertung der exzeptionellen Epoche des Dritten Reiches im Rahmen der neueren und neuesten deutschen Geschichte hinausläuft.

Im Frühjahr und Sommer 1996 wurde in der deutschen Öffentlichkeit eine leidenschaftliche Diskussion geführt um das Buch des jungen amerikanischen Zeithistorikers Goldhagen über die Deutschen als willfährige Helfer Hitlers. Sie hatte vielleicht den guten Nebeneffekt, auf die sich immer stärker und ungenierter artikulierenden Positionen der *Neuen Rechten* in der deutschen Intelligenz aufmerksam zu machen, denen besonders an dieser *Normalisierung* gelegen ist.

In einem solchen öffentlichen Diskussions-Milieu kann die Lektüre der Tagebücher von Klemperer nur empfohlen werden; sie geben dem Leser einen Begriff von der besonderen Bedeutung der schrecklichen, unmenschlichen Normalität und Alltäglichkeit des Nationalsozialismus von den Anfängen seiner Herrschaft 1933 bis zum bitteren Ende im Mai 1945, die eine Normalität der Verfolgung und der Schrecken für all die war, die nicht als »Volksgenossen« galten.

Ein Drittes kommt schließlich noch hinzu, das eher wissenschaftlich motiviert ist. Von fachwissenschaftlichem Interesse an dem äußerst spannenden Vorgang ist, wie in diesen Tagebüchern – unter den extremen Lebensbedingungen eines deutschen Juden während der NS-Zeit mitten in Deutschland – immer wieder das Überschreiten vom alltäglichen politischen Denken des Autors zu politisch-theoretischen Reflexionen erfolgt, die die normativen Grundlagen des Politischen unter den totalitären Herausforderungen des Nationalsozialismus thematisieren und reflektieren.

Das normale und alltägliche politische Denken ist schon immer der Theorie des Politischen voraus. Das gilt für alle Epochen der Geschichte und für alle Kulturen. Aber immer dann, wenn dieses Politische in eine tiefgreifende Krise gerät und damit zugleich auch das politische Alltagsdenken, entsteht ein unabweisbares existentielles Bedürfnis nach einer die Krise anpackenden und bewältigenden Theorie des Politischen, einer politischen Theorie, die die objektive und zugleich mentale Unordnung des Politischen aufdecken und erkennen hilft und so zur Bewältigung dieser Krise beizutragen weiß. Auch dies findet sich – wenn auch natürlich nicht durchgängig – allenthalben in diesen Tagebüchern und macht die Lektüre wichtig und interessant.

---

im Frühjahr 1996, wo eine ganze Woche lang Schauspieler von morgens bis abends den vollen Wortlaut vor vollem Haus lasen.

II. Wer war Victor Klemperer? – Einige biographische Hinweise.

Victor Klemperer wurde 1881 als Sohn eines Rabbiners in Landsberg an der Warthe geboren. Seine Kindheit verbrachte er anfangs in Bromberg, dann aber größtenteils in Berlin, wohin sich sein Vater hatte versetzen lassen. Zuerst wollte er einen praktischen Beruf ergreifen und trat auch in eine Lehre ein; entschied sich dann aber noch eben rechtzeitig für eine akademische Laufbahn: holte das Abitur nach und studierte dann Germanistik und vor allem Romanistik in München, Genf, Paris und Berlin. Als Schüler des bekannten Romanisten Karl Vossler in München promovierte und habilitierte er. 1906 heiratete er die Pianistin Eva Schlemmer, die bis zu ihrem Tode anfangs der fünfziger Jahre, vor allem auch die 12 Jahre der NS-Zeit hindurch, mit ihm zusammenlebte. Eva Schlemmer war keine Jüdin. Klemperer selber hatte sich – trotz der Tatsache, daß sein Vater Rabbiner war – taufen lassen und war zum Protestantismus übergetreten, eine vor dem Ersten Weltkrieg in Deutschland für eine erfolgreiche akademische Karriere unabdingbare Voraussetzung für einen Juden. Seine älteren Brüder hatten ihm das vorgemacht und ihn dazu ermuntert. Im Ersten Weltkrieg war Victor Klemperer Soldat und erhielt für seinen Fronteinsatz das Eiserne Kreuz, was ihm zu Beginn der NS–Zeit eine gewisse »Schonung« einbrachte. Ab 1920 war Klemperer, nach Studienaufenthalten im Ausland (z.B. in Italien), Professor für Romanische Philologie an der Technischen Hochschule Dresden, bis er 1935 als Jude von den Nazis aus dem Amt entlassen wurde. Da half auch das EK I nicht mehr.

Klemperer hat sein ganzes Leben lang Tagebuch geschrieben; als Lehrling hat er damit begonnen. Die Jugendtagebücher bis 1918 hat er später, während der NS–Zeit, zu einem autobiographischen Bericht aus- und umgearbeitet, dem *Curriculum Vitae*. Die Zeit von 1919 bis 1932 fand ebenfalls in einem umfangreichen Tagebuch ihren Niederschlag: *Leben sammeln, nicht fragen, wozu und warum*. Es folgen dann zeitlich die Tagebücher aus der NS–Zeit.[4] So war er ein selten geübter Tagebuchschreiber, als er 1933 seine bedrohte Existenz fast täglich dem Tagebuch anvertraute und sich dadurch immer wieder selbst in äußerste Lebensgefahr brachte.

Klemperers wissenschaftliches Werk ist fast ausschließlich der französischen Literatur, und in dieser wiederum der Epoche der Klassik und der Aufklärung (17. und 18. Jahrhundert) gewidmet. Als Schüler von Karl Vossler schrieb er Monographien über Corneille und Montesquieu, sodann – während der NS-Zeit unter zunehmend schwierigeren Bedingungen – eine mehrbändige große Geschichte der Französischen Literatur des 18. Jahrhunderts, in der die Aufklärungsepoche (die Enzyklopädie Diderot und Rousseau) im Zentrum steht. Doch wird man nicht sagen können, daß sich Klemperers Ruf und Ruhm heute noch auf diese wissenschaftlichen Schriften gründen. Sie sind – wie das Schicksal der meisten wissenschaftlichen Werke – überholt und vergessen. Sein Ruf und Ruhm, wie sie sich nach dem Zweiten Weltkrieg neu konstituierten, stützen sich viel-

---

[4] Wie Anm. 2.

mehr nahezu ausschließlich auf zwei andere Arbeiten, die nach dem Zweiten Weltkrieg, nach Ende der NS–Zeit erschienen sind und diese Epoche der deutschen Geschichte zu ihrem eigentlichen Thema haben:
1. Das Buch mit dem Titel *LTI (Lingua Tertii Imperii)*[5],
2. die Tagebücher 1933 – 1945 mit dem Titel *Ich will Zeugnis ablegen bis zum Letzten!*, die posthum gedruckt worden sind.
Diese Tagebücher, ergänzt durch das Nachkriegstagebuch[6] aus der Zeit der frühen Sowjetischen Besatzungszone und der beginnenden kommunistischen Herrschaft, haben die allgemeine Aufmerksamkeit erst wieder auf Klemperer gelenkt. Sie lagen 35 Jahre unbeachtet im Nachlaß (Victor Klemperer starb 1960), und wurden 1995 zu einem bedeutenden literarischen Ereignis und Erfolg. Dieser Erfolg war so bedeutend, daß Victor Klemperer dafür posthum den *Geschwister-Scholl-Preis* der Stadt München 1995 zugesprochen und 1996 verliehen bekam. Bei der Preisverleihung hielt der Schriftsteller Martin Walser eine bemerkenswerte Laudatio mit dem Titel »Das Prinzip der Gerechtigkeit«, womit das Prinzip des schriftstellerischen Verfahrens in diesen Tagebüchern treffend charakterisiert worden ist.

Zum Abschluß dieser Vorbemerkung zu Person und Werk: Die Tagebücher 1933 – 1945 sind jetzt der zentrale Gegenstand der weiteren Überlegungen. Sie sind – und darauf gründet das öffentliche Interesse an ihnen – kein privates oder gar intimes Tagebuch, wie Tagebücher sonst oft; sie sind auch kein rein literarisches Tagebuch, das bereits im Hinblick auf eine spätere Veröffentlichung und mit Rücksicht auf einen späteren Leser geschrieben worden ist. Darauf konnte Klemperer zwischen 1933 und 1945 beim Schreiben gar nicht hoffen und denken. Sie sind vor allem ein zeitgeschichtlich-politisches Tagebuch und insofern ein bedeutsames Dokument der Zeitgeschichte der NS-Epoche. Ein zeitgeschichtlich-politisches Dokument von ganz exzeptioneller Bedeutung und von entsprechendem Rang. Einmalig in seiner Art! Ungemein aufschlußreich über eines der dunkelsten Kapitel der jüngeren deutschen Geschichte. Dieser einmalige Rang begründet sich nicht zuletzt auch dadurch, daß der Verfasser als Jude von seiner NS-Umwelt gezwungen war, in einer absoluten Ausnahmesituation zu leben. So konnte er die für ein solches Tagebuch nötige kritische Distanz gewinnen, um diese NS-Realität als Alltagswelt und -wirklichkeit in Tag-für-Tag-Aufzeichnungen festzuhalten und als genauer Chronist zu überliefern. Hinzu kommt noch die literarische Qualität, die nicht in einem schönen, aber in einem genauen, präzisen, scharfsichtig-analytischen Stil besteht, einem Stil, der die gleiche analytische Genauigkeit und Strenge auch dem Verhalten, Befinden und Denken des Autors selbst gegenüber beibehält und so zugleich wahr und wahrhaftig ist. Daher sind die Tagebücher ein herausragendes Dokument der Zeitzeugenschaft, das für den zeitgeschichtlich Interessierten von größtem Interesse und Aufschluß ist. Ein Dokument aber auch der Conditio humana in

---

[5] V. Klemperer, LTI - Notizbuch eines Philologen. O.O. 1947. Künftig LTI.
[6] Wie Anm. 2.

totalitärer Umwelt im 20. Jahrhundert und somit den Schriften Ossip Mandelstams durchaus an die Seite zu stellen.

In dieser Zeitzeugenschaft liegt die eigentliche – menschliche und politische – Bedeutung der Tagebücher von Victor Klemperer. Sie ist für uns heute von außerordentlicher aktueller Bedeutung – nicht zuletzt angesichts der oben bereits erwähnten Tendenz zur falschen Normalisierung oder Relativierung der NS-Zeit bei manchen Zeitgenossen. An ihrer Authentizität ist nicht zu zweifeln.

III. Victor Klemperers Tagebücher 1933–1945

Die folgenden Analysen und Interpretationen der Tagebücher Klemperers aus der NS-Zeit können nur einige wenige Pfade durch die Masse dieses zeitgeschichtlichen Dokuments legen und nur begrenzte Durchblicke eröffnen. Sie wollen entsprechend auch kein Ersatz für eine genauere und vollständige Lektüre dieses Textes sein, sondern eher eine Anregung, eine Aufforderung dazu.

Folgende Hinsichten sollen die Analysen, mit vielen Zitaten aus dem Text unterstützt, orientieren:
1. Zunächst möchte ich das Tagebuch als ein von Klemperer unter sehr extremen Rahmenbedingungen gehandhabtes *Aufschreibsystem* (Fr. Kittler) zu charakterisieren versuchen und dabei zugleich – denn das hängt damit integral zusammen – als ein spezifisches Erkenntnisprogramm beschreiben. Der gewählte Titel *Zeitzeugenschaft* gibt zu diesem Thema bereits die Richtung an.
2. Victor Klemperer, bekanntlich Philologe (Romanist), hatte ein besonders ausgeprägtes Interesse an Sprache und sprachlichen Phänomenen. Seine Welt- und Menschenbeobachtung war stets vorrangig Sprachbeobachtung und Sprachanalyse – insofern Welt zugleich *Wörterwelt* (Lichtenberg), d.h. durch Sprache konstituierte, interpretierte und verstandene Welt ist. Es ist kein Zufall, daß Beobachtung und Analyse der LTI – von Beginn seiner Erfahrung des Nazitums – bis 1945 im Vordergrund bzw. im Mittelpunkt standen. Seine Sprachbeobachtung war stets vorrangig Wörterbeobachtung oder genauer Wörtergebrauchsbeobachtung in politischem Kontext.

Die Beobachtung des Wörter- oder Wortgebrauchs im Dritten Reich war für ihn stets der Weg, die Methode der Beobachtung und Analyse der Weltanschauung und der Weltwirklichkeit der NS-Herrschaft, die er erlebte und beobachtete und um deren Erkenntnis und Entlarvung es ihm ging. Eine besonders umfangreiche Menge der Tagebuchaufzeichnungen ist dieser kritischen Aufgabe der Wörtergebrauchsbeobachtung und -analyse gewidmet. Es ist auch kein Zufall, daß Klemperer, als er auf schier unglaubliche Weise dem Holocaust und dem Inferno des Krieges (Dresden!) entronnen war, sich umgehend daranmachte, seine kritischen Wörtergebrauchsbeobachtungen an der LTI aus dem Tagebuch herauszuziehen, zu bearbeiten und kommentierend zu ergänzen und sie dann unter dem bezeichnenden Titel *LTI – Notizbuch eines Philologen* bereits 1947 zu veröffentlichen. Ein bedeutsames frühes Werk für die Erforschung der NS-Sprache – sowohl als Dokument wie als Quelle.

3. Als dritte Hinsicht soll dann die akademische und universitäre Ebene, soweit sie in den Tagebüchern im Reflex erkennbar und rekonstruierbar ist, herausgearbeitet werden, um so – zumindest aus der begrenzten Sicht des Betroffenen – die Universität und die Universitätsangehörigen (vor allem die Professoren!) in ihrer Reaktion auf und in ihrer Anpassung an das NS-Regime, seine Ideologie und seinen rassischen Antisemitismus, dessen Opfer Professor Dr. Victor Klemperer ja bereits 1935 als Lehrstuhlinhaber geworden war, zu demonstrieren. Auch diese Hinsicht trägt im Reflex zur Verifizierung oder Falsifizierung der Thesen Goldhagens über »Hitlers willfährige Helfer« in dem speziellen Lebensbereich Hochschule bei.

4. Die vierte Hinsicht, unter der die Tagebücher betrachtet werden sollen, bezieht sich auf die darin geleistete Darstellung und Analyse des NS-Herrschaftssystems und seiner Machtträger vor allem auf der lokalen und regionalen Ebene, mit der Klemperer es unmittelbar zu tun hatte. Hier, auf dieser Ebene, findet sich viel und interessantes Material und mancher erhellende Hinweis, der in der Goldhagen-Diskussion aktuell verwertbar ist, insofern er die alltägliche NS-Herrschaftspraxis gegenüber einem Juden enthüllt.

5. Die fünfte Hinsicht soll versuchen – der Chronologie der Ereignisse des Dritten Reiches und des Schicksals des Tagebuchschreibers nachfolgend – die Facetten der Alltagsrealität im NS-Staat aufzuzeigen, so wie sie sich in der Perspektive eines verfolgten und jeden Tag in seinem Leben bedrohten, rechtlosen, entwürdigten und gedemütigten Juden spiegelten.

6. Ein kurzer Epilog zum Thema »Die Erben der Zeitzeugen« soll meine Ausführungen abschließen, um den Bogen von den Tagebüchern Klemperers zu unserer Gegenwart und zu unserer Verantwortung vor der Geschichte spannen zu können.

1. Tagebuch als »Aufschreibsystem«

Lange Zeit standen Betrachtungen literarischer Formen in Verruf; Gattungspoetik wurde sowohl vom Standpunkt werkimmanenter Interpretationskunst als auch von sozialhistorisch orientierter Literaturwissenschaft gleichermaßen eines leeren, geschichtslosen Formalismus geziehen. Dies änderte sich in jüngster Zeit unter dem Gesichtspunkt eines an literarischer Kommunikation orientierten Erkenntnisinteresses: Hier wurden literarische Formen und Gattungen mit einem Mal als Elemente und Strategien symbolischer wie pragmatischer Kommunikation im Kontext politischer und sozialer Kommunikationssituationen begriffen und neu bewertet.

Diese allgemeine Bemerkung gilt auch für das Tagebuch: Man kann es als ein bestimmtes »Aufschreibsystem« deuten, das in sich wieder – je nach zugrundeliegender Subjektivität und je nach den bedingenden Kommunikationssituationen – durchaus mehrere verschiedene Varianten zuläßt.

Im Rahmen der europäischen Literaturtradition gibt es eine Fülle von Varianten, wie sie der Romanist Gustav René Hocke, ein Curtius-Schüler, umfassend dargestellt und systematisiert hat.[7] Für unsere Zwecke mag es genügen, mit Blick auf das Tagebuch des 20. Jh. und darin auf die Tagebücher Victor Klemperers, diese Fülle auf drei Typen zu reduzieren:

a) auf das Tagebuch als Genre der individuellen Selbstreflexion zum Zwecke der philosophischen oder religiösen Existenzerhellung und Selbsterkenntnis;

b) auf das Tagebuch als Arbeitsjournal, das (wie etwa bei B. Brecht) den künstlerischen oder literarischen Schaffensprozeß fördernd und kritisierend begleitet und dokumentiert;

c) auf das Tagebuch als Genre der kritischen (moralistischen) Menschenbeobachtung und Zeitanalyse, das seismographisch die Tendenzen der Zeit registriert und kommentiert.

Diese Typen werden natürlich selten rein vorkommen, sondern in der Regel als Mischformen mit mehr oder weniger Anteilen der aufgeführten Typen. So sind eigentlich alle großen Tagebücher des 20. Jahrhunderts solche Mischformen, z.B. die von Harry Graf Kessler, Thomas Mann, Ernst Jünger.

Künftig wird man sicher auch Victor Klemperers Tagebücher aus der Weimarer Zeit und der NS-Epoche in einem Atemzug mit diesen nennen müssen. Versucht man, sie in die oben angegebene Typologie einzuordnen, dann wird man sie primär dem dritten Typ, der kritischen Menschenbeobachtung und Zeitanalyse, zuordnen müssen. Zum geringeren Teil wird man sie darüber hinaus auch noch als Arbeitsjournal bezeichnen können, am wenigsten haben sie indes mit individueller Selbstreflexion und entsprechender Introspektion zu tun.

Diese Zuordnung gilt für das gesamte Tagebuchwerk Klemperers; im besonderen aber für die Tagebücher von 1933 bis 1945, mit denen wir es hier vornehmlich zu tun haben. Sie haben, von 1933 bis 1945 nahezu kontinuierlich von Tag zu Tag (mit nur ganz wenigen, in der Regel durch Haftaufenthalte und ähnliche äußere Umstände erzwungene Unterbrechungen) einen besonderen, ja einmaligen Charakter. Dies kann kaum verwundern, wenn man bedenkt, unter welchen Bedingungen sie zustande gekommen sind. Das Besondere, Einmalige dieser Tagebücher wird m.E. durch zweierlei bestimmt, was die Intensität, und Hartnäckigkeit erklärt, die den Verfasser, in seiner Situation als Jude im NS-Deutschland, zum Aufschreiben angehalten hat: Zum einen durch die schon recht früh gefaßte Entscheidung, nach dem Verbot und der Unterdrückung seiner gesamten wissenschaftlichen Tätigkeit, in der Aufgabe der Zeitzeugenschaft durch das Medium des Tagebuchs seinen eigentlichen *Beruf* zu sehen:

---

[7] R. Hocke, Europäische Tagebücher aus vier Jahrhunderten. Eine Dokumentation, o.O. 1978 u.ö.

> Das Gefühl der Pflicht zu schreiben, es ist meine Lebensaufgabe, mein Beruf.[8]

Zum anderen in der durchaus existentiellen Erfahrung, daß unter den extremen Bedingungen des totalitären NS-Regimes das Schreiben – Aufschreiben der Beobachtungen und Erfahrungen – die eigentliche Legitimation seines Lebens, seiner ganzen Existenz geworden war. Aufhören zu schreiben hätte zugleich das Ende dieser Existenz, ihren Zusammenbruch bedeutet.

Das Tagebuchschreiben war zur wesentlichen Lebensäußerung dieses Menschen in seiner Drangsal geworden. Beide – die Aufgabe der Zeitzeugenschaft (wie sie in dem posthumen Titel dieser Tagebücher deutlich ausgesprochen ist: »Ich will Zeugnis ablegen bis zum Letzten«) und das Schreiben als wesentlicher Existenzgrund – gehören untrennbar zusammen. Und beide zusammen bestimmen entscheidend den menschlichen und zeitgeschichtlichen Rang dieser Tagebücher und machen sie so unendlich wertvoll für uns Nachlebende.

Klemperer hat später diese existentielle Bedeutung des Tagebuchschreibens für sich in folgender Anekdote ausgesprochen:

> »Vater«, fragt ein Junge im Zirkus, »was macht denn der Mann auf dem Seil mit der Stange?« »Dummer Junge, das ist die Balancierstange, an der hält er sich fest.« – »Au, Vater, wenn er sie aber fallen läßt.« »Dummer Junge, er hält sie ja fest.«

Um dann fortzufahren:

> Mein Tagebuch war in diesen Jahren immer wieder meine Balancierstange, ohne die ich hundertmal abgestürzt wäre. In den Stunden des Ekels und der Hoffnungslosigkeit (...) immer wieder half mir diese Forderung an mich selber, beobachte, studiere, präge dir ein, was geschieht – morgen sieht es schon anders aus, morgen fühlst du es schon anders; halte fest, wie es eben geht, sich kundgibt und wirkt.[9]

Diese Selbstdeutung ist als authentisch ernstzunehmen.

2. Lingua Tertii Imperii

Als Philologe hatte Victor Klemperer ein besonders ausgeprägtes Interesse an Sprache und sprachlichen Phänomenen. Seine Welt- und Menschenbeobachtung in seinen Tagebüchern ist also stets vorrangig Sprach- und Wortgebrauchsbeobachtung und Sprachanalyse. Über die Beobachtung des Wortgebrauchs im Dritten Reich gewann er den entscheidenden Zugang (Zugriff) zur Weltanschauung (Ideologie) und Weltwirklichkeit des NS-Systems. Von Anfang an spielen aus diesem Grund in seinen Tagebüchern die Beobachtungen und Anmerkungen zur NS-Sprache eine Hauptrolle; sie wirken oft wie eine Art Resümee seiner Tag-für-Tag-Erfahrungen, die er im Tagebuch notiert. Im Sprachgebrauch scheint für ihn der Schlüssel zum Verständnis des NS-Denkens, der NS-Wirklichkeit und der NS-Praxis zu bestehen. Anfänglich tragen diese kritischen Sprachbe-

---
[8] T.II, 18.
[9] LTI, 17 u. 18.

obachtungen den Titel »Sprachnotiz«, »Sprache des Dritten Reichs« oder »Für mein Lexikon« (der NS-Sprache); später werden sie in der Regel mit dem Geheimcode LTI chiffriert und eingeleitet.

Wie schon erwähnt, ging Klemperer unmittelbar nach Kriegsende daran, diese sprachkritischen Notizen aus den Tagebüchern der NS-Zeit herauszuziehen und kommentierend zu bearbeiten, um sie dann unter dem Titel *LTI – Notizbuch eines Philologen* schon 1947 zu publizieren – als die erste (und zu seinen Lebzeiten einzige) Schrift über sein Leben und seine Erfahrungen während der NS-Zeit. Damit gibt er zu erkennen, welchen hohen Stellenwert diese Analyse und Kritik der NS-Sprache für ihn besaß. Noch ein Hinweis: So sehr diese kritischen Sprachreflexionen auch philologisch, z.T. linguistisch motiviert sind – das hinter ihnen stehende leitende Erkenntnisinteresse ist politisch-moralisch. Philologie und Linguistik stehen gewissermaßen im Dienste der politisch-moralischen Intention der Sprachkritik. Dies ist aus der Lebens- und Leidenssituation des Autors unmittelbar einleuchtend. Oder anders gewendet: die Unordnung der Sprache, die die Nazis angerichtet haben, ist für Klemperer der entscheidende Indikator für die allgemeine Unordnung der Lebenswelt wie für die Unordnung des Bewußtseins (mental disorder) der Deutschen nach 1933. Dies unmittelbar nach dem Untergang des Dritten Reiches durch die Veröffentlichung von LTI den Lesern im befreiten Deutschland klarzumachen, hatte zugleich auch eine politisch-pädagogische Dimension. Klemperer bekennt in LTI, daß er mit dem wissenschaftlichen Zweck der Sprachanalyse zugleich einen erzieherischen verfolgte.[10]

Ähnlich wie Sternberger, Storz, Sueskind mit ihren Artikeln *Aus dem Wörterbuch des Unmenschen* wollte auch Klemperer in seinen Zeitgenossen eine Sensibilität für die »Sprache der Unmenschen« wecken – weitgehend vergeblich, wie wir heute wissen und wie Klemperer auch schon in seinem Nachkriegstagebuch 1945 resignierend feststellen mußte, wenn er die in der Sowjetischen Besatzungszone unter dem Stalinismus aufkommenden kommunistischen Sprachregelungen als *Lingua Quarti Imperii* (LQI) bezeichnet und im Tagebuch notiert:

> Ich muß allmählich anfangen, systematisch auf die Sprache des Vierten Reiches zu achten. Sie scheint mir manchmal weniger von der des Dritten unterschieden als etwa das Dresdener Sächsisch vom Leipziger. Entsprechend will er die aktuellen Zeitungen sub specie LQI studieren.[11]

Während der NS-Zeit, als Klemperer in seinem Tagebuch-Schreiben seine »Balancierstange« sah, hatten gerade die Sprachbeobachtungen für ihn praktisch existentielle Bedeutung; so verdichteten sich die Forderung und der Anruf an sich selbst, beständig zu beobachten und alles aufzuschreiben und sich dadurch »über die Situation zu stellen« (mochte sie auch noch so ausweglos und lebensbedrohend sein) »und die innere Freiheit zu bewahren, zu der immer wirksamen Geheimformel LTI, LTI«![12] Wie stark

---
[10] LTI, 23.
[11] Nachkriegstagebuch 31 u. 32.
[12] LTI, 18.

und umfassend dieses kritische Engagement an der Sprache des Nationalsozialismus zu nehmen ist, hat Klemperer so formuliert:

> ... und so war es denn buchstäblich und im unübertragenen philologischen Sinn die Sprache des Dritten Reiches, woran ich mich aufs engste anklammerte und was meine Balancierstange ausmachte über die Öde der zehn Fabrikstunden, die Greuel der Haussuchungen, Verhaftungen, Mißhandlungen usw., usw. hinweg.[13]

Klemperer erwähnt den bekannten Satz von Talleyrand, die Sprache sei dazu da, die Gedanken des Politikers zu *verbergen*, um dagegen festzustellen und gewissermaßen den Grundsatz seiner Sprachkritik daraus zu gewinnen:

> Aber genau das Gegenteil hiervon ist richtig! Was jemand willentlich verbergen will, sei es vor den anderen, sei es vor sich selbst, auch was er unbewußt in sich trägt: die Sprache bringt es an den Tag![14]

Die Sprache bringt es an den Tag, das heißt: Sie ist der eigentliche Weg zur Entdeckung der Wahrheit der Verhältnisse – auch in deren schlimmsten Perversionen des von Lügen entstellten NS-Totalitarismus. Der Sprachanalyse und -kritik liegt mithin – erstaunlicherweise – kein Sprachskeptizismus zugrunde – wie er so häufig von Schriftstellern des 20. Jahrhunderts (etwa in Hofmannsthals *Chandos-Brief*) formuliert worden ist –, sondern ein fast naiv zu nennender Optimismus und ein entsprechendes Vertrauen in die Wahrheit stiftende Leistung der Sprache. »Die Sprache bringt es an den Tag.«

Nach diesen Bemerkungen zum Charakter und Stellenwert von Analyse und Kritik der LTI möchte ich noch einige Beispiele für Klemperers Sprach- und Wortgebrauchsbeobachtungen präsentieren, um seinen konkreten Zugriff auf das empirische Material zu illustrieren.

Klemperer zieht in LTI aus den vielen einzelnen Sprachbeobachtungen einige Schlußfolgerungen, die – gerade auch in Bezug zu der Goldhagen-Diskussion – mitteilenswert sind. Seine These ist:

> Der Nazismus glitt in Fleisch und Blut der Menge über durch die Einzelworte, die Redewendungen, die Satzformen, die er ihr in millionenfachen Wiederholungen aufzwang und die mechanisch und unbewußt übernommen wurden.

In Abwandlung eines bekannten Schillerworts, von der »gebildeten Sprache, die für dich dichtet und denkt«, stellt er mit Blick auf die LTI fest:

> Die Sprache dichtet und denkt nicht nur für mich, sie lenkt auch mein Gefühl, sie steuert mein ganzes seelisches Wesen, je selbstverständlicher, je unbewußter ich mich ihr überlasse. Und wenn nun die gebildete Sprache aus giftigen Elementen gebildet oder zur Trägerin von Giftstoffen gemacht worden ist? – Worte können sein wie winzige Arsendosen: sie werden unbemerkt verschluckt, sie scheinen keine Wirkung zu tun, und nach einiger Zeit ist die Giftwirkung doch da ....
> Das Dritte Reich hat die wenigsten Worte seiner Sprache selbstschöpferisch geprägt, vielleicht, wahrscheinlich sogar, überhaupt keines. Die nazistische Sprache weist in vielem auf das Ausland zurück, übernimmt das meiste andere von vorhitlerischen Deutschen. Aber sie ändert Wortwerte und Worthäufigkeiten, sie macht zum Allgemeingut,

---

[13] LTI, 18.
[14] LTI, 19.

was früher einem einzelnen oder einer winzigen Gruppe gehörte, sie beschlagnahmt für die Partei, was früher Allgemeingut war, und in alledem durchtränkt sie Worte und Wortgruppen und Satzformen mit ihrem Gift, macht sie die Sprache ihrem fürchterlichen System dienstbar, gewinnt sie an der Sprache ihr stärkstes, ihr öffentlichstes und geheimstes Werbemittel.[15]

Wie gesagt: Die Sprachbeobachtungen sind integraler Bestandteil seiner fortlaufenden Tagebuch-Aufzeichnungen. Es fehlt ihnen also eine Systematik; sie folgen vielmehr der Chronologie der Ereignisse von 1933 bis 1945 und spiegeln den fortlaufenden Prozeß der NS-Machtergreifung und NS-Herrschaftsetablierung über alle Stufen bis in die Auflösungserscheinungen am Ende des Krieges sowie deren Beobachtung durch Klemperer. Insofern registrieren sie seismographisch im Spiegel oder Medium der NS-Sprache die innere Geschichte des Nationalsozialismus in Deutschland, sowohl der Herrschenden und ihres Machtapparates und ihrer Mitläufer als auch die mehr oder weniger offenen oder verdeckten Reaktionen der betroffenen Zeitgenossen, und umfassen somit ein ziemlich breites Spektrum sprachlicher, aber auch stilistischer Phänomene.

Dazu noch einige wenige Proben aus der fortlaufenden Chronologie des Tagebuches – vor allem aus den Anfängen des Nationalsozialismus und aus der Kriegszeit. Diese Proben können nur einen sehr begrenzten Einblick in Klemperers Sprachbeobachtungen bieten.

Aus Anlaß des NS-Parteitags in Nürnberg:

> Ich möchte ein Buch schreiben: Die Sprache der Französischen Revolution, des Faschismus, des 3. Reiches – Grundgedanke: Frankreich ganz autochthon. Sprache der Römer..., ganz reaktionäre Sprache! Italien auch fast ganz lateinisch, fasces. Aber doch mit amerikanischem und russischem Einschlag! Deutschland dagegen: ganz und in allem undeutsch, auch in der Gebärdensprache, romanisch, russisch, amerikanisch! Nur in der Blutidee nicht, im Animalischen also.[16]

Aus dieser Stelle ist ersichtlich, daß Klemperer versucht, die Rhetorik des NS-Regimes als deutschfremd herauszustellen, wie den Nazismus überhaupt. Diese Tendenz bleibt bei ihm bis weit in den Zweiten Weltkrieg bestehen, wird aber dann aufgegeben.

> Hitler sagt auch, als er zur Jugend in Nürnberg sprach: »Sie singen gemeinsame Lieder!« Alles, zielt auf Übertäubung des Individuums im Kollektivismus. Ganz allgemein Rolle des Radios beobachten! Nicht wie andere technische Errungenschaften: neue Stoffe, neue Philosophie, sondern: neuer Stil. Gedrucktes verdrängt, oratorisch, mündlich. Primitiv – auf höherer Stufe.[17]

Klemperer macht hier auf die Dialektik von Mündlichkeit und Schriftlichkeit im modernen Totalitarismus aufmerksam, auf die Instrumentalisierung vor allem der mündlichen Sprache! Dann etwas später – Dezember 1934 – folgende Beobachtung, die die NS-Alltagssprache charakterisiert:

> Die ewigen Weinofferten sind selten «Heil Hitler« unterzeichnet; meist: »mit deutschem Gruß«. Das ist eine diskrete Art, die deutschnationale Gesinnung anzudeuten, die sie bei ihren Kunden, Professoren und höheren Beamten voraussetzen. Am 7. Dezember war

---

[15] LTI, 25.
[16] T.I, 143 u. 144.
[17] T.I, 144.

die Offerte der »Ferd. Pieroth'schen Weingutsverwaltung« unterschrieben: »Mit freundlicher Empfehlung ergebenst«. Das ist eine Heldentat und eine erste Schwalbe.[18]

»Erste Schwalbe« ist Ausdruck einer damals – 1934 – noch weitverbreiteten Hoffnung, Hitler werde sich nicht lange an der Macht halten können, sein Regime zusammenbrechen. Das Tagebuch der ersten Jahre ist voll von Hinweisen, Prognosen, Wunschvorstellungen etc. dieser Art, die sich an irgendwelchen vagen Zeichen orientieren, allesamt aber vergeblich und unbegründet sind.
Im November 1936:

> Wir müssen die Wissenschaft nationalsozialistisch ausrichten. – Man muß dem Führer blindlings die Gefolgschaft leisten, blindlings! – Systematischer Gebrauch der Anführungsstriche als Mittel der Verächtlichung! Seit Wochen darf die Zeitung in der spanischen Sache (= spanischer Bürgerkrieg) nur noch schreiben »Regierung«, »Kabinett«, »Minister«, wenn von den »Roten« oder den roten Horden die Rede ist.[19]

Oder am 13. Dezember 1936:

> Im vorigen Sommer Erzeugerschlacht. – jetzt liest man in Weihnachtsanzeigen: Käuferschlacht. – Zigarillos heißen: Sportnixe, Sportstudent, Sportbanner [wohl auf Olympia zurückzuführen].

Diese scheinbar belanglosen Beobachtungen zeigen zweierlei: Einmal die von Klemperer vermutete und allmählich sich verdichtende Durchsetzung der deutschen Alltagsprobleme mit NS-Neologismen und stilistischen Elementen; zum anderen – z.T. wenigstens – daß diese NS-Sprache noch heute in Kraft und Anwendung ist, ohne daß wir die propagandistische Herkunft mancher Wörter aus der NS-Sprache überhaupt noch wahrnehmen: z.B. »Menschenmaterial«, »Spielermaterial«, »Schülermaterial«, etc.
Hierher gehört auch die folgende Alltagssprachbeobachtung: Februar 1940:

> Sprache: Euphemismus. Abgerahmte Frischmilch für Magermilch.[20]

Zu Olympia 1936 in Berlin noch im August 1936:

> Und 2. ist mir die Olympiade so verhaßt, weil sie nicht eine Sache des Sports ist – bei uns meine ich – sondern ganz und gar ein politisches Unternehmen.[21]

Unter die Sprachbeobachtungen gehören aber auch die verschiedenen aufgezeichneten Anekdoten und Witze, die – ausgehend von Sprachphänomenen – die NS-Wirklichkeit schlagartig beleuchten:
Januar 1934:

> Ich habe der Zensur gegenüber schon oft empfunden, wie die Umgehungskünste der Enzyklopädisten etc. wieder aufleben. Auch ihre Satire lebt wieder auf. Gespräche im Himmel sind beliebt. Das beste: Hitler zu Moses: »Mir im Vertrauen können Sie's doch sa-

---

[18] T.I, 68 u. 69.
[19] T.I, 322.
[20] T.I, 312.
[21] T.I, 293.

gen, Herr Moses. Nicht wahr, den Dornbusch haben Sie selber angezündet?« – Wegen solcher Bemerkungen hat der Assistent Dr. Bergsträßer von der Mechanischen Abteilung (TH-Dresden) – Arier übrigens – dieser Tage vom Sondergericht zehn Monate Gefängnis bekommen.[22]

Die politische Assoziation, die hier offensichtlich ausgelöst werden sollte: Brennender Dornbusch – brennender Reichstag! Dafür zehn Monate Gefängnis!
Juli 1934: Zitat aus der Zeitung: »Der Jude Erich Mühsam hat sich in der Schutzhaft erhängt.«[23]
10. August 1934: Befehl, Hitler anzureden: »Mein Führer!« (Mon Colonel. Ganz französisch!)[24]

Der Propagandaminister zeichnet immer »Dr. Goebbels«. Er ist der Gebildete in der Regierung, d.h. der Viertelgebildete unter Analphabeten. Merkwürdig verbreitet ist die Meinung von seiner geistigen Potenz; man nennt ihn oft »den Kopf« der Regierung. Welche Bescheidenheit der Ansprüche. Ein besonders guter Witz: Hitler, der Katholik, habe zwei neue Feiertage kreiert: »Maria Denunziata und Mariae Haussuchung«.[25]

Aus dem II. Band nur noch eine Textstelle, die die Eigentümlichkeit von Klemperers Sprachbeobachtungen besonders beleuchtet: März 1942:

Todesanzeigen unter dem Hakenkreuz: »Sonnig«, das in den ersten beiden Jahren florierte, erscheint auch jetzt, aber seltener. »Lebensfroh« steht in mindestens vier von fünf Anzeigen, und ebenso oft ist die Nachricht, die man tiefererschüttert erhält, »unfaßbar«. Alle drei Ausdrücke sind lebensbejahend und in diesem Zusammenhang betont unchristlich. Religiöse Formel (»es hat Gott gefallen« und dergleichen) ist sehr selten, aber auch das Runenzeichen für Sterben und Tod bildet nur die Ausnahme. Selten geworden, nein, nur seltener, keineswegs vereinzelt: »Für Führer und Vaterland« und »in stolzer Trauer«.[26]

Diese Stelle scheint mir deswegen besonders aufschlußreich, weil sie diese Todesanzeigen als komplexe, auch politisch interpretierbare Zeichensysteme deutet, in denen sich auch politische Optionen, ideologische Positionen, Ablehnungen politischer Herrschaft etc. spiegeln. Sie macht noch einmal deutlich, was Klemperer meint, wenn er schreibt: »Die Sprache bringt es an den Tag.«

3. Akademische Welt: Reaktion und Anpassung der Universitäten und Professoren

Victor Klemperer war seit 1920 Professor für Romanistik an der TH Dresden. Als Hochschullehrer sah er sich – wie seine zahlreichen Kollegen jüdischen Glaubens oder jüdischer Abkunft – gleich mit der NS-Machtergreifung härtesten Repressalien ausgesetzt. Die Tatsache, daß er mit einer nichtjüdischen, also im Jargon der NS-Zeit *arischen* Frau verheiratet war und daß er im Ersten Weltkrieg Frontkämpfer mit EK I-Auszeichnung ge-

---
[22] T.I, 79.
[23] T.I, 125.
[24] T.I, 134.
[25] T.I, 157.
[26] T.II, 57.

wesen war, schützten ihn in den ersten zwei Jahren vor der unmittelbaren Entlassung aus dem Hochschuldienst. Erst 1935 erfolgte seine Amtsenthebung – mit geringer Pension mußte er in den vorzeitigen Ruhestand. Daß das kommen würde, darüber hatte er sich seit Hitlers Machtergreifung im Januar 1933 keine Illusionen gemacht. So notiert er im März 1933: »Wie lange werde ich noch im Amt sein?«[27] Der Kampf um die *Gleichschaltung* der Universitäten ist bereits in vollem Gange.

21. März 1933:

> Fürchterliche Pogrom-Drohungen wie »Freiheitskampf« [NS-Zeitung] nebst gräßlichen mittelalterlichen Judenbeschimpfungen. – Abgesetzte jüdische Richter. – Einsetzung einer Kommission zur Nationalisierung Leipzig. – Im April sollte hier [Dresden] ein Psychologiekongreß tagen. »Freiheitskampf«: »Was ist aus Wilhelm Wundts Wissenschaft geworden? Welche Verjudung! Aufräumen!« Daraufhin, um Belästigungen zu vermeiden, Absage des Kongresses.[28]

3. April 1933:

> Heute die Rektoren der Universität Frankfurt, TH Braunschweig, der Leiter der Bonner Universitätsklinik Kantorovicz (...) verhaftet.[29]

25. April 1933:

> Anschlag am Studentenhaus (ähnlich an allen Universitäten): »Wenn der Jude deutsch schreibt lügt er«, er darf nur noch hebräisch schreiben. Jüdische Bücher in deutscher Sprache müssen als »Übersetzungen« gekennzeichnet werden. – Ich notiere mir das Gräßlichste, nur Bruchstücke des Wahnsinns, in den wir immerfort eingetaucht sind ...

Und dann hellsichtig:

> Das Schicksal der Hitlerbewegung liegt fraglos in der Judensache. Ich begreife nicht, warum sie diesen Programmpunkt so zentral gestellt haben. An ihm gehen sie [Nazis] zugrunde. Wir aber wahrscheinlich mit ihnen.[30]

Unter diesen Rahmenbedingungen versucht Klemperer seine Lehre aufrechtzuerhalten:

> Ich lese Altfranzösisch vor sechs, Kulturkunde vor etwa zwanzig, Seminar dazu vor zehn Leuten. Alles ruhig. Aber ich prüfe nicht, der »Bitte« des Rektorats entsprechend. Ich war auch nicht in der Abteilungssitzung.[31]

Trotz dieser allmählich sich verstärkenden Ausschließung erhält auch Klemperer den Befehl an alle Beamten (und so auch an sich), mindestens im Dienst und an der Dienststelle den »deutschen Hitlergruß« zu benutzen. Erweiterung: »Es wird erwartet«, daß man auch sonst diesen Gruß anwende, wenn man den Verdacht bewußter Ablehnung des neuen Systems vermeiden wolle (Geßlerhut redivivus).

1933 notiert Klemperer:

> Am Dienstag schloß ich das Kolleg. Ich habe mir ein paar halbverborgene oder offenkundige Kühnheiten in dieser Kulturkunde-Vorlesung geleistet, teils mit, teils wider Willen. – Es hätte mich die Professur kosten können.[32]

---

[27] T.I, 9.
[28] T.I, 13.
[29] T.I, 18.
[30] T.I, 24 u. 25.
[31] T.I, 27.
[32] T.I, 43.

Gleichzeitig registriert er, wie sich jüdische Kollegen ins Ausland absetzen:

> Friedmann in Leipzig, Olschki in Hamburg entlassen. – Ich erfuhr heute, daß Walter Jelzki nach Palästina geht ...[33]

Die Zahl der Studenten im Wintersemester 33/34 geht rapide zurück:

> Montag im ersten Kolleg, französische Renaissance, fünf Leute, in den übrigen, Renaissancelyrik, vier, heute Corneille zwei.[34]
> Im Kolleg habe ich nur, wohl endgültig, acht Hörer, im Seminar drei und fünf. D.h. ich bin ständig vom Abgebautwerden bedroht.[35]

Als Jude wird er im gleichen Semester als Prüfer abgelöst. Damit entfällt der letzte Grund für die Studenten, bei ihm zu studieren.

Natürlich ist sein individuelles Schicksal als Hochschullehrer aufs engste mit der Umstrukturierung der deutschen Universitäten durch den Nationalsozialismus verbunden: Dazu zwei Tagebucheintragungen aus der frühen Zeit, d.h. vor seiner Entlassung:

> Nach fast einjähriger Pause am Mittwoch zum erstenmal wieder in Abteilungssitzung. Die neue Verfassung – der alte Senat, dem ich mich verpflichtet hatte, die »Selbstverwaltung«, die mein »freiwilliges« Ausscheiden schützen sollte, existieren nicht mehr. Provisorische Neuordnung: Den Rektor ernennt das Ministerium; im Senat, den er benennt und der ihn nur zu beraten hat, sitzen zwei Studenten und ein Vertreter des studentischen SA-Amtes.[36]

Im November 1934 muß auch Klemperer, noch im Dienst, mit den anderen Professoren »Treue dem Führer und Reichskanzler Adolf Hitler« schwören. Er notiert den Vorgang im Tagebuch:

> Die Zeremonie, kalt und formell wie möglich, dauerte keine zwei Minuten. Man sprach dem Rektor im Chor nach, der vorher heruntergehaspelt hatte: »Sie schwören ewige Treue; ich bin verpflichtet, Sie auf die Heiligkeit des Eides aufmerksam zu machen.« Und hinterher: »Sie haben Ihren Eid auf Formular zu unterzeichnen!« Und: »Ich schließe mit dreifachem Sieg-Heil.« Er schrie »Sieg!« und der Chor brüllte »Heil!« und drängte zu den Formularen.[37]

Doch bald danach folgende Notiz: 2. Mai 1935:

> Am Dienstagmorgen, ohne alle vorherige Ankündigung – mit der Post zugestellt, zwei Blätter: a)«Ich habe auf Grund von § 6 des Gesetzes zur Wiederherstellung des Berufsbeamtentums (...) Ihre Entlassung vorgeschlagen. Entlassungsurkunde anbei. Der kommissarische Leiter des Ministeriums für Volksbildung«; b)«Im Namen des Reiches« die Urkunde selber, unterzeichnet mit einer Kinderhandschrift: Martin Mutschmann.
> Ich telefoniere die Hochschule an; dort hatte man keine Ahnung. Göpfert, der NS-Kommissar, gibt sich nicht damit ab, das Rektorat um Rat zu fragen. Erst war mir abwechselnd ein bißchen betäubt und leicht romantisch zumute; jetzt ist mir die Bitterkeit und Trostlosigkeit fühlbar.[38]

Danach geht alles sehr schnell: Mit der Entlassung Ausschluß aus der TH.

---

[33] T.I, 62.
[34] T.I, 65 u. 66.
[35] T.I, 70.
[36] T.I, 78.
[37] T.I, 163.
[38] T.I, 195 u. 196.

> Heute Nachmittag habe ich den Schlüssel zum Seminar und den Hausschlüssel an Wengler (Hausmeister) übergeben. Ich stand vor der Tür des Seminars, hatte den Schlüssel in der Tasche und wollte nicht selber aufschließen. Ein Diener kam, den ich nur vom Sehen kenne; er trug SA-Uniform; er drückte mir mit deutlicher Herzlichkeit die Hand und rief dann Wengler aus dem Nebenraum.[39]

Buchverträge werden aufgehoben bzw. annulliert:

> Hier beiliegend Brief Teubner [Teubner-Verlag] über prinzipielle Entscheidung des Oberlandesgerichts in München. »Verträge mit nichtarischen Autoren gelten nicht«.[40]

Ausschluß von den öffentlichen Bibliotheken sukzessive: Ausleihe, Lesesaalbenützung etc. Am schmerzlichsten aber wohl die Abwendung der »arischen« Kollegen von dem ausgestoßenen und entlassenen Klemperer:

> Im Oktober 1935 findet der deutsche Philologenkongreß in Dresden statt, und unter dem Titel An dem Schandpfahl notiert Klemperer: Diese Philologentagung erfüllt mich mit tiefster Bitterkeit (...) Nicht einer von all den romanistischen Kollegen hat mich aufgesucht; ich bin wie eine Pestbeule.[41]

Damit ist die öffentliche wissenschaftliche Karriere des Juden Victor Klemperer unter dem NS-Regime definitiv zuende. Was ihm bleibt, sind seine Beobachtungen und Studien zur LTI, die in den nächsten Jahren an die Stelle der Forschungen tritt und mit anhaltender Energie und Leidenschaft bei- und durchgehalten wird.

Während des Krieges notiert er:

> Das Curriculum schleicht. Aber ich halte zäh daran fest. Und ich möchte auch gar zu gern der Kulturgeschichtsschreiber der gegenwärtigen Katastrophe werden. Beobachten bis zum letzten, notieren, ohne zu fragen, ob die Ausnutzung der Notizen noch einmal glückt.[42]

Victor Klemperer hat diese Sprachbeobachtung auch in den letzten Jahren (1943–45) durchgehalten, darin seine Lebensaufgabe gesehen – trotz aller Gefährdung, die im Tagebuchschreiben lag.

4. Das NS-Herrschaftssystem im Spiegel der Tagebücher

So wichtig diese Sprachbeobachtung der LTI sowie die Analyse der akademischen Strukturwandlungen auch waren, beide bildeten gleichwohl nur einen, wenn auch wesentlichen Bereich seiner Tagebuchaufzeichnungen.

Die Selbstaufforderung Klemperers: »Beobachte, merke, halte fest, notiere!« bezog sich nicht ausschließlich auf die LTI, sondern auf alle NS-Phänomene, mithin auch in besonderer Weise auf das NS-Herrschaftssystem und die NS-Herrschaftspraktiken, denen Klemperer als Jude ja auf eine besonders schreckliche Weise zunehmend ausgesetzt war. Diese Sy-

---

[39] T.I, 204.
[40] T.I, 214.
[41] T.I, 221 und 223.
[42] T.II, 12.

stemanalyse folgt – dem Charakter des Tagebuchs entsprechend – der Chronologie der Ereignisse von 1933 bis 1945.

Darauf soll hier jetzt näher eingegangen werden. Das Erkenntnisinteresse dabei ist vor allem, den Umgang des NS-Regimes mit der immer kleiner werdenden Minderheit der Juden, soweit sie noch nicht in die Konzentrationslager deportiert waren, im Alltag des Dritten Reiches aufzuzeigen und zugleich die Steigerungen und Verdichtungen des Alltagstotalitarismus und -terrorismus nachzuzeichnen, wie sie in den Tagebüchern ihren Niederschlag gefunden haben. Das kann natürlich nur auswahlweise geschehen.

Es gibt zwei Erfahrungsbereiche, die dafür, stellvertretend für weitere, herangezogen werden können:

a) die anfänglich noch seltenen, im weiteren Verlauf des Geschehens aber immer häufiger und brutaler werdenden Haussuchungen durch die Gestapo,

b) die wiederholten Verhöre, Verhaftungen und Inhaftierungen durch die Gestapo, die Victor Klemperer durchmachen mußte.

Die dazwischenliegende *normale* Alltagswirklichkeit eines Juden im Dritten Reich wird anschließend noch gesondert behandelt.

Die ganze extreme Rechtlosigkeit und Ausgeliefertheit an das NS-Herrschaftssystem und die Praktiken seiner Gestapofunktionäre wurden für das Ehepaar Klemperer bei den zahllosen Hausdurchsuchungen, die immer öfter überfallartig geschahen, manifest. Die Klemperers hatten noch nach der NS-Machtergreifung unter erheblichen finanziellen Schwierigkeiten und Belastungen ein kleines Häuschen in der Dresdner Vorstadt Dölzschen gebaut und bezogen. Was als eine Erfüllung eines Lebenstraumes galt, wurde bald zu einem Alptraum unter der sich ausbreitenden NS-Herrschaft. Trotzdem konnten Klemperers bis in die Kriegszeit (Dez. 1939) das Haus noch behalten, wurden dann aber gezwungen, es zu vermieten, was praktisch einer Enteignung entsprach, und in ein sogenanntes »Judenhaus« in engste räumliche Verhältnisse zu ziehen (Mai 1940). Juden, auch Ehepaaren und Familien, standen in einem solchen Haus nur ein Zimmer zu; aber da Frau Klemperer Nichtjüdin war, erhielten sie noch ein zweites Zimmer.

Zunächst war das Judenhaus ein relativ geräumiges Wohnhaus, das vorher einem Juden gehört hatte. Später wurden die Klemperers mit anderen, meist älteren Juden (Frauen zumeist) in immer schlechteren Quartieren untergebracht, die unter beständiger Bewachung und Kontrolle durch die Gestapo standen. Razzien, Hausdurchsuchungen geschahen ohne Vorwarnung und konnten aus dem geringsten Anlaß die schlimmsten Folgen haben.

Erste Haussuchung und erste Verhaftung und Verhör bei der Staatsanwaltschaft geschahen am 27. November 1937. Grund: *Waffenbesitz*: Ein Säbel aus dem Ersten Weltkrieg. Nach Stunden Freilassung. Von da an verdichteten sich die antijüdischen Maßnahmen wie Ausgehverbote, willkürliche Anordnungen der Lokalbehörden, Verbote aller Art: z.B. Bibliotheksbenutzung etc. Immer öfter finden sich Tagebuchhinweise wie:

Neue Verschärfung der Judenschikane: Nach acht Uhr in der Wohnung selber fixiert. Besuch bei Mitbewohnern des Hauses, Aufenthalt im Treppenhaus verboten.[43]

Im Februar 1941 wurde das Auto Klemperers konfisziert; im Oktober 1941 die lebenswichtige Schreibmaschine.[44] Als Klemperer eines Tages vergessen hat, sein Zimmer zu verdunkeln, wird er denunziert, die Gestapo kommt, durchsucht das Zimmer. Bald danach wird er zu 8 Tagen Haft verurteilt.[45] Die Polizei behandelt ihn, der längst »Victor *Israel* Klemperer« heißt, noch einigermaßen korrekt. Es ist aber ungewiß, wie ihn die Gestapo behandelt. Dies ist ein Hinweis auf das NS-System als Doppelstaat, wie Ernst Frankel es genannt hat. Es gibt noch einen Rest von traditioneller Rechtssicherheit, die aber jederzeit vom Primat der Politik außer Geltung gesetzt werden kann; dann herrscht die Gestapo mit uneingeschränkter und unkontrollierter Gewalt. Vom 23. Juni bis 1. Juli 1941 kam Klemperer in Haft wegen Verstoßes gegen die Verdunkelungsvorschrift. Seine Haftzeit hat er aus der Erinnerung auf 40 Tagebuchseiten detailliert nach der Entlassung beschrieben[46], vor allem die psychologischen Belastungen, Ängste, Ungewißheiten, weil er als Jude nicht sicher sein konnte, doch noch der Gestapo überstellt zu werden. Dann 20. Juli 1941:

> Ich erhielt meinen [Entlassungs]Schein, die Außentür öffnete sich (...) Ich trat auf die Straße, sie lag im Sonnenschein. Drüben stand wartend meine Frau. Ein paar Tage des absoluten Glücksgefühls. Was war nur der Krieg? Was die übliche Unterdrückung? Ich war frei, wir waren zusammen. Ich ließ mich im Judenhaus ein bißchen als eine Art Märtyrer feiern (...) Dann begann ich, meine Stichworte ausbreitend, diese Niederschrift. Je weiter ich darin kam, um so mehr schrumpfte mir mein Erlebnis, mein Erleiden zusammen. Nichts Halbes, ein fürchterlich Ganzes hab ich es wohl im Eingang genannt. Und was war es denn nun, von welchen Qualen hab ich Bericht erstattet? Wie läßt es sich mit dem vergleichen, was heute von Abertausenden in deutschen Gefängnissen erlebt wird? Alltag der Gefangenschaft, mehr nicht, ein wenig Langeweile, mehr nicht! Und doch fühle ich, daß es mir selber eine der schlimmsten Qualen meines Lebens bedeutete.[47]

Diese Stelle zeigt, daß Klemperer nicht zur Dramatisierung seiner Erfahrungen neigt, daß er sie am Schluß zur Allgemeinheit zu transzendieren vermag; daß er sein persönliches Schicksal, das er als die schlimmsten Qualen seines Lebens bezeichnet, zugleich als den Alltag der Gefangenschaft in NS-Deutschland zu bewerten vermag und sich so mit den anderen, die diesen Alltag mit ihm teilen, solidarisiert. Doch die NS-Macht schnürt den ohnehin eng gewordenen Lebensraum der verbleibenden Juden weiter ein: Im September 1941 wird im Reichsverordnungsblatt die Einführung einer gelben Judenbinde bestimmt[48], am 19. September tritt die Verordnung in Kraft, dazu das Verbot, das Gebiet der Stadt zu verlassen. 18. September 1941:

> Der Judenstern, schwarz auf gelbem Stoff, darin mit hebraisierenden Buchstaben »Jude«, auf der linken Brust zu tragen, handtellergroß, gegen 10 Pf. uns gestern ausgefolgt,

---

[43] T.I, 566.
[44] T.I, 681.
[45] T.I, 584.
[46] T.I, 603 ff.
[47] T.I, 644.
[48] T.I, 663.

von morgen, 19. September, ab zu tragen. Der Omnibus darf nicht mehr, die Tram nur auf dem Vorderperron benützt werden.[49] Und dann – zwei Tage später: Gestern, als Eva den Judenstern annähte, tobsüchtiger Verzweiflungsanfall bei mir. Auch Evas Nerven zu Ende.[50]

Trotzdem fährt Klemperer mit der Tram in die Stadt und erlebt folgendes: Der Trambahnfahrer, seinen Stern sehend: »Ganz gut, Ihr Zeichen, da weiß man, wen man vor sich hat, da kann man sich mal aussprechen.« Dann stieg ein neuer Fahrgast ein und der Fahrer war still.[51]

Nachrichten und Gerüchte über Deportationen von Juden in Polen, aber auch im Reich, gehören zunehmend zum Alltag. »Die Verschickungen nach Polen nehmen ihren Fortgang, überall unter den Juden tiefste Depression.« Die zeitgleich verhängte absolute Emigrationssperre verhindert jegliche weitere Ausreisen. Die Selbstmordrate unter den zurückgebliebenen Juden nimmt rapide zu: »Wir besprachen gerade, wo man sich Veronal beschaffen könnte«.[52] Zugleich nimmt der tägliche Druck und Terror durch die Gestapo ständig zu; die Haussuchungen häufen sich, die Brutalität der Gestapo-Leute wird immer schlimmer:

> Neue Bestimmungen in judaeos: 1. Vom 15. April ab wird jede Wohnung durch einen Judenstern an der Außentür kenntlich gemacht. 2. Auch auf dem Weg zur Arbeit dürfen Juden die Tram nur noch dann benutzen, wenn die Entfernung von Wohnung zur Arbeitsstätte in Dresden mehr als fünf, in Berlin mehr als sieben Kilometer beträgt.[53]

Wenige Tage später das gleiche Thema:

> Neue Verordnungen in judaeos: Der Würger wird immer enger gezogen, die Zermürbung mit immer neuen Schikanen betrieben. Was ist in diesen letzten Tagen alles an Großem und Kleinem zusammengekommen! Und der kleine Nadelstich ist manchmal quälender als der Keulenschlag. Ich stelle einmal die Verordnungen zusammen.

Es folgt eine Liste von 31 Punkten, die die Schikanen aufzeigen, z.B. nach acht oder neun Uhr abends zu Haus sein – Kontrolle –, Radioverbot, ein Verbot, Zeitschriften zu abonnieren oder zu kaufen, den Bahnhof zu betreten, Eßvorräte im Hause zu haben; Entziehung der Milchkarte, usw., usw.

> Ich glaube, diese 31. Punkte sind alles. Sie sind aber alle zusammen gar nichts gegen die ständige Gefahr der Haussuchung, der Mißhandlung, des Gefängnisses, Konzentrationslagers und gewaltsamen Todes.[54]

Für die zunehmende Brutalität bei den immer häufiger werdenden Haussuchungen nur zwei Beispiele aus vielen:

> Nach einem gipfelhaft furchtbaren Tag eine dauernde weitere Verschlimmerung der Situation. Gestern mittag gegen halb zwei – ich hatte die Kartoffeln auf dem Feuer – wieder Gestapo, das vierte Mal in vierzehn Tagen. Erst schien hier oben alles sich über (Mitbewohnerin) Kätchen zu entladen (...) Sie hatte am Morgen (...) einen langen Maschi-

---

[49] T.I, 669.
[50] T.I, 671.
[51] T.I, 673.
[52] T.I, 685.
[53] T.II, 64.
[54] T.II, 107 u. 108.

nenschriftbericht über den Bombenangriff auf Köln und die großen Zerstörungen erhalten. An sich nichts Strafbares, da der Angriff in den Zeitungen geschildert war (...) Aber an eine Jüdin. »Ihr freut euch darüber! Ihr hetzt damit!« (...) Alles durchstöbert, Kätchen mußte den Teppich aufrollen, erhielt Fußtritte dabei, jammerte, wurde bedroht (...) In ihrem Zimmer entstand das gleiche Chaos wie beim ersten Überfall. Die Reihe der unflätigen Schimpfworte war eigentlich eng. Immer wieder »Schwein«, »Judenschwein«, »Judenhure«, »Sau«, »Miststück« – mehr fällt ihnen nicht ein. Ich war auf einen Stuhl in der Diele gezwungen, mußte alles mit ansehen und -hören (...)[55]
Die Katastrophe (...) entlud sich über Frau Pich, die Siebenundsiebzigjährige. Sie ist wieder furchtbar geschlagen und gestoßen worden. »Dein Mann hat die Malzfabrik gehabt? Der Blutsauger! Dein Wurf (=Kinder) ist im Ausland und hetzt gegen uns, aber dich haben wir, und du kommst uns nicht davon. Du bist morgen früh um sieben bei der Gestapo – du gehst allein – wer dich begleitet, fliegt ins KZ.« Frau Pich erzählte uns das (...) Sie setzte etwas Merkwürdiges hinzu. Drei Kerle hatten sie gepeinigt, ein vierter, einen Augenblick allein mit ihr, habe ihr aufs freundlichste zugeflüstert: »Lassen Sie sich gut raten, gehen Sie morgen früh nicht hin«. (Die alte Frau macht danach einen Selbstmordversuch).[56]

Von einer anderen Haussuchung in einem anderen Dresdner Judenhaus erfährt Klemperer: 17. Juni 1942:

> Ein altes Ehepaar (...) vor wenigen Wochen Haussuchung. »Öffne den Kühlschrank«. Der Schlüssel nicht zur Hand, der Beamte gibt sich zufrieden. Hinterher jubelt die Frau: »Welch ein Glück, ich hatte ein halbes Pfund Fisch darin, das mir die mitleidige Verkäuferin ...« Irgendwer hört das, denunziert, Nachforschung der Gestapo, gesondertes Verhör des Ehepaars. Er gesteht, sie leugnet. Er bleibt noch prügelfrei, sie kommt ins Polizeigefängnis (PPD) und von da, vor wenigen Tagen, ins KZ. Das sie bestimmt nicht überlebt. Um ein halbes Pfund Fisch.[57]

Oder noch folgende Geschichte vom 17. Juni 1942:

> Rundschreiben der Gemeinde: Es »sind im Laufe der letzten drei Wochen an einem Tage zwei ältere jüdische Frauen mit Stern auf einer Bank in der Herkules-Allee im Großen Garten sitzend gesehen worden«. Die beiden sollen sich »im Interesse der Allgemeinheit und zur Vermeidung weiterer Maßnahmen sofort (...) melden«.

Für Klemperer ist das eine willkürliche Inszenierung, für ihn ist es vollkommen ausgeschlossen,

> daß zwei Frauen das gewagt haben. Sie wissen, daß ihnen mindestens schwere Schläge und wochenlanges Gefängnis, wahrscheinlich aber das KZ droht (...) mitten im Großen Garten sitzen? Das lohnt doch nicht den Einsatz des Lebens. Entweder ist die Geschichte glatt erfunden, oder aber irgendwer hat ein gelbes Taschentuch oder eine gelbe Vorsteckblume für den Judenstern gehalten (wie uns das auch schon passiert ist), hat nach Wochen böswillig oder harmlos davon gesprochen, ist zufällig von einem Gestapomann gehört worden – und so ist diese neue Affäre in Gang gekommen.[58]

Das Leiden der Betroffenen besteht aber nicht nur in diesen konkreten Bedrohungen und Mißhandlungen. Die Erfahrungen setzen sich vielmehr ins Bewußtsein fest:

> Man hat mir immer berichtet vom Geschlagen- und Bespucktwerden, vom Zittern vor jedem Autogeräusch, vom Verschwinden und Nicht-Wiederkommen – ich hab es doch

---
[55] T.II, 119.
[56] T.II, 121 u. 122.
[57] T.II, 131.
[58] T.II, 134.

nicht gewußt. Jetzt weiß ich, jetzt ist das Grauen in mir, auf ein paar Stunden übertäubt oder zur Gewohnheit geworden oder paralysiert vom »Es ist noch immer gut gegangen« und dann wieder als Würgeanfall lebendig (...) meine Phantasie oder mein Altruismus waren nicht stark genug, um es so, so ganz bei anderen mitzuerleben. – Ich vergleiche dies Todesgrauen mit dem im Felde [Erster Weltkrieg]. Dies hier ist tausendmal gräßlicher (...) dies gräßliche Verschwinden. Was ist aus Friedhelm geworden? Was geschah ihm, als man ihn hier fortschleppte? Was im Gefängnis? Wie war sein Ende? Ausgelöscht; nach Qualen im Schmutz ertrunken. Tausend-, tausendmal gräßlicher ist das als alle Furcht 1915. – Und immer die Angst, immer das Zum-Fenster-laufen, ob auch kein Auto ...[59]

Dies war die Erfahrung des NS-Herrschaftssystems und der NS-Herrschaftspraktiken, wie Klemperer sie auf den mehr als tausend Seiten seines Tagebuchs in immer neuen Erscheinungsformen und Varianten chronistisch festhält; mit diesen Erfahrungen mußte er seine immer eingeschränktere und bedrohtere Existenz von Tag zu Tag fristen: in einer feindlichen Welt, in der es keinen Ausweg aus Tod und Verderben zu geben schien.

5. Alltagsrealität im Dritten Reich

Aufs engste mit der Gesamtrealität des NS-Herrschaftssystems, wie Klemperer es in den 12 Jahren aus der Erfahrungsperspektive des verfolgten Juden wahrnahm, war die Alltagsrealität im Dritten Reich verbunden. Woraus bestand für Klemperers eingeschränkte Erfahrungsmöglichkeiten diese Alltagsrealität im NS-System überhaupt? Welche Lebens- und Erfahrungsbereiche gehörten dazu?

Zwei Bereiche sind es vor allem: der häusliche, private Bereich – zuerst in dem kleinen Haus in Dölzschen, dann später in den verschiedenen *Judenhäusern* in Dresden, in denen die Klemperers in immer eingeschränkteren, kontrollierteren Verhältnissen zu leben gezwungen waren, sodann in den Alltagsbegegnungen auf der Straße, in der Stadt, in der Straßenbahn. Im ersten Bereich war man im wesentlichen allein – von den wenigen und immer weniger werdenden Kontakt- und Besuchsmöglichkeiten abgesehen. Die Isolierung wurde – mit Fortschreiten der NS-Zeit – immer enger und bedrohlicher. Die einschränkenden Maßnahmen gegen die Juden sind bereits angeführt worden.

Im zweiten Bereich gab es noch geringe Kontaktmöglichkeiten mit anderen Menschen. Die Kommunikationsmöglichkeiten wurden aber – nicht zuletzt durch die Notwendigkeit, den gelben Stern zu tragen – immer eingeschränkter und zugleich immer kontrollierter. Trotzdem zeigen sie eine gewisse Bandbreite der Variation, die von der unterschiedlichen Durchdringung der dem Nazismus begegnenden Menschen, von ihrer Anpassung an/oder von ihrem Engagement für das NS-Regime abhingen. In den Begegnungen mit den durch den gelben Stern gekennzeichneten Juden

---

[59] T.II, 137 u. 138.

konnte sich dieses Verhältnis zum Nazitum situationsgebunden und oft schlagartig artikulieren oder offenbaren.

Der Chronist und Menschenbeobachter Klemperer hat solche Situationen immer wieder festgehalten – wo immer ihm die Begegnung in der Stadt noch möglich war: zunächst noch auf den Fahrten mit der Tram, in den Straßen, später bei den reduzierten Möglichkeiten des Einkaufens, beim Arbeitseinsatz.

Das Bild von den nichtjüdischen Dresdenern ist kein Schwarz-Weiß-Kontrastbild; es ist vielmehr äußerst differenziert und zeigt eine Fülle von Varianten mit Übergängen und Unterschieden zwischen den Extremen überzeugter Nazis und Nazigegnern. Diese Übergänge und Unterschiede werden von Klemperer sowohl am Sprach- und Wortgebrauch als auch an der stummen Gestik (Körpersprache) erkannt und festgemacht. Ein Beispiel wurde bereits im Zusammenhang mit der Einführung des Judensterns angeführt: Der Trambahnführer, Klemperers Judenstern sehend: »Ganz gut, Ihr Zeichen, da weiß man, wen man vor sich hat, da kann man sich mal aussprechen«. Diese Chance des Aussprechens ist aber in dem Moment zerstört, als ein neuer, fremder Fahrgast zusteigt, über dessen Einstellung zum Nationalsozialismus nichts bekannt ist: Der Trambahnführer verstummt, aus Angst vor dem Unbekannten, der harmlos sein kann oder aber auch ein NS-Spitzel.

Im Zusammenhang mit dem sogenannten *Röhm-Putsch* (Juli 1934), in dem Hitler sich bekanntlich auf grausamste Weise der ihm lästig werdenden SA-Führung entledigte, notiert Klemperer:

> Entsetzlich die Begriffsverwirrung im Volk. Ein sehr ruhiger und gemütlicher Postbote und ebenso der ganz und gar nicht nationalsozialistische alte Prätorius sagen mir mit gleichen Worten: »Nu, er hat sie eben verurteilt«. Ein Kanzler verurteilt und erschießt Leute seiner Privatarmee.[60]

Er belegt auch an anderer Stelle, wie diese Begriffsverwirrung der Deutschen im Alltag vom NS-System geschickt inszeniert und herbeigeführt wird. Klemperer ist Katzenfreund; als Katzenfreund bezieht er eine Zeitschrift. Im Oktober 1934 notiert er:

> Ich erhielt eine Zeitschrift mit Hakenkreuz: »Das deutsche Katzenwesen«. Über seine Nützlichkeit ein Aufsatz des Reichsleiters im großen politischen Stil. Die Katzenvereine sind jetzt Reichsverband. Mitglied darf man nur als Arier sein. Ich zahle also nicht mehr meine monatliche Mark für den Pflegeverein hier.[61]

Katzenverein als Reichsverband – das nimmt sich äußerst lächerlich aus, ist aber bei näherem Hinsehen ein klug kalkuliertes Element in der Veralltäglichung des NS-Systems und seiner (biologischen) Ideologie. Wieweit bereits dieser Alltag vom NS-Unwesen 1934 durchdrungen ist, ist daraus ersichtlich, daß selbst Hitlergegner oder -oppositionelle sich keine deutsche Regierung ohne Hitler mehr vorstellen können: Klemperer notiert ein Gespräch mit einem Bekannten:

---

[60] T.I, 121.
[61] Mit Reichsleiter ist wohl Himmler gemeint. T.I, 160.

Auch Kühn sagt: »Wer soll kommen, wenn Hitler ermordet wird?« Es kann sich eben niemand mehr vorstellen, daß ohne Diktatur regiert wird. Und natürlich wäre ja auch eine Diktatur nötig für die Zeit, in der man verfassungsmäßige Regierungsorgane schüfe. Unentwirrbar. Der Glaube an die Dummheit des Volkes greift überall immer weiter um sich.[62]

Das wirkt sich notwendig auf den alltäglichen Umgang von Deutschen mit deutschen Juden aus:

> Trostlosigkeit der Lage. Eine Verordnung für Beamte: Sie dürfen »nicht mit Juden, auch nicht mit sog. anständigen Juden, und übelbeleumundeten Elementen« verkehren. Wir sind völlig isoliert.[63]

Nur selten empfangen die Klemperers nichtjüdischen Besuch: So einmal eine Studienfreundin:

> ... mit allerlei Juden befreundet, ehedem eine Intime Fritz Mauthners, frei im Denken, Gegnerin des Dritten Reiches, aber doch von einer ziemlich lauen Gegnerschaft erfüllt und ohne den Abscheu der für einen redlich denkenden Menschen notwendig ist. (...) Die alten Gemeinsamkeiten (Erinnerungen an die gemeinsame Studienzeit) banden nicht mehr fest genug. Wer kein Todfeind der Nazis ist, kann mir nicht Freund sein.[64]

So dezidiert äußert sich Klemperer selten. Aus dieser Rede spricht vor allem seine Enttäuschung und Verletztheit, auch unter alten Freunden ziemlich laue Gegnerschaft gegen den Nationalsozialismus erleben zu müssen.

Klemperer konstatiert auch, daß und wie sich der Nationalsozialismus der Jugend bemächtigt: Er berichtet von der 15jährigen Tochter des kommunistischen Zimmermanns Lange, die im NS-Arbeitslager vom Nationalsozialismus gewonnen und den Eltern entfremdet wurde:

> Die Führerin versammelte die Mädchengruppe auf dem Bahnsteig und hielt ihnen eine beschwörende Abschiedsrede: »Ihr seid selbständige Menschen, laßt euch durch euere Eltern nicht beirren!« Als Mutter Lange der Tochter ins Gewissen reden wollte, erhielt sie zur Antwort: »Du beleidigst meine Führerin!« Ich denke mir diesen Fall verhunderttausendfach und bin sehr bedrückt.[65]

Damit schließt Klemperer diese Notiz über den Alltag des Nationalsozialismus 1934.

Im Februar 1942 wird Victor Klemperer zum Schneeschippen dienstverpflichtet. Diese Arbeit läßt ihn ganz neue Erfahrungen des NS-Alltags machen, etwa mit den Arbeitern:

> Anderer Rottenführer, anderer Aufseher, wieder beide sehr human und antinazistisch: »Sagen Sie nicht, daß wir gut zu Ihnen sind, auch nicht auf der Gemeinde, machen Sie uns lieber schlecht, sonst haben wir Ärger!« – »Scheuen Sie sich nicht«. – »Ich kann Ihnen doch nicht sagen: »Arbeiten sie langsamer«, das müssen Sie selber wissen ...« Der Rottenführer immer um uns, 55 Jahre (...) Sozialdemokrat, Gewerkschafter, 33 Haussuchungen bei ihm, durchaus für uns. Nur ängstlich. Läßt uns um halb fünf gehen, erleichtert, was er kann ...
> Gestern eine junge Frau oder Dame, stehenbleibend: »Das ist doch zu schwer für Sie« (alle meinend). »Sie sind zu alt, man sieht auch, Sie haben andere Berufe« (mit leidenschaftlicher Betonung): »Soweit ist es mit Deutschland gekommen!«[66]

---
[62] T.I, 171.
[63] T.I, 259.
[64] T.I, 326.
[65] T.I, 327.
[66] T.II, 27.

Diese Reaktion ist aber nicht die einzige; es gibt gegensätzliche. So notiert Klemperer wenige Tage später:

> Zum erstenmal (bei dem Arbeitseinsatz) antisemitische Bemerkung eines jungen Passanten: »Laßt die nur arbeiten! Gut, daß sie auch mal arbeiten«.[67]

Dann wieder die andere Richtung: Bei der Lohnauszahlung: Klemperer wird aufgerufen, um die Lohntüte auszuhändigen; er notiert: » Namen ohne »Israel«. Straßenmeister: »Dazu bin ich zu taktvoll.« (Als Jude mußte Klemperer seinen Namen ändern und mit »Victor *Israel* Klemperer« unterschreiben.)
Dann wieder das andere Extrem:

> Zwei Jungen, wohl zwölf und sechs, nicht proletarisch, kommen mir auf engem Bürgersteig entgegen. Der ältere schleudert den kleinen Bruder beim Passieren rangelnd gegen mich und ruft »Jude!«. – Es wird immer schwerer, all diese Schmach zu ertragen. Und immer die Angst vor der Gestapo, das Verstecken und Fortschaffen der Manuskripte, des unbeschriebenen Papiers, das eilige Vernichten aller Korrespondenzen. Die Widerstandskraft läßt täglich nach, die Herzbeschwerden wachsen täglich.[68]

Ich breche hier ab mit den Belegen dieses schrecklichen, permanent bedrohlichen und zugleich demütigenden Alltags, in den nur gelegentlich durch die spontane zufällige Anteilnahme eines Passanten ein kleiner, kurzer Lichtschein fällt.

Die Tagebücher, der Chronologie der Ereignisse folgend, machen den fortschreitenden Prozeß der Einschränkung, des Würgens, der Isolierung, der Depravierung der jüdischen Menschen in Deutschland offenbar. Die zunehmende Ausweglosigkeit wird unmittelbar erlebbar; das Ende scheint unausweichlich.

Und dann doch die Rettung, die Chance des Überlebens, die den Klemperers ausgerechnet im Moment des Dresdeners Bombeninfernos vom 13.–14. Februar 1945 unerwartet zuteil wird. In einem nachholenden Kapitel hat Klemperer diese Ereignisse unter dem Titel *Die Dresdener Vernichtung* notiert: das Bombardement, die Zerstörung des Judenhauses, in dem er zuletzt mit seiner Frau und noch wenigen alten jüdischen Frauen dahinvegitierte, die Deportation ins KZ täglich, stündlich vor Augen; aber auch das Entkommen aus der brennenden Stadt, das Herunterreißen des gelben Sterns, die Flucht in den letzten Kriegswochen nach Westen, die das Ehepaar schließlich nach Bayern, nach Schwaben verschlug, wo es das Kriegsende und damit die Erlösung von aller Verfolgung in Unterbernbach bei Aichach erlebte.

Als der Krieg zuende, Deutschland von den Alliierten besetzt war, machten sich die Klemperers – nun als freie, wenngleich erschöpfte Menschen – wieder auf den Heimweg nach Dresden. Dafür brauchten sie gut 15 Tage: zu Fuß, per Anhalter, bis sie schließlich in das zerstörte Dresden zurückkamen. Das Häuschen in Dölzschen hatte den Krieg überstanden. Sie erhielten es zurück und konnten es wieder einrichten und beziehen.

---
[67] T.II, 28.
[68] T.II, 85.

Der letzte Eintrag im Tagebuch am 10. Juni 1945 endet mit dem Satz:
> Am späten Nachmittag stiegen wir nach Dölzschen hinauf.[69]

IV. Schlußbemerkung

Im Jahr 1988 – also noch vor der »Wende« in Osteuropa und der deutschen Wiedervereinigung – publizierte der Schriftsteller Dieter Lattmann ein schmales Buch mit dem Titel *Die Erben der Zeitzeugen*. Sein Untertitel lautet: *Wider die Vertreibung der Geschichte*. Dieser Titel scheint mir in doppelter Hinsicht für unsere Thematik Zeitzeugenschaft von Relevanz und soll daher den Grundgedanken für die folgenden Schlußüberlegungen bilden.

Lattmann will auf folgende natürliche lebensgeschichtliche Tatsachen verweisen:

1. Die Zeitzeugen, d.h. die Personen, die »dabei gewesen« sind und als Beobachter von den Geschehnissen Kunde und Zeugnis (Bekenntnis) ablegten, werden immer weniger; sie sind dabei, auszusterben. Und ihr gesammeltes Wissen wird – sofern es nicht auf irgendeine Weise gespeichert und so dem Gedächtnis der Nachlebenden vermittelt wird – mit ihrem Tode vergehen und vergessen werden, unwiederbringlich.

2. Wir Nachlebende, vor allem diejenigen von uns, die erst nach 1945 geboren oder aufgewachsen und sozialisiert worden sind, werden keine Zeitzeugen mehr sein können, allenfalls »Erben der Zeitzeugen«.

Offensichtlich tritt im Bewußtsein vieler die Alternative ein, die das Bürgerliche Gesetzbuch für Erbe und Erben vorsieht: Man kann das Erbe entweder annehmen oder man kann das Erbe ausschlagen, je nach Wert. Diese Haltung würden viele sicher auch, wenn es möglich wäre, dem historischen Erbe gegenüber einnehmen und entsprechend verfahren:

a) ein großes und schönes Erbe übernehmen,
b) ein schlimmes Erbe dagegen ausschlagen.

So wie es gelegentlich in der Publizistik vorgeschlagen wurde: Alle großen Nationen würden davon leben, daß sie sich als eine große Nation betrachten, die Großes geleistet hat und die weiterhin Großes zu tun gedenke. Entsprechend sollten auch die Deutschen verfahren. Abgesehen davon, daß dieser Satz als empirische Erkenntnis falsch ist, ist auch die sich darin aussprechende Aufforderung unmoralisch und inakzeptabel, speziell auch gerade als Aufforderung an uns Deutsche. Wir haben sicher nicht nur Großes und Rühmenswertes geleistet! In der Geschichte geht es hinsichtlich des Erbes oder Erbens also nicht nach den Regeln des BGB-Erbschaftsrechts zu. Diese Freiheit der Güterabwägung und damit die Alternative, das historische Erbe anzunehmen oder auszuschlagen, haben wir hier nicht. Anders gewendet: Wir müssen das historische Erbe – ob es uns paßt oder nicht, so oder so, ob es reich, groß, arm oder klein ist – antreten. Beinahe nach dem Prinzip: mitgefangen mitgehangen!

---
[69] T.II, 830.

Ist der Erbe nach dem BGB frei in seiner Entscheidung anzunehmen oder auszuschlagen, so ist der Nachkommende gegenüber dem historischen Erbe nicht frei. Natürlich gibt es die Möglichkeit der Ausflucht gegenüber dem historischen Erbe. Das gewollte oder unbewußte Nichtwissen, die Verdrängung oder die Vertreibung der Geschichte sind, individuell wie kollektiv, beliebte Formen der Ausflucht vor dem historischen Erbe und viel geübt – in der Vergangenheit wie in der Gegenwart und sicher auch in der Zukunft. Damit dies aber die Ausnahme und nicht die Regel im Umgang mit der Vergangenheit wird, brauchen wir die Zeitzeugen, die uns von den Vorgängen – schlimmen wie weniger schlimmen – bei denen wir selbst nicht zugegen waren oder sein konnten, Wissen vermitteln und Zeugnis ablegen. Darin besteht ihre wichtige und unverzichtbare Funktion oder Leistung im lebendigen Zusammenhang eines kollektiven Gedächtnisses, in dem eine Gesellschaft, ein Gemeinwesen Identität in der Zeit konstituiert und fortbildet; durch das Gedächtnis der Höhen und Tiefen, der Erfolge und Mißerfolge, und nicht allein in der Erinnerung an das vermeintlich Große!

In diesem Sinne ist die Zeitzeugenschaft, wie sie Victor Klemperer in seinen Tagebüchern aus der NS-Zeit bewußt und entschieden realisiert hat, für uns heutige Nachlebende ein so wichtiges Vermächtnis! Es hilft uns, Gedächtnis zu bewahren und Erinnerungen als Teil unserer Identität zu bilden, da, wo es für uns kein unmittelbares Erinnern an diese schrecklichen Dinge gibt, die Deutsche im Namen Deutschlands anderen Menschen, aber auch Deutschen, angetan haben. Es hilft uns auch, das Gedächtnis wachzuhalten und nicht zu einer falschen Ruhe und Beruhigung kommen zu lassen, da, wo dieses Gedächtnis die Tendenz entwickelt, dieses Wissen einer verflachenden »Normalisierung« oder einer »Vertreibung der Geschichte« zu opfern und einen »Schlußstrich« zu ziehen. Ich behaupte – aufgrund meiner eigenen Leseerfahrung mit den Tagebüchern von Victor Klemperer – daß derjenige, der sich der gründlichen Lektüre dieser Tagebücher auszusetzen bereit ist, dieser Gefahr einer verflachenden, verfälschenden »Normalisierung« oder gar einer »Vertreibung der Geschichte« aus der Ordnung seines Wissens oder seines historischen Gedächtnisses so leicht nicht mehr erliegen wird!

»Die Christenheit oder Europa«?

Zur Frage des religiösen Pluralismus heute

Jörg Splett

Den (vielleicht posthumen) Titel trägt ein Aufsatz von Novalis[1], 1799 auf Schleiermachers *Reden über die Religion* hin für das *Athenaeum* geschrieben, doch nach Goethes Votum nicht publiziert. Die »Rede« selbst soll nicht behandelt werden, weder ihr Lob des Mittelalters und des Jesuitenordens noch ihr Tadel für Reformation und Aufklärung. Aber als Anstoß sei ihr Appell – das ›oder‹ ist als ›vel‹ zu lesen – aufgenommen: »Nur die Religion kann Europa wieder aufwecken und die Völker sichern, und die Christenheit mit neuer Herrlichkeit sichtbar auf Erden in ihr altes friedenstiftendes Amt installieren« (523). Das klingt heute – angesichts der Prävalenz der Wirtschaftsperspektive bei Erörterungen der deutschen wie europäischen Einheit – noch utopischer als damals, sollte eben darum aber nach wie vor nicht einfach übergangen werden. Das Folgende will nun dazu weniger positiv programmatisch beitragen (in dieser Richtung liegt schon einiges vor) als vielmehr auf Punkte hinweisen, die bei den einschlägigen Diskussionen wohl mehr Beachtung verdienen.

Zu Europa sei nichts gesagt, doch zunächst zu »Religionen«, dann zum Atheismus.

I. Religionen

1. Welche Methode des denkenden Umgangs damit wäre angemessen?[2] – Einmal sucht man auf dem Boden der Religion selbst ein Verstehen als *Selbstverstehen* und aus Einverständnis. Im Gegensatz dazu steht ein außerreligiöses Verstehensbemühen, wo statt Einverständnis ein *Erklärungs*wille am Werk ist.

Reine Objektivität läßt sich auf keine der beiden Weisen erreichen. Der Außenperspektive ist Religion »eigentlich« etwas anderes (z.B. »Opium«, »Seufzer der Unterdrückten«[3], Gesellschafts-Stabilisation[4], Kontingenzbewältigung[5]), als das religiöse Bewußtsein selbst meint. Eine Innen-Sicht aber schließt den Bestimmenden mit ein und blickt zudem konkret stets vom Innen *einer* Religion auf die anderen als von außen. – Bleibt aber rei-

---

[1] Novalis, Schriften (P. Kluckhohn/R. Samuel). Stuttgart 1960 ff., Bd. III 495–524.
[2] Siehe ausführlicher: J. Splett, Denken vor Gott. Philosophie als Wahrheits-Liebe. Frankfurt/M. 1996, Kap. 1: Über Religion nachdenken.
[3] K. Marx, Zur Kritik der Hegelschen Rechtsphilosophie. Einleitung: Werke Schriften. (H.-J. Lieber), Darmstadt 1971, I/488–505, 488.
[4] »The Sacred Canopy«: P. L. Berger, Zur Dialektik von Religion und Gesellschaft. Elemente einer soziologischen Theorie. Frankfurt/M. 1973.
[5] H. Lübbe, Religion nach der Aufklärung. Graz 1986.

ne Objektivität grundsätzlich unmöglich – schon vom Wortsinn her, da ohne Subjekt ein Objekt kein *Ob*jekt mehr wäre –, dann darf sie auch nicht als Ideal-Maß fungieren. Darum ist der selbstkritische Einbezug des jeweils philosophierenden Subjekts in einer konkreten Religionsphilosophie nicht als subjektiv(istisch) abzuwerten.

Zur Entschärfung des Dilemmas bietet sich die These an, alle Religionen wollten letztlich nur das selbe sagen. Doch wenn nach religiös weitgeteilter Überzeugung »alles religiöse Wissen um Gott (...) ein Wissen auch durch Gott im Sinne der Empfängnis des Wissens selber« ist,[6] dann hat man kein Recht, a priori jede solcher Offenbarungen für gleich *gültig* und gleich revidierbar, das heißt am Ende, für *gleich*gültig zu erklären. Wie wären zudem etwa der Wiedergeburten-Weg einer lebens- und endlichkeitsgequälten Seele in das – von sich und allem Mit – erlösende Nirwana und die leibhaftige Auferstehung des von Gott bei seinem Namen Gerufenen zusammenzudenken?

Wollte man es dennoch versuchen, etwa als »perspektivisch« einander ergänzend, dann müßte man beides als subjektive »Ansicht« verstehen statt als Sich-Zeigen einer absoluten Wirklichkeit – wenn nicht gar als bloße »Chiffre«[7] für die gemeinsame Weltflucht. Diese Position aber wäre nicht weniger »dogmatisch« und »intolerant« als die von ihr abgewiesenen Wahrheitsansprüche der konkurrierenden Religionen.

Die Rede von »dogmatischer Toleranz« bzw. »Intoleranz« entspringt ohnehin einer Dimensionen-Verwechslung; denn Toleranz kennzeichnet nicht den Bezug zur Wahrheit selbst (sei sie tatsächlich oder nur vermeintlich erkannt), sondern – im Konflikt der Wahrheitsüberzeugungen – die Beziehung zum andersdenkenden Menschen. Würde agnostischer Wahrheitsverzicht allgemein, entfiele sie mit. Bis dahin aber fordert sie auch vom Agnostiker, wer bekennt, er »wisse, an wen er glaubt«, und darum die eingeschliffene Entgegensetzung von Wissen und Glauben nicht ohne eingreifende Präzisierungen akzeptiert.[8]

Sind also Agnostizismus und Relativismus mitnichten neutral-objektiv, dann gilt das auch von Versuchen, die unterschiedlichen religiösen Lehren auf »Ansichten« im objektiven Wortsinn, also auf Aspekte des es-haften Weltbestands oder Weltgrunds zurückzuführen. Es ist in keiner Weise sachgeboten, sondern entspringt persönlicher Option und Wertung, wenn Autoren die Person-Kategorien der Einzigkeit, freier Treue-Zusage und entschiedener Selbst-Festlegung Gottes als unkritisch anthropomorph herabstufen gegenüber apersonalen Naturbildern wie Lebensfluß, Energieballung, Weltmusik oder dem in verschiedenen Wassern je anders gespiegelten einen Mond.

2. Konkret läßt sich die interreligiöse Wahrheitsfrage stets nur innerreligiös, vom Glauben her bzw. theologisch beantworten. Zunächst jedoch ist

---

[6] M. Scheler, Vom Ewigen im Menschen. In: Gesammelte Werke, Bd. V, Bern 1954, 143.
[7] K. Jaspers, Der philosophische Glaube angesichts der Offenbarung. München 1962, bes. Teil 4: Vom Wesen der Chiffern. u. 5: Der Kampf im Reich der Chiffern.
[8] 2 Tim 1,12; J. Splett, Ideologie und Toleranz. In: J. B. Metz (Hg.), Weltverständnis im Glauben. Mainz 1965, 269–315; ders., Glauben. In: GuL 70 (1997), 242–244.

– so zum Beispiel hinsichtlich polytheistischer Konzeptionen – auch Philosophie kritisch zuständig. Religionsphilosophie hat das Wesen von Religion und ihr »Unwesen«[9], also die vielfachen Formen von *Pseudoreligion* und -religiosität zu unterscheiden. Dieser Begriff gehört – nach Aussparung der philosophisch unklärbaren *Wahrheitsfrage* – zur Thematik der *Wahrhaftigkeit* im Feld des Religiösen. Er meint die entfremdende Verabsolutierung (»Vergötzung«) von Begrenzt-Bedingtem (oder auch die »Totalisierung« des Absoluten, also die Vergötzung Gottes).

Freilich ist kein religiöser Vollzug von Unwesen frei. So muß geklärt werden, ob faktische Unfreiheiten in einer Religion ihr widersprechen – also von ihr selbst her zu »richten« (= zu beurteilen wie zu beheben) wären – oder ob sie umgekehrt ihr entspringen. Insofern orientiert Religionsphilosophie sich an dem Hegel-Wort: »Religion ist der Ort, wo ein Volk [ein Mensch, eine Gemeinschaft] sich die Definition dessen gibt, was es für das Wahre hält.«[10]

So stellt die Frage nach dem Wesen der Religion sich als die bleibende Aufgabe der Religionsphilosophie heraus, wobei sie – als Philosophie die gemeinsame Sprache von Gläubigen und Ungläubigen – nach »innen« wie »außen« die religiöse Kern-Wahrheit zu wahren hat.

3. Vor der Frage nach dem »Wesen« der Religion, was sie »eigentlich« sei, steht die Aufgabe der Abgrenzung dessen, was hier bestimmt werden soll. Zu unspezifisch ist der Einsatz einerseits bei Letzt-Begründung und -Bewertung als solcher; anderseits bei Dingen, die »den Menschen heilig sind«, gar bloß beim Transzendieren der biologischen Natur durch den Menschen. R. Schaeffler hingegen plädiert für eine Analyse der Sprache des Gebets.[11] Darin ist transzendierende Intentionalität wie eine Abhebung vom Profanen enthalten.

Phänomenologische Themenwahl, transzendentale Methodik und sprachanalytische Kriteriologie wirken so zusammen.[12] Läßt sich eine transzendentale Gotteslehre als hermeneutisches Angebot an das religiöse Bewußtsein verstehen, dann liefert religiöses Sprechen in Selbstbeteiligung und Objektivität, in Aussage und Sprachhandlung, in Bekenntnis, Gebet und Erzählung Kriterien des Religiösen wie seiner Bewertung und erlaubt so eine transzendentale Phänomenologie der Religion.

4. Der fast allgemeine Konsens unter Religionswissenschaftlern, -philosophen und Theologen nennt heute als Bestimmungswort von Religion das *Heil*. Dies schenkt Gott »natürlich« auch – und erwartet, daß wir es von ihm erwarten.[13] Wie aber fände man von daher zu dem Adel jenes Danks,

---

[9] B. Welte, Wesen und Unwesen der Religion. Nr. XIV. In: ders., Auf der Spur des Ewigen. Philosophische Abhandlungen über verschiedene Gegenstände der Religion und der Theologie. Freiburg 1965.
[10] Die Vernunft in der Geschichte (G. Lasson), Leipzig 1917, 105.
[11] R. Schaeffler, Kleine Sprachlehre des Gebets. Einsiedeln 1988; ders., Das Gebet und das Argument. Zwei Weisen des Sprechens von Gott. Eine Einführung in die Theorie der religiösen Sprache. Düsseldorf 1989.
[12] R. Schaeffler, Religionsphilosophie. Freiburg/München 1983.
[13] Vgl. Jes 7,12–15.

den die Doxologie der römischen Meßfeier ausspricht: »(...) wegen Deiner Herrlichkeit«? Diese ist in der Tat statt despotischen Glanzes gerade sein Gut-Sein, die Liebe. Doch wird sie unseretwegen (als »Barmherzigkeit«) gepriesen oder nicht – rein selbstvergessen – ihretwegen?

Meinte Hegel schon, die Philosophie habe Wahrheit(en) zu retten, welche »manche Art von Theologie« an den Zeitgeist verspiele, dann könnte heute wieder philosophische Besinnung zur *correctio fraterna* pastoraler Theologen gefragt sein. Vor und über dem Heil wäre von jenem Guten zu sprechen, das »anderes ist als retten und gerettet werden«; vom Guten, das mehr tut als nur gut: vom *Heiligen*. Der Zielvollzug von Religion wäre demnach nicht Überwindung von Endlichkeit, sondern im Selbstüberstieg die *Anbetung* des Göttlichen (in der mit Christen und Juden sich muslimische Mystiker finden).[14]

Damit werden in der Zeit – zeitweilig und in »angeldlichem« (2 Kor 1,22) Vorgriff – schon hier die Dinge richtig gestellt. Die Welt kommt ins Lot.

II. Atheismus

1. Anbetend steht gerufene Freiheit ihrem schaffend frei-gebigen Grund und Abgrund gegenüber. Als derart abgründiger Freiheits-Grund ist er zu ihr und ihrer Welt das Schlechthin-Andere; nicht ihr Anderes, das mit ihr zusammen das Ganze ergäbe, sondern so, daß es das »Nicht-Andere« zu ihr ist, nicht an sie grenzend und durch sie begrenzt, und eben so das Ganz-, das Schlechthin-Andere.

Sagt der Mensch jedoch sich und anderen diese Erfahrung, so muß er notwendig konkrete Worte wählen. Die Dimension dieser Thematisierung ist die religiöse. Sie zielt auf das Umgreifend-Überdimensionale, sagt es aber, in Absetzung zu anderen Aussageweisen, dimensional begrenzt – und kann es nur derart sagen. So aber wird ihr Sprechen von dem, was es meint, im doppelten Sinn des Wortes gerichtet: Es mißt sich an dieser Erfahrung, richtet sich auf sie – und wird zugleich immer schon von ihr als unangemessen, vermessen überführt.

Religion nennt den Grund-Abgrund Gott. Aber was sie so benennt, ist über alle Namen; wozu sie sich verhält, steht »jenseits« aller Bezüge. In diesem Dilemma gründet wohl alles, was Atheismus genannt wird: im Abweis eines Gottes als eines Seienden unter anderen oder seiner als des höchsten Seienden, schließlich (im religiösen Atheismus) eines Gottes als bloßes Du. – Doch wie der Atheismus einen bestimmten Glauben rechtens als Aberglauben verurteilt, so kann auch er selbst der »Verwechslung von Symbol und Symbolisiertem«[15] entspringen und ist damit sozusagen negativer Aberglaube.

---

[14] Vernunft in der Geschichte; Anm. 10, 18; E. Platon, Gorgias 512d; Levinas, Gott und die Philosophie. In: B. Casper (Hg.), Gott nennen. Phänomenologische Zugänge. Freiburg/München 1981, 81–123, 106 f.

[15] Novalis, Nr. 685 aus dem Allgemeinen Brouillon: Schriften (Anm. 1) Bd. III 397.

Ist der jeweilige Atheismus Protest gegen die Verwechslung von Gesagtem und Gemeintem oder entspringt er selber diesem Mißverständnis? Weigert er sich, ein Ding, ein bloßes höchstes Seiendes, ein bloßes Du als Gott (d.h. als Götzen) anzuerkennen (und ist so Glaube) – oder weigert er sich, Gott anzuerkennen, weil er ihn nur als Ding, bloßes Seiendes, bloßes Du denkt (und ist darum Aberglaube)? – Könnte er schließlich nicht Gott als Ding, bloßes Seiendes, bloßes Du denken *wollen*, um sich dann weigern zu können, ihn anzuerkennen (und wäre so Unglaube)? Umgekehrt könnte er Gott »anerkennen«, doch ihm Realität, Existenz und Personsein bestreiten, damit seine Anerkennung ohne Folgen bliebe (siehe Dr. Faust zur Gretchenfrage).

2. Gegenseitige Verdächtigungen, deren Haupt-Stoßrichtung sich in der Moderne umgekehrt hat, sind unangebracht. »Entlarvt« man etwa den Glauben als Wunschdenken, das bloß erfinde, wohin einer fliehen könne, mag er guten Rechts erwidern, der Gegner seinerseits leugne, *wovor* er fliehe: Gibt es doch Gründe genug, sich die *Nicht-Existenz* dieses unbestechlichen Richters und seiner unerbittlichen Liebe zu wünschen. Bekommt in solchem Wortwechsel einer den anderen überhaupt zu Gesicht? Ebensowenig erblickt man indes den anderen, hat man ihn stets schon »heimholend« umfangen.

Der Glaubende, vielmehr der Gläubige, kann nur *hoffen,* daß er im Bekenntnis des Glaubens wirklich glaubt: »Ich bin mir zwar keiner Sache bewußt; aber damit bin ich noch nicht gerechtfertigt, sondern der mich richtet, ist der Herr (...)«. So kann/will/soll er den Glauben auch bei denen hoffen, die sein Bekenntnis atheistisch bestreiten: Er hofft den Atheisten als »anonymen Theisten«, ja »Christen«, wie das vielumstrittene Wort Karl Rahners lautet.[16]

Der Widerstand gegen solche »Vereinnahmung« ist verständlich. Wie aber wird man dem Atheisten unter Wahrung des Erwogenen gerecht (das heißt, in Weigerung, ihn einfachhin als Ungläubigen zu verstehen, gegebenenfalls seinem eigenen Selbstverständnis zuwider)? – Die einzige Möglichkeit liegt in einer genügend ernsten Bestimmung des Glaubens: darin, daß der Glaubende gegenüber dem Atheisten, den er als anonymen »Theisten« erhofft, sich selbst als »anonymen Atheisten« bekennt.

Da er seine Grundentscheidung niemals adäquat zu reflektieren vermag, bleibt für den Gläubigen zunächst die Möglichkeit, er sei trotz seines Glaubensbekenntnisses »eigentlich« Atheist. Darüber hinaus stützen die »Früchte« seines Alltags eine solche Vermutung, da Glaube nur dort *lebt,* wo er sich in der Liebe auswirkt). Vor allem ist zudem unsere Gesamtsituation einzubeziehen, der Unheilszusammenhang, in dem der Mensch sich selbst nicht sagen kann, wieweit er diese Situation »ohne Gott« nur leidend mit(er)trägt, statt sie, wenn schon nicht mitzubegründen, so doch mitaufrechtzuerhalten. Es entspricht so durchaus seiner Selbsterfahrung,

---

[16] 1 Kor 4,4; siehe N. Schwertfeger, Gnade und Welt. Zum Grundgefüge von Karl Rahners Theorie der »anonymen Christen«. Freiburg 1982; ders., Der ›anonyme Christ‹. In: Die Theologie Karl Rahners. In: M. Delgado/M. Lutz-Bachmann (Hg.), Theologie aus Erfahrung der Gnade. Annäherungen an Karl Rahner. Hildesheim 1994, 72–94.

wenn der Gläubige sich als »simul fidelis et infidelis«, als atheistisch glaubend und glaubend atheistisch versteht, in Aufnahme jenes Rufs, den er im Markus-Evangelium 9,24 liest: »Ich glaube; hilf meinem Unglauben!«

3. Er hat hier zuerst sich auf jenen Unglauben in sich selbst zu besinnen, der den Atheismus der anderen auslöst. Warum ist die Welt als ganze ihm nicht mehr, wie es Leben und Reden Jesu und auch die Apostelbriefe bezeugen, Sakrament der Gottesbegegnung (gerade weil nichts mehr »tabu«, sondern – »im Sohn« – ihm alles gewährt ist)? Warum ist die Welt ihm nicht mehr Gewähr der Gnade Gottes und Ort seines Da-Seins, Dimension der Dimensionen seiner Erfahrung – wobei auch alles, was von sich her dies nicht deutlich zeigt, ihm sogar widerstreitet, im Licht jener besonderen Erfahrungen erschiene, die – trotz und gerade in alldem – den Geschenk- und Verheißungs-Charakter des Irdischen offenbaren?

Doch diese Gedanken sind wohl geläufig. Wichtiger dürfte für den Glaubenden die Reflexion auf jenen Unglauben sein, den der Atheismus der anderen in ihm auslöst. – So haben im sich verschärfenden Kampf zwischen »Konservativen« und »Progressisten« besonnene Vertreter eines christlichen *aggiornamento* mit Recht die Paulinische Lösung der Opferfleisch-Frage in Korinth als Modell einer Glaubensfreiheit herausgestellt, die die Wahrheit in Liebe lebt.[17] Paulus ist mit den »Starken« einig, daß die Götzen nichtig, ja buchstäblich nichts sind, daß darum das Fleisch ihrer Opfer keine Sonder-Qualität erhalten hat, aufgrund deren es tabuisiert werden müßte. Doch können die Starken sich dieses Wissens nicht rühmen; denn erstens ist es ihnen geschenkt, zweitens steht es im Dienst der brüderlichen Gemeinschaft. Darum sollen sie auf den Genuß verzichten, wenn sie damit einen »Schwachen«, für den die Götzen noch nicht alle Macht und Wirklichkeit verloren haben, verletzen und verwirren würden.

Soweit die Antwort des Paulus. Aber sie erlaubt noch weitere Überlegung. Steht denn so fraglos fest, wer hier stark oder schwach ist? Bleibt der »Schwache« wirklich nur »magischem« Denken verhaftet oder denkt er, um noch bei unserem Beispiel zu bleiben, vielleicht an die »Dämonen«, als deren Tisch doch Paulus selbst den Altar der Götter-Nichtse bezeichnet? Und handelt der »Starke« wirklich aus Stärke? Ist es ausgeschlossen, daß ihn – und sei's »halbbewußt« – das Bedürfnis nach »Rückversicherung« leitet? Dies ist nicht einmal notwendig magisch, sondern vielleicht äußerst aufgeklärt: hellenisch synkretistisch. Denn wie ernst nehmen »die anderen« Opfer und Mahl, wenn es doch u.U. in alldem nur um Symbole des göttlichen Weltgrundes geht, die freilich gerade als solche nicht »ideologisch« (»fundamentalistisch«) abgetan werden dürfen?

Genug des Gedankenspiels. Es mahnt den »Theisten«, sich gegenwärtig zu halten, daß – noch vor jeder konkreten »Gewissenserforschung« – a priori feststeht, daß eine Kontroverssituation sein Bekenntnis, seine Theorie und seine Praxis nicht unverändert beläßt, sondern sie in kleinerem oder größerem Maße verwandelt. Diese Veränderung kennt zwei mögliche Richtungen: einmal die einer verschärften Absetzung vom Geg-

---

[17] 1 Kor 8; 10,23–31; Eph 4,15.

ner; bezüglich derer hat man gesagt, das Gefährlichste an Häresien sei, daß sie fast unvermeidlich die Bekenner der Wahrheit ihrerseits zur Partei, zu Häretikern mache. Sodann die Richtung einer mehr oder weniger bewußten Angleichung an das Bekämpfte. Beides kann dem Gebot der Wahrheit entsprechen, als Absetzung gegenüber dem Irrtum, als Angleichung an die beim Gegner sich zeigende Wahrheit. Beides kann aber auch die Wahrheit verkürzen, für die man eintritt. Die neuzeitliche Theologiegeschichte belegt solche Verkürzungen wohl zweifelsfrei.

4. In solchen Überlegungen wird »Atheismus« negativ verstanden. Es hat sich jedoch bereits auch seine positive Bedeutung gezeigt (auch sie übrigens ist klassischer Metaphysik und Theologie weniger fremd als häufig angenommen). Der Glaube lebt nur dann als Glaube und nicht als Aberglaube, wenn er den Atheismus in sich »aufgehoben« hat, also zwar nicht ihn selbst, der ja gerade einen Aspekt fälschlich verselbständigt, aber sein Anliegen als eigenes Moment in sich enthält – so wenig ausdrücklich das im konkreten Leben sein muß. Der Glaube meint mehr, als was er sagen und bekennen kann; so meint er nicht eigentlich, was er sagt, sondern was er in diesem seinem Sagen meint: den »je größeren Gott«[18], von dem und zu dem er deshalb spricht, um recht von ihm und vor ihm schweigen zu können (von dem seine Worte das Unbegriffene abtun wollen, damit ein wenig klarer seine Unbegreiflichkeit erscheine[19]).

Dann aber ist es auch keine triumphalistische Einvernahme des Atheisten, wenn der Gläubige ihn als dennoch Glaubenden hofft. Er will ihn damit nicht doch wider dessen Wissen und Wollen auf das eigene stets begrenzte Bekenntnis verpflichten; er hofft nur, daß das artikulierte Nein seines atheistischen Partners letztlich ebenso dem heiligen Geheimnis dienen will, wie er das von seinem eigenen stets ungenügend artikulierten Ja zu hoffen wagt.

5. Darum sollte die Selbstreflexion des »Theisten« zuletzt auch nicht eigentlich seinen Glauben und dessen stets mitgegebenen Unglauben reflektieren, sondern wesentlich auf das Geglaubte zielen, nämlich auf den, an den geglaubt wird. – Bekanntlich ließ die neuzeitliche Kontroverssituation (in Absetzung wie Anpassung gegenüber der Moderne) im gläubigen Bewußtsein die Wahrheit zurücktreten, daß Glaube statt auf Sätze, auf die in ihnen gemeinte Wirklichkeit geht.[20] Wie weit aber ist es nun Folge dieser Situation (nicht ohne Zusammenhang mit der Theoretisierung des Glaubens), daß man um der eigenen »Redlichkeit« willen sein Heil in der »skeptischen Methode« hinterfragender Selbstreflexion sucht, einer Reflexion, die aus sich prinzipiell an kein Ende gelangt?

---

[18] 1 Kor 10, 19–22; E. Przywara, Deus semper maior. Theologie der Exerzitien. Bd. I-III, Freiburg 1938–1940. – Zu diesem Teil ausführlicher: J. Splett, Gotteserfahrung im Denken. Zur philosophischen Rechtfertigung des Redens von Gott. Freiburg/München 1995, Kapitel 8: Der göttliche Gott.

[19] Simone Weil, Cahiers. Nouvelle édition, Paris (Plon) 1970, III, 264 ff.: »Le non compris cache l'incompréhensible et par ce motif doit être éliminé.«

[20] Thomas v. Aquin, De veritate. 14, 8 ad 5: »Actus credentis non terminatur ad enuntiabile, sed ad rem.«

Das redet nicht einer naiven Unmittelbarkeit das Wort, die nur die korrelativ entgegengesetzte Verkürzung bedeutete. Doch ist bedenkenswert, daß man in der modernen philosophischen Diskussion seinen Gegner selten direkt des Irrtums, aber statt dessen der »Naivität« zeiht; daß man ihm weniger vorhält, seine These sei falsch, als vielmehr, sie »falle« hinter Kant oder Hegel oder wen immer »zurück«, selbst wo man, geschichtlich denkend, der Theorie vom *Fortschritt* des Geistes mit Vorbehalten begegnet.

Differenzen lenken fast unvermeidlich den Blick vom zu Erblickenden (dem alleinigen Maß seiner Aspekte) auf die Weise, wie es erblickt wird. Und diese Grund-Folge von Kontroverssituation überhaupt verschärft sich dann, wenn der Gegner ausdrücklich nicht das Gesehene/zu Sehende, sondern den Sehenden und sein Sehen zur Diskussion stellt. Das Selbst rückt in den Mittelpunkt, und auch außerhalb »einer ›analytischen‹ Begaffung von Seelenzuständen und ihrer Hintergründe«[21] scheint jene Einfalt verloren, die nur das »eine Notwendige« sucht.

Nochmals: Rückkehr zu unberührter Naivität wird hiermit nicht gepredigt, schon gar nicht der Verzicht auf die Anstrengung des Begriffs. Wie aber, wenn man sich der geforderten Anstrengung auch und gerade durch eine bestimmte Weise des Rückfragens und Reflektierens zu entziehen versuchte? Dies jedenfalls dann, wenn verlangt ist, zu bedenken und bedenkend zu bezeugen, was sich gibt. Immerhin wäre auch in dieser Richtung Theodor W. Adornos Wort zu beherzigen[22]: »Die Aufforderung, man solle sich der intellektuellen Redlichkeit befleißigen, läuft meist auf die Sabotage der Gedanken heraus.«

Hätten wir also theistisches Ja und atheistisches Nein über ihre Entgegensetzung hinweg als gleich notwendig und gleichberechtigt zu verstehen? – Dem wäre zumindest mit der Frage zu begegnen, von welchem Ort her man souverän die beiden Standpunkte überschaue. Der Gläubige wird erwidern, hier werde nicht überschaut, sondern gemeinsam *auf*geschaut; Ja und Nein seien als gleichen Rangs und Rechtes nicht allgemein und grundsätzlich erkannt und behauptet, sondern im jeweils konkreten Fall erhofft.

6. Damit verliert die Behauptung schon wesentlich an Anstößigkeit – freilich nicht in der Sicht eines bestimmten agnostischen Humanismus (für den sich erneut eine im Grunde intolerante Ideologie durchgesetzt hat). Aber vielleicht klärt nach beiden Seiten die weitere Frage, woher diese Hoffnung gerechtfertigt sei. Der Christ wird sich demnach letztlich auf »Christus, den Herrn« berufen. Er stützt sich also weder bloß auf sich noch auf eine allgemeine Wahrheit noch einfach auf das »unergründliche Geheimnis« jenseits von Ja und Nein; er beruft sich auf eine Person und ihr Ja[23], auf die Erfahrung ihrer Selbstzusage.

Aber er muß deshalb nicht behaupten, alle andere Hoffnung, die sich auf das Zeugnis eines Lehrers oder »Erleuchteten« stützt, gehe irre. Im

---

[21] M. Heidegger, Sein und Zeit. Tübingen 1979, 273.
[22] Th. W. Adorno, Minima Moralia. Reflexionen aus dem beschädigten Leben. Frankfurt/M. 1992, 99.
[23] 2 Kor 1,19 f.

Gegenteil haben stets – über unaufhebbare Schranken, auch ihrer gegenseitigen Fremdheit, hinweg – sich jene verstanden, denen gegeben war, zu »erfahren«. Dabei geht es gar nicht um »Mystik«. Könnte nicht jeder, ließe er sich nur darauf ein, an den großen religiösen Texten die Wahrheit wenigstens erahnen, die aus ihnen spricht?

So sehr es gilt, daß der Bekennende in einem letzten Sinn nicht weiß, ob er in Wahrheit glaubt, so weiß er doch, *wem* er geglaubt hat.[24] Und aus diesem Wissen lebt auch seine Hoffnung, daß er glaube. So ist sie mehr als Vermuten; sie ist (gerade im oben erörterten Sinn der Einheit von Entscheidung und Begründung) Glaubens-*Gewißheit*. Darum meint die Selbstreflexion, die der Atheismus ihm abverlangt, vor allem die Besinnung auf seinen Beruf zum Zeugnis.

Von daher erhält einmal das Ja einen unvergleichlichen Vorrang – nicht im Sinne »festhaltender« Ausschließlichkeit, sondern im Dienst der Sendung. Mißbraucht wird das Ja, wo es die Selbstbehauptung stützen und egoistische Intoleranz legitimieren soll; mißbraucht aber auch, wo in seinem Namen unter dem Vorwand toleranten »Geltenlassens« nur verschiedene Egoismen ihre Sphären abgrenzen, also Selbstbehauptung und Selbstbehauptung sich arrangieren, indem man verschweigt, daß dieses Ja zugleich das Nein zu unserem *Nein* ist, und sich dem strengen Ruf zur Herzensumkehr entzieht.

Verkürzt wird das Ja schließlich, wenn man es nicht zu bekennen wagt, weil unvermeidlich jede Verkündigung auch den Verkünder verkündet – und so das zu Verkündigende verstelle. Dann wären dennoch wir es, die über die Zusage verfügten (und sie ginge so in unser Reden ein, daß sie nicht mehr zugleich auch dessen Gericht sein könnte).

Wie aber die Wahrheit sehr wohl im Unglauben wirksam sein kann, so vermag sie auch durch die Verdeckung ihrer Bekenner hindurch zu wirken. Der Ernst der Hoffnung bezüglich des Atheismus ist darum die Hoffnung auf sein »Überführtwerden«[25] im doppelten Sinne des Wortes: Hoffnung auf die Enthüllung seiner Unwahrheit und auf seine Verwandlung aufgrund der schon in ihm wirkenden Wahrheit. Dies aber nicht als »Sieg« des Glaubenden, vielmehr als Gericht auch über ihn in seiner Mitverantwortung für das Ganze, sondern als die Offenbarung dessen, an den er hoffend glaubt.

III. Conclusio

1. Gesagt werden darf heutzutage (fast) alles; aber es hat nur vom Sprechenden und nur für ihn persönlich zu gelten. Möglichst viele Farben im Spektrum! Ein Gesetz für Fernsehrunden wie für kirchliche Akademien. Zum Spektrum der Meinenden zählen dann durchaus auch solche, die nicht bloß für sich und ihresgleichen sprechen wollen; doch eben damit er-

---

[24] 2 Tim 1,12.
[25] Joh 16,8–11.

halten sie ihren Platz innerhalb dieses Spektrums. Denn natürlich kommt der Pluralismus auch mit Absolutheitsansprüchen zurecht – wie nun einmal Gescheitheit mit Beschränktheiten zurechtkommt.

Dies bestimmt auch das heutige Philosophieren. Beinahe *opinio communis* ist die Absage an mögliche (Erkenntnis von) Wahrheit. Philosophie versteht sich weithin als Privatreflexion persönlicher (persönlich auch als u.U. gemeinschaftlicher) Erfahrung. Für eine Weile konnten Theologen sich mit dem Gedanken helfen, dies beträfe sie nicht, weil ihr Wahrheits-Zugang anstatt auf natürlicher Vernunft auf dem Christusereignis beruhe. Dem Zeitgeist hingegen konnte ihr Reden nur noch als Sprachspiel erscheinen, in dem einzelne – für sich oder in Gruppenaustausch – antworten und strukturieren, was sich gerade ihnen als hilfreich herausgestellt hat. Es gab dann »Anfechtungen« von seiten der Exegeten; und nun erklären Systematiker selbst: Das Zeugnis von Jesu Herr-Sein[26] müsse – anstatt daß man es dogmat(ist)isch mißverstehe – als der Lobpreis subjektiver Liebessprache gelesen werden.

Dem Ernst und Gewicht der Situation wird m.E. der Hinweis auf die Hereinnahme des heidnischen Aristoteles durch Thomas nicht gerecht; denn für Thomas galt fraglos der christliche Rahmen. Wie aber, wenn man den Streit um Wahrheit, in theoretischer wie praktischer Vernunft, als solchen schon einem überholten »Paradigma« zuschreibt?

2. Oder wären diese Fragen selbst bereits – mit dem neuen (Er)Schlagwort für Unbequemes – »fundamentalistisch«? Hier jedenfalls wird vertreten, daß Denkende wieder für einen guten Sinn von »Dogma« und »dogmatisch« wirken sollten, statt die Verunklärung zu fördern, die dies durch »menschlich« ersetzt? Christ ist eben nicht, wer »anständig« lebt, sondern wer Jesus als Christus bekennt und Christus als den Herrn.[27]

Wenn der Christ das nicht in entsprechender Nachfolge *lebt*, ist er ein schlechter. Aber zum Christen macht das Bekenntnis. – In diesem Bekenntnis liegt der fraglos absolute Vorrang des Gottesbezugs vor allem anderen. Aus ihm erst nährt sich ein relativ ressentimentfreier Bezug zu Mensch und Welt. Der Gottesbezug aber ist ganz wesentlich christologisch – und dies im Vorrang zu soteriologischen Interessen.[28]

---

[26] Röm 10,9; 1 Kor 12,3.
[27] Z.B. E. Drewermann, Milomaki oder vom Geist der Musik. Olten/Freiburg 1991, 13: »Was die ›Christen‹ von den ›Heiden‹ unterscheidet, ist nicht die Einzigartigkeit und Vortrefflichkeit ihrer Anschauungen und Lehren, sondern allenfalls ihre Lebensform. Darin hatte G. E. Lessing offenbar recht (...)« Eben nicht; und 1. geht es nicht um irgendwelche Lehren, sondern eben um die Annahme von Gottes letztem Wort in Jesus Christus; 2. liefe die These vom besseren Leben auf die *menschliche* Abwertung Andersgläubender hinaus. Dazu nur eine Stimme, W. Hildesheimer in K.-J. Kuschels Gesprächsband »Ich glaube nicht, daß ich Atheist bin«. München 1992, 91: »Was ich den Christen zum Vorwurf machen würde, ist, daß sie denken, alle persönliche Moral und alles Ethische komme aus dem Christentum (...)« So bleibt nur die 3. Lösung, solidarisch mit den zwei (bzw. vielen) anderen Ringbesitzern den Vater als den eigentlichen (feigen) Betrüger zu denunzieren. Siehe: Denken vor Gott (Anm. 2), 2. Exkurs: Nathans Weisheit?
[28] Mt 7,21; Edith Steins »Aufstieg zum Sinn des Seins« mündet im Aufblick des »Hauptes« Christus. (Endliches und Ewiges Sein).

»Die Christenheit oder Europa?«

3. Dem neuzeitlichen Kantschen Zielwort »Heil« (für uns) voraus, wurde hier die Spitze von Religion als Anbetung Gottes bestimmt. Ich finde es so traurig wie bezeichnend, daß etwa im üblichen Bild von Karl Rahner hinter einer Anthropozentrik, die er selbst »vulgär-religiös« genannt hätte, solcher Theozentrismus ganz zurücktritt: sein Insistieren auf der »unverbrauchbaren Transzendenz Gottes« als des Heiligen, seine Weigerung, innerweltliche Hoffnungen religiös abzustützen.[29] Dafür ist weder Gott noch der Glaube an ihn da.

Anderseits wird denen, die das Eine suchen, alles übrige dazuverheißen (Lk 12,31) – wobei die Einlösung sich allerdings der Außensicht anders darstellen dürfte als von innen. Daß aber umgekehrt dies übrige kaum ohne jenes zu gewinnen wäre, sieht wohl nicht erst der Glaube. Toleranz – geschweige denn Solidarität – wächst ja keineswegs dadurch, daß man die Religionen auf den kleinsten gemeinsamen Nenner herabsetzt, vielmehr nur durch deren innere Erkräftigung. – »Nur die Religion kann Europa wieder aufwecken und die Völker sichern«, schrieb Novalis (523). »Haben die Nationen alles vom Menschen – nur nicht sein Herz?« »Die Christenheit muß wieder lebendig und wirksam werden« (524). »Wann und wann eher?«

> Wie gut weiß ich die Quelle, die entspringt und strömt,
> auch wenn es Nacht ist (aunque es de noche).
> (...)
> da es Nacht ist (porque es de noche).
> (...)
> auch bei Nacht (aunque de noche).[30]

---

[29] So 1981 in einem Gespräch über das »Christentum an der Schwelle zum dritten Jahrtausend«, zur Frage nach Gott: »Die meisten Menschen von heute [und wieviele Christen?] würden mindestens an der Oberfläche ihres Alltagsbewußtseins der Meinung sein, daß das erstens einmal gar keine wichtige Frage ist, und zweitens – wenn und insofern es eine Frage ist – höchstens die Frage gestellt werden kann, ob und warum und in welcher Hinsicht Gott für den Menschen wichtig ist. Ich halte diese anthropozentrische Frage nach Gott letztlich für verkehrt und bin der Meinung, daß diese merkwürdige Art von Gottvergessenheit vielleicht die fundamentalste Problematik von heute ist.« Nicht, als würde zu wenig von Gott geredet und geschrieben. »Aber ich meine: Es gibt zu wenig Menschen, die daran denken, daß im letzten Verstand nicht Gott für sie, sondern sie für Gott da sind. So im allgemeinen theologischen Geschwätz des Alltags gehöre ich gerade zu den ›anthropozentrischen‹ Theologen (...) Ich möchte ein Theologe sein, der sagt, daß Gott das Wichtigste ist, daß wir dazu da sind, in einer uns selbst vergessenden Weise ihn zu lieben, ihn anzubeten, für ihn da zu sein (...).« Zitiert aus P. Imhof/H. Biallowons (Hg.), Karl Rahner im Gespräch. Bd. II, 978–1982, München 1983, 165 ff., 166; siehe Schriften zur Theologie. Bd. XIV, 405–421: Die unverbrauchbare Transzendenz Gottes und unsere Sorge um die Zukunft.
[30] Johannes v. Kreuz, Lied der Seele, die sich der Gotteserkenntnis im Glauben erfreut. Sämtl. Werke, Bd. II, Einsiedeln 1983, 204–207; vgl. E. Stein, Kreuzeswissenschaft. O.O. 1950/54, 260.

Versuch einer kosmischen Schöpfungsspiritualität

Erwin Neu

Vorüberlegung

Im Jahr 1997 beeindruckten uns zwei Ereignisse: das Erscheinen des Kometen Hale Bopp und die Landung einer unbemannten Sonde auf dem Mars. Beide Ereignisse geben Anlaß zum Nachdenken. Während Hale Bopp unsern Blick auf die Größe des Universums richtet, erinnert er uns daran, daß die Erde nicht der »Mittelpunkt der Welt« ist. Die Landung auf dem Mars und die Suche nach dem Leben auf anderen Planeten stellen uns erneut vor die Frage, wie Leben entstehen und sich entfalten konnte. Die »Kreativität der Natur« fasziniert uns und kulminiert in der Frage nach einem »tragenden Urgrund« Die Antwort auf diese Fragen führen schließlich zu einer »kosmischen Schöpfungsspiritualität«.

I. Die Erde ist nicht der Mittelpunkt der Welt

Hale Bopp ist ein Komet, der wie alle Kometen die Aufmerksamkeit der Menschen auf sich zog. Nicht nur, daß er unsern nächtlichen Sternenhimmel bereicherte. Auch seine Größe gibt uns zu denken: Sein Schweif, der wenige Meter lang zu sein schien, hatte in Wirklichkeit eine Länge von 150 Millionen Kilometern. Eine für uns unvorstellbare Größe.

Um wieviel schwerer fällt es uns, uns von der Größe des Universums eine Vorstellung zu machen. Der Versuch ist es wert, wollen wir den »Standort Erde« und die Stellung des Menschen richtig werten.

Viele Jahrhunderte glaubte der Mensch, die Erde sei das Zentrum des Universums, um das sich alle Gestirne des Himmels drehen. Heute wissen wir: Die Erde ist eine Kugel, die sich mit weiteren acht Planeten um die Sonne bewegt. Und die Sonne? Sie ist ein ganz durchschnittlicher Stern. »Mit 150 Milliarden anderen Sternen bildet sie einen großen, spiralförmigen Sternenhaufen, eine Galaxie: unsere Milchstraße. Aber auch diese ist nichts Besonderes. Die Wissenschaft hat Milliarden anderer Galaxien – größere und kleinere – in den Tiefen des Universums gefunden.«[1]

Wir kennen heute 100 Milliarden solcher Galaxien mit je 150 Milliarden Sternen, die teilweise 11 bis 15 Milliarden Lichtjahre von uns entfernt sind. Ein Lichtjahr ist die Entfernung, die das Licht in einem Jahr zurücklegt. Wenn man bedenkt, daß das Licht bereits in einer einzigen Sekunde 300 000 km zurücklegt, dann überschreitet die Entfernung von nur einem Lichtjahr unsere Phantasie. Zum Vergleich: Der Äquator ist 40 000 km lang. In einer einzigen Sekunde (!) wird er vom Licht mehr als siebenmal umrundet.

---

[1] C. Bresch, Zwischenstufe Leben – Evolution ohne Ziel? Frankfurt/M. 1979, 9.

Innerhalb der unzähligen Galaxien erstrecken sich riesige Leerräume mit Durchmessern von 60 bis 140 Millionen Lichtjahren. In einem dieser »Löcher« hätte unsere Milchstraße, die eine Ausdehnung von hunderttausend Lichtjahren hat, hintereinandergelegt bis zu 1500mal Platz.[2]

»Wie klein und unbedeutend erscheinen wir doch auf unserer Erde inmitten eines so unvorstellbar großen Sternenheeres! Und wie einsam und verloren schweben wir mit ihr durch die fast leeren, grenzenlosen Himmelsräume.«[3] Ist es da erstaunlich, daß die Menschen in ihrem Selbstwertgefühl verunsichert wurden? Hat doch die Naturwissenschaft dem Menschen Sicherheit und Geborgenheit genommen, die ihm das alte Weltbild im Zusammenhang mit dem Glauben geschenkt hatte. Die Wissenschaft hat viel Geheimnisvolles entfernt und die Ordnung der Natur als reinen und geistlosen Zufall oder als eine notwendige und damit sinnlose Folge der mechanistischen Gesetze entlarvt. Kein Wunder, daß Steven Weinberg schreiben konnte: »Je begreiflicher uns das Universum wird, umso sinnloser erscheint es auch.«[4] Der Biologe und Nobelpreisträger Jacques Monod äußert sich ähnlich: »Der alte Bund ist zerbrochen; der Mensch weiß endlich, daß er in der teilnahmslosen Unermeßlichkeit des Universums allein ist, aus der er nur zufällig hervortrat.« Der Mensch ist »ein Zigeuner am Rande des Universums, das für seine Musik taub ist und gleichgültig gegen seine Hoffnungen, Leiden und Verbrechen.«[5]

»Wie erbärmlich klein, wie ohnmächtig müssen wir Menschen uns vorkommen, wenn wir bedenken, daß die Erde, auf der wir leben, in dem schier unermeßlichen Weltall nur ein minimales Stäubchen, geradezu ein Nichts bedeutet ...«, so überlegt Max Planck. Und er fügt hinzu: »... und wie seltsam muß es uns andererseits erscheinen, daß wir, winzige Geschöpfe auf einem beliebig winzigen Planeten, imstande sind, mit unsern Gedanken zwar nicht das Wesen, aber doch das Vorhandensein und die Größe der elementaren Bausteine der ganzen großen Welt genau zu erkennen.«[6]

Diese Gedanken zeigen uns das Dilemma, vor dem wir stehen: der Mensch, ein unbedeutendes Wesen auf einem unbedeutenden Planeten und doch mit solcher Intelligenz versehen, daß er sich über das All und seine inneren Zusammenhänge Gedanken machen kann.

Viele Jahrhunderte empfand sich der Mensch als Mittelpunkt des Universums, als Krone der Schöpfung. Heute muß er seinen Platz neu bestimmen, seinen Platz im Universum und seine Stellung und Aufgabe gegenüber all dem, was – wie er – in einem langen Entwicklungsprozeß geworden ist.

---

[2] Näheres bei R. Breuer, Geo Nr. 3, März 1996, 23.
[3] R. Breuer, a.a.O., 32.
[4] St. Weinberg, Die ersten drei Minuten. München 1977, 212.
[5] J. Monod, Zufall und Notwendigkeit. München 1971, 219.
[6] H.-P. Dürr, Physik und Transzendenz. Bern 1995, 32.

II. Die Kreativität der Natur wird neu entdeckt.

Das zweite Ereignis, das uns im vergangenen Jahr beschäftigte, war die Landung der Sonde auf dem Mars. Alte Fragen werden neu gestellt: Ist auch auf anderen Planeten Leben denkbar? Gibt es dort vielleicht sogar intelligente Wesen? Wie ist das Leben entstanden? Ist es aus dem All zu uns gekommen? Ja, wie konnte grundsätzlich Leben aus lebloser Materie entstehen? Das sind Fragen, die uns Menschen schon immer interessiert haben und die nun neu gestellt werden.

Die meisten Naturwissenschaftler gehen davon aus, daß unser Universum mit dem »Urknall« vor 11 bis 15 Milliarden Jahren begonnen hat. Zahlreiche Fakten sprechen für diese Annahme. Alles, was sich in diesen 11 bis 15 Milliarden Jahren gebildet hat, unterlag einer Entwicklung, die mit der Entstehung von Atomen aus Elementarteilchen begann. Am Ende dieses Prozesses steht nun der Mensch – nicht als Zuschauer, sondern als Glied einer langen Kette. Dabei spielt es keine Rolle, ob die Entwicklung über den Menschen hinausgehen wird oder nicht. Wir nennen diesen Prozeß »Evolution«. Das bedeutet: Im Universum ist nichts vorhanden, das nicht aus einem anderen hervorgegangen ist.

Wenn wir den Evolutionsprozeß als Ganzes betrachten, erkennen wir innere Gesetzmäßigkeiten, die sich wie ein roter Faden durch den gesamten Prozeß hindurchziehen. Drei solcher Gesetzmäßigkeiten sollen nun kurz erwähnt und beschrieben werden:

1. Die Evolution ist eine Geschichte des Lebens

Wer die folgende Übersicht betrachtet, findet ohne große Mühe eine Bestätigung dieser These.

Sicherlich ist diese Übersicht eine Vereinfachung. Im Evolutionsprozeß finden wir auf dem Wege zum Menschen viele Verzweigungen, die nicht weitergeführt haben. So gibt es heute noch zahlreiche Lebensformen, die sich seit vielen Millionen Jahren nicht weiterentwickelt haben. Einige Zweige sind sogar ausgestorben, wie etwa die Riesensaurier. Wir kennen heute 5 Millionen verschiedener Arten. Wir wissen aber auch, daß 500 Millionen Arten inzwischen nicht mehr existieren.

Übersicht 1[7]

1. Beginn vor ca. 15 Milliarden Jahren durch einen »Urknall 2. Entwicklung der Elementarteilchen, der Kerne, der Atome und Moleküle 3. Entstehung der Sterne, der Galaxien und der Sonne	VORBEREITUNG

4. Entwicklung auf der Erde:
   a) leblose Materie
   b) Aminosäuren – Bausteine des Lebens
   c) Moleküle, die sich selbst vermehren
   d) Zelle
	ENTSTEHUNG
	
	und

e) einfache Lebewesen – ohne Sauerstoff
                     – mit Sauerstoff
f) einfache, dann komplexere Pflanzen
g) einfache, dann komplexere Tiere
h) Pflanzen und Tiere erobern das Festland
i) Entwicklung der Tiere auf dem Festland:
   Amphibien: Frösche und Kröten: Eiablage im oder am Wasser
   Reptilien: Eiablage unabhängig von der Feuchtigkeit
   Säugetiere: Ei reift im Körper der Mutter heran
 	
5. Entstehung des Menschen
	ENTFALTUNG
	
	des
	
	LEBENS
	
	und des
	
	GEISTES

In der Rückschau können wir sagen: Evolution ist ein *gigantischer Wachstumsprozeß*.[8] Wir wissen aber nicht, »weshalb die Dinge sich entwickeln, weshalb etwas lebt, weshalb der Mensch denkt. Mutation, Veränderung ist selbstverständlich ein wichtiger Aspekt der Evolution: Ohne Veränderung ändert sich nichts; und daß das Veränderte überleben muß, um zu überleben, ist auch klar. Daß es Verdrängungswettbewerb gibt, macht vielleicht das Aussterben bestimmter Arten verständlich; er erklärt aber nicht das Überleben und noch weniger die Entstehung irgendeiner Art.«[9]

---

[7] E. Neu, Aus Sternenstaub – Die Reise zum Ursprung des Menschen. München 1997, 47.
[8] H. Mohr, Reflexionen eines Biologen über die Evolutionstheorie. In: engagement 4/1985, 287.
[9] K. Schmitz – Moormann, Schöpfung und Evolution. Düsseldorf 1992, 119.

Es sind nicht nur die Mutationen, die auf den Evolutionsprozeß Einfluß ausübten. Ebenso wichtig oder noch wichtiger ist die Selektion, die Auslese, die Vorzugsrichtung der Evolution. Zufällige Mutationen bieten der Natur Möglichkeiten an, von denen sie die besten aussucht und bevorzugt. Diese führen dann die Evolution weiter. Zahlreiche wissenschaftliche Arbeiten legen den Gedanken nahe, »daß die Lotterie der Natur zwar – wie jedes Glücksspiel – Nieten und Treffer produziert, aber Gewinner auf Dauer bevorzugt.«[10]

2. Evolution ist eine Entwicklung zum Höheren – zu größerer Komplexität

Menschliches Leben konnte nur entstehen, weil die von Anfang an existierenden Naturgesetze, die Entstehung der Materie, ihre kosmische Ausbreitung und die biologische Entwicklung von den Bausteinen des Lebens bis hin zu uns Menschen in unglaublich präziser Form zusammenwirkten.
    Die inneren Zusammenhänge dieses Prozesses verdeutlicht Übersicht 2.

Übersicht 2[11]

Gesetz	Stufen der Evolution
Sie nimmt aber Teil an der besonderen Qualität der höheren Stufe.	menschliches Leben
Sie wird mit hineingenommen in die nächst-höhere, ohne sich selbst aufzugeben.	tierisches Leben
	pflanzliches Leben
Jede Stufe der Evolution bildet den Unterbau für die nächste.	leblose Materie

Die Evolution bewegte sich von gefühl- und leblosen Atomen zum pflanzlichen Leben, von dort zu einfachen tierischen Formen (Protozoen, Amphibien, Reptilien) und zu den höheren tierischen Lebewesen (Säugetiere). Der Mensch steht am (bisherigen) Ende dieser Entwicklung.
    Bei diesem Prozeß gilt folgendes Gesetz: Jede Stufe der Evolution bildet den Unterbau für die folgende. Sie wird mit hineingenommen in diese nächste Stufe, von ihr angenommen – ohne daß sie sich selbst aufgeben müßte – und nimmt nun Teil an der besonderen Qualität dieser neuen Stufe.

---

[10] S. V. Sommer, in: Geo-Wissen. Hamburg, November 1993, 66.
[11] E. Neu, a.a.O., 50.

Pflanzen bestehen aus Atomen und Molekülen. Sie integrieren sie in ihren pflanzlichen Aufbau und lassen sie teilnehmen an ihrem pflanzlichen Leben. Die Tiere übernehmen den Stoffwechsel der Pflanzen, integrieren und ergänzen ihn. So lassen sie das pflanzliche Leben an ihrem eigenen, tierischen, animalischen Leben teilnehmen. Der Mensch integriert animalische Vorgänge in seinen Körper und läßt auch sie teilnehmen an seinem menschlichen, geistigen Leben. So trägt er alle früheren Stufen der Evolution in sich: die leblose Materie – Atome und Moleküle –, das pflanzliche und das tierische Leben. Er trägt sie in sich, integriert sie in seinem Körper und läßt sie teilnehmen an seinem Geist und an seinem Selbstbewußtsein.[12]

»Während die Welt früher nur von Lebewesen bevölkert war, die auf ihre Umwelt wie einfache Automaten reagierten, gibt es heute unzählige Arten, die erst nachdenken und dann handeln. Während es früher auf der Welt keine einzige Art gab, die über Selbstwahrnehmung verfügte, gibt es heute mindestens eine, die damit gesegnet ist. Die Triebkraft der Evolution war tatsächlich höchst produktiv.«[13]

Diese Triebkraft ist es, die Höheres, Vollkommeneres aus dem Niedrigeren hervorgehen läßt, wobei etwas Neues entsteht, das auf das Niedrigere nicht zurückgeführt werden kann. Der Begriff Evolution bekommt durch diese Überlegungen eine neue Tiefe: Er bedeutet Entwicklung, in der das zeitlich später Auftretende nicht nur das Spätere ist, sondern auch das Höhere; das zeitlich Frühere ist zugleich auch das Niedrigere. Evolution kann daher nicht als mechanistischer Ablauf verstanden werden.

3. Evolution ist ein schöpferisches Geschehen

»Die evolutionäre Entfaltung des Lebens von Jahrmilliarden ist eine wahrlich atemberaubende Geschichte.« So schreibt Fritjof Capra in seinem Buch *Lebensnetz*.[14] Warum? Weil die Kreativität, die uns in der unbelebten und belebten Natur begegnet, ständig neue Formen und Überraschungen hervorbrachte. Die Kreativität, das ständige Streben nach Neuem, ist der eigentliche Motor der gesamten Entwicklung. Einige Beispiele mögen diese Vermutungen erhärten:

Bis in die jüngste Zeit beschäftigt die Naturwissenschaftler die Frage: Wie konnte aus lebloser Materie Leben entstehen? Wie konnten sich die Aminosäuren – die Bausteine des Lebens – bilden, ohne daß es Lebewesen gab, die sie produzierten? Kamen sie etwa durch einen Meteoriten zur Erde, wie es manche Wissenschaftler vermuten? War es ein Zusammenwirken von den Gasen der Uratmosphäre – Ammoniak, Methan und Wasserstoff – und der Energie der Sonne oder der Blitze, die die Aminosäure entstehen ließ? Daß es so sein könnte, hat Stanley Miller in den fünfziger Jah-

---
[12] Näheres bei: K. Wilber, Halbzeit der Evolution. Bern/München/Wien 1987, 37.
[13] R. Leakey/R. Lewin, Die sechste Auslöschung. Frankfurt/M. 1996, 47 f.
[14] F. Capra, Lebensnetz. Bern 1996, 264.

ren im Labor festgestellt. Ob es tatsächlich so war, läßt sich nicht überprüfen. Seit einiger Zeit wird die Frage untersucht, ob sich Leben vielleicht an Vulkanen in der Tiefe der Meere gebildet haben könnte. Wie dem auch sei – alle Theorien führen zu derselben Frage: Wie konnte aus lebloser Materie Leben entstehen? Die Antwort hängt sicherlich mit der atomaren Struktur der Materie zusammen, aus der sich die Grundsteine des Lebens bilden konnten, und den Gesetzen, die im Bereich der Atome gelten. Diese sorgen dafür, daß sich chemische Elemente mit »Vorliebe« mit ganz bestimmten anderen Elementen verbinden und dabei etwas völlig Neues bilden. Chemiker sprechen von einer Affinität, die im Bereich der Atome gilt.

Doch woher kommt die Affinität? Woher kommen die Gesetze, die Leben ermöglichten? Das, was Miller im Labor herstellte, hat ihm die Natur vor 3,5 bis 4 Milliarden Jahren vorgemacht, als sie die Bausteine des Lebens schuf. Liegt die Vermutung nicht nahe, daß die im Bereich der Atome geltenden Gesetze und das vor vielen Milliarden Jahren entstandene Ausgangsmaterial Methan, Ammoniak und Wasser die Voraussetzungen bilden sollten für die Entstehung und Entwicklung des Lebens? Stellt sich hier nicht schon die Frage nach einem vorgegebenen Plan? Und mehr noch: Enthält dieser Plan nicht schöpferische Momente, die stets etwas Neues hervorbringen? Die Aminosäure ist etwas ganz anderes als die Summe der chemischen Elemente, aus denen sie zusammengesetzt ist. Sie ist etwas völlig Neues, das die Natur hervorgebracht hat.

Die geistigen Fähigkeiten und der freie Wille des Menschen sind nicht aus dem Animalischen zu erklären. Hoimar von Ditfurth vergleicht die Beziehung zwischen dem Gehirn und dem Selbstbewußtsein des Menschen mit einem Musikinstrument und einer Melodie, die durch das Instrument erklingt: So wie der Instrumentenbau eine geschichtliche Entwicklung durchgemacht hat und ein bestimmtes Instrument der heutigen Zeit am Ende dieser Entwicklung steht, so hat auch unser Gehirn im Laufe von Jahrmillionen eine Entwicklung durchgemacht. Ohne das Gehirn könnte der Mensch nicht denken, wie auch eine Melodie ohne das Musikinstrument nicht erklingen kann. So wie die Melodie nicht das Produkt der Instrumente ist, so ist auch der menschliche Geist nicht das Produkt des Gehirns. Wie die Melodie und das Instrument, auf dem sie erklingt, nicht identisch sind, so sind auch der menschliche Geist und das Gehirn nicht miteinander identisch. Etwas Neues ist hinzugekommen, das nicht zu erwarten war. Dieses Neue gibt dem Menschen die Möglichkeit, zu denken, zu planen, sich selbst zu erkennen, Kunst und Musik zu schaffen, Wissenschaft zu betreiben und die Fragen nach dem Sinn, dem »Woher?« und »Wohin?« zu stellen. Durch diese Tätigkeiten unterscheidet er sich wesentlich vom Tier.

Gerade Katastrophen waren es, die in der Natur zu kreativem Handeln, zu Erneuerung und Wachstum führten. Die organische Suppe wurde durch Gärung zersetzt. Damit war die Lebensgrundlage der ersten Lebewesen genommen. Die Natur wußte sich zu helfen: Sie fand einen Weg, die Sonnenenergie zu nutzen. So erfand sie die Photosynthese. Die Photosynthese ihrerseits hatte den schädlichen Sauerstoff als Abfallprodukt. Es kam zu einer Sauerstoff-Umweltkatastrophe, durch die unzählige Arten ausgelöscht wurden. Die Natur entwickelte nun Pflanzen und Tiere, die den Sauerstoff einatmen. Das Gleichgewicht war wieder hergestellt.

Das Meer war als Lebensraum zu eng und klein geworden. Das Land mußte besiedelt werden. Das stellte Pflanzen und Tiere vor schier unlösbare Probleme. Sie alle wurden gelöst. Es entstanden zunächst Gräser und Schachtelhalme, dann Holzstämme, die den Pflanzen Halt gaben. Im Innern brachte ein »Wasserleitungssystem« Wasser und Nährstoffe aus dem Boden in die Krone.

Die Tiere machten sich im Wasser ihren Lebensraum streitig. Auch sie fanden einen Ausweg, indem sie den Pflanzen aufs Festland folgten. Zahlreiche Probleme mußten gelöst werden. Im Wasser wurden die Tiere getragen. Hier mußten sie mit dem Problem der Schwerkraft fertig werden. Sie benötigten eine Wirbelsäule, die ihr Körpergewicht tragen konnte, und Füße zur Fortbewegung. Augen, Ohren und Lunge mußten an die neue Situation angepaßt werden.

Ideen waren gefragt und die Fähigkeit, diese in unzähligen Schritten zu realisieren. Der Ideenreichtum der Natur führte dann schließlich zu den Reptilien und Säugetieren, zu denen auch der Mensch gehört.

Kein Wunder, daß die Bücher von Rupert Sheldrake, die sich mit dem »schöpferische Universum«[15], dem »Gedächtnis der Natur«[16] oder der »Wiedergeburt der Natur«[17] befassen, großes Interesse fanden. Dasselbe gilt für die Gaia-Hypothese von Lovelock, die die Erde als einen »Superorganismus« betrachtet. Allen liegt der Gedanke zugrunde, daß die Natur durch ihre schöpferischen Fähigkeiten in der Lage ist, Neues hervorzubringen.

Diese Überlegungen über die Kreativität der Natur stellen uns unmittelbar vor die Frage: Woher kommt die Kreativität? Es ist die Frage nach dem »Anfang«, nach einem »tragenden Grund«.

III. Die Frage nach dem »tragenden Urgrund« drängt sich auf

Die Frage nach dem Anfang, die Suche nach einem »tragenden Grund« oder »Urgrund« ist so alt wie die Menschheit selbst. Solange es Menschen gibt, haben sie sich diese Frage gestellt. Die Antwort auf diese Frage ist für den Menschen auch die Antwort auf seine Frage nach dem »Woher?« und »Wohin?«.

Im 17. Jahrhundert gab es aufgrund der Newtonschen Weltsicht nur eine einzige schöpferische Instanz: *Gott allein* war die Ursache aller Materie, der Naturgesetze und aller Lebensformen. Nach dieser mechanisti-

---

[15] R. Sheldrake, Das schöpferische Universum. München 1985.
[16] R. Sheldrake, Das Gedächtnis der Natur. München 1990.
[17] R. Sheldrake, Wiedergeburt der Natur. München 1991.

schen Naturphilosophie war die Natur selbst unbelebt. Sie gehorchte blind den mechanischen Gesetzen.

Im 19. Jahrhundert wurde die *Natur als lebendig* angesehen. Darwin schrieb: »Die evolutionäre Kreativität hat ihren Ursprung nicht jenseits der Natur in den ewigen Konstruktionsplänen eines Uhrmacher-Gottes (...), sondern die Evolution des Lebens hat sich spontan in der materiellen Welt ereignet. Die Natur selbst hat die Myriaden Lebensformen hervorgebracht.«[18]

Für Darwin ist es die Natur selbst, die diesen Entwicklungsprozeß hervorbringt. Dabei spielen für ihn Mutation und natürliche Auslese eine große Rolle. Uns reicht diese Erklärung heute nicht mehr. Wir wollen wissen, warum durch Mutationen immer komplexere und kompliziertere Lebensformen entstehen. Ist doch ein Vorgang, der zu unerwarteten, unvorhersehbaren und unvorhersagbaren Ergebnissen führt, ein schöpferischer Prozeß. Kreativität als letzte Antwort auf unsere Frage ist uns zu wenig. Woher kommt dann die Kreativität? Kommt sie – wie Henri Bergson meint – aus einer nichtmateriellen Lebenskraft?

Vielleicht müssen wir einen ganz anderen Ansatz suchen. Heute, in der Zeit des Computers und des Internets, denken wir eher an ein *Programm,* das wie eine Information in den Urknall hineingelegt wurde und sich seit 11 bis 15 Milliarden Jahren entfaltet. Der Gedanke an ein Programm als Antwort auf unsere Frage ist uns heute sehr sympathisch. Wenn es die Ursache für die Kreativität der Natur sein soll, dann stehen wir vor zwei weiteren Problemen:

Ein Programm allein genügt nicht. Es benötigt wie beim Computer einen Träger (Hardware), der von Anfang an existiert haben muß. Nach Hans Jonas konnte dieses stabile System beim Urknall aber noch nicht vorhanden gewesen sein.

Wie kann ein Programm, das von Natur aus etwas Geistiges ist, die Ursache für den Urknall sein? Ursache sicherlich nicht. Vielleicht aber »Urgrund«?

Diese Frage führt uns weiter. Kreativität und Programm – beide haben mit Geist zu tun. Liegt die Vermutung nicht nahe, daß ein *geistiges Prinzip* Urgrund des Universums sein kann oder sogar sein muß?

Der Mensch steht mit Geist und Bewußtsein am Ende des Evolutionsprozesses. Könnten wir das Gehirn bis in seine feinsten Strukturen und Funktionsweisen zerlegen, so ließe sich das Vorhandensein von Bewußtsein und Geist aufgrund dieser Strukturen nicht erahnen. Nur durch unsere innere Erfahrung – eben durch unser Selbst-Bewußtsein – wissen wir davon.

Das Gehirn ist die größte Erfindung der Natur. Jahrmillionen hat es gedauert, bis das Hochleistungsgehirn ausgereift war. Rund hundert Milliarden Nervenzellen sind durch ein Leitungsnetz miteinander verbunden. Dieses hat die unvorstellbare Länge von einer Million Kilometern. 25mal würde dieses Netz um den Äquator gehen.

---

[18] R. Sheldrake, Das Gedächtnis der Natur. München 1992, 376.

Unser Gehirn ist leistungsfähiger als jeder Supercomputer. Ja, es ist der einzige Computer, der über sich selbst nachdenkt und sich korrigieren kann. Wenn man bedenkt, daß die vollständige Bauanleitung für einen Supercomputer viele Millionen Wörter umfaßt, drängt sich die Frage auf: Woher hat die Natur die Idee, in vielen kleinen Schritten ohne Anregung von außen und *ohne Bauanleitung* ein menschliches Hochleistungsgehirn zu entwickeln, das in der Lage ist, solche geistigen Leistungen zu vollbringen?

In seinem Buch *Philosophische Untersuchungen und metaphysische Vermutungen* schreibt Hans Jonas, er habe jahrzehntelang über diese Frage nachgegrübelt. Nach wie vor mache sie ihm zu schaffen: »Kann etwas, das weniger als Geist ist, der Urgrund des Geistes sein?«

Zu einem ähnlichen Ergebnis kommt auch Heinrich Vogt.[19] Er schreibt über die Stellung des Menschen in der Welt: »Im Hinblick auf die gigantischen Ausmaße (...) ist der Mensch auf der kleinen Erde, die selbst nur ein mikroskopisches Stäubchen im Universum ist, etwas, was vollständig in der Weite des Weltenraumes verschwindet, ein Nichts im All, wenigstens materiell gesehen. Aber er ist ja nicht nur eine materielle Substanz. Er ist gleichzeitig ein Brennpunkt geistiger Energie. Der Mensch vermag kraft seines Geistes, kraft seiner Intelligenz (...) das materielle Universum bis in seine größten Tiefen hinein zu erfassen, die Welt vom Atom bis zu den großen Sternensystemen zu erforschen, die in ihr geltenden Gesetze abzuleiten und diese Gesetze weitgehend zu erklären. (...) Auch geht es ihm dabei letzten Endes nicht um Atome (...), sondern um das hohe Geheimnis, das dahinter steht, um den letzten Sinn, der das ganze Sein durchwaltet. Vollständig dieses letzte Mysterium zu entschleiern, wird ihm jedoch wohl nie möglich sein, (...) erst recht nicht mit den Methoden der Naturwissenschaft, denen sich alles entzieht, was jenseits unserer Raum-Zeit-Ordnung ist. Der Mensch wird immer tiefer und tiefer eindringen in die Geheimnisse des Universums, aber es wird für ihn immer allerletzte Grenzen geben, Grenzen für sein Anschauungsvermögen, Grenzen für sein verstandesmäßiges Erkennen, über die hinaus er forschend nicht weiter vorstoßen kann. Je mehr er vordringt, umso deutlicher zeigen sich ihm diese Grenzen. Gleichzeitig wird dabei in ihm die Gewißheit immer mehr gefestigt, daß die Existenz der Welt sich nicht aus ihrer Beschaffenheit heraus begründen läßt, daß die Welt nicht etwa ein Produkt der Materie sein kann, sondern daß es außer der Welt der Materie, der Welt der Atome und der Sterne, noch etwas anderes geben muß; daß es einen überweltlichen Urgrund geben muß, aus dem heraus die Welt und auch der Menschengeist ist, einen Urgrund, der in einem nur durch sich selbst bedingten ab-

---

[19] Vogt (1890–1968) studierte 1911 bis 1919 Astronomie, Mathematik und Physik in Heidelberg. Seit 1933 war er ordentlicher Professor und Direktor der Sternwarte in Heidelberg. Seine Hauptaufgabengebiete sind theoretische Astrophysik, Kosmogonie und Kosmologie. In der Astrophysik ist ein Theorem nach ihm benannt. Vogt war Mitglied der Deutschen Akademie der Wissenschaften zu Halle und der Heidelberger Akademie der Wissenschaften. Aufgrund seiner astrophysikalischen und kosmogonischen Arbeit genießt Vogt Weltruf.

soluten Sein zu suchen ist; daß es einen Geist geben muß, der über Materie, Raum und Zeit und jede Seinsstufe transzendiert ...«[20]

Für ein geistiges Prinzip als Urgrund des Seins spricht auch die Beobachtung zahlreicher Naturwissenschaftler, die einen *Bau-Plan* erkennen wollen. Wie ein kosmischer Code liegt er verschlüsselt in der Natur verborgen. Wie bei einem Kreuzworträtsel ergänzen sich die einzelnen naturwissenschaftlichen Erkenntnisse und deuten auf ein Muster oder einen einheitlichen Plan. Der unfaßbar große Weltenraum – der Makrokomos – und die unvorstellbar kleine Welt der Atome – der Mikrokosmos – ergänzen sich. Es sind dieselben Gesetze, die zu der einfachen Form des Kristalls führen und ebenso zu den komplizierten Formen der Lebewesen.

Zahlreiche Naturwissenschaftler sind daher der Meinung, die *Naturgesetze* seien der »Seinsgrund des Universums« oder das »Urgestein der Wirklichkeit«. »Sie sind die ewigen Wahrheiten, auf denen das Weltall gebaut ist.«[21]

Auch Max Planck fragt nach diesem Seinsgrund oder Urgestein. Seine Antwort: »Was wir als das allergrößte Wunder ansehen müssen, ist die Tatsache, daß die (...) Formulierung dieses Gesetzes bei jedem Unbefangenen den Eindruck erweckt, als ob die Natur von einem vernünftigen, zweckbewußten Willen regiert würde.«[22]

Wenn das der Fall ist, dann sind die Naturgesetze mehr als ein Hinweis auf den tragenden Urgrund des Universums. »Die Tatsache, daß die gegenwärtige Natur des Universums gezwungen war, mit einem Urknall zu entstehen – das sagen die Gesetze der Physik –, läßt deutlich darauf schließen, daß diese Gesetze selbst nicht zufällig oder aufs Geratewohl aufgetaucht sind, sondern daß in ihnen die Spur eines Planes steckt (...) Die neue Physik und die neue Kosmologie offenbaren, daß unser geordnetes Universum weit mehr ist als ein gigantischer Unfall. Ich glaube, das Studium der jüngsten Revolution auf diesen Gebieten ist eine Quelle großer Inspiration bei der Suche nach dem Sinn des Lebens.«[23] So schreibt Paul Davies.

Sicherlich können Naturwissenschaftler die schöpferische Kraft des Universums und seinen Bauplan erkennen. Trotzdem lehnen es die meisten von ihnen ab, die Frage nach der Existenz Gottes – vor allem eines personal verstandenen Gottes – zu stellen. Das kann auch nicht sein. Ihr Forschungsgebiet ist eines der zahlreichen Teilgebiete der Naturwissenschaft. Dazu gehört grundsätzlich nicht die Frage nach Gott, ganz gleich, was wir darunter verstehen. Aber ein Naturwissenschaftler ist nicht nur Wissenschaftler, er ist auch Mensch. Und als Mensch fragt er weiter. Er sieht die Ergebnisse seiner Forschung im Zusammenhang mit den für uns Menschen typischen Fragen nach einem tragenden Grund und dem Sinn unseres Lebens. Paul Davies behauptet in seinem Buch *Gott und die mo-*

---

[20] H. Vogt, Das astronomische Weltbild der Gegenwart. Berlin 1955, 102.
[21] P. Davies, Der Plan Gottes. Frankfurt/Main 1995.
[22] Zitiert aus H.-P. Dürr, Physik und Transzendenz. Bern 1995, 34.
[23] P. Davies, Die Urkraft. Hamburg 1987, 15.

derne Physik: »Bei der Suche nach Gott bieten die Naturwissenschaften einen sichereren Weg als die Religion!« Er spricht dann von einem »leitenden, überwachenden, alles umfassenden Geist, der den Kosmos durchdringt und die Naturgesetze so handhabt, daß dabei ein bestimmter Zweck erfüllt wird, der aber außerhalb der Naturgesetze nicht tätig zu werden« vermag. Andere sehen in diesem tragenden Grund die »Tiefe des Seins« (Paul Tillich), »Grund und Geheimnis der Welt« (Adolf Portmann), »Prinzip und Ordnung der Wirklichkeit« (W. Heisenberg), »Prozeß der Schöpfung« (A. N. Witehead), »Faktor und Kraft der Evolution« (E. Jantsch).[24]

IV. Versuch einer kosmischen Schöpfungsspiritualität

Vorüberlegung

Die bisherigen Überlegungen gipfelten in der Frage und der Suche nach einem »tragenden Grund«. Es ist selbstverständlich, daß wir solche Fragen an die Naturwissenschaften richten. Von ihnen erwarten wir Antworten, die wir mit unserm Verstand verstehen. Das ist die eine Sicht der Welt. Es gibt sicherlich noch eine andere, die ebenso wichtig ist. Beurteilen wir die Welt nicht zu sehr nach dem, was wir sehen und mit unserm Verstand erkennen können? Versuchen wir nicht, die Welt zu *rational* zu erfassen? Vielleicht täte es uns gut, für einen Augenblick mal die »Augen des Geistes« zu schließen, um mit dem »Herzen hinzuhören«, was uns die Evolution über die Welt, über uns Menschen und über das zu sagen hat, was sie »im Inneren zusammenhält«. Sonst bleibt uns das Wesentliche verborgen.

Diese neue Art des Sehens macht uns sensibel für eine Gesamtschau des evolutiven Geschehens, das zwar rationale Kenntnisse über den Prozeß voraussetzt, diese aber mit dem Herzen verarbeitet. Die innere Haltung, die sich daraus ergibt, ist eine besondere Spiritualität, die mit dem schöpferischen Prozeß des Universums zu tun hat, die ich deshalb *kosmische Schöpfungsspiritualität* nennen möchte. Drei Gedankengänge können uns den Zugang erleichtern.

1. »Der Mensch nimmt naturhaft an allem kosmischen Geschehen teil ...

... Er ist innerlich wie äußerlich mit ihm verwoben.«[25] Wir wissen: Alles, was geworden ist, bildet eine große kosmische Einheit. Der Mensch teilt die Erde mit Millionen anderen Geschöpfen. Sie alle zusammen bilden die ehrfurchtgebietende Einheit in der Vielfalt des Lebens.

Diese kosmische Einheit umfaßt alles, was in 11 bis 15 Milliarden Jahren geworden ist. Für Matthew Fox gehören dazu: »Die wirbelnden Ga-

---

[24] Zitiert aus C. Bresch u.a., Kann man Gott aus der Natur erkennen? Freiburg 1990, 146 f.
[25] Grundlage der chinesischen Philosophie.

laxien und die wilden Sonnen, die schwarzen Löcher und die Mikroorganismen, die Bäume und die Sterne, die Fische und die Wale, die Wölfe und die Tümmler, die Blumen und die Felsen, geschmolzene Lava und verschneite Gipfel, die von uns geborenen Kinder und deren Kinder und deren und deren. Die arbeitslose Alleinerziehende und die Studentin, (…) der Frosch im Teich und die Schlange im Gras, die Farben eines hellen Sonnentages und die Dunkelheit des Regenwaldes bei Nacht (…) die Wunder der Kathedrale von Chartres (…) – alles gehört dazu.«[26] Diese Aufzählung läßt sich beliebig fortsetzen. Wie sehr wir Menschen in diese kosmische Einheit integriert sind, ja, wie sehr wir Menschen selbst zu dieser kosmischen Einheit beitragen, hat Übersicht 2 gezeigt. Der Mensch vereint in sich alle Stufen der Evolution – angefangen von der unbelebten Materie bis hin zu den verschiedenen Lebensformen der Pflanzen und Tiere. Er faßt sie zusammen und läßt sie an seinem Geist teilnehmen.

Hinzu kommt eine weitere wichtige Überlegung, auf die M. Fox aufmerksam macht.[27] Zusammen mit einem Naturwissenschaftler hatte er als Theologe über die Stellung des Menschen im evolutiven Geschehen gesprochen. Nach dieser Abendveranstaltung kam eine Frau zu ihm und erzählte: »Ich habe heute Abend meine sechzehnjährige Tochter mitgebracht. Sie ist sehr intelligent und hat vor einem halben Jahr ihre Schulausbildung abgebrochen. Wir wußten alle nicht, was sie in Zukunft tun würde.« Mitten in ihrem Gespräch drehte sich die Tochter um und sagte: »Jetzt weiß ich, was ich mit meinem Leben anfangen will.« Was war geschehen? Die junge Frau hatte sich so sehr auf die Gedanken über die einzigartige Entwicklung der Evolution eingelassen, an deren Ende der Mensch mit seinen geistigen Fähigkeiten und in seiner Einmaligkeit steht, daß sie auf einmal ihr Leben unter ganz anderen Gesichtspunkten sah. Sie fand sich eingebunden in eine fünfzehn Milliarden Jahre alte Geschichte, in der sie eine kosmische Aufgabe erfüllen darf. Diese Überlegungen gaben ihr ein neues Selbstbewußtsein. Sie erfüllten sie mit Selbstvertrauen und Stolz. Sie hatte die Gewißheit gewonnen, daß ihr Leben, ihre Ausbildung, ihre Beziehung zur Natur und den Mitmenschen *nicht belanglos* sind.

Nicht jedem wird es gelingen, durch einen einzigen Vortragsabend zu dieser Erkenntnis zu gelangen. Wer sich intensiver mit den »Augen des Geistes« und dem »Blick des Herzens« mit dem faszinierenden evolutiven Geschehen beschäftigt, wird sicherlich den kosmischen Zusammenhang erkennen, der zu einer kosmischen Spiritualität führen kann.

---

[26] M. Fox, Schöpfungsspiritualität. Stuttgart 1993, 22.
[27] M. Fox, Vision vom kosmischen Christus. Stuttgart 1991, 197.

2. Wir stehen vor einem großen Geheimnis

Wer den Evolutionsprozeß vom Urknall bis hin zu uns Menschen nicht nur in seinem äußeren Ablauf betrachtet, sondern auch und vor allem in seinen inneren Zusammenhängen, der erkennt in diesem Prozeß eine besondere Tiefe. Die inneren Zusammenhänge offenbaren ihn als ein dynamisches, schöpferisches Geschehen, das von einer geistigen Kraft inspiriert und getragen zu sein scheint.

Da wir für vieles keine wissenschaftliche Erklärung fanden – ob es uns in Zukunft gelingen wird, ist fraglich –, ist dieser Prozeß voller Geheimnisse: die Entwicklung des Kindes aus der befruchteten Eizelle; das Programm in einem Zellkern, der kleiner als ein hundertstel Millimeter ist; das Blut in unsern Adern, das sich um die Versorgung des Körpers und um seine Gesundheit kümmert; der »eingebaute Thermostat«, der unser ganzes Leben lang die lebensnotwendige Temperatur von 37 Grad Celsius garantiert; der Mensch in seiner Einmaligkeit; die Natur, die sich schöpferisch weiterentwickelt und ohne Anregung von außen aus Sackgassen herausfindet – all das sind Beispiele für den unerschöpflichen geheimnisvollen Ideenreichtum der Natur.

Die moderne Physik hat uns die Augen dafür wieder geöffnet. Wir wissen heute, daß nicht alles durch Gesetze zu erklären ist, wie man das jahrhundertelang geglaubt hat. Die Relativitätstheorie von Einstein und die Quantenphysik von Max Planck haben uns den Zugang zu dem Geheimnisvollen neu eröffnet.

Immer mehr Menschen lassen sich auf das Geheimnisvolle der Schöpfung ein, suchen und finden dort Antworten auf ihre Lebensfragen. Sie sind offen für das Geheimnisvolle. Sie haben Ehrfurcht vor der Schöpfung, zu der auch der Mitmensch gehört. Sie sind sich bewußt, am unergründlichen Mysterium des Daseins teilzuhaben und von ihm getragen zu werden.

Über ein Geheimnis kann man nicht sprechen. Man kann nur schweigend und staunend davorstehen. So wie Kinder über den winterlichen, klaren Sternenhimmel, über die Blumenpracht und über den ersten Schnee staunen.

Eine ähnliche Haltung finden wir auch bei Naturwissenschaftlern. Etwa bei Albert Einstein, der von sich bekennt: »Das Schönste, das wir erleben können, ist das Geheimnisvolle. Es ist das Grundgefühl, das an der Wiege von wahrer Kunst und Wissenschaft steht. Wer es nicht kennt und sich nicht mehr wundern, nicht mehr staunen kann, der ist sozusagen tot und sein Auge erloschen. Das Erlebnis des Geheimnisvollen – wenn auch mit Furcht gemischt – hat die Religion erzeugt. Das Wissen um die Existenz des für uns Undurchdringlichen, der Manifestationen tiefster Vernunft und leuchtendster Schönheit, die unserer Vernunft nur in ihren primitivsten Formen zugänglich sind, dieses Wissen und Fühlen macht wahre Religiosität aus.«[28]

---

[28] M. Markus, Der Gott der Physiker. Basel 1986, 233.

Diese Religiosität, die auf dem Erlebnis des Geheimnisvollen beruht, weitet unsern Blick und läßt uns die »kosmische Weite Gottes« erahnen.

3. Die kosmische Weite Gottes[29]

»Christen bekennen Gott als den »Schöpfer des Himmels und der Erde«. Diese Formulierung umfaßt *alle* Menschen. Auch wenn andere Völker und Stämme ›ihren‹ Gott haben und ihn verehren, dann ist das zwar ein praktischer Polytheismus, hat aber mit Götzenverehrung nichts zu tun. Denn wann und wo auch immer Menschen zu ›ihrem‹ Gott beten, da beten sie nicht Götzen an, sondern da hat der eine und einzig existierende Gott dieses Beten gehört und angenommen. Es gibt in der Tat nur eine Transzendenz. Man darf also hinter den tausend Namen Gottes – Mungu, Nzambi, Lesa in Afrika, Allah, Brahman, Kame in Asien – immer den einen und einzigen Gott sehen.«[30]

Kein Mensch, keine Kirche und keine Religion kann Gott voll begreifen. Er ist der »ganz Andere«, auch wenn er sich durch die »Propheten« und »Weisen« der verschiedenen Religionen und durch Jesus geoffenbart hat. Diese Offenbarung enthält viel menschliches, kulturelles und zeitgeschichtliches Denken. Israel glaubte, es sei das auserwählte Volk Gottes; die christlichen Kirchen glauben dasselbe von sich. Wenn es nur eine Transzendenz gibt, nur einen Gott, dann sind alle Völker auserwählt. Dann gilt die Liebe Gottes allen Völkern und allen Menschen – ganz gleich, auf welchem Planeten sie leben. Wenn Jesus um die Einheit betete, dann hat er sicherlich diese Einheit gemeint.

Jede dieser Offenbarungen ist die Zusage der erlösenden Gegenwart Gottes in den unterschiedlichen kulturellen Situationen des Menschen und der Völker. Das bedeutet: »Es gibt nur eine Religion, die Religion der Liebe. Es gibt nur eine Sprache, die Sprache des Herzens. Es gibt nur einen Gott – er ist allgegenwärtig (...) Wenn ich weiß, daß Gott der Strom ist, der all die verschiedenen Glühbirnen erleuchtet, so bin ich den Glühbirnen gegenüber gleichgültig, die man für so wichtig hält. Wenn man die Aufmerksamkeit den Glühbirnen schenkt, entstehen Parteien und werden Sekten geboren. Ihr müßt den Einen anbeten, der als das Viele erscheint, als das zugrundeliegende Göttliche, das alle Glühbirnen erleuchtet ...«[31]

Wir müssen lernen, daß die eine Wahrheit auf hunderttausendfache Arten ausgedrückt werden kann und daß jede dieser Arten auf ihrem Gebiet wahr ist. Es ist dasselbe Licht, das durch die verschiedenen Religionen wie durch Fensterscheiben hindurchscheint und in verschiedenen Farben erkennbar wird.

Wir Menschen können uns über ein Wesen Gedanken machen, das wir »Gott« nennen. Wir können aber nicht in seine Welt vorstoßen. Wir kön-

---

[29] Einige dieser Überlegungen sind entnommen aus: Walbert Bühlmann, Die Wende zu Gottes Weite. Mainz 1991.
[30] W. Bühlmann, a.a.O., 66.
[31] Einheit ist Göttlichkeit. Auszüge aus Sri Sathya Sai Baba's Reden. Bonn 1986.

nen ihn mit unserm menschlichen Verstand niemals auch nur annähernd erfassen. Er ist und bleibt für uns der »ganz Andere«. Dasselbe gilt auch für die Religionen. Auch sie können uns nur in Bildern und Gleichnissen Ahnungen vermitteln, über die der dänische Physiker und Nobelpreisträger Niels Bohr sagt, »daß es eben keine anderen Möglichkeiten gibt, die Wirklichkeit, die hier gemeint ist, zu begreifen. *Aber das heißt nicht, daß sie keine echte Wirklichkeit ist*«.[32]

Der indische Wandermönch Vivekananda, ein Schüler des großen indischen Heiligen Ramakrishna, erklärte auf dem 1. Weltparlament der Religionen 1893 in Chicago: »Ich bejahe alle Religionen und bete mit ihnen allen. Ich verehre Gott in jeder von ihnen (...) Die geistigen Offenbarungen der Welt sind ein wunderbares Buch. Die Bibel, die Veden, der Koran und alle anderen heiligen Schriften enthalten so viele Seiten – und unendlich viele Seiten bleiben noch zu offenbaren.«[33]

Solche Überlegungen machen die verschiedenen Religionen glaubwürdiger. Sie erleichtern uns den Zugang zu ihnen und schenken uns Sicherheit und Geborgenheit durch den Glauben an den *einen* Gott, den wir bei unserer Frage nach dem Anfang als das große Geheimnis vermuteten oder erkannten.

Schlußgedanke

Der Komet Hale Bopp, der uns erneut auf die unendliche Weite des Universums hinwies, die Landung auf dem Mars und die damit verbundene Frage nach dem Leben auf anderen Planeten, die Möglichkeit, daß auch andere intelligente Wesen irgendwo im Universum existieren – all diese Überlegungen zeigen Gott in einer neuen, größeren Dimension. Sie offenbaren uns Gott als das große Geheimnis, das die gesamte Schöpfung von Anfang an durchwaltet. Gleichzeitig zeigen sie, daß auch wir Menschen Teil dieses Geheimnisses sind.[34]

---

[32] Zitiert nach H.-P. Dürr, a.a.O., 301 f.
[33] Zitiert nach L. Marti, DRS 2 (Schw. Rundf.), Vortrag am 12.9.1993 zum Thema: »Gott ist der ›ganz Andere‹ – die vielen Religionen und die eine Wahrheit.«
[34] Die Gedanken dieses Aufsatzes und weiterführende Überlegungen sind enthalten in: E. Neu, Aus Sternenstaub – Die Reise zum Ursprung des Menschen. München 1997.

Kirche«. Im römischen Bischof als Nachfolger Petri kristallisiert sich die Einheit der Kirche. Cyprian versteht diese Verhältnisbestimmung wohl stärker symbolisch als juridisch. In der zwischen ihm und Stephan I. (254–257) aufgetretenen Auseinandersetzung um die Gültigkeit der von Häretikern gespendeten Taufe kommt jedoch ein durchaus juridischer Zug zur Geltung, insofern nämlich, als der Bischof von Rom in dieser Streitfrage den Gehorsam und die Unterwerfung unter seinen Primat auch von Cyprian verlangt.

Anläßlich der Verlegung des kaiserlichen Sitzes von Rom nach Konstantinopel unter Konstantin d. Gr. Anfang des 4. Jahrhunderts profiliert sich der Bischof von Rom endgültig zum Haupt der abendländischen Christenheit. Er bewahrt und hütet in Freiheit und Autonomie den überlieferten Glauben zu Zeiten, als in Konstantinopel die Kaiser auf die dortigen Bischöfe und Synoden politisch bedingten Einfluß nahmen. In dieser Situation kam es zu den Auseinandersetzungen zwischen der Idee einer Reichskirche (Abhängigkeit der Kirche von der weltlichen Gewalt) und der Anschauung von der Kirche, die ihre Autorität in sich selbst trägt aufgrund des Primates des Petrus und seiner Nachfolger. Letztgenannte setzte sich durch: Schon Mitte des 4. Jahrhunderts spricht Damasus I. (366–384) von seiner cathedra als vom »apostolischen Stuhl« schlechthin und setzt somit »apostolisch« und »römisch« gleich. Weitere Förderung erfährt der Primatsgedanke durch Innozenz I. (401–417) und Leo I. (440–461). Innozenz sieht in Petrus den ersten und ursprünglichen Träger des Bischofsamtes, während Leo von seiner Teilhaftigkeit an der Gewalt Christi spricht. Der Papst steht für ihn an der Stelle des Petrus. Daraus entfaltet sich der Kern der Primatslehre: Der Papst ist Nachfolger Petri und Stellvertreter Christi auf Erden. Er hat primär die Binde- und Lösegewalt nach Matthäus 16,18 ff. und somit allein die volle geistliche Gewalt, die er von Petrus empfangen hat, auch wenn alle Bischöfe gemeinsam mit ihm die Sorge für die Kirche tragen. Gregor I. (590–604) schließlich dehnt dann den Anspruch des Primates über den herkömmlichen Mittelmeerraum auf die germanisch-römischen Völker und die dort entstehenden Kirchen aus. Er nennt sich jedoch »servus servorum Dei« und sucht mit der Note des Dienstes und der Liebe das einseitig juridische Verständnis des Primates auszugleichen. Der Drang zur Verrechtlichung im Geiste des römischen Wesens war zu dem Zeitpunkt aber schon so stark, daß er nicht mehr aufgehalten werden konnte. Es folgte 754 die Gründung des Kirchenstaates als »patrimonium Petri«, und um 850 behaupten die pseudoisidorischen Dekretalen die Vorrangstellung Roms über Synoden und Metropoliten. Nachdem dann Nikolaus I. (858–867) mit extremer Schärfe den jurisdiktionellen Anspruch des Primates formuliert, folgt im 10. Jahrhundert die Manipulierung des Papsttums durch die stadtrömischen Parteien.

Entscheidend für die Befreiung des Papsttums von der weltlichen Gewalt war das Werk Gregors VII. (1073–1085). Er identifizierte sich noch stärker als seine Vorgänger mit Petrus und subsumierte in dessen Namen auch den weltlich-staatlichen Bereich unter seine Herrschaft. Seine Ekklesiologie war in allem auf das Papsttum bezogen und von diesem abhängig.

Mit Innozenz III. (1198–1216) und Bonifaz VIII. (1294–1303) treten das päpstliche Lehramt und der Gedanke der päpstlichen Infallibilität in den Vordergrund. Eine dogmatische Formulierung desselben erfolgte jedoch beim Konzil von Florenz (1431–1447), in dem die bisherige Entfaltung der Papstlehre zusammengefaßt wurde, nicht.[4] Im 15. Jahrhundert folgten die scharfen Auseinandersetzungen der Päpste mit der Idee des Konziliarismus, die besagt, daß das Konzil über dem Papst steht. Eine eindeutige Entscheidung gegen den Konziliarismus erfolgte im Trienter Konzil (1545–1563). Dort allerdings ging es um mehr: Der radikalen Ablehnung des Papsttums durch die Reformation mußte entgegengetreten werden, was eine innerkatholische Stärkung der Vollmacht des Papstes mit sich brachte, denn die rechtmäßige Gemeinschaft mit dem Papst wurde zum ausdrücklichen Kriterium der Katholizität. Im Rahmen dieses Kirchenbildes der Gegenreformation und im Geiste des Widerstandes gegen Aufklärung und Säkularisation konnte sich der personale Primatsanspruch sowohl faktisch wie auch im Bewußtsein der Kirche weiter entfalten. Der Stuhl Petri wurde immer mehr Zufluchtsort für Recht- und Ordnungssuchende, Primat und Unfehlbarkeit des Papstes für sehr viele Bischöfe und verantwortliche Katholiken zur letzten Bastion und zum Halt in einer immer wirreren Welt vor dem Vatikanum I (1869/70). Sie sahen in der Stärkung Roms die einzige Möglichkeit, um die notwendige Freiheit der Kirche gegenüber den Pressionen und Abhängigkeiten vom Staat und die notwendige Autorität gegenüber der Welt zu wahren.

Im Vatikanum I wurde die ordentliche unmittelbare Jurisdiktionsgewalt des Papstes über die ganze Kirche nicht nur in Fragen des Glaubens und der Sitten, sondern auch in Fragen der kirchlichen Disziplin definiert. Dies impliziert, daß das höchste Lehramt bei jedem einzelnen Papst die Prärogative der Unfehlbarkeit mit sich bringt, wenn er »ex cathedra« spricht.[5] Daß damit keine willkürliche Gewalt des Papstes über die Kirche definiert wurde, ist schon hinreichend in der diesbezüglichen Literatur eines ganzen Jahrhunderts erläutert worden. Hier sei lediglich daran erinnert, daß auf die Behauptung Bismarcks, die deutschen Bischöfe seien durch die Definition vom Vatikanum I »den Regierungen gegenüber Beamte eines fremden Souveräns geworden, und zwar eines Souveräns, der vermöge seiner Unfehlbarkeit ein vollkommen absoluter ist, mehr als irgendein absoluter Monarch der Welt«, die deutschen Bischöfe in ihrer gemeinsamen Antwort dies als ein absolutes Mißverständnis bezeichnet haben.[6]

Aufgrund des vorzeitigen Abbruches des Vatikanum I konnte die Primats- und Unfehlbarkeitsdefinition jedoch nicht in den vorgesehenen weiteren ekklesiologischen Kontext eingebettet werden und blieb isoliert und somit vielen Mißverständnissen in Theorie und Praxis ausgesetzt. Erst das Vatikanum II hat mit der starken Betonung der Sendung des ganzen

---

[4] H. Denzinger, A. Schönmetzer (Hg.), Enchiridion Symbolorum, definitionum et declarationum de rebus fidei et morum. (DS) Barcelona u.a. ³⁶1976, 1307.
[5] Vgl. Lexikon für Theologie und Kirche (LThK), Bd. 10, 642.
[6] Circular-Depesche, veröffentlicht im Deutschen Reichsanzeiger und Königlich Preußischen Staatsanzeiger v. 29. Dez. 1874; DS 3112; vgl. DS 3113–3116.

Gottesvolkes und der Kollegialität der Bischöfe den Anfang für eine neue Entwicklung gesetzt.

Die Betrachtung dieser bewegten Entwicklungsgeschichte abschließend, ist nach der Gesamtintention zu fragen, die sich als roter Faden durch sie hindurchzieht. Das Grundmotiv aller aufgezeigten Etappen ist die Weiterführung der petrinischen Funktion in der Kirche. Christus ist selbst Haupt und Grund der Kirche. Dies ist die katholische Grundüberzeugung. Zu dieser gehört aber auch, daß das Petrusamt die »sakramental-sichtbare« Vergegenwärtigung desselben ist. Das Petrusamt ist das sichtbare Prinzip der Einheit der Kirche, und zwar in der Konkretion des Bischofs von Rom, des Papstes. Die aufgezeigte geschichtliche Entwicklung ist nichts anderes als das Ringen um dieses katholische Prinzip, bei dem die Kirche in unterschiedlichster Weise mit dem Problem der Macht konfrontiert wurde, ihr aber auch in den verschiedenen geschichtlichen Situationen die Chance gegeben war, Tradition und Stabilität einerseits, und charismatische Dynamik und Beweglichkeit andererseits, dank eben dieser primatialen Struktur miteinander verbinden zu können.[7]

2. Auseinandersetzungen um das Papstamt in der Geschichte

Alle bedeutenden Abspaltungen von der römisch-katholischen Kirche hängen seit dem Mittelalter in mehr oder weniger direkter Weise mit der Ablehnung des Papsttums als solchem oder einzelner seiner ekklesialen Prärogativen zusammen. Im einzelnen ging es bei den entsprechenden theologischen Auseinandersetzungen um folgende Fragen:

Ist die Übertragung des Primates des Petrus auf den Bischof von Rom ein Stück der von Gott gewollten Heilsgeschichte, oder ist sie lediglich als menschliche Anmaßung zu verstehen?

Ist der Primat des römischen Bischofs nur symbolisch im Sinne eines »Ehrenprimates« zu verstehen oder doch sakramental konkret, die juridischen Gesichtspunkte mit inbegriffen?

Besteht der Primat des Bischofs von Rom lediglich menschlichen Rechtes, oder ist er eine Institution göttlichen Rechtes, über die nicht verfügt werden kann?

Ist die Entfaltung des Primates bis hin zur Unfehlbarkeit des päpstlichen Lehramtes, wie sie durch das Vatikanum I definiert wurde, legitim oder nicht?

Die Orthodoxie gesteht der Sedes Romana lediglich einen Ehrenprimat zu. Die Reformation verwirft das göttliche Recht des römischen Primates. Die Altkatholiken lehnen die im Vatikanum I definierten Prärogativen des Papstes ab. Hier seien wegen der gebotenen Kürze, stellvertretend für die anderen, lediglich die Stationen des reformatorischen Protestes gegen das Papsttum skizziert.[8]

---

[7] K. Schatz, Unkonventionelle Gedanken eines Kirchenhistorikers zum päpstlichen Primat. In: Catholica. Jahrbuch für Kontroverstheologie = Cath(M) 50 (1996), 166–171.

[8] Vgl. die ausführliche Abhandlung dieses Themas bei H. J. Urban, Der reformatorische Protest gegen das Papsttum. Eine theologiegeschichtliche Skizze: A. Brandenburg / H. J. Urban, Petrus und Papst. Evangelium – Einheit der Kirche – Papstdienst. Beiträge und Notizen. Münster 1977, 266–290; W. Klausnitzer, Das Papstum im Disput zwischen

Nicht über irgendwelche theoretischen Einsichten gelangte der Reformator Martin Luther zur Ablehnung des Papsttums, sondern vorerst und primär deswegen, weil seiner Ansicht nach das Handeln der Päpste unbiblisch war. Sie gewährten Ablässe, für die es nach Luthers Überzeugung keine biblische Grundlage gibt, und deswegen spricht er ihnen die Unfehlbarkeit ab und appelliert vorerst an die Konzilien. Dagegen ist er sowohl in jüngeren wie auch in späteren Jahren bereit, dem Papst zu gehorchen, wenn dessen Worte und Werke der Schrift entsprechen sollten. Es geht ihm also um das Prinzip der Unverfügbarkeit des Wortes Gottes und darum, daß der Papst sich der Heiligen Schrift zu unterwerfen hat. Das ist sein existentielles Anliegen. Seine ab 1517 einsetzenden Versuche, zu beweisen, daß das Papsttum nicht göttlichen, sondern menschlichen Rechtes sei, sind dagegen weder primär noch mit Notwendigkeit vom genannten Grundanliegen abzuleiten. Sie sind eher ein sekundärer Schritt in einer späteren Phase der Polemik, der nicht unbeeinflußt ist von der immer stärker werdenden Polarisierung zwischen ihm und dem Papst und dessen Vertretern und Verteidigern.

Diese Unterscheidung zwischen dem Grundanliegen von Luthers Papstpolemik und seiner faktischen Ablehnung des Papsttums ist, weil sie am Ursprung der Spaltung liegt, nicht unwichtig, auch wenn sie der Reformator selbst später nicht mehr wahrnimmt. Spätestens seit den *Schmalkaldischen Artikel* (1537) lehnt Luther nämlich eindeutig das göttliche Recht für das Papsttum ab. Für den päpstlichen Primat findet er in der Heiligen Schrift keine tragende Grundlage, und die Unfehlbarkeit sieht er dadurch widerlegt, daß Päpste schon wiederholt geirrt hätten. Der Papst ist folglich für ihn nicht Haupt der Christenheit, sondern lediglich Bischof von Rom, dem aufgrund menschlichen Rechtes ein gewisser Vorrang vor den anderen Bischöfen zustehen kann. Die Behauptung, daß die Seligkeit vom Gehorsam gegenüber dem Papst abhängt, lehnt Luther schärfstens ab.

Auch in der reformatorischen Theologie der folgenden Jahrhunderte wird die ursprünglich bei Luther vorfindliche Unterscheidung nicht wahrgenommen, sondern vielmehr seine spätere Argumentation weitergeführt und vergröbert. Die biblische und historische Argumentation erscheint hier stark überlagert von einem anderen Motiv, nämlich von der Polemik gegen den Machtanspruch des Papstes. Hier erregen sich die Gemüter. Die weitere Argumentation wirkt dagegen sehr blaß: In der Schrift könne man nichts von einem Bischof von Rom namens Petrus lesen, nichts von der Übertragung einer Gewalt auf die späteren römischen Bischöfe und nichts von Päpsten in der frühen Kirche.

Die antipäpstliche Polemik des 18. und 19. Jahrhunderts verliert zwar an Aggressivität, aber sie nimmt deshalb die eigentlichen theologischen Probleme auch nicht ernster. Hauptmotiv bleibt die scharfe Ablehnung des päpstlichen Anspruches auf geistliche Herrschaft, die durch der Zeit

---

Lutheranern und Katholiken. Schwerpunkte von der Reformation bis zur Gegenwart. IThS 20, Innsbruck 1987. Zur Position anderer Kirchen vgl. Das Papstamt – Dienst oder Hindernis für die Ökumene? Hg. V. von Aristi u.a., Regensburg 1985.

entsprechende akkuratere und vorsichtigere exegetische und historische Argumente untermauert wird. Auch wenn die katholischen ekklesiologischen Standpunkte und Zusammenhänge, in denen das Papsttum zu sehen ist, besser verstanden werden als zuvor, scheint man sich doch darin einig zu sein, daß zur Ablehnung des Papsttums die angeführten biblischen und historischen Argumente ausreichen: keine besondere Beauftragung des Petrus, keine Vorrangstellung und Anwesenheit desselben in Rom, keine Päpste in der Frühzeit, Versagen der Päpste im Mittelalter und in der Neuzeit, Absurdität der Unfehlbarkeit.

Erst in unserem Jahrhundert eröffnen sich neue Perspektiven. Sowohl die Dialektische Theologie als auch das Jungluthertum und später das konfessionelle Luthertum erschließen in ihrer Neubesinnung auf Kirche, Schrift und Bekenntnis in fast unerwarteter Weise theologische Momente, die den weiteren Zusammenhang ergeben, innerhalb dessen katholischerseits das Papstamt in der Kirche verstanden wird. Hier wurden die Grundlagen für die neuere ökumenische Verständigung gelegt. Neben diesen genannten theologischen Richtungen sind allerdings auch jene weiterhin wirksam, die uneingeschränkt an der Unsichtbarkeit der wahren Kirche festhalten, und jene, die mehr oder weniger undifferenziert die Argumente gegen das Papsttum aus den früheren Jahrhunderten übernehmen. Insgesamt kann man jedoch sagen, daß sich die reformatorische Papstpolemik in unserem Jahrhundert nicht nur erheblich versachlicht und entschärft hat, sondern auch, daß gewisse Kontroverspunkte weggefallen sind. Hinsichtlich des biblischen Befundes die Petrusfrage betreffend herrscht heute weitgehende Übereinstimmung zwischen den katholischen und evangelischen Exegeten, wie auch unter den Historikern kaum noch Gegensätze aufzuweisen sind hinsichtlich der Entwicklung in der frühen Kirche. Die Kontroverse – von Polemik kann man nicht mehr sprechen – konzentriert sich heute auf die Rechtmäßigkeit der Übertragung des Primates des Petrus auf den Bischof von Rom und die damit zusammenhängende Frage nach dem menschlichen oder göttlichen Recht des Papsttums und auf die Frage der Unfehlbarkeitsdefinition durch das Vatikanum I. Dieses erfreuliche Ergebnis ist allerdings nicht nur den aufrichtigen wissenschaftlichen Bemühungen und dem Abbau von evangelischen antipäpstlichen Affekten zu verdanken, sondern auch dem erneuerten und ausgewogeneren Papstverständnis in der katholischen Kirche, insbesondere nach dem Vatikanum II.

3. Heutige ökumenische Bemühungen um das universale Amt der Einheit

Erst Ende der sechziger Jahre hat man sich erstmals im offiziellen Gespräch zwischen dem Lutherischen Weltbund und Rom an die Frage eines Dienstes an der Gemeinschaft der Kirchen herangetastet. Im offiziellen Bericht *Das Evangelium und die Kirche* (»Malta-Bericht« 1972) wird das katholische Verständnis des päpstlichen Primates kurz dargestellt und lutherischerseits dazu mit folgenden Worten Stellung genommen:

Von lutherischer Seite wurde anerkannt, daß keine Ortskirche, weil sie Manifestation der Universalkirche ist, sich isolieren kann. In diesem Sinne wird die Wichtigkeit eines Dienstes an der Gemeinschaft der Kirchen gesehen und zugleich auf das Problem hingewiesen, welches durch das Fehlen eines solchen wirksamen Dienstes an der Einheit für die Lutheraner entsteht. Es wurde deshalb das Amt des Papstes als sichtbares Zeichen der Einheit der Kirchen nicht ausgeschlossen, soweit es durch theologische Reinterpretation und praktische Umstrukturierung dem Primat des Evangeliums untergeordnet wird. Kontrovers zwischen Katholiken und Lutheranern blieb jedoch die Frage, ob der Primat des Papstes für die Kirche notwendig ist oder ob er nur eine grundsätzlich mögliche Funktion darstellt.[9]

Im dritten Dokument der gleichen Gemeinsamen Römisch-katholischen/Evangelisch-lutherischen Kommission, *Wege zur Gemeinschaft*, aus dem Jahre 1980 wird dieser verheißungsvolle Ansatz von 1972 nur sehr zaghaft wiederaufgenommen: »Auch ein Dienst an der Einheit der Gesamtkirche entspricht nach lutherischem Verständnis dem Willen des Herrn, ohne daß seine konkrete Gestalt ein für allemal festgeschrieben wäre.«[10] Das fünfte Dokument dieser Kommission, *Das geistliche Amt in der Kirche*, aus dem Jahre 1981 nimmt den Text des *Malta-Berichtes* auf, ohne ihn inhaltlich wesentlich weiterzuführen. Allerdings klingt dieser Text etwas verbindlicher als der von 1972:

> Zwar sind die überlieferten Kontroversen noch nicht voll aufgearbeitet, jedoch kann gesagt werden, daß auch für lutherische Theologen dann, wenn es um die Frage des Dienstes an der Einheit der Kirche auf universaler Ebene geht, sich der Blick heute nicht nur auf ein künftiges Konzil oder die Verantwortung der Theologie richtet, sondern auch auf ein besonderes Petrusamt. – Theologisch ist hier noch vieles offen, vor allem auch, wie dieser universale Auftrag im Dienst der Wahrheit und Einheit wahrgenommen werden kann: durch ein allgemeines Konzil, durch ein Kollegium, durch einen einzelnen in der ganzen Christenheit respektierten Bischof. In verschiedenen Dialogen zeichnet sich jedoch die *Möglichkeit* ab, daß auch das Petrusamt des Bischofs von Rom als sichtbares Zeichen der Einheit der Gesamtkirche von den Lutheranern nicht ausgeschlossen zu werden braucht, »soweit es durch theologische Reinterpretation und praktische Umstrukturierung dem Primat des Evangeliums untergeordnet wird«.[11]

Relevant ist in diesem Text auch der Verweis auf den Bericht der offiziellen evangelisch-lutherischen/römisch-katholischen Dialoggruppe in den USA *Amt und universale Kirche,* in dem die Frage des universalen Amtes der Einheit tatsächlich schon 1974 eingehend behandelt wurde. Für die USA-Lutheraner lautet der Ausgangspunkt: »Lutheraner (erkennen) zunehmend die Notwendigkeit eines Amtes an, das der universalen Kirche dient. Sie bejahen, daß im Blick auf die Ausübung dieses Amtes Institutionen, die in der Geschichte verwurzelt sind, ernsthaft in Betracht gezogen werden sollten.« Die eindeutig neue Motivation liegt hier für die USA-Lutheraner bei der Einheit der Kirche, die in den gemeinsamen Schlußfolgerungen theologisch qualifiziert wird, einmal als gottgewollt und zweitens als eine sichtbare Einheit: »Christus will für seine Kirche ei-

---

[9] Dokumente wachsender Übereinstimmung. Sämtliche Berichte und Konsenstexte interkonfessioneller Gespräche auf Weltebene. (DwÜ) Bd. I 1931–1982. Hg. H. Meyer u.a. Paderborn-Frankfurt ²1991, 266.
[10] A.a.O., 302.
[11] A.a.O., 352–353.

ne Einheit, die nicht nur geistlich ist, sondern in der Welt manifest sein muß.« Lutherischerseits wird dies wie folgt präzisiert: »Die Kirche sollte die überkommenen Zeichen der Einheit benutzen, da neue Zeichen nicht einfach erfunden werden können.« Zu den historischen Strukturen der Kirche wird gesagt: »Solche Strukturen gehören zu den Zeichen der Einheit der Kirche in Raum und Zeit und tragen dazu bei, die christliche Gegenwart mit ihrer apostolischen Vergangenheit zu verbinden.«[12]

Offenkundig liegt hier eine Motivation und theologische Erkenntnis bezüglich der von Christus gewollten sichtbaren Einheit der Kirche vor, die maßgebend ist für eine neue Sicht des ganzen Problems. Als Ergebnis der neutestamentlichen und der historischen Untersuchungen können die USA-Lutheraner in ihren gesonderten Überlegungen folgern: »Alles, was wir gesagt haben, unterstreicht die Tatsache, daß die Diskussion um den päpstlichen Primat zwischen unseren beiden Kirchen in eine neue Phase eingetreten ist.« In der systematischen Behandlung des Problems allerdings trennen sich die Wege. Aufgrund des neutestamentlichen und historischen Befundes halten die Katholiken daran fest, »daß sich die Institution des Papsttums unter der Leitung des Geistes aus neutestamentlichen Wurzeln entwickelt hat«. Sie meinen, »daß die päpstliche Form des einigenden Amtes wirklich Gottes gnädige Gabe an sein Volk ist«. Sie betonen »weiterhin, daß der päpstliche Primat eine Institution in Übereinstimmung mit dem Willen Gottes ist. Für Lutheraner ist dies eine sekundäre Frage. Allein notwendig ist, so unterstreichen sie nachdrücklich, daß der päpstliche Primat dem Evangelium dient und daß seine Ausübung von Macht nicht die christliche Freiheit untergräbt.« Damit ist deutlich geworden: Ein jus divinum, also ein menschlich unverfügbares göttliches Mandat können die lutherischen Gesprächsteilnehmer in den USA für das Papsttum nicht annehmen. Dies ist nichts Neues. Neu ist vielmehr, daß sie trotz der entsprechenden eindeutigen Aussagen weder gegen das katholischerseits geglaubte jus divinum polemisieren, noch diesem scharf ein jus humanum entgegensetzen. Sie sagen vielmehr, daß auch sie »die Ausübung des universalen Amtes nicht als etwas verstehen, was man tun oder lassen kann. Es ist Gottes Wille, daß die Kirche die institutionellen Mittel besitzt, die zur Förderung der Einheit im Evangelium nötig sind.« Was sie nicht nachvollziehen können, ist lediglich die Konkretion dieses Willens Gottes im konkreten Papsttum. Sie stehen dieser Frage aber im Grunde nicht ablehnend gegenüber, sondern sagen lediglich, daß dies eine sekundäre Frage sei, die der primären, nämlich, ob das Papsttum dem Evangelium dient, untergeordnet ist.[13]

Damit haben wir den ursprünglichen Standort Luthers erreicht, von dem sich die reformatorische Papstkritik allmählich immer stärker entfernt hat. Die Unverfügbarkeit des Wortes Gottes und der Dienst an die-

---

[12] Deutscher Text: Amt und universale Kirche. Unterschiedliche Einstellungen zum päpstlichen Primat. Teil I: Gemeinsame Erklärung: Papsttum und Petrusdienst. Hg. H. Stirnimann u. L. Vischer, ÖkPer 7, Frankfurt/M. 1975, 91–140; Nr. 28; Nr. 29; vgl. auch Nr. 43.
[13] A.a.O., Nr. 46; Nr. 21; Nr. 30; Nr. 42.

sem nimmt hier wieder, wie beim Reformator, die Stelle eines Grundprinzips ein. In Anbetracht dessen ist die Frage nach dem göttlichen oder menschlichen Recht des Papsttums eine sekundäre und abgeleitete, die offenkundig für die lutherischen Gesprächsteilnehmer in den USA auch kein Gegenstand großer Polemik oder Auseinandersetzung mehr ist.

Im lutherisch-katholischen Gespräch in Deutschland wurde die Lehre vom Papstamt bislang noch nicht eingehend behandelt. Die bilaterale Arbeitsgruppe der Deutschen Bischofskonferenz und der Kirchenleitung der Vereinigten Evangelisch-Lutherischen Kirche Deutschlands stellt in ihrem Bericht *Kirchengemeinschaft in Wort und Sakrament* »mit Dankbarkeit fest, daß auch über diese Frage heute zwischen uns gesprochen wird und gemeinsam neue Einsichten möglich scheinen, auch wenn bis jetzt kein Konsens gefunden wurde. Der Fortgang der Gespräche wird zeigen, ob hier nicht einmal für lutherische Theologie die gleiche Frage aufbrechen kann, wieweit Kirchen ein Recht haben, sich auf Zeichen der Kircheneinheit zu verständigen, die Gewissen verpflichten.«[14] Als eine Art Vorstufe für künftige Gespräche betonen sodann die Lutheraner, daß die Aussagen über den Papst als Antichrist »heute auf das Papsttum in der Fülle seiner geschichtlichen Erscheinungen oder einzelner Inhaber dieses Amtes nicht angewandt werden« dürfen.[15]

Von theologisch hohem Interesse ist die Studie der sog. Gruppe von Dombes *Das Amt der Gemeinschaft (›communion‹) in der Gesamtkirche*, da es ein reformiert-katholisches Gespräch wiedergibt und tatsächlich neue Ansätze enthält. Nach der Darlegung der Ablehnung des Papstamtes durch Calvin und Bucer und deren Begründung für die Leitung der Kirchen durch Presbyterien und Synoden werden die späteren unterschiedlichen Positionen des Reformiertentums dargestellt:[16]

> Christus allein übt das Amt der Einheit aus ohne jede menschliche Vermittlung.
> Die Einheit der Kirche wird allein durch das Bekenntnis des Glaubens gesichert.
> Ein sichtbares Amt der Gemeinschaft ist notwendig.

Die nachreformatorische Entwicklung in der katholischen Kirche sieht die Gruppe von Dombes so, daß nach Trient eine Theologie der Autorität die Communio-Ekklesiologie ersetzt und das Vatikanum I die Kollegialität vollkommen ignoriert. Erst die Ekklesiologie des Zweiten Vatikanischen Konzils läßt hoffen, daß der päpstliche Primat künftig als Amt der universalen Gemeinschaft ausgeübt wird, und zwar so, indem er das Gleichgewicht zwischen der persönlichen, kollegialen und gemeinschaftlichen Dimension dieses Amtes wahrt. Es sind dies die drei Dimensionen,

---

[14] Bilaterale Arbeitsgruppe der Deutschen Bischofskonferenz und der Kirchenleitung der Vereinigten Evangelisch-Lutherischen Kirche Deutschlands, »Kirchengemeinschaft in Wort und Sakrament«. Paderborn 1984, a.a.O., 83.

[15] Ebd., 83–84; vgl. auch Lehrverurteilungen – kirchentrennend? I. Rechtfertigung, Sakramente und Amt im Zeitalter der Reformation und heute. Hg. K. Lehmann und W. Pannenberg. DiKi 4, Freiburg i.Br./Göttingen 1986, 167–169.

[16] Groupe des Dombes, Le ministère de communion dans l'Eglise universelle. Paris 1986, Nr. 71, 74.

die die Autoren der Studie der Väterexegese und dem Neuen Testament selber entnehmen. Sie bleiben aber nicht bei der Feststellung verschiedener neutestamentlicher Einheitsmodelle stehen, sondern stellen die Frage, ob diese exklusiv oder komplementär zu verstehen sind. Eine erste Antwort lautet, daß das Neue Testament nicht danach fragt, ob die kollegiale Autorität über der persönlichen Autorität der Apostel steht, daß es aber wohl der selbe Heilige Geist ist, der die Entscheidungen der einzelnen Apostel wie auch die kollegialen Beschlüsse leitet. Daraus wird geschlossen, daß das Neue Testament komplementäres Denken bezüglich der persönlichen und der kollegialen Autorität nahelegt. Auch in bezug auf Mt 16,17–19 zwinge das Neue Testament nicht exklusiv zu denken; denn das gleiche Evangelium entzieht ja den anderen Jüngern laut Mt 18,18 nicht die Autorität, die es dem Petrus verleiht. Wie sich die beiden Autoritäten artikulieren können oder müssen, darüber sagt Matthäus nichts.[17]

Nachdem heute niemand mehr daran zweifelt, daß Petrus eine besondere Aufgabe dem Gottesvolk gegenüber vom Herrn erhielt, stellen die Autoren der Studie die Frage, ob die Worte Jesu in Mt 16,17–19 Petrus allein gelten oder ob sich ihre »Tragweite auf die Zeiten der Kirche erstrecke«, und stellen fest, daß die Exegese dieser Stelle allein keine endgültige Antwort hierauf geben kann. Erst die theologische Analyse des Kontextes dieser neutestamentlichen Stelle sowie der gesamten Petrustradition erlauben, auf die »vorbildende Tragweite« und auf den »ekklesiologischen Wert« von Mt 16,17–19 zu schließen. Diese Überlegungen abschließend, heißt es in der Studie von Dombes, daß auch bei Annahme des ekklesiologischen Wertes der Matthäus-Stelle die Frage der konkreten Form des Amtes der Gemeinschaft, das sie hervorruft, offen bleibt. Für eine künftige Verständigung über die Gestalt dieses Amtes sei es jedoch wichtig zu beachten, daß sich die gemeinschaftliche, kollegiale und persönliche Dimension nicht ausschließen dürfen. Es folgt dann in der Studie ein Kapitel mit Vorschlägen über das, was in der katholischen und in den reformierten Kirchen unter dem Gesichtspunkt dieser drei Dimensionen geändert bzw. berücksichtigt werden muß.[18]

Auch im Gespräch mit den Anglikanern können Verständigungen verzeichnet werden. Der Ansatzpunkt ist hier das gemeinsame Verständnis des historischen Episkopates (Einheit der Ortskirche im Bischof und Gemeinschaft der Ortsgemeinden untereinander durch die Gemeinschaft der Bischöfe), dem auch anglikanischerseits eine besondere Verantwortung für die Lehre zugesprochen wird. »Indem die Bischöfe diese Verantwortung wahrnehmen, haben sie teil an einer besonderen Gabe Christi an seine Kirche«, heißt es in einem der Dokumente des Schlußberichtes der Anglikanisch/Römisch-Katholischen Internationalen Kommission. Allerdings kennen die Anglikaner auch einen Primat innerhalb des Bischofskolle-

---

[17] A.a.O., Nr. 76, 84, 88; Nr. 103 u. 109; Nr. 111; Nr. 122–123; Nr. 127.
[18] A.a.O., Nr. 126; Nr. 128–129. Der entscheidende Satz in Nr. 129 lautet: »C'est à l'intérieur d'un tel ensemble que l'on peut conclure à la portée figurative et à la valeur ecclésiologique de Mt 16,17–19.« Nr. 130–132.

giums, der in enger Verbindung mit dem Prinzip der Kollegialität ausgeübt wird, und postulieren einen solchen Primat auch für die universale Ebene. Der entsprechende Text lautet:[19]

> Wenn Gottes Wille erfüllt werden soll, daß die Gemeinschaft aller Christen eins sei in Wahrheit und Liebe, so muß diese Grundstruktur der episkopè im Dienste der koinonia der Kirchen – die gegenseitige Ergänzung des primatialen und konziliaren Aspektes – auch auf universaler Ebene verwirklicht werden. Der einzige Bischofssitz, der auf einen universalen Primat Anspruch erhebt, der eine solche episkopè auch ausgeübt hat und noch ausübt, ist der Bischofssitz von Rom, der Stadt, in der Petrus und Paulus gestorben sind.

Darüber hinaus stellen die anglikanischen Gesprächsteilnehmer aber auch fest: »Es scheint angemessen, daß in jeder kommenden Einheit ein universaler Primat, wie wir ihn beschrieben haben, von diesem Bischofssitz ausgeübt wird.«[20]

In einem anschließenden Text des »Schlußberichtes« werden die Schwierigkeiten angesprochen, namentlich das jus divinum des Primates des Papstes, die Unfehlbarkeit und die universale Jurisdiktion. In einem weiteren Kapitel werden diese Schwierigkeiten dann im einzelnen erörtert mit dem eindeutigen Ergebnis, daß das jus divinum des Primats kein Hindernis mehr zu sein braucht. Auch die universale Jurisdiktion des Papstes wird anglikanischerseits prinzipiell anerkannt, wenn sie nicht zur Unterdrückung der partikularkirchlichen Traditionen führt. Bezüglich der Unfehlbarkeit allerdings wird zugegeben, daß trotz aller Annäherungen der Standpunkte nicht alle Unterschiede beseitigt werden konnten.[21]

Lediglich ergänzend sei erwähnt, daß auch die Orthodoxie durchaus einen Primat des Bischofs von Rom anerkennt, jedoch nicht den Jurisdiktionsprimat und die Unfehlbarkeit nach römischem Verständnis. Denn als »Erster« unter den Bischöfen besitzt der Papst nach orthodoxem Verständnis wohl den Vorsitz der Liebe, das Vorrecht der Koordination, des Rates und des Zeugnisses, aber keinerlei Befehlsgewalt.[22] Alle neueren katholisch/orthodoxen Gespräche haben jedoch gezeigt, daß es hier auch viele nichttheologische Faktoren gibt, die eine entscheidende Rolle spielen und oft schwerer zu bereinigen sind als die theologischen.

Erwähnt sei noch, daß im offiziellen Gespräch zwischen dem Reformierten Weltbund und Rom in der Papstfrage keinerlei Annäherungen stattgefunden haben, außer daß der rüde Ton früherer Verwerfungen gemieden wurde. Dagegen finden sich in den offiziellen methodistisch/römisch-katholischen Dialogergebnissen Aussagen, die aufhorchen lassen,

---

[19] Schlußbericht der Anglikanisch/Römisch-Katholischen Internationalen Kommission: DwÜ I, 133–232, hier 167.
[20] A.a.O., 168.
[21] A.a.O., 168–169; 177–188.
[22] Vgl. J. Madey, Der theologische Ort des Bischofs von Rom in der Universalkirche in der Sicht der neueren orientalischen Theologie: Petrus und Papst. Bd. I, 303–330; D. Papandreou, Ein Beitrag zur Überwindung der Trennung zwischen der römisch-katholischen und der orthodoxen Kirche: Das Papstamt. Dienst oder Hindernis für die Ökumene? Regensburg 1985, 161–167.

auch wenn sie das Ziel einer Verständigung noch lange nicht erreicht haben. In einem Dialogergebnis aus dem Jahre 1981 heißt es:[23]

> Doch hat sich in jüngerer Zeit die methodistische Sicht des Papsttums stark geweitet und verändert, und der Grundgedanke eines universalen Dienstes der Einheit innerhalb der Kirche, eines Primats der Liebe, der die Anwesenheit und Wirksamkeit des Geistes, der die Liebe ist, in der Kirche widerspiegelt, mag durchaus eine Basis abgeben für zunehmende Verständigung und Konvergenz.

In einem weiteren gemeinsamen Bericht aus dem Jahre 1985 ist methodistischerseits zu lesen: »Ein universaler Primat könnte gut als Zentrum der Einheit und als Dienst an der Einheit der ganzen Kirche dienen.« Bezüglich des universalen Jurisdiktionsprimates und der päpstlichen Unfehlbarkeit melden die Methodisten jedoch die bekannten Schwierigkeiten, möchten aber nicht ausschließen, daß im Rahmen der »methodistischen Lehre von der Gewißheit« ein Zugang zur Unfehlbarkeit möglich ist bzw. »ob nicht das Lehramt der Kirche dabei eine besondere und von Gott geführte Rolle spiele«.[24]

Wie sind diese Dialogergebnisse einzuschätzen? Einmal ist daran festzuhalten, daß es sich vorerst nur um einzelne, wenn auch nicht unbedeutende Durchbrüche zur Verständigung handelt, die bislang nur in begrenztem Maße von den Kirchen rezipiert worden sind. Zum zweiten darf nicht übersehen werden, daß vorerst noch mit keinem Gesprächspartner alle anstehenden Kontroversen gelöst werden konnten. Dennoch kann in Dankbarkeit festgestellt werden, daß das Zeitalter der Polemik vorbei ist, Verständigungen erreicht worden sind und daß die allgemeine Lage weitere Verständigungen zum Wohl der Christenheit durchaus möglich erscheinen läßt.

4. Ausblick

Ob weitere ökumenische Verständigungen bezüglich des Petrusamtes erreicht werden oder nicht, hängt maßgeblich auch vom innerkatholischen Geschehen ab. Im Anschluß an das Vatikanum II ist tatsächlich auch einiges in Bewegung geraten. Im wesentlichen beziehen sich die derzeitigen Bemühungen auf die sachgerechte Einbeziehung und Integration des Petrusamtes in das ganze Leben der Kirche durch Stärkung der Kollegialität und Subsidiarität. Mit der Neubelebung und Stärkung der Kollegialität der Bischöfe soll das monarchische Prinzip, wie es das Vatikanum I definiert hat, ergänzt und teilweise auch korrigiert werden. Im einzelnen besagt dieses Prinzip der Kollegialität, daß das Amt der Leitung und der Lehre in der Kirche allen Bischöfen zusammen mit dem Papst und unter ihm zusteht, und es verlangt die Umsetzung dieser Einsicht in die Praxis. Konkret bedeutet dies, daß die konziliare Form der Amtsführung enger und näher an die primatiale heranrücken müßte, um mit ihr ein Ganzes zu

---

[23] DwÜ I, 496–497; DwÜ II, Paderborn/Frankfurt 1992, 665–666; DwÜ I, 465–466.
[24] DwÜ II, 521; 524–525.

bilden. Das Prinzip der Subsidiarität besagt die Stärkung der Teilkirchen (Diözesen) und ihrer Befugnisse, so daß in der Praxis die Entscheidungen, die am Ort gefällt werden können, nicht auf die überörtliche Ebene delegiert werden sollten.

Entscheidender als die Durchführung dieser beiden Prinzipien wird aber sein, ob es katholischerseits gelingt, in absehbarer Zeit das Petrusamt so zu gestalten, daß es durchsichtig wird für das, was damit gemeint ist, nämlich daß es wie jedes andere Amt in der Kirche nur in absoluter Abhängigkeit vom Herrn und in der Vollmacht nur des Herrn der Kirche ausgeübt wird. Es muß gezeigt werden, daß die Autorität des Petrusamtes primär »sakramental-zeichenhafte Vermittlung des Evangeliums Jesu Christi in personaler Gestalt (ist), als gelebte Jüngerschaft, apostolisch-missionarische Existenz und verzehrender Hirtendienst für die Menschen«.[25]

Parallel werden die ökumenischen Gespräche weitergeführt werden müssen, und zwar nicht ohne entscheidende sachliche Wendungen. Gerade an den zentralen Stellen der Kontroverse wird man das Entweder-Oder hinsichtlich der juridischen Verfaßtheit fallenlassen müssen, um den tieferen theologischen Grund aufzudecken, auf dem diese aufruht, nämlich die Sakramentalität der Kirche.[26]

> Insofern darf man das Urteil wagen, daß das [eingangs zitierte] Gesprächsangebot Papst Johannes Pauls II. durchaus zur rechten Zeit kommt. Denn es könnte in doppelter Weise einen wichtigen Anstoß geben. Zum einen wäre es dadurch möglich, die brisante und zugleich unerläßliche Frage nach dem Papstamt innerhalb des ökumenischen Dialogs intensiv anzugehen und sie nicht nur, wie weithin geschehen, an einzelnen Punkten mit anzusprechen. Zum anderen könnte das Ernstnehmen des päpstlichen Gesprächsangebotes helfen, die vielfältigen ökumenischen Dialoge in dieser Frage zu bündeln und so tatsächlich ein ökumenisches, multilaterales Forum zu bilden, das gemeinsam nach jener Weise des Petrusdienstes sucht, der dem biblischen Zeugnis und der legitimen Tradition der Kirche entspricht.[27]

---

[25] W. Kasper, Bleibendes und Veränderliches im Petrusamt. Conc(D) 11 (1975), 530.
[26] Die Sakramentalität der Kirche in der ökumenischen Diskussion. Referate und Diskussion eines Symposions anläßlich des 25jährigen Bestehens des Johann-Adam-Möhler-Instituts. Hg. Johann-Adam-Möhler-Institut. KKSMI 15, Paderborn 1983.
[27] B. Neumann, Das Papstamt in den offiziellen ökumenischen Dialogen. Cath(M) 50 (1996), 118–119.

V
EDITH-STEIN-FORSCHUNG

Edith Steins Stellung innerhalb der Phänomenologischen Bewegung

Hans Rainer Sepp[1]

Nachdem die ernsthafte philosophische Rezeption des Werkes von Edith Stein gerade erst begonnen hat und da zudem weite Bereiche der frühen Phänomenologie – vom Werk Husserls und Heideggers abgesehen – noch in tiefem Dunkel liegen, ist die Frage nach der *Bedeutung*, die Edith Steins Denken im Kontext der Phänomenologischen Bewegung[2] zukommt, heute allenfalls in ersten Ansätzen zu beantworten. Weitergehende Bestimmungsversuche werden insbesondere vergleichenden Untersuchungen, die die verschiedenen phänomenologischen Positionen miteinander ins Gespräch bringen, eine wichtige Rolle zuweisen. Um die Bedeutung, die Edith Steins Werk innerhalb der Phänomenologischen Bewegung besitzt, zumindest in den Vorblick zu bekommen, werde ich in meinem Beitrag versuchen, den *Ort*, den Edith Stein darin einnimmt, freizulegen, indem ich ihr Denken anderen maßgeblichen Standpunkten in der frühen Phänomenologie zuordne.

Unter »früher Phänomenologie« verstehe ich im engeren Sinn die Grundlegung des phänomenologischen Denkens in Edmund Husserls *Logischen Untersuchungen* von 1900/1901 und Husserls nachfolgende Arbeiten, dann die Entstehung der Phänomenologischen Bewegung infolge des historisch bedeutsamen Kontakts der Schüler des Münchener Philosophen Theodor Lipps mit dem ab 1901 in Göttingen lehrenden Husserl, die anschließende Bildung des Münchener und Göttinger Phänomenologischen Kreises, zu dem auch der ursprünglich von Jena her kommende Max Scheler gerechnet wird. (Die Wirksamkeit dieses Kreises wurde durch den Ausbruch des Ersten Weltkriegs und Husserls Weggang an die Universität Freiburg im Jahr 1916 unterbunden.) Ferner verstehe ich darunter auch die Spätphase des sich in Freiburg weiterentfaltenden Husserlschen Denkens, das erneut für einen Kreis phänomenologisch orientierter Philosophen, die »Freiburger Phänomenologen«, bestimmend wurde. Die Machtübernahme durch die Nationalsozialisten bedeutete einen tiefen Einschnitt auch für die Wirkungsmöglichkeit der Phänomenologie in Deutschland und löste hier binnen kurzem den Betrieb phänomenologischer Forschung auf. Eine Reihe von Phänomenologen wurde in die Emi-

---

[1] Überarbeitete Fassung eines Vortrags, der im Rahmen der von der »Jungen Edith Stein Gesellschaft« im Kloster St. Lioba in Freiburg-Günterstal vom 2. bis 4. Februar 1996 veranstalteten Tagung »Edith Steins Begriff von ›Freiheit‹ im Vergleich mit Max Schelers ›Weltoffenheit‹« gehalten wurde. Mein besonderer Dank gilt Frau Prof. Dr. Hanna-Barbara Gerl-Falkovitz und Frau Beate Beckmann M.A. (beide Dresden) sowie Frau Gabriele Kieser (Freiburg i.Br.).
[2] Zu den folgenden Ausführungen vgl. meinen Aufsatz: Die Phänomenologie Edmund Husserls und seine »Schule«. (Edith Stein Jahrbuch Bd. III, 237). Insbesondere die dort genannte weiterführende Literatur.

gration getrieben, wie z. B. Moritz Geiger, Maximilian Beck, Herbert Spiegelberg, Fritz Kaufmann und einige mehr. Wenig später schloß sich dann ja auch Edith Stein dem Strom der Emigranten an. Einige, wie Gerda Walther, Hedwig Conrad-Martius und ihr Mann Theodor Conrad, gingen den Weg in die zumeist nicht minder beschwerliche innere Emigration. 1938 starb Husserl, zehn Jahre zuvor schon Max Scheler, Heidegger hatte spätestens nach der sogenannten »Kehre«[3] – zumindest expressis verbis – die Phänomenologie aus seinem Werk ausgetrieben. Alles in allem bedeuten die dreißiger Jahre eine Zäsur, die das, was sich unter dem Namen »Phänomenologie« in Deutschland bis dahin entwickelt hatte, mehr oder minder unvermittelt abbrechen ließ.

Von diesem engeren Sinn einer »frühen Phänomenologie« wäre ein weiterer Sinn zu unterscheiden. Dieser würde so manche Vor- und Mitgeschichte der Phänomenologie umfassen, vor allem die Brentano-Schule, dann das Werk von Theodor Lipps und seinen über die Münchener Phänomenologengruppe hinausreichenden Schülerkreis, schließlich auch Husserls eigene Vorarbeiten als Hallenser Privatdozent. Der weitere Sinn beträfe dann insbesondere die frühe Rezeption des Husserlschen Werkes in anderen Ländern. Hier wäre hauptsächlich die Aufnahme Husserlscher Gedanken in Rußland und der nachmaligen Sowjetunion zu nennen, eine Aufnahme, die bereits 1909, mit der Übersetzung des ersten Bandes der *Logischen Untersuchungen*, erfolgte und zu einer kurzen, aber intensiven Blütezeit der Phänomenologie in Rußland führte, bevor deren Rezeption auch hier – mit den beginnenden stalinistischen Repressionen - ihr jähes, doch zum Glück vorläufiges Ende fand.[4] In den zwanziger Jahren setzte, von Kitaro Nishida bereits im Jahrzehnt davor vorbereitet, die Rezeption in Japan ein, gefolgt von den USA, Frankreich, Italien und Spanien.

Wenn ich es im folgenden unternehme, den Ort zu lokalisieren, den Edith Stein in der frühen Phänomenologischen Bewegung einnimmt, so beziehe ich mich auf den hier gekennzeichneten *engeren* Sinn der »frühen Phänomenologie«, also auf die Entwicklung der Phänomenologie im damaligen Deutschland, auf die Positionen von Husserl, den Münchener-Göttinger und den Freiburger Phänomenologen. Der Hauptgrund für diese Beschränkung ist, daß Edith Stein zu diesen genannten Positionen der frühen Phänomenologie einen biographisch engen Bezug hatte: Viele Vertreter dieser phänomenologischen Richtungen hatte sie persönlich gekannt und vor allem zu Husserl, Scheler und Heidegger Stellung bezogen. Ihre diesbezüglichen Aussagen in Band VI der Gesamtausgabe[5] können

---

[3] Damit wird die nach der Publikation *Sein und Zeit* einsetzende Verwandlung von Heideggers früher Phänomenologie in ein »seinsgeschichtliches Denken« bezeichnet, das das Weltverhältnis des Menschen nicht mehr primär von seinem Dasein aus zu bestimmen sucht.
[4] Vgl. Christian Möckel, Die Phänomenologie in Rußland. Ein Nachwort. In: Deutsche Zeitschrift für Philosophie 43 (1995), 89–91.
[5] Edith Stein, Welt und Person. Beitrag zum christlichen Wahrheitsstreben. Edith Steins Werke Bd. VI; Freiburg 1962. Künftig zitiert mit der röm. Bandzahl VI und nachfolgender Seitenzahl.

somit Leitfaden sein für die Frage nach dem Ort von Edith Steins Phänomenologie.

I. Edith Stein über Husserl, Scheler und Heidegger

Band VI von Edith Steins Werken enthält außer zwei kürzeren Texten zu Husserl den um 1932 verfaßten Aufsatz *Die weltanschauliche Bedeutung der Phänomenologie* und die größere Abhandlung *Martin Heideggers Existentialphilosophie*, die Edith Stein 1936 als zweiten Anhang zu *Endliches und ewiges Sein* verfaßt hatte. In diesen Texten charakterisiert Stein aus ihrer Sicht die Positionen der Hauptvertreter der frühen Phänomenologie.[6]

Husserl. Für Husserl habe, so Stein, die Methode im Vordergrund gestanden. Dies sei auch der Grund dafür, daß er kein System im Sinne der traditionellen Systemphilosophien ausgebildet habe. Die phänomenologische Methode orientiere sich bei ihm an Sachen, nicht – wie im Fall des zeitgenössischen Kritizismus – an Methoden der Einzelwissenschaften. Im Gegensatz zum Empirismus betreibe Husserls Phänomenologie Wesenswissenschaft. Dies impliziere eine Wiederanknüpfung an traditionelle Positionen, an Platon, Aristoteles und die Scholastik, und hebe doch zugleich die Phänomenologie wegen der von ihr angewandten Methode der »Wesensintuition« von der Neuscholastik ab. Husserls Phänomenologie sei also durch eine Wende zum Objekt sowie durch Wesensforschung gekennzeichnet. Bezüglich dieser Merkmale ergebe sich ein Konsens mit den Positionen der Göttinger Phänomenologen.

Bekanntlich trat Husserl zu den Göttinger und Münchener Phänomenologen in Widerstreit, als er, spätestens mit seinem 1913 publizierten *Ersten Buch der Ideen zu einer reinen Phänomenologie und phänomenologischen Philosophie* für jeden erkennbar, eine transzendentale Position bezog. Bemerkenswert ist, daß Stein diese Wende Husserls differenziert betrachtet und nicht von vornherein zurückweist: Husserl habe mit seiner transzendentalen Wende an den Cartesischen Zweifelsversuch angeknüpft, dabei sei er jedoch nicht beim einzelnen cogito stehengeblieben, sondern habe versucht, die »ganze *Domäne des Bewußtseins* als ein Gebiet unzweifelhafter Gewißheit« zu erweisen und der transzendentalen Phänomenologie als Forschungsgebiet zugänglich zu machen. Zu diesem Forschungsgebiet der transzendentalen Subjektivität gehören, so Stein weiter, nicht nur die Bewußtseinsakte, sondern auch ihre gegenständlichen Korrelate. Wie die Gegenstände als Korrelate je bestimmter Bewußtseinsakte sich aufeinander beziehen, kurz – wie Welt sich in der Mannigfaltigkeit von Aktkorrelaten und deren gegenständlichen Sinngehalten »aufbaue« – sei eine Frage der Konstitution von Welt für das Bewußtsein.

---

[6] E. Stein, VI/33–38; VI/1–17; VI/69–135. Den ersten Anhang plante Stein als Exegese der Seelenburg der hl. Teresia. VI/39–68.

Bis hierher stimmt Stein Husserl offensichtlich zu. Nun fügt sie an, und zwar für die Mehrheit des Göttinger Schülerkreises von Husserl sprechend: Was in Husserls »eigenem Freundes- und Schülerkreis Anstoß erregte, war eine – unseres Erachtens nicht notwendige – Folgerung, die er aus der Tatsache der Konstitution zog: wenn bestimmte geregelte Bewußtseinsverläufe notwendig dazu führen, daß dem Subjekt eine gegenständliche Welt zur Gegebenheit kommt, dann *bedeutet gegenständliches Sein*, z.B. die Existenz der sinnlich wahrnehmbaren Außenwelt, gar nichts anderes als Gegebensein für ein so und so geartetes Bewußtsein, näher: für eine Mehrheit von Subjekten, die miteinander in Wechselverständigung und Erfahrungsaustausch stehen«. Diese Deutung der Konstitution werde, so Stein, als Husserls transzendentaler Idealismus bezeichnet, der dem Göttinger Phänomenologenkreis als eine Preisgabe jener Wende zum Objekt erschienen sei. Edith Stein spricht hier ausdrücklich von »dieser Deutung der Konstitution«, läßt also offen, ob nicht eine andere Deutung jener Forderung nach reiner Sachforschung im Sinne einer Ontologie als »Erforschung des Wesensbaus der gegenständlichen Welt« sehr wohl gerecht werden könnte.[7]

Scheler. Was Scheler betrifft, so faßt sich Edith Stein erstaunlich kurz. Sie betont, daß Scheler mehr von Husserl beeinflußt worden sei, als er, Scheler, selbst habe wahrhaben wollen; zugleich habe Scheler intensiv auf den Göttinger Kreis gewirkt. Leider erfährt der Leser nicht, worin dieser Einfluß – Stein zufolge – bestanden hat. Doch man kann ahnen, was Edith Stein im Sinn hatte, wenn sie an anderer Stelle »den geraden, offenen und vertrauensvollen Blick«, den Scheler für die Sachen der Phänomenologie hatte, von einer »kritisch prüfenden« Haltung abhebt.[8] Stein betont ferner Schelers Verdienste in den wesensphänomenologischen Untersuchungen auf den Gebieten der Ethik, Religionsphilosophie und Sozialphilosophie. Doch habe Scheler das von Husserl hochgehaltene Ideal einer Philosophie als strenger Wissenschaft zurückgewiesen: »Es war die Tragik in Schelers Leben, daß ihm der Sinn für wissenschaftliche Strenge und Exaktheit abging. Alle seine Werke weisen Lücken, Unklarheiten, Widersprüche auf, die eine feste Begründung des Baus unmöglich machten, das Wertvolle daran (...) verdeckten und schließlich dahin führten, daß er selbst das Wesentlichste wieder preisgab.« So habe er auch die Wesensintuition nicht einer kritischen Analyse unterzogen.[9]

Heidegger. Im Gegensatz zu Scheler, aber in formalem Einklang mit Husserl, suchte Heidegger – so Steins Darlegung – mit der Ausbildung einer »Fundamentalontologie« eine philosophische Grundlagendisziplin zu begründen. Doch mit Scheler verband ihn das Bestreben, gegen Husserls

---

[7] E. Stein, vgl. VI/10; VI/10 f.; VI/11; ebd.
[8] E. Stein, VI/5; VI/16: »Scheler war es darum zu tun, anstelle des kritisch prüfenden Blicks (blinzelnden, wie er sagte) den geraden, offenen und vertrauensvollen Blick, besonders für die Welt der Werte, zu setzen.«
[9] E. Stein, VI/11; VI/14; VI/11.

»reines Ich« als das pure Subjekt der Akte ohne menschliche Eigenschaften, das konkrete menschliche Dasein in seiner Geschichtlichkeit zu setzen. Von Husserl wie von Scheler und den Göttingern wiederum unterscheide sich Heidegger dadurch, daß er die Hingegebenheit an die Objekte und die Erforschung von Wesensstrukturen als methodisch leitendes Ziel aufgebe.[10]

Von Edith Steins detaillierter Kritik an Heidegger, die sie in der genannten Abhandlung *Martin Heideggers Existentialphilosophie* entwickelt, kann ich hier nur den Grundgedanken wiedergeben. Heideggers Daseinsanalyse berücksichtige nicht, so Steins zentraler Vorwurf, das »Phänomen der *Erfüllung*«.[11] Es gehe nicht nur darum, nach dem *Wovor* der Angst[12] zu fragen, die Heidegger im Nicht-sein-Können, in der Nichtigkeit unseres Seins, nachweise. Es müsse ebenso nach dem *Worum* der Angst gefragt werden. Worum man sich ängstige, sei der drohende Verlust des Seins als einer *Fülle*. Erst das Bezogensein auf diese »Fülle« mache verständlich, warum es dem Menschen »um sein Sein« zu tun sei.[13] Auf der Grundlage dieser Kritik fordert Stein eine »Abwandlung« der Zeitlehre von *Sein und Zeit*, die zum Ausdruck zu bringen hätte, wie in den drei Zeitekstasen[14] endliches Dasein Anteil am Nicht-Endlichen gewinne: Zukunft dürfe somit nicht allein aus der Sorge um Erhaltung, sondern ebenso als ein Erzielen einer noch ausstehenden *Erfüllung* gedacht werden, und Gegenwart als Seinsweise augenblickhafter Erfüllung sowie Vergangenheit als Vermittlung eines Eindrucks von Beständigkeit inmitten der Flüchtigkeit menschlichen Seins. Das von Heidegger herausgestellte Strukturmerkmal der Endlichkeit menschlicher Existenz wird für Stein also nur faßbar, wenn es auf ein Nicht-Endliches hin gedacht wird, nämlich – wie Stein schreibt – auf die »Unendlichkeit« als der »ewigen Fülle des Seins« hin. Denn sich als endlich erfahren heißt für Stein, sich als etwas und nicht als alles erkennen, wobei das *Alles* in den Blick genommen ist.[15]

Edith Stein deutet hier eine Daseinsanalyse an, die materialiter einen anderen Weg einschlagen würde, als den von Heidegger beschrittenen: Sie weist hermeneutisch auf, wie sich dem Dasein Seinsfülle erschließt. So gesehen kann Edith Steins Auseinandersetzung mit Heidegger als Versuch bezeichnet werden, die Heideggersche Daseinsanalyse zu ergänzen. Doch sie geht noch einen Schritt weiter, den ich hier zu rekonstruieren suche. Das Faktum, daß sich dem Dasein die Fülle des Seins erschließen kann, hat zur Folge, daß sich das Denken dem Sein in seiner Fülle, also seiner Unendlichkeit, zuwenden muß. Darin bündelt sich Steins Kritik an Heideg-

---

[10] E. Stein, VI/12.
[11] E. Stein, VI/103.
[12] Vgl. Martin Heidegger, Sein und Zeit. Gesamtausgabe Bd. II, Hg. Friedrich Wilhelm von Herrmann, Frankfurt am Main, 1977 § 40. Ders., Was ist Metaphysik? Freiburger Antrittsvorlesung, Gesamtausgabe Bd. IX, Hg. Friedrich Wilhelm von Herrmann, Frankfurt am Main 1976, 103–122.
[13] E. Stein, VI/103; VI/110.
[14] Vgl. M. Heidegger, Sein und Zeit, §§ 65 und 68a.
[15] E. Stein, VI/111; VI/122; VI/127, VI/122.

ger: Sie wirft ihm vor, daß er, trotz seiner Versicherung, den Sinn des Seins als solchen zum Thema zu haben, dem Sein des Daseins verhaftet blieb; denn er habe nicht gesehen, wo Dasein an sich selbst über sich hinaus auf anderes Sein, als es das endliche Sein ist, verweist. Wenn aber Dasein an sich selbst auf ein Sein verweist, das wie das unendliche Sein in sich Selbstand hat, dann fällt die Frage nach dem Sinn von Sein nicht mit der Frage nach dem Vollzug des Seinsverständnisses (des Verstehens von Sein im menschlichen Dasein) zusammen. Eben diese Identifikation liege, so Stein, bei Heidegger vor, indem er »keinen vom Verstehen unterschiedenen – wenn auch darauf bezogenen – Sinn« anerkenne, sondern »Sinn in Verstehen« auflöse.[16] (Inwieweit diese Kritik Heidegger gerecht wird, kann hier nicht untersucht werden.)

II. Auswertung von Edith Steins Sichtweise der Positionen von Husserl, Scheler und Heidegger

Rein formal gesehen fällt bei den Beurteilungen Steins, die sie zu Husserl, Scheler und Heidegger gibt, auf, daß sie Scheler am wenigsten kritisiert. Die Kürze, in der Schelers Position abgehandelt wird, und die knappe Kritik an seinem phänomenologischen Vorgehen, dem eine gewisse Unsolidität vorgeworfen wird, mag so gedeutet werden, daß Edith Stein seine Position nicht als besonders kritikwürdig erachtete. Diese Schlußfolgerung scheint mir jedoch überzogen zu sein. Es ist eher anzunehmen, daß Edith Stein Schelers Position zu nahe stand, als daß sich für sie die Notwendigkeit einer Auseinandersetzung ergeben hätte. Vielleicht war es gerade diese selbstverständliche Nähe, die ihr die tatsächliche geistige Verwandtschaft nicht bewußt werden ließ. Für eine solche Auffassung spricht, daß Edith Stein, wie auch Scheler, üblicherweise der Gruppe der Münchener-Göttinger Phänomenologie zugerechnet wird. Worin besteht die sachliche Grundlage dafür? Um bei Stein und Scheler geringe, aber entscheidende Abweichungen vom gemeinsamen Nenner der Münchener-Göttinger Phänomenologie (hier nur im kleinen Ausschnitt) aufzuzeigen, muß dieser Nenner bestimmt werden. Die Beurteilung von Husserls und Heideggers Positionen durch Scheler und Hedwig Conrad-Martius (deren Denken und Person sich Edith Stein verbunden fühlte) kann die Nähe Steins zu Scheler und zu den Münchener-Göttingern belegen.[17]

In ihrem Beitrag *Die transzendentale und die ontologische Phänomenologie* aus dem Jahr 1959 gab Conrad-Martius bezüglich der phänomenologischen Erfassung von Wirklichkeit eine alternative Deutung der Husserlschen Methode.[18] Sie unterstreicht, daß Husserl nicht nach Sein oder Nichtsein der bewußtseinstranszendenten Realität gefragt habe. Gerade

---

[16] E. Stein, vgl. VI/124; VI/113 f.
[17] Als Dokument für diese Verbundenheit vgl. z.B. Conrad-Martius, Meine Freundin Edith Stein. 1958/1959, wiederabgedruckt in: Waltraud Herbstrith (Hg.), Denken im Dialog. Zur Philosophie Edith Steins. Tübingen 1991, 176–187.
[18] Hedwig Conrad-Martius, Die transzendentale und die ontologische Phänomenologie.

die phänomenologische Epoché[19] klammere ja eine solche Fragestellung aus. Doch sei Husserl mit der Deutung, die er selbst der transzendentalen Methodik von Epoché und Reduktion gab, noch einen Schritt darüber hinausgegangen, indem er alle Seinssetzung bezüglich des Seins von Welt einklammerte. »Die Welt wird«, schreibt Conrad-Martius, »als eine von jeder Seinssetzung reduzierte gesehen. Das ist um eine Nuance mehr als Enthaltung von allen Urteilen über Sein und Nichtsein.«[20] Erfüllt nicht gerade die radikale Reduzierung aller Seinssetzung von Welt die geforderte Enthaltung sämtlicher Urteile über Sein und Nichtsein, sofern eine solche Enthaltung erst dann gewährleistet ist, wenn alle Seinssetzung wirklich ausgeschaltet bleibt? Kann es dort noch Seinssetzung geben, wo über Sein und Nichtsein nicht geurteilt werden soll?

Husserl betont im ersten Buch der *Ideen zu einer reinen Phänomenologie und phänomenologischen Philosophie*, daß, »was immer Welt und Wirklichkeit überhaupt sein und heißen mag, im Rahmen wirklichen und möglichen Bewußtseins vertreten sein muß durch entsprechende mit mehr oder minder anschaulichem Gehalt erfüllte Sinne bzw. Sätze«.[21] Weltrealität ist demzufolge Thema der Phänomenologie, sofern sie in Sinngehalten und Sätzen zugänglich ist. In dieser Form dürfte auch vom Standpunkt Conrad-Martius' aus kein Einwand erhoben werden. Denn dies besagt nur, daß alles – um phänomenologisches Thema sein zu können – auf seinen Sinn hin befragt werden müsse, und zwar so, wie sich dieser Sinn in den Bewußtseinsakten, die ihn ursprünglich geben, zeigt. Dies heißt nicht, daß dieser Sinn nicht auch inhaltliche Komponenten enthalte, die auf ganz anderes verweisen als auf »Bewußtsein«. So formuliert Husserl selbst mit Recht, daß zu der von der Reduktion freigelegten transzendentalen Sphäre des Bewußtseins auch »dieses wunderbare Bewußthaben eines so und so gegebenen Bestimmten oder Bestimmbaren gehört, das dem Bewußtsein selbst ein Gegenüber, ein prinzipielles Anderes« ist.[22] Doch zugleich wird Husserl in der phänomenologischen Sinnklärung diesem »prinzipiellen Anderen« nicht gerecht. Denn er setzt stillschweigend und auf überzogene Weise Realität in Relation zu Bewußtsein: Wenn er formuliert, Realität sei »relativ«, so ist dies eine Aussage, die nur dann sinnvoll ist,

---

In: Edmund Husserl 1859–1959. Recueil commémoratif publié à l'occasion du centenaire de la naissance du philosophe. In: Phaenomenologica Bd. IV, La Haye 1959, 175–184.

[19] Zu Husserls Charakterisierung der phänomenologischen Epoché vgl. z.B. Ideen zu einer reinen Phänomenologie und phänomenologischen Philosophie. Erstes Buch (Husserliana Bd. III/1), Hg. Karl Schuhmann, Den Haag 1976, Paragraph 32, 65: »Die zum Wesen der natürlichen Einstellung gehörige Generalthesis setzen wir außer Aktion, (...), also diese ganze natürliche Welt, die beständig für uns ›da‹, ›vorhanden‹ ist, und die immerfort dableiben wird als bewußtseinsmäßige ›Wirklichkeit‹, wenn es uns auch beliebt, sie einzuklammern. Tue ich so, wie es meine volle Freiheit ist, dann negiere ich diese ›Welt‹ also nicht, als wäre ich Sophist, ich bezweifle ihr Dasein nicht, als wäre ich Skeptiker; aber ich übe die ›phänomenologische‹ ἐποχή, die mir jedes Urteil über räumlich-zeitliches Dasein völlig verschließt.«

[20] H. Conrad-Martius, a.a.O., 180.
[21] Husserl, a.a.O., 310.
[22] A.a.O., 228.

wenn sie den Bezug auf ein Bewußtsein voraussetzt. In der Tat versteht Husserl unter »relativ« das Faktum, daß real Seiendes stets nur in Perspektivität, in »Abschattung«, *gegeben* ist:[23] Sofern die eine gesehene Seite eines Dings stets auf weitere Seiten verweist, kann ein absolutes Gegebensein des Gesehenen nie vorliegen. Aufgrund dieser Relationsbestimmung von Realität, indem reales Sein vorgängig relational zum Sein des Bewußtseins bestimmt wird, wird für Husserl der Sinn dessen, was »Realität« besagt, *toto coelo* zu einem Annex des Bewußtseins: Welt ist für ihn somit »ihrem Sinne nach bloßes intentionales Sein«, ein solches, das »den bloßen sekundären, relativen Sinn eines Seins *für* ein Bewußtsein« hat.[24] Dabei besagt die Feststellung, daß Realität in Relation zu Bewußtsein steht, grundsätzlich zweierlei: Zum einen ist ihr Sinn bewußtseinsmäßig aufzuklären, zum anderen *erschöpft* sich ihr Sinn darin, relativ zu Bewußtsein zu sein. Das zweite folgt nicht notwendig aus dem ersten. Vielmehr kann es gerade zum noch transzendental aufweisbaren Sinn von Realität gehören, daß ihr Sein sich dem Bewußtsein entzieht, so daß die Aufgabe der Freilegung eines anderen Zugangs erwächst, der es evtl. ermöglicht, diesem sich entziehenden Sein phänomenologisch noch Sinnstrukturen abzuringen.[25]

Conrad-Martius' Vorwurf, daß Husserl Welt als »von jeder Seinssetzung reduzierte« bestimmte, besagt nicht, daß Welt zum Phänomen der Phänomenologie wurde, sondern daß Husserl Welt in ihrem Sinn und ihrem Sinn von Sein *ausschließlich* als Korrelat der Bewußtseinsimmanenz zu fassen suchte. Sofern hierdurch Welt mit dem identifiziert wird, was ausschließlich bewußtseinsimmanent gegeben ist, liegt eine vorgängige implizite Seinsaussage vor. Daher hat Husserl gerade mit der Reduktion von aller Seinssetzung, scheinbar paradox, die Maxime der strikten Enthaltung von allen Urteilen über Sein und Nichtsein aufgegeben. Wie aber kann bezüglich des Sinns von Realität noch etwas ausgesagt werden, wenn dieser sich dem eigentlichen Selbstsein von Realität entzieht? Setzt man Realität mit bewußtseinsimmanenter Sinnhaftigkeit gleich, so sei, wie Conrad-Martius formuliert, das In-sich-selbst-Stehen, das Wirklich-Sein von Welt (Conrad-Martius spricht von »wirklicher Wirklichkeit«), als mögliches phänomenologisches Thema nicht mehr einholbar. Conrad-Martius schlägt demgegenüber einen anderen Weg im Ausgang einer Epoché vor, die von aller Frage nach Sein oder Nichtsein befreit. Auf diesem Weg werde »die Welt mit allen ihren Beständen als *hypothetisch seiende* angesetzt«.[26]

---

[23] Vgl. a.a.O., 105.
[24] A.a.O., 106. »Es ist ein Sein, das das Bewußtsein in seinen Erfahrungen setzt, das prinzipiell nur als Identisches von motivierten Erscheinungsmannigfaltigkeiten anschaubar und bestimmbar – darüber hinaus aber ein Nichts ist.«
[25] Vgl. hierzu besonders die wertvolle Vorarbeit bei Eberhard Avé-Lallemant: Die Antithese Freiburg/München in der Geschichte der Phänomenologie«. In: Helmut Kuhn, Eberhard Avé-Lallemant und Reinhold Gladiator (Hg.), Die Münchener Phänomenologie. (Phaenomenologica Bd. 65), Den Haag 1975, 19–38, sowie ders., Phänomenologie und Realität. Habilitationsschrift, Universität München, unveröffentlicht.
[26] H. Conrad-Martius, Die transzendentale und die ontologische Phänomenologie. (Wie

Max Scheler suchte ebenfalls Husserls Einschränkung des gegenstandsfähigen Seins auf sein Gegebensein für ein sinnkonstituierendes Bewußtsein zu entgrenzen, wobei er auf *zweifache* Weise den Selbstand von realem Sein unterstrich. Zum einen sind für ihn apriorische Sinngehalte (apriorisches »Sosein«) nicht relativ auf Bewußtsein, korrelativ auf je bestimmte Bewußtseinsakte, in denen sie vom Bewußtsein erfaßt werden können. Zu solchen bewußtseinsirrelativen, vom Bewußtsein jedoch erfaßbaren apriorischen Sinngehalten gehört auch das apriorische Sosein von realem Sein. Zum zweiten ist Scheler der Auffassung, daß reales Sein *als solches* nicht durch Wissen, sondern nur durch leiblich vermittelten Widerstand zu geben sei.[27] Dies widerspricht nicht dem ersten Befund, daß reales Sein dem Bewußtsein in einer bestimmten Aktkorrelation ursprünglich zu geben ist; denn hierbei ist der *Sinn* von realem Sein, nicht reales Sein als solches, gemeint. Allerdings erblickte Scheler im Eingelassensein des Menschen in das reale Sein gerade den Grund dafür, daß das Bewußtsein, solange es in diesem Stand verharrt, apriorisches Sosein nicht ausdrücklich thematisch machen könne. Daraus resultiert seine Forderung, daß die phänomenologische Reduktion, um apriorisches Wissen um die Soseinsstruktur der Welt zu ermöglichen, den Realitätsbezug des verleiblichten Menschen auflösen müsse. Im Gegensatz zu Husserl soll mithin für Scheler die phänomenologische Reduktion das Realitätsmoment selbst aufheben, da in seiner Sicht reales Sein die Leerformen von Raum und Zeit bedingt und nicht umgekehrt Realsein in der Zeitlichkeit eines reinen oder transzendentalen Bewußtseins gründet.[28] Scheler zufolge bezieht sich Husserls Wesensforschung nur auf zufälliges Sosein, d.h. auf Sosein innerhalb der raumzeitlichen Mannigfaltigkeit, das Husserls phänomenologisches Vorgehen lediglich schärfer heraustreten lasse. Scheler erblickte in Husserls Verständnis der Reduktion mangelnde Radikalität, indem Husserl sich auch hierin am Bewußtsein orientierte und lediglich eine Radikalisierung des Bewußtseinsbezugs anstatt eine Radikalisierung des Seinsbezugs des Menschen vornahm.

Diese beiden Haltungen von Conrad-Martius und Scheler Husserls Position gegenüber entsprechen der Feststellung von Edith Stein, daß Husserls Gleichsetzung von gegenständlichem Sein mit Gegebensein für ein Bewußtsein eine nicht notwendige Folgerung aus Husserls phänomenologisch-methodischem Grundansatz darstelle. Diese Gleichsetzung bezeichnete Edith Stein an anderer Stelle, in dem jüngst erstmals wieder zugänglich gemachten Artikel »Was ist Phänomenologie?« aus dem Jahr 1924,[29]

Anm. 19) »Auch hier wird über Sein und Nichtsein in keiner Weise entschieden. (...) Aber anstatt das wirkliche Sein hypothetisch einzuklammern und dadurch die Welt (in der Reduktion) der wirklichen Wirklichkeit enthoben zu sehen, wird nunmehr das wirkliche Sein der Welt hypothetisch gesetzt.« 180 f.

[27] Vgl. Max M. Scheler, Idealismus – Realismus. In: Späte Schriften (Gesammelte Werke Bd. IX), Hg. Manfred Frings, Bern/München 1976, 204 ff. Künftig daraus zitiert.
[28] Vgl. a.a.O., 207.
[29] Gottfried Paschke (Hg.), Was ist Phänomenologie? In: Theologie und Philosophie 66 (1991), 570–573.

als eine »persönliche, metaphysische Grundüberzeugung« Husserls, die selbst nicht das Ergebnis phänomenologischer Forschung gewesen sei.[30] Wie steht es nun mit der Kritik an Heidegger?

Conrad-Martius weist in ihrer 1932 verfaßten Stellungnahme zu Heidegger,[31] aus der Edith Stein zitiert, darauf hin, daß Heidegger mit der Explikation der Transzendenz des Daseins gezeigt habe, daß menschliches Dasein immer schon bei der Welt sei. Auf diese Weise habe er den Weltbezug des Menschen freigelegt, doch nicht die von da aus sich eröffnende Möglichkeit ergriffen, »an das wahre seinsmäßige 'An sich selbst' der Dinge erkennend heranzukommen«. Stattdessen habe er Sein und Welt in das menschliche Dasein zurückgenommen: »Für Heidegger *existiert* recht eigentlich *nur* das Ich oder ichhaft Seiendes; nur dieses hat wahres Sein.« Conrad-Martius erblickt darin eine letzte, ins Ontologische gewendete Konsequenz »idealistischer Weltentwirklichung«.[32]

Auch für Scheler ist Heidegger in der Erfassung des Realitätsproblems auf halbem Weg stehengeblieben. Scheler war einer der ersten gründlichen Leser von *Sein und Zeit*, und eine Reihe seiner diesbezüglichen Aufzeichnungen liegen im Band 9 der *Gesammelten Werke*[33] vor. Heidegger habe, so stellt Scheler zustimmend fest, in der Analyse von Sorge und Angst die einschränkende Bestimmung des Realseins, wie sie die neuzeitliche Philosophie von Descartes bis Husserl unternahm, überstiegen[34]: Obwohl Heideggers Position dergestalt »ungeheuer weit« von derjenigen Husserls abrücke, kehre sie doch wieder zu dieser zurück. Diese Rückkehr indiziert Scheler in »Heideggers Daseinssolipsismus«, wie er sich ausdrückt.[35] Das will besagen: Husserls »idealistischen Subjektivismus« habe Heidegger durch einen ontologisch geprägten Subjektivismus ersetzt, der, so Scheler, »alle Arten des Seins von dem Sein des Subjekts, des Menschen, und zwar des solus ipse aus verstehen will«.[36] Bemerkenswerterweise deutet auch Scheler auf recht ähnliche Weise wie Edith Stein[37] die Notwendigkeit an, durch eine entsprechende existenzielle Haltung »Seinsfülle« zu erschließen. Er nimmt wie Heidegger in *Was ist Metaphysik?* denselben Satz, »daß überhaupt etwas ist und nicht Nichts«, zum Ausgangspunkt.[38] Damit will er aber nicht wie Heidegger über die Stimmung der Angst das Nichts erschließen, sondern im Aufweis des liebenden Bezugs des Geistes

---

[30] A.a.O., 573.
[31] H. Conrad-Martius, Heideggers »Sein und Zeit«. In: Schriften zur Philosophie, Bd. I, Hg. Eberhard Avé-Lallemant, München 1963, 185–193.
[32] A.a.O., 189; 190; ebd.
[33] M. Scheler, a.a.O., 259–340.
[34] M. Scheler, a.a.O., 279: »In dem absoluten Bewußtsein Husserls wäre die Realität ebensowohl verschwunden als im absoluten Schlaraffenland. Im Paradies des Koran gibt es Realsein sowenig als in der vollkommen phänomenologisch reduzierten Welt oder der Welt des Buddha – vor seinem Erlöschen. Auch ihr gegenüber gäbe es weder Angst noch Sorge – da es keinen möglichen Widerstand in ihr gäbe.«
[35] M. Scheler, a.a.O., 260.
[36] M. Scheler, a.a.O., 280.
[37] Vgl. E. Stein, VI/110.
[38] Vgl. M. Scheler, a.a.O., 261.

den ersten Satz einer »Evidenzordnung« bestätigen, die besagt, »es gibt etwas« im Sinne »es gibt nicht nichts«.³⁹

Auch die von Conrad-Martius und Scheler bezogene, hier sehr verkürzt wiedergegebene Stellung zu Heidegger, stimmt in den Grundzügen mit Edith Steins Auffassung überein. Heißt dies nun, daß Edith Steins Position doch toto coelo mit der Göttinger Phänomenologie, aus deren Kreis wir freilich nur zwei Zeugen zitiert haben, zusammenfällt? Gewiß kann das bisher Ausgeführte Edith Steins Zurechnung zu diesem Phänomenologenkreis im großen und ganzen rechtfertigen. Doch dieses Ergebnis befriedigt nicht, wenn wir die spezifisch persönliche Leistung Edith Steins genauer in den Blick bekommen wollen.

Es ist bemerkenswert, daß Conrad-Martius trotz ihrer grundlegenden Kritik an Husserl der transzendentalen Phänomenologie ein partielles Recht zuspricht. Denn nur die phänomenologische Methode Husserls könne die Weltvorgängigkeit der leistenden Subjektivität erschließen; in den Grenzen ihrer Relation also besitzt sie uneingeschränktes Recht. Auf diese Weise konstatiert Conrad-Martius die Notwendigkeit einer Parallelität in der phänomenologischen Forschung: In der gleichzeitigen Forderung nach transzendentaler Erforschung der sinnleistenden Subjektivität einerseits und nach ontologischer Erforschung realer Objektivität andererseits ein widerspruchsloses Ergänzungsverhältnis erblickend, stellt sie die Frage, ob es denn möglich sei, »daß die gesamte Sinn- und Seinsgeltung der in weitester Bedeutung genommenen Welt des Seienden sowohl aus einer nach rückwärts nicht untersteigbaren egologischen Subjektivität wie *auch* aus einer nach vorwärts nicht übersteigbaren ontologischen Objektivität entspringen kann?«⁴⁰ Und ihre Antwort lautet: »Metaphysisch-transzendentale ›Objektivation‹ der Welt« und ihre »metaphysisch-transzendente Objektivation (Aktualisierung)« widersprechen sich nicht, sondern »*ent*sprechen« einander. Conrad-Martius macht damit deutlich, daß es in der Kritik, die die Münchener-Göttinger Phänomenologen an Husserl richteten, nicht darum ging, den Bezug auf das Bewußtsein zugunsten einer »direkten«, »naiven« Erfassung eines Seins an sich abzulehnen; im Gegenteil wird unterstrichen, daß ein sinnkonstituierendes Bewußtsein mit Recht Anspruch darauf erhebt, Gegenstand und zugleich Teilfundament phänomenologischer Forschung zu sein. Dieser Auffassung liegt m.E. das genuin phänomenologische Konzept zugrunde, daß je nur in bestimmten Relationen und »Einstellungen« bestimmte Züge der Gesamtwirklichkeit in Erscheinung treten; ich muß mithin meine Aussagen über das Wirkliche stets in Relation zu derjenigen Betrachtungsart setzen, mit der ich sie in den Blick nehme.⁴¹ In gleicher Weise erblickt Conrad-Mar-

---

³⁹ M. Scheler a.a.O., 187. Zur Deutung von Schelers Liebe-Begriff vgl. den Aufsatz von Michael Gabel, Ausgleich als Verzicht. Schelers »später« Gedanke des Ausgleichs im Licht seines phänomenologischen Ansatzes. In: E. W. Orth und G. Pfafferott (Hg.), Studien zur Philosophie v. M. Scheler (Phänomenologische Forschungen Bd. 28/29), Freiburg/München 1994, 204–239.
⁴⁰ Conrad-Martius, »Die transzendentale und die ontologische Phänomenologie«, 183.
⁴¹ Im Grunde ist dies schon die Ansicht Husserls, wenn er das »Prinzip aller Prinzipien«

tius auch bezüglich Heideggers die Möglichkeit einer Ergänzung: »*Genauso* wie Heidegger es für die eigentümliche Seinsart des Ich geleistet hat, kann und muß es für die eigentümliche Seinsart *nicht*-ichhaften Seins geleistet werden.«[42]

War Edith Stein nicht ebenfalls dieser Ansicht, sofern sie dem Sachverhalt der Konstitution auf differenzierte Weise Aufmerksamkeit schenkte? Erinnern wir uns: Sie kritisierte bei Husserl nicht, daß dieser den sinnhaften Aufbau der Welt aus Konstitutionsleistungen des Bewußtseins befragte, sondern daß er Konstitution so deutete, daß gegenständliches Sein in Gegebensein für das Bewußtsein aufging. Im Artikel »Husserls transzendentale Phänomenologie« stellt Edith Stein die abschließende Frage: »Gibt es eine Möglichkeit, von der *philosophia perennis* aus die Problematik der phänomenologischen Konstitution sich zu eigen zu machen, ohne zugleich das, was man den transzendentalen Idealismus der Phänomenologie nennt, zu übernehmen?«[43]

Diese Frage wollte Edith Stein gewiß mit ja beantwortet wissen, d.h., sie versuchte das damit angedeutete Programm phänomenologischer Forschung und Methode einzulösen: Das zu erstrebende philosophisch-phänomenologische Ziel erblickte sie in einer Konstitutionsforschung, die nicht an die metaphysische Ansetzung eines Bewußtseinsidealismus anknüpft. Dafür die Grundlage bereitgestellt zu haben galt ihr als eine der wichtigsten Leistungen Husserls. Im Aufsatz »Die weltanschauliche Bedeutung der Phänomenologie« betont sie eigens: »Die Aufdeckung der Bewußtseinssphäre und der Konstitutionsproblematik ist sicher ein großes Verdienst Husserls, das heute noch zu wenig gewürdigt wird.«[44] Während Conrad-Martius die Notwendigkeit einer gegenseitig sich ergänzenden transzendentalen und ontologischen Forschung sah, diese aber in ihrer Zweipoligkeit selbst nicht realisierte, beschritt Edith Stein nicht nur diesen Weg ein Stück weit, sondern hob mit ihrem Verständnis von Korrelationsforschung von vornherein die Dichotomie von transzendentaler und ontologischer Forschung auf, ohne die dabei leitenden Extrema im Objekt phänomenologischer Forschung – Bewußtseinssubjektivität und unendliches Sein – aufzugeben. Darin erblicke ich die eigentliche Leistung des phänomenologischen Zugriffs bei Edith Stein. Diese Leistung charakterisiert ihre besondere Stellung im Verbund der Münchener-Göttinger Phänomenologie, dem sie im Grunde zugehört; sie zeigt aber auch ihre persönliche Anlehnung an Husserls Position, der sie sich, unbescha-

---

formuliert: »daß jede originär gebende Anschauung eine Rechtsquelle der Erkenntnis sei, daß alles, was sich uns in der ›Intuition‹ originär (sozusagen in seiner leibhaften Wirklichkeit) darbietet, einfach hinzunehmen sei, als was es sich gibt, aber auch nur in den Schranken, in denen es sich da gibt« (Husserliana III.1, 51). Freilich erwächst hier das Problem der Neukonzeption einer Phänomenologie, die plausibel machen kann, inwiefern sie die von diversen phänomenologischen Standpunkten erschlossenen phänomenologischen Relationen zu integrieren vermag.

[42] H. Conrad-Martius, Heideggers »Sein und Zeit«. 190.
[43] E. Stein, VI/35.
[44] E. Stein, VI/10.

det ihrer grundsätzlichen Kritik an ihr, die sie mit anderen Vertretern der Münchener-Göttinger Richtung teilt, enger als diese verbunden fühlt.

Mit ihrer Auffassung der Bewußtseinskonstitution steht Edith Stein jedoch in einer Nähe zu Scheler. Es liegt eine gewisse Tragik darin, daß Edith Stein selbst diese Nähe, trotz ihrer Wertschätzung für Scheler, offenbar nicht bemerkt hatte. Denn auch Scheler weist der Bewußtseinskonstitution eine zentrale Rolle zu, wenn er bemerkt, daß in der Weise, wie uns essentielle Strukturen zugänglich werden, sie »als etwas durchaus von uns Erzeugtes, erst in und durch den Akt gleichsam an seinem Ende Auftauchendes« erscheinen.[45] Edith Steins Feststellung in »Die weltanschauliche Bedeutung der Phänomenologie«, daß Scheler »nicht nur den transzendentalen Idealismus ablehnte, sondern auch für die gesamte Konstitutionsproblematik kein Verständnis zeigte«[46], ist in dieser Pauschalität nicht zutreffend. Der Grund dafür, daß Edith Stein diese Nähe ihrer Position zu derjenigen Schelers nicht bemerkte, liegt m.E. darin, daß das Bild, das sie von Schelers phänomenologischer Leistung entwirft, einseitig, ja verzerrt ist: Edith Stein sieht Scheler als den »Sach-Phänomenologen«, der sich, unbekümmert um Methodenreflexion, der phänomenologischen Erfassung materialer »Sachen selbst« zugewandt habe, und entwirft das bis heute typisierte Bild von Scheler als dem Wertethiker, Religions- und Sozialphilosophen. Edith Stein erwähnt nicht, daß Scheler das phänomenologische Vorgehen selbst immer wieder reflektiert und ihm eine zentrale Stelle im Aufbau einer in seinen letzten Lebensjahren entworfenen Metaphysik, die durchaus systematische Züge trägt, zugewiesen hat.[47] Dies wird in gewisser Hinsicht dadurch entschuldigt, daß Scheler seinerzeit die hierfür relevanten Texte nur zu einem Teil der Öffentlichkeit zugänglich gemacht hatte.[48] Doch Schelers anders organisiertes phänomenologisches Vorgehen aufzuspüren, ihm nachzuspüren, war offenbar Edith Steins Sache nicht, da sie hierin deutlich an Husserl, in Zustimmung wie in Kritik, orientiert blieb. Mit ihrem Rückbezug auf Husserls Auffassung von Bewußtseinskonstitution und auf seine Methodik der konstitutiven Sinnklärung erhielt sie freilich ein Instrumentarium, das von Scheler zwar offenkundig praktiziert, bei ihm aber in dieser Deutlichkeit – die Gründe hierfür müßten untersucht werden – in der Tat nicht zum Tragen kam.

---

[45] M. Scheler, a.a.O., 249.
[46] E. Stein, VI/11.
[47] Vgl. hierzu Wolfhart Henckmann, Der Systemanspruch von Schelers Philosophie. In: E. W. Orth und G. Pfafferott (Hg.): Studien zur Philosophie von Max Scheler, a.a.O., 271–312.
[48] Vgl. M. Scheler, Schriften aus dem Nachlaß, Bd. II: Erkenntnislehre und Metaphysik (Gesammelte Werke Bd. XI), Hg. Manfred Frings, Bern/München 1979.

III. Edith Steins Stellung im Kontext der frühen Phänomenologie

Abschließend soll versucht werden, Edith Steins Stellung im Kontext der frühen Phänomenologie zu charakterisieren. Edith Steins phänomenologische Haltung erweist sich als eine eigenständige Position, die mit den Grundauffassungen der Münchener-Göttinger Phänomenologie verwandt ist, aber deutliche Anleihen bei Husserl macht und später gewisse Affinitäten zu Heideggers Vorgehen sichtbar werden läßt.

Den *ontologischen Boden* ihres Philosophierens teilt Edith Stein durchaus mit dem Münchener-Göttinger Kreis. Dies zeigt sich in ihrer Zurückweisung des Husserlschen Bewußtseinsidealismus sowie der Befürwortung einer Seinsforschung, die Sein nicht relativ auf ein transzendentales Subjekt oder das menschliche Dasein sein läßt, sondern die Möglichkeit ins Auge faßt, mit phänomenologischen Mitteln über das nichtsubjektive bzw. nichtmenschliche Sein noch Auskunft zu geben.

In ihrer *phänomenologischen Methode* ist Edith Stein jedoch deutlich Husserl verpflichtet, und zwar in der doppelten Hinsicht, was zum einen die inhaltliche Bestimmung dieser Methode und zum anderen das sich darin aussprechende Forscherethos betrifft. Edith Steins Bestreben, das methodische Vorgehen auch in der Durchführung stets durchsichtig zu machen und darauf zu beharren, daß nur auf diese Weise phänomenologisch-philosophisch zuverlässige Ergebnisse zu erzielen seien, belegt eine Haltung, die sich zu Recht auf das von Husserl formulierte und praktizierte phänomenologische Forscherethos beruft.

Was das erstere, die inhaltliche Bestimmung der Methode betrifft, so will Edith Stein Konstitutionsforschung betreiben, welche die Bewußtseinsgegebenheit von Sachverhalten befragt, ohne dabei das Sein selbst dieser Sachverhalte in Bewußtseinsgegebenheit aufzulösen. Damit geht sie in methodischer Reflexion und vor allem in der konkreten Durchführung über das hinaus, was etwa bei anderen Vertretern der Münchener-Göttinger Richtung, beispielsweise Conrad-Martius und Scheler, mit im Blick gestanden, aber in dieser Weise keinen ausdrücklichen Niederschlag gefunden hat. Edith Steins spezifische Übernahme der Husserlschen Konstitutionsproblematik mag im übrigen bei ihr ein Verständnis für Heideggers Vorgehen in *Sein und Zeit* mitgewirkt haben, das in dieser Konkretheit anderen Vertretern der Münchener-Göttinger Schule doch eher versagt blieb oder allenfalls, wie bei Conrad-Martius, sich nur andeutungsweise artikulierte: nämlich die Möglichkeit zu erwägen, mit einer hermeneutisch vorgehenden Daseinsanalyse das – nicht auf menschliches Verstehen relative, wenngleich nur im Horizont dieses Verstehens sich zeigende – nichtmenschliche Sein phänomenologisch zu erschließen. Diese von Edith Stein entworfene Vorgehensweise kann z. B. dem noch ausstehenden Gespräch zwischen dem Heidegger nach der »Kehre« und Conrad-Martius die methodische Grundlage bieten. Von hier aus kann gefragt werden, ob und in welchem Maße Heideggers späteres Seinsdenken eine gewisse Annäherung an den Standpunkt der Göttinger mit sich brachte. Zudem besitzt das von Edith Stein hermeneutisch erschlossene *All* –

menschliches Dasein erfahre sich als etwas und nicht alles und führe so das *Alles* mit vor Augen – eine bemerkenswerte Parallele im kosmologischen Denken von Eugen Fink. Auch Fink kritisiert in *Welt und Endlichkeit*[49] die frühe Heideggersche Position und befragt als Basis für einen neuen kosmologischen Denkentwurf die natürliche Erfahrung von Welt als des *All*.[50]

Was nun schließlich das zentrale *phänomenologische Forschungsthema* Edith Steins betrifft, die Enthüllung des Wesensaufbaus der Person, so ist Stein hierin von Husserl wie von den Göttingern beeinflußt – vor allem von Scheler und auch von Conrad-Martius – und sieht selbst auch Affinitäten zu Heidegger. Ihre bei Husserl angefertigte Dissertation[51] sowie ihre Arbeit am zweiten Buch der Husserlschen *Ideen*, die sich im Untertitel als *Phänomenologische Untersuchungen zur Konstitution von Natur und Geist* zu erkennen geben,[52] hatten schon das thematische Interesse der philosophischen Arbeit Edith Steins vorgezeichnet. Sie selbst bekennt die Wirkung, die Schelers Bestimmung des Personbegriffs ausstrahlte, und betont die Bedeutung seiner Untersuchungen »für den Aufbau der Persönlichkeit«. Eine Radikalisierung all dieser Versuche, *die menschliche Person* phänomenologisch zu erfassen, erblickte sie offensichtlich in Heideggers Analyse des In-der-Welt-Seins.[53] Neben diesen Anregungen und Vertiefungen ihrer Fragestellung wird gerade hier die ganz persönliche Leistung von Edith Stein sichtbar, indem sie den Wesensaufbau der Person mit dem Rüstzeug einer verwandelten Konstitutionsforschung analysiert und so den transzendentalen mit dem ontologischen Gesichtspunkt enger zusammenbindet. Um diese Leistung in ihrem ganzen Umfang zu würdigen, wäre jetzt das Werk von Edith Stein zu befragen. Erst dann kann die Bedeutung, die Edith Stein im Forschungsganzen der frühen Phänomenologie zukommt, ermessen werden. Hier konnte es nur darum gehen, durch eine skizzenhafte Einzeichnung des Ortes von Steins phänomenologischer Forschung im Koordinatensystem der frühen Phänomenologie einige Vorarbeit hierfür zu leisten. Diese Ortsbestimmung ist zunächst nur ein Entwurf, der nach Ausführung verlangt. Eine am Leitfaden der provisorischen Ortsbestimmung vorgenommene Befragung des Werkes von Edith Stein, die insbesondere Edith Steins Wesensbestimmung der Person weiter erhellen[54] und mit den Bestimmungen anderer Phänomenologen konfrontieren würde, könnte jene Skizze mit konkretem Inhalt erfüllen.

---

[49] Eugen Fink, Welt und Endlichkeit. Hg. Franz A. Schwarz, Würzburg 1990, Kapitel 17 und 18.
[50] Vgl. z. B. E. Fink, Alles und Nichts. Ein Umweg zur Philosophie. Den Haag 1959.
[51] E. Stein, Zum Problem der Einfühlung. Reprint der Originalausgabe (1917), München 1980.
[52] Edmund Husserl, Ideen zu einer reinen Phänomenologie und phänomenologischen Philosophie. Zweites Buch (Husserliana Bd. IV), Hg. Marly Biemel, Den Haag 1952.
[53] E. Stein, VI/15.
[54] Vgl. die bereits vorliegenden Arbeiten von Peter Schulz, Edith Steins Theorie der Person. Von der Bewußtseinsphilosophie zur Geistmetaphysik. Freiburg/München 1994, und Hanna-Barbara Gerl-Falkovitz, Unerbittliches Licht. Edith Stein. Philosophie – Mystik – Leben. Mainz 1991.

»Wissenschaft als Gottesdienst«

Zur Bedeutung Thomas' von Aquin für Edith Stein
in ihrer Speyerer Zeit (1923–1931)

Hildegard Maria Gosebrink

1. Edith Stein und Thomas: Stationen einer Begegnung

1.1 Thomas im katholischen Kontext seit der Jahrhundertwende

Was Aristoteles für Thomas ist, ist zur Zeit Edith Steins Thomas für die katholische Kirche: *der* Philosoph. 1879 erklärt Leo XIII. in seiner Enzyklika *Aeterni Patris* das Denken des Aquinaten zur Grundlage jeglicher katholischer Theologie; der Codex Juris Canonici von 1917 verpflichtet die Ausbildung der Priesteramtskandidaten auf *ratio, doctrina* und *principia* des *Angelicus Doctor* (can. 1366 § 2). Im Hintergrund dieser Wiederbelebungsversuche mittelalterlichen Denkens für die Moderne steht die kirchliche Enttäuschung über weltanschauliche Irrwege der Neuzeit: Gerade die nachcartesische Philosophie hat die Frage nach dem Sein und seinem Sinn zurückgestellt zugunsten der Frage nach dem Menschen und seiner Erkenntnis des Seins, was ihr vor allem von der katholischen Kirche die Vorwürfe des Subjektivismus, Relativismus, Positivismus, Psychologismus und Historismus einbringt. Spinoza, Locke, Hume und Kant zählen zu den indizierten Autoren. Mit Thomas von Aquin dagegen meint man kirchlicherseits im Besitz eines philosophisch-theologischen Systems zu sein, das jederzeit im Dienst an der einen Wahrheit Antworten liefern kann, die sowohl den Ansprüchen der menschlichen Vernunft wie denen des katholischen Glaubens genügen sollen. Sein Name bürgt für die innere Logik der Systeme Christentum und katholische Kirche, seine Autorität für die intellektuelle Nachvollziehbarkeit des Glaubens. Da der »Sitz im Leben« dieser katholischen Schultheologie in der Apologie liegt und zudem päpstlich und kirchenrechtlich verordnet ist, führen Neuscholastik und Neuthomismus bald ein Ghettodasein neben der allgemeinen Philosophie und entsprechen der auch soziologisch konstatierbaren katholischen Segregation und Milieubildung: Bewußte Reservierung durch Bekenntnis und Distanz gegenüber der modernen Welt kennzeichnen katholisches Leben und Denken, gleichzeitig die Sehnsucht nach der angeblich gläubigen Welt des Mittelalters.

Als Husserl zur Jahrhundertwende erstmals wieder von den Sachen selbst und sogar von ihrem Wesen spricht, trifft er ins Schwarze gerade kirchlichen Bemühens um die Aufrechterhaltung von Ontologie und Metaphysik. Seine 1900 und 1901 erschienenen *Logischen Untersuchungen* werden vielfach als Symbol einer neuen Ära des Philosophierens im 20. Jahrhundert verstanden, einer Philosophie, die es geschafft hat, sich endlich wieder dem Objektiven zu stellen. 1933 schreibt Edith Stein rückblickend:

> Die *Logischen Untersuchungen* hatten vor allem dadurch Eindruck gemacht, daß sie als eine radikale Abwehr vom kritischen Idealismus kantischer und neukantischer Prägung erschienen. Man sah darin eine »neue Scholastik«, weil der Blick sich vom Subjekt ab- und den Sachen zuwendete: die Erkenntnis schien wieder ein Empfangen, das von den Dingen sein Gesetz erhielt, nicht – wie im Kritizismus – ein Bestimmen, das den Dingen sein Gesetz aufnötigte. Alle jungen Phänomenologen waren entschiedene Realisten.[1]

Stellvertretend für die verwandte innerkirchliche Atmosphäre sei Franz Ehrle zitiert, der unter dem bezeichnenden Titel *Die Scholastik und ihre Aufgaben in unserer Zeit* äußert, es sei

> notwendig, daß die Vertreter der scholastischen Philosophie [= die der Scholastik verpflichteten Zeitgenossen Ehrles] auch der neueren und nichtscholastischen Philosophie ihre volle Aufmerksamkeit schenken. Die Zeiten des trostlosen Subjektivismus und Positivismus und die aus ihnen geborene verzweifelte Abkehr von jeglicher philosophischer Tätigkeit sind ja glücklich vorüber. Schrittweise nähert man sich mancherorts wieder dem Objekt und dem Realen. Ja selbst die Metaphysik ist wieder auf den Plan getreten. (...) Die scholastische Philosophie steht hier vor einer ähnlich großen Aufgabe wie Albert und Thomas...[2]

Unüberhörbar ist nach wie vor das Bestreben, mit dem Instrumentarium mittelalterlicher Philosophie moderne Probleme zu lösen, freilich nun nicht mehr unter Ausschluß der zeitgenössischen, nicht katholischen Philosophie, die seit der Jahrhundertwende mit der Phänomenologie eine Wende zum Objekt vollzogen zu haben scheint. Darüber hinaus ist katholischerseits im ersten Drittel des 20. Jahrhunderts ein philosophiehistorisches und systematisches Interesse an Thomas zu verzeichnen: Für Frankreich seien vor allem die Namen Jacques Maritain und Etienne Gilson genannt, für Deutschland Martin Grabmann und Erich Przywara. Im akademischen Kontext geht es erstmalig um wirkliche Thomas-Forschung, die nicht vorrangig das Vorzeichen der Apologie trägt und von hier aus die Auseinandersetzung mit der modernen Philosophie wagen möchte.

1.2 Lernprozeß in Speyer: Frömmigkeit und Philosophie

Als Edith Stein 1922 katholisch getauft wird, steht im Hintergrund dieser Entscheidung weniger eine intellektuelle Überzeugung von der Wahrheit katholischer Philosophie, als vielmehr eine spirituelle Beheimatung, die sie in der Gottesdienst- und Gebetskultur der katholischen Kirche gefunden hat. Die Meisterschülerin Husserls, die ihr Leben hauptsächlich auf eine universitäre Karriere ausgerichtet hat und als Frau an der Zulassung zur

---

[1] Edith Stein, Aus dem Leben einer jüdischen Familie. In: Edith Steins Werke (künftig ESW) Bd. VII. Louvain/Freiburg 1965, 174.
[2] Franz Ehrle, Die Scholastik und ihre Aufgaben in unserer Zeit: Grundsätzliche Bemerkungen zu ihrer Charakteristik. O.O., ²1933 [¹1918]), 52.

Habilitation gescheitert ist, versteht ihre Taufe als Abschied von allem, was ihr bislang wichtig war:

> In der Zeit unmittelbar vor und noch eine ganze Weile nach meiner Konversion habe ich gemeint, ein religiöses Leben führen heiße, alles Irdische aufgeben und nur in Gedanken an göttliche Dinge leben.[3]

Dem entspricht ihr Alltag in Speyer: Vor allem aus Rücksicht auf ihre strenggläubige jüdische Mutter hat Edith Stein den Plan zurückgestellt, dem Schritt in die Kirche sofort den Schritt in den Karmel folgen zu lassen, und eine Stelle als Lehrerin angenommen – ein Beruf, um den sie als Assistentin Husserls einen weiten Bogen gemacht hatte. Bei den Dominikanerinnen von St. Magdalena unterrichtet sie am Mädchenlyzeum schwerpunktmäßig Deutsch und Geschichte; an der Lehrerinnenbildungsanstalt hält sie pädagogische Fortbildungsveranstaltungen; im Noviziat des Klosters gibt sie Lateinunterricht. Freiwillig verzichtet sie auf ein festes Gehalt, erbittet sich hinter einem Pfeiler der Kirche einen festen Platz, um jederzeit an Messe und Stundengebet teilnehmen zu können, und legt ein privates Gelöbnis der evangelischen Räte ab. Leben und Arbeiten in St. Magdalena dienen ihr zur Einübung in monastische Formen.

Als Edith Stein 1923 nach Speyer kommt, ist ihre Haltung geprägt von der Priorität der Spiritualität, die sie als Abschied von aller Philosophie versteht. 1931 verläßt sie Speyer, um mit *Akt und Potenz* einen erneuten Versuch zur Habilitation vorzulegen, der – wie ihre insgesamt vier (!) Versuche – erfolglos bleibt. Die Jahre 1923 und 1931 markieren eine Wandlung, die sich in Speyer vollzieht:

> Während andere ihre Arbeiten zur frühen Phänomenologie als brillant einschätzten, erschien Edith Stein nun, ähnlich wie Thomas von Aquin, ihr Philosophieren wie Spreu, wie das Ablegen einer Haut. Sie erkannte, daß sie ihr Leben nicht allein auf Philosophie setzen konnte, sondern daß der Glaube an die Liebe Gottes den ersten Platz einnehmen müsse. Langsam aber lernte die Konvertitin, daß der im Glauben geliebte Gott die Fähigkeit des Menschen nicht zerstört, sondern fruchtbar macht.[4]

In Speyer folgt der spirituellen die intellektuelle Begegnung und Auseinandersetzung mit der katholischen Kirche, gleichsam symbolisiert in der Annäherung an Thomas.[5] Hier darf Edith Stein lernen, daß Frömmigkeit und Philosophie, Beten und Denken einander nicht ausschließen. Das Denkmal, das heute in St. Magdalena an Edith Stein erinnert, bringt die-

---

[3] Edith Stein, Selbstbildnis in Briefen. Erster Teil: 1916–1934. ESW VIII, Brief Nr. 45. Druten/Freiburg 1976, 54.
[4] Waltraud Herbstrith, Zum hundertsten Geburtstag der Philosophin Edith Stein. In: dies. (Hg.), Denken im Dialog: Zur Philosophie Edith Steins. Tübingen 1991, 9–12, hier 10.
[5] Außer der Symbolik der Gestalt läßt sich eine biographische Verwandtschaft feststellen: Auch Thomas war gegen Unverständnis und Widerstände seiner Familie seinem inneren Ruf gefolgt und Dominikaner geworden; Edith Stein wird ihren eingeschlagenen ähnlichen Weg in den Karmel fortsetzen; zudem hat sie erst einmal bei Dominikanerinnen eine Heimat gefunden. Vgl. Beat W. Imhof, Edith Steins philosophische Entwicklung: Leben und Werk. In: Baseler Beiträge zur Philosophie und ihrer Geschichte 10. Basel u.a. 1987, 109.

sen Prozeß mit einem Zitat aus einem Brief Edith Steins, geschrieben am Ende ihrer Speyerer Zeit, auf den Punkt:

> Daß es möglich sei, Wissenschaft als Gottesdienst zu betreiben, ist mir zuerst so recht am heiligen Thomas aufgegangen.[6]

Während ihrer acht Jahre in Speyer tritt sie zudem mehr und mehr aus der klösterlichen Verborgenheit in die katholische Öffentlichkeit: Vom »Verein katholischer bayerischer Lehrerinnen«, in dem sie selber Mitglied wird, vom »Katholischen Deutschen Frauenbund« und vom »Katholischen Akademikerverband« wird sie als Referentin angefragt, sie schreibt Rezensionen und unternimmt Votragsreisen im In- und Ausland.[7]

1.3 Edith Steins Annäherung an Thomas' »Quaestiones disputatae de veritate«: Einfühlen und Über-setzen

Die Taufe der Philosophin Edith Stein bleibt in kirchlich intellektuellen Kreisen nicht ohne Reaktion: Przywara tritt 1925 an sie heran mit der Bitte um die Übertragung von Briefen und Tagebüchern John Henry Newmans; auf Przywaras Empfehlung hin macht sie sich im selben Jahr an die Übersetzung der bis dahin nur lateinisch vorliegenden *Quaestiones disputatae de veritate* und wird – wie sie es selbst formuliert – vor Thomas noch einmal »ehrfürchtige und willige Schülerin«.[8] Was die Kenntnis scholastischer Philosophie angeht, hat die Husserl-Schülerin aufgrund des skizzierten Nebeneinanders von allgemeiner und kirchlicher Philosophie einiges aufzuholen; später wird sie in ihrer Gegenüberstellung von Husserl und Thomas auch Husserl Thomas gegenüber einräumen lassen, daß er nie zum gründlichen Studium der Scholastik gekommen sei. Die Art und Weise des Lernens von und an Thomas offenbart die phänomenologische Schulung Edith Steins: Nicht Sekundärliteratur soll seine Gestalt erschließen; statt dessen läßt sich die Neugetaufte übersetzend auf Thomas ein. Der Titel *Quaestiones disputatae de veritate* hat geradezu symbolische Bedeutung, berührt er doch das Lebensthema Edith Steins, die ihren Schritt in die Kirche nach der Lektüre der Autobiographie Teresas von Avila mit dem Satz beschloß »Das ist die Wahrheit!«

---

[6] Weiter heißt es: »Und nur daraufhin habe ich mich entschließen können, wieder ernstlich an wissenschaftliche Arbeit heranzugehen.« Stein, a.a.O., (wie Anm. 3), Brief Nr. 45, 54.

[7] Einen Schwerpunkt bildet die Problematik um Frauenbild und Frauenbildung. Auch hier macht sich ihre Auseinandersetzung mit Thomas bemerkbar: Dem aristotelischen Grundsatz anima forma corporis folgend, soll Frauenbildung primär auf die Personwerdung und in diesem Rahmen auf die Frauwerdung hingeordnet sein; Geist und Person der Frau sind nicht durch ihren Leib determiniert. Grundsätzlich gibt es keinen Beruf und keine Berufung, der bzw. die sich einem »Wesen der Frau« entgegenstellt. Ihre Stellungnahmen zur Frauenfrage sind gesammelt in: Edith Stein, Die Frau: Ihre Aufgabe nach Natur und Gnade. ESW V, Louvain/Freiburg 1959.

[8] Edith Stein, Endliches und ewiges Sein: Versuch eines Aufstiegs zum Sinn des Seins. ESW II, XII, Freiburg ³1986. Im Vorwort (XII-XVI) gibt Edith Stein selbst einen Überblick über die Stationen ihrer Begegnung mit Thomas.

> In der Verfolgung des Entstehungsprozesses geistiger Werke findet sich der Geist selbst an der Arbeit; genauer gesprochen: ein geistiges Subjekt ergreift einfühlend ein anderes und bringt sich sein Wirken zur Gegebenheit.[9]

Diesen Satz aus ihrer der Phänomenologie Husserls verpflichteten Dissertation *Zum Problem der Einfühlung* verwirklicht sie nun selber, was das »Phänomen Thomas« angeht; das Übersetzen ist ihr ein Einfühlen und insofern ein »Sich-sein-Wirken-zur-Gegebenheit-Bringen«. Die geistigen Subjekte Edith Stein und Thomas sowie ihrer beider »quaestiones de veritate« sind die Pole dieses intentionalen Aktes, der nicht nur von der zu erarbeitenden Materie her bestimmt wird, sondern auch vom sie erarbeitenden Subjekt, das, was Fragestellung wie Sprache angeht, von Husserls Phänomenologie her kommt. Diese Herkunft aus der modernen Philosophie und das Vorhaben der Konfrontation derselben mit Thomas dokumentiert ein Brief an den Speyerer Bischof vom 21.2.1926, in dem Edith Stein bittet, Schriften der indizierten Autoren Bergson, Hume, Kant, Locke und Spinoza behalten und benutzen zu dürfen:

> Es sind durchwegs Schriften, die ich früher zum Studium der neueren Philosophie gebraucht habe. Gegenwärtig beschäftige ich mich hauptsächlich mit den Werken des heiligen Thomas. Da mir aber daran liegt, Klarheit über das Verhältnis der thomistischen Philosophie zur modernen zu gewinnen, wird es kaum zu vermeiden sein, gelegentlich die gesamten Schriften zum Vergleich heranzuziehen.[10]

Durch den Verzicht auf das Vorurteil von Fremddarstellungen versucht sich Edith Stein in geradezu phänomenologischer Enthaltung das Wesen der thomasischen Frage und Antwort bezüglich der Wahrheit zu erarbeiten, indem sie sich mit der Sache selbst konfrontiert. Die Tätigkeit des Über-setzens trifft das Eigentliche dieser wirklichen geistigen Begegnung des zwanzigsten mit dem dreizehnten Jahrhundert. Nicht zufällig greift Przywara in seiner Rezension zum Vergleich mit Augen und Türen:

> Auf der einen Seite spricht hier ein Deutsch, in dem die schlichte Klarheit des Lateins des Aquinaten fast unmittelbar durchschimmert, auf der anderen Seite ist nicht nur durch die reichen Anmerkungen, sondern durch die Art der Übertragung selber, alles heutige lebendige Philosophie geworden. Es ist überall Thomas und nur Thomas, aber so, daß er Aug' in Aug' zu Husserl und Scheler und Heidegger steht. Die Terminologie der Phänomenologie, die Edith Stein als selber schaffende Philosophin beherrscht, ist nirgendwo an die Stelle der Sprache des Aquinaten getreten, aber es öffnen sich nun mühelos Türen hinüber und herüber.[11]

Durch Erich Przywara hat Edith Stein auch Martin Grabmann kennengelernt, der das empfehlende Geleitwort schreibt, als 1931 der erste Band von *Des Hl. Thomas von Aquino Untersuchungen über die Wahrheit* bei Borgmeyer in Breslau erscheint.[12] Auch andere Kritiker und Thomas-

---

[9] Edith Stein, Zum Problem der Einfühlung. Reprint der Originalausgabe von 1917, München 1980, 103.
[10] Stein, Selbstbildnis. Wie Anm. 3, Brief Nr. 41, 51. Generalvikar Schwind genehmigt in seiner Antwort das Ersuchen »auf die Dauer der berichteten Verhältnisse« (Ebd.).
[11] Erich Przywara, Thomas von Aquin deutsch. Rezension. In: Stimmen der Zeit 121 (1931), 385 f.
[12] Heute: ESW III, Louvain/Freiburg 1952.

Kenner äußern sich positiv: Begeisterte Rezensionen verfassen außer Przywara Alois Dempf, der Jesuit A. Naber und der Husserl-Schüler Alexandre Koyré.[13]

Edith Steins Übersetzung entspricht dem breiten Interesse an Thomas im katholischen Kontext der zwanziger Jahre. Vor allem das Thomas-Jubiläumsjahr von 1924 hat seine Gestalt einem akademischen, wenn auch nicht notwendig wissenschaftlich ausgerichteten, philologisch-historischen Publikum nahe gebracht. Dieser Adressaten- und Adressatinnenkreis rechtfertigt Edith Steins Vorgehen, sich auf die Lösung der *quaestio* im *corpus articuli* und in der *responsio principalis* zu konzentrieren, aus den einzelnen Einwänden und deren Lösung aber nur das wesentliche auszuwählen bzw. zusammenzufassen. Die Übertragung in philosophische Sprache der Gegenwart steht in einer Linie mit der deutschen Thomas-Ausgabe der dreißiger Jahre, die Joseph Bernhart mit einem Kommentar versehen und zu deren ersten Bänden Edith Stein Rezensionen schreiben wird.

1.4 Die Gegenüberstellung von Husserl und Thomas in der Husserl-Festschrift (1929): Überzeugung und Zeugnis

1929 begeht Husserl seinen 70. Geburtstag, wozu ihm seine Schüler und Schülerinnen mit einer Festschrift gratulieren. Diese erscheint bei Max Niemeyer in Halle an der Saale als Ergänzungsband zum *Jahrbuch für Philosophie und phänomenologische Forschung*, einer Zeitschrift, die Husserl 1913 als phänomenologisches Publikationsforum begründet hat. Neben Beiträgen von Heidegger, Ingarden, Kaufmann, Koyré, Hans Lipps sowie ihrer Freundin und Taufpatin Conrad-Martius findet sich ein Aufsatz von Edith Stein mit dem Titel *Husserls Phänomenologie und die Philosophie des hl. Thomas von Aquino. Versuch einer Gegenüberstellung*. Dieser Titel erhält folgende Fußnote:

> Der Titel sagt bereits, daß es sich nur um einen ersten Versuch handelt. Das bedingt schon der knappe Raum, der hier zur Verfügung steht. Eine wirkliche Auseinandersetzung würde eine gründliche Darstellung der Phänomenologie in ihren verschiedenen Entwicklungsstadien nach allen Teilgebieten und eine ebenso gründliche Darstellung der Philosophie des hl. Thomas erfordern. (Ich sage absichtlich nicht »Thomismus«, weil ich mir nicht ein traditionelles Schulsystem, sondern ein aus den Quellen geschöpftes Gesamtbild als Grundlage einer solchen vergleichenden Untersuchung denke.) Dazu ist hier nicht der Ort, und ich wäre auch heute für eine solche Aufgabe noch nicht gerüstet. Aber den Geist des Philosophierens hier und dort in ein paar wesentlichen Linien zu zeichnen, wie sie sich mir auf Grund meiner bisherigen Thomas-Studien aufgedrängt haben – das darf ich wohl jetzt schon versuchen.[14]

---
[13] ESW IV. Eine Zusammenstellung von Rezensionen findet sich am Ende dieses Bandes. Louvain/Freiburg 1955, 464 ff.
[14] Edith Stein, Husserls Phänomenologie und die Philosophie des hl. Thomas v. Aquino: Versuch einer Gegenüberstellung. In: Festschrift. Edmund Husserl zum 70. Geburtstag gewidmet. Ergänzungsband zum Jahrbuch für Philosophie und phänomenologische Forschung. Halle a.d. Saale 1929, 315–338, 315.

Hinter den »bisherigen Thomas–Studien« verbirgt sich die Übersetzungsarbeit an den *Quaestiones disputatae de veritate*, durch die sich Edith Stein seit drei Jahren mit der Gedankenwelt des Aquinaten vertraut macht.[15] Ihr Beitrag zu Husserls Festschrift ist das erste Zwischenergebnis dieses Bemühens. Gleichzeitig handelt es sich um die erste Veröffentlichung seit ihrer Taufe 1922. Mit ihrem Aufsatz demonstriert sie die philosophischen Konsequenzen ihrer Entscheidung vor ihren alten philosophischen Kollegen und Kolleginnen und Husserl, »dem Meister«, wie er von seinen Schülerinnen und Schülern genannt wird. Edith Stein konfrontiert Husserl, den symbolischen Meister ihrer alten phänomenologischen Überzeugung, mit Thomas, dem symbolischen Meister ihrer neuen katholischen Überzeugung, die sie nun auch philosophisch einzuholen versucht. Was die Form dieser Konfrontation angeht, wählt Edith Stein ein Gespräch zwischen Husserl und Thomas über die Frage »Was ist Philosophie?«, was gute philosophische Tradition ist – gerade auch in der scholastischen disputatio, in der die Gesprächspartner nicht Feinde, sondern Gegner sind und sich durch Rede und Gegenrede auf die Wahrheitsfindung einlassen. In Husserl und Thomas unterhalten sich gleichsam zwei Stationen der philosophischen Biographie Edith Steins, was im zweiten Teil zu zeigen sein wird.

Husserl befindet sich am Abend seines Geburtstages in seinem Studierzimmer in Freiburg und sehnt sich, müde von den vielen Glückwunschbesuchen, zur Klärung der Gedanken nach einem »ordentlichen philosophischen Gespräch«. Augenblicklich klopft es an der Türe, und herein tritt Thomas von Aquin, der sich Husserl erst namentlich vorstellen muß, da dieser ihn trotz Dominikanerhabit nicht erkennt. Husserl weist ihm den Ehrenplatz auf seinem Ledersofa zu; und die beiden beginnen zu philosophieren. Heidegger scheint es gewesen zu sein, dem diese Rahmenhandlung nicht hoffähig für die Festschrift erschien, so daß Edith Stein ihren Beitrag in einen »sogenannten neutralen Artikel« umwandelte.[16] Die ursprüngliche Fassung konnte für die Werke-Ausgabe jedoch aus dem Manuskript rekonstruiert werden.[17] Sie ist höchst aufschlußreich für die Frage, was Edith Stein am Ende ihrer Speyerer Zeit durch ihre Übersetzungstätigkeit von Thomas verstanden hat, wie sie ihn verstanden hat und – nicht zuletzt – warum sie sich enttäuscht von Husserl abwandte.[18]

---

[15] Edith Stein schrieb ihren Beitrag zur Husserl-Festschrift vor dem November 1928. Vgl. Brief Nr. 122. In: Edith Stein, Briefe an Roman Ingarden. Freiburg 1991; ESW XIV, 197.

[16] Erich Przywara, Die Frage Edith Stein. In: Waltraud Herbstrith (Hg.), Edith Stein: Ein neues Lebensbild in Zeugnissen und Selbstzeugnissen. (Freiburg ⁴1987), 176–188, 178. Vgl. außerdem Edith Steins Brief an Ingarden, a.a.O., (wie Anm. 15).

[17] Edith Stein, Was ist Philosophie? Ein Gespräch zwischen Edmund Husserl und Thomas von Aquino. In: dies., Erkenntnis und Glaube. (Freiburg 1993; ESW XV), 19–48. Da es sich hier um die ursprünglich von Edith Stein gewollte Fassung handelt, wird diese und nicht die gedruckte der Husserl-Festschrift den folgenden Ausführungen zugrunde gelegt.

[18] Vgl. meine ausführliche Analyse: Hildegard Gosebrink, Meister Thomas und sein Schüler Husserl: Gedanken zu einem fiktiven Dialog zwischen Thomas von Aquin und Edmund Husserl von Edith Stein. In: Erbe und Auftrag 71 (1995), 463–485.

2. Thomas im Rahmen des Steinschen Anliegens einer Philosophie aus dem Glauben

2.1 Sein und Bewußtsein

Was Edith Stein bewog, ihren Studienort nach Göttingen zu Husserl zu verlegen, waren seine von ihr als Wende zum Objekt verstandenen *Logischen Untersuchungen*, nach denen in den Wahrheiten selber die Bedingung der Möglichkeit ihrer Erkenntnis liegen sollte.[19] Zum Entsetzen seines Schüler- und Schülerinnenkreises aber vollzog Husserl spätestens mit dem zweiten Band der *Ideen zu einer reinen Phänomenologie und phänomenologischen Philosophie* mit dem Begriff der *Konstitution* eine angebliche »Rückkehr zum Idealismus«, von vielen empfunden als Verrat an seinen Göttinger Verdiensten um die Rehabilitierung einer objektiven Welt. Husserl selbst verstand seinen phänomenologischen Idealismus keineswegs als Leugnung des Objektiven, vielmehr als intellektuelle Ehrlichkeit und radikale Konsequenz des cartesischen *Cogito*: Aussagen über Objekte sind nur insofern möglich, als diese Objekte *Noemata* sind, d.h. insofern sie dem Bewußtsein gegeben sind:

> Der phänomenologische Idealismus leugnet nicht die wirkliche Existenz der realen Welt (und zunächst der Natur), als ob er meinte, daß es ein Schein wäre, dem das natürliche und das positiv-wissenschaftliche Denken, obschon unvermerkt, unterläge. Seine einzige Aufgabe und Leistung ist es, den Sinn dieser Welt, genau den Sinn, in welchem sie jedermann als wirklich seiend gilt und mit wirklichem Recht gilt, aufzuklären. Daß die Welt existiert, daß sie in der kontinuierlichen immerfort zu universaler Einstimmigkeit zusammengehenden Erfahrung als seiendes Universum gegeben ist, ist vollkommen zweifellos. Ein ganz Anderes ist es, diese Leben und positive Wissenschaft tragende Zweifellosigkeit zu verstehen und ihren Rechtsgrund aufzuklären.[20]

Der späte Husserl kehrt zum Apriori des Bewußtseins zurück, worin ihm etliche seiner Schüler und Schülerinnen nicht mehr zu folgen bereit sind – so auch Edith Stein und Hedwig Conrad-Martius mit ihrem Ja zu phänomenologischer Ontologie bzw. Nein zu phänomenologischem Idealismus. Thomas spielt im Gespräch mit Husserl vermehrt auf diese Entwicklung Husserls an und offenbart Edith Steins Erwartungshaltung gegenüber der Phänomenologie als Sehnsucht nach einer objektiven Ontologie. Die vermag ihr Husserl nun nicht mehr zu geben; dagegen meint sie bei Thomas fündig zu werden, für den die Frage nach dem Wie der Erkenntnis der nach ihrem Was untergeordnet sei. Seine *prima philosophia* sei nicht die des Bewußtseins, sondern die des Seins. Gleich zu Beginn von *De verita-*

---

[19] Es sei »evident, daß Wahrheiten selbst (...) sind, was sie sind, ob wir sie einsehen oder nicht. Da sie aber nicht gelten, sofern wir sie einsehen können, sondern da wir sie nur einsehen können, sofern sie gelten, so müssen sie als objektive oder ideale Bedingungen der Möglichkeit ihrer Erkenntnis angesehen werden.« (Edmund Husserl, Logische Untersuchungen. Erster Band: Prolegomena zur reinen Logik. [Den Haag 1975; Husserliana, XVIII], 240).

[20] Husserl, Ideen zu einer reinen Phänomenologie und phänomenologischen Philosophie. Drittes Buch: Die Phänomenologie und die Fundamente der Wissenschaften. Haag 1952; Husserliana, V, 152 f.

te beschäftigt er sich mit Edith Steins eigener Frage, ob sich die Wahrheit eher im Verstand oder in den Dingen findet:

> Die Wahrheit, die von den Dingen in der Seele hervorgerufen wird, [ist] nicht von der Beurteilung der Seele abhängig (...), sondern von der Existenz der Dinge.[21]

Wodurch aber ist diese Wahrheit des Seins außerhalb des Bewußtseins bzw. der Seele gegeben? Edith Stein läßt Thomas Husserl gegenüber mit dem Glauben an die Offenbarung argumentieren:

> Wir *haben* von vornherein die absolute Gewißheit, die man braucht, um ein tragfähiges Gebäude zu errichten.[22]

Mit einer noematischen Wirklichkeit will Edith Stein sich nicht begnügen; die Offenbarung bietet die einzige Möglichkeit, Sein unabhängig von Bewußtsein zu setzen. Die Fragestellung nach dem Apriori von Sein oder Bewußtsein war dem mittelalterlichen Thomas fremd; in der Diktion Husserls ging Thomas naiv vor, da er die Daseinsthesis niemals in Frage stellte. Edith Stein kann nur versuchen, das von Thomas nicht ausdrücklich Reflektierte auf seine selbstverständlichen Beweggründe hin zu befragen. In der von ihr gewagten Antwort mag sie inhaltlich recht haben; allein es bleibt die Frage, ob es formal zulässig ist, Husserl einen Mangel noematischer Wirklichkeit vorzuwerfen, der sich allein aus Glaube an Offenbarung objektiver Wirklichkeit ergibt. Thomas geht im Gespräch mit Husserl noch einen Schritt weiter: Husserls Erkenntniskritik sei nicht wertlos, sie sei aufgrund ihrer methodologischen Sauberkeit vielmehr wertvoller Bestandteil einer umfassenden Ontologie. Thomas ändert das Vorzeichen: Aus dem Apriori des Bewußtseins wird das Apriori des durch göttliche Offenbarung verbürgten Seins:

> Sie sehen wohl auch, wo in diesem Organom (sic!) der Ort für Ihre »transcendentale Phänomenologie«, Ihre eigenste Schöpfung ist. Sie *ist* diese allgemeine Ontologie mit radikaler Vorzeichenänderung (in Ihrer eigenen Ausdrucksweise), weil sie dem verschiedenen Standort entspricht.[23]

2.2 Glaube und Erkenntnis

Die ahistorische Konfrontation von Husserl und Thomas ergibt sich aus Edith Steins systematischer Fragestellung: »Was ist Philosophie?« Im Gegensatz zu Husserl, der mit seiner Erkenntniskritik Möglichkeiten von Fragestellungen aufzeigen will, hat nach Edith Stein die Philosophie die Aufgabe, Antworten zu geben. Schon in ihrer der Phänomenologie Husserls verpflichteten Dissertation von 1917 heißt es in einem Satz, der an-

---

[21] De ver. q.1 a.2 ad 3, a.a.O., (wie Anm. 12), 15.
[22] Stein, a.a.O., (wie Anm. 17), 29. Im Hintergrund könnte De ver. q.10 a.6 stehen: »Dieses Licht des tätigen Verstandes [i.e. sich als Potenz und Akt in bezug auf die Sinnendinge zu verhalten. Anm. d. Verf.] aber geht in der vernunftbegabten Seele von den geistigen Substanzen, besonders von Gott, als seinem Ersten Ursprung aus.« (A.a.O., [wie Anm. 12], 252).
[23] Stein, a.a.O., (wie Anm. 17), 33.

gesichts der späteren verschiedenen Entwicklung von Husserl und Edith Stein aufhorchen lassen sollte:

> Es bleibt keine Frage mehr offen. Das ist das Ziel der Phänomenologie.[24]

Der geheime Wunsch jeder Philosophie liege letztlich in Ontologie und Metaphysik;[25] ihren eigentlichen Gegenstand sieht sie in der Gottesfrage. Aufgrund dieser Voraussetzung postuliert sie eine materiale und formale Abhängigkeit der Philosophie vom Glauben, für die sie Thomas in Anspruch nimmt. Husserl konnte sich dem Ziel nur annähern; um es aber zu erreichen, müssen auch andere Erkenntnisquellen als die natürliche Vernunft mit einbezogen werden. Die volle Wahrheit, das Zusammenfallen von Sein und Erkennen, läßt sie Thomas in Gott festmachen, an der der Mensch im Glauben an das von Gott Geoffenbarte Anteil haben kann:

> Philosophie will Wahrheit in möglichst weitem Umfang und von möglichst großer Gewißheit. Wenn der Glaube Wahrheiten erschließt, die auf anderem Wege nicht zu erreichen sind, so kann die Philosophie auf diese Glaubenswahrheiten nicht verzichten ...[26]

Damit setzt Edith Stein einen anderen Philosophie-Begriff als den der Neuzeit. Die Grenzen zwischen Philosophie und Religion werden fließend; am ehesten verwandt dürfte diese Philosophie aus dem Glauben der patristischen Vorstellung vom Christentum als der *vera philosophia* sein. Thomas kann sie dafür schwerlich in Anspruch nehmen, der zwar eine Philosophie mit dem Glauben, aber nicht notwendig aus dem Glauben als Erkenntnisquelle kennt. Eine scholastische Selbstverständlichkeit scheint der neuzeitlichen Edith Stein fremd zu sein: Zwar nennt sie die Begriffe natürliche Vernunft und natürliche Offenbarung, spricht von Offenbarung aber zumeist im übernatürlichen Sinn. Entsprechend scheinen Glaube und Erkenntnis zwei einander ausschließende Begriffe zu sein,[27] die dem Paar der offenbar ebenfalls antagonistischen Begriffe Offenbarung und Vernunft zugeordnet werden. Im Hintergrund könnte De ver. q.14 a.2 stehen, wo Thomas von der Definition des Glaubens Hebr. 11,1 als *substantia rerum sperendarum, argumentum non apparendum* ausgeht und insofern Glauben von Wissen und Einsicht unterscheidet. Dies bedeutet aber noch lange keinen Antagonismus, wie er für Edith Stein gerade in den Titeln ihrer Gegenüberstellung von Husserl und Thomas – natürliche und übernatürliche Vernunft, Glaube und Wissen, kritische und dogmatische bzw. egozentrische und theozentrische Philosophie – durchscheint, zumal sich nach scholastischem Selbstverständnis menschlich rationale und intellektuelle Erkenntnis nicht außerhalb des Offenbarungsgeschehens bewegt: Thomas selbst verzichtet in seiner *Summa contra gen-*

---

[24] Stein, Zum Problem der Einfühlung. Wie Anm. 9, 41.
[25] Stein, Was ist Philosophie? Wie Anm. 17, 27.
[26] A.a.O., 27.
[27] »Ebenso ist festgelegt, was durch Erkenntnis, was durch Glauben erreichbar ist. Im allgemeinen ist es so, daß nur das Glaubenssache ist, was prinzipiell unserer irdischen Erkenntnis entzogen ist. Doch ist auch manches durch Offenbarung mitgeteilt, was auf dem Wege der Erkenntnis nur von wenigen oder nicht mit genügender Sicherheit erkannt werden könnte.« (A.a.O., 25).

tiles auf jede Argumentation mit Glaubensinhalten, weil über deren Offenbarungsqualität mit Juden und Muslimen kein Konsens bestehe, und beschränkt sich auf die natürliche Vernunft, die er für ausreichend hält und der er insofern weit mehr zutraut als der moderne Husserl.

Edith Stein läßt Thomas von Gott als erstem Axiom seiner Philosophie sprechen.[28] Der Axiom-Begriff entspricht Husserls Herkunft als Mathematiker und der phänomenologischen Möglichkeit einer Philosophie als Axiomatik, nicht aber dem Verhältnis von Gott und Erkenntnis bei Thomas. Für ihn ist Gott erstes Prinzip; im Gegensatz zum Axiom ist das Prinzip keine unbeweisbare Setzung, sondern vernünftig durch Analogie erreichbar. Der Verwendung des Axiom-Begriffes für Gott entspricht die Kennzeichnung der Glaubensgewißheit als »uneinsichtige[r] Gewißheit«[29], wie sie Edith Stein ebenfalls Thomas Husserl gegenüber in den Mund legt. In ihrer Gegenüberstellung von Husserl und Thomas ist es mehr das neuzeitliche Dilemma der neuzeitlichen Edith Stein, das hier spürbar wird. Auf die Frage Husserls, was denn die Echtheit der Glaubensgewißheit und damit die Wahrheit der formal und material vom Glauben abhängigen Philosophie verbürge, läßt sie Thomas antworten:

> Der Glaube verbürgt sich selbst. Ich könnte auch sagen: Gott, der uns die Offenbarung gibt, bürgt uns für ihre Wahrheit. (...) Man kann nur darauf hinweisen, daß für den Gläubigen die Glaubenswahrheiten eine solche Gewißheit haben, daß alle andere Gewißheit dadurch relativiert wird und daß er nicht anders kann als jede vermeintliche Erkenntnis preisgeben, die zum Glauben in Widerspruch steht. Die spezifische Glaubensgewißheit ist ein Geschenk der Gnade. Verstand und Wille haben die theoretischen und praktischen Konsequenzen daraus zu ziehen. Zu den theoretischen Konsequenzen gehört der Aufbau einer Philosophie aus dem Glauben.[30]

Im Hintergrund dieses geradezu fideistischen Zirkels steht die moderne Erfahrung, es könne vernünftige Erkenntnis im Widerspruch zum Glauben – bzw. genauer: zu Glaubensinhalten – geben. Zwar läßt auch Edith Stein Thomas deutlich machen, daß der Glaube nichts Irrationales sei;[31] gerade Husserls Anliegen der »Philosophie als strenge[r] Wissenschaft«, die »keine Sache des Gefühls und der Phantasie, der hochfliegenden Schwärmerei«, sondern »der ernst und nüchtern forschenden Vernunft« sei, findet am Anfang des Gesprächs Thomas' volle Zustimmung.[32] Dennoch scheint Edith Stein dem neuzeitlichen Mißverständnis zu folgen, daß der Glaube da anfange, wo die Vernunft aufhöre.[33] Die mittelalterliche

---

[28] Stein, a.a.O., 32.
[29] Stein, a.a.O., 26.
[30] Stein, a.a.O., 28 f.
[31] Stein, a.a.O., 26.
[32] Stein, a.a.O., 23.
[33] Auch Josef Stallmach, Edith Stein – von Husserl zu Thomas von Aquin. In: Herbstrith, a.a.O., (wie Anm. 4), 42–56, geht m.E. in latenter Judentums- und Vernunftfeindlichkeit von einem antagonistischen Verhältnis aus: »Edith Stein, deren Weg aus einem gläubig-jüdischen Haus durch die Schule der Philosophie bis in den Karmel führte, hat jedenfalls ihr Leben schließlich und endgültig überhaupt nicht auf das Wissen, sondern auf den Glauben, nicht auf die Vernunft, sondern auf das Kreuz gebaut, das nach der Heiligen Schrift ›Für die Juden ein Ärgernis und für die Heiden eine Torheit‹ ist« (49). Der Titel

»Naivität« bezüglich der möglichen Konvergenz von Vernunft und Offenbarung ist der modernen Edith Stein fremd.

2.3 Schau und intellectus

Als Edith Stein sich an die Übersetzung der *Quaestiones disputatae de veritate* macht, findet sie in Thomas' Umgang mit Wahrheit und Erkenntnis etliches phänomenologisch Vertraute. Spürbar wird dies vor allem in der VIII. quaestio über die Erkenntnis der Engel: Aufgrund ihrer reinen Geistigkeit partizipieren die Engel bei Edith Stein an der ihr von Husserl bekannten Wesensschau.[34]

Nach Husserls Programm phänomenologischen Philosophierens steht am Ende einer Reduktionskette die Wesensschau bzw. Intuition eines Phänomens, d.h. nach der Ausschaltung der Daseinsthesis sowie der aller eidetischen Variationen leuchtet das Wesen des in dieser intellektuellen Kleinstarbeit erschlossenen Dinges unmittelbar ein. Im Gegensatz zum neukantischen Psychologismus ist diese Intuition keine »›Schöpfung‹ des forschenden Verstandes«[35]: Sie wird zwar rational und intellektuell erarbeitet, ist aber gleichzeitig vom sie erarbeitenden Subjekt nicht machbar, sondern wird ihm geschenkt. Dieser Ansatz einer Wesensschau brachte Husserls Phänomenologie von seinen Kritikern den Vorwurf einer neuen Scholastik ein, erinnerte die Schau des Wesens von Gnaden des Objektes doch an den Grundsatz *cognoscere sequitur esse* mittelalterlicher Ontologie, die man meinte, hinter sich gelassen zu haben. Im neuscholastischen Kontext sorgte Husserls Wesensschau nicht für mindere Aufregung, da die Formulierung besetzt war für die *visio beatifica*, die allein den reinen Geistern oder durch einen besonderen Akt der Gnade auserwählten Seelen zukomme.[36] Bei genauerem Hinsehen jedoch vereint der Begriff bei Husserl sowohl das kritizistisch geforderte Erarbeiten wie das neuscholastisch geforderte Empfangen. Gerade hier liegt die wirkliche Verwandtschaft von Husserl und Thomas. Edith Stein läßt Thomas Husserls Reduktionen als Erarbeiten eines »Absehens von« mit der scholastischen Abstraktion in Verbindung bringen. Abstraktion und Intuition kennzeichnen das aktive und passive Moment der Wesensschau, die Edith Stein Thomas mit Hilfe seines Begriffs des Intellekts herausstellen läßt:

> Wenn ich es als die eigentliche Aufgabe des Intellekts bezeichnet habe: intus legere = im Innern der Dinge zu lesen, so wird Ihnen das sicher ein treffender Ausdruck für das sein, was Sie unter Intuition verstehen.[37]

---

seines weiteren Beitrags »Das Werk Edith Steins im Spannungsfeld von Wissen und Glauben« (ebd., 142–155) weist ebenfalls in diese Richtung.

[34] Zur Wesensschau der Engel vgl. Herbert Hecker, Phänomenologie des Christlichen bei Edith Stein. (Würzburg 1995; Studien zur systematischen und spirituellen Theologie, 12), 91 ff.

[35] Stein, Was ist Philosophie? Wie Anm. 17, 40.

[36] A.a.O., 37.

[37] A.a.O., 39 f.

Zum Vergleich die entsprechende Formulierung bei Thomas selber, die die Nähe zur Wesensschau noch deutlicher macht:

> Der »intellectus« [als Fähigkeit = Vernunft, als Akt = Einsicht] hat seinen Namen daher, daß er innerlich liest (intus legit), indem er das Wesen des Dinges schaut...[38]

Wie Husserls Wesensschau ist der intellectus für Thomas sowohl durch erarbeitende Denkleistung als *intellectus agens* wie durch empfangende Verstandeseinsicht als *intus legere* charakterisiert, so daß Edith Stein Thomas, was den aktiven und passiven Charakter der Intuition angeht, Husserl gegenüber Einigkeit festhalten lassen kann. Lediglich was die Unmittelbarkeit dieser Wesensschau angeht, distanziert sich Thomas von Husserl: Aufgrund der geschöpflich notwendig bruchstückhaften Erkenntnis gesteht er der menschlichen Wesenserkenntnis nur Mittelbarkeit zu. Diese ergibt sich aus seinem Apriori des Seins vor dem Bewußtsein, aus dem notwendig die Kennzeichnung der Husserlschen noematischen Wesensschau mit einem *Nur* resultieren muß. Damit schließt sich der Kreis mit Edith Steins Verständnis der Erkenntnis der Engel als Teilhabe an der Wesensschau Gottes, die zwar über die der Menschen hinausragt, aber laut Thomas aufgrund ihres Geschaffenseins an das Wesen Gottes doch nur unter Vorbehalten heranreicht.[39] Die Wesensschau Husserls findet für ihn laut Edith Stein nur unter dem eschatologischen Vorbehalt der Erkenntnis statt:

> Am Ziel wird er [i.e. der menschliche Geist, Anm. d. Verf.] alles umfassen, was ihm faßbar ist (...), und zwar wird er dies alles in einer einzigen Intuition schauen.[40]

Husserls Konzept der Wesensschau und sein Anliegen des »ganz reinen Auges« hat Edith Stein über Thomas hinaus den Weg bereitet zu einer Begegnung mit der platonischen Tradition, mit Augustinus und vor allem Dionysius, dem sie – ebenfalls im Übersetzen einiger seiner Schriften – im Karmel begegnen wird und dessen Mystik der *theoria*, die zugleich notwendig negative Theologie ist, ihr wiederum ein wichtiger Schritt auf dem Weg zur Nacht des Johannes vom Kreuz werden wird. Bereits in der phänomenologischen Wesensschau ist ein Moment der Philosophie angelegt, das Edith Steins bei Husserl begonnenes Bemühen um Philosophie, Wissenschaft und Wahrheit über die Auseinandersetzung mit Thomas zu einem mystischen werden läßt.[41]

---

[38] In 6 Eth. I. 5 n. 1179; hier zitiert nach Josef de Vries, Artikel »Abstraktion«. In: Ders., Grundbegriffe der Scholastik. Darmstadt ³1993, 1–11, 8.

[39] De ver. q.8 a.1 ad 1, a.a.O., (wie Anm. 12), 177.

[40] Stein, Was ist Philosophie? Wie Anm. 17, 24 f.

[41] Ähnliches gilt für Thomas selbst: Josef Pieper (Thomas von Aquin: Leben und Werk. München ³1986) berichtet, der mittelalterlichen Vita folgend: »Thomas hat eines genau datierbaren Tages, am 6. Dezember 1273, von der Feier des Meßopfers in seine Zelle zurückkehrend, erklärt, es widerstrebe ihm, weiterzuschreiben: ›Alles, was ich geschrieben habe, erscheint mir wie Stroh – verglichen mit dem, was ich geschaut habe und was mir offenbart worden ist.‹ Und bei dieser Weigerung ist es geblieben. Das bedeutet, daß der Fragment-Charakter der Summa theologica mit zu ihrer Aussage gehört« (219 f). Husserls Pflegerin Adelgundis Jaegerschmid berichtet auch von einer mystischen Wendung Husserls in seinen letzten Wochen (Edith Stein, Ein Lebensbild. In: Internationale katholische Zeitschrift 10. [1981], 465–478). Beider Entwicklung scheint Edith Stein

3. Würdigung

3.1 Sein: erfahren als Gegenübersein, beantwortet als Sein-in-bezug-auf

Anläßlich der Einkleidung Edith Steins im Kölner Karmel 1934 schreibt Peter Wust über die Phänomenologie:

> Von Anfang an muß wohl in der Intention jener neuen philosophischen Richtung etwas ganz Geheimnisvolles verborgen gewesen sein, eine Sehnsucht zurück zum Objektiven, zur Heiligkeit des Seins, zur Reinheit und Keuschheit der »Sachen selbst«. Denn wenn auch bei Husserl selbst, dem Vater dieser neuen Denkrichtung, der neuzeitliche Fluch des Subjektivismus nicht ganz überwunden werden konnte, so trieb doch viele seiner Schüler die der ursprünglichen Intention dieser Schule eigene Objektgeöffnetheit weiter auf dem Weg zu den Dingen, zu den Sachverhalten, zum Sein selbst, ja sogar zum Habitus des katholischen Menschen, dem eben nichts gemäßer ist als das ewige Maßnehmen des erkennenden Geistes an den maßgebenden Dingen.[42]

Peter Wust bringt das auf den Punkt, was die Konversion der praktischen Atheistin Edith Stein zur Phänomenologie nicht zum Abweg ihrer Suche macht, sondern als einen Schritt in die Richtung erscheinen läßt, um derentwillen sie auch Katholikin wird. Geradezu typisch ist die Enttäuschung über Husserls idealistische Wende, über sein Beibehalten des Vorzeichens des Bewußtseins. Seine *Logischen Untersuchungen* waren für Edith Stein zum »Aha-Erlebnis« objektiver Ontologie geworden, ob-jektiv in dem wörtlichen Sinne des dem Subjekt Gegenübergesetzt-Seins. Husserl konzentrierte sich in phänomenologisch ehrlicher Enthaltung nicht weiter auf das Sein, sondern auf die Klärung der Möglichkeit der Erkenntnis des Seins; Edith Stein führte ihre Frage nach dem objektiven Sein in die katholische Kirche. Im Hintergrund dieses Schrittes steht eine Kategorie, die aus ihrer Biographie erschließbar ist: die Erfahrung. Edith Stein hat die Erfahrung des Gegenüber gemacht;[43] man mag Peter Wust zustimmen, daß die Objektgeöffnetheit der Phänomenologie ihr wie anderen Konvertiten aus dem Kreis um Husserl den Weg in die Welt der Erfahrung des Gegenüber als Weg in die Welt des Religiösen erschloß. Schon Edith Steins phänomenologische Dissertation *Zum Problem der Einfühlung* offenbart die innere Verwobenheit von Gegenübersein und Ichsein – eine Bezogenheit, wie sie gerade dem von ihr übersetzten Thomas nicht fremd ist:

---

 recht zu geben, die ihr Gespräch zwischen Thomas und Husserl mit dem Satz enden läßt: »Aber wir werden uns wiedersehen und dann werden wir uns aus dem Grunde verstehen.« (Stein, a.a.O., [wie Anm. 17], 48).

[42] Peter Wust, Von Husserl zum Karmel: Bericht in der »Kölnischen Volkszeitung« über die Einkleidung Edith Steins im Kölner Karmel am 15. April 1934. In: Herbstrith a.a.O. (wie Anm. 16), 78–81, 78 f.

[43] Aufschlußreich hierfür ist ein Brief Edith Steins an Roman Ingarden, in dem sie Bezug nimmt auf die Veröffentlichung der Metaphysischen Gespräche ihrer Freundin Hedwig Conrad-Martius: »Ich weiß nicht, ob Ihre Angst um die Phänomenologie berechtigt ist. Natürlich ist das nicht durchweg Phänomenologie (...). Aber eine Metaphysik, die nur aus strenger Analyse besteht, ist doch wohl überhaupt unmöglich. Andererseits, wenn jemand von den metaphysischen Problemen gepackt wird – jemand, der niemals anders als unter einem unwiderstehlichen inneren Zwang schreibt –, soll man es ihm dann verbieten, dem nachzugehen?« (Stein, a.a.O., [wie Anm. 15], Nr. 101, 175).

Und so muß auch das Wahre, wenn es von mehreren Dingen früher und später ausgesagt wird, von dem früher ausgesagt werden, in dem sich die Idee der Wahrheit in Vollkommenheit findet. Den Abschluß einer jeden Bewegung nun bildet ihr Ziel. Die Bewegung des Erkenntnisvermögens aber findet ihr Ziel in der Seele; denn das Erkannte muß im Erkennenden durch den Modus des Erkennenden sein. Die Bewegung des Strebevermögens dagegen findet ihr Ziel in den Dingen; und darum stellt der Philosoph in den Akten der Seele einen Kreislauf fest, sofern das Ding, das außerhalb der Seele ist, den erkennenden Geist in Bewegung setzt, das erkannte Ding das Streben weckt und das Streben dann dazu führt, daß die Seele zu dem Ding zurückgelangt, von dem die Bewegung ihren Ausgang genommen hat.[44]

Im Rahmen von Edith Steins Bemühen um Ontologie und Metaphysik läßt sich von diesem Kreislauf aus ein Bogen zu Gotteserkenntnis und Glauben spannen. Denn die Frage nach dem Sein der Dinge ist bei ihr immer eingebettet in die umfassende Frage nach dem Urgrund des Seins; mit Thomas hat sie Aristoteles' Frage nach einem ersten Sein mit Gott beantwortet. Gott wird zum ersten Beweger der Erkenntnis eines Seins, das, außerhalb des Bewußtseins, innerhalb von diesem erkannt wird, woraufhin sich mit dem Glauben an Gott als Urgrund des Seins der Kreislauf schließt. Sein ist nicht nur Gegenüber-Sein, sondern als solches Sein-in-bezug-auf, menschlich angemessen umgesetzt im Glauben. Diese Erfahrung steht im Hintergrund des Postulats einer formalen und materialen Abhängigkeit der Philosophie vom Glauben, für die Edith Stein – zu unrecht – Thomas von Aquin in Anspruch nimmt. Thomas wird zum Leitbild einer Ich und Vernunft transzendierenden Philosophie.

3.2 Katholizismus mit Herz und Gefühl, intellectus und ratio

Die Entscheidung Edith Steins, sich taufen zu lassen, wird – gerade seit ihrer Verehrung als Selige – immer wieder herangezogen, um Glauben gegen Denken, Wissen und Vernunft auszuspielen. Ein Blick auf die Biographie Edith Steins zeigt, daß sie selber unmittelbar nach ihrer Konversion eben diesem einseitigen Übereifer erlag, von und an Thomas jedoch lernen durfte, daß der Glaube sich letztlich weder wissenschafts- noch vernunftfeindlich auswirkt. In Speyer lernt Edith Stein den Aspekt der *fides quaerens intellectum* kennen. 1931 verläßt sie St. Magdalena gerade nicht, um in den Karmel einzutreten; sondern ihre Beschäftigung mit Thomas mündet ein in den erneuten Versuch zur Habilitation; auch nach ihrer Taufe verabschiedet Edith Stein nicht den Traum von der Universitätsdozentin für Philosophie. Ihr Philosophie- wie ihr Wissenschaftsbegriff jedoch entspricht nicht mehr dem der Neuzeit; er spiegelt ihre existentielle Suche nach objektiver Wahrheit und steht bereits im Verweiszusammenhang mit dem sperrigen Titel ihres letzten Werkes *Kreuzeswissenschaft*. Wissenschaft bzw. Philosophie als *Liebhaben der Weisheit* werden von Edith Stein erlebt und gelebt – und insofern immer auch gedacht und durchdacht, durchforscht und erforscht, mit Vernunft und Verstand zu begrei-

---

[44] De ver. q.1 a.2, a.a.O., (wie Anm. 12), 13 f.

fen versucht. Gott hat den Menschen mit Vernunft und Verstand ausgestattet, damit der Mensch diese Anlage gerade auch für seine und in seiner Gottesbeziehung fruchtbar mache. Insofern kann Wissenschaft Gottesdienst sein; diese Grundhaltung der Scholastik hat Edith Stein zutiefst richtig verstanden. Akademisch jedoch wird sie ihre Philosophie aus dem Glauben mehr und mehr ins Abseits bringen. Rückblickend schreibt sie über die Zeit vor ihrer Konversion:

> Meine Sehnsucht nach Wahrheit war ein einziges Gebet.[45]

Die Entscheidung zur Taufe gibt nun *die* Antwort auf die Wahrheitsfrage, die auch von der – phänomenologischen – Philosophie erhofft wurde, die nun aber im Glauben gesucht und gefunden wird. Zudem handelt es sich um die Konsequenz der Erfahrung, daß wissenschaftliche Philosophie als Antwort auf ihre Lebensfrage in Form rein rationalen Vorgehens nicht ausreicht. Diese beiden Dimensionen vereinend, heißt es in einem Brief von 1925 an Ingarden:

> So wenig Katholizismus eine »Gefühlsreligion« ist, so sehr es sich gerade hier um die Frage der Wahrheit handelt, so sehr ist er doch auch Lebens- und Herzenssache.[46]

Die Philosophin konvertiert zur Katholikin; die Katholikin will wieder und anders zur Philosophin werden, zur Philosophin der neuen Entscheidung, der das katholische Christentum die wahre Philosophie bedeutet. Eine christliche Philosophie wird sie später als *perfectum opus rationis*[47] bezeichnen – *perfectum* in dem Sinne, daß die menschliche Vernunft durch Offenbarung nicht ausgeschlossen, sondern vollendet wird. Insofern muß ihr Postulat einer Philosophie aus dem Glauben gesehen werden als unbedingte Treue zur eigenen Erfahrung, als zu würdigender Versuch der philosophischen Integration eines umfassenden Erlebens und Erkennens.

Diese Sicht aber ergibt sich hauptsächlich aus der Kenntnis des Lebens und der privaten Korrespondenz Edith Steins.[48] In ihrer Gegenüberstellung von Husserl und Thomas spielt die Kategorie der (Gottes-) Erfahrung keine Rolle. Andernfalls hätte sie zumindest eine (spirituell-)theologische Kategorie in ihre Philosophie aus dem Glauben gebracht und ihr Anliegen damit in einem entsprechenden Rahmen wenigstens formal diskursfähig gemacht. Durch diese Leerstelle des Hintergrundes in der Argumentation wirkt ihre Einschaltung der Offenbarung einer sich selbst verbürgenden Glaubensgewißheit oft unvermittelt wie ein *deus ex machina*. Sie scheint mit einem Wesenszug Edith Steins zusammenzuhängen, von dem ihre Freundin und Taufpatin Hedwig Conrad-Martius berichtet:

---

[45] Zitiert nach Jaegerschmidt, a.a.O., (wie Anm. 41), 467.
[46] Stein, a.a.O., (wie Anm. 15), Nr. 95, 168.
[47] Stein, Endliches u. ewiges Sein. Wie Anm. 8, 27.
[48] Vgl. einen Brief vom 28. November 1926, in dem die Dimensionen Erfahrung und Faszination sehr wohl in die Argumentation angeführt werden. A.a.O., (wie Anm. 15), Nr. 101, 175: »Aber der Glaube, dessen schaffende und umgestaltende Kraft ich in mir selbst und anderen höchst realiter erfahre, der Glaube, der die Dome des Mittelalters aufgetürmt hat und den nicht minder wunderbaren Bau der kirchlichen Liturgie, der Glauben, den der hl. Thomas ›den Anfang des ewigen Lebens in uns‹ nennt – an dem zerbricht mir jede Skepsis.«

Sodann war Edith Stein, die spätere Sr. Teresia Benedicta a cruce [,] eine außergewöhnlich verschlossene, in sich versiegelte Natur. Secretum meum mihi (mein ist das Geheimnis), dieses Wort, das sie einst zu mir sprach, steht mit Recht in allen ihren Biographien.[49]

3.3 Ausblick: Über Thomas hinaus

Ende März 1931 nimmt Edith Stein Abschied von Speyer und ihrer dortigen Tätigkeit als Lehrerin, um einen erneuten Versuch zur Habilitation vorzulegen. In einem privaten Brief – geschrieben unmittelbar nach dem Abschied von Speyer, von wo aus Edith Stein nach Beuron fährt, um an der Karwoche teilzunehmen – heißt es:

> Der hl. Thomas ist nicht mehr zufrieden mit den abgesparten Stunden, er will mich ganz.[50]

Martin Heidegger, zunächst Edith Steins Nachfolger als Husserls Assistent, inzwischen Husserls Nachfolger, verweist sie an Martin Honecker, den weiteren Ordinarius für Philosophie in Freiburg, dessen Lehrstuhl weltanschaulich ausgerichtet ist und der Edith Steins Projekt insofern näher kommt als Heidegger,[51] der das Anliegen einer christlichen Philosophie bekanntlich als *hölzernes Eisen* einstufte. Bei Honecker reicht sie 1931 eine Studie zu *Potenz und Akt* ein. Mit diesem Titel ist ein Begriffspaar markiert, in dem sie den eigentlichen Zugang zu Thomas sieht.[52] Obwohl Husserls Phänomenologie nicht ausdrücklich einbezogen wird, geht Edith Stein vom Bewußtsein der eigenen Existenz aus, die als zeitliches und damit endliches Sein bewußt werde und so im Verweiszusammenhang mit einem ewigen Sein stehe. Der zugrundegelegte Existenz-Begriff dürfte eher Augustinus treffen als Thomas, den Edith Stein hierfür in Anspruch nimmt.

Husserl hat sich im Herbst 1930 für ihre Zulassung zur Habilitation eingesetzt – mit der Einschränkung:

> Ist auch ihre Wendung zum Thomismus und zu einer Art Synthese desselben mit der neuen Phänomenologie nicht ganz in meinem Sinn ...[53]

Offiziell aufgrund der angespannten finanziellen Lage im Zuge der Weltwirtschaftskrise und den daraus resultierenden Problemen der Nachwuchsförderung folgt Edith Stein dem Rat Heideggers und Honeckers, es nicht auf eine Absage ankommen zu lassen. Im Hintergrund dieses gescheiterten Versuches dürfte zudem die Konkurrenz mit Honeckers eige-

---

[49] Hedwig Conrad-Martius, Meine Freundin Edith Stein. In: Herbstrith, a.a.O., (wie Anm. 16), 82–94, 82.
[50] Stein, Selbstbildnis. Wie Anm. 3, Brief Nr. 87, 85.
[51] Vgl. ebd., Brief Nr. 85, 83 f.
[52] Vgl Hanna-Barbara Gerl, Unerbittliches Licht. Edith Stein. Philosophie – Mystik – Leben. Mainz 1991, 110 f.
[53] Zitiert nach Leo Elders, Edith Stein und Thomas von Aquin. In: Ders. (Hg.), Edith Stein: Leben, Philosophie, Vollendung. Würzburg 1991, 253–271, 260.

nen Habilitationskandidaten Gustaw Siewerth und Max Müller stehen;[54] nicht zuletzt hat Honecker inhaltliche Bedenken: Die Randnotizen seines Exemplars[55] zeigen, daß Edith Steins Projekt auch an ihren nach wie vor mangelnden Thomas-Kenntnissen scheitert.

Der Traum von der akademischen Karriere scheint doch noch in Erfüllung zu gehen, als Edith Stein – durch Vermittlung des »Vereins katholischer bayerischer Lehrerinnen« – zum Sommersemester 1932 eine Dozentur am Deutschen Institut für wissenschaftliche Pädagogik in Münster annimmt. Beim Ausarbeiten ihrer Vorlesungen gelangt sie »doch sehr schnell zu philosophischen Fragestellungen«, wie sie an Ingarden schreibt, und verwertet etliche Gedanken aus *Potenz und Akt*. Im selben Brief spekuliert sie weiter:

> Und es ist sehr wahrscheinlich, daß der Professor, der jetzt nebenamtlich am Institut die Philosophie liest, hier bald wegberufen wird, und dann soll sie mir zufallen.[56]

Im September 1932 reist sie nach Paris, um an der Tagung der Societé Thomiste in Juvisy teilzunehmen, die – unter der Präsidentschaft von Jacques Maritain – mit dem Thema *Phänomenologie und ihre Bedeutung für die thomistische Philosophie* Edith Steins ureigenstes Anliegen treffen dürfte. Ihr Beitrag – offenbar in glänzendem Französisch gehalten – behandelt die *Intuition*, die sie nun als Reflexion innerer Akte für die Möglichkeit zur Gotteserkenntnis fruchtbar machen möchte. In Juvisy verteidigt sie – vor allem vor Daniel Feuling – ihr Anliegen einer christlichen Philosophie aus dem Glauben, obwohl sie inzwischen von der Möglichkeit einer Philosophie allein aus natürlicher Vernunft in Thomas' *Summa contra gentiles* weiß.[57]

Inzwischen ist Edith Stein einen weiteren Schritt auf Thomas von Aquin zugegangen: Seinen Traktat *De ente et essentia* übersetzt sie unter dem Titel *Das Seiende und das Wesen*. Das Jahr 1933 macht ihrer Tätigkeit als Dozentin in Münster ein jähes Ende – diesmal weder aus sexistischen, noch aus inhaltlichen, sondern aus rassistischen Gründen; noch im selben Jahr tritt sie in den Kölner Karmel ein. Nach ihrer Triennalprofeß Ostern 1935 erhält sie – wohl auch im Hinblick auf die Möglichkeit der Ablenkung von der politischen Situation – vom Provinzial den Auftrag, wieder philosophisch tätig zu werden. So erfolgt 1935/36 die Um- und Einarbeitung von *Potenz und Akt* in *Endliches und ewiges Sein: Versuch eines Aufstiegs zum Sinn des Seins*. Dieser rund 500 Seiten umfassende Versuch – erst posthum veröffentlicht, da sich ab 1937 kein Verleger für das Buch einer jüdischen Autorin findet – markiert den Höhepunkt der Begegnung Edith Steins mit Thomas und gleichzeitig ihre schon in *Potenz und Akt* angedeutete Hinwendung zu Augustinus, dessen Existenz-Begriff der

---

[54] A.a.O., 261.
[55] Die Randnotizen Martin Honeckers zur Habilitationsschrift »Potenz und Akt«, mitgeteilt von Hugo Ott. In: Reto Luzius Fetz (Hg.), Studien zur Philosophie von Edith Stein. Freiburg/München 1993; Phänomenologische Forschungen 26/27. 140–145.
[56] Stein, Briefe an Roman Ingarden. Wie Anm. 15, Nr. 153, 228.
[57] Vgl. Stein, Endliches und ewiges Sein. Wie Anm. 8, 12 f. sowie Anm. 18.

Husserl-Schülerin näher steht, wofür ebenso ihre Hochschätzung der platonischen Tradition bei Bonaventura und Duns Scotus spricht. Die Schriften des in Köln begrabenen Duns Scotus hat sie während ihrer Zeit als Postulantin im Kölner Karmel studiert.[58] Auch diese Begegnung fließt in *Endliches und ewiges Sein* mit ein. Edith Stein bleibt hier insofern ihrem Meister Husserl treu, als sie schon im Vorwort klarstellt, das Bewußtsein »als Zugangsweg zum Seienden und als eine besondere Gattung des Seins« zu behandeln;[59] und Gerl wirft die berechtigte Frage auf,

> ob sie durch ihre phänomenologische Prägung die thomasische Philosophie schließlich, bei reifer Kenntnis des scholastischen Ansatzes, nicht notwendig überwinden mußte, und ob nicht in einem letzten und delikaten Sinn bei ihr Husserl über Thomas gesiegt habe.[60]

An dieser Stelle sei die oft zu lesende Kennzeichnung Edith Steins als thomistische Philosophin bzw. die Rede von einer Konversion von Husserl zu Thomas zurückgewiesen: Obwohl die Begegnung Edith Steins mit Thomas auch im Fahrwasser der Neuscholastik geschieht, distanziert sich Edith Stein schon in ihrer Gegenüberstellung von Husserl und Thomas[61] ausdrücklich von einem thomistischen Lehrsystem; und die oft in dieser Richtung als Sammlung inhaltlicher Wahrheiten verstandene Formulierung einer *philosophia perennis* wird bei ihr zur Umschreibung einer Haltung des Philosophierens, der ratio der Welt nachzuspüren, die es ermöglicht, daß Thomas und Husserl sich »über alle Grenzen von Raum und Zeit die Hände« reichen.[62] Die Schulung Husserls mag Edith Stein den Weg zur scholastischen Ontologie erleichtert haben; mehr noch bereitet sie ihr den Weg zur platonischen Mystik Augustinus' und Dionysius', auch zur Seelenburg Teresas, die in *Endliches und ewiges Sein* Ort der Aufnahme und Empfängnis des formgebenden Geistes ist.[63]

Mit dieser Verflechtung von Aktivität und Passivität im Innern der Seele nun berührt Edith Stein implizit Momente phänomenologischen Philosophierens. Damit ergibt sich ein roter Faden, der bereits in die Richtung ihres letzten Werkes, der *Kreuzeswissenschaft*[64], weist und zum darin angesprochenen aktiven Eingehen in die Nacht als Kreuzesnachfolge und zur passiven Nacht als Gekreuzigtwerden. Die unvollendet gebliebene Kreuzeswissenschaft gibt gleichsam symbolisch Zeugnis vom Lernprozeß der Konvertitin, der nach ihrer Taufe 20 Jahre blieben, um an der scheinbar ein für allemal gefundenen Antwort auf ihre Wahrheitsfrage zu reifen. Thomas ist in ihrer Speyerer Zeit Symbol dieser lückenlosen Antwort ei-

---

[58] Stein, a.a.O., (wie Anm. 15), Nr. 158, 235.
[59] Stein, Endliches u. ewiges Sein. Wie Anm. 8, XIV.
[60] Gerl, Unerbittliches Licht. Wie Anm. 52, 111.
[61] Ein echt neuscholastisches Anliegen stellen die wenigen Sätze dar, in denen Thomas Husserl gegenüber von seinem Organon spricht, mit dem auch heutige Fragen in seinem Geist beantwortbar seien, und den Begriff einer Halt gebenden »Lebensphilosophie« für sich in Anspruch nimmt. Stein, Was ist Philosophie? Wie Anm. 17, 31.
[62] A.a.O., 22.
[63] Stein, Endliches u. ewiges Sein. Wie Anm. 8, 345.
[64] Edith Stein, Kreuzeswissenschaft: Studie über Johannes a Cruce. Druten/Freiburg ³1983, ESW I.

ner Philosophie aus natürlicher Vernunft und christlichem Glauben an Offenbarungsinhalte. Im Karmel von Echt lernt sie von 1940–1942 an und mit ihrem Ordens- wie Namenskollegen Johannes vom Kreuz, daß Glaubensgewißheit kein statischer Besitz ist: Jenseits der Nacht von Sinnen und Geist, also jenseits des Verlustes religiöser Symbole und vernünftiger Erkenntnis, wird Gott gerade durch den Glauben selbst verloren – und in diese nicht machbare Kenosis hinein unmittelbar erfahrbar empfangen. Dieses Paradoxon läßt noch einmal aus Husserls Phänomenologie Bekanntes anklingen: daß man die Wirklichkeit verlieren müsse, um sie zu gewinnen. Es korrigiert zugleich das antagonistische Verhältnis von Wissen und Glauben und vollendet die uneinsichtige Gewißheit des Glaubens, für die Edith Stein Thomas in Anspruch nehmen wollte: Sowohl der Frömmigkeit wie der Vernunft wie dem Glauben wird – nun freilich ohne die Husserlsche Finalität des *um zu* – jegliche Sicherheit genommen; Gott selbst zerstört die Gewißheit der Einsicht in ihn – und überbrückt von sich aus diese Distanz mit dem geschenkten Scheitern des eigenen Sohnes am Kreuz. Mit dem Skandalon einer solchen Auferstehungshoffnung bricht die *Kreuzeswissenschaft* an jenem Sonntag im August 1942 ab, an dem Edith Stein durch die Gestapo verhaftet wird und mit rund 900 katholisch getauften Jüdinnen und Juden aus den Niederlanden den Weg in die Shoa antritt.

»An der Schwelle der Kirche«

Freiheit und Bindung bei Edith Stein und Simone Weil

Beate Beckmann

Zwei Philosophinnen zum Thema »Freiheit«

Zwei Philosophinnen sollen in einen imaginären Dialog treten: Edith Stein (1891–1942) und Simone Weil (1909–1943). Sie haben in den Jahrzehnten größter Unfreiheit während der Herrschaft der Nationalsozialisten über Freiheit und Gottesbeziehung nachgedacht. Nicht nur ihr Geschlecht und die Leidenschaft, mit der sie philosophiert haben, verbinden sie, sondern auch ihre Zugehörigkeit zum jüdischen Volk; die eine Schlesierin, die andere Pariserin mit elsässischen Wurzeln. Sie sind erklärte Atheistinnen in ihrer Jugend und frühen Studienzeit, später allerdings reflektieren beide die Erfahrbarkeit Gottes. Beide faszinieren durch die Schärfe und Konsequenz, mit der sie gelebt und gedacht haben und in der sie gestorben sind: Simone Weil bittet die französische Exilregierung in London, eine gefährliche Mission für ihr Vaterland ausführen zu dürfen, was ihr verwehrt wird. Trotz körperlicher Erschöpfung und dauernder Krankheit nimmt sie als Exilantin nicht mehr Nahrung zu sich, als für den gesunden französischen Bürger rationiert ist – und stirbt an Unterernährung am 24. August 1943.[1] Edith Stein erbittet sich im Gebet, das Kreuz, unter dem die Juden leiden, mittragen zu dürfen. Sie scheint erhört worden zu sein: Am 2. August 1942 wird sie von der SS aus dem Kloster im holländischen Echt abgeführt und am 9. August in Auschwitz vergast.[2]

Die zwei Lebensläufe mögen auf den ersten oberflächlichen Blick gewisse Verwandtschaftslinien aufweisen – anders steht es mit der geistigen Verwandtschaft: Bei genauerem Studium ihrer Schriften fällt auf, wie sehr die eruptive Denkweise Simone Weils, ihre kaum zu zügelnde Leidenschaft, ihre Ungeduld mit den Ungerechtigkeiten des Lebens und den Fehlern des Denkens, sich von der nüchternen, trockenen Denkweise Edith Steins unterscheidet, die unverkennbar auf die streng methodische Schulung in der phänomenologischen Zugangsweise ihrer Lehrer Adolf Reinach (1883–1917) und Edmund Husserl (1851–1938) zurückzuführen ist. Erich Przywara unterscheidet den »reinen Essentialismus« Edith Steins vom »reinen Existentialismus« Simone Weils.[3] So unterschiedlich die methodi-

---

[1] Dorothee Beyer, Simone Weil. Philosophin – Gewerkschafterin – Mystikerin. Mainz 1994, 156. Simone Pètrement, La vie de Simone Weil, avec des lettres et d'autres textes inédits II. Paris 1973. 517 (SP II).
[2] Hanna-Barbara Gerl, Unerbittliches Licht. Edith Stein. Philosophie – Mystik – Leben. Mainz 1991, 28 ff.
[3] Erich Przywara, Edith Stein und Simone Weil – Zwei philosophische Grundmotive. In: Waltraud Herbstrith (Hg.), Edith Stein – eine große Glaubenszeugin. Leben. Neue Dokumente. Philosophie. Annweiler o.J., 231–247, hier. 235. Erstabdruck in frz. Übersetzung in: Études Philosophiques 11. (Paris) 1956, 458–472.

sche Zugangsweise erscheinen mag – so sehr begegnen sich beide doch wieder darin, daß ihr Denken sich auf das Ewige richtet. Elisabeth Gössmann spricht zurecht von einem »gegensätzlichen Geschwisterpaar«.[4] Aus dem offenen Blick ins Unendliche fallen den beiden Gottessucherinnen unterschiedliche Folgerungen zu, die hier in Hinsicht auf ihr Verständnis von »Freiheit gegenüber dem Absoluten« untersucht werden sollen.

Gottesbegegnung und Freiheit

Ein wesentlicher Unterschied liegt in den Reflexionen und Reaktionen der beiden Philosophinnen auf den »Einfall Gottes in das Denken« (Lévinas). Beide sagen zunächst von sich, sie hätten Gott nicht vorsätzlich gesucht.[5] Edith Stein ist intellektuell am Religiösen interessiert, besonders durch die religionsphilosophischen Schriften des frühen Max Scheler.[6] In der »Göttinger Phänomenologischen Gesellschaft« studiert sie mit Kommilitonen und Lehrern Schelers Thesen, doch zu einem existentiellen Interesse hat ihr Studium damals noch nicht geführt. Es fehlte nichts im Leben vieler deutscher intellektueller jüdischer Atheisten der zehner Jahre des 20. Jahrhunderts, denen deutsche Bräuche heilig, die Ethik des humanistischen Bürgertums moralisch verbindlich und die Universität die Kirche war, wie Edith Steins Lehrer Husserl bezeugt.[7] Auch Simone Weil weiß sich von

---

[4] Elisabeth Gössmann, Simone Weil und Edith Stein. Die Einheit von tätigem und betrachtendem Leben. In: dies., Die Frau und ihr Auftrag. Gestalten und Lebensformen. Freiburg 1964, 171–198, hier 171.

[5] Simone Weil, Das Unglück und die Gottesliebe. München, ²1961, 42 (künftig UG), = Vierter Brief an Perrin, einem Pater ihres Vertrauens, 15.5.1942: »Seit meiner Jugend war ich der Ansicht, daß das Gottesproblem ein Problem ist, dessen Voraussetzungen uns hienieden fehlen, und daß die einzige sichere Methode, eine falsche Lösung zu vermeiden (was mir als das größtmögliche Übel erschien), darin besteht, es nicht zu stellen. Also stellte ich es nicht.« Edith Stein, Aus dem Leben einer jüdischen Familie. Das Leben Edith Steins: Kindheit und Jugend. ESW VII, Löwen/Freiburg 1965, 91 (künftig LJF): »Hier (in Hamburg bei der Schwester Else, im Alter von 15 Jahren [Anm. d. Verf.]) habe ich mir auch das Beten ganz bewußt und aus freiem Entschluß abgewöhnt.«

[6] Max Scheler (1874–1928): In seine »katholisierende Zeit« (in den Jahren des Ersten Weltkriegs und danach, bis er sich 1922/23 öffentlich gegen seine bisher vertretenen katholisch-weltoffenen Überzeugungen ausspricht) fällt sein religionsphilosophisches Hauptwerk *Probleme der Religion. Zur religiösen Erneuerung*. In der Aufsatzsammlung *Vom Ewigen im Menschen*. Leipzig 1921.

[7] Husserl äußerte sich im Gespräch mit Sr. Adelgundis Jaegerschmid am 28.4.1931 dazu folgendermaßen: »Echte Wissenschaft ist ehrlich und rein; sie hat den Vorteil wirklicher Bescheidenheit und besitzt doch gleichzeitig die Fähigkeit zu Kritik und Unterscheidung. Die Welt heute kennt nicht mehr die wahre Wissenschaft; sie ist in engstes Spezialistentum geraten. Das war anders zu unserer Zeit. *Der Hörsaal war uns die Kirche, und die Professoren waren die Prediger.*« (Herv. durch Verf.) Gespräche von Sr. Adelgundis Jaegerschmid OSB mit Edmund Husserl. In: Waltraud Herbstrith (Hg.), Edith Stein. Wege zur inneren Stille. Aschaffenburg 1987, 203–39, hier 206. Eine intensivere intellektuelle Auseinandersetzung mit der jüdischen Religiosität findet sich eher im Kreis um Martin Buber und Franz Rosenzweig. Andererseits gibt es einige religiöse Bekehrungen im Umkreis Husserls. Vgl. Jacques Vidal, Phénoménologie et Conversions. In: Archives de Philosophie 35. 1972, 209–243.

Kind auf streng moralisch gebunden an das Gesetz des Guten, der Gerechtigkeit und der Wahrheit – im konsequent sachlichen Sinne. Die beiden jüdischen Frauen können als Beispiele dafür gelten, daß die Trennung von Religion und Moral in der Nachfolge Kants das humanistische Bürgertum, sei es protestantischer, sei es jüdischer Herkunft, in seiner jeweiligen Lebensweise prägte.

Einen guten Weg, um beides, den moralischen Impetus und das religiöse Gefühl, die Begegnung mit dem Nächsten und dem Höchsten, im eigenen Leben existentiell und auch erkenntnistheoretisch zu verbinden, entdecken sowohl Edith Stein als auch Simone Weil in der katholischen Kirche.[8] Sie wird zunächst wahrgenommen als die »Agora«, der Marktplatz, auf dem sich die Wahrheit denkerisch klärt und erklärt. Hier auf dem Markt der Dogmatik und Religionsphilosophie halten sich beide Frauen jedoch nicht ausschließlich auf, sondern ihr Weg führt sie noch weiter, zur Mystik des »Brautgemachs«[9] als dem Ort, an dem der auferstandene Christus der menschlichen Person auf vertraute persönliche Weise begegnet.

Edith Stein wird mit dem lebendigen Christus durch die Vermittlung der Witwe Reinachs konfrontiert, wie diese – so übernatürlich getröstet – den Tod des gefallenen Mannes trägt. Wenig später, nach einer tiefen inneren Krise und Leere, wird Edith Stein durch die Lebensbeschreibung der Mystikerin Teresa von Avila ergriffen. Sie bittet eiligst um die Aufnahme in die katholische Kirche, was sie dennoch nicht daran hindert, dabei trotz aller Geradlinigkeit Rücksicht auf die Gefühle ihrer jüdischen Mutter zu nehmen.

Anders Simone Weil: Sie erlebt im eigenen Unglück, in der tiefsten Hilflosigkeit gegenüber ihrer chronischen Kopfschmerzen, die Nähe des persönlichen Gottes. Die Begegnung mit ihm hatte sie nicht von sich aus gesucht, und dennoch war sie dafür durch ihr ethisches Pflichtgefühl und die Hingabe an alles Wahre und Schöne vorbereitet. Sie weigert sich ein Leben lang, der mystischen und geistigen Berührung mit dem auferstandenen Christus die Bewegung hin zu seinem Leib, der Kirche, folgen zu lassen. »Immer bin ich an genau dieser Stelle geblieben, auf der Schwelle der Kirche, ohne mich zu rühren, unbeweglich (...)«.[10] Erst kurz vor ihrem

---

[8] Edith Stein hat sich intellektuell auch mit dem Protestantismus auseinandergesetzt. Für sie war allerdings die Fülle der Liturgie in der katholischen Kirche, in der Lebenswelt vor dem Zweiten Vatikanum, ausschlaggebend für ihre Präferenz. Daher steht für sie, wie für Simone Weil, der Begriff »Kirche« immer für »katholische Kirche«. Simone Weil hat sich u.a. mit den Hugenotten beschäftigt, jedoch war für sie das Christentum immer katholisch; sie unterscheidet allerdings »katholisch de jure« (so bezeichnet sie sich selbst auch) und »de facto«. Vgl. UG, 58 f. (Vierter Brief).

[9] »Wenn authentische Freunde Gottes – und ein solcher war meinem Gefühl nach Meister Eckhart – dergleichen Worte wiederholen, die sie im Verborgenen, im Schweigen, während der liebenden Einigung vernommen haben, und diese Worte dann mit der Lehre der Kirche nicht übereinstimmen, so liegt das nur daran, daß die Sprache des *Marktes* nicht die des *Brautgemachs* ist.« UG, 64 (Vierter Brief) (Herv. durch d. Verf.).

[10] »... en hypomonä (ein wieviel schöneres Wort als patientia!); nur daß nunmehr mein Herz, wie ich hoffe für immer, in das Allerheiligste versetzt worden ist, das auf dem Altar ausgesetzt ist.« UG, 60 (Brief an Pater Perrin vom 15.5.1942).

Tod hat sie um die Taufe gebeten, die ihr eine Freundin, Simone Deitz, spendete, wie wir aus deren Zeugnis wissen.[11] Leider haben wir von ihr aus ihren letzten, von absoluter Erschöpfung gekennzeichneten Tagen keine Texte, bevor sie dann ins Koma fiel und bald darauf starb.[12]

Simone Weils Weg zur Kirche läßt sich als ein Umkreisen beschreiben: Sie wandert um die Kirche herum, befragt und testet sie von außen. Und dennoch empfindet sie den Ruf nach innen nie als so stark, daß sie sich ihm hätte überlassen können. Besser: Sie spürt keinen Zwang, keinen Sog, der sie übermannt, der ihr die Besinnung raubt, sie gar vergewaltigt. Hat sie vielleicht auf etwas gewartet, das von der Sache her der Kirche Christi nie entspricht?

Die religionsphilosophischen Fragen, die hinter diesen beiden Lebenswegen stecken, lauten: Wie läßt sich das Verhältnis der menschlichen Freiheit zur Bedrängung durch die Gnade verstehen? Wenn der Zwang zur Bindung an die Kirche nicht bedrängend spürbar ist, besagt dann der Wille Gottes, nicht in die Kirche einzutreten? Gibt es eine Möglichkeit für eine freiwillige Bindung an die Kirche? Edith Steins Reflexion über das »Reich der Freiheit« in ihrem Aufsatz *Die ontische Struktur der Person und ihre erkenntnistheoretische Problematik*[13] eignet sich, eine Analyse und Antwort auf diese Fragen zu versuchen.

Das Reich der Freiheit – zwischen Natur und Gnade (Edith Stein)

Edith Stein setzt in ihrer Untersuchung über Freiheit beim natürlich-naiven Seelenleben des Menschen an. Es vollzieht sich in Impressionen und Reaktionen, das heißt, es wird von außen oder innen durch Reize angeregt, und es antwortet darauf. Bereits in diesem automatischen Geflecht entdeckt Edith Stein eine spezifische Aktivität des Menschen in Wollen und Handeln: eine Möglichkeit der Freiheit. Allerdings wird sie als jeweils begrenzte, als *passive Aktivität* erfahren. Es scheint also noch ein grundlegenderes Freiheitsprinzip im Menschen zu geben. Eingeschränkt wird dieses fundamentale Freiheitsprinzip durch das natürliche Vernunft- und Sittengesetz, aber auch dadurch, daß die Seele Fremdes *braucht*, um überhaupt reagieren zu können. Daher kann an diesem Punkt von keinem absolut freien Agieren, keiner selbstursprünglichen Freiheit die Rede sein. Reagieren heißt unfrei und zerstreut, unruhig und unumfriedet zu sein. Gesucht ist demnach ein inneres Zentrum, das Aktzentrum der

---

[11] G. Hourdin, Simone Weil. Paris 1989, 230.
[12] Nach Beyer stellt sich die spekulative Frage, inwieweit Simone Weil für sich selbst diese Nottaufe als gültig betrachtete, da Simone Weil nie die Kommunion empfangen bzw. darum gebeten hat. Vgl. Beyer, a.a.O., 153.
[13] Wahrscheinlich aus dem Jahr 1932, bestimmt für den akademischen Leserkreis in Münster, in gedanklichem Zusammenhang mit Potenz und Akt und *Endliches und ewiges Sein* (ESW VI, XXVII f.). Der Titel ist versehentlich hinzugefügt worden, wie C. Wulf 1996 im Kölner Archiv entdeckte. Edith Sein überschrieb den Aufsatz mit Bleistift mit »Natur, Freiheit, Gnade«.

Person, aus dem heraus *aktive Aktivität, Freiheit im vollen Sinne* möglich wäre.

Ähnlich wie das Verhältnis des menschlichen Aktzentrums zum *Reich der Natur* ist auch das Verhältnis des Zentrums zum *Reich der Gnade* gekennzeichnet. Vom *Reich der Gnade* oder *der Höhe* oder einfach *von oben her* wird das Stellungnehmen und Reagieren der menschlichen Person beeinflußt, durch göttliche Gebote, durch religiöse Erfahrungen. Wiederum kann man nur von einer Art *passiver Aktivität* in bezug auf das menschliche Handeln sprechen. Wenn das Personzentrum sich im gnadenhaften Zustand befindet, den Edith Stein »Befreitsein« nennt, dann ist es dennoch nicht »oben« zentriert. Es hat nicht seine Mitte, sein In-sich-Ruhen im Bereich der Gnade, sondern es ist nur dort verankert.

Somit *empfängt* das Personzentrum Impulse von oben aus dem *Reich der Gnade*, ebenso wie von unten aus dem *Reich der Natur*. Damit ist der Mensch zwischen Tier und Engel positioniert. Sowohl auf natürliche wie auf übernatürliche Impressionen reagiert er, nimmt Stellung und besitzt damit einen Eigenstand. Es gibt somit nach Edith Stein nicht nur ein dialektisches Schwanken zwischen den zwei Weisen *passiver Aktivität,* zwischen dem Geistigen und dem Leiblichen. Sie beschreibt zudem ein freies Aktzentrum im Menschen. Dieser Ort der *aktiven Aktivität*, das *Reich der Freiheit*, ist allerdings nur ein Punkt, besitzt keine Ausdehnung.

In erster Linie zeigt sich Freiheit als *Befreitsein* von den Fesseln der Natur. Der Mensch erlebt sich als weltoffenes, nicht weltfixiertes Wesen. An diesem Punkt könnte es möglich sein, in einer absoluten, autonomen Freiheit zu verweilen. Die Freiheit *gegenüber* der Natur, der Welt könnte theoretisch in eine absolute Loslösung *von* Natur/Welt münden. *In* der lebendig-konkreten Weltwirklichkeit muß hingegen immer zwischen verschiedenen Möglichkeiten gewählt werden. Das Personzentrum (oder auch die Seele) schließt sich an *eine* konkrete Möglichkeit an, die viele andere Potentialitäten ausschließt. Dadurch gibt die Person gleichzeitig die *absolute* Freiheit auf. So ist es dem Menschen allein durch die Abkehr von der *konkreten* Wahl möglich, den Freiheitspunkt nicht zu verlieren, an dem die unendliche Potenz ruht und zugleich als *aktive Aktivität* wirbelt. Der Mensch hätte hier »alle« Möglichkeiten: Er läßt sich alle möglichen Wege offen, ohne sich bewußt für eine Möglichkeit zu entscheiden. Damit sind aber »bloß« alle Wege offen. Er kann sich deshalb für keine konkreten entscheiden, da diese Fixierung ihn vom Punkt der absoluten Potenz wegziehen würde.

So wäre der Mensch an diesem Punkt zur absoluten Bewegungslosigkeit und Lähmung verurteilt und damit, um Edith Steins Gedanken weiterzudenken, zur Unfruchtbarkeit. Es kommt also darauf an, den Punkt der absoluten Freiheit, das Moment der *aktiven Aktivität* zu nutzen, um Freiheit fruchtbar werden zu lassen, um Freiheit ins existentiell Leibliche einzuwurzeln und damit in ein neues Reich zu treten. »Die Person, die sich im *Reich der Natur* aufrichtet, hat die Möglichkeit, sich gegen das, was von außen auf sie eindringt, abzuschließen. Aber so lange sie dagegen kein anderes Bollwerk hat als *ihre Freiheit*, kann sie es nur, indem sie sich völlig freimacht, völlig aufzehrt. Erst in einem *neuen Reich* kann ihre Seele neue Fülle gewinnen und damit erst ihr eigenes Haus werden«.[14] An dieser theoretischen Stelle ist nach Edith Stein die Seele gefordert, ihre Freiheit teilweise »aufzugeben«, um mit ihr überhaupt etwas »anfangen« zu können. Diesen Schritt geht Simone Weil nicht mit.

»Göttlicher Zwang« und Auflösung (Simone Weil)

Um in ein neues Reich eintreten zu können, müßte sich Simone Weil erst überwunden wissen, wie damals bei ihrer ersten Gottesbegegnung in der romanischen Kapelle von Santa Maria degli Angeli in Assisi, »diesem unvergleichlichen Wunder an Reinheit«. Dort zwang sie etwas, wie sie schreibt, »das stärker war als ich selbst, mich zum erstenmal in meinem Leben auf die Knie zu werfen«.[15] Diese Bemächtigung durch Gott würde Simone Weil als Willen Gottes erkennen und ihm Folge leisten können.[16]

Wenn Simone Weil vom Bereich des Willens Gottes spricht, meint sie »göttlichen Zwang«: »In diesem Bereich erleiden wir von seiten Gottes einen Zwang, vorausgesetzt, daß wir verdienen, diesen Zwang zu erleiden, und genau in dem Maße, als wir es verdienen. Gott belohnt die Seele, die mit Liebe und Aufmerksamkeit an ihn denkt, und er belohnt sie, indem er einen Zwang auf sie ausübt, der dieser Liebe und Aufmerksamkeit mit letzter mathematischer Strenge proportional ist«.[17] Dieser Zwang Gottes auf den menschlichen Willen übt Macht auf die Seele aus: Sie wird »immer weiter gestoßen und der Gegenstand eines Zwanges (...), der sich in wachsendem Maße eines immer größeren Teiles der Seele bemächtigt. Wenn dieser Zwang sich der ganzen Seele bemächtigt hat, dann ist man im Stande der Vollkommenheit«.[18] Im vierten Brief an Pater Perrin schreibt Simone Weil, daß sie nicht das Gefühl gehabt habe, daß Gott sie in der Kirche haben will; er zwingt sie nicht.[19]

Einem freien Anruf möchte sie aus dem Grunde nicht folgen, da sie dann einen Selbstbetrug nicht völlig ausschließen könnte. Denn sie kann sich nicht mit absoluter Gewißheit ihrer Selbstsüchtigkeit erwehren, die sich nichts sehnlicher wünscht, als sich aufzulösen in der Masse. Die stark individualistische Prägung ihres Lebens läßt nicht vermuten, daß Weil diesen Wunsch in sich trägt. Dennoch erklärt sie sich sowohl für nationalsozialistisches Gedankengut anfällig[20], als auch in allgemeiner Weise dafür, sich zu unterwerfen.[21]

---

[14] Edith Stein, Welt und Person. ESW VI, 143 (Herv. durch d. Verf.), künftig WP.
[15] UG, 49 (Vierter Brief, 15.5.1942).
[16] Was sie aber bezweifelt: »Vielleicht auch endet mein Leben, ohne daß ich diesen Antrieb jemals empfunden habe.« UG, 30 (19.1.1942).
[17] UG, 23
[18] Ebd.
[19] UG, 58
[20] »Ich habe eine starke Neigung zum Herdentier in mir. Ich bin meiner natürlichen Veranlagung nach äußerst beeinflußbar und vor allem für kollektive Einflüsse übermäßig empfänglich. Ich weiß, daß, wenn ich in diesem Augenblick zwanzig junge Deutsche vor mir

Die Gefahr, sich aufzulösen, kennt sie in sich auch gegenüber der Kirche. Um in sie als in ein neues Reich einzutreten, müßte sie sich von der »ungeheuren und unglücklichen Masse der Ungläubigen« trennen, die sie allerdings in verschwindender Nicht-Unterscheidung unerkannt, anonym lieben möchte. Sie empfindet sich als nicht rein genug, um sich innerlich von der Masse zu unterscheiden, da sie selbst in sich »den Keim zu allen oder doch fast allen Verbrechen« trägt.[22] Genau das wäre jedoch die Voraussetzung zum Eintritt in die Kirche: nur Sünder werden zugelassen. Simone Weil bleibt an der Peripherie – ohne Entscheidung zur Bindung bzw. in der Entscheidung zur Nicht-Bindung. Erst wenn die Kirche sich ändert, würde Weil in sie eintreten können, während Edith Stein gerade in der Kirche die Verwirklichung des Christseins findet.[23]

Hier gelingt es Simone Weil nicht, Distanz und Nähe in positiver Spannung zu halten: Um der Gefahr des »Kirchenpatriotismus« zu entgehen, setzt sie sich der Gemeinschaft der Nachfolger Christi erst gar nicht aus. Es ist ihre Angst, wie sie schreibt, »in jedem beliebigen menschlichen Milieu, durch das mich mein Weg führt, aufzugehen, darin zu verschwinden«.[24]

Versachlichung und Verweigerung

Aus intellektueller Redlichkeit leitet Simone Weil die Pflicht ab, »ausnahmslos alle Ideen gleichmütig gelten« zu lassen, »mit einbegriffen zum Beispiel den Materialismus und Atheismus. (...) So ist das Wasser voller Gleichmut gegen die Gegenstände, die hineinfallen; es wägt sie nicht; sie selber zeigen darin nach einer Weile des Schwankens ihr Gewicht an (...) und ich könnte in keiner Weise so sein, wenn ich in der Kirche wäre«.[25] Simone Weil beschreibt hier ihre Tendenz zur Versachlichung der eigenen Person, zur Entpersonalisierung. Immer wieder findet man Bilder oder Andeutungen dafür, daß sie vor Gott und den Menschen durchsichtig, in diesem Fall wäßrig, oder auch erdig unauffällig sein will, z.B. als Pflasterstein, der eingefügt wird.[26] Noch stärker findet sich ihre Verweigerung, Gott als Gegenüber entgegenzutreten, in der folgenden Überlegung:

---

hätte, die im Chor ihre Nazilieder absängen, ein Teil meiner Seele unverzüglich von dem Nazismus angesteckt würde. Das ist eine sehr große Schwäche.« UG, 31 f. (Zweiter Brief).

[21] »*Versuchung der Ergebenheit.* Den äußeren Dingen und Menschen alles unterordnen, was subjektiv ist, aber nie das Subjekt – d.h. die Urteilskraft. Dem anderen nie mehr versprechen, nie mehr geben, als du selbst von dir verlangen würdest, wenn er wärst. (?)« Cahier I, 59; »(Unterordnung unter einen beliebigen Gegenstand, nicht nur all dessen, was subjektiv ist, sondern des Subjektes selbst; kommt daher, daß man imstande war, die Trennung vorher zu vollziehen).« Cahier I, 132.

[22] UG, 27 (Erster Brief, 19.1.1942).

[23] Vgl. Alain Birou, Simone Weil et Edith Stein: Deux Juives à la rencontre du Christ. Cahier des amis de S. Weil. Dez. 1988 (XI, 4), 334–353. Referat des Kolloquiums in La Baume-les-Aix (28.10.-1.11.1988), hier 348.

[24] UG, 34 (Zweiter Brief, ohne Datum).

[25] UG, 71 f (Fünfter Brief, Casablanca, ohne Datum).

[26] In ihren letzten Arbeiten zu Politik und Mystik (La personne et le sacré = Die Person

»Wenn man in Gott die Möglichkeit eines Irrtums annehmen könnte, so würde ich denken, dies alles sei mir versehentlich zugefallen. Vielleicht aber gefällt es Gott, die Abfälle, die mißratenen Stücke, die Ausschußware zu benützen«.[27] Das höchste Gesetz und Leitbild wird der Gehorsam der Materie.[28]

Erst wenn ihr Geist versagen würde, der sie vom Leib fernhält, von der Zustimmung zur eigenen Leiblichkeit wie auch zum Leib Christi, würde sie ihren Widerstand aufgeben. Die Konsequenz aus ihrer Verweigerung ist eine ruhelose Unbeweglichkeit, mit der Simone Weil vor den Toren der Kirche bleibt. Dennoch erfährt sie auch dort die Vereinigung mit dem Allmächtigen als dem Impersonalen[29] – über alle Vernunft: »Immer bin ich an genau dieser Stelle geblieben, auf der Schwelle der Kirche, ohne mich zu rühren, unbeweglich, en hypomonä (ein wieviel schöneres Wort als patientia!); nur daß nunmehr mein Herz, wie ich hoffe für immer, in das Allerheiligste versetzt worden ist, das auf dem Altar ausgesetzt ist«.[30]

Schwerkraft von unten und oben

Simone Weil unterscheidet theoretisch drei Bereiche der Wirklichkeit: denjenigen, auf den der Mensch nicht den geringsten Einfluß hat, den Bereich der Tatsachen, vergleichbar mit dem *Reich der Natur* bei Edith Stein. Dieser erste Bereich unterliegt vollkommen dem Willen Gottes. Der zweite Bereich ist der Herrschaft des menschlichen Willens unterstellt, die Weltoffenheit des Menschen gegenüber der Natur, in der der seelische Trieb von der natürlichen Vernunft geleitet wird. In diesem Bereich empfiehlt Weil, »unausweichlich und unverzüglich alles zu tun, was offenkundig als eine Pflicht erscheint«.[31] Den Bereich des natürlichen Vernunft- und Sittengesetzes zählt Edith Stein noch immer dem natürlichen, noch nicht dem *Reich der Gnade* zu.

Als Drittes nennt Simone Weil den Bereich jener Dinge, »die zwar nicht der Herrschaft des Willens unterstehen und sich auch nicht auf unsere natürlichen Pflichten beziehen, die aber dennoch von uns nicht gänzlich unabhängig sind«.[32] Es ist der Bereich, in dem Gottes Willen über den Willen des Menschen herrscht. Hier geht es um eine Art Befehlsempfang; Eigeninitiative oder Aktivität sind nicht gefordert.

---

und das Heilige) kommt Simone Weil zum Schluß, daß der Kern des Menschen das *Verlangen* nach dem Guten und damit etwas Unpersönliches sei. Beyer, 147.

[27] UG, 55.
[28] Gössmann, a.a.O., 177.
[29] Vgl. Dorothée Fragemann, Simone Weil et Edith Stein. Une comparaison. In: Cahiers Simone Weil. XI, 4 (Dez 1988), 320–323, hier 323. Fragemann vergleicht den Zugang der beiden Denkerinnen zur Mystik, der für Stein die Begegnung mit dem personalen, für Weil mit dem personalen und impersonalen Gott bedeutet.
[30] UG, 60 (Vierter Brief, geistliches Testament, 15.5.1942).
[31] UG, 22 (19.1.1942).
[32] Ebd.

Wenn man genauer hinsieht, gibt es eigentlich nur zwei Ebenen in Weils Umsetzung von Freiheit, wodurch wiederum ihre Theorie mitbeeinflußt zu sein scheint: »(...) von allen möglichen Arten des Lebens erschien mir immer jenes als das schönste, wo alles entweder durch den Zwang der Umstände oder von solchen Antrieben (die eine Berufung Gottes meinen und sich von Antrieben der Empfindung oder der Vernunft wesenhaft und offenkundig unterschieden sind) bestimmt wird, und wo niemals Raum bleibt für irgend eine Wahl«.[33]

Letztlich beschränkt Weil hier das Leben auf zwei Dimensionen, in denen keine wahre Freiheit und damit *Befreiung* im Steinschen Sinne möglich ist: Es gibt zum einen den *Zwang der Natur* und zum anderen den unvermittelten *Zwang der Gnade*. Als einzig freien Akt, zu dem der Mensch doch immerhin gegenüber seinem Ich fähig wäre, läßt Simone Weil das »Ich-Sagen« gelten. Dieses jedoch wird nicht an Gott hin-, sondern preisgegeben in der Selbstzerstörung, der letztlich buddhistischen Form der Auflösung des Ich: »Wir besitzen nichts auf der Welt – denn alles kann der Zufall uns rauben – außer dem Vermögen, ich zu sagen. Dies ist es, was wir Gott geben, das heißt: zerstören sollen. Es gibt durchaus keinen anderen freien Akt, der uns erlaubt wäre, außer der Zerstörung des Ich.«[34]

An der Stelle, an der für Edith Stein die Anbindung steht, findet sich bei Simone Weil die Ablösung: »Zwei Arten sich zu töten: Selbstmord oder Ablösung. Durch sein Denken alles töten, was man liebt: die einzige Art, zu sterben. Aber nur, was man liebt. (Wer nicht hasset seinen Vater, seine Mutter ... Aber: Liebet eure Feinde ...) Nicht wünschen, das, was man liebt, möchte unsterblich sein. Von keinem menschlichen Wesen, wer immer es sei, weder wünschen, daß es unsterblich, noch daß es gestorben sei.«[35] Äußerst hart erscheint diese Position, die allerdings durch Weils eigene Erfahrung der Sklaverei in der Fabrik verständlich wird: »Was ich dort durchgemacht habe, hat mich so unauslöschlich gezeichnet, daß ich mich noch heutigen Tages, wenn ein Mensch, wer es auch sei, unter gleichviel welchen Umständen, ohne Brutalität zu mir spricht, nicht des Eindrucks erwehren kann, daß hier ein Mißverständnis vorliegen müsse und daß zweifellos dieses Mißverständnis sich leider zerstreuen werde. Dort ist mir für immer der Stempel der Sklaverei aufgeprägt worden (...).«[36] Letztlich bleibt also der göttliche Zwang, der vom Menschen eine Art nahezu *passiver Passivität* fordert. Da es kein wirklich drittes Element, kein vermittelndes Aktzentrum gibt, reibt sich Simone Weil in diesem dialektischen Dualismus von *Zwang der Natur* und *Zwang der Gnade* auf.

---

[33] UG, 44. Ebenso: »Ja, um Christus zu dienen, insofern er die Wahrheit ist, beraube ich mich dessen, daß ich Anteil habe an seinem Fleisch auf jene Weise, die er eingesetzt hat. Genauer: er beraubt mich dessen, denn niemals bisher habe ich auch nur eine Sekunde lang den Eindruck gehabt, daß mir hier eine Wahl freistünde.« UG, 72 f.
[34] Simone Weil, Schwerkraft und Gnade. Gustave Thibon (Hg.), München 1952, 88 (künftig SG).
[35] SG, 77.
[36] UG, 48.

Überwindung der Lähmung bei Edith Stein (personal-strukturierte geistige Freiheit)

Erst durch einen aktiven Schritt der Realisierung *einer* Möglichkeit und damit durch das Aufgeben *aller anderen* Möglichkeiten wird die Lähmung am Punkt der absoluten Freiheit überwunden: Die Person bindet sich, sie öffnet sich einer anderen geistigen Sphäre und gewinnt Neues; entrinnt der Leere in die umgrenzte Fülle hinein. Der Natur kann sie sich nicht öffnen, diese wird nur im Widerstand von Stößen und Eindrücken, Genüssen und Ekstasen erfahren. Die menschliche Freiheit öffnet sich dem Differenzelement des Geistigen, das trennen und unterscheiden kann, das Krisis bringt. In dieser *Wesensfreiheit*, im Unterschied zu der vorherigen *Wahlfreiheit*, wird Kritik möglich, d.h. Abstand und Distanz zu dem, was bedrängen will.

In der Wesensfreiheit tritt dann die Wahlfreiheit zurück. Der *Freie*, der am Punkt der Nicht-Bindung, der absoluten Freiheit stehenbleibt, wandert im Kreis wie um einen wunderschönen Garten herum. Er mag seinen Weg als einen Korridor mit vielen Türen empfinden, durch die er immer wieder einen Blick in den Garten wirft. Vielleicht befürchtet er, daß sich der Garten als Illusion, als langweilig oder als bedrohlich erweisen könnte. So behält er seine Wahlfreiheit und bleibt auf der Flucht im fruchtlosen Gang, als der Schauende und ewig Wandernde. Der Befreite dagegen tritt in Wesensfreiheit ein in den Garten der Bindung und Fruchtbarkeit. Auf diese Weise verliert er viele Möglichkeiten und somit die Macht der absoluten Wahlfreiheit vor aller Entscheidung, aber er gewinnt durch die Entscheidung und Bindung sich selbst und die »Fülle«.[37]

Die drei Ebenen von Freiheit lassen sich bei Edith Stein folgendermaßen beschreiben: In der *unfreien* Zuständlichkeit erfährt sich die Seele als *gefesselt* an die Welt. Am Entscheidungspunkt, dem Moment der *aktiven Aktivität*, weiß sie sich *gelöst von*, aber noch nicht *frei für*. Doch erst im begnadeten Zustand erfährt sie sich als *befreit*, als liebend und geliebt zugleich, und damit gebunden an den personalen Gott als ihren Befreier. Das freie Aktzentrum am Punkt der Freiheit horcht nach oben auf Impulse aus dem *Reich der Gnade*, auf die es in aktiver Aktivität durch das Distanz eintragende Moment des Geistes antwortet. Gleichzeitig ist das freie Aktzentrum gelöst vom *Reich der Natur* und handelt ihm gegenüber in passiver, und doch freigesetzter Aktivität.

Nach Edith Stein gibt es das Geistige nicht als unpersönliche, sondern allein als persönliche Kraft, als etwas, das einer Person entströmt, nicht einer Materie.[38] Dieser Voraussetzung liegt eine Glaubensentscheidung zugrunde, von der alles Weitere abhängt. Edith Stein beugt so jeglicher Versachlichung und Funktionalisierung der Person vor, und damit der Vernutzung der Person sowohl durch andere als auch durch sich selbst. Edith Stein überwindet die Versuchung zur Versachlichung in ihrer Begrifflich-

---

[37] »Wer sein Leben verliert um meinetwillen, der wird es finden.« Mt 10,39 parr.
[38] WP, 144.

keit, indem sie eine trinitarische Struktur freilegt (Reich der Natur, der Freiheit, der Gnade).

Simone Weil hingegen erliegt der Versuchung der Entwerdung, Loslösung und Auflösung in ungeheurem Maße. Man könnte es »die buddhistische Versuchung« nennen, die besonders gern die moralischsten unter den Christen anfällt: »Die Auslöschung der Begierde (Buddhismus) – oder die Ablösung – oder der *amor fati* – oder das Verlangen nach dem absoluten Gut –, immer handelt es sich um das gleiche: Entleerung der Begierde, des Zielstrebens von jedem Inhalt, entleertes, wunschloses Verlangen. Unser Begehren von allen Gütern ablösen und warten. Die Erfahrung beweist, daß dieses Warten Erfüllung findet. Dann berührt man das absolute Gut.«[39] Gewonnen wird Freiheit, doch wenn in dieser Freiheit nicht die Fähigkeit zur Neuanbindung mitgedacht wird, bleibt sie leer und zerstörerisch, implosiv.

Wie unterscheidet Edith Stein die Geistsphären, denen sich der Mensch öffnen kann? Vereinfacht gesagt: Dem »guten Geist«, also Gott, geht es um den Menschen; den »bösen Geistern« geht es um sich selbst; sie benutzen die Seele des Menschen, bringen ihn um Frieden und Heil. Gott hingegen setzt die Seele in ihr Eigenes, sofern sie sich ganz losläßt und auf ihn wirft. Sie bleibt dort nicht »kleben«, wenn sie ihre eigenen Stacheln und Selbstsicherungen aufgibt; sie bleibt bei Gott, solange er sie hält. Und er bestimmt den Zeitpunkt, an dem er die Seele wieder auf sich selbst zurückwirft, damit sie für sich selbst stehen lernt und *selbständig* erneut auf ihn zugehen kann.

Ort der Freiheit und Weg zur Verbindung

Innerhalb der Seele als Lebensprinzip finden nach Edith Stein, die hier mit der scholastischen Tradition denkt, Wechselwirkungen statt zwischen dem Aspekt der Geistseele – unseren Erkenntniskräften, kurz: Geist – und dem der Sinnenseele – unseren Strebekräften, kurz: Seele. Diese Wechselwirkungen sind ausschlaggebend dafür, daß es zwischen dem *Reich der Natur* und dem *der Gnade* überhaupt Verbindungen geben kann, daß das Absolute in das Relative eindringen kann, ohne es zu zerstören. Einerseits garantiert der Geist die Weltoffenheit der Seele. Sie ist empfänglich für Eindrücke, die sie allerdings nur von außen treffen. Der erweckte, befreite Geist hingegen sortiert, welche Eindrücke sich wirklich und wirksam in die Seele einprägen und sie dadurch gestalten, sei es erneuern und kräftigen oder sei es verletzen und schwächen.

Der Geist ist der erkennende, der die Welt wahr- und entgegennimmt, auch die übernatürliche Welt Gottes. Der Geist kann etwas Fremdes ein- und hochschätzen, für Wert halten. Und doch kann die Seele, genauer das Herz als Zentrum der Person, die Anerkennung dieses Gutes für sich

---
[39] SG, 74.

selbst ablehnen, kann dieser geistigen Sphäre bzw. der Person, die dahinter steht, die Hingabe verweigern. Geist allein kommt nicht zur Hingabe, hierin sind sich Stein und Weil einig: »Der Glaube besteht in bloßen Worten und dringt nicht in die Seele ein.« (Weil)[40] – »Der Geist kann sehen und die Seele leer bleiben.« (Stein)[41]

Wenn man an dieser Stelle mit Edith Stein weiterdenkt, ließen sich folgende Bilder finden: Es liegt am Geist, das Risiko des Sprunges und die Entfernung zum anderen Ufer »durchzurechnen«, die Gefahr und die Chance zur Überwindung abzuwägen; der Geist tastet und sieht. Die Seele hingegen läßt sich von einer neuen geistigen Sphäre füllen, trifft die Entscheidung zum Sprung und führt ihn gegebenenfalls mit ganzer, existentieller Kraft aus, indem sie sich ihren leibhaftigen Aspekt, die Sinnenseele, dienstbar und gehorsam macht. Wenn der neue Standort in der Welt sichtbar wird für andere – und das wird er über kurz oder lang für einen aufmerksamen Beobachter – dann ist der Sprung wahrhaft existentiell vollzogen.

Das Herz des Menschen als unveräußerlicher Kern der Person, steht als »Dazwischen-Organ« zwischen Geistseele und Sinnenseele, und ist damit nicht direkt einem der beiden *Reiche der Natur* bzw. *der Gnade* zuzuordnen. Das heißt, das Herz kann zwar von beiden Seiten umworben und korrumpiert bzw. gewonnen werden. Dennoch gehört es nicht von Anfang an einem dieser beiden Reiche völlig an, sondern keinem, obwohl es von beiden einen Keim in sich trägt. Es kann die Bestätigung nach vollzogenem Sprung an den Geist zurückgeben, die Zustimmung, nun in neuen Bahnen denken und die Welt bewegen zu können. Das Herz als freies Aktzentrum des Menschen nimmt die Welt nicht mehr unmittelbar, Auge in Auge – und damit bedrohlich – wahr (es könnte ja sein, daß das Ich von dem Fremden, der Welt, den Anderen, den Impressionen und Ekstasen verschlungen und aufgezehrt wird), sondern aus dem Blickwinkel Gottes, auf dem Umweg über den distanzierenden, kritischen Blick von oben.

So wird die Seele nicht länger von den Eindrücken unruhig hin- und hergetrieben, die sie aus der Welt empfängt. Sie muß sich nicht abschotten und bewahren gegen den sinnenfesselnden Einsturm. Es gibt keine stumpfe Betroffenheit mehr, die Seele ist nicht mehr wehrlos gegen andrängende Eindrücke und die von ihnen ausgelösten Emotionen. Sie ist geistig erwacht, sie ist »so geöffnet, daß sie etwas in sich aufnehmen kann. (...) Nur in geistigen Sphären kann die Seele wahrhaft eingebettet sein, nicht in der Natur«.[42]

Im geistigen Leben, vom Herzen vermittelt, kommt die Sinnenseele zur Ruhe. Hier hat sie den Freiraum, aus dem heraus sie frei handeln können wird. Der Befehl des Herzens an die Sinnenseele wird sein, die Natur nun in größerer Distanz wahrzunehmen und nicht mehr ängstlich auf sie als gefährlich-bedrohend zu reagieren, sondern sie liebevoll in ihre Schranken

---

[40] UG, 230.
[41] WP, 147 f.
[42] WP, 148.

zu weisen und allen Impressionen ihren wahrhaften Ort zu geben. Dies wird keine einmalige Tätigkeit sein, sondern dauernde Beschäftigung.

Gefährdungen hinsichtlich des menschlichen Geistes

Wenn Edith Stein die Beziehung der menschlichen Person zum *Reich der Höhe* als »von oben geleitet« bezeichnet, ist das eine wichtige Differenz zu »von oben leitend«. Hier wird wiederum nur eine *passive Aktivität* vorsichtig angedeutet. Es wäre genauso denkbar, daß der Mensch sein Personzentrum im eigenen Oben, eben im Bereich der Geistseele fixiert, womit der Kern der Person auf ein aktiv konstituierendes *Erkenntnis*-Organ verkürzt werden würde. Hierin mag die Hauptversuchung aller reduktionistischen Denkrichtungen liegen. Erst eine ganzheitliche, im natürlichen Seelen-*Leben* verwurzelte Philosophie, wie die Edith Steins, widersteht dieser Versuchung und kennt die geistige Speerspitze der »anima intellectiva« auch als passiv empfängliche, nicht nur aktiv zeugende.

Der religiöse Denker – wie Simone Weil – könnte versucht sein, an dieser Stelle, im »Reich der Höhe«, das Zentrum der menschlichen Person zu fixieren: In einer geradezu *passiven Passivität* befände sich der nur noch fremdbestimmte »Heilige«. Er wirkt dann nicht mehr aktiv bestimmend, sondern wird von oben gelebt, durch »göttlichen Zwang« determiniert und ist damit für die Gestaltung der diesseitigen Welt verloren. Edith Stein vermeidet beides, indem sie den Vermittlungspunkt des *Reiches der Freiheit* offenhält, der als Scharnier zwischen Natur und Gnade ansetzt.

Wenn man dieses »von oben geleitet« mißversteht, wird es in dem Moment zerstörerisch für die Welt, wenn der Mensch sich selbst nicht von oben erkennt als »unten-eingereiht-mit-den-Mitgeschöpfen«. Würde er allein sich und seine Vernunft als das einzige »Oben« gelten lassen, wäre für ihn alles andere unvernünftig, widervernünftig und damit weniger achtenswert, da sein Blick nur in eine Richtung geht: von oben herab nach unten.

Der Blick kann aus seiner Starrheit und Einseitigkeit nur gelöst werden, wenn ihm eine Person entgegentritt. Edith Stein formuliert es so: »Seine (des Menschen) Freiheit reicht so weit, den Blick auf fremde Sphären hinzuwenden oder vor ihnen zu schließen. Aber nur, soweit sie sich ihm von sich aus *darbieten*. Erobern, was sich ihm nicht geben will, kann es (das freie Wesen) nicht. Der Mensch kann die Gnade nur ergreifen, sofern die Gnade ihn ergreift.«[43]

---

[43] WP, 147.

Die verbindliche Freiheit der Heiligen (Wesensfreiheit – Wahlfreiheit)

Die »Logik des Herzens« (Pascal) ist eine freie, aktive und liebende Tätigkeit. Und doch scheint es, als ob der Heilige, als ob z.B. Maria, die unbefleckt Empfangene, gar nicht anders kann, als heilig, rein, richtig, gerecht und liebevoll vor Gott zu handeln. Es scheint, als hätte die befreite, heilige Person keine Wahl, als müßte sie einem »Zwang zum Guten« folgen. Kann das Freiheit sein?

Es ist *Befreitheit* und *Wesensfreiheit*, es ist das wahre Befreitsein nach Edith Stein. Diese Freiheit läßt den Menschen mit sich selbst identisch, in sich selbst zufrieden und in Ruhe sein.

Aus dieser Ruhe heraus, die keine Apathie oder Gelähmtheit meint, ist eine freie Bewegung auf den anderen hin möglich. In dieser Freiheit wird die eine Seite der *Wahlfreiheit* nicht mehr aktiv realisiert, d.h. umgesetzt: die Seite zum Bösen oder zum weniger Guten. Dennoch ist sie potentiell weiterhin gegeben und wird vom befreiten Menschen soweit erkannt, wie er jeweils in der Gabe der Unterscheidung und Erkenntnis fortgeschritten ist. Die Struktur der Freiheit wird nicht zerbrochen, es erfolgt nur ein Qualitätssprung, der die Möglichkeit zum Bösen als derart wenig wünschens- und begehrenswert entlarvt, daß sie realiter nicht mehr vorkommt, idealiter aber immer vorhanden ist. »Von der Freiheit wird am Ort der Freiheit kein Gebrauch gemacht«.[44] Und doch ist sie deshalb immer noch Freiheit, nicht göttlicher Zwang.

Nach Edith Stein muß Freiheit immer vorausgesetzt sein, damit für den Menschen der freie Akt wählbar ist, er sich an das *Reich der Höhe* binden und somit eine Seite der Wahlfreiheit aufgeben wollen kann. Der Sündenfall war demnach ein »Freier Fall«. Die Paradiesmenschen haben zwar faktisch keinen Gebrauch von ihrer Wahlfreiheit gemacht und dennoch war sie strukturell bereits vorhanden. Sie kam nicht als »deus ex machina« bzw. »ex diabolo«. Der Durcheinanderbringer konnte nur Saiten zum Klingen bringen, die schon vorgespannt waren, ohne bisher angeschlagen worden zu sein. Der Verzicht auf Freiheit, der Verzicht auf viele Möglichkeiten zugunsten einer einzigen, kann nur aus Freiheit geschehen. »Man müßte frei sein, um befreit sein zu können. Man müßte sich in der Hand haben, um sich loslassen zu können«.[45]

Freilassen – Freisetzen im Freiheitsbund Kirche

Wird die menschliche Individualität durch die Herrschaft und Fülle der Gnade zerstört, fragt Edith Stein. Anders gewendet: Muß das Absolute das Relative nicht vernichten, wenn sie aufeinandertreffen? Wird nicht das Relative dann entweder ins Absolute, in die Fülle absolut aufgehoben, entrückt, oder aber in die Tiefen, ins absolute Nichts gestürzt? Dem wäre nur

---

[44] WP, 138.
[45] WP, 139.

so, wenn es absolut keine Verwandtschaftsbeziehung, keine Analogie im Sinne von »Ent-Sprechung« (Splett) zwischen dem Göttlichen und dem Menschlichen gäbe. Doch Gott als der »Nicht-Andere« (Cusanus) kennt seine Anderen, und wir Anderen können uns in ihm als dem Nicht-Anderen wiedererkennen. Ein unauslöschlicher Kern in uns prägt jegliche Reaktionen, auch die auf den Einfall des Absoluten in unser relatives Denken. Da dieser Einfall im *Reich der Freiheit* geschieht, wird er nicht zerstörerisch sein, sondern er wird einerseits *frei-lassen*, andererseits *frei-setzen*. Das Wesen des Absoluten ist gleichzeitig auf eine aktive Weise passiv: freilassend, auf eine diskrete, zurückhaltend-passive Weise aktiv, nämlich freisetzend.

Edith Steins Gedanken lassen sich m.E. an dieser Stelle so weiterdenken: Nur der absolut Freie – Gott selbst – oder ein befreiter Mittler[46], kann einen anderen frei-setzen. Er läßt sich auf eine Beziehung mit dem anderen ein, auf einen Bund; er läßt sich binden. Diese Bindung bevollmächtigt ihn, den anderen in passiver, entspannter Haltung und Handlung freizusetzen. Der andere ist gefesselt in seinen natürlichen Unzulänglichkeiten, Mittelmäßigkeiten[47], und im Erfüllen fremder Erwartungen. So re-aktiv ist er, daß er vom Frei-Setzenden erst zur Ruhe gesetzt werden muß, zur Freiheit von seinen natürlichen Impulsen.

Der Getriebene wird in einen umfriedeten Rahmen, in einen Garten gesetzt, die Seele kommt im Geist Gottes zur Ruhe. Der Wildwuchs wird beschnitten, die schwachen eigenen Keime aufgespürt und dieses Eigene, das Selbst des noch Unfreien, das für ihn vielleicht noch verborgen ist, wird der Freie nun frei-setzen, befreien. Das geschieht entweder durch Versetzung in einen anderen Rahmen, in dem der Wildwuchs der peripheren Aktivitäten keine Chance hat zu wuchern oder durch aktive Gärtnerarbeit, durch Frei-Jäten des Gartens und durch konstantes Aufmerksam-Machen auf das Eigene des anderen. Das erfordert eine starke Bindung und auch die Gabe der Unterscheidung und Selbstlosigkeit. Denn viele angeblich Freie, die doch eher »Bindungslose« genannt werden müßten, haben dem Unfreien ihre eigenen Wünsche und Träume eingeredet, anstatt im aktiven Hinhören abzuwarten, bis sich das wirklich Eigene des anderen zeigt.

Wenn der bisher Unfreie seine Möglichkeit zur Freiheit erkennt, was dann? Er hat sich vielleicht durch die Appelle eines Bindungslosen frei-gelassen gefühlt und sich an diesen Punkt der Freiheit heranführen lassen. Aber dies ist nur ein minimaler Punkt, kein Lebensraum, den der Bindungslose dem Gebundenen zeigt. Wie soll der Unfreie sich in der Ausgesetztheit der Rahmenlosigkeit und Bindungslosigkeit befrieden lassen? Er ist in Unrast und Unfrieden. Die befriedende Weganweisung, der umfriedende Halt ist nicht in der bloßen Freiheit zu finden, die den Unfrei-

---

[46] WP, 160 ff. (Mittlerschaft).
[47] »Mit vierzehn Jahren verfiel ich einer jener grundlosen Verzweiflungen des Jugendalters, und ich wünschte ernstlich zu sterben, wegen der Mittelmäßigkeit meiner natürlichen Fähigkeiten.« UG, 44.

en alles tun läßt und ihn an fast nichts bindet. Sie lähmt ihn und stürzt ihn in eine tiefere Leere und engere Gefesseltheit als je zuvor.

Es gibt keine Befriedung, keine Zufriedenheit über ein Vorankommen, kein Wachstum ohne umfriedende Grenzen. Fehlt die Umfriedung, wird eine Entleerung erfahren von dem, was einmal vorhanden gewesen war. Die Unfähigkeit, sich an Neues, zäh Widerstrebendes zu binden, nimmt zu. Dafür werden die seelischen Triebe stärker entfesselt. Der umherschwirrende Geist kann ihnen keinen Einhalt gebieten, da er an nichts gebunden, sondern selbst halt-los ist. Wenn er sich notgedrungen doch an eine Sache, eine Aufgabe, eine Person binden muß, dann fühlt er sich unfrei und resigniert, weil er für diese eine Bindung zu viele andere Möglichkeiten und Tätigkeiten aufgeben müßte. Hier gibt es keine Frucht, nur Unfruchtbarkeit.

Eine Möglichkeit zur Freiheit ist, dem Ruf der Freiheit in die Verbindung – den Bund – hinein zu folgen; dem Ruf Gottes durch seine mehr oder weniger Befreiten, durch die Kirche. In ihr kommt es zur Lösung, zur Berührung von Gott und Mensch: »In meinen Überlegungen über die Unlösbarkeit des Gottesproblems«, so schreibt Simone Weil, »hatte ich diese Möglichkeit nicht vorausgesehen: die einer wirklichen Berührung, von Person zu Person, hienieden, zwischen dem menschlichen Wesen und Gott«.[48]

Schluß: Freiheit – Freundschaft – Fruchtbarkeit

Die Freiheitstheorie von Edith Stein macht auf einleuchtende Weise deutlich, wie der Weg von Freiheit und Befreiung, von der Möglichkeit zur Wirklichkeit, vom Säen zum Fruchtbarwerden führen kann. Für Simone Weil persönlich wurde der Mangel an Friede sicher gnadenhaft in ihren mystischen Erlebnissen ausgeglichen, in denen Gott ihr vor den Toren der Kirche begegnete. In ihrer Theorie fehlt allerdings letztlich das Ruhe-Stiftende Dritte, durch das sie in einem freien Schritt in die Umfriedung der Kirche hätte eintreten können.

Mit der vorliegenden Untersuchung sollte gezeigt werden, daß das Thema der Freiheit ein wesentliches bleibt, sei es »vor« oder »in« der Kirche, bei der Überlegung, in die Kirche einzutreten oder in ihr zu bleiben. Das Angebot, Freundschaft zwischen dem Absoluten und dem Relativen, zwischen Gott und Mensch in Freiheit zu leben, das heißt nicht mehr »Knechte« zu sein,[49] beinhaltet die Möglichkeit, durch verbindliche Freundschaft fruchtbar zu sein.[50] Simone Weil sah in diesem Zusammenhang das Gleichnis vom unfruchtbaren Feigenbaum als ihr Bildnis an.[51] Sich den »Luxus« der Unfruchtbarkeit zu leisten, mag aus dem Stolz heraus geschehen, ganz rein und unberührt bleiben zu wollen. Fruchtbarkeit

---
[48] UG, 50 f.
[49] Joh 15,15.
[50] Gleichnis vom unfruchtbaren Feigenbaum (Lk 13, 6–9).
[51] UG, 90.

meint letztlich, sich befruchten zu lassen und Frucht zu *tragen*, nicht Frucht zu *produzieren*. Daß Frucht hier und jetzt in jedem Augenblick möglich und erwünscht ist, zeigt die Szene des Schächers am Kreuz. In der Unmittelbarkeit der Anfrage an sein Leben bleibt er nicht bei der intellektuellen Erkenntnis stehen, sondern in seinem Herzen folgt die seelische Hingabe, so daß die Frucht seines Lebens auch noch in der letzten Minute am Kreuz erkannt und akzeptiert wird.[52] Dort, wo derartige Entscheidungen nicht gefällt werden, leben wir unter der »Herrschaft der Feiglinge« (Chesterton).[53]

---

[52] Lk 23,40–43.
[53] »Aber gewiß wird früher oder später im Hafen die turmhohe Flamme aufsteigen, die verkündet, daß die Herrschaft der Feiglinge vorüber ist und ein Mann seine Schiffe verbrennt.« Gilbert Keith Chesterton, Verteidigung des Nonsens. Leipzig/Weimar 1991, 31 (Verteidigung übereilter Gelübde).

Geschichte des Edith-Stein-Archivs

Maria Amata Neyer

Seit vielen Jahren – seit 1950 – gibt das *Archivum Carmelitanum Edith Stein* in Brüssel die Reihe *Edith Steins Werke* heraus und hat damit das Verdienst erworben, die Schriften Edith Steins der Öffentlichkeit zugänglich zu machen. Die Reihe umfaßt bis jetzt die Bände I–XVIII; ein neunzehnter oder gar zwanzigster Band sind möglicherweise für die Zukunft zu erwarten. Inzwischen sind die ersten Bände vergriffen, so daß Neudrucke wünschenswert wären. Auch die beiden Briefbände *Selbstbildnis in Briefen*, *1. Teil: 1916–1934* und *2. Teil: 1934–1942* sind im Buchhandel vergriffen und nur noch im Kölner Karmel in geringer Zahl vorrätig. Von diesen Briefbänden sind stark erweiterte Neuauflagen in Vorbereitung; mit dem Erscheinen des ersten kann wohl in absehbarer Zeit gerechnet werden.

Das Archivum Carmelitanum Edith Stein (inzwischen von Brüssel nach Geleen/Niederlande verlegt) darf nicht verwechselt werden mit dem *Edith-Stein-Archiv* des Karmel in Köln. Wir werden häufig gefragt, wie es zur Entstehung dieser beiden Einrichtungen kam; der Kölner Karmel ist Eigentümer beider Bestände. Die Frage nach dem Eigentum am Brüsseler Bestand war anfangs ungeklärt. Sie hängt mit der Frage zusammen, wer nach Edith Steins Tod Erbe ihres Nachlasses war und somit – das war hier der springende Punkt – Erbe der Autorenrechte. Nach dem damals wie noch heute geltenden Kirchenrecht ist der Orden Alleinerbe des Nachlasses einer Nonne, es sei denn, sie hat vor Ablegung der Ewigen Profeß anders entschieden, was ihr durchaus freisteht. Alles nach Ablegung der Gelübde Erworbene oder Erarbeitete fällt dagegen dem Orden oder (autonomen) Kloster zu, dem die Verstorbene bei ihrem Tode als Konventualin angehörte. Eben dies war im Falle Edith Steins zunächst ungeklärt.

Da die Geschicke von Edith Steins Hinterlassenschaft eng mit den Geschehnissen ihrer letzten Lebensjahre verknüpft sind, möchte ich zuerst diesen Ereignissen nachgehen.[1] Dies ist umso dringlicher, als – bedingt durch die Turbulenz der damaligen Zeit – recht unübersichtliche, zum Teil einander widersprechende Berichte vorliegen. Solche Berichte stammen aus verschiedenen Zeitabschnitten.

Zunächst war es selbstverständlich, daß nach Kriegsende so schnell wie möglich ein schriftlicher Austausch zwischen den Karmelitinnen von Köln und Echt in Gang kam. Mit dem normalen Postverkehr war eben auch der Briefwechsel zum Erliegen gekommen. Die Briefe aus dem Echter Karmel berichteten natürlicherweise vor allem von Edith und Rosa Steins letztem Lebensabschnitt im dortigen Kloster. Die Kölner Priorin

---

[1] Auch die einschlägigen Dokumente werde ich zitieren, da immer wieder angezweifelt wird, ob Edith Steins Wechsel nach Echt mit rechten Dingen, d.h. kirchenrechtlich einwandfrei zugegangen sei.

Teresia Renata vom Hl. Geist (Posselt)[2], die erste Biographin Edith Steins, hat diese Schilderungen aus Echt für ihr Buch[3] schon mitverwertet. Die 1. Auflage, ein nur 160 Seiten umfassendes Werkchen, trägt das Datum des 1. Mai 1948. Verfasserin der Briefe aus Echt war vermutlich im wesentlichen die Priorin Antonia vom Hl. Geist (Engelmann).[4] Gerade diese Briefe scheinen nicht erhalten zu sein; jedenfalls wurden sie bis jetzt nicht aufgefunden.

Eine weitere »Informationswelle« kam zwischen Echt und Köln in Gang, als erste Vorbereitungen für einen Seligsprechungsprozeß[5] anliefen, also etwa zehn Jahre später. In dieser Zeit war Mutter Johanna vom Kreuz (van Weersth)[6] unsere vorzüglichste Ansprechpartnerin. Sie hat Edith

[2] Teresia Renata (Resi) Posselt wurde geboren am 28.4.1891 in Neuss und trat im März 1919 in den Karmel zu Köln-Lindenthal ein. Dort legte sie am 29.9.1920 ihre Gelübde ab. Wenige Jahre später siedelte sie in den Karmel zu Kordel bei Trier (heute in Waldfrieden bei Auderath/Eifel) über, um dort das Amt der Novizenmeisterin zu übernehmen. Im Jahre 1933 kehrte sie nach Köln zurück, weil man sie dort als Subpriorin gewählt hatte. Am 8.1.1936 wurde sie Priorin und blieb es mit einer kurzen Unterbrechung bis zu ihrem Tode. Teresia Renata Posselt hat den Eintritt Edith Steins in den Karmel erlebt. Sie hat die Zerstörung des Kölner Karmels im 2. Weltkrieg miterlebt, dann die Zeit des »Exils« im Karmel zu Welden, die Rückkehr nach Köln-Junkersdorf in den gemieteten Behelfskarmel, schließlich den Wiederaufbau des alten Karmel vor der Siebenburgen/Schnurgasse und die Übersiedlung des Konventes dorthin. – Renata Posselt starb am 23.1.1961 im Karmel zu Köln.

[3] Teresia Renata de Spiritu Sancto, Edith Stein. Nürnberg ¹1948, 7; stark erweiterte Aufl. 1954. Ab 1957 erschien das Werk in der neu begründeten Herder-Bücherei als Band 3 und erreichte bis 1963 neun Auflagen. Diese Biographie ist im Lauf der Jahre in fast alle europäischen Sprachen übersetzt worden.

[4] Antonia Ambrosia (Maria) Engelmann, geb. am 31.3.1875 in Eltville, gest. am 30.4.1972 in Echt, wurde am 29.9.1940 im Echter Karmel zur Priorin gewählt. Sie war es, die Edith Stein wieder zu wissenschaftlicher Arbeit anregte, so auch zu dem Werk *Kreuzeswissenschaft*.

[5] Die erste tatkräftige Initiative zu einem Seligsprechungsprozeß für Edith Stein ging vom Verein katholischer deutscher Lehrerinnen aus. Bei der Mitgliederversammlung 1952 in Berlin legte dieser Berufsverband lehrender Frauen der kirchlichen Behörde (u.a. dem Kölner Kardinal Dr. Josef Frings und dem von ihm ernannten Postulator für solche Prozesse im Erzbistum Köln) folgende Entschließung vor: »400 Mitglieder des Vereins katholischer deutscher Lehrerinnen, die anläßlich des 75. Deutschen Katholikentages in Berlin versammelt sind, empfehlen von ganzem Herzen den Seligsprechungsprozeß ihres früheren Mitgliedes Edith Stein (Karmelitin Teresia Benedicta a Cruce) und bitten dringend, ihn zu beschleunigen. – Berlin-Charlottenburg, den 29.8.1952. Maria Schmitz, 1. Vorsitzende des Vereins katholischer deutscher Lehrerinnen. Maria Wilkens, Diözesanvertreterin für Berlin.« In einem Begleitschreiben wird Edith Stein dann als »Dienerin der Wahrheit« und Fürbitterin für christliche Erziehung und die Anliegen der berufstätigen Frauen zur Seligsprechung empfohlen. Ich möchte betonen, daß hier weder die Philosophin noch das Auschwitzopfer im Vordergrund standen. Für den Beginn des Prozesses mußte aber der Tod Edith Steins nachgewiesen werden. Erst in diesem Zusammenhang rückte der Tod in Auschwitz dann übermäßig in den Vordergrund, was später durch den Martyrertitel noch verstärkt wurde. Dadurch besteht die Gefahr, daß das ursprüngliche Anliegen, die »Dienerin der Wahrheit«, eine Frau, die ihr Berufsleben ganz und gar im Geist des Evangeliums lebte (»an der Hand des Herrn«, wie sie sagte) ungebührlich in den Hintergrund tritt.

[6] Johanna (Ida Josefa) van Weersth, wurde am 20.3.1901 in Hauset/Belgien geboren und starb am 22.5.1971 im Karmel zu Echt. Sie war von 1938 bis 1946 Priorin im Karmel Beek.

Stein nicht persönlich gekannt, stand aber mit ihr in Briefwechsel. Damals war sie Priorin im Karmel von Beek/Niederl. Limburg, einer Tochtergründung des Echter Karmel aus dem Sommer 1938. Im Mai 1946 kehrte sie nach Echt zurück. Wenige Monate vor ihrem Tod hatte sie Gelegenheit, uns in Köln zu besuchen, und ich fand bei diesem persönlichen Kennenlernen bestätigt, was ihre Briefe zeigten: Nicht nur hegte sie, wie auch Mutter Teresia Renata und Mutter Antonia, warmherzige Hochschätzung für Edith Stein, sondern es war ihr auch ein Anliegen, deren Lebensumstände möglichst zuverlässig zu erforschen. Sie konnte die Ergebnisse ihrer Bemühungen 1967 in einem Kommentarband[7] veröffentlichen, den Freunde des Echter Karmel als Privatdruck herausgaben. Aus dieser Quelle habe auch ich einiges geschöpft. Mutter Renatas Buch, unstreitig ein Quellenwerk – sie ist die einzige Biographin, die Edith Stein persönlich kannte –, enthält etliche Irrtümer. Es war in der ersten Nachkriegszeit sehr schwierig, Recherchen anzustellen. Auch eine gewisse Sorglosigkeit gegenüber Namen, Zeiten, Orten und anderen Fakten, die uns an Mutter Renata im Alltagsleben oft erheiterte, hat sich in ihrem Buch bemerkbar gemacht. So stammen z.B. durchaus nicht alle dortigen Zitate in der angegebenen Formulierung tatsächlich von Edith Stein; die Autorin gab lediglich Erinnerungen an Gespräche wieder, ohne das eigens anzumerken.

Als Edith Stein am 9. August 1942 starb, war sie 3 1/2 Jahre im Karmel in Echt gewesen. Man muß wissen, daß die Klöster der Karmelitinnen selbständige Häuser sind; es gibt kein Mutterhaus mit einer Provinz- oder gar Generaloberin. Jedes Kloster hat sein eigenes Noviziat, und wo man eintritt, bleibt man. Möchte dennoch eine Schwester von einem Karmel in einen anderen übersiedeln, so muß die Erlaubnis dazu aus Rom eingeholt werden. Dies setzt voraus, daß beide beteiligten Konvente ihr in geheimer Abstimmung festgestelltes Einverständnis erklären. Eine Übersiedlung ins Ausland, die Edith Stein schon im Frühjahr 1938 erwogen hatte, wurde durch die Pogromnacht vom 9. November desselben Jahres spruchreif. Meine Zeugin für diese Zeit ist Schwester Teresia Margareta vom Herzen Jesu (Drügemöller)[8], eine Noviziatsgefährtin Edith Steins. Sie sagt, daß alle Mitschwestern, besonders aber Edith Stein selbst, wegen der Ereignisse des 9. November aufs äußerste erregt waren. Schwester Benedictas Befürchtungen gingen dahin, ihre Anwesenheit könne dem Kloster erhebliche Unannehmlichkeiten von seiten der Ideologen des Rassenwahns bereiten. Schwester Margareta meint sich zu entsinnen, daß der aus den Niederlanden stammende, aber die amerikanische Staatsangehörigkeit besitzende Karmelit Cornelius vom hl. Joseph (Leunissen)[9], damals Konven-

---

[7] Der Titel dieser Schrift *Als een brandende toorts* (Wie eine lodernde Fackel) ist dem biblischen Buch der Könige entnommen und bezieht sich ursprünglich auf den Propheten Elija.
[8] Teresia Margareta (Hedwig) Drügemöller wurde geboren am 19.8.1910 in Ahaus/Münsterland; sie war einmal in Köln und zweimal im Karmel Pützchen/Bonn-Beuel Priorin und lebt heute im Karmel Köln.
[9] Cornelius (Heinrich) Leunissen, wurde am 31.10.1899 in Krawinkel-Geleen geboren und war Novizenmeister in der von Deutschland aus gegründeten Niederlassung Holy Hill

tuale des Karmels in Geleen/Niederl. Limburg (zuvor mitbeteiligt an einer Neugründung in den Vereinigten Staaten), den Kölner Karmel besuchte und sich erbot, Edith Stein in einem Karmel der USA unterzubringen, während sie selbst eher an Palästina gedacht hatte. Mir scheint, daß in dieser Zeit im Kölner Karmel – außer Edith Stein selbst – noch niemand an die Notwendigkeit einer langjährigen oder gar endgültigen Trennung glauben mochte, und so entschied man sich für Echt. Diese Entscheidung lag an sich nahe. Mit dem Konvent in Echt bestand seit je Kontakt; er war ja aus dem 1875 ins Exil vertriebenen Kölner Karmel hervorgegangen. Noch 1938 lebten vorwiegend deutsche Schwestern dort, und es wurde durchwegs deutsch gesprochen.[10]

Die Anfrage der Kölner Priorin wegen der Übersiedlung Edith Steins wird in Echt während der ersten Dezemberwoche 1938 eingetroffen sein. Denn die Priorin Ottilia von Jesus dem Gekreuzigten (Thannisch)[11] antwortete am 7. Dezember folgendermaßen:

J<esus>, M<aria>, J<osef>, T<eresia>
P<ax> Chr<isti>!

Carmel Echt, 7.XII.38

Liebe Ehrwürdige Mutter,
da Ihre l<iebe> Schw<ester> Benedicta <der> Luftveränderung dringend bedarf, bitte ich E<ure> Ehrwürden dringend, sie so bald wie möglich hierhin kommen zu lassen. Wir wollen sie mit herzlicher Liebe bei uns aufnehmen. Durch die Übersiedlung unserer 6 Schwestern nach Beek haben wir Platz genug.
Mit herzlichen Grüßen von Carmel zu Carmel
E<urer> Ehrwürden, lb. Mutter, ger<ingste> S<oro>r Maria Ottilia a J<esu> Cr<ucifixo> o.c.d.[12]

Vermutlich war man in Echt schon durch P. Cornelius über das Nähere unterrichtet worden. Schriftlich wagte man das aber nicht auszudrücken und sprach daher von »Luftveränderung«. Edith Stein schrieb am 9.12.38 an die Dorstener Ursulinenoberin Petra Brüning[13]:

---

in Hubertus/WI/USA. Im Jahre 1939 wurde er Provinzial der Niederländischen Provinz. Cornelius Leunissen starb im Oktober 1971 in den USA, wohin er 1941 vor der deutschen Gestapo hatte fliehen müssen.

[10] Die Entscheidung gegen Palästina (Edith Stein wäre gern in den Karmel von Bethlehem gegangen, wo Christus als Sohn einer jüdischen Mutter geboren wurde) hatte politische Gründe. Palästina – den Staat Israel gab es noch nicht – stand unter britischem Mandat. Die Einwanderung europäischer Juden hatte derart zugenommen, daß in Palästina Unruhen ausbrachen, die bürgerkriegsähnliche Ausmaße annahmen. Daraufhin hatte die britische Regierung sehr niedrige Quoten für die Einreise festgesetzt. Kenner der Situation in Palästina rieten dringend von einem Einwanderungsgesuch ab, und Edith Stein hat gewiß aus politischem Feingefühl dieser Entscheidung zugestimmt, zumal im Karmel von Bethlehem ausschließlich Araberinnen lebten.

[11] Ottilia (Margarete) Thannisch wurde geboren am 20.7.1878 in Wickrath/Rheinland; sie war als Neunzehnjährige in den Echter – d.h. den in Echt ansässigen – Kölner Karmel eingetreten und starb dort am 15.5.1958.

[12] Das Original dieses Briefchens befindet sich in Edith Steins Nachlaß in Köln. Es wird demnächst im überarbeiteten Bd. IX der Werke Edith Steins (Briefe 2. Teil) veröffentlicht.

[13] Petra (Agnes) Brüning wurde am 15.8.1879 in Osterwick bei Coesfeld geboren und starb in Dorsten am 15.12.1955.

... Unsere liebe Mutter <Priorin> hat unsere Schwestern in Echt (Holland) gebeten, mich aufzunehmen. Heute erhielten wir die sehr liebevolle Zusage. Wenn alle Papiere so schnell zusammen zu bringen sind, möchten wir es noch vor dem 31.12. bewerkstelligen ...[14]

Eine solche schwesterliche Verabredung genügt jedoch nicht den kirchenrechtlichen Vorschriften. Wie schon erwähnt, verlangten diese die Zustimmung der Kölner und der Echter Kommunität sowie die Billigung von seiten der zuständigen Diözesanbischöfe. Der Kölner Karmel führte die erforderliche Abstimmung (geheim, mit weißen und schwarzen Kugeln) am 17.12.1938 durch; das Protokoll wurde von der Priorin Teresia Renata vom Hl. Geist und der Subpriorin Maria Franziska von den unendlichen Verdiensten Jesu Christi (Fickermann)[15] ausgefertigt:

> Kapitelakt.
> Am 17. Dezember 1938 wurde unseren Schwestern im Kapitel die Frage vorgelegt, ob sie einverstanden seien, daß Sr. Teresia Benedicta a Cruce aus unserem Karmel scheidet und in den Karmel Echt in Holland übertritt.
> Karmel, Köln-Lindenthal, 17. Dezember 1938.
> Sr. Teresia Renata de Spiritu Sancto, Priorin
> Sr. Maria Franziska ab Infinitis Mereritis Jesu Christi, I. Clavarin.
> Siegel des Karmels Köln-Lindenthal.

Kardinal Karl Josef Schulte[16] unterzeichnete am 20.12. den Kapitelakt:

> Gelesen und gutgeheißen!
> Köln, den 22. Dezember 1938.
> Carl Josef Cardinal Schulte, Erzbischof von Köln.
> Siegel des Erzbischofs.

Der Echter Karmel stimmte am 20.12. ab; Mutter Ottilia von Jesus dem Gekreuzigten und die Subpriorin Maria Antonia vom Hl. Geist unterschrieben den Kapitelakt.
Dr. G. Lemmens, Bischof von Roermond, unterzeichnete am 20.12. das Dokument:

> Gesien en goetgekeurt.
> Roermond, 21. Dec. 1938
> + DJLemmens
> (Bischöfliches Siegel)

Nun konnte Edith Stein unter Beifügung der beiden Papiere ihre Eingabe in Rom machen. Diese ist vom 26.12.1938 datiert und trägt Edith Steins eigenhändige Unterschrift:

---

[14] Das Original dieses Briefes befindet sich im Kloster der Ursulinen in Dorsten. Hier wurde nach einer beglaubigten Abschrift zitiert. – Die geplante Abreise noch vor dem 31.12. ist wohl dadurch zu erklären, daß ab 1.1.1939 die Pässe jüdischer Bürger gekennzeichnet sein mußten.
[15] Franziska (Dorothea) Fickermann wurde geboren am 11.5.1875 in Werl/Westfalen und starb am 25.4.1957 in Köln. Sie war mehrmals Subpriorin und Ratsschwester (Clavarin).
[16] Karl Josef Kardinal Schulte wurde geboren am 14.9.1871 in Valbert/Paderborn. Mit 38 Jahren wurde er Bischof von Paderborn, zehn Jahre später Erzbischof von Köln. Er starb am 10.3.1941 in Köln.

> Beatissime Pater,
> Sr. M. Teresia Benedicta a Cruce, professa votorum perpetuorum Carmelitarum Discalceatarum ex Monasterio Coloniensi Archiepiscopo subjecto, ad pedes S. V. provoluta humiliter petit facultatem transeundi in monasterium Echtensem Carmelitarum, dioec. Roermondensis.
> Et Deus, etc.
> Coloniae Agrippinae, die 26. Decembris 1938.
> Sr. Teresia Benedicta a Cruce o.c.d.[17]

Diese drei Papiere befinden sich noch heute bei der Behörde für die Ordensleute im Vatikan; von dort konnte uns erst kürzlich unser Mitbruder John Sullivan Kopien besorgen. Sie sind beglaubigt durch P. Arturo Reynoso m.sp.s., Archivista CICSVA Vaticano am 2. Januar 1962 mit dem Stempel: »Congr pro inst vitae consecratae et soc vitae apostolicae, concordat cum originali. AB. Arch.« und dem Siegel derselben Behörde. Die zusagende Antwort aus Rom wurde am 19. Januar 1939 ausgestellt. Auch darüber gibt es Dokumente. Wir besitzen eine Kopie mit folgendem Wortlaut:

> S. C. Religiosi
> Sez. F – Diocesi: *Colonia*
> in lingua italiana: Istituto: *Carmelitane Scalze*
>   Oratrice: *Sr. M. Teresa Benedetta della Croce*
>   Ogetto: *Transito a Echt (Olanda)*
> DATA della provivista: *19. Jan. 1939*
> PROVVISTA:
> Pro gratia, preces ad triennium et j<uxta> Formulam
> DATA di spedizione: d. d. <dicta die>

Ferner ein Dokument in Abschrift:

> N°. 2071/39
> Beatissime Pater,
> Soror M. Theresia Benedicta a Cruce ...

mit identischem Wortlaut wie obiges Gesuch Edith Steins vom 26. Dezember 1938 bis:

> Et Deus, etc.

---

[17] Die Kapitelakte der Karmelitinnen von Köln und Echt sind handschriftlich abgefaßt. Das dritte Dokument wurde mit der Maschine geschrieben und von Edith Stein persönlich unterzeichnet. Bei den Texten handelt es sich, bis auf die Daten, die Namen und die Bitte selbst um feststehende Formeln, die in solchen Fällen stets verwendet wurden. – Hier möchte ich eine Korrektur einfügen. In früheren Darlegungen der Übersiedlung Edith Steins nach Echt (z.B. in der Zeitschrift *Katholische Bildung*, Heft 10, Oktober 1991, Jahrgang 92, 542) habe ich die Vermutung geäußert, daß vor der Übersiedlung die vorgeschriebene Abstimmung im Konventkapitel unterblieben sei, weil in unserem Protokollbuch für Kapitelabstimmungen eine entsprechende Eintragung fehlt. Daraus, daß diese unterblieb – was durchaus eine Vorsichtsmaßnahme angesichts jederzeit möglicher Hausdurchsuchungen durch die Gestapo gewesen sein kann – habe ich geschlossen, eine solche Abstimmung habe nicht stattgefunden. Das war ein Trugschluß. Wie oben dargelegt, wurde nach den Erfordernissen des Ordensrechts die durch geheime Abstimmung der Kapitularinnen festgestellte Zustimmung des Konventkapitels eingeholt, und zwar aus Köln ebenso wie aus Echt.

Dann folgt:

> Vigore facultatem a Ssmo Domino Nostro concessarum S. Congregatio Negotiis Religiosorum Sodalium praeposita, audito voto Em. Card. Archiepiscopi Coloniensis, Eidem benigne remisit, ut petitum transitum, ad triennium, pro suo arbitrio et prudentia concedet; antequan autem triennium expleatur, si soror intransitum definitum conseserit, fiat denuo recursus ad hanc Sacram Congregationem cum scripto consensu communitatis.
> Contrariis quibuscumque non obstantibus.
> Datum Romae, die 19. Januarii 1939.
> L. S.
> + Fr. L. H. Pasetto.
>
> Concordat cum Originali in cujus fidem ...
> Monachii, die 6. Februarii 1940 *Fr. Heribertus a Sta. Maria,* Provincialis[18]
> *Fr. Elmarus a S. Maria,* Secr<etarius> Prov<inciae>[19]
> Siegel der Bayerischen Provinz der Unbeschuhten Karmeliten.

Das Dokument wurde von Rom aus zunächst an den deutschen (bayerischen) Provinzial gesandt, weil vermutlich auch die Eingabe Edith Steins durch ihn in Rom eingereicht worden war. Die Antwort traf erst ein, als Edith Stein schon in Echt weilte.

Exkurs 1

Hier möchte ich zunächst eine Klarstellung einfügen. Immer wieder liest man, Edith Stein sei in einer »Nacht- und Nebelaktion« über die Grenze »geflohen«. Dies ist mißverständlich. Eine Flucht war diese Reise insofern, als Edith Stein den Machtbereich des nationalsozialistischen Regimes verlassen wollte; jedoch war sie im Besitz aller vom Deutschen Reich vorgeschriebenen Reisepapiere. In einem ihrer ersten Briefe aus Echt heißt es:

> In der Weihnachtsoktav kamen fast wunderbar schnell die nötigen Unterlagen zur Abreise zusammen.[20]

Und:

> Ich hatte die feste Überzeugung, daß damit Schlimmeres verhütet werden könne. Ein äußerer Druck war noch nicht erfolgt.[21]

Selbst die Ankunft in Echt bei Dunkelheit scheint mir keine geplante Vorsichtsmaßnahme gewesen zu sein. Denn der Reisepaß kam erst am Morgen des 31.12. im Karmel an, und am Nachmittag desselben Tages erfolgte die Abreise. Man mußte auch noch den in Leverkusen wohnenden Arzt Dr. Paul Strerath[22] verständigen, der Edith Stein mit seinem Auto in die

---

[18] Heribert (Josef) Altendorfer, geb. am 7.10.1893 in Regensburg, dort gest. am 3.1.1953, war von 1936 bis 1946 Provinzial der deutschen Ordensprovinz.
[19] Elmar (Franz Xaver) Feuerer wurde am 4.9.1913 in Krondorf/Bayern geboren; er gehörte später nicht mehr dem Orden an.
[20] Brief an Petra Brüning vom 3.1.1939.
[21] Brief an Uta von Bodman vom 22.1.1939.
[22] Paul Strerath, praktischer Arzt, wurde geboren am 4.7.1880 in Leverkusen-Schlebusch und starb am 5.3.1945 in Wuppertal-Elberfeld. Paul Strerath hat in bedrängter Zeit viel für bedrohte Menschen getan.

Niederlande brachte. Und vor allem: Edith Stein hatte sich einen Zwischenaufenthalt in der damaligen Pfarrkirche »Maria vom Frieden« erbeten, wo Dechant Diefenbach[23] – es war Samstag – beim Beichte hören eine Kaffeepause machte, in der er ihr die Kirche, die Totengruft und andere noch erhaltene Teile der ehemaligen Klosteranlage zeigte. Die Kirche war Edith Stein besonders lieb, weil sie bis 1802 die Karmelitinnenkirche war, auf deren Hochaltar das Gnadenbild der »Königin des Friedens« stand. Und da der 31.12. einer der kürzesten Tage des Jahres ist, konnten die Reisenden vor Anbruch der Dunkelheit nicht am Ziel sein. Während der Abendrekreation der Schwestern kam Edith Stein, kurz nach 19 Uhr, im Karmel an und wurde mit herzlichster Freude aufgenommen.

Da Mutter Renata nichts Näheres über die Reise nach Echt schreibt, wurde lange Zeit davon ausgegangen, daß Edith Stein die Fahrt mit dem chauffierenden Arzt allein unternommen hat. Im stillen hatte ich mich schon oft darüber gewundert, daß man die klausurierte Ordensfrau mit einem Herrn allein reisen ließ. Die damaligen Klausurvorschriften erlaubten den Nonnen nicht, außerhalb des Klosters ein ganz kleines Stück Wegs ohne Begleitung zu gehen. Inzwischen konnte geklärt werden, daß Dr. Strerath tatsächlich einen Begleiter bei sich hatte, nämlich den Pfarrer Dr. Leo Sudbrack.[24] Mein Mitbruder John Sullivan wird Näheres darüber im Jahrbuch berichten. Ihm möchte ich hier nicht vorgreifen.

***

Das Schwierigste an der Übersiedlung kam aber erst in Echt selbst. Edith Stein besaß zwar die deutschen Papiere zur Reise über die niederländische Grenze, nicht aber die Einwanderungserlaubnis von den Niederlanden. Mutter Johanna schreibt, daß Edith Stein sich bereits in den ersten Tagen beim Einwohnermeldeamt polizeilich anmelden wollte. So war sie es von Deutschland her gewohnt. Wir besitzen Kopien der Anmeldekarten aller Orte, in denen Edith Stein sich längere Zeit aufhielt. In den Niederlanden aber benötigte sie eine Genehmigung zum Daueraufenthalt, d.h. zur Einwanderung. Diese war jedoch schon damals nicht ohne weiteres zu bekommen. Vielleicht hatten die Schwestern des Echter Karmel zunächst noch gar nicht daran gedacht, daß ihr Gast sofort eine polizeiliche Anmeldung wünschte. Da aber hatten sie nicht mit Edith Steins Auffassung vom Gehorsam gegenüber dem Staat gerechnet. Sie war der Meinung, in einem geordneten Staatswesen wie den Niederlanden sei man zur Befolgung seiner Vorschriften verpflichtet. In der Tat konnte niemand ahnen,

---

[23] Michael Diefenbach, geb. am 20.10.1885 in Düsseldorf, gest. am 27.3.1961 in Köln, war den Karmelitinnen gut bekannt. Er kam öfter in den Karmel zum Zelebrieren der hl. Messe oder als Beichtvater. – Es ist nicht sicher, ob Edith Stein sich diesen Besuch in der Kirche »Maria vom Frieden« selbst gewünscht oder ob andere ihr ihn vorgeschlagen haben. Auf jeden Fall erzählt Edith Stein in mehreren Briefen aus Echt voll Freude darüber.

[24] Leo Sudbrack wurde geboren am 29.9.1894 in Trier und starb am 25.4.1969 in Perl/Mosel.

daß die Niederlande im Mai 1940 von Truppen des »Dritten Reiches« besetzt werden würden; noch herrschte ja auch kein Krieg. So setzte man in Gang, was man später als den »Anfang vom Ende« ansah: die Bemühung um eine Aufenthaltsgenehmigung.[25]

Die von jeher gastfreundlichen und neutralen Niederlande waren von Flüchtlingen aus Deutschland, zumal von jüdischen Bürgern, überschwemmt. Zum Teil wanderten diese noch rechtzeitig in weitere Länder aus; andere wollten zunächst von sicherer Zuflucht aus abwarten, wie sich die Dinge in Deutschland gestalten würden. Die Niederlande hatten deshalb große Auffanglager errichtet, in denen sich Juden sammelten, die man wegen der ihnen drohenden Gefahr nicht ins Deutsche Reich abschieben konnte. Ein solches Lager war Westerbork. Es machte zunächst, wie ein Augenzeuge berichtet, keinen unfreundlichen Eindruck. Die Insassen hatten Kindergärten, Schulen, Sprachkurse, kulturelle Veranstaltungen u.a. ins Leben gerufen, um die qualvolle Zeit des ungewissen Wartens zu überbrücken. Erst mit der Übernahme durch die deutschen Besatzer wurde das Lager – mit Stacheldraht und Wachttürmen – zu einem KZ-ähnlichen Schreckensort.

Da also Edith Stein durchaus nicht ohne staatliche Genehmigung in Echt bleiben wollte, mußten die Karmelitinnen »Beziehungen« spielen lassen, um die erforderliche Einwanderungserlaubnis zu bekommen. Sie wandten sich durch Vermittlung von Dr. Serrarens, einem Freund, der Mitglied der Zweiten Kammer war, an den Justizminister Dr. Goseling, der sich dieser Angelegenheit persönlich und erfolgreich annahm. Vermutlich hat er dies nicht nur im Falle der beiden Schwestern Stein, sondern auch sonst oftmals getan. Schon 1941 kam er in einem deutschen KZ ums Leben.

Exkurs 2

Als im nächsten Jahr auch Rosa Stein nach Echt wollte, dauerte es noch weitaus länger, bis alle Formalitäten erledigt werden konnten. Es ist zu betonen, daß die Karmelitinnen zur Begründung die große Gefahr angaben, in der »Nichtarierinnen« im »Dritten Reich« schwebten, und diese Angaben machten sie mit ausdrücklicher Gutheißung der Schwestern Stein; auch Rosa kam noch vor Ausbruch des Zweiten Weltkrieges in die Niederlande. Sie hatte aber den Weg über Belgien genommen, und das erschwerte die Angelegenheit zusätzlich. Denn – wie wir es auch heute kennen – Flüchtlinge aus »sicheren Drittländern« konnten nicht mit einer Einwanderungserlaubnis rechnen. Rosa hatte sich nach Belgien gewandt, weil sie eine Dame kennengelernt hatte, die dort eine neue geistliche Gemeinschaft gründen wollte. Diese »Gründerin« war auch bei anderen Or-

---

[25] Möglicherweise kommt hier auch zur Geltung, was Edith Stein einmal von sich selbst sagte: »Ich bin ja immer etwas rigoros« (Brief an Margarete Günther vom 7.9.1934); Veröffentlichung erfolgt demnächst im überarbeiteten Briefband 2, der in Vorbereitung ist.

den bekannt, die ihr ein gutes Zeugnis ausstellten; so hatte sich Rosa ihr angeschlossen. Sie war zunächst mit einer beachtlichen Aussteuer an Wäsche, Geschirr, Silber und Möbeln nach Köln gekommen. Dort waren ihr die Karmelitinnen behilflich, alles für die Weiterreise Nötige zu erledigen, und so konnte Rosa ihren Hausrat nach Belgien bringen. In Begleitung einer der Kölner Pfortenschwestern, Regina von den hl. Aposteln (Zimmer)[26], kam sie an ihren Zielort (Roclenge-sur-Geer, Provinz Luik). Jene Dame hatte in diesem kleinen Ort ein Landhaus erworben (oder angemietet), wo sie Rosa erwartete. Diese jedoch konnte sich schon bald des Eindrucks nicht erwehren, daß sie einer ganz unfähigen Phantastin zum Opfer gefallen war. Sie wandte sich hilfesuchend nach Echt, und die dortigen Schwestern zögerten keinen Augenblick, alle Bemühungen um eine Aufenthaltsgenehmigung ein zweites Mal in Gang zu setzen. Schon ehe Rosa nach Belgien ging, schrieb Edith in einem Brief an Petra Brüning in Dorsten:

> Das Einwandern ist nicht leicht. Für Rosa haben wir schon Verschiedenes versucht; bisher vergeblich. Sie weiß noch gar nicht, was aus ihr wird.[27]

Unter diesen Umständen hatte sie sich zu dem belgischen Abenteuer entschlossen. Gegen Ende Juni 1939 war es dann Barbara van Weersth, einer Nichte der Mutter Priorin von Beek, der schon erwähnten Johanna van Weersth, gelungen, die keiner Fremdsprache mächtige Rosa in jenem belgischen Dorf abzuholen. Edith schreibt darüber am 14. Juli 1939 an ihre Geschwister in New York:

> Es war eine böse Enttäuschung in Belgien (...) Es ist gut, daß hier im Ländchen Limburg alles nahe beieinander ist, auch unser P. Provinzial leicht zu erreichen. Er ist seit Ende April im Amt; sein Vorgänger hatte den Sitz in Nordholland. Am 1. VII. war er zu einer Einkleidungsfeier bei uns, verlangte am Schluß, ein wenig mit mir allein zu sprechen. Ich benutzte die paar Minuten, um ihm von Rosas Mißgeschick zu erzählen. Er versprach sofort, für sie zu sorgen. Ein paar Stunden später überraschte sie selbst uns durch ihr unverhofftes Erscheinen. Wir haben sie dann gleich am Montag zu ihm nach Geleen geschickt zu persönlicher Vorstellung und Aussprache. Sie kam ganz glücklich zurück, weil ihr soviel Güte und Liebe noch nie begegnet sei. Aber was wir uns eingebrockt haben, kann er natürlich nicht ungeschehen machen. Wir müssen sehen, alles ins rechte Gleis zu bringen. Das geht nicht so im Handumdrehen.

Und am 4. Januar 1940:

> Rosa hat neulich nur kurz erwähnt, daß sie jetzt die Aufenthaltserlaubnis bekommen hat. Das war aber keine einfache Sache. – Am 25. lief doch die örtliche Erlaubnis ab; in den Wochen vorher wurde immer wieder vom Bürgermeisteramt hergeschickt, ob noch immer kein Bescheid vom Minister da sei; sie müsse sonst am 26. fort (...) Die letzte Stelle war das Außenministerium, und da lag die Sache fest. Es mußte wieder durch Expreßbrief und Telefonanruf der Abgeordnete mobil gemacht werden. Und der brachte es fertig, daß am 21. der amtliche Bescheid hier ans Bürgermeisteramt kam. (...) Auch jetzt ist die Erlaubnis auf Echt und unser Haus eingeschränkt und muß monatlich erneuert werden.[28]

---

[26] Regina (Josefine) Zimmer wurde im Januar 1939 als Pfortenschwester des Kölner Karmel eingekleidet; sie blieb jedoch nicht im Orden.
[27] Brief vom 17.2.1939.
[28] Auch die Veröffentlichung dieser Briefe ist in Vorbereitung.

In Echt fand sich bald eine gute Lösung: Die Pförtnerin, die bis jetzt im Karmel den Außendienst versehen hatte, wünschte sich in den Ruhestand zurückzuziehen, und Rosa konnte ihre Stelle einnehmen.

> Rosa ist jetzt Hausfrau im Pfortenhaus,

schrieb Edith später; sie kümmerte sich um die Kapelle, die Gäste und alle nötigen Ausgänge und war im Kloster und im ganzen Ort beliebt.

Zunächst durften nun die beiden Schwestern im Echter Karmel noch eine relativ ruhige Zeit verleben. Dies wurde anders, als im Mai 1940 die deutschen Truppen außer Luxemburg und Belgien auch die Niederlande besetzten. Das weitere Schicksal von Edith und Rosa Stein setze ich bei den Leserinnen und Lesern des Jahrbuchs als bekannt voraus.[29] Kehren wir zu unserem Thema, dem schriftlichen Nachlaß Edith Steins, zurück.

Als den Karmelitinnen in Echt im August 1942 klar wurde, daß an eine baldige Rückkehr der Deportierten nicht zu denken war, sortierten sie alles, was Edith Stein in ihrer Zelle zurückgelassen hatte; sie hatte ja noch am Tag der Verhaftung an der *Kreuzeswissenschaft* geschrieben. Alles, so versichert Mutter Antonia, wurde wohlverpackt und – da mit einem Näherkommen der Front gerechnet werden mußte (Fliegeralarm gab es ohnehin schon häufig), – möglichst sicher geborgen.[30] Anfang November 1944 mußten die Schwestern in ihrem Kloster 200 Notplätze als Lazarett zur Verfügung stellen und selbst auf engstem Raum zusammenrücken. In der ersten Januarwoche des Jahres 1945 wurde der Ort Echt und die ganze Umgebung durch Maßnahmen der Deutschen Heeresleitung evakuiert. Während sich die Bewohner schon darauf eingestellt – oder gehofft – hatten, die Front der Alliierten im Keller zu erwarten, wurden die von Westen heranrückenden britischen und amerikanischen Truppen, etwa entlang der Maas, durch die deutsche Front aufgehalten, und es kam zum Stellungskrieg. Echt geriet in eine Art Niemandsland. Als die ersten Vorbereitungen für die Frühjahrsoffensive getroffen wurden, evakuierte man die Zivilbevölkerung. Die Karmelitinnen wurden auf Militärwagen zunächst bis nach Herkenbosch befördert. Dort fanden sie Zuflucht in einem bereits überfüllten Klösterchen oder vielmehr einer Kate (so sagte Mutter Antonia, also in einem Kleinbauernhaus; den Borromäerinnen, die dort untergekommen waren, hatte man ihr Kloster längst abgenommen).

Da man voraussah, daß kein längeres Bleiben möglich wäre, versuchten am nächsten Morgen zwei beherzte Schwestern, zusammen mit einer Postulantin[31], sich nochmals zurück nach Echt durchzuschlagen, um Not-

---

[29] Die Umstände, die der Verhaftung und Deportation der Schwestern Stein vorausgingen, habe ich dokumentiert in dem Band *Wie ich in den Kölner Karmel kam*, Würzburg 1994. Der erste Teil dieses Bandes, der dem Ganzen den Namen gab, stammt aus der Feder Edith Steins; er endet mit ihrem Eintritt in den Karmel. Das Ordensleben Edith Steins in Köln und in Echt habe ich im 2. Teil des Buches dargestellt Der mit 160 Abbildungen ausgestattete Band bringt alle einschlägigen Dokumente, soweit es damals möglich war.

[30] Diese und andere Einzelheiten sind einem Brief von Mutter Antonia aus Echt an Mutter Teresia Renata in Köln vom 12.3.1947 entnommen.

[31] Diese Postulantin war die spätere Karmelitin Marie-Louise v. d. Muttergottes (Yvonne

wendiges zu holen, das man bei dem überstürzten Aufbruch zurückgelassen hatte. Sie brachten auch die beiden Säcke mit, in die man Edith Steins Manuskripte verpackt hatte. In Herkenbosch war das Notgebäude derart von Flüchtlingen und deren Habseligkeiten überfüllt, daß man die Säcke mit dem kostbaren Inhalt auf dem Speicher liegenlassen mußte. Inzwischen versuchte Mutter Antonia, eine Nachricht an das unweit gelegene Franziskanerkloster in Vlodrop gelangen zu lassen.

In Vlodrop waren nämlich zwei der Echter Karmelitinnen – schon vor der Evakuierung – untergebracht worden: die durch einen Granatsplitter verwundete Sr. Franziska vom Heiligsten Antlitz (Wieschalla)[32] und deren Pflegerin Sr. Maria Pia vom hl. Joseph (Nüschen)[33]. Das Kloster war ein Studienhaus der Franziskaner gewesen und wurde nun als Lazarett genutzt. Ehe Mutter Antonia eine Reaktion von den beiden Schwestern erhielt, wurden die Echter Schwestern mit Militärwagen weiter nach Norden befördert, und zwar nach Leeuwarden, nahe der westfriesischen Küste. Sie mußten monatelang in diesem Exil ausharren. Erst am Fest der hl. Peter und Paul (29. Juni 1945) kamen sie wieder in Echt an, wo sie die beiden Schwestern aus Vlodrop bereits vorfanden; seit der ersten Märzwoche waren diese wieder im Kloster. Dort war der Krieg zu Ende; alliierte Truppen hatten die Gegend eingenommen.

Sr. Maria Pia hatte viel mit Edith Stein zusammengearbeitet, und sie verstanden einander gut. Sr. Pia vermochte den Wert und die Unersetzbarkeit der hinterlassenen Papiere Edith Steins richtig einzuschätzen und hatte sich von Anfang an Sorgen um den Verbleib der Schriften gemacht. Mutter Antonias Nachricht aus Herkenbosch brauchte Wochen, bis sie bei Sr. Pia in Vlodrop eintraf. »Überall herrschte Gefahr und Verwüstung«, schrieb uns Mutter Antonia über diese Situation. Nun versuchte Sr. Pia, nach Herkenbosch zu gelangen, um die Manuskripte Edith Steins zu suchen. Zweimal war sie dort, Mitte Februar und Anfang März. Die von den Flüchtlingen inzwischen verlassene »Kate« war von Granaten zerstört worden. Sr. Pia meinte, der ihr übermittelten Information entnehmen zu können, die Schriften lägen in einem Keller in Herkenbosch. Vielleicht hatte Mutter Antonia in den 14 Tagen ihres Aufenthaltes dort tatsächlich, aber vergebens, versucht, die bewußten Säcke in einem Keller unterzubringen. In der ruinierten »Kate« noch zu suchen, war Sr. Pia nicht in den

---

Steijns), geb. am 4.10.1919; sie war später langjährige Priorin im Karmel Echt (jetzt Beek). Marie-Louise Steijns hat mir am 5.4.1991 telefonisch erzählt, daß sie mit den beiden Schwestern von außen durch ein Kellerloch in das verlassene Klostergebäude in Echt einstiegen, von dort Stapel von Büchern heraushohlten und mitnahmen. Sie selbst wußte damals noch nichts von Edith Stein. Sie berichtete mir auch, daß man Teile des Kellers von innen so gut vermauert hatte, daß man an diesen Stellen gar keine Räume mehr vermutete. Tatsächlich fanden die Karmelitinnen bei ihrer Rückkehr aus dem Exil noch alles dort Versteckte unversehrt vor.

[32] Franziska (Apollonia) Wieschalla wurde am 8.2.1900 in Follwark/Oberschlesein geboren und starb am 18.6.1985 in Echt.

[33] Pia (Regina) Nüschen, geb. am 17.10.1885 in Marmecke bei Kirchhundem/Sauerland, gest. am 4.2.1971 im Karmel Bütgenbach/Belgien, war später im Seligsprechungsprozeß eine der Hauptzeuginnen für Edith Steins Echter Klosterzeit.

Sinn gekommen. Sie irrte von Haus zu Haus (vielleicht eher von Ruine zu Ruine), fand jedoch nichts. Der Geistliche von Herkenbosch ließ auf Sr. Pias Bitte hin das Vermißte von der Kanzel ausrufen – auch das vergeblich.

Als Sr. Franziska und Sr. Pia etwa seit drei Wochen wieder zu Hause waren, fuhr ein Auto der Militärbehörde aus Maastricht beim Echter Karmel vor. Der Prior des Karmelitenklosters von Geleen, Christoph von den hl. Schutzengeln (Willems)[34], und einer seiner Bekannten, Gerard Prick[35], suchten nach der Hinterlassenschaft Edith Steins. Sie wußten von der Evakuierung der Kommunität und teilten begreiflicherweise die Sorge um die Manuskripte. Aufgrund der Berichte von Sr. Pia fuhren die beiden Herren nach Herkenbosch und fanden die gesuchten Dinge tatsächlich in den Ruinen jener »Kate«. Natürlich waren die Schätze nicht in gutem Zustand; vieles war durch den Luftdruck der Geschosse im Gelände verstreut und mußte mühsam zusammengesucht werden. Aber das meiste hatte doch »Gefahr und Verwüstung« (wie Mutter Antonia sich ausgedrückt hatte) überstanden[36]. Nachdem P. Christoph und Herr Prick alles noch Auffindbare eingesammelt hatten, fuhr der Wagen gegen Abend nach Maastricht zurück – ich vermute, daß für die späteren Stunden Ausgangssperre bestand – und brachten am folgenden Tag die Manuskripte in das von Professor Herman-Leo van Breda[37] geleitete *Husserl-Archiv* der Universität Leuven. Von P. van Breda war nämlich die Bemühung ausgegangen, Edith Steins nachgelassene Schriften zu suchen und sie dem Zugriff Unbefugter zu entziehen.

Exkurs 3

Herman-Leo van Breda, Franziskaner, war 1938 als Doktorand der Philosophie nach Freiburg im Breisgau gereist, um den Nachlaß des am 27. April verstorbenen Edmund Husserl einzusehen. Er erhielt in Freiburg nicht nur Einblick in die umfangreiche Fachbibliothek, sondern auch in den handschriftlichen Nachlaß des weltberühmten, von den Nazis verfemten Gelehrten: schätzungsweise 40 000 mit stenographischen Notizen beschriebene Blätter. Van Breda erfaßte sofort, daß nicht nur dieser unersetzbare Nachlaß Husserls in größter Gefahr war, sondern auch seine

---

[34] Christoph (August) Willems wurde geboren am 1.11.1907 in Geleen/Niederl. Limburg und starb am 16.9.1976.
[35] Näheres nicht ermittelt.
[36] Später, als Edith Steins Manuskripte zu uns nach Köln zurückkamen, wunderte ich mich, wie gut erhalten die Papiere immerhin noch waren; nur wenige Blätter waren nennenswert beschädigt.
[37] Herman-Leo van Breda, geb. 1911 in Lier/Flandern, gest. am 16. 9. 1974 im Franziskanerkloster Vaalbek/Flandern. – Alles über van Breda Berichtete habe ich dem Nachruf seines Mitbruders Prof. Dr. Norbert Hartmann OFM entnommen und zwar aus: *Bruder Franz*, Monatsschrift für franziskanisches Leben, 57. Jahrg., Sept./Okt. 1974.

noch in Freiburg lebende Witwe, die den Nürnberger Rassegesetzen zum Opfer fallen mußte. Auf geradezu romanhafte Weise gelang es van Breda nach unglaublichen Mühen und vergeblichen Versuchen – auch die Husserlschülerin Adelgundis Jaegerschmid[38] hatte bereits erfolglos versucht, die kostbaren Papiere über die Schweizer Grenze zu bringen – nicht nur die Bibliothek Husserls, sondern auch die Konvolute aus Stenogrammen als Diplomatengepäck über die Grenze nach Belgien zu bringen, und zwar mit Hilfe des belgischen Außenministers und späteren Ministerpräsidenten Paul-Henri Spaak[39], eines Sozialisten. Frau Malvine Husserl[40], der die Ausreise zu ihren Kindern in die USA nicht mehr gelang, überlebte in Belgien die Verfolgung durch die Nationalsozialisten. Auch ihr Eigentum hatte van Breda zum großen Teil dorthin retten können.

Die Universität Leuven, eine auf Kardinal Mercier[41] zurückgehende Gründung, errichtete sogleich ein eigenes Husserl-Archiv und ernannte van Breda, auf Bitten von Malvine Husserl, zum Direktor. Als er 1974 starb, hatte er das Husserl-Archiv zu einem internationalen Forschungsinstitut von Weltruf gemacht. Dieses Archiv gab und gibt zwei Reihen wissenschaftlicher Werke heraus – die *Husserliana* und die *Phaenomenologica* – mit bisher insgesamt weit über 100 Bänden. – Van Breda hat Edith Stein im Sprechzimmer des Echter Karmel kennengelernt und führte noch wenige Monate vor ihrem Tod ein langes Gespräch mit ihr.

∗∗∗

Die Rettungsaktion für die schriftliche Hinterlassenschaft Edith Steins ist später mehrfach und in verschiedenen Variationen geschildert worden. Es würde Verwirrung stiften, das alles im einzelnen darzustellen. Unbestritten ist die Rettungsaktion das Verdienst von P. van Breda. Er kannte Edith

---

[38] Adelgundis (Amelie) Jaegerschmid OSB, geb. am 10.8.1895 in Berlin, gest. am 20.3.1996 in Freiburg-Günterstal, war Historikerin und besuchte als Studentin auch die phänomenologischen Einführungskurse Edith Steins in Freiburg. Sie blieben im Briefwechsel, so lange es noch möglich war. – Die Briefe Edith Steins an Adelgundis Jaegerschmid wurden gerettet und befinden sich im Klosterarchiv der Benediktinerinnen von St. Lioba in Freiburg. Sie sind in Band IX der Werke Edith Steins veröffentlicht. – Mit Edmund Husserl und seiner Familie blieb Adelgundis Jaegerschmid eng verbunden. Zu einer Zeit, als viele ehemalige Freunde sich von dem jüdischen Gelehrten zurückzogen, half sie treulich seiner Frau bei der Pflege des Schwerkranken.

[39] Paul-Henri Spaak, geb. am 25. 1. 1899 in Schaerbek/Belgien, gest. am 31.7.1972 in Brüssel, war während des Krieges auch Außenminster der Exilregierung in London.

[40] Malvine Husserl, geb. Steinschneider, wurde geboren am 7. 3. 1860 in Klausen/Siebenbürgen und starb am 21.11.1950 in Freiburg. Sie ist in Günterstal im Grab ihres Mannes bestattet. – Malvine Husserl konnte nach dem Krieg ihre Kinder in den USA noch besuchen, kehrte jedoch nach Deutschland zurück. Sie war, wie ihr Mann, evangelisch getauft, konvertierte aber im Krieg zur katholischen Kirche. Sie hat dies noch Edith Stein nach Echt mitteilen können (Veröffentlichung dieses Briefes ist für den IX. Band der Werke Edith Steins (Briefe 2. Teil) geplant).

[41] Désiré Mercier, Philosoph und Kardinal, wurde am 21. 11. 1851 in Eigenbrakel/Brabant geboren und starb am 23.1.1928 in Brüssel. Er war Erzbischof von Mechelen und Primas von Belgien.

Steins Rang als Husserl-Schülerin und -Assistentin, und wenn es um die Erhaltung derartiger wissenschaftlicher Schätze ging, waren seiner Phantasie und seinem Mut keine Grenzen gesetzt. Die Entwicklung auf den Kriegsschauplätzen hatte ihm klargemacht, daß Echt in einem höchst gefährdeten Gebiet lag, und sobald es möglich wurde, sann er auf Abhilfe. Einer seiner Freunde, Dr. Kessen, zuvor Universitätsbibliothekar in Leiden, bis 1945 aber bei der Militärverwaltung in Maastricht als Abteilungsleiter eingesetzt, stellte seinen Dienstwagen und seinen Assistenten Gerard Frick für eine Fahrt nach Echt zur Verfügung, wie bereits geschildert. Natürlich hatte van Breda sich auch an die Karmeliten gewandt. Der damalige Provinzial, Avertanus von der Jungfrau des Karmel (Hennekes)[42], befand sich noch im Nordwesten Hollands. Vermutlich aus diesem Grund fuhr der Prior des nahegelegenen Karmelklosters in Geleen/Niederl. Limburg, P. Christoph Willems, an seiner Stelle mit nach Echt.

Man kann als sicher annehmen, daß es im Sinne Edith Steins war, ihren Nachlaß nach Leuven in das Husserl-Archiv zu verbringen. Sie hatte es in ihrem letzten Vermächtnis[43] ausdrücklich der Meinung ihrer Vorgesetzten anheimgestellt, was mit den Manuskripten geschehe:

... Die Manuskripte bitte ich durchzusehen und nach Gutdünken zu vernichten, in die Bibliothek aufzunehmen oder als Andenken zu verschenken ...

Von diesem Testament wußten die Beteiligten damals zwar noch nichts; aber es ist klar, daß sie Edith Steins Einstellung kannten.

Unter den in Herkenbosch aufgefundenen Schriften fehlten zunächst das Manuskript der *Kreuzeswissenschaft* und die ebenfalls handschriftlich vorhandene *Geschichte einer jüdischen Familie*. Bei Edith Steins Deportierung hatte sich das Manuskript der *Kreuzeswissenschaft* – ganz oder teilweise – bei den Ursulinen in Venlo befunden, wo die am selben Tag verhaftete Dr. Ruth Kantorowicz[44] mit dem Abschreiben des Textes beschäftigt gewesen war. Noch von Westerbork aus hatte Edith Stein in einem Briefchen Mutter Antonia gebeten, für die Rückgabe des Manuskriptes Sorge zu tragen. Das muß geschehen sein, denn der fertiggestellte Teil ist vollständig erhalten. Im Echter Karmel hatte man später die *Kreuzeswissenschaft* so gut versteckt, daß sie während der Zeit, als die Schwestern

---

[42] Avertanus (P.A.H.M.) Hennekes, geb. am 25.8.1903 in Stevensweert/Niederl. Limburg, gest. am 9.12.1957 in Groenendijk, trat als Nachfolger von Cornelius Leunissen das Amt des Provinzials an und hatte es bis 1948 inne.
[43] Das handgeschriebene *Testament*, in weiten Teilen eher ein geistliches Vermächtnis, befindet sich im Edith-Stein-Archiv des Kölner Karmel (A 55).
[44] Ruth Kantorowicz, geb. am 7.1.1901 in Hamburg, konvertierte nach einem Studium der Volkswirtschaft mit Promotion als Abschluß und einigen Jahren der Berufstätigkeit am 8.9.1934 vom Judentum zum Katholizismus und verlegte im Sommer 1935 ihren Wohnsitz nach Köln-Lindenthal. Dort hat sie den größten Teil von Edith Steins Manuskript *Aus dem Leben einer jüdischen Familie* mit der Maschine abgeschrieben. Im folgenden Jahr trat sie in den Maastrichter Karmel ein, wurde jedoch nicht zur Einkleidung zugelassen. Sie fand dann Zuflucht bei den Ursulinen in Venlo. Dort wurde sie am 2.9.1942 verhaftet und hat mit Edith Stein am 9.8.43 in Auschwitz den Tod gefunden.

evakuiert waren, unversehrt blieb. Erst nachträglich wurde sie dem Husserl-Archiv als Leihgabe überlassen. Ähnliches geschah mit dem Manuskript der *Geschichte einer jüdischen Familie*, dem schon früh die besondere Sorge Edith Steins gegolten hatte. Sr. Pia bezeugte, daß das Päckchen zunächst im Garten vergraben wurde, dann aber, aus Furcht vor Feuchtigkeit, wieder herausgeholt und wie die *Kreuzeswissenschaft* im Keller eingemauert wurde. Auch dieses Manuskript kam im Frühjahr 1945 – erst nach der geschilderten, von P. van Breda veranlaßten Aktion – von Echt nach Leuven. Einen ganz anderen Weg legte das Manuskript der noch in Köln vollendeten Studie *Endliches und ewiges Sein* zurück. Die Kölner Karmelitinnen gaben das Päckchen wegen der heftigen Luftangriffe auf Köln an Verwandte einer Schwester weiter, die es ihrerseits zu Freunden in Sicherheit brachten, weil auch ihre Wohnung gefährdet war. Bald nach Kriegsende erhielten wir diese Manuskripte unbeschädigt in Köln zurück.

P. van Breda beauftrage in Leuven die in seinem Institut als Archivarin arbeitende Dr. Lucy Gelber[45] mit dem Ordnen der Stein'schen Hinterlassenschaft. In den ersten Januartagen 1947 – als das stark beschädigte Kloster der Karmelitinnen wieder einigermaßen hergestellt war – traf Frau Gelber dort im Sprechzimmer mit unserem Mitbruder Dr. Romaeus Leuven[46] zusammen. P. Romaeus war Edith Stein persönlich nicht begegnet, stand mit ihr aber in Briefwechsel, als sie sich vergewissern wollte, daß ihre *Kreuzeswissenschaft* die Spiritualität des Karmel zutreffend wiedergab. Frau Gelber ihrerseits hatte sich in Leuven bereits um die Sichtung und Wiederherstellung des Nachlasses bemüht. So waren beide sich rasch darüber einig, daß es der Nachlaß Edith Steins in jeder Hinsicht wert sei, veröffentlicht zu werden. Man war sich auch darüber einig, daß alles, was dazu gehörte, Eigentum des Karmel in Echt sei.
Mutter Antonia Engelmann schrieb am 7.3.1947 an Teresia Renata Posselt in Köln:

> Vor 14 Tagen haben wir im Capitel abgestimmt, daß der Orden, d.h. der Carmel Echt, im Verein mit P. Rom<aeus> und der Universität Leuven, ein Werk nach dem andern herausgibt, vorerst die »Wissenschaft des Kreuzes«. Sr. Benedicta war Conv<entualin> v<om> Carmel Echt, und so ist unser Haus Erbe ihrer Hinterlassenschaft ...

Und am 12. März 1947 erscheint in ihrem Brief der Satz:

> ... Ein Testament hat Schwester Benedicta nicht gemacht.

Soweit es noch festzustellen ist, wurde aufgrund dieser beiden Feststellungen (in den Briefen vom 7. und 12.3.1947) ein Vertrag gemacht (es kann sich auch um andersartige schriftliche Vereinbarungen gehandelt haben),

---

[45] Ähnlich wie Malvine Husserl hatte auch Lucy Gelber die Verfolgung in Belgien überlebt. Beim Anschluß Österreichs an das Deutsche Reich konnte sie nach Belgien fliehen und arbeitete nach dem Krieg im Husserl-Archiv. Später, wie schon in Österreich, war sie wieder im Schuldienst tätig. Ihr besonderes Gebiet war die Musikwissenschaft. – Lucy Gelber lebt in Belgien.

[46] Das hat P. Romaeus mir mitgeteilt; Briefe aus einer Korrespondenz mit Edith Stein konnten bis jetzt nicht aufgefunden werden.

der am 2. April desselben Jahres von den Beteiligten unterschrieben wurde.

Bei diesen Vereinbarungen ist es aber nicht geblieben. Als Mutter Johanna van Weersth sich später einmal über den Stand der Dinge informieren wollte, erhielt sie von Prof. van Breda folgende Antwort:

> Am 1. Juli 1955 wurden alle Stücke, die zur geistigen Nachlassenschaft v<on> E<dith> Stein gehören und die hier im Archiv hinterlegt waren, aus dem Archiv weggenommen und vom Prov<inzial> der Niederl<ändischen> Unbeschuhten Karmeliten irgendwo anders untergebracht. Im Namen des Provinzials verwaltet P. Romaeus diese Nachlassenschaft. Am 1. Juli 1955 wurde durch den Vertreter der Provinz und durch mich selbst ein <Schrift>-Stück unterzeichnet, worin es heißt, daß der Kontrakt vom 2.4.1947, der die gegenseitigen Rechte und Pflichten zwischen dem Provinzial und dem Husserl-Archiv bez<ü>gl<ich> der Stein-Nachlassenschaft regelt, nicht länger mehr gilt; von diesem Datum ab verfallen alle Verpflichtungen und Rechte, die sich aus diesem Kontrakt ergaben. Von nun an müssen alle Anfragen bezgl. des Edith-Stein-Archivs nicht mehr an mich, als Direktor des Husserl-Archivs, gerichtet werden, sondern an P. Romaeus OCD, Geleen.

Dieses seltsame Handeln gegenüber Prof. van Breda, dem ja schließlich die Rettung des Stein-Nachlasses zu verdanken war, wurde uns niemals näher erläutert; wir erfuhren keine Gründe dafür. Der Ort, an dem »irgendwo anders« die Schriften unserer Mitschwester gelagert waren, erwies sich später als die Privatwohnung von Dr. Lucy Gelber. – Um diese Zeit muß das Archivum Carmelitanum Edith Stein ins Leben gerufen worden sein. Sicheres darüber ist mir nicht bekannt.[47]

***

Hier möchte ich zunächst die Darlegung unterbrechen und berichten, wie das Ganze von seiten des Kölner Karmel erlebt wurde. In der Korrespondenz zwischen Köln und Echt waren die hinterlassenen Schriften Edith Steins während der ersten Nachkriegsjahre noch kein Thema. Das ganze Interesse konzentrierte sich wohl darauf, überhaupt etwas Sicheres über das Schicksal der beiden Schwestern Stein zu erfahren. Außerdem hatten unsere Schwestern in Echt mit der Wiederherstellung ihres beschädigten Klosters zu tun; wir in Köln lebten, nach der Rückkehr aus dem süddeutschen Exil, in einem engen Miethaus, und seit 1947 arbeiteten alle jüngeren Schwestern auf dem Grundstück Vor den Siebenburgen/Schnurgasse – in der Kölner Altstadt – als »Trümmerfrauen«. Wie die erhaltenen Briefumschläge zeigen, ging noch alle Post durch die Zensur der Besatzungsmächte und brauchte, wie Mutter Antonia sich ausdrückte »drei Wochen hin, drei Wochen her – da muß man viel Geduld haben«.

---

[47] In den Akten unseres Edith-Stein-Archivs hat der erste Brief vom 4.2.1956 die Kopfzeile: Archivum Carmelitanum Edith Stein, Avenues des alliés 37, Louvain. – Ab 1962 besitzen wir Schreiben vom Archivum Carmelitanum Edith Stein, Kolonienstraße 14, Brüssel. In den letzten Jahren lautete die Anschrift: Boulevard St. Lazare 11, Brüssel. Vor kurzem hat Frau Dr. Gelber ihren Wohnsitz von Brüssel verlegt. Das Archivum befindet sich nunmehr: Karmelietenklooster, Reijksweg Noord 47, Geleen.

Etwa Anfang 1947 begann sich Mutter Teresia Renata Posselt mit dem Gedanken zu tragen, ein Lebensbild Edith Steins zu verfassen. Im Kölner Karmel wurde immer wieder von Freunden und Bekannten, Schülerinnen und Hörerinnen Edith Steins angefragt, was aus Frau Dr. Stein geworden sei. Der Provinzial der deutschen Karmeliten, Odilo von der hl. Teresa (Jäger)[48] bestärkte Mutter Renata in ihrem Vorhaben, gab alle Erlaubnisse zu etwaigen Dispensen und mahnte, wenn es Pausen gab – wie gesagt, wir waren beim Schutträumen und bei ersten Bauplänen – zu energischer Weiterarbeit. Mutter Renatas kleine Biographie war vermutlich der erste Anlaß für den Kölner Karmel, sich um die Schriften Edith Steins zu bemühen. Ich denke mir, daß man zuerst bei den Mitschwestern im Karmel Echt anfragte, und vermute, daß die oben zitierten Auskünfte Mutter Antonias vom 7. und 12.3.1947 die Anwort darauf waren. Wie schon erwähnt, nahmen die Beteiligten in den Niederlanden an, alles von Edith Stein Hinterlassene gehöre als deren Erbe dem Karmel in Echt. Man ging davon aus, daß sie Konventualin dieser Kommunität gewesen sei und ein Testament nicht vorliege. Beides war jedoch ein Irrtum. Soweit ich es aus der erhaltenen Korrespondenz ersehen kann, gab es bei der Herausgabe der *Kreuzeswissenschaft* noch keinerlei Schwierigkeiten. Das Manuskript war ja in Echt geschrieben worden, und in Köln war man sich darüber klar, daß für die Bearbeitung dieses Werkes keine der Schwestern die nötige Kompetenz besessen hätte, und dasselbe dachten die Schwestern in Echt von ihrem eigenen Konvent. So war man eher froh darüber, daß sich für diese Angelegenheit in Frau Dr. Gelber und P. Romaeus zwei begeisterte und fähige Leute gefunden hatten. Schwieriger wurde die Sache beim 2. Band *Endliches und ewiges Sein*. Das Manuskript dazu befand sich, wie gesagt, in Köln, und dort war die große Studie entstanden. Dort hatte man auch schon einen Vertrag mit dem Breslauer Verleger abgeschlossen, und der Kölner Karmel hatte einen Druckzuschuß dafür gegeben. Schließlich erschien aber auch dieses Werk und zwar 1950 bei Herder in Freiburg.

Mittlerweile waren aber im Kölner Karmel Zweifel aufgetaucht, ob Edith Stein wirklich Konventualin in Echt gewesen bzw. geworden sei. Der deutsche Provinzial Odilo Jäger war der Meinung, kirchenrechtlich sei die Übergesiedelte im Status eines Gastes verblieben. Er war überzeugt, daß der Kölner Karmel Erbe der Stein'schen Hinterlassenschaft und somit im Besitz der Autorenrechte sei. Er appellierte an Rom. Später hat P. Romaeus aus seiner Sicht der Dinge einen Bericht über diese Auseinandersetzungen geschrieben.[49] Und darin liest man den lapidaren Satz: »Nach viel Korrespondenz und wenig Beweisen entschied Rom für Köln.« Was

---

[48] Odilo (Ernst) Jäger, geb. am 30.8.1902 in Leutershausen/Baden, gest. am 26.1.1972 in Regensburg, war von 1946 bis 1957 Provinzial und nochmals von 1963 bis 1966.
[49] Von diesem Bericht besitzt unser Archiv nur einen Maschinendurchschlag mit dem Titel »Ons archief«. Der Aufsatz war für das ordensinterne Kontaktblatt der niederländischen Provinz »Tegenwoordig« verfaßt worden. Er ist datiert mit: Waspik, december 1964 (gez.) P. Romaeus a S. Ter. ocd. – Der gemeinte Satz lautet: » Na veel brieven en weinig beweijzen kwam uit Rome de beslissing: Keulen« (in der Abschrift S. 2).

die viele Korrespondenz angeht, so hatte er recht. Die Sache des Kölner Konventes vertrat in Rom der deutsche Generaldefinitor Ambrosius von der hl. Teresa (Hofmeister).⁵⁰ Was die »wenigen Beweise« betrifft, so lag für »Rom« der entscheidende Grund darin, daß die Genehmigung zur Übersiedlung Edith Steins nach Echt auf drei Jahre ausgestellt war. Das entsprach dem Kirchenrecht und war für derartige Fälle üblich. Das Dokument erklärt dann, für eine endgültige Übersiedlung sei eine erneute Eingabe in Rom erforderlich. Auch eine solche Eingabe setzte, wie schon die erste, eine Zustimmung beider Konvente voraus. Und diese lag nun tatsächlich vor; der Echter und der Kölner Karmel hatten im Dezember 1941 der dauernden Übersiedlung zugestimmt:

> Kapitelakt.
> Heute, am 23. November 1941, gegen 13 Uhr, wurde das Kapitel von der Priorin Schwester Teresia Renata de Spir<itu> Sancto einberufen, zu der Zeit, da der Hochwürdige Pater Heribert a S<ancta> Maria Provinzial unserer bayerischen Ordensprovinz vom heiligen Kreuz war. Es wurde den 15 Kapitularinnen die Frage vorgelegt, ob sie einverstanden seien, daß Schwester Teresia Benedicta a Cruce dem Carmel von Echt angegliedert würde. Die Antwort der Kapitularinnen war bejahend.
> (gez.) Schw<ester> Teresia Renata de Spir<itu> S<anc>to, Priorin
> (gez.) Schw. Maria Franziska ab inf<initis> mer J<esu> Chr<isti>, I. Clavarin
> Köln-Lindenthal, den 23. November 1941
> Siegel: Karmel, Köln-Lindenthal.

Und:

> Afschrift.
> Den 12. December 1941 zijn de Kapitulanten gevragt geworden, of zij toestemden, dat Zr. Ter. Benedicta a Cruce, nadat zij 3 jaar in den Carmel van Echt is geweest nu als Kapitulares wordt opgenomen,
> en of Roza Harmyak ter inkleeding kan worden toegelten.⁵¹
> Es ward toestemmend geantwoord.
> S. Maria Antonia a Spir<itu> S<anc>to, Priorin
> Zr. M. Clara ab Imm<aculata> Conc<eptione> OCD, Novizenmeesteres
> Carmel, Echt, 12. Dec. 1941
> Siegel: Karmelietessen-Klooster, Echt.
> + Vidi et approbavi, Waspik, 21.1.42
> fr. Avertanus a V<irgine> C<armei> OCD, prov.
> Siegel mit Karmelwappen (Umschrift unleserlich)

Was den Kölner Konvent betrifft, so hatte man nur höchst ungern zugestimmt, weil man angesichts der gefahrvollen Situation nicht anders konnte. Jedoch war von Edith Stein oder den zuständigen Vorgesetzten, nämlich dem Niederländischen Provinzial oder vom Bischof von Roermond, nie eine Eingabe nach Rom gemacht worden. Denn die Übersiedlung in die Schweiz war schon im Gespräch, und der dortige Karmel in Le Pâquier hatte die Aufnahme Edith Steins in seinen Konvent bereits in Aussicht ge-

---

⁵⁰ Ambrosius (Alois) Hofmeister, geb. am 12.1.1886 in Augsburg, gest. am 7.2.1951, war viele Jahre Generaldefinitor in der Römischen Kurie unseres Ordens.
⁵¹ Man hatte also in Echt für zwei ganz verschiedene Angelegenheiten in derselben Kapitelsitzung abgestimmt; auch in Köln geschah (und geschieht) das häufig (aus Gründen der Zeitersparnis).

stellt. Da also keine weiteren Schritte für die endgültige Angliederung an den Echter Karmel unternommen wurden, entschied Rom nach der Rechtslage, und nicht »mit wenig Beweisen«, daß Edith Stein bei ihrem Tod noch Konventualin von Köln und dieser Karmel daher Erbe ihrer Autorenrechte sei.

Das war freilich für P. Romaeus keine erfreuliche Nachricht. In Köln aber wollte man keinen »Bruderzwist« heraufbeschwören. Mutter Renata hielt es daher für richtig, einen Vertrag »zwischen dem Karmelitinnenkloster Köln, zur Zeit Junkersdorf, Vogelsanger Weg 43, vertreten durch Schwester Teresia Renata de Spiritu Sancto (Teresia Posselt) und der Niederländischen Provinz der Unbeschuhten Karmeliten, vertreten durch P.fr. Romaeus a S. Teresia (Lambert Leuven) ...« zu unterzeichnen. Der vom 9. Juni 1948 datierte Vertrag überträgt an P. Romaeus die Autorenrechte an Edith Steins Schriften, die dann aufgezählt werden, wobei das Manuskript *Aus dem Leben einer jüdischen Familie* fehlt. Trotzdem konnte Mutter Renata dieses Manuskript nicht einsehen und auch keine der anderen Schwestern.

Ich halte es für möglich, daß Mutter Renata auch gar nicht darum gebeten hat. Ihr Buchmanuskript war um diese Zeit schon beim Verlag, und sie sagt in ihrem Vorwort ausdrücklich, daß es nicht ihre Absicht sei, eine »Biographie im eigentlichen Sinne« zu schreiben; das sei eine spätere Aufgabe für Berufenere. Sie strebe lediglich eine »Sammlung von Erinnerungen und Zeugnissen« an. Der Erfolg des Büchleins übertraf dennoch alle Erwartungen. Schnell folgten einander mehrere Auflagen, und allmählich wurde der Band umfangreicher, weil Verwandte und Freunde immer noch Neues beisteuerten: Briefe, Berichte und Fotos. Der Herder Verlag nahm das Lebensbild als Lizenzausgabe in die neu gegründete Herder-Bücherei auf (Band 3) und erreichte damit nochmals zahlreiche Auflagen. Gleichzeitig begannen Übersetzungen in fast alle europäischen Sprachen, und bald setzte dann auch der Strom biographischer Arbeiten anderer Autoren ein, die alle mehr oder weniger aus Mutter Renatas Buch schöpften.

Wie wir sahen, hatte Mutter Antonia Engelmann geschrieben, ein Testament habe Edith Stein in Echt nicht gemacht. Edith Stein hat aber am 9. Juni 1939 tatsächlich ein Testament verfaßt, nämlich als Ersatz für das in Köln geschriebene. Ein solches Testament ist für Ordensleute vor Ablegung der Gelübde vorgeschrieben; da es aber hinfällig geworden war, hatte man es vor Edith Steins Abreise vernichtet. Man hatte auch befürchtet, wie Edith Stein selbst sagt, daß das Schriftstück bei einer Grenzkontrolle hätte Schwierigkeiten bereiten können. Ich bin sicher, daß Mutter Antonia von dem zweiten Vermächtnis Edith Steins wirklich nichts wußte. Testamente werden im Karmel von der betreffenden Schwester nicht privat aufbewahrt, sondern zusammen mit den übrigen persönlichen Papieren im Büro der Priorin oder mit den sonstigen Unterlagen der 1. Ratsschwester. Im Juni 1939 war Mutter Ottilia Thannisch Priorin in Echt und blieb es bis zum 29. September 1940. Das Testament beginnt wie folgt:

> Nach Vorschrift unserer Satzungen habe ich vor meiner ersten Profeß (21.4.1935) ein Testament gemacht. Es wurde im Kölner Karmel mit den übrigen verwahrt. Vor meiner

> Versetzung nach Echt, im Dezember 1938, habe ich es im Einverständnis mit der lieben Mutter Teresia Renata de Spiritu Sancto, Priorin des Kölner Karmel, vernichtet (...) Dieses Schreiben mag nun an Stelle eines Testamentes gelten. Ich habe zwar kaum noch etwas, worüber zu verfügen wäre. Aber im Falle meines Todes könnte es den lieben Vorgesetzten angenehm sein, meine Ansicht zu wissen. (...) Die Familiengeschichte bitte ich nicht zu veröffentlichen, solange meine Geschwister leben und ihnen auch nicht zu übergeben. Nur Rosa dürfte Einblick gewährt werden und nach dem Tode der andern deren Kindern. Über die Veröffentlichung soll auch dann der Orden entscheiden. ...

Der übrige Teil des Testamentes ist eher ein geistliches Vermächtnis, das die Verwendung ihrer Manuskripte nicht berührt. Mit der »Familiengeschichte« ist die unter dem (wohl nur vorläufigen) Titel verfaßte Schrift *Aus dem Leben einer jüdischen Familie* gemeint. Mutter Renata schreibt in ihrem Buch:

> Die noch unvollendete Familiengeschichte hatte Schwester Benedicta nicht nach Echt mitgenommen, um sich bei einer ev<en>t<uellen> Gepäckrevision beim Grenzübergang nicht zu verraten. Gern hätte sie daran weitergearbeitet und frug im Februar 1939 in Köln an, ob keiner der dortigen Freunde den Mut habe, ihr dies gefährliche opus zu bringen. Ein junger Marianhiller Missionar, R. P. Rhabanus Laubenthal[52], erklärte sich sofort zu diesem Abenteuer bereit. An der Grenze wurde sein Wagen angehalten und durchsucht. Auch das umfangreiche Manuskript fiel dem Beamten in die Hand. Er blätterte darin, gab es aber schließlich mit den Worten: »Das ist wohl Ihre Doktorarbeit!« unbeanstandet zurück.

So kam also das Manuskript an Edith Stein zurück. Diese hatte mit seiner Fortführung nicht abgewartet, bis sie es in Händen hielt, sondern vom 9.1.1939 an weiter daran gearbeitet. In Köln war das Manuskript bis zum Ende der S. 1067 gediehen (im gedruckten Buch, ungekürzte Ausgabe von 1985, S. 361). Die Zäsur ist in der Handschrift sofort festzustellen: das Papier ist von ganz anderer Art, auch von anderem Format, und die Seitenzählung beginnt von vorn. Nach den ersten Zeilen des Echter Manuskriptes zeichnete Edith Stein drei Sternchen, ehe sie mit dem laufenden Text fortfuhr.

Im Jahre 1965 erschien die Familiengeschichte als Band VII der Werke Edith Steins, allerdings in gekürzter Form. Erst 1985 konnte die vollständige Ausgabe erscheinen. P. Romaeus beschreibt die Ereignisse, die zu den beiden verschiedenen Ausgaben führten, folgendermaßen:

> Als siebten Band bringen wir die Autobiographie von Edith Stein. Hier erhob sich ein Orkan ...; die Schwestern von Köln besaßen ein – spät gefundenes – Testament von Schwester Benedicta, das die Herausgabe des Werkes untersagte, solange noch einer ihrer Brüder oder Schwestern lebte. Da wir uns der Zustimmung der allein noch lebenden Schwester, Erna Biberstein-Stein, bereits versichert hatten, arbeiteten wir ruhig weiter. Das Buch rollte vom Druck (...) und dazwischen tat sich vieles (...) Rom verbot die Ausgabe. Schließlich wurde mit allen Interessenten verhandelt, und man einigte sich zu einer befriedigenden Ausgabe.

---

[52] Rhabanus (Johannes) Laubenthal, Marianhiller Missionar, wurde am 2.12.1905 in Köln geboren und starb am 11.6.1980 in Mönchsdeggingen; er wurde auf dem Friedhof seiner Ordensbrüder in Reimlingen bestattet. – P. Rhabanus hatte ein besonderes Vertrauensverhältnis zu Mutter Teresia Renata Posselt, und auch sie betrachtete ihn gleichsam wie einen geistlichen Sohn. Für ihn war es selbstverständlich, das »Abenteuer« auf sich zu nehmen.

Diese »befriedigende« Ausgabe war die gekürzte vom Jahre 1965. Sie umfaßt 291 Druckseiten; das Vorwort der Herausgeber umfaßte statt XXXI nur noch XXII Seiten. Da es sich bei dem vorliegenden Aufsatz um den Versuch einer Dokumentation handelt, wie sie später noch weit schwieriger anzufertigen sein wird, möchte ich den »Orkan« nicht mit Stillschweigen übergehen. Es stellte sich nämlich heraus, daß Erna Biberstein keineswegs die vollständige »Familiengeschichte« kannte, sondern nur einen geringen Teil. Möglicherweise hat ihr Edith Stein diesen noch selbst von Köln aus geschickt. Bei den Manuskripten befindet sich nämlich, getrennt von der vollständigen Maschinenabschrift aus späterer Zeit, ein Maschinendurchschlag mit jenem Kapitel, das die Erinnerungen von Auguste Stein, Ernas und Ediths Mutter, enthält. Diese Blätter sind gelocht und mit einer Schnur hübsch zusammengebunden. Da Edith Stein solche Texte – in Handschrift oder auch als Maschinenabschrift – öfter verschenkt hat, ist es sehr wohl möglich, daß Erna von ihrer Schwester ein solches Fragment erhielt. Sicher ist, daß Erna Biberstein und ihr Mann nicht den vollständigen Text kannten, den man zu drucken begonnen hatte. Vor allem aber wußte Erna Biberstein nichts vom Testament ihrer Schwester. Jetzt fühlte sie sich verpflichtet, den Anordnungen ihrer Schwester Folge zu leisten, und zog die Erlaubnis zum Druck der »Familiengeschichte« zurück. Auch wir im Kölner Karmel haben uns dagegen verwahrt, daß dem ausdrücklichen Wunsch Edith Steins zuwidergehandelt wurde.

P. Romaeus argumentierte so, daß Edith Stein von ihrem bevorstehenden Seligsprechungsprozeß nichts ahnen konnte und eine Kürzung der gedruckten Aufzeichnungen im sog. Schriftenprozeß Schwierigkeiten machen könne. Jedoch erwartet die Römische Behörde für Seligsprechungen keineswegs gedruckte Ausgaben. Es genügt ihr völlig, wenn Kopien oder beglaubigte Abschriften vorgelegt werden. Erna Biberstein verschloß sich nicht den Argumenten von P. Romaeus, und verständlicherweise war ihrer Meinung nach ein Streit sicher nicht im Sinne ihrer Schwester. So gab sie ihre Zustimmung zu dem Kompromiß, den P. Romaeus andeutet: Die ungekürzte Ausgabe kam vorerst unter Verschluß, die gekürzte in den Buchhandel. Leider wird der Leser auf die Kürzung nicht hingewiesen; vielmehr findet er im Vorwort dieser Ausgabe den erstaunlichen Satz:

> Wir bringen in diesem ersten Teil der Biographie Edith Steins wortgetreu die Selbstbeschreibung ihrer Kinder- und Jugendjahre.

Gestrichen hatten die Herausgeber vor »wortgetreu« die beiden Worte »ungekürzt und«. – Mißverständlich wirkt in diesem Band VII *Aus dem Leben einer jüdischen Familie – Das Leben Edith Steins: Kindheit und Jugend* auch die folgende Ankündigung im Vorwort:

> Die Beschreibung der zweiten Lebenshälfte, die das Archivum Carmelitanum als nächsten Band zu veröffentlichen hofft ...

Da es sich bei dieser Ausgabe um Edith Steins Werke handelt, entstand der Eindruck, als habe Edith Stein selbst noch Texte über ihre zweite Lebenshälfte hinterlassen. Das ist aber nicht der Fall.

Zunächst erschienen nun andere Bände, nämlich *Selbstbildnis in Briefen – Erster Teil 1916–1934* (Band VIII) und *Selbstbildnis in Briefen – Zweiter Teil 1934–1942* (Band IX). Diese beiden Bände enthalten Edith Steins Briefe, soweit sie damals schon aufgefunden waren. Das große Verdienst, diese in aller Welt verstreuten Briefe aufgefunden zu haben – wozu es jahrelanger Korrespondenzen bedurfte – gebührt unserer Schwester Teresia Margareta Drügemöller. Als die Bände im Buchhandel waren, wurden uns noch weitere Briefe zugeschickt von Bekannten, deren Namen und/oder Anschriften wir vorher nicht besaßen. Und neuerdings kamen auch Briefe *an* Edith Stein ans Tageslicht, solche nämlich, auf deren freie Ränder oder Rückseiten sich Edith Stein Notizen oder Exzerpte gemacht hatte. Alle diese Briefe sollen demnächst in die neue Auflage der Bände VIII und IX aufgenommen werden. – Die von P. Romaeus angekündigte Fortsetzung der Lebensbeschreibung erschien erst 1983 als Band X unter dem Titel: *Heil im Unheil – Das Leben Edith Steins: Reife und Vollendung*. Dieser von P. Romaeus verfaßte Band hat dem Ansehen der Werkausgabe sehr geschadet. Es wurde der Eindruck erweckt, auch er stamme aus der Feder Edith Steins. Trotzdem war das Buch lesenswert: P. Romaeus zitiert ausgiebig aus Manuskripten, deren Veröffentlichung damals noch fraglich war, und er bringt auch Interviews mit Menschen, die Edith Stein persönlich kannten. Der richtige Platz für dieses Werk wäre am Ende der Gesamtausgabe gewesen, etwa als »Ergänzungsband«, dessen Veröffentlichung man auch hätte vorziehen können.

Inzwischen ist die Werkausgabe fast abgeschlossen. Die Hauptarbeit daran hat gewiß Frau Dr. Gelber geleistet, ehrenamtlich, lange Jahre neben ihrer Berufstätigkeit. Sie hat damit ein Lebenswerk geschaffen, für das viele Menschen ihr zu Dank verpflichtet sind. Heute freilich könnte man es bedauern, daß die Schwestern in der ersten Nachkriegszeit allzu schnell bereit waren, die Autorenrechte Edith Steins aus der Hand zu geben, ohne sich die Möglichkeit der Einflußnahme, Einsichtnahme oder Ausleihe vertraglich zu sichern. Bis zum Tode von P. Romaeus lautete das Impressum für alle Bände »Herausgegeben von Dr. L. Gelber, Conservator Archivum Carmelitanum Edith Stein; P. fr. Romaeus Leuven OCD, Prov. Hollandiae«. Im Band XI liest man: »Dr. L. Gelber, Conservator ...; Michael Linssen OCD, Praeses«. Ab Band XII wurde nochmals eine Änderung vorgenommen. Es heißt nun: »Herausgegeben von Lucy Gelber – Michael Linssen O.C.D. In Zusammenarbeit mit der Niederländischen und der Deutschen Ordensprovinz der Unbeschuhten Karmeliten.«

Als im vorigen Jahr geplant wurde, in Band 4 des Edith Stein Jahrbuches die Entstehungsgeschichte der beiden Archive – Archivum Carmelitanum Edith Stein in Brüssel und Edith-Stein-Archiv in Köln – aufzunehmen, war es meine Absicht, den ersten Teil in Zusammenarbeit mit meinem Mitbruder Michael Linssen zu verfassen. Ich nahm an, daß er in manchen Dingen besser Bescheid wisse als ich. Nun war aber P. Michael durch mehrere Erkrankungen und vor allem durch viele andere Verpflichtungen am Schreiben gehindert. So habe ich nach meinem besten Wissen den Aufsatz allein verfaßt, in der Erwartung, daß mein Mitbruder demnächst alles

Fehlende ergänzen und alles Unrichtige korrigieren wird. Hier soll jetzt noch die Rede sein vom Edith-Stein-Archiv in meinem Heimatkloster Köln, Karmel »Maria vom Frieden«, Vor den Siebenburgen/Schnurgasse.

Das Archivum Carmelitanum Edith Stein, das ursprünglich dem Husserl-Archiv in Leuven angegliedert war, hatte von Anfang an wissenschaftliche Zielsetzungen. Jedoch ist im Lauf der Jahre auch unser Kölner Edith-Stein-Archiv nicht ohne Bedeutung geblieben. Es ist vorwiegend biographisch ausgerichtet. Die Gründung dieses Archivs ist wiederum unserer Schwester Teresia Margareta zu verdanken. Wie schon erwähnt, hatte Mutter Teresia Renata Posselt schon bald nach unserer Übersiedlung in den Behelfskarmel Köln-Junkersdorf damit begonnen, Material für eine kleine Biographie oder – wie sie selbst es nannte – für einen »Kranz von Erinnerungen« zu sammeln. Manches, was ihr Freunde und Bekannte Edith Steins an Originalen zur Verfügung stellten, mußte sie verabredungsgemäß nach Fertigstellung des Buches wieder an die Eigentümer zurückgeben, zumal es ihr nur zur teilweisen Veröffentlichung freigegeben wurde. Das Übrige hatte sie vorerst in Schachteln unter dem Bett in ihrer winzigen Zelle verstaut.

Als das kleine Lebensbild im Druck erschienen und im Buchhandel erhältlich war, störten sie die Schachteln. Eines Tages – so hat mir Sr. Margareta berichtet – erschien sie mit zwei Persil-Kartons unterm Arm und fragte, ob man nun »das gesammelte Zeug« vernichten könne. Als Sr. Margareta sich von ihrem Entsetzen erholt hatte, brachte sie die Kartons in Sicherheit und erbat sich von ihren Angehörigen einen Schrank. Von da ab wurde dort alles aufbewahrt, was von oder über Edith Stein mit der Zeit noch eintraf. Bald wurde ein zweiter Schrank notwendig, in dem sich die Schätze sammeln konnten. An eine archivähnliche Ordnung wurde zunächst noch nicht gedacht.

Dann aber rückten die Vorbereitungen für einen etwaigen Seligsprechungsprozeß näher. Im Juni 1958 beauftragte der damalige Generaldefinitor P. Dr. Eduard Precht[53] Teresia Renata Posselt mit der Abfassung der vorgeschriebenen »Articuli«. Diese Articuli sind ein von der kirchlichen Behörde vorgeschriebenes Instrument zur planmäßigen Vernehmung der Zeitzeugen. Es muß zunächst einen möglichst detaillierten Lebenslauf der »Dienerin Gottes« enthalten. In einem zweiten Teil müssen ihre Tugenden aufgeführt sein, säuberlich getrennt nach den sog. göttlichen Tugenden, den Kardinal- und den Gelübdetugenden, im Falle Edith Steins wurde noch ein langes Kapitel über ihre Wahrheitssuche und -liebe angefügt.[54] Das Heft hat seinen Namen davon, daß die darin gemachten Aussagen in viele einzelne, durchnumerierte Artikel aufgeteilt sind. Die Verwandten,

---

[53] Eduard (Friedrich) Precht (von der hl. Teresia OCD), geb. am 29.11.1906 in Würzburg, dort gest. am 25.5.1976. Eduard Precht, Dr. jur. utr., war lange Zeit Generaldefinitor an der Kurie unseres Ordens in Rom.

[54] Die »Articuli« Edith Steins tragen folgenden Titel: »Kölner Selig- und Heiligsprechungsprozeß der Dienerin Gottes Sr. Teresia Benedicta a Cruce (Edith Stein), Professe und Chorschwester des Ordens der Allerseligsten Jungfrau Maria vom Berge Karmel«, Köln, Ostern 1962.

Freunde, ehemalige Schülerinnen und Hörerinnen Edith Steins erhielten es zugesandt mit der Bitte, die Artikel zu benennen, denen sie zustimmen konnten oder aber widersprechen mußten. Diese Erklärungen gingen natürlich nicht an unser Kloster, sondern an das geistliche Gericht, das zu diesem Zwecke von Kardinal Frings[55] eingesetzt wurde. Teresia Renata Posselt hat die »Articuli« nicht mehr zu Ende bringen können. Als sie am 23.1.1961 starb, waren 86 davon fertiggestellt; alle übrigen, ca. 35, hat Sr. Teresia Margareta abgefaßt. Anzumerken ist, daß jeder einzelne Satz innerhalb der Artikel nochmals – wie bei den Psalmen! – mit einer Nummer versehen ist.

Um die Aussagen der »Articuli« belegen und Fundstellen angeben zu können, mußte nun schleunigst das inzwischen angesammelte Material sinnvoll geordnet und signiert werden. Diese wichtige Arbeit hat unsere Mitschwester Teresia von der Muttergottes (Herbstrith)[56] vorgenommen. Inzwischen waren wir in unser jetziges Kloster eingezogen und konnten für die Materialsammlung, die immer umfangreicher wurde, einen eigenen Raum bereitstellen. In dem 101 Seiten umfassenden Articuli-Heft steht die von Teresia Herbstrith gemachte Bestandsaufnahme S. 95 f.; auch die anschließenden Register sind ihr zu verdanken.

Als wir 1967 den 25. Todestag Edith Steins mit einer Ausstellung begingen und zu diesem Zweck unser Archiv durchforstet hatten, haben wir die in den Articuli gedruckte Archivordnung zum Teil geändert. Die Ausstellung hatte ich zusammen mit meiner Mitschwester Anna-Maria von der Liebe Christi (Strehle)[57] aufgebaut. Bei dieser Gelegenheit erwies es sich als günstiger, das gesamte Archivmaterial in zwei Abteilungen zu trennen. Die erste enthält nun das, was *von* Edith Stein selbst stammt, die zweite das, was *über* sie entstanden ist. Inzwischen hatte sich nämlich gezeigt – was bei der Abfassung der Articuli noch nicht zu erkennen war – daß die Materialien *über* sie in ungleich stärkerem Maße anwuchsen, als die Archivalien *von* ihr. Es ist einleuchtend, daß diese nur in sehr geringem Umfang zunehmen können – wenn nämlich wider Erwarten noch Handschriften oder sonstige Arbeiten Edith Steins aufgefunden werden.

In den allerletzten Jahren hat sich allerdings auch diese Abteilung noch erheblich erweitert, als nämlich das Archivum Carmelitanum Edith Stein nach seiner Auflösung in Brüssel und der Verlegung nach Geleen sich entschloß, die Manuskripte Edith Steins, die jetzt fast vollständig publiziert sind, an unser Kloster zurückzugeben.[58] Auch die Mitschwestern aus Echt, jetzt Beek, die noch etliche Kostbarkeiten, auch viele Bücher, von Edith Stein besaßen, haben sich hochherzig entschlossen, sich von diesen

---

[55] Joseph Kardinal Dr. Frings, geb. am 6.2.1887 in Neuß, gestorben am 17.12.1978 in Köln, wurde am 21.6.1942 in Köln zum Bischof geweiht.
[56] Theresia (Waltraud) Herbstrith, legte in Köln 1954 ihre Gelübde ab und ist z.Zt. Priorin im Karmel zu Tübingen.
[57] Anna Maria (Elfriede) Strehle, die 1964 im Kölner Karmel ihre Gelübde ablegte, beteiligte sich 1987 an der Gründung in Tübingen und war dort viele Jahre Priorin.
[58] Das geschah durch P. Michael Linssen am 12.2. und 7.6.1997.

Schätzen zu trennen, um sie uns für das Archiv zu übergeben.[59] Nicht zuletzt müssen die Angehörigen Edith Steins in den USA erwähnt werden, die uns bei ihrem letzten Besuch vor zwei Jahren alle Originalbriefe, die sie noch besaßen, zum Geschenk machten und für sich selbst nur Kopien zurückbehielten. Auch sonst haben wir von zahlreichen Freunden Edith Steins wie auch unseres Hauses die bei ihnen noch vorhandenen Originale erhalten. Es ist klar, daß wir allen zu großem Dank verpflichtet sind, die auf irgendeine Weise zum Aufbau unseres Edith-Stein-Archivs mitgeholfen haben.[60]

Unser Edith-Stein-Archiv liegt in der Klausur. Wir betrachten es trotzdem nicht als ein völlig unzugängliches Archiv, sondern ließen uns von der zuständigen kirchlichen Behörde eine Erlaubnis geben, Leuten, die ernsthaft über das Werk oder Leben Edith Steins arbeiten – z.B. Studierenden oder auch Künstlern – den Zutritt zu gestatten. Wir sind dabei von dem Gedanken ausgegangen, daß wir als Karmelitinnen Gütergemeinschaft gelobt haben; Edith Stein und ihr geistiges Werk »gehören« nicht uns allein. Wenn etwa Doktoranden oder Referenten mit Literatur von Edith Stein nicht geholfen ist, dann besteht die Möglichkeit, nach Absprache in unsere Bestände Einsicht zunehmen. Zu Edith Steins Biographie gehört auch ihr wissenschaftliches, pädagogisches und religiöses Werk. Wir bemühen uns, alle Erst- und Nachdrucke ihrer Werke einschließlich der inzwischen erschienenen Übersetzungen, ferner Sekundärliteratur aus dem In- und Ausland, Zeitschriften und andere Druckwerke zu erwerben. Auch Edith Steins Tätigkeiten im Lehrberuf und die von ihr gehaltenen Vorträge sind dokumentiert, ebenso Persönlichkeiten ihres Umfeldes, sowie Vereinigungen, Einrichtungen und Straßen, die ihren Namen tragen.

Es ist klar, daß bei dem wachsenden Interesse an Edith Stein, zumal seit ihrer Seligsprechung (am 1.5.1987) und der bevorstehenden Heiligsprechung (angeblich am 11.10.1998 in Rom) die Materialsammlung nicht unbegrenzt anwachsen kann, denn zum einen darf die Übersicht nicht verlorengehen, und zum anderen wächst ja auch der zur Verfügung stehende Raum nicht mit. Wir haben uns trotzdem die Richtlinien zu eigen gemacht, welche die moderne Archivkunde gibt. Da liest man z.B.:

---

[59] Dies war am 16.9.1996. Wir danken Sr. Marie-Louise (Yvonne) Steijns. – Die Mitschwestern aus Echt, die jetzt in Beek (ihrer ehemaligen Tochtergründung) ihren Wohnsitz haben, brachten uns auch herrliche alte Bücher, dazu Gemälde und Figuren als Geschenk, die ursprünglich noch aus dem Kölner Karmel stammten, der 1875 (durch den »Kulturkampf«) nach Echt überzusiedeln gezwungen war. Diese Dinge gingen in unser Kloster-Archiv, das vom Edith-Stein-Archiv getrennt ist, über. – Der Karmel in Echt, in dem Edith Stein lebte, ist nicht unbewohnt geblieben: Dort zogen Karmelitinnen aus mehreren niederländischen Karmelklöstern ein.

[60] Unsere Leserinnen und Leser werden verstehen, daß zur Beschaffung alles Nötigen wie Schränke, Regale, Kopiergerät, Schreibmaterialien, Mappen und Ordner, Bücher, Photographien, Porto für die umfangreiche Korrespondenz usw. – außer Zeit und Arbeitsfreude auch Mittel gehören, die ich der Klosterkasse des Kölner Karmel unmöglich hätte aufbürden können. Ich habe deshalb schon vor vielen Jahren bei unserer Bank ein »Sonderkonto Edith Stein« eingerichtet, auf das unzählige Freunde und Verehrer Edith Steins gespendet haben. Auch ihnen sei an dieser Stelle aufs herzlichste gedankt.

Gegenstand archivischer Verwahrung und Betreuung ist heute das gesamte Schrift-, Bild- und Tongut, das als dokumentarischer Niederschlag der Tätigkeit von (...) Einzelpersonen oder (...) persönlichen Nachlässen entstammt (...) Über den Bereich der jeweiligen (...) Archivgutbestände hinaus unterhalten die meisten Archive (...) Sammlungen zur Erschließung und Ergänzung ihres Archivgutes.« Dann werden aufgezählt: Buchbestände, Pressedokumentationen, Karten, Bilder, Münzen (...) Plakate, Flugblätter, Zeitungsausschnitte, um zu einzelnen Personen, Örtlichkeiten und Geschehnissen (...) Informationsmaterial zu gewinnen.[61]

Was werden wohl Philosophen oder Asketen dazu sagen, daß wir u.a. einen Teller des Cafés[62] besitzen, in dem die junge Edith Stein ein paar Stunden vor ihrer mündlichen Doktorprüfung erhebliche Mengen von Köstlichkeiten verspeiste? Aber: Edith Stein hat in einem Nachruf auf Prälat Joseph Schwind[63], den Generalvikar von Speyer, erwähnt, daß der Verstorbene bei ihrem letzten Besuch mit ihr über eine Biographie sprach, und sie sagt dazu:

> Er schätzte dieses Buch besonders darum als ein Meisterwerk, weil es durch eine Fülle scheinbar geringfügiger, konkreter Tatsachen die Farbe des frischen Lebens gab.

Das ist auch unsere Hoffnung im Kölner Karmel, die wir mit der Archivarbeit verbinden: *Leben erfahrbar zu machen.* Und weil das Leben Edith Steins ein *heiliges* Leben war, hoffen wir, nicht nur ein Zeugnis menschlicher Wissenschaft und Größe festzuhalten, sondern auch eine *lebendige Botschaft von Gottes Gnade und Führung.*

---

[61] Zitate aus: Eckhart G. Franz, Einführung in die Archivkunde, Darmstadt 1990, 25, 68 ff. Der Verfasser verschweigt nicht, daß kirchliche und klösterliche Archive am Anfang aller abendländischen Archivgeschichte stehen. Es sei hier noch erwähnt, daß die Vereinigungen Höherer Ordensoberen und -oberinnen unlängst eine Arbeitsgemeinschaft gegründet haben, die sich die Unterstützung der Klosterarchive bzw. deren Neueinrichtung (die unsere Deutsche Bischofskonferenz sehr wünscht) zur Aufgabe macht (Kontakt-Anschrift: P. Laurentius Koch OSB, D-82488 Abtei Ettal). Unsere Sr. Ursula von den Hl. Drei Königen (Dr. Mensing) gehört dem Vorstand der neuen Arbeitsgemeinschaft an.

[62] Edith Stein schreibt: »... vorher [vor dem Rigorosum] gingen wir zur Stärkung in ›Birlingers Kaffeestuben‹. Dort war ich besonders gern, es waren mehrere reizend eingerichtete Biedermeierzimmer. Wir fanden einen Tisch in dem frei, das mir am besten gefiel: in Grün und Schwarz gehalten. Ich bestellte Eiskaffee und Torte und bewies so ungewöhnliche Leistungsfähigkeit, daß (...) [die Freunde] um mich fürchteten.« – Das Café wurde im Krieg völlig zerstört. Der Sohn des Besitzers gründete ein neues in Günterstal. Er war so begeistert von dem berühmt gewordenen Gast seiner Eltern, daß er mir von seinen aus dem Keller geretteten Andenken einen Teller mit der Gravur »Birlingers Kaffeestuben« schenkte (vgl. *Aus dem Leben einer jüdischen Familie*, Werke Bd. VII, 372.).

[63] Joseph Schwind wurde geboren am 28.11.1851 in Schifferstadt; er starb am 17.9.1927 in Speyer. Der Nachruf aus der Feder Edith Steins findet sich (ohne ihren Namen zu nennen) in: »Korrespondenzblatt des Priestervereins im theologischen Konvikt zu Innsbruck, 62. Jahrgang, November 1927«.

Mitteilungen

Die Heiligsprechung von Edith Stein findet am 11. Oktober 1998 in Rom statt. Die Koordinierung für die Beteiligung an den Feierlichkeiten liegt beim Erzbistum Köln, vertreten durch Prälat Dr. Koch.

Gesellschaften

■ Am 4. Mai 1997 hat die Edith-Stein-Gesellschaft Deutschland e.V. einen neuen Vorstand gewählt:

Präsidentin: Dr. Monika Pankoke-Schenk, Koblenz
Vizepräsidentin: Prof. Dr. Dr. h.c. Hanna-Barbara Gerl-Falkovitz, Dresden
Geschäftsführerin: Irmgard Dobler, Neustadt/W.
Beisitzer: Dr. Ulrich Dobhan, Rom
Hildegard Gosebrink, Würzburg
Manfred Monzel, Speyer
Katharina Seifert, Freiburg
Geschäftsstelle: Postfach 16 49, 67326 Speyer,
Tel. 06232/102281,
Fax 06232/102301

■ Die Gesellschaft wurde 1994 gegründet. Sie hat zur Zeit 570 Mitglieder.
■ Nächste Mitgliederversammlung: 2.–3. Mai 1998.

Veröffentlichungen
– Dem Erbe Edith Steins verpflichtet
– Edith Stein, Gedanken zur Eucharistie
– Edith-Stein-Gedenkstätten
– Edith Stein und ihr Judentum
– Edith Stein zur Wahrheit berufen
– Erziehung im Sinne Edith Steins
■ Die Broschüren (Stückpreis 1,50 DM) sind bei der Geschäftsstelle erhältlich.

Tagungen

■ Vom 23.–26.9.1998 findet die Tagung der Deutschen Gesellschaft für phänomenologische Forschung in Löwen (Husserl Archiv) statt.
Thema: Die Sichtbarkeit des Unsichtbaren

Information: Philosophisches Institut
Ruhr-Universität Bochum
Universitätsstr. 150
D-44780 Bochum
Tel.: 0234/7002722
Fax: 0234/7094288

Beuroner Tagungen

■ Vom 26.–29. Juni 1997 fanden die 5. Beuroner Edith-Stein-Tage statt. Thema: Edith Stein und Teresa von Avila. Eine spirituelle Spurensuche. Es sprachen Herr P. Dr. Ulrich Dobhan OCD (Würzburg/Rom) über Leben und Spiritualität der Kirchenlehrerin, Frau Prof. Dr. Kaori Suzawa (Okayman, Japan) über den Einfluß Teresas auf Edith Stein, Sr. Teresa Waltraud Herbstrith (Tübingen) über die jüdischen Wurzeln im Denken Edith Steins, Dr. Thomas Ogger (Köln) über die christlich-jüdisch-islamische Mischkultur Spaniens im Mittelalter bis hin zu Teresa und Johannes vom Kreuz. Die Tagung, veranstaltet von der Katholischen Akademie der Erzdiözese Freiburg und der Benediktiner-Abtei St. Martin zu Beuron unter der Leitung von Jakobus Kaffanke OSB und Tobias Wellnsiek, wurde von über hundert Gästen aus dem In- und Ausland besucht.
■ Die Beiträge erscheinen demnächst im Edith-Stein-Jahrbuch.

■ Vom 5.–7. Juni 1998 findet eine Tagung statt.
Thema: Willibrord Jan Verkade OSB, Alexej Jawlensky. Eine Freundschaft der Moderne.
Vorträge: Dr. Dr. Adolf Smitmanns, Verkade, die Nabis und Alexej Jawlensky.
Dr. Jelena Hahl, Alexej Jawlensky und Willibrord Verkade.
N.N., Der Einfluß der Theosophie auf die Kunst Alexej Jawlenskys.

■ Vom 25.–28. Juni 1998 finden die Beuroner Tage für Spiritualität und Mystik statt.
Thema: Gebet und Meditation bei den Wüstenvätern.
Vorträge: Dr. Theresia Heither OSB, Origenes' Mystikverständnis in seinem Hohelied-Kommentar.
Dr. Christoph Joest (Br. Franziskus), Die Praktiken bei Evagrius Pontikus und in den Pachomius-Briefen.
Dr. Pia Luislampe OSB, Staunen, Bewunderung und Gebet bei Basilius von Caesarea.
Abt (em.) Nikolaus Egender OSB, Gebet und Meditation nach dem Asceticon des Isaia der Sketis und Gaza.
Abt Michael (Koptische Kirche), Die Tradition der Sketis im heutigen Ägypten.

■ Vom 10.–11. Oktober 1998 finden die Beuroner Edith-Stein-Tage statt. Thema: Vergaste Jüdin in Auschwitz und Heilige der Kirche. Referenten noch offen.

■ Die Beuroner Tagungen finden jeweils statt im Gastflügel der Erzabtei St. Martin.
Adresse: D-88631 Beuron/Donau.
Tel.: 07466/17158,
Fax: 07466/17107.
■ Information und Anmeldung bei obiger Adresse sowie bei der Kath. Akademie der Erzdiözese Freiburg im Breisgau. 79009 Freiburg i. Br., Postfach 947.

Bücher

Biser, Eugen:
– **Überwindung der Glaubenskrise**: Wege zur spirituellen Aneignung. Don Bosco Verlag, München 1997. 197 Seiten.
■ Das Buch zielt auf die unbestreitbaren Krisenerscheinungen im allgemeinen Glaubensbewußtsein, die sich im Verfall der Glaubensgeheimnisse äußern. Aber im religiösen Untergrund des Glaubensbewußtseins ist eine Wende zum besseren zu verzeichnen, nämlich eine Wende vom Gehorsams- und Bekenntnis- zum Verstehensglauben, vom Leistungs- zum Verantwortungsglauben. Dies zeigt, daß sich der Glaube keineswegs in einer Agonie befindet, sondern in einer Krise, die bereits eine Hoffnungsperspektive aufweist. Die eigentliche Hoffnung konzentriert sich für Eugen Biser im Bewußtsein, daß der Geglaubte deutlicher als bisher initiativ wird, so daß der Glaube nicht mehr so sehr Zitat des Glaubenden ist als vielmehr Reflex dessen, was von Christus selber ausgeht. Dies ist der eigentliche Kern von Bisers Zuversicht, die Achse seiner Glaubensanalyse.
– **Das Eugen Biser Lesebuch**. Styria Graz, Wien, Köln 1996. 264 Seiten.
■ Wie wird die Zukunftsgestaltung des christlichen Glaubens sein? Welche Lernprozesse sind in den Kirchen nötig und dringlich, damit die Zeitgenossen wieder mehr Verwurzelung in der Religion finden können? Wo müssen wir Lebensformen verändern, damit Christsein überzeugend wird? Diesen Fragen geht der Theologe und Religionswissenschaftler Eugen Biser seit mehr als 30 Jahren auf intensive Weise nach. Er setzt sich mit der zeitgenössischen Philosophie und den Ergebnissen der Bibelforschung auseinander und versucht, diese in die Glaubenslehre einzubringen.
– **Einweisung ins Christentum**. Patmos Verlag, Düsseldorf 1997, 485 S.
■ Bisers epochales Werk spiegelt seine Suche nach der Mitte christlicher Identität wider. Mit Romano Guardini stellt er klar heraus: Jesus Christus, der Künder des Gottesreiches, der Botschafter der Liebe Gottes, ist als sein Stifter das Wesen des Christentums, das eine therapeutische und nicht

asketische, eine mystische und nicht moralische, eine sekundäre und nicht primäre Schriftreligion ist. Er sieht für die Christenheit die Zeit gekommen, von einem Autoritäts-, Gehorsams-, Satz-, Bekenntnis- und Leistungsglauben Abschied zu nehmen und einen Verstehens-, Erfahrens- und Verantwortungsglauben einzuüben. Dieser verhelfe zur Selbstfindung und befähige zur wahren Gotteserkenntnis.

Dischner, Gisela:
– »... bald sind wir aber Gesang.« Zu Hölderlins Linie der Moderne. Aisthesis Verlag, Bielefeld 1996. 250 Seiten.
■ Hölderlin dichtet die Möglichkeit des schöpferischen Worts in der Zeit der »Götterferne«. Seine Dichtung hat initiatischen Charakter. Dionysos wird zum »kommenden Gott« des schöpferisch-ästhetischen Zustands selbst, in dem der Mythos im doppelten Sinn des Wortes aufgehoben ist. Im Rückblick auf die Antike formuliert Hölderlin eine vom »Dionysischen« geprägte Poetologie, die erst von Nietzsche ganz verstanden und philosophisch im Begriff der *tragisch-dionysischen Erkenntnis* gefaßt wird. Die Dichter der Hölderlin-Linie der Moderne nehmen diese Reflexion in ihr Werk auf: Rilke, George, Trakl, Benn und Celan thematisieren den »Dichter in dürftiger Zeit«.
– **Es wagen, ein Einzelner zu sein.** Philo Verlagsgesellschaft (vormals Athenäum Hain Hanstein), Bodenheim 1997. 160 Seiten.
■ Gisela Dischner versucht den Anspruch Kierkegaards einzulösen, seine Texte als »Einzelner« zu lesen, die Kategorie des Einzelnen in denkerischer Situation nachzuvollziehen. So liest sich Kierkegaard geradezu bestürzend aktuell. Der Begriff der Sünde ist diesseits aller Gesetze und Gebote formuliert als der Zustand der »Krankheit zum Tode«: Verzweifelt (k)ein Selbst werden zu wollen. Die Analogien zum Denken Nietzsches werden trotz gegensätzlich scheinender Begrifflichkeit deutlich. Heideggers Gedanke des existentiellen Ursprungs der Historie aus der Geschichtlichkeit des Daseins wird in Bezug zu Kierkegaards Begriff der Existenz und der »Gnade der Zeitlichkeit« gesetzt: Die Sorge um die Zukunft der Menschheit muß mit der Sorge, ein Einzelner zu sein, beginnen.
– **Apropos Nelly Sachs.** Mit einem Essay von Gisela Dischner. Verlag Neue Kritik, Frankfurt a.M. 1997. 139 Seiten.
■ Nelly Sachs (1891–1970) steht in der Tradition der Dichter der Moderne, für die Schreiben dichterische Existenz bedeutet. Erst Anfang der sechziger Jahre setzt sich die Dichterin mit Hilfe einiger Fürsprecher beim Publikum durch. 1966 erhält sie den Nobelpreis.
– **Rainer Maria Rilke: Der werdende Dichter.** Mit einem Essay von Gisela Dischner. Philo Verlag, Bodenheim 1998, 160 Seiten.
■ Gisela Dischner hat eine Auswahl von Prosa und Schriften Rilkes (Ewald Tragy 1898, Das Testament 1921 etc.) herausgegeben unter dem Blickwinkel der dichterischen Existenz, ihrer notwendigen Einsamkeit, ihrer im weitesten Sinne erzieherischen Verantwortung.

Gerl-Falkovitz, Hanna-Barbara:
- **Romano Guardini** (1885–1968). Leben und Werk. Grünewald, Mainz 1985. 4. erweiterte Aufl. 1995. 420 Seiten. Illustrationen.

■ Romano Guardini wird dreißig Jahre nach seinem Tod immer mehr als ein Kirchenvater des 20. Jahrhunderts (Kampmann) entdeckt und mittlerweile auch im akademischen Raum gewürdigt. Die vorliegende Biographie hat erstmals das reiche Wirken Guardinis sowohl in der katholischen Jugendbewegung Quickborn auf Rothenfels wie im universitären Raum in Berlin, Tübingen und München dokumentiert. Darüber hinaus bemüht sich die Darstellung, die inneren Sinnlinien dieses Lebens und Denkens herauszuheben, das vom Nachdenken über Liturgie, Kirche, Christologie (Der Herr 1937), Kulturkritik bis zu den späten Fragen der Anthropologie, Ethik und Gotteslehre reicht.

- **Unerbittliches Licht. Edith Stein.** Philosophie – Mystik – Leben. Grünewald, Mainz 1991. 2. Aufl. 1998. Illustrationen. 203 Seiten.

■ Über die meistens hagiographischen Annäherungen an Edith Stein hinaus versucht diese Darstellung vorrangig, das philosophische Denken der Meisterschülerin Husserls, auch im Auftreffen auf die Neuscholastik und den Neuthomismus der zwanziger und dreißiger Jahre, nachzuzeichnen. Die späten Arbeiten der Karmelitin über Dionysius Areopagita und über Johannes vom Kreuz (Kreuzeswissenschaft 1942) sind nicht eine Wende innerhalb Steins Philosophie, sondern deren innere Erfüllung. Weiterhin wird die Beschäftigung Edith Steins mit der Frauenfrage abgewogen und im Kontext der zwanziger Jahre plaziert. Gezeichnet wird im Ganzen die Gestalt einer intelligenten Heiligen und deren Brückenfunktion in mehrfacher Hinsicht zwischen verschiedenen Ufern.

- **Nach dem Jahrhundert der Wölfe.** Werte im Aufbruch. Benzinger, Zürich 1992. 2. Aufl. 1993. 196 Seiten.

■ Das Buch sucht eine deutliche Auseinandersetzung mit Zeitströmungen und scheut den Widerspruch nicht. Zwischen mancherlei Ideologien der Gegenwart und einer zögerlich-unklaren Defensive werden Klärungen des Sehens und Denkens versucht: Einsprüche gegen den leeren Kulturbegriff und die Abtrennung des Christentums in eine zahnlose postchristliche Postmoderne. Oder: Die wirkliche, nicht nur resignierte Ablösung von den »wölfischen braunen wie roten Werten« des Jahrhunderts. Die Schulung des eigenen Denkvermögens am Christentum und an seinen – leider – gut verdeckten Quellen verbietet alles nur Modische, ist der Absicht nach aber aktuell.

Gnilka, Joachim:
- **Jesus von Nazaret.** Botschaft und Geschichte. Herders theologischer Kommentar zum Neuen Testament. Suplementband III. 3. Auflage, Herder, Freiburg i. Br., Basel, Wien 1993; Taschenbuchausgabe 5. Aufl. 1997, 331 Seiten.

■ Hier liegt nicht nur eine Darstellung von Leben und Botschaft Jesu vor, die auf dem neuesten Stand der Exegese und der Jesusforschung ist. Diese wissenschaftlich fundierte Darstellung ist auch so geschrieben, daß sie

jeden historisch und religiös interessierten Leser fesselt: Historische Hintergrundinformation und die befreiende Kraft der Lebensbotschaft Jesu sind zu einer lebendigen Einheit verbunden, die dem heutigen Leser die Zeit und das Wirken Jesu neu erschließt und eine eigene Brücke schlägt von der ureigenen Botschaft Jesu zu den Erfahrungen heutigen Christseins.
– **Evangelium nach Markus.** 1. Ökumenischer Kommentar zum Markusevangelium. Erschienen in der Reihe des evangelisch/katholischen Kommentars. 5. Aufl., Benzinger und Neunkirchener Verlag, Neunkirchen, Zürich 1998. 1. Band 316, 2. Band 364 Seiten.
■ Der Kommentar berücksichtigt vor allem die theologischen Aussagen dieses Evangeliums, das in der neueren Forschung als das älteste Evangelium gewertet wird. Darum hat es in den letzten Jahren das besondere Interesse der Forschung geweckt. Wir stoßen bis in die erste Verkündigung des Urchristentums und dabei auf eine auch für uns maßgebliche Wiedergabe des Lebens und der Verkündigung Jesu.

Haas, Rüdiger:
– **Über das Wesen des Todes.** Eine tiefenphänomenologische Betrachtung. Konkret dargestellt am dichterischen Werk Hermann Hesses. Ergon Verlag, Würzburg 1998. 350 Seiten.
■ Im ersten Teil beschreibt der Autor die Entstehungsgeschichte der Tiefenphänomenologie Sánchez' de Murillo, die als *Neue Phänomenologie* und gegenwärtige Form *ursprünglichen Philosophierens* im philosophie- und weltgeschichtlichen Kontext situiert ist, von Jakob Böhme – dem »ersten deutschen Philosophen« (Hegel) – bis Husserl, Sartre und Heidegger, unter Berücksichtigung der naturwissenschaftlichen Entwicklung, insbesondere der Relativitätstheorie Einsteins. Auch Yoga, Buddhismus, Zen-Buddhismus und Tao-Te-King werden untersucht. Im zweiten Teil wird das zentrale Tiefenphänomen *Tod* im Gesamtwerk Hesses anhand der tiefenphänomenologischen Interpretationsmethode erhellt. Dadurch wird Hesses Denken von seinem Erleben her nachvollzogen und beides – Leben und Denken – in den großen religiösen, philosophischen und dichterischen Geschichtszusammenhang gestellt, in den sie hineingehören, und von daher sinnvoll und fruchtbar interpretiert. Das Buch stellt eine ausgezeichnete Einführung in die Tiefenphänomenologie und eine überaus kreative Auslegung Hesseschen Denkens dar.

Metz, Johann Baptist:
– **Trotzdem hoffen.** Mit Johann Baptist Metz und Elie Wiesel im Gespräch. Grünewald, Mainz 1993. 112 Seiten.
■ Zwei herausragende Zeitgenossen, der Vater der Politischen Theologie und der Auschwitz-Überlebende und Friedensnobelpreisträger Elie Wiesel, geben in diesem Band Rechenschaft von ihrer Hoffnung.
– **Zum Begriff der neuen Politischen Theologie.** 1967–1997. Grünewald, Mainz 1997, 211 Seiten.
■ Die neue Politische Theologie, wie sie von Johann Baptist Metz initiiert

und entwickelt wurde, hat die theologischen Grundlagenfragen entscheidend verändert. Anders als im vertrauten Identitätsdenken der Theologie nimmt sie die konkrete geschichtliche und gesellschaftliche Situation in die theologische Begriffsbildung selber auf; sie nährt sich aus der beunruhigenden Erfahrung von Nichtidentität angesichts der Leidensgeschichten der Welt. Der Band vereinigt zentrale Texte zum Begriff dieser neuen Politischen Theologie aus drei Jahrzehnten. Dabei sind frühe Texte mit zahlreichen neueren, häufig nur schwer oder überhaupt noch nicht zugänglichen Texten zusammengeführt.

Moltmann, Jürgen
– **Gott im Projekt der modernen Welt**. Beiträge zur öffentlichen Relevanz der Theologie. Kaiser, Gütersloh 1997. 236 Seiten.
■ Wer sich an Person, Geschichte und Handeln Jesu Christi orientiert, muß – vor dem Hintergrund seiner Reich-Gottes-Hoffnung – politisch und parteiisch sein. Was diese Maxime heute an Konsequenzen nach sich zieht, entfaltet Moltmann in den Beiträgen dieses Bandes. Er ruft die kritisch-kreative Kraft einer Gottesrede ins Gedächtnis, die nicht bereit ist, sich in das kirchliche Reservat zurückzuziehen, sondern ihre Relevanz für das Gesamt der Gesellschaft offensiv geltend macht.
– **Wie ich mich geändert habe**. Kaiser, Gütersloh 1997. 144 Seiten.
■ Neun prominente Theologinnen und Theologen berichten über ihren Werdegang. Norbert Greinacher, Eberhard Jüngel, Hans Küng, Johann Baptist Metz, Jürgen Moltmann, Elisabeth Moltmann-Wendel, Philipp Potter, Dorothee Sölle und Jörg Zink gewähren Einblicke in Zusammenhänge zwischen ihrer Biographie und der von ihnen vertretenen theologischen Richtung. So entsteht ein lebendiges Bild deutscher Gegenwartstheologie.

Neu, Erwin:
– **Aus Sternenstaub**. Die Reise zum Ursprung des Menschen. Kösel, München 1997. 174 Seiten.
■ Der Mensch steht am Ende einer faszinierenden Geschichte, die mit dem Urknall begann. Der Autor belegt, daß dies keine Aneinanderreihung von zufälligen Ereignissen war, sondern ein schöpferischer Prozeß, der immer wieder Neues und Unerwartetes, darunter auch Lebewesen, hervorbrachte. In leicht verständlicher Sprache rekonstruiert das Buch die Suche des Menschen seit den Anfängen des Bewußtseins nach seinem Platz in diesem Universum. In diesem Zusammenhang wird auch die Gottesfrage behandelt. Dieses naturwissenschaftlich-spirituelle Buch antwortet aus moderner Sicht auf die Urfragen der Menschheit.

Rinser, Luise:
– **Der Engel lügt**. Lebenserfahrungen. Kösel/München 1997. 156 Seiten.
■ In Erzählungen und Erlebnisberichten konfrontiert Luise Rinser christliche Heilsbotschaft mit ihren persönlichen und politischen Erfahrungen, den vom Engel verkündeten *Frieden auf Erden* mit dem zum Himmel

schreienden Zustand von Krieg, Hunger und Leid auf dieser Welt. Bleibt ein anderer Schluß als: Der Engel lügt? Ein besinnliches Buch – nicht nur zur Weihnachtszeit.
- **Kunst des Schattenspiels.** Tagebuch 1994–1997. Fischer, Frankfurt a.M. 1997. 157 Seiten.

■ Ein tief prägendes Erlebnis fällt ins erste der hier dokumentierten Jahre: Eine Reise nach Indien auf Einladung des Dalai Lama zu langen Gesprächen. »Fünf Tage, täglich einige Stunden neben ihm, haben mich unerhört viel gelehrt.« Diese Begegnung, die auch Anstoß gab zu neuer, intensiver Auseinandersetzung mit den großen Themen der buddhistischen und der christlichen Mystik, beschreibt Luise Rinser als »Zustand des gehobenen Glücks«. Und in einer anderen Eintragung heißt es: »Glücklich sein: dankbar sein fürs Leben, so wie es ist.«

Schreiner, Josef:
- **Der eine Gott Israels.** Zum 75. Geburtstag des Autors. Echter, Würzburg 1997. 332 Seiten.

■ Der diesem Band gegebene Titel faßt das große Anliegen zusammen, das diese Beiträge und das gesamte Werk Josef Schreiners – eines Bibelwissenschaftlers, der auf glückliche Weise historische Forschung und theologische Kompetenz verbindet – bewegt, und das er selbst zusammengefaßt hat. Es sind Aufsätze und Vorträge aus den letzten 5 Jahren. Hinzu kommt der 1986 im Handbuch der Dogmengeschichte publizierte, umfangreiche Beitrag über Eschatologie des AT, der eine exzellente Darstellung dieses bibelwissenschaftlich vernachlässigten Themas ist. (Erich Zenger)

Splett, Jörg:
- **Denken vor Gott.** Philosophie als Wahrheits-Liebe. Knecht, Frankfurt a.M. 1996. 344 Seiten.

■ Heutige Philosophie nennt Gott kaum mehr. Solches Vergessen – oder Vermeiden? – erhellt eine »Philosophie als Wahrheits-Liebe« im Hinweis auf Zeugen von Sokrates bis Karl Rahner. Unangefochten war das Gottes-Zeugnis nie; doch auch nach Auschwitz ist verantwortlich von Gnade zu sprechen.

- **Spiel-Ernst.** Anstöße christlicher Philosophie. Knecht, Frankfurt a.M. 1993. 174 Seiten.

■ Selbst-sein sollen und dürfen bringt uns ins Spiel. Ein Spiel aber ist keine Spielerei. Spielregeln sind ernst zu nehmen, und vor allem setzt, wer spielt, sich selbst aufs Spiel. Wie Freiheit denken, wenn ihr der Lebens-Ernst ein Spiel sein soll und das Lebens-Spiel Ernst?

Endres, Elisabeth:
- **Edith Stein.** Christliche Philosophin und jüdische Märtyrerin. Mit 12 Abbildungen. Erweiterte Neuausgabe im September 1998, Piper Verlag, München, 320 Seiten.

EDITH STEIN JAHRBUCH

Jahreszeitschrift für Philosophie, Theologie, Pädagogik, andere Wissenschaften, Literatur und Kunst

Herausgegeben von José Sánchez de Murillo, Echter Verlag, Würzburg

Band 1: Die menschliche Gewalt. 1995, 368 Seiten.
Band 2: Das Weibliche. 1996, 415 Seiten.
Band 3: Das Judentum. 1997, 414 Seiten.
Band 4: Das Christentum. Teil I. 1998, 400 Seiten.

Edith Stein
AUS DER TIEFE LEBEN
Ein Textbrevier

Herausgegeben von Waltraud Herbstrith
2. Auflage. Kösel, München 1997. 198 Seiten.

■ Unfreiwillig wurde sie eine Provokation für die Juden, die Katholiken, die Deutschen, die Intellektuellen. Ein Glück, daß die Frau Edith Stein endlich eine öffentliche Person wird. (Paul Konrad Kurz)

Maria Amata Neyer
EDITH STEIN
Ihr Leben in Dokumenten und Bildern

4. Auflage. Echter, Würzburg. 83 Seiten, 110 Fotos.

■ Die klassisch gewordene Biographie durch die Leiterin des Kölner Edith-Stein-Archivs.

WIE ICH IN DEN KÖLNER KARMEL KAM
Echter, Würzburg 1994. 143 Seiten, 150 Fotos.

■ Im ersten Teil bringt das Buch den vergriffenen, zeitgeschichtlich hochinteressanten Bericht Edith Steins über ihre letzten Monate vor ihrem Karmeleintritt. Im zweiten Teil stellt die Karmelitin Maria Amata Neyer – belegt mit allen zur Zeit greifbaren Dokumenten – das Ordensleben Edith Steins in Köln und Echt/Niederlande dar.

Carla Jungels – Lukas Ruegenberg
EDITH STEIN – EIN KINDERBUCH
Kevelaer 1997. 14 ganzseitige Farbbilder, 16 Zeichnungen.

■ Das Buch mit meist farbigen Bildern von dem preisgekrönten Kinderbuchautor Lukas Ruegenberg OSB (Maria Laach) und kurzem Text von Carla Jungels OCD (Kölner Karmel) ist kindgemäß-einfühlend verfaßt, mit kurzer Einführung zur Orientierung für den begleitenden Erwachsenen.

José Sánchez de Murillo
DEIN NAME IST LIEBE
Lübbe, Bergisch Gladbach 1998. 175 Seiten.

... Die Vollendung des Denkens als reine Dichtung ... Sánchez' Gesang ist *Das Hohelied*, gesungen an der Schwelle des 3. Jahrtausends. Er nimmt voraus, was werden soll und muß. (Luise Rinser im Vorwort)

JAKOB BÖHME. DAS FÜNKLEIN MENSCH
Herausgegeben und meditativ erschlossen von José Sánchez de Murillo. Kösel, München 1997. 219 Seiten.

Das Buch entwickelt wichtige Impulse zur Überwindung des Monismus der Moderne und der Beliebigkeit der Postmoderne. In der Mystikforschung werden die Fäden dichter gezogen (Rudi Ott). Es leistet in der altehrwürdigen Form der philosophisch-dichterischen Meditation die Grundlegung zu einer Mythologie der Liebe. Das ist reine Tiefenphänomenologie: Die neue Vorsokratik für das 3. Jahrtausend.

Reinhard Körner
GEISTLICH LEBEN
Von der christlichen Art Mensch zu sein

2. Auflage, Benno Verlag, Leipzig 1997. 80 Seiten.

Es geht in diesem Buch um die Ordnung der zwischenmenschlichen Beziehungen und deren Vertiefung, um die Bewältigung des inneren Alleinseins, um das Finden einer Kraftquelle für die Anforderungen des Lebens.

JOHANNES VOM KREUZ
Klassiker der spanischen Mystik und Literatur, einer der größten Mystiker des Abendlandes

Neu übersetzt von Ulrich Dobhan OCD, Elisabeth Hense, Elisabeth Peters OCD
Herder Spektrum, Freiburg i. Br.

DIE DUNKLE NACHT
1995, 223 Seiten.

Scheinbar Wichtiges verblaßt, und die eigentliche Wirklichkeit kommt nahe. Diese Erfahrung schrieb der Mystiker in einem Zug nieder:

WORTE VON LICHT UND LIEBE
1996, 237 Seiten

Die persönlichsten Texte des Mystagogen. Mit diesem Buch liegt eine vollständig neue Übersetzung aller bis heute bekannten Briefe des Johannes vom Kreuz vor und die erste deutsche Ausgabe der Leitsätze.

DER GEISTLICHE GESANG
1997, 265 Seiten.

Ein Hauptwerk des Johannes vom Kreuz. Beeinflußt vor allem vom Hohenlied der Liebe des Alten Testaments besingt der mystische Dichter die Liebesbeziehung mit Gott als höchstes Glück, zu dem der Mensch fähig ist.